Exilforschung
Band 42

Exilforschung

―

Ein internationales Jahrbuch

Im Auftrag der
Gesellschaft für Exilforschung/
Society for Exile Studies

herausgegeben von
Bettina Bannasch, Doerte Bischoff
und Burcu Dogramaci

Band 42/2024

Exil und Emotionen

Herausgegeben von
Esther Kilchmann und Sebastian Schirrmeister

DE GRUYTER

Redaktion der Beiträge/Volume Editors:
PD Dr. Esther Kilchmann
Universität Hamburg
Institut für Germanistik
Von-Melle-Park 6, Postfach #15
20146 Hamburg
esther.kilchmann@uni-hamburg.de

Dr. Sebastian Schirrmeister
Universität Hamburg
Centre for the Study of Manuscript Cultures
Warburgstr. 26
20354 Hamburg
sebastian.schirrmeister@uni-hamburg.de

Rezensionen:
Prof. Dr. Doerte Bischoff
Universität Hamburg
Institut für Germanistik
Von-Melle-Park 6, Postfach #15
20146 Hamburg
doerte.bischoff@uni-hamburg.de

ISBN 978-3-11-132931-4
e-ISBN (PDF) 978-3-11-132934-5
e-ISBN (EPUB) 978-3-11-132939-0
ISSN 0175-3347

Library of Congress Control Number: 2024939510

Bibliografische Information der Deutschen Nationalbibliothek
Die Deutsche Nationalbibliothek verzeichnet diese Publikation in der Deutschen Nationalbibliografie;
detaillierte bibliografische Daten sind im Internet über http://dnb.dnb.de abrufbar.

© 2024 Walter de Gruyter GmbH, Berlin/Boston
Einbandabbildung: Claas Möller. Zeichnung nach der Fotografie von Abraham Pisarek (1935), Wohin?
(Igna Beth, Schauspielerin des Jüdischen Kulturbundes in Berlin, vor einem Globus).
Satz: Integra Software Services Pvt. Ltd.

www.degruyter.com

Inhalt

Esther Kilchmann, Sebastian Schirrmeister
Exil und Emotionen. Einleitung —— 1

I Emotionen in Dokumenten und Selbstzeugnissen zum NS-Exil

Martin J. Kudla
„Grüsse aus meinem Ruinen-Leben". Exil und Emotionen im Briefwechsel zwischen Robert Jungk und Hermann Levin Goldschmidt —— 13

Till Greite
Sprachsprung ins Niemandsland: Michael Hamburgers Initiationserfahrung im britischen Exil —— 37

Simona Leonardi
Landmarks des Exils und Emotionen —— 55

Michael Szurawitzki
Exil und Emotionen. Eine Untersuchung werbesprachlicher Besonderheiten in Shanghaier deutschsprachigen Periodika aus den 1930er und 1940er Jahren —— 73

II Emotionen in autobiografischen und literarischen Texten zum NS-Exil

Nicolas Paulus
„Ich will nicht mehr lügen." Klaus Manns *Der Wendepunkt* **zwischen Bekenntnisdrang und Vermeidung von Emotionalität —— 97**

Christine Arendt
Emotionen in den autobiografischen Darstellungen des Exils von Lisa Seiden *„Bleib immer mit deinem Bruder zusammen!"*. **Eine Geschichte vom** *„Kindertransport"* **und Marion Charles** *The Lucky One* **—— 113**

Irene Nawrocka
Die Mutter rettet sich selbst: zu Cordelia Edvardsons autobiografischem Text *Gebranntes Kind sucht das Feuer* **in Schweden und Deutschland —— 133**

Alberto Orlando
„Nur das ‚Weh', es blieb. / Das ‚Heim' ist fort". Heimweh als poetische Antriebskraft in Mascha Kalékos, Hilde Domins und Rose Ausländers Exilgedichten —— 153

Paula Odenheimer
„Wie viele Heimatländer"? Emotionen und Sprachbilder in Nelly Sachs' Heimatfigurationen —— 173

Finja Zemke
Bewegt. Gefühlsgeschichte(n) des Exils – Günther Anders, Albert Drach, Oskar Maria Graf und Konrad Merz —— 191

III Emotionen in weiteren Konstellationen von Exil und Migration

Jobst Welge
Miguel de Unamuno im Exil. Emotion und Universalisierung —— 213

Laura Wiemer
Sich erinnern, um zu vergessen. Exil und Emotionen in Laura Alcobas *Manèges*-**Trilogie —— 231**

Axel Grimmeißen
Emotion, Exil und der arabisch-jüdische Krieg von 1948: Kriegserinnerungen, Flucht und Vertreibung in Josef Alkatouts *Samla* **und Yoram Kaniuks** *1948* **—— 245**

Ingeborg Jandl-Konrad
Nahe Seele, fremde Seele, ferne Seele. Archetypen der Heimat bei Irena Vrkljan, Marica Bodrožić und Lana Bastašić —— 263

Regina Karl
Affekt und Form. Marseille als Kaleidoskop des Transitorischen —— 283

Yvonne Albrecht
Transnational empfinden? Ambiguitäten, Mehrfach- und Nichtzugehörigkeitsgefühle in der postmigrantischen Gesellschaft —— 301

IV **Rezensionen** —— 317

V **Kurzbiografien der Autorinnen und Autoren** —— 349

Esther Kilchmann, Sebastian Schirrmeister
Exil und Emotionen. Einleitung

Dass die Erfahrung des Exils mit starken Emotionen einhergeht, erscheint geradezu selbstverständlich. In der westlichen Literatur- und Kulturgeschichte ist das Exil insbesondere mit Leid und Trauer verbunden, und zwar in so überwältigender Weise, dass vielfach damit gerungen wird, diese Emotionen überhaupt artikulieren zu können. Psalm 137, das jüdische Klagelied über die Verschleppung nach Babylon, beginnt mit den Versen „An den Strömen Babels – dort saßen wir und weinten, da wir Zions gedachten. / An den Weiden darin hingen wir unsere Harfen auf. / Denn dort forderten unsere Zwingherren Liedesworte und unsere Dränger Freude: Singet uns ein Lied von Zion! / Wie sollen wir singen des Ewigen Lied auf fremder Erde?"[1] Der lateinische Dichter Ovid schreibt in den Klagebriefen *Tristia* über seine Verbannung aus Rom: „[W]äre mir vielfacher Mund, vielfache Zunge geschenkt / würd ich mich doch nicht bemühn, dies alles in Worte zu fassen: / reichten die Kräfte doch nie aus zu erzählen mein Leid."[2] Im Deutschen leitet sich das Wort *Elend* aus dem althochdeutschen *elilenti* her, das Außerlandessein bezeichnet.[3] Zu diesen für das Exil seit dem Altertum topischen Emotionen kommt spätestens ab dem 18. Jahrhundert die Nostalgie bzw. das Heimweh als potentiell pathologische Sehnsucht nach dem Herkunftsort hinzu, der hoch emotional besetzten Heimat, die ihrerseits ein Gegenkonzept zur Fremde darstellt. Heimwehgefühle stellen sich allerdings nicht nur aufgrund von Exilierung ein, sondern auch in Folge von, oft ökonomisch bedingter, Migration.[4] Erzählungen von Auswanderung bilden dabei gleichsam die Kehrseite zu Gattungen wie Abenteuer-, Reise- und Bildungsromanen, in denen die Entfernung vom Herkunftsort freiwillig und meist temporär beschränkt erfolgt und mit positiven Emotionen wie (Entdeckungs-)Freude, (Abenteuer-)Lust, Neugier und Interesse verbunden ist. Gleichzeitig lassen sich in Migrationsnarrativen bis heute teilweise Überschneidungen dieser widersprüchlichen Emotionen beobachten.

---

1 Leopold Zunz: Die vier und zwanzig Bücher der heiligen Schrift. Berlin 1838.
2 Ovid: Briefe aus der Verbannung / Tristia. Epistulae ex Ponto, hg. v. Niklas Holzberg, übers. v. Wilhelm Willige, Berlin 2011, S. 35.
3 Steffan Davies: Elend. In: Bettina Bannasch, Doerte Bischoff, Burcu Dogramaci (Hg.): Exil, Flucht, Migration. Konfligierende Begriffe, vernetzte Diskurse, Berlin 2022, S. 50–51, hier S. 50.
4 Grad und Ausmaß des Heimwehs können dabei je nach Gründen und genauen Umständen der Emigration durchaus differieren: Salman Akhtar: The Immigrant, the Exile, and the Experience of Nostalgia. In: Journal of Applied Psychoanalytic Studies (1999), 1, S. 123–130.

Die literarische Auseinandersetzung mit dem Exil im engeren Sinne der Verbannung und politisch erzwungenen Auswanderung bzw. der Flucht vor lebensbedrohlicher Verfolgung indes knüpft an die kanonische Assoziation von Exil mit Trauer, Klage, Einsamkeit und Heimweh an. Diese wird im Lichte der jeweils eigenen historischen Konstellation aktualisiert und, oft auch im intertextuellen Bezug zu früheren Exilerfahrungen, reflektiert. „O Deutschland, meine ferne Liebe / Gedenk ich Deiner, wein ich fast"[5] schreibt Heinrich Heine in „Anno 1839" im Pariser Exil mit deutlichen Anklängen an Psalm 137 und schafft damit eine Vorlage für die deutschsprachige Exilerfahrung, an die rund ein Jahrhundert später die Vertriebenen aus Nazi-Deutschland vielfach wieder anknüpfen: „Ich hatte einst ein schönes Vaterland, / so schrieb schon der Refugee Heine"[6] nimmt etwa Mascha Kaléko den Dialog auf. Anders als bei Heine hat das Ausmaß der Verfolgung es der jüdischen Dichterin allerdings unmöglich gemacht, sich weiterhin positiv-sehnsüchtig auf ihr Herkunftsland zu beziehen, vielmehr erscheint dieses als endgültig zerstört: „Das frass die Pest, das ist im Sturm zerstoben" fährt das Gedicht fort und endet: „Ich habe manchmal Heimweh. / Ich weiß nur nicht wonach ...". Geblieben ist das Exil als Dauerzustand und eine ungerichtete Emotion, die nach der Shoa keinen Bezugspunkt in einem Ort oder einer Nation mehr finden kann. Ebenso wie das Exil werden die damit verbundenen Emotionen hier nicht als temporäre, vorübergehende gedacht, sie bezeichnen vielmehr eine neue *condition d'être*, einen veränderten emotionalen Grundzustand, für den entsprechend neue Ausdrücke gefunden werden müssen.

Deutlich wird am Beispiel der Gedichte dabei, in welchem Maße Exilerfahrung, Emotion und literarisch-sprachliche Gestaltungsarbeit wechselseitig miteinander verknüpft sind. Welchen Emotionen dabei wie Ausdruck verliehen wird, kann je nach individueller und historisch-politischer Exilsituation, aber auch nach Adressatenschaft differieren. Während Trauer, Klage, Entortung, Heimweh und Einsamkeit insgesamt zu dominieren scheinen, thematisieren Texte außerdem auch Scham, Wut, Hass und Rachegefühle: „O Deutschland, bleiche Mutter! / Wie sitzest du besudelt / Unter den Völkern"[7]. So schreibt Bertolt Brecht bereits 1933. Mascha Kaléko verfasst 1943 als Reaktion auf die Nachrichten von der systematischen Ermordung der europäischen Juden das zweisprachige Gedicht „Hear Germany" bzw. „Hoere Teutschland": „Verflucht auf ewig sei Germaniens Schwert! / Verhasst ward mir

---
5 Heinrich Heine: Anno 1839. In: ders.: Historisch-kritische Gesamtausgabe der Werke. Bd. 2: Neue Gedichte, bearb. v. Elisabeth Geton. Hamburg 1983, S. 80.
6 Mascha Kaléko: Emigranten-Monolog. In: dies.: Sämtliche Werke und Briefe in vier Bänden. Bd. 1: Werke, hg. von Jutta Rosenkranz. München 2012, S. 186.
7 Bertolt Brecht: Deutschland. In: ders.: Gesammelte Werke. Bd. 9: Gedichte 2, hg. von Elisabeth Hauptmann. Frankfurt am Main 1967, S. 487.

der Anblick eurer Eichen, / Die sich von meiner Brüder Blut genährt"[8]. Publiziert in der 1945 noch im Exil erschienenen ersten Auflage des Bandes *Verse für Zeitgenossen*, fehlt dieser Text in den ab 1958 in Westdeutschland gedruckten Auflagen und verweist so darauf, dass nachkriegsdeutschen Leser:innen offenbar nicht das ganze Spektrum an Exil-Emotionen zugemutet werden sollte.[9]

Zu diesem Spektrum gehören schließlich auch positive Gefühle wie Dankbarkeit und Interesse gegenüber den Exilländern: Hilde Domin entlieh ihren Künstlerinnennamen der Dominikanischen Republik und markierte so eine bleibende Verbindung zu ihrem Exilland, auch nach ihrer Rückkehr nach Deutschland. Stefan Zweig verfasste 1941 die verklärende Schrift *Brasilien. Ein Land der Zukunft*. Schließlich sind die emotionalen Aspekte des Exils nicht nur vielgestaltig, sondern verändern sich auch mit der Dauer des Exils, das in vielen Fällen nicht durch eine Rückkehr endet, sondern permanent wird. In diesem Zusammenhang sind nicht zuletzt ambivalente Gefühle zu beobachten, in denen etwa die Erfahrung der ‚Entwurzelung', der nicht länger vorhandenen Fixierung an eine einzige Herkunftsnation, eine vorsichtig positive Neubewertung erfährt, ohne freilich deren unfreiwilligen und gewaltsamen Auslöser zu vergessen. So resümiert Jean Améry 1976: „Das Leben zwischen den Sprachen ist schwierig und ermüdend. Aber wer es einmal gelebt hat, würde dennoch nicht wieder heimkehren wollen in eine Muttersprache, hinter deren Grenzen kein Land mehr liegt."[10]

Auf methodisch-theoretischer Ebene stellen sich kontextübergreifend für die Untersuchung der emotionalen Auswirkungen des Exils Fragen danach, welche Konzepte von Emotion und Emotionalität dazu zur Verfügung stehen und wie Emotionen in historischer Sicht und anhand von in der Regel nachträglich verfertigten textuellen Repräsentationen und literarischen Gestaltungen erfasst werden können. Nico Frijda hat in seinem Grundlagenwerk der Emotionsforschung *The Emotions* ausgeführt, dass Emotionen primär durch sich verändernde äußere Situationen hervorgebracht werden, die intuitiv hinsichtlich ihrer Relevanz für das Ich überprüft und gegebenenfalls in eine adäquate Aktion wie Flucht überführt werden. Als Reaktion auf eine äußere Veränderung entsteht sozusagen eine innere (Gefühls-)bewegung „in the form of tendencies to establish, maintain, or disrupt a relationship with the environment."[11] Mit Bezug auf die Emigration können Emotionen dem-

---

[8] Mascha Kaléko: Hoere Teutschland. In: dies.: Sämtliche Werke und Briefe in vier Bänden. Bd. 1: Werke, hg. von Jutta Rosenkranz. München 2012, S. 184.
[9] Zu dem Gedichtband und seinen Variationen vgl. Manuel Illi: Mascha Kaléko: Verse für Zeitgenossen (1945). In: Bettina Bannasch, Gerhild Rochus (Hg.): Handbuch der deutschsprachigen Exilliteratur. Von Heinrich Heine bis Herta Müller. Berlin 2013, S. 343–350.
[10] Jean Améry. „Das Leben zwischen den Sprachen". In: DIE ZEIT (3. September 1976), S. 37.
[11] Nico Frijda: The Emotions. Cambridge 1986, S. 71.

zufolge, wie Maruška Svašek es formuliert hat, als "discourses, practices and embodied experiences"[12] gelesen werden. Sie übermitteln so etwas von der Subjektivität des Migrationsprozesses.[13]

Tagebücher, Briefe und andere Selbstaussagen von Exilant:innen aller Zeiten dokumentieren, wie Els Andringa gezeigt hat, solche emotionalen Reaktionen in Gestalt von Unsicherheit, Bedrohung, Verlust, Angst und Heimweh, stellenweise auch von Erleichterung und Befreiung aus einer höchst gefährlichen Situation.[14] Auch in Literatur und Kunst, die Situationen des Exils gestalten, kommen damit verbundene Gefühle zur Darstellung. Über eine unmittelbare Verarbeitung eigener emotionaler Erfahrung hinaus, geht es hier auch darum, Eindrücke, Bilder und Erzählungen aus dem Exil so aufzubereiten, dass Rezipient:innen nicht lediglich Informationen übermittelt bekommen, sondern ihrerseits von dem Dargestellten emotional berührt und bewegt werden. In der literaturwissenschaftlichen Emotionsforschung wird angenommen, dass literarische Texte über ein hohes Potential verfügen, mit den in ihnen dargestellten Emotionen bei den Leser:innen ebenfalls Emotionen hervorzurufen.[15] Die mediale Evokation von Emotionen dürfte demzufolge in der Exilliteratur nicht zuletzt eine emphatische und identifikatorische Lektüre befördern, die ihrerseits dazu beiträgt, dass sich anhand der partikularen Situation des Exils und über die geschilderte individuelle und historisch einzigartige Erfahrung hinaus auch universale Fragen verhandeln lassen.

Obwohl nun Konstellationen des Exils – wie die Beiträge dieses Jahrbuchs zeigen – in der Erfahrung der Betroffenen ebenso wie in der Vermittlung ganz offensichtlich hochgradig emotional besetzt sind, ist der Komplex Exil und Emotionen in der historischen Exilforschung und namentlich der des NS-Exils bislang nur ansatzweise untersucht worden.[16] Eine gewisse ‚Emotionsblindheit' indes ist historisch auch im Umgang mit den Betroffenen selbst zu beobachten; bis weit in die Nachkriegszeit hinein gab es kaum ein gesellschaftliches Bewusstsein, geschweige denn

---

12 Maruška Svašek: On the move: Emotions and Human Mobility. In: Journal of Ethnic and Migration Studies 36 (2010), 6, S. 865–880, hier S. 869.
13 Vgl. Hélène Mona Oberlé: It's all about Emotions. Narratives of Highly Skilled Migrants. A Study of Swiss in Israel and Israelis in Switzerland. Wien, Köln 2023, S. 41–46.
14 Vgl. Els Andringa: Poetics of Emotion in Times of Agony. Letters from Exile 1933–1940. In: Poetics Today 32 (2011), 1, S. 129–169, hier S. 132.
15 Vgl. Susanne Knaller. Emotions and the Process of Writing. In: Ingeborg Jandl, Susanne Knaller, Sabine Schönfellner and Gudrun Tockner (Hg.): Writing Emotions. Theoretical Concepts and Selected Case Studies in Literature, Bielefeld 2017, S. 17–28, hier S. 18.
16 Zu nennen ist die Pionierarbeit von León Grinberg: Psychoanalyse der Migration und des Exils. München 1990 sowie der Aufsatz von Andringa (s. FN 14) und die emotionsgeschichtlich ausgerichtete Studie von Marion A. Kaplan: Transit Portugal. Jüdischer Flüchtlingsalltag im Exil 1940–1945. Göttingen 2022.

spezifische Behandlungsangebote für die emotionalen und psychischen Auswirkungen und Schäden von Verfolgung und Exilierung.[17] Gleichzeitig waren die traditionellen Deutungsmuster einer ausschließlichen und unwiderruflichen emotionalen Bindung an ein Heimatland ebenso wie das des Heimwehs so dominant, dass die Möglichkeit einer Artikulation von mit der Emigration unter Umständen auch verbundenen positiven Gefühlen der Befreiung oder der Dankbarkeit und Zuneigung dem Ankunftsland gegenüber, als eher einschränkt erscheint.

Im Unterschied zu dieser langen Vernachlässigung der emotionalen Dimension von Emigration werden heute vor allem in Soziologie, Psychologie und Medizin die emotionalen und psychosozialen Auswirkungen von Flucht, Exil und Migration auf Individuen und ganze soziale Gruppen intensiv beforscht.[18] Ausgehend von der grundlegenden Erkenntnis der Emotionsforschung, dass jede kognitive Tätigkeit emotional begleitet und eingebettet ist und Emotionen integrale Bestandteile sozialer Prozesse sind, kommt Emotionen, so der aktuelle Forschungsstand, gerade bei biografisch wie sozial einschneidenden Erfahrungen der Flucht und Migration ein kaum zu überschätzender Stellenwert zu. Wie Yvonne Albrecht ausgeführt hat, verdienen *Gefühle im Prozess der Migration* daher ein umfassendes Interesse, das über die Untersuchung individueller, oft pathologischer psychischer Auswirkungen auf Betroffene hinausgeht. Stattdessen müssen sie, so Albrecht, in ihrer Verbindung mit sozialen Prozessen und Strukturen sowohl auf Seiten migrierender Personen als auch der Ankunftsgesellschaft erforscht werden.[19]

Ausgehend von solchen aktuellen Ansätzen die Bedeutung von Emotionen bei Exilierten ebenso wie auf Seiten der ausweisenden Herkunfts- und der aufnehmenden Ankunftsgesellschaften auch in historischen Kontexten (etwa des NS-Exils) zu erfassen, stellt gegenwärtig noch ein Forschungsdesiderat dar. Die vorliegende Ausgabe des internationalen Jahrbuchs *Exilforschung* will hierfür disziplinenübergreifend Impulse geben. Neben zeitgenössischen Texten aus Exilzusammenhängen und Selbstzeugnissen geht es vor allem um literarische Texte. Die literaturwissenschaftliche Emotionsforschung hat gezeigt, dass in der Literatur seit der Antike eine in-

---

17 Gleiches gilt für die psychischen Auswirkungen von Kriegssituationen insgesamt, die erst jüngst Gegenstand der ebenfalls noch jungen Emotionsgeschichte wurden, vgl.: Gundula Gahlen: Nerven, Krieg und militärische Führung. Erkrankte Offiziere in Deutschland (1890–1939). Frankfurt am Main 2022.
18 Aus der derzeit rasant ansteigenden Forschungsliteratur sei nur genannt: Svašek: On the move und Oberlé: It's all about Emotions sowie Marcelo Borges, Sonia Cancian, Linda Reeder (Hg.): Emotional Landscapes. Love, Gender, and Migration, Chicago 2021 und Camila Seixas Sousa: Memories of Displacement. Migration, Identity and Emotion in the Era of Transculture, Ribeirao 2022.
19 Vgl. Yvonne Albrecht: Gefühle im Prozess der Migration. Transkulturelle Narrationen zwischen Zugehörigkeit und Distanzierung. Wiesbaden 2017.

tensive Beschäftigung mit Affekten und Gefühlen stattfindet, dies ganz im Gegensatz zum philosophischen und wissenschaftlichen Diskurs, in dem die Bedeutung von Emotionen lange gering geachtet wurde.[20] Ebendies macht literarische Texte zu ergiebigen Forschungsgegenständen im Zuge des *emotional* bzw. *affective turns* der letzten Jahrzehnte, der disziplinübergreifend die Bedeutung von Emotionen für menschliches Handeln und gesellschaftliche Prozesse ins Zentrum stellt.[21] In der Artikulation und Reflexion solcher gesellschaftlich wie wissenschaftlich lange vernachlässigten oder gar verdrängten Zusammenhänge erfüllt auch die literarisch-künstlerische Verarbeitung des Exils und deren meist auch emotional geprägte Rezeption eine wichtige Funktion, die genauer erst noch erforscht werden muss. Insgesamt ist anzunehmen, dass auch für die Exilliteratur gilt, was Martin von Koppenfels und Cornelia Zumbusch für den Zusammenhang von Literatur und Emotionen insgesamt festgehalten haben: Es gibt keinen Weg, Literatur ohne Emotionen zu schreiben oder zu lesen.[22]

Vor diesem Hintergrund könnten literarische Texte, in denen mit der Emigration zusammenhängende Emotionen dokumentiert, reflektiert, kanalisiert und ästhetisch überformt werden, als eine Art Archiv für die Erforschung der Gefühlsgeschichte des Exils gesehen werden. Freilich gilt es dabei immer zu berücksichtigen, dass literarische Repräsentationen und Evokationen von Emotionen kein unmittelbares Abbild außerliterarischer Gefühlswelten darstellen.[23] Vielmehr sind sie das Resultat bestimmter Schreibprozesse, die ihrerseits emotional sein mögen, gleichwohl aber von sozialen, kulturellen und historischen wie medienspezifischen Bedingungen geformt werden. Wie Susanne Knaller ausgeführt hat, bauen ästhetische Emotionen auf nicht-ästhetischen emotionalen Codes, Formen und Mustern auf und tragen umgekehrt zur Entstehung dieser Formen bei, um sie gleichzeitig erneut zu reflektieren.[24] Dieses Spannungsfeld von Emotionen, ihrer literarischen Ausgestaltung und Verhandlung wirft eine Reihe grundsätzlicher Fragen zur ästhetischen Formung und Vermittlung von Emotionen auf, die wiederum nicht auf den Bereich des Literarischen beschränkt bleiben. Vielmehr stellt sich bei jedem emotionalen Ausdruck die Frage, inwiefern dieser eine Emotion direkt wiederzugeben ver-

---

20 Vgl. Martin von Koppenfels, Cornelia Zumbusch: Einleitung. In: Dies. (Hg.): Handbuch Literatur & Emotionen, Berlin 2016, S. 1–38, hier S. 10–16.
21 Vgl. Patrick Colm Hogan, Bradley J. Irish: Introduction. Literary Feelings. Understanding Emotions, in: dies. (Hg.): The Routledge Companion to Literature and Emotion, New York 2022, S. 1–13.
22 Vgl. Koppenfels, Zumbusch: Einleitung.
23 Vgl. Andrew Lynch: The History of Emotions and Literature, in: Hogan, Irish: Literary Feelings, S. 98–110.
24 Vgl. Knaller: Emotions and the Process of Writing, S. 18.

mag oder sie im Ausdruck selbst auch in gewisser Weise generiert. Die Frage nach dem Verhältnis von Medium und Gegenstand, in diesem Falle nach dem Ausdruck psychischer oder sozialer Erfahrung, gehört ihrerseits zu den grundlegenden Problemen kulturwissenschaftlicher Emotionsforschung.[25] Nicht zuletzt knüpft daran die Diskussion um Universalität oder kultureller und historischer Spezifik von Emotionen bzw. ihrem Ausdruck an. Umstritten ist dabei, ob es eine zeit- und kulturübergreifende Anzahl und Art von Emotionen gibt, und inwiefern sie von Affekten und Gefühlen trennscharf abzugrenzen sind. Paul Ekman geht von evolutionär fixierten „Basisemotionen" aus: Wut, Ekel, Furcht, Fröhlichkeit, Traurigkeit und Überraschung.[26] Ähnlich bestimmt Jaak Panksepp „Seeking", „Rage", „Fear", „Panic/Loss", „Play", „Mating" und „Care" als universale Emotionen.[27] Der Bezug vielfältiger emotionaler Erfahrungen auf diese Grundelemente kann dann über die Unterscheidung zwischen primären, evolutionär stabilen und sekundären, sozial determinierten Emotionen geregelt werden.[28] In einem Teil der Forschungsliteratur wird zwischen Emotion und Gefühl unterschieden, wobei Emotionen als neurologisch, biologisch und psychologisch und in ihrem Ausdruck auch medial determiniert verstanden, während Gefühle als Reaktionen, d. h. gewissermaßen als Ergebnisse von Emotionen definiert werden.[29] Da aber gleichzeitig eine verbindliche Definition von Emotionen vor allem deshalb als schwierig gilt, weil die damit verbundenen Begriffe und Kategorien kontextbezogen Veränderungen unterworfen sind,[30] werden die Begriffe „Emotionen" und „Gefühle", teils auch „Affekte", in großen Teilen gerade der literatur- und kulturwissenschaftlichen Forschungsliteratur synonym gebraucht.[31]

Gerade die literaturwissenschaftliche Emotionsforschung ist in der Regel wenig daran interessiert, allgemeingültige Kategorien und genaue Abgrenzungen im Feld der Emotionalität zu bestimmen. Vielmehr hat sie es in Gestalt von literarischen Texten immer schon mit „aesthetically reflected verbalizations of models and paradigms of emotion"[32] zu tun. Sie muss ihr Augenmerk mithin immer auch auf die Frage der Repräsentation richten und entsprechend auf das „komplizierte, gebrochene Verhältnis zwischen Sprache und Emotionen", das Koppenfels und

---

25 Vgl. Koppenfels, Zumbusch: Einleitung, S. 6.
26 Vgl. Paul Ekman: Facial Action Coding System. Utah 2002.
27 Vgl. Jaak Panksep: Affective Neuroscience. The Foundations of Human and Animal Emotions. Oxford 1998.
28 Vgl. Koppenfels, Zumbusch: Einleitung, S. 6–7.
29 Vgl. Knaller: Emotions and the Process of Writing, S. 19.
30 Vgl. Jan Plamper: Geschichte und Gefühl. Grundlagen der Emotionsgeschichte. München 2012, S. 21.
31 Vgl. Plamper: Geschichte und Gefühl, S. 22 sowie Oberlé: It's all about Emotions, S. 43–44.
32 Knaller: Emotions and the Process of Writing, S. 19.

Zumbusch zufolge wiederum überhaupt „eine der großen Produktivkräfte poetischer Sprache"[33] ausmacht. Literatur arbeitet historisch gesehen immer schon an der Erfassung von Emotionen ebenso wie deren Kategorisierung und Formgebung mit und unterzieht sie gleichzeitig wieder einer kritischen Verhandlung. Dabei setzen „Schrift und Text [...] sehr spezifische Rahmenbedingungen für emotionale Prozesse. Um verstehen zu können, wie literarische Texte Emotionen darstellen und wie sie emotional wirken, muss man der Passage der Emotionen durch den Engpass des Signifikanten Rechnung tragen."[34] Zugleich mit der Frage, inwiefern Schrift und Literatur Spuren lebendiger Emotionen aufzeichnen und vermitteln können, geht es mithin um die Frage nach deren Darstellung und Verhandlung innerhalb eines historisch-medial vorstrukturierten Repräsentationssystems.

In diesem Sinne untersuchen die Beiträge des vorliegenden Jahrbuches die Erscheinung und Darstellung von Emotionen in Textbeispielen aus unterschiedlichen Kontexten. Ein Schwerpunkt liegt auf literarischen Texten, zudem werden Selbstzeugnisse von Exilierten sowie im Exil entstandene Gebrauchstexte untersucht. Der historische Schwerpunkt liegt in der Auseinandersetzung mit dem durch den Nationalsozialismus erzwungenen Exil, erfreulicherweise konnten wir zudem Beiträge gewinnen, die auf weitere Konstellationen des Exils im 20. Jahrhundert blicken sowie auf Migrationen der Gegenwart. Wir folgen damit den bereits seit längerem betriebenen Bemühungen, die Erforschung des NS-Exils komparatistisch und transdisziplinär auf weitere historische und kulturelle Exil- und Migrationskonstellationen hin zu öffnen.[35] Dabei geht es weder um einen Vergleich, bei dem die einzelnen Erfahrungen untereinander abgeglichen oder gar relativiert werden sollen, noch darum, ihre jeweiligen historisch singulären Parameter zu vernachlässigen. Wohl aber soll Exilliteratur in ihren vielfältigen transkulturellen und transhistorischen Bezügen erforscht werden und dabei auch der oft intertextuell markierte Bezug zwischen Literarisierungen historisch unterschiedlicher Exilerfahrungen besser sichtbar werden.

Die Beiträge dieses Bandes gliedern sich in drei Sektionen. Im ersten Teil „Emotionen in Dokumenten und Selbstzeugnissen zum NS-Exil" untersucht *Martin J. Kudla* den Briefwechsel zwischen Robert Jungk und Hermann Levin Goldschmidt auf emotionale Einstellungen zu Exilländern und -städten und korreliert diese mit späteren Ansichten der beiden Schreiber. *Till Greite* liest die einschneidende Erfahrung eines Kindes, das im Exil in eine fremde Sprache geworfen

---

33 Koppenfels, Zumbusch: Einleitung, S. 7.
34 Koppenfels, Zumbusch: Einleitung, S. 3.
35 Vgl.: Bettina Bannasch, Doerte Bischoff, Burcu Dogramaci: Einleitung In: Exilforschung 40 (2022): Exil, Flucht, Migration. Konfligierende Begriffe – Vernetzte Diskurse?, hrsg. v. dens. Berlin 2022, S. 1–15.

wurde, als Ausgangspunkt für Michael Hamburgers lebenslange Tätigkeit als Übersetzer, Dichter und Kritiker. Ausgehend von den biografischen Interviews des sogenannten Israelkorpus führt *Simona Leonardi* aus linguistischer Perspektive den Begriff „Landmark" ein, in dem sich die erzählerische Wechselwirkung von Orten, Erinnerungen und Emotionen manifestiert. Ebenfalls aus dem Feld der Linguistik stammt *Michael Szurawitzkis* Analyse der Emotionen in Werbeanzeigen deutschsprachiger Exil-Zeitungen aus Shanghai.

Der zweite Teil nimmt „Emotionen in autobiografischen und literarischen Texten zum NS-Exil" in den Blick. Anhand von Klaus Manns Autobiografie zeigt *Nicolas Paulus*, dass sich die Darstellung des Exils hinsichtlich ihrer Emotionalität deutlich von den vorhergehenden Lebensphasen unterscheidet. Aus dem Kontext der Kindertransporte stammen die beiden Autobiografien von Lisa Seiden und Marion Charles, die *Christine Arendt* in ihrem Beitrag vergleichend betrachtet. Wie unterschiedlich die Perspektiven und emotionalen Reaktionen auf einen autobiografischen Text in Herkunfts- und Exilland sein können, zeigt *Irene Nawrocka* am Beispiel von Cordelia Edvardson. Heimweh und Heimat stehen im Mittelpunkt der folgenden beiden Beiträge. *Alberto Orlando* zeichnet in der Lyrik von Mascha Kaléko, Hilde Domin und Rose Ausländer nach, wie Heimweh in poetische Schaffenskraft überführt wird, und *Paula Odenheimer* folgt den komplexen Sprachbildern und poetischen Transformationen des Heimatbegriffs in Nelly Sachs' Gedichten wie auch in ihrer Korrespondenz. Zum Abschluss dieses Teils spürt *Finja Zemke* den Echos einer frühzeitig als Desiderat formulierten Gefühlsgeschichte des Exils in Texten von Günther Anders, Albert Drach, Oskar Maria Graf und Konrad Merz nach, die zwischen Verlust, Überwindung und Wiederentdeckung von Emotionalität changieren.

Im dritten und letzten Teil weitet sich der Blick auf „Emotionen in weiteren Konstellationen von Exil und Migration". Am Beispiel des spanischen Autors Miguel de Unamuno und seiner im (teilweise freiwilligen) Exil entstandenen Texte zeigt *Jobst Welge* eine emotional vermittelte, intellektuell-literarische Universalisierung des Exils auf. Zwischen der argentinischen Militärdiktatur und dem Exil in Frankreich ist die Roman-Trilogie von Laura Alcobas angesiedelt, der sich *Laura Wiemer* mit besonderem Augenmerk für die erinnernde Darstellung kindlicher Emotionen widmet. Um widerstreitende Narrative und die mit ihnen assoziierten Emotionen geht es bei *Axel Grimmeißen*, der mit Josef Alkatout und Yoram Kaniuk eine palästinensische und eine israelische Perspektive auf Exil, Flucht und Vertreibung im Zusammenhang mit dem jüdisch-arabischen Krieg von 1948 einführt. Auf die Suche nach möglichen Archetypen der verlorenen Heimat begibt sich *Ingeborg Jandl-Konrad* anhand der Texte von Irena Vrkljan, Marica Bodrožić und Lana Bastašić, die alle drei aus dem ehemaligen Jugoslawien stammen. Im Zentrum der filmwissenschaftlichen Analyse von *Regina Karl* steht die Stadt Marseille als Inbegriff des Transitortes, wie er von Anna Seghers literarisch gestaltet und von Christian Petzold für das Kino adaptiert und aktualisiert wurde. Um verschiedene Varianten transnationaler Affektivität in gegenwärtigen Migrationsprozessen geht es im abschließenden Beitrag von *Yvonne Albrecht*, der überdies noch einmal eine Reihe begrifflicher Klärungen vornimmt.

Aufgrund ihrer disziplinären, theoretischen, methodischen und historischen Vielfalt lassen sich die Beiträge dieses Jahrbuchs weder mit Blick auf den Begriff „Exil" noch den der „Emotionen" auf einen letztgültigen gemeinsamen Nenner bringen. Dennoch offenbart die gemeinsame Lektüre kontextübergreifende, zuweilen überraschende Korrespondenzen und wiederkehrende Muster, die – so die Hoffnung der Herausgebenden – zukünftigen Forschungsarbeiten als Ausgangspunkt und Inspiration dienen können.

I **Emotionen in Dokumenten und Selbstzeugnissen zum NS-Exil**

Martin J. Kudla
„Grüsse aus meinem Ruinen-Leben". Exil und Emotionen im Briefwechsel zwischen Robert Jungk und Hermann Levin Goldschmidt

Der Briefwechsel zwischen Robert Jungk (1913–1994) und Hermann Levin Goldschmidt (1914–1998) stellt eine reichhaltige Quelle zur Erforschung des Zusammenhangs von Exil und Emotionen dar. Ich möchte mich im Folgenden auf zwei Aspekte der Korrespondenz, insbesondere derjenigen zwischen 1936 und 1944 konzentrieren: die Emotionen gegenüber Exilländern und Exilstädten sowie die Transformation von Emotionen im Exil. Beide Aspekte korrelieren auffällig mit späteren Einstellungen, Haltungen und Werkgedanken, die ich jeweils anschließend skizziere. Insbesondere Jungks psychologisch fundierte Politiktheorie, die er von den 1930er Jahren an entwickelte, in deren Rahmen er sich mit der Transformation von Emotionen beschäftigte, kommt in den Briefen zu einer spezifischen Anwendung. Neben der historischen Erforschung von Exil und Emotion ist damit eine aufschlussreiche Annäherung an biographische und werkgenetische Fragen möglich. Die Prägung durch das Exil und die zugehörige emotionale Grundierung kann durch die Freilegung der Erfahrungsschichten bei der Analyse der Briefe sichtbar werden.

Da der größere Teil der frühen Korrespondenz aus Jungks Briefen besteht – Goldschmidts sind leider nicht vollständig erhalten – und da Jungk selbst über mehr als 25 Jahre lang eine Theorie zum Zusammenhang zwischen der „Geschichte der Gefühle" und der politischen Geschichte entwickelt hat, werde ich den Schwerpunkt auf seine Ausführungen legen.

Goldschmidt und Jungk stammten aus assimilierten jüdischen Familien im Bayerischen Viertel in Berlin. Sie besuchten gemeinsam das Mommsen-Gymnasium, hatten den gleichen Schulweg und machten im Jahr 1932 Abitur. Ihre intensive, mitunter wechselvolle Freundschaft entwickelte sich in einer Tiefe, die lebenslang Bestand haben sollte, aber erst nach ihrer erneuten Begegnung im Jahr 1936. Zur Orientierung will ich einen kurzen Überblick über beider Lebensstationen in der Zeit bis 1945 geben, von denen einzelne Phasen unten genauer beleuchtet werden.

Goldschmidt blieb nach seinem Abitur in Berlin, arbeitete zwei Jahre beim Verlag Ullstein, bevor er „infolge der politischen Ereignisse" 1934 entlassen wurde und sich schriftstellerischen und philosophischen Arbeiten zuwandte.[1] Im Februar 1938 floh er auf Grund der zunehmenden Einschränkungen und drohenden Verfolgung nach Zürich, wo er studierte und bereits 1941 promovierte. Er widmete sich fortan philosophischen und jüdischen Themen und versuchte, sich 1944 an der Universität Zürich zu habilitieren, was ihm jedoch aus antisemitischen Gründen verwehrt wurde.[2]

Jungk begann 1932 ein Studium an der Humboldt-Universität, musste aber 1933 nach einem Akt des Widerstandes und einer kurzzeitigen Internierung fliehen. Über Österreich und die Schweiz kam er nach Paris, wo er sein Studium fortsetzte und beim Film arbeitete. 1935 war er mehrere Monate in Barcelona, 1936 kehrte er illegal nach Berlin zurück und musste, nachdem er erneut verfolgt wurde, Ende 1936 abermals fliehen. Er ging nach Prag, wo er einen deutschsprachigen Artikeldienst gründete. Auf Grund des drohenden Einmarsches ging er im Mai 1938 nach Zürich, bald darauf weiter nach Paris und blieb einige Monate in London, bis er im April 1939 für sein Studium nach Zürich zurückkehrte. 1943 wurde er auf Grund seiner journalistischen Tätigkeiten – er stand wie alle Ausländer:innen unter Arbeitsverbot[3] – interniert, konnte aber während seiner Internierung seine Doktorarbeit fertigstellen und kam erst 1945 wieder frei.[4]

Der Briefwechsel zwischen Goldschmidt und Jungk erstreckt sich von einer ersten Kontaktaufnahme im Jahr 1934 bis zu Jungks Tod.[5] Der Gegenstand der vorliegenden Untersuchung ist ein Teil ihrer Exilbriefe.[6]

---

1 Hermann Levin Goldschmidt: Lebenslauf. Enthalten in: Hermann Levin Goldschmidt an den Zentralrat der Juden in Deutschland, 9.8.1957. Archiv für Zeitgeschichte der ETH Zürich [im Folgenden AfZ]: NL H Levin Goldschmidt / 17.
2 Vgl. u. a. Prof. Dr. Hermann Levin Goldschmidt: 15. Februar 1938–10. Januar 1963. Von der Ankunft in Zürich bis zur Aufnahme ins Zürcher Bürgerrecht. AfZ: TA Kolloquien FFAfZ / 83; Hermann Levin Goldschmidt an Fritz Medicus, 14.4.1944. AfZ: NL H Levin Goldschmidt / 29.
3 Vgl. zur allgemeineren Situation auch Werner Mittenzwei: Exil in der Schweiz. Leipzig 1981 (2. Aufl.).
4 Vgl. u. a. Robert Jungk: Trotzdem. Mein Leben für die Zukunft. Wien, München 1993, S. 189–195.
5 Siehe dazu die Dossiers mit dem Briefwechsel zwischen Robert Jungk und Hermann Levin Goldschmidt: AfZ: NL H Levin Goldschmidt / 398 und 638; sowie Literaturarchiv Salzburg [im Folgenden LAS]: Nachlass Robert Jungk, Briefe, Mappe RJ/B Ga-Go. Eine Edition der Briefe ist derzeit in Vorbereitung. Alle der im Folgenden wiedergegebenen Briefe stammen – soweit nicht anders angegeben – aus dem Dossier AfZ: NL H Levin Goldschmid / 398.
6 Vgl. zum Exilbrief u. a. Anne Katrin Lorenz: Exilbrief im 19. bis 21. Jahrhundert. In: Marie Isabel Matthews-Schlinzig, Jörg Schuster, Gesa Steinbrink und Jochen Strobel (Hg.): Handbuch Brief. Von der frühen Neuzeit bis zur Gegenwart. Bd. 1: Interdisziplinarität – Systematische Perspektiven – Briefgenres. Berlin, Boston 2020, S. 646–659; Primus-Heinz Kucher, Johannes F. Evelein und Helga Schreckenberger (Hg.): Erste Briefe/First Letters aus dem Exil 1945–1950. (Un)mögliche Ge-

In der Zeit zwischen 1933 und 1945 erhielt der Brief „einen neuen, höheren Stellenwert", mit der Möglichkeit, „im Dialog das Erlittene und die bedrückende Gegenwart bewältigen zu können".[7] Briefe werden, mit Wolfgang Müller gesprochen, in einer „Einsamkeit" verfasst, die „im Extremfall die [...] des Exils ist."[8] Diese Möglichkeit der Mitteilung über das Erlittene aus einem andauernden „Extremfall" von „Einsamkeit" mit zeitlichen Versetzungen und der steten Ungewissheit, ob die Briefe ihr Ziel erreichen, ist für die Korrespondenz zwischen Jungk und Goldschmidt bestimmend.[9] Die räumliche Trennung des brieflichen Dialogs versuchen beide durch die Bildung einer „emotionalen Gemeinschaft" zu überwinden.[10]

Verbunden waren sie auch in ihrer schriftstellerischen Tätigkeit, der sie beide in den 1930er und 1940er Jahren nachgingen. So ist auch den Briefen eine Bestrebung zur Literarisierung zu entnehmen, bei gleichzeitiger Aufrechterhaltung eines die persönlichen Gespräche fortsetzenden Tons und Bezugsrahmens. Anders als in den Briefen von Peter Weiss an Hermann Levin Goldschmidt und Robert Jungk[11] aus der behandelten Zeit, in welchen die Literarisierung derselben bewusst weit über eine dialogische Bezugnahme hinausgetrieben wird, bemühten sich Jungk und Goldschmidt um ein wirkliches Eingehen auf das Gegenüber. Sie schickten sich gegenseitig die Manuskripte ihrer Romane und Novellen und kommentierten diese. So stellen die literarisierenden Teile ihrer Briefe vielmehr einen Versuchs- und Reflexionsraum dar, in dem zwischen dem unmittelbar Erlebten oder nach und nach Durchdachten der Übergang ins Werk probiert oder die Entstehung eines solchen skizziert wird. Es trifft sehr genau dasjenige zu, wie es einmal über den „Exilbrief" angemerkt wurde, dass in diesem „der Lebensrohstoff ungeniert an die Oberfläche" treten darf: „Er erlaubt den Temperamentsaus-

---

spräche. Fallbeispiele des literarischen und künstlerischen Exils. München 2011; Els Andringa: Poetics of Emotion in Times of Agony: Letters from Exile, 1933–1940. In: Poetics Today (Spring 2011), 32:1, S. 129–169.
7 Frank Wende: Briefe aus dem Exil. 1933–1945. In: Klaus Beyrer und Hans-Christian Täubrich (Hg.): Der Brief. Eine Kulturgeschichte der schriftlichen Kommunikation. Frankfurt a. M. 1996, S. 172–183, hier: S. 172.
8 Wolfgang G. Müller: Brief. In: Gert Ueding (Hg.): Historisches Wörterbuch der Rhetorik, Bd. 2: Bie–Eul. Tübingen 1994, S. 60–76, hier: S. 61.
9 Vgl. dazu neben den Briefen aus der Internierung u. a. die Briefe Jungks an Goldschmidt vom Juli und August 1939.
10 Siehe dazu u. a. Barbara Rosenwein: Emotional Communities in the Early Middle Ages. Ithaca, N.Y. 2007; zu „emotional communities" und Exilbriefen s. a. Carolina Rodríguez-López und Daniel Ventura Herranz: De exilios y emociones. In: Cuadernos de Historia Contemporánea (2014), vol. 36, S. 113–138.
11 Peter Weiss: Briefe an Hermann Levin Goldschmidt und Robert Jungk 1938–1980, hg. von Beat Mazenauer. Leipzig 1992.

bruch. Zorn, Klage, Trauer, Vermutungen, Hoffnungen, Wünsche sind in diesem genus mixtum Formansprüchen weniger stark ausgesetzt als in anderen Schreibweisen der Exilliteratur."[12] Es ist dieses wenig geformte An-die-Oberfläche-Treten von „Lebensrohstoff" und Emotionen, es sind ehrliche und mitunter bekenntnishafte Mitteilungen, die den Briefwechsel charakterisieren. Das erfahrene und mitgeteilte Leid wird in den Briefen zugleich im Sinne einer Perspektivierung und folgenden Veränderung der Emotionen verarbeitet und als Grundlage literarischer Arbeit und Reflexion empfunden und genutzt.

Die Rolle der Sozialisation und das kulturell bedingte Lernen der Art und Weise, wie gefühlt wird, wie es auch im Zusammenhang von Emotion und Migration beschrieben wurde,[13] ist sicherlich zu berücksichtigen. Für beider Umgang mit Gefühlen ist im Sinne Nathan Rotenstreichs zu erinnern, dass eine Tradition wie das Judentum Reaktions- und Verhaltensweisen anbietet, die im allgemeinen Sektor nicht verfügbar sind.[14] Auch die sehr unterschiedliche soziale Herkunft, die in zahlreichen, im Folgenden nicht aufgenommen Briefen sehr stark thematisiert wird, wäre bei weiteren Untersuchungen eigens herauszuarbeiten.

Ich werde mich, was die Emotionen betrifft, nicht auf einen vorgefertigten Zugriff beschränken oder einen Katalog durcharbeiten, einer bloßen „Aneinanderreihung", die zu Recht als „Schwundform theoretischer Bewältigung" bezeichnet wurde.[15] Als Referenzrahmen dient vielmehr Jungks eigene Theorie über den Zusammenhang von Gefühlen und gesellschaftlichen und politischen Prozessen, die ich im zweiten Teil kurz einführen werde. Was er darin ‚Gefühl' nennt, umfasst sowohl das subjektive Erleben, Empfindungen, Gedanken und kognitive Aspekte, den Körper und Körperempfindungen als auch zwischenmenschliche und Gruppenprozesse, die in den Bereich der Gesellschaft und Politik zurückwirken. Ich möchte also im Blick auf die Briefe von dem eigenständigen Ausdruck von Emotionen in einem Lebenszusammenhang ausgehen und von der Rückwirkung derselben auf das Denken und Handeln der beiden Protagonisten.

Den rahmengebenden Begriff Exil greife ich auf, wenn auch Jungk und Goldschmidt im behandelten Zeitraum von „Emigration" sprechen. Jungk tut dies beispielsweise sogar nach der Lektüre einer Rede Franz Werfels, in welcher explizit

---

12 So die Herausgeber in Gert Mattenklott, Hannelore Schlaffer und Heinz Schlaffer (Hg.): Deutsche Briefe: 1750–1950. Frankfurt a. M. 1988, S. 700.
13 Paolo Boccagni, Leretta Baldassar: Emotions on the move: Mapping the emergent field of emotion and migration. In: Emotion, Space and Society 16 (2015), S. 73–80, hier: S. 75.
14 Siehe Nathan Rotenstreich: Tradition and Reality. The Impact of History on Modern Jewish Thought. Toronto 1972, S. 126.
15 Martin von Koppenfels und Cornelia Zumbusch: Einleitung. In: dies. (Hg.): Handbuch Literatur & Emotionen. Berlin, Boston 2016, S. 1–36, hier: S. 4.

auf das „Exil" Bezug genommen wird, und berichtet im Januar 1939 an Goldschmidt von einer „Werfelrede über die Emigration".[16] Auch Goldschmidt spricht über sich und andere geflohene Jüdinnen und Juden als „Emigranten".[17] In beiden Fällen ist jedoch klar, dass es keine freie Entscheidung auf der Suche nach einem besseren Leben war, sondern die Flucht vor der Verfolgung durch die Nationalsozialisten.[18]

1 Emotionen gegenüber Exilländern und Exilstädten

Die Frage, wo Jungk, der seit 1933 auf der Flucht war, „einmal irgendwo Wurzel schlagen" könne, stellte sich ihm unentwegt.[19] Von einem kurzen Aufenthalt in Italien, wo er an einem Ferienkurs einer Schülerin von Elsa Gindler teilnahm, reagierte er im Juli 1937 vermutlich auf einen ersten Vorschlag Goldschmidts, nach Zürich zu kommen.[20] Dort erwarte ihn, so der damals 24-jährige Jungk, „kein ideales Lebensklima", er bemängelte die „grosse innere Entfernung von den Schweizern, ihre Gefühlskälte und störrische Andersartigkeit" und beklagte sich darüber, „wie sie unsere schöne Sprache verhunzen", was ihn „ständig zu feindseeliger [sic!] Haltung" herausfordere.[21]

Im April 1938, Goldschmidt war bereits in Zürich, Jungk wieder in Prag, schrieb Letzterer, dass es „keine bessere Lösung" für ihn gäbe als Amerika.[22] Mit Nachdruck aber ohne Erfolg bemühte er sich um ein Visum für dieses aus seiner Sicht „gelobte Land".[23] In der Schweiz hatte er auf Grund des Arbeitsverbotes für

---

16 Jungk an Goldschmidt, 21.1.1939; vgl. dazu Franz Werfel: Eine Ansprache. In: Pariser Tageszeitung, Sonntagsbeilage, 15./16.1.1939, S. 3.
17 Vgl. z. B. Goldschmidts Wortmeldungen in: Protokoll einer Konferenz der Herren von der Flüchtlingshilfe Zürich mit Herren aus dem Kreise der Emigration, 11.5.1944. AfZ: NL H Levin Goldschmidt / 74.
18 Siehe u. a. Jungk: Trotzdem, S. 89–93; Von der Ankunft in Zürich. AfZ: TA Kolloquien FFAfZ / 83.
19 Jungk an Goldschmidt, 22.4.1938; vgl. z. B. die Briefe vom 11.4.1938 und 10.3.1938. Alle Transkriptionen aus dem Briefwechsel folgen buchstaben- und zeichengetreu dem Original, nur offensichtliche Tippfehler und Leerzeichen vor Satzzeichen wurden stillschweigend korrigiert. Eigene Ergänzungen werden durch eckige Klammern markiert.
20 Jungk an Goldschmidt [undatiert, ca. 20.7.1937], Hervorhebung im Original; zu Elsa Gindler vgl. u. a. den Brief Jungks vom 10.3.1938. Viele der frühen Briefe Goldschmidts sind leider nicht erhalten.
21 Jungk an Goldschmidt, ca. 20.7.1937.
22 Jungk an Goldschmidt, 22.4.1938.
23 Jungk an Goldschmidt, 21.6.1937.

Ausländer:innen „nicht die geringste Lebensmöglichkeit und keine Zukunft".[24] Hinzu kam, dass sein Bild von Europa mehr und mehr getrübt war.

> Vielleicht wird sich mir drüben aus Erinnerung und Sehnsucht ein viel bedeutsameres Bild von Europa bilden als hier, wo ich mit ansehen muss, wie dieser Erdteil sich selbst vergisst und seine Menschen den Zustand von Terror und Angst allmählich als selbstverständlich akzeptieren. Ich meine, dass wir alle nur noch mit halbem Atem atmen, dass unsere Phantasie aus Angst vor Unterdrückung schon nur noch verstümmelte Kinder gebärt. Ich habe in mir Bilder der sogenannten glücklichen Vorkriegszeit, ich weiss dass man damals anders sprach und freier lachte. Warum soll ich nicht wenigstens ein Bruchteilchen davon erleben? Ich habe es sooft gesehen, dass ein Milieuwechsel die schwersten Probleme, die verfilztesten Knäuel lösen kann. Wir sind nun einmal von äusseren Einflüssen stark abhängig und es kommt ein Augenblick wo man es unter der Gewitterdrohung nicht mehr aushalten kann.[25]

Die Briefstelle ist in mehrerlei Hinsicht bemerkenswert, wovon ich zwei Aspekte besonders hervorheben möchte. Jungk imaginiert die Rückschau auf Europa nach einer erfolgten Einreise in die Vereinigten Staaten von Amerika. Was durch „Phantasie" möglich wäre, eine Flucht,[26] der von „Terror und Angst" bestimmten Gegenwart etwas Besseres entgegenzusetzen oder auch, wie er selbst mit der Rückschau aus einer vorgestellten Zukunft vorführt, die Antizipation möglicher Zukunftsszenarien – dieser fruchtbare Prozess gebärt nur noch „verstümmelte Kinder". Auffallend im Vergleich zu seinem späteren Werk ist das restaurative Moment, das er an dieser Stelle einführt. Es folgt ein Blick in eine – in diesem Fall wirklich erlebte – Vergangenheit, seine eigene Kindheit, von der aus eine mögliche Zukunft, das Wiedererleben der „glücklichen Vorkriegszeit" in einer neuen Umgebung, antizipiert wird. Auf die Frage, inwieweit für Jungk Vergangenheit und Zukunft für die Transformation von Emotionen relevant sind, komme ich am Ende des zweiten Abschnitts zurück.

Als im Mai 1938 klar wurde, dass Hitlers Ansprüchen auf das Sudetenland militärisch nichts entgegenzusetzen war, ging Jungk nach Zürich, wo ihn Goldschmidt bereits erwartete.[27] Dort wollte er gerne bleiben, aber seine Unrast und sicherlich auch materielle Gründe trieben ihn bald wieder nach Paris, wo seine Mutter mittlerweile wohnte und wohin er seinen Artikeldienst verlegt hatte.

---

24 Jungk an Goldschmidt, 22.4.1938.
25 Jungk an Goldschmidt, 22.4.1938.
26 Für Jungk, der nicht lange zuvor Peter Weiss kennengelernt hatte und mit ihm sehr eng befreundet war, war zu diesem Zeitpunkt Flucht ein wichtiges Thema. Vgl. u. a. das Interview Jungks in Peter Weiss: Fluchtpunkt Malerei. Ein Film von Norbert Bunge und Christine Fischer-Defoy, Dokumentarfilm. BR Deutschland 1986; zum Thema Flucht bei Weiss siehe u. a. Weiss: Briefe, S. 70, 96; Ders.: Fluchtpunkt. Frankfurt a. M. 1962; Ders.: Die Besiegten. Frankfurt 1985, S. 35.
27 Jungk: Trotzdem, S. 154.

Nach nur einer Woche in Paris jedoch sehnte er sich, wie er an Goldschmidt schrieb, nach Zürich zurück.

> Eine Woche, die meinen Beschluss in Zürich zu leben nur bestärkt hat, denn Paris ist ein Rausch, ein äusserer Rausch, der so stark ist, dass man darüber vergisst nach innen zu horchen. Es ist auch gar kein Zufall, dass fast alle grossen französischen Schriftsteller in der Provinz leben, in Paris selbst nur die Boulevardiers. [...] Ich hatte vor dieser Stadt, während ich hier lebte immer eine geheime sehr tiefgehende Angst, dere[r] ich mir aber erst jetzt so richtig bewusst werde. Jetzt bin ich doch weltgewandter, erwachsener geworden und kann mit all den Gefahren, mit all dem geheimen Grauen spielen wie ein Gleichberechtigter, ein Mann.[28]

Noch im Monat seines zwanzigsten Geburtstages war Jungk 1933 in Paris angekommen, wo er sich allein und beinahe mittellos durchschlagen musste. Eine „geheime", wie es scheint, vor ihm selbst geheim gehaltene „sehr tiefgehende Angst" blieb unbewusst in diesem „Rausch", der auch ein Rausch der Notwendigkeit des Überlebens war. Nur fünf Jahre später, nach seinen Stationen in Barcelona, Berlin und Prag ist er an sich selbst gewachsen, konnte mit dem „geheimen Grauen spielen", war auf Augenhöhe mit dem, was ihm begegnete. Seine mit Paris verbundene „Angst" konnte er durch den neuerlichen Aufenthalt, die gewonnene Erfahrung und durch die größeren Ressourcen wandeln und spielerisch erleben. Aber doch sehnte er sich nach Zürich zurück, wo es ihm wohl möglich war, „nach innen zu horchen", wo die äußere Ruhe die innere beförderte.

Doch abermals stürzte sich Jungk nach einem schönen Sommermonat, den er nicht lange darauf als den einzigen „glücklichen Monat" seines ganzen Lebens erinnerte,[29] in ein neues Abenteuer. Obwohl der Artikeldienst in Paris mitunter sehr gut lief, was ein Leben in Zürich trotz des dortigen Arbeitsverbotes ermöglicht hätte, schien er sich nicht darauf verlassen zu wollen. Viel zu unsicher und fragil war die Gesamtsituation, zu oft hatte er plötzliche Wechsel, Zusammenbrüche, die Notwendigkeit einer Flucht und einen Neuaufbau der Existenz erlebt. Er ging nach London und entwickelte nach der Idee eines Geschäftspartners „Comic-Strips" für die britischen Zeitungen.[30] Aber das Leben in London bekam ihm nicht. Im August 1938 schrieb er an Goldschmidt:

> Lass Dir sagen, dass es schon auf der Erde – Himmel und Hölle gibt. Zürich und unser Leben dort – das ist der Himmel, London – nein, Hölle genügt nicht, man sollte ein neues Wort für dieses Inferno erfinden[,] belebt und beherrscht von teufelsroten Autobussen. Brrr! Ich habe hier mal wieder einen Kampf gegen mich selbst auszufechten.[31]

---

28 Jungk an Goldschmidt, 19.6.1938.
29 Jungk an Goldschmidt, 12.3.1939.
30 Jungk: Trotzdem, S. 164.
31 Jungk an Goldschmidt, 16.8.1938.

Er befand sich nach seinen Worten in einem „selbstgebauten Gefängnis" und beging „Selbstverrat".[32] Er schaffte es nicht, seinem inneren Wunsch nachzugehen und in Zürich zu studieren. Er richtete sich nach den äußeren Gefahren, versuchte ihnen zuvorzukommen und ein weiteres Standbein zu haben, sollte das andere wegbrechen. Zürich, das ihm entsprach, wo er sein wollte, wurde so zum „Himmel", zum Symbol für dasjenige, was er innerlich wollte und ersehnte. London verkörperte das „Gefängnis", den „Selbstverrat", die „Hölle" – all dasjenige, was er gegen seinen eigenen Wunsch tat.

Gerade in diesem Punkt stimmten die beiden Freunde sehr überein. Goldschmidt war nach dem Tod seiner Eltern nicht, wie sein Bruder, zu reichen Verwandten nach England ausgewandert, wo er ein bequemes Leben hätte führen können.[33] Er hatte sich für die deutsche Sprache, einen, nach eigener Aussage, „der entscheidenden Punkte" seines Lebens „überhaupt" entschieden.[34] Die Ankunft in der Schweiz im Februar 1938 war für ihn ein grundlegendes Erlebnis, geradezu eine „Offenbarung", der „ungeheure Unterschied dem totalitären Deutschland gegenüber".[35] England bedeutete für ihn das ihm verhasste Leben reicher Leute.[36] So stieß Jungks Lamento in ihm auf reichlich Resonanz, besonders nach einem Besuch der besagten Verwandten in England zum Jahreswechsel auf das Jahr 1939.

> Erst war ich auf dem Lande, zuletzt vier Tage in London. Was für ein Alpdruck! Ich werde ihn und sie künftig nur noch Babylondon nennen. Denn wahrhaftig, so muß die große Hure Babylon ausgesehen haben oder das Rom der Kaiserzeit. Schmutz, Rausch. Dieser Luxus, dieses Laster, diese Lügen. Geh mal die Rückseite der Prunkstraßen entlang. Dann dieses Unorganische: Krankenhaus, Kino, Flathaus, Geschäfte, ein stiller Platz, nebeneinander und durcheinander. Und dazu der Nebel. [...] Diese Restaurants, die Massenhaftigkeit, und dann das Unterirdische! [...] Oder die stundenlange Einfahrt durch die schmutzigen und eintönigen Vororte, mit den vielen schreienden Plakate[n] und dem Verkehr und der Hast und der Freudlosigkeit. Noch nie habe ich so unmittelbar unter einer Stadt, auch unter London noch nie so gelitten wie dieses Mal. Zum Teil, weil ich aus Zürich kam (unserem Zürich, es gibt auch ein anderes) – vor allem, aber, weil ich mir immer wieder sagen mußte: hier will er leben! hier soll er leben! Toll, wie oft und unwirklich mir dieser Gedanke kam.[37]

---

32 Jungk an Goldschmidt, 1.4.1939.
33 Interview mit Hermann und Mary Levin Goldschmidt-Bollag vom 12.6.1992 (Aufnahme unvollständig). AfZ: NL H Levin Goldschmidt / 983.
34 Hermann Levin Goldschmidt: Abschiedsvorlesung (Volkshochschule Zürich), 31.1.1995. AfZ: NL H Levin Goldschmidt / 984.
35 Von der Ankunft in Zürich. AfZ: TA Kolloquien FFAfZ / 83.; vgl. Über die Freiheit; Persönliche Erlebnisse HLG. AfZ: FD Marcel Ott / 37.
36 Vgl. u. a. Rezeption in Zürich, Vorsätze, Herausforderungen. AfZ: FD Marcel Ott / 10.
37 Goldschmidt an Jungk, 8.1.1939.

Eine Woche nach seiner Rückkehr setzte er nach:

> Mein Aufenthalt in London, hat mir die Augen wie noch nie geöffnet für den wahnsinnigen und widersinnigen Rausch, in dem heute die meisten leben. Und Du nun mitten darin. Mit dem Wissen darum, daß es nur Rausch ist, keine echte Steigerung der Lebenskraft und Lebensfreude. [...] Hier in Zürich gibt es zwar auch Zeitungen und Beunruhigungen und Sinnlosigkeit, aber da sehe ich jetzt, in diesem Augenblick, aus meinem Fenster, das Du kennst, über die Stadt hinweg, sehe nichts von den Straßen und Straßenbahnen und hastenden Menschen (die keine Menschen mehr sind), sondern ich sehe Berge und den See, in der Ferne die Schneeriesen – sie sind das Bleibende, nicht wir, oder wir sind nur insofern bleibend, als wir von ihnen lernen, wie man über die Städte ragt.[38]

In der Empfindung und Beschreibung dieser Gegensätze fanden sie nochmals stärker zueinander. Es findet sich kaum ein Brief aus den folgenden Wochen, in dem nicht ein weiterer Kommentar angefügt wird. Nach einem kurzen Paris-Aufenthalt im Januar 1939 klagte Jungk etwa, er müsse demnächst wieder „ins Land des Nebels und der roten Busse fahren. *Brrr!*"[39] Goldschmidt erwiderte umgehend: „Fast ist mir das angenehm, denn ich sage mir, daß Du mit jedem Tag länger in England früher in Zürich bist."[40] Jungk reagierte wenige Tage darauf: „Wie sehr ich dieses London heute schon hasse lässt sich garnicht sagen!"[41]

Bald darauf gelangte Jungk an einen wirklichen Tiefpunkt, war „so traurig, so ratlos, so verstrickt", „so mutlos",[42] und erwog sogar eine Selbstanzeige als „Schwarzarbeiter", um ausgewiesen zu werden und so aus den in England eingegangenen geschäftlichen Verpflichtungen herauszukommen.[43]

Auch die Berichte Goldschmidts nach Jungks Erkundigung im Blick auf die Situation in der Schweiz tat der Bevorzugung beider von Zürich als Lebensort keinen Abbruch. Goldschmidt schrieb über „die schrecklichsten Gerüchte" eines bevorstehenden deutschen Einmarschs.[44] „Emigranten [...] zogen sich zwei Kleider an für den Fall der Flucht, wieder andere öffneten das Fenster, um beim Eintritt der Gestapo sofort hinauszuspringen."[45] Nüchtern kommentierte Goldschmidt: „Ich gestehe Dir offen, daß es mir zwar verfrüht aber nicht zu unangenehm wäre, das Leben zu verlieren."[46]

---

38 Goldschmidt an Jungk, 15.1.1939.
39 Jungk an Goldschmidt, 21.1.1939, Hervorhebung im Original unterstrichen.
40 Goldschmidt an Jungk, 22.1.1939.
41 Jungk an Goldschmidt, 31.1.1939.
42 Jungk an Goldschmidt, 12.3.1939.
43 Jungk an Goldschmidt, 14.3.1939.
44 Goldschmidt an Jungk, 2.4.1939.
45 Goldschmidt an Jungk, 2.4.1939.
46 Goldschmidt an Jungk, 2.4.1939.

In demselben Brief bot Goldschmidt an, einen Teil des Geldes, das ihm seine Verwandten monatlich aus England schickten, Jungk zu leihen, damit er in Zürich sein Studium fortsetzen könne. Die Situation wurde für Goldschmidt immer dringlicher, mit Nachdruck bemühte er sich, Jungk zur Rückkehr in die Schweiz zu bewegen:

> Es kommt in jedem Gespräch ein Augenblick, wo der eine oder andere des Redens müde wird und handeln will, zu diesem Zweck schlägt er auf den Tisch. Bei unserer Entfernung ist es nur möglich auf die Schreibmaschine zu schlagen – !!!!! – das ist hiermit getan. [...] Also rette Dich! Rette Dich!![47]

Von Verzweiflung, mehr und mehr körperlichen Symptomen geplagt und bekräftigt durch die in Aussicht gestellte materielle Sicherheit erwog Jungk „voller Wonne" die Rückkehr.[48] Mitte April schien der Entschluss festzustehen, „halbverrückt vor Freude" dankte er Goldschmidt für sein briefliches „auf den Tisch hauen" als auch für das finanzielle „Hilfsangebot".[49]

Vermutlich gegen Ende April kam Jungk in Zürich an[50] und das Versprechen der Einwirkung der äußeren Ruhe auf die innere blieb kein leeres. Jungk erlebte intensive Glücksgefühle, die etwa den Briefen vom Juli 1939 zu entnehmen sind.[51]

Aber der „Himmel" Zürich blieb für Jungk nur ein vorübergehender. Nachdem er gute Kontakte zu Widerstandsbewegungen in Deutschland und durch diese sehr präzise Informationen über die dortigen Vorgänge hatte, aber sicherlich auch aus materiellen Gründen, publizierte er in Zürich trotz des Arbeitsverbots für Ausländer:innen weiter.[52] Seine Tätigkeit flog jedoch auf und er wurde im Juni 1943 interniert.[53] Nach einer ersten Zeit in einer Strafanstalt bei St. Gallen wurde er in das Arbeitslager Möhlin bei Basel und daraufhin in das Internierungsheim auf Schloß Burg im Leimental nahe der Grenze zu Frankreich überwiesen. Von einem kurzen freien Ausgang, in dem er sich in einer Pension einmietete, um ein paar Stunden ruhig zu schlafen, schrieb er an Goldschmidt:

---

47 Goldschmidt an Jungk, 9.4.1939.
48 Jungk an Goldschmidt [undatiert, ca. 8.4.1939].
49 Jungk an Goldschmidt, 16.4.1939. Die briefliche Thematisierung der ganz unterschiedlichen finanziellen Ausgangssituationen – auch in Zusammenhang mit den Briefen von und an Peter Weiss – wäre eine eigene Untersuchung wert.
50 Vgl. dazu Goldschmidt an Jungk, 25.3.1939 und Jungk an Goldschmidt [Datierung unleserlich, ca. Ende April 1939].
51 Siehe u. a. Jungk an Goldschmidt, 18.7., 21.7. und 24.7.1939.
52 Siehe dazu u. a. Robert Jungk: Deutschland von außen. Beobachtungen eines illegalen Zeitzeugen. München 1990.
53 Vgl. u. a. Jungk: Trotzdem, S. 184 f.; Robert Jungk an Peter Weiss, 31.10.1943. AfZ: NL H Levin Goldschmidt / 434.

> Mein lieber Hermanus, einige Grüsse aus meinem Ruinen-Leben (wenn ich sehr pessimistisch wäre könnte ich sagen ruinierten Leben). [...] Wenn ich hier liege ist es mir fast unvorstellbar wie entsetzlich mein augenblicklicher Lebenszustand ist. Diese verrückte Unordnung in jenem alten Gemäuer, dieser Schmutz, diese Verkommenheit, dieser vollständige Unsinn in jeder administrativen Anordnung. [...] Am Donnerstag sass ich dann wieder einmal zwei Stunden in der Bibliothek und merkte so recht *was* ich verloren habe und wie sinnlos herausgeworfen mir diese Zeit vergeht.[54]

Wenn Jungk auch einige Zeit später durch die Intervention eines befreundeten Psychiaters in eine Klinik zur „Behandlung von Nervenkrankheiten" wechseln konnte, um der strengeren Internierung zu entgehen, und dort nach einiger Zeit „extern" wohnen durfte, waren die Einschränkungen enorm.[55] „Menschlich" war er „entsetzlich isoliert".[56]

Auch seine Mutter, die in Frankreich verhaftet und ins Camp de Gurs verbracht worden war, die auf abenteuerlichem Wege geflohen und illegal über die Schweizer Grenze gekommen war, musste durch „mehrere Schweizer Auffang- und Internierungslager" und unter unmenschlichen Bedingungen leben.[57] Die Schweiz entpuppte sich schließlich nicht als der sichere Hafen, den beide erwartet hatten.

Die beschriebenen und zum Teil grundverschiedenen Erfahrungen und Emotionen gegenüber den Exilländern und Exilstädten korrelieren stark mit späteren Einstellungen, Haltungen und Selbstbeschreibungen. Goldschmidt hatte eine anhaltend positive Einstellung der Schweiz gegenüber, in der er bis an sein Lebensende verblieb. Ihm gelang dort „eine zweite Verwurzelung",[58] er entwickelte eine Begeisterung für die Schweizer Geschichte und Schweizer Denker und bestimmte die von ihm gegründete „Stiftung Dialogik" als eine „Forschungsstätte im Sinn jüdischer und schweizerischer Weltoffenheit".[59]

Jungk hingegen kam lange nicht zur Ruhe und konnte keine engere Bindung an ein Land entwickeln. Auch die Vereinigten Staaten, in die er Ende 1947 ging und wo er 1950 Staatsbürger wurde, erwiesen sich nicht in dem beschriebenen und erhofften Sinn. 1957 ging er mit seiner in der Zwischenzeit gegründeten Fa-

---

54 Jungk an Goldschmidt, 31.10.1943, Hervorhebung im Original gesperrt.
55 Jungk: Trotzdem, S. 192.
56 Jungk an Goldschmidt, 10.2.1944.
57 Jungk: Trotzdem, S. 176–182.
58 Hermann Levin Goldschmidt: Vorwort: Philosophie dank der Schweiz. In: Ders.: Pestalozzis unvollendete Revolution. Philosophie dank der Schweiz von Rousseau bis Turel, hg. von Willi Goetschel. Wien 1995, S. 13–14, hier: S. 13.
59 Jungk an Goldschmidt, 12.3.1994. AfZ: NL H Levin Goldschmidt / 638. Vgl. auch Hermann Levin Goldschmidt: Ganzheitsbuch. Sefer Ha'Schlemut. Perek Rewii. Zürich 1996, S. 253; Die Schweiz, AfZ: FD Marcel Ott / 12.

milie nach Wien, 1968 nach Berlin und 1970 nach Salzburg, wo er dann, trotz seiner anhaltenden Unrast zumindest den Hauptwohnsitz behielt.

Aber auch in seiner Haltung und seinen Gedanken zeigt sich die anhaltende Prägung der Exilerfahrungen. Er fühlte sich als Jugendlicher, wie dem Manuskript seiner Autobiographie zu entnehmen ist, der „deutschen Kultur und Natur" sehr verbunden, „tiefer noch als dem Judesein".[60] Er gestand später auch seine frühe nationale Verbundenheit mit Deutschland und erklärte, dass er unter anderen Voraussetzungen der „Versuchung des Nazismus" womöglich erlegen wäre.[61] Aber das „jüdische Schicksal" hatte ihn und andere „gezwungen [...], Internationalisten [...] zu werden".

> Wir sind als erstes Volk, ohne unsere Identität je ganz aufzugeben, gezwungen worden, in vielen Ländern zu leben, viele Sprachen zu sprechen, [...] viel mehr Einfühlungsgabe als andere zu entwickeln. Damit sind wir zu Pionieren einer brüderlichen solidarischen Welt geworden, in der nicht mehr eng und egoistisch gedacht und noch weniger gehandelt werden kann.[62]

Die geschichtliche Erfahrung des jüdischen Volkes wie auch für ihn seine eigene führte dazu, was er an anderer Stelle im Sinne einer ‚Umwertung des Schicksals' beschreibt. Denn 1935 hatte er durch einen „Schicksalsgenossen" im Pariser Exil eine neue Perspektive auf die Figur des Ahasver gewonnen und eine radikale Umwertung seines eigenen Schicksals vorgenommen. Denn die mythische Figur des ewigen Juden sei, so seine Einsicht, „nicht eine negative, bedauernswerte oder hassenswerte Erscheinung", sondern „ein durch Leiden Erfahrener, Berufener, den Unbekümmerten und Ahnungslosen die Augen zu öffnen. Mich hat diese Erkenntnis damals wie ein Blitz getroffen. Denn sie wertete unser Schicksal radikal um."[63]

Das tiefgreifende Durchleben von Angst, Verzweiflung, Depression, Hoffnungslosigkeit, Trauer, Wut, Ärger und vielen anderen Gefühlen im Blick auf Exilländer und Exilstädte ist nicht davon zu trennen, dass sich Jungk später als „Weltbürger"[64] oder „Planetarier"[65] verstand. Er schaffte es auf einzigartige Weise, sich aus der tiefsten Verzweiflung für eine bessere Welt und eine friedliche Menschheit einzu-

---

60 Robert Jungk: Trotzdem, Typoskript. LAS: Nachlass Robert Jungk, Box 5, S. 37.; vgl. dazu Jungk, Trotzdem, S. 47.
61 O. A.: Interview mit Robert Jungk. In: Brückenbauer, Nr. 27, 6.7.1983, S. 4.
62 Robert Jungk: Robert Jungk. In: Hans Jürgen Schultz (Hg.): Mein Judentum. Selbstzeugnisse. München 1986, S. 230–238, hier: S. 236.
63 Jungk: Trotzdem, S. 130.
64 Herlinde Koelbl: Robert Jungk [Interview]. In: dies. (Hg.): Jüdische Portraits. Frankfurt a. M. 1998, S. 171–175, hier: S. 173.
65 Vgl. Robert Jungk bei Elwert und Meureh, Typoskript. LAS: Nachlass Robert Jungk, Box 7, ohne Signatur.

setzen.⁶⁶ Durch diesen Einsatz konnte er seine Gefühle nachträglich nicht gänzlich wandeln oder ‚rekonstruieren', aber er konnte sie neu in den Lebenszusammenhang auf neue Bezugspunkte hin einbinden, er konnte sie als Triebkraft für seine unermüdlichen Bemühungen nutzen und dadurch sein Verhältnis zu ihnen und sein neuerliches Durchleben sinnvoll gestalten.

2 Emotionen und ihre Transformation im Exil

Jungk war aber nicht nur mit Blick auf seine literarischen Ambitionen mit Emotionen beschäftigt, er arbeitete von 1931 bis zum Ende der 1950er Jahre an einem akademischen Projekt, einer „psychologisch fundierten Geschichts- und Politiktheorie",⁶⁷ die er auch als eine „Geschichte der Gefühle"⁶⁸ bezeichnete. Angeregt durch einen Vortrag von Wilhelm Reich im Jahr 1931 entwickelte er seine eigenen Gedanken zum Zusammenhang zwischen dem Seelischen und insbesondere Gefühlen und dem Bereich des Politischen.⁶⁹ Während seines Studiums bei Ignace Meyerson in Paris und zum ersten Mal intensiv im Rahmen seiner Aktivitäten im Kreis um Otto Fenichel in Prag und seiner Auseinandersetzung mit Wilhelm Reichs *Massenpsychologie des Faschismus* präzisierte er seinen theoretischen Zugang.⁷⁰ Er entwickelte das Projekt während seiner Lehrzeit bei Carl Gustav Jung weiter und wollte es zur Doktorarbeit an der Universität Zürich ausbauen, wo ihm aber ein „bescheideneres Thema" nahegelegt wurde.⁷¹ Nach dem Krieg hatte er die Möglichkeit der Vollendung seiner Arbeit am Institute for Advanced Study in Princeton oder an der New School of Social Research in New York, die er aus verschiedenen Gründen nicht wahrnahm.⁷² Bis in die 1950er Jahre hinein, in denen er mit Günther Anders eine „Geschichte der Gefühle" schreiben wollte, ar-

---

66 Vgl. z. B. Jungk: Trotzdem, S. 175 f.
67 Jungk: Trotzdem, Typoskript, S. 170. Es ist keine Seite der auch „Psychopolitik" genannten Arbeit erhalten, sie kann aber durch sehr verstreute Bemerkungen und auf Grund einer Vielzahl von Archivmaterialien rekonstruiert werden. Eine Publikation dazu ist in Vorbereitung.
68 Robert Jungk an Günther Anders, 8.12.1956. Österreichische Nationalbibliothek: Nachlass Günther Anders, Briefwechsel Günther Anders – Robert Jungk, 237/B1495 LIT MAG, ohne Signatur.
69 Siehe Interview Robert Jungk, 21.5.88, Interviewer: Heiner Legewie, Typoskript mit handschr. Ergänzungen. LAS: Nachlass Robert Jungk, Box 7, ohne Signatur.
70 Wilhelm Reich: Massenpsychologie des Faschismus. Zur Sexualökonomie der politischen Reaktion und zur proletarischen Sexualpolitik. Kopenhagen, Prag, Zürich 1933; Jungk: Trotzdem, S. 150 f.
71 Jungk: Trotzdem, S. 163; Prof. Dr. Robert Jungk: Politische Arbeit ohne Arbeitserlaubnis. Erinnerungen an meine Schweizer Emigrationsjahre 1938–1945. AfZ: TA Kolloquien FFAfZ / 75.
72 Vgl. u. a. Jungk: Trotzdem, S. 227 f.; Jungk an Goldschmidt, 4.9.1946.

beitete er daran.[73] Nach einer für sein Leben entscheidenden Wende widmete er sich, präzise vom vormals auf die Vergangenheit ausgerichteten akademischen Werk ausgehend, einem lebenspraktischen Wirken, einer aktiven Gestaltung der Zukunft und den sie ermöglichenden psychologischen Voraussetzungen – eben den Gefühlen.

Ich möchte mich im Folgenden einigen Briefen zuwenden und den Bezug zu dem skizzierten Projekt herstellen. Im März 1936 sprach Jungk seinem Freund Goldschmidt nach dem Tod von dessen Vater das Beileid aus.

> Ich bin hier seit zwei Tagen am Meer und habe in den Nächten auf dem Leuchtturm gesehen wie die Wellen geboren werden, sich aufbäumen zur Höhe ihres Lebens und mit weissen Schaumköpfen wieder ins Meer absinken, um etwas Neuem der Anfang zu werden. So geht es weiter auf unabsehbare Zeit, und das, was Dir und allen uns Heranwachsenden zu tun bleibt, ist: ohne Scheu vor dem Anblick des Vollendeten selbst zum Scheitelpunkt der Lebenswelle stürmen und ohne Furcht dann zu verebben in der Hoffnung eines neuen Beginns.[74]

Was in diesem Fall einem gewohnten Muster Folge leistend im Sinne eines Spendens von Trost zu einer Veränderung von Goldschmidts Gefühlen beitragen sollte, wurde bald zu einer elaborierteren und auf den Schreibenden gewendeten Reflexion. Jungk, der fortwährend Magenprobleme und laut seinem Arzt „recht wenig Hoffnung" auf Besserung hatte,[75] ging im April 1937 zu einem Kuraufenthalt nach Davos.[76] Er berichtete von seinem Leiden und von einem nach langer Verzweiflung aufgesuchten „Wunderdoktor", der ihn mit „Heilhand" vorübergehend kurierte.[77]

> Ich lief eine Woche lang im Himmel spazieren ohne den geringsten Schmerz, ohne die kleinste Last und wenn ich früher schlich, so schien's mir jetzt, als ob ich flöge. Leider bin ich dann auch wieder abgestürzt ... Mit „Leider" begann auch der erste Satz des vorigen Abschnittes, mit „leider" begann auch der letzte. Mir scheint oft die ganze Jugend – nicht nur meine eigene – ein einziges „leider", da allzu tiefer Abgrund ist zwischen dem strahlenden Traum und der graudumpfen Wirklichkeit. „Leider" ... in diesem Schlund winseln die abgestürzten Pläne und Hoffnungen, all diese zielstrebigen und tollkühnen Kletterer, die nie zum Gipfel der Verwirklichung gelangen durften.[78]

---

[73] Jungk an Anders, 8.12.1956. Zur Beziehung zwischen Günther Anders und Robert Jungk mit Blick auf ihre Überlegungen zu Gefühlen siehe meinen Beitrag, Martin J. Kudla: Die Zukunft der Gefühle. Günther Anders und Robert Jungk. In: Alexander Knopf und Christian Dries (Hg): Die Plastizität der Gefühle. Günther Anders' Beitrag zur Geschichte des Fühlens. Berlin, Boston (geplant für 2025).
[74] Jungk an Goldschmidt, 16.3.1936.
[75] Jungk an Goldschmidt, 3.2.1937. Zum Beginn von Jungks chronischem Magenleiden siehe Jungk. Trotzdem, S. 121.
[76] Jungk an Goldschmidt, 16.4.1937.
[77] Jungk an Goldschmidt, 16.4.1937.
[78] Jungk an Goldschmidt, 16.4.1937.

Zunächst erscheint der anaphorische Gebrauch des Adverbs „leider" auf die freie Niederschrift seiner Gedanken zurückführbar. Aber durch die eigene iterative Lektüre des Geschriebenen und die einsetzende Selbstreflexion wird dieser Gebrauch gesteigert und hervorgehoben. Hinzu kommen Entgegensetzungen („Himmel", Flug, „Gipfel" und Absturz, „Abgrund", „Traum" und „Wirklichkeit"), welche die Bemühung um Literarisierung vernehmbar machen. Jungk gelangte in Folge zu einer „Selbstanalyse".

> Wenn ich mir diese Zeilen durchlese, stosse ich dann auch gleich zweimal auf das Wort „Absturz". Nun – diese kleine Selbstanalyse zeigt mir klarer als ich es sonst begreife meine Situation und wahrscheinlich den letzten tiefsten Grund meiner Krankheit. Ich habe tatsächlich vom Augenblick an, da ich zur Selbstbeobachtung und Aussenweltbeurteilung erwachte an einem Superioritätskomplex gelitten.[79]

Alle Berufe haben ihm seiner Vorstellung nach offen gestanden, wären greifbar, zum Teil auch durch einen „einzigen verwegenen Sprung" erreichbar gewesen.

> Ja, nun muss ich mich also wieder aufsammeln, ich muss auf die Superlative verzichten und mich von der Grundform aus langsam und allmählich steigern ohne den Komparativ zu überspringen. Aber dieser Verzicht auf das Absolute, dieses Hinwenden zur Kleinarbeit in Richtung auf die Vollendung, dieser ganze *Schmerz des Werdens* ist schwer zu ertragen. Man kann sich diese Dinge so wunderschön verstandesmässig klarmachen und sie sind so verdammt schwer zu leben. So brüte ich also immer noch über einem „Faust" meiner Sehnsucht, während ich mit der linken Hand Kolportage schmiere und befürchte, dass der Traum immer blässer wird bis auch die „rechte Hand" – ohne es zu merken – eines Tages Zeitungskitsch fabriziert.[80]

Diese dichten Stellen geben einen weitreichenden Einblick in Jungks Selbsterleben im Jahr 1937 und zeugen zudem von einem Konflikt, der durch die Flucht und das Exil stark vergrößert wurde. Auf spezifische Weise verbindet er seine „Situation" mit seiner „Krankheit" und beschreibt somit ein psychosomatisches Leiden, das er durch die Hinwendung zur „Kleinarbeit" kurieren möchte.

Der nahtlose Übergang von der literarisierten Reflexion auf das Leiden und den Schmerz hin zu seiner literarischen Arbeit, die durch seine journalistischen Tätigkeiten gefährdet erscheint, ist auffallend. Was sich anfangs als Bekenntnisbrief im Sinne einer Darlegung innerer Konflikte verstehen ließe, wird in einem weiteren Schritt zu einer Hinwendung zum Briefempfänger. „Warum ich Dir all diese Dinge schreibe?", so Jungk, „weil es mir scheint, dass Dir der Blick in mein Schicksal zwar nicht die gleichen Fährnisse ersparen, doch aber als Vergleichsma-

---

79 Jungk an Goldschmidt, 16.4.1937.
80 Jungk an Goldschmidt, 16.4.1937, Hervorhebung im Original unterstrichen.

terial der eigenen Erkenntnis dienen kann." Er beschrieb seinen Brief als „wirkliche Vertiefung, das Hineinfühlen in die Lage des Adressaten".[81]

Für Goldschmidt liege das „Problem der Geduld" anders, er wäre in „Lebenshaltung und -führung ja schon viel ruhiger", ließe aber die Menschen in seinem schriftstellerischen Werk „nicht den Weg der Erlebnisse und Leiden gehen", er lege ihnen „die schönstpolierten Erkenntnisse gleich fix und fertig in den Mund".[82]

> Bitte lass die Menschen Deines Romans nicht Rekordflüge über den Kontinent des Lebens machen! Lass sie nicht zu früh und mühelos ans Ziel kommen. Sie müssen wandern, Staub und Dreck schlucken, geschlagen werden und erblinden, sie sollen sich im Kreise drehen, allen Sinn und alle Sinne verlieren, sie sollen sich verirren, sollen hungern und nur manchmal zufällig das Körnchen der Gnade finden, aber wieviel schöner strahlt dann der kleinste Lichtfunken in diese Nacht! Einem „Sonnenaufgang" gehen viele dunkle Stunden vorher, Stunden in denen alles unsicher wird und die Gespenster des eigenen Ich anklopfen, Stunden, in denen eine schwarzverhangene Welt schon nicht mehr die hellen, alles Verworrenere klärenden, gliedernden Strahlen des Geisteslichts zu erhoffen wagt. *Das* ist ein Sonnenaufgang! Eine Passion, ein Weg voll Angst und Grauen, ein *Nicht*begreifen dieses Schicksals – das erst gibt endlich das Recht zu seiner Deutung, zu einer positiveren Auslegung, zur Erkenntnis! Verlier Dich in Deine Figuren, sündige und morde mit ihnen, taste gleich ihnen, verzweifle mit ihnen, dann wirst Du ein Dichter sein, sonst aber nur ein Dogmatiker, der keinem Menschen helfen kann eben weil er ihm ein schnellzuerreichendes Traumland vorgaukelt, indem er ihm – und sich selbst! – das Leid erspart. Ergebnis: Absturz! Seelenkrüppel, die für immer genug vom „Höheren" haben und – bestenfalls, wenn sie nicht zugrunde gehen – auf der grünen Wiese wiederkäuend sich ergehen.[83]

Was Jungk am Anfang des Briefes an eigenem Leiden in tiefer Verzweiflung schildert, wird in der Hinwendung zu Goldschmidt zur autorpsychologischen Handreichung. Beachtlich scheint mir dabei, dass in diesem „Hineinfühlen" dasjenige, was zuvor Gegenstand der Klage und der Reflexion war, nicht nur die Voraussetzung guter Literatur zu sein scheint. In der literarischen Verarbeitung seines Leidens oder mit diesem als Vorlage scheint genau das möglich, was beide zu dieser Zeit ersehnen: einen guten Roman zu schreiben. Jungk wertet damit im bereits beschriebenen Sinne sein eigenes Schicksal um und bewerkstelligt scheinbar, seine Gefühle neu und gelöster zu erleben.

Er führte noch weiter aus, dass er sein „grosses Buch vorläufig abbrechen" werde, bis er es so schreiben könne, „wie es geschrieben werden muss", er wolle sich aber in der Zwischenzeit einem „weniger umfangreichen Thema zuwenden", das ihm „sehr nahe" liege, „den Staatenlosen". Es sei sein Bestreben, „all die Unsicherheit, das Umhergetriebensein der Menschen dieser Zeit zu schildern, die wur-

---

81 Jungk an Goldschmidt, 16.4.1937.
82 Jungk an Goldschmidt, 16.4.1937.
83 Jungk an Goldschmidt, 16.4.1937, Hervorhebung im Original unterstrichen.

zellos werden mussten, um *neue* Wurzeln schlagen zu können."[84] Später beschrieb er dies als einen Versuch, einen „wirklich guten Emigrationsroman" zu schreiben, „der wirklich gut erzählt wie es war und der die innere, die Seelenhaltung, die Seelenlage" widergibt.[85]

Im Juni 1937 berichtete Jungk aus einem Sanatorium in Zürich:

> Meine Arbeit geht trotz vieler Sackgassen und trotz der physischen Schwierigkeiten mit denen ich mich herumschlagen muss vorwärts. Wenn all diese verfluchte Plagerei und all dieses Leid einen Sinn bekommen soll dann nur durch dieses Buch, dass tatsächlich nicht „aus dem hohlen Fass" geschrieben wird.[86]

Das Leid, das zuvor als autorpsychologische Grundlage von literarischen Arbeiten eines Dichters – und keines Dogmatikers – beschrieben wurde, sollte nunmehr „einen Sinn bekommen". Dieser Gedanke reifte weiter und wurde bis zu einer Art Erlösungssehnsucht gesteigert. Jungk schrieb im März 1938, er arbeite an einem Buch, das ihm „wirklich am Herzen" liege, „die Geschichte eines halbwüchsigen Jungen, der in einem Pariser Vorort aufwächst, plötzlich die Gabe spürt Menschen zu heilen", wobei die biographischen Spuren seines Parisaufenthaltes wie auch des angeführten „Wunderdoktors" deutlich zu vernehmen sind. Dieser Junge werde „beinah gegen seinen Willen von einer hysterischen Umwelt, die für ihre religiöse Unzufriedenheit irgendein Objekt sucht, zum Heiligen gemacht".

> Was mir besondere Freude aber auch besondere Schwierigkeiten bereitet ist die Bemühung moderne Vorgänge in eine legendenhafte Form zu kleiden. Ich meine, um es krass auszudrücken, dass für uns eine violett schimmernde Bogenlampe seelisch das bedeuten kann was der Heiligenschein für den Menschen anderer Zeit bedeutete. Wie gesagt – bedeuten *kann*, denn das ist nur für wenige Menschen der Fall, aber wahrscheinlich wird die Wiedergeburt eines sinnvollen Inhalts nur möglich sein, wenn wir diese scheinbar so sinnlose Welt in das Licht der grossen heiligen Bedeutung rücken. Es klingt bestimmt vermessen aber es schwebt mir so etwas wie eine neue Bibel vor mit neuen Gleichnissen, neuen Heiligengeschichten. Die Evangelisten haben von Jesus berichtet, wir müssen uns einen Messias aus der Phantasie schaffen, dann wird er plötzlich eines Tages da sein. Aber dazu gehört mehr als einer. Viele müssen schaffen und dem undeutlichen Begehren Gestalt geben. Mag sein,

---

84 Jungk an Goldschmidt, 16.4.1937, Hervorhebung im Original unterstrichen.
85 Raimund Kurscheid: Gespräch mit Robert Jungk am 11.12.1975, Typoskript. LAS: Nachlass Robert Jungk, Box 7, ohne Signatur, hier: S. 1. Das Bedürfnis nach einem „Roman dieser Zeit" artikulierte auch Anna Maria Jokl im Jahr 1942, siehe dazu: Sebastian Schirrmeister: Vom Wegweiser zur Hieroglyphe Anna Maria Jokls *Essenzen* als Versuch über die Shoah und das Schreiben danach. In: Esther Kilchmann (Hg.): artefakte. Holocaust und Zweiter Weltkrieg in experimentellen Darstellungsformen in Literatur und Kunst. Köln, Weimar, Wien 2016, S. 251–267.
86 Jungk an Goldschmidt, 21.6.1937.

dass wenigstens zwei oder drei darunter sind die den neuen Mythus – der ja unausgesprochen längst vorhanden ist – ausgraben und ins Licht des Bewusstseins stellen.[87]

War der Bezug zur Zukunft in den vorigen Briefen noch implizit – die Erwartung der Fertigstellung eines Buches wie auch vermutlich dessen Rezeption –, wird er im März 1938 explizit. Von der Ausgangslage des eigenen Leids wird das eigene Schaffen mit der eigenen Phantasie zur Grundlage des Kommens des Messias und damit der Erlösung.[88] Ein solches Mitwirken an der Erlösung hat Martin Buber, den Jungk 1930 kennengelernt hatte und der sein „Leben geistig stärker beeinflussen sollte als irgendein anderer",[89] im Jahr ihrer Begegnung beschrieben.[90] An dieser Stelle wird greifbar, in welcher Weise die vergegenwärtigte Hoffnung auf Erlösung und ihre transformative Einwirkung auf die Gegenwart als geistesgeschichtliche Grundlage von Jungks Arbeit zu den Emotionen angesehen werden kann.[91]

Jungks Überlegungen waren, bevor er sich auf der genannten Grundlage der Zukunft zuwandte, im Rahmen eines akademischen Projekts einer „Geschichte der Gefühle" gewidmet. Es begann als historische Analyse, mit einer Arbeit „über den Chiliasmus im Dreißigjährigen Krieg und einer weiteren Arbeit über ‚Psychologische Aspekte der Französischen Revolution'".[92] Er stellte die Frage nach den „seelischen Gründe[n] des Zusammenbruchs großer Reiche"[93] und damit meinte er vor allem die Gefühle der Menschen. Er war überzeugt, dass „seelische mindest so sehr wie wirtschaftliche Bedingungen politisches Denken und Handeln beeinflußten".[94]

Im Rahmen der für ihn bedeutenden Lebenswende Ende der 1950er Jahre[95] übertrug er seine Einsicht auf die Zukunft und begann zu fragen, welche ‚seeli-

---

87 Jungk an Goldschmidt, 10.3.1938, Hervorhebung im Original unterstrichen.
88 Zu betonen ist, dass Jungk im Sinne der jüdischen Tradition von einem Messias spricht, der noch nicht gekommen ist. Jungk bezieht sich bewusst, wie auch späteren Schriften zu entnehmen ist, auf den Juden Jesus (vgl. u. a. Jungk: Robert Jungk, S. 231), wenn er sich auch seit jungen Jahren für ein universales Phänomen begeisterte (siehe u. a. Jungk: Trotzdem, S. 41–44).
89 Robert Jungk: Trotzdem, S. 61.
90 Martin Buber: Die Brennpunkte der jüdischen Seele. In: Martin Buber Werkausgabe 9. Schriften zum Christentum, hg. von Karl-Josef Kuschel. Gütersloh 2011, S. 128–137, hier: S. 134.
91 Ausführlicher gehe ich auf diesen Punkt in einem anderen Aufsatz ein: Kudla: Die Zukunft der Gefühle.
92 Jungk an Anders, 8.12.1956.
93 Jungk: Trotzdem, S. 163, vgl. S. 227 f.
94 Jungk: Trotzdem, S. 150.
95 Siehe Heiner Legewie: Engagement für die Zukunft. Ein Gespräch mit Robert Jungk. In: Andreas Böhm, Angelika Faas, Heiner Legewie (Hg.): Angst allein genügt nicht. Thema: Umwelt-Krisen. Weinheim, Basel 1989, S. 193–212, hier: S. 199 f.

schen' Voraussetzungen – und damit, welche Gefühle – für eine bessere, humanere und friedvollere Zukunft erforderlich seien.

Eine seiner bedeutendsten Hinterlassenschaften, die *Zukunftswerkstätten*,[96] die heute weltweit als Instrument für partizipative Verfahren eingesetzt werden, dienen genau diesem Zweck.[97] Diese beginnen mit einer „Kritikphase", in welcher durch die Veräußerungen von Unmut, Kritik und negativen Erfahrungen gleichsam ein befreiender Moment einsetzt.[98] Darauf folgt eine „Phantasiephase", in der Wünsche, Träume, utopische Entwürfe und erwünschte Zukunftsbilder zusammengetragen werden.[99] In der „Verwirklichungsphase" stellt sich die Frage der praktischen Umsetzung und der Relation zwischen dem erwünschten zukünftigen Ereignis und der Gegenwart.[100]

In wenig beachteten Dokumenten führt Jungk seine Beobachtung aus, dass „Zukunftswerkstätten häufig seelisch erfolgreich" seien.[101] Er bemerkte bei der Durchführung oft „eine Art psychologischer Effekt", der „innerhalb der Phantasiephase" entstehe.[102] Durch die Freilegung der schöpferischen Kräfte im Menschen entstehe „ein Ichbewußtsein, welches sonst von den Individualitäten nicht erlebt" werde,[103] auch die „Ichstärkung" werde angeregt[104]. Die „seelisch-geistigen Prozesse innerhalb des einzelnen Teilnehmers und der Teilnehmer miteinander"[105] bilden die Grundlage für „eine psychotherapeutische Wirkung, aber nicht im Sinne der Psychotherapie des Heilenden, sondern der Rückkehr zur Fähigkeit des Menschen, daß er eigentlich viele Möglichkeiten besitzt."[106]

---

96 Robert Jungk und Norbert R. Müllert: Zukunftswerkstätten. Hamburg 1981.
97 Es gibt eine Diskussion zu den überprüfbaren ‚Ergebnissen' von Zukunftswerkstätten (vgl. z. B. Claudia Stracke-Baumann: Nachhaltigkeit von Zukunftswerkstätten. Bonn 2009), die im Sinne von Jungks Interesse am ‚seelischen Erfolg' und eben an langfristigen Entwicklungen und der Rückwirkung des seelischen Lebens auf die Gesellschaft und Politik als zu kurz gedacht erscheint.
98 Jungk/Müllert: Zukunftswerkstätten, S. 86–97.
99 Jungk/Müllert: Zukunftswerkstätten, S. 99–110.
100 Jungk/Müllert: Zukunftswerkstätten, S. 112–122.
101 Janne Günter und Roland Günter: Ein Leben als Praxis einer Kulturtheorie der Politik. 2. Teil [Interview mit Robert Jungk]. In: Kulturpolitische Mitteilungen III/1988, Nr. 42, S. 9–15, hier: S. 13. Vgl. dazu Jungk/Müllert: Zukunftswerkstätten, S. 23.
102 Wolfgang Weirauch: Ich glaube an die Kraft der menschlichen Verbindung. Interview mit Robert Jungk. In: Rechtsleben und soziale Zukunftsimpulse, Flensburger Hefte 25. Flensburg 1989, S. 168–187, hier: S. 185.
103 Weirauch: Kraft, S. 185.
104 Weirauch: Kraft, S. 186.
105 Weirauch: Kraft, S. 185.
106 Günter: Praxis, S. 13.

In diesem gruppendynamischen Prozess wird mithin ein erwünschtes Zukunftsszenario vergegenwärtigt und durch die Vergegenwärtigung ein transformativer Vorgang eingeleitet. Die Pointe ist gewissermaßen, dass sich durch das In-die-Gegenwart-Holen des Zukunftsbildes die Gefühle und Einstellungen der Teilnehmer:innen wandeln und auf das Denken und Handeln rückwirken, was allererst die Verwirklichung des Gewünschten ermöglicht.

Die Grundfigur einer Klage und Kritik an den gegenwärtigen Umständen, einer Vorstellung einer zukünftigen Möglichkeit, wie der Fertigstellung eines Romans oder der Ankunft des „Messias aus der Phantasie", sowie der transformativen Vergegenwärtigung einer solchen Zukunft hat Jungk vermutlich zum ersten Mal in seinen Briefen an Goldschmidt skizziert. Erst später machte er sich den Vorgang bewusster. Es ist bezeichnend, dass Jungk in seinen Briefen an Goldschmidt zu diesen für sein Leben bestimmenden Gedanken kommt. Ein Umstand, den Jungk selbst lange wenig beachtete und erst spät und sicherlich unzureichend würdigte.[107]

Im Jahr 1938 gab es bei Jungk, wie oben angesprochen, noch ein ausgeglicheneres Verhältnis zwischen einem restaurativen Moment und Zukunftsvorstellungen. In seinem späteren Leben wurde dieses Verhältnis zu Gunsten der Zukunft verändert. „Meine Vergangenheit interessiert mich nicht", lässt sein Sohn Peter Stephan Jungk die an seinem Vater orientierte Figur in einem Roman aussagen.[108] Aber auch in Robert Jungks Werk lässt sich diese Tendenz überaus stark nachvollziehen. Seiner späten Aussage, „Resignation in dem Sinn kenn ich kaum",[109] kann anhand seiner eigenen Briefe aus seiner Zeit im Exil nur widersprochen werden. Es scheint, jedenfalls in Teilen, dass manche der Gefühle der Vergangenheit in ihrer Tiefe und Tragik verblieben sind, bei denen nur eines half: Die Flucht nach vorn.

Literaturverzeichnis

Andringa, Els: Poetics of Emotion in Times of Agony: Letters from Exile, 1933–1940. In: Poetics Today (Spring 2011), 32:1, S. 129–169.

Boccagni, Paolo und Baldassar, Leretta: Emotions on the move: Mapping the emergent field of emotion and migration. In: Emotion, Space and Society 16 (2015), S. 73–80.

Buber, Martin: Die Brennpunkte der jüdischen Seele. In: Martin Buber Werkausgabe 9. Schriften zum Christentum, hg. von Karl-Josef Kuschel. Gütersloh 2011, S. 128–137.

---

[107] Robert Jungk: Freundschaft im Widerspruch. In: Wege des Widerspruchs. Festschrift für Prof. Dr. Hermann Levin Goldschmidt zum 70. Geburtstag, hg. von Willi Goetschel, John G. Cartwright und Maja Wicki. Bern, Stuttgart 1984, S. 255–257.
[108] Peter Stephan Jungk: Die Reise über den Hudson. Stuttgart 2005, S. 84.
[109] Interview Robert Jungk, Legewie.

Goldschmidt, Hermann Levin: Ganzheitsbuch. Sefer Ha'Schlemut. Perek Rewii. Zürich 1996.
Goldschmidt, Hermann Levin: Vorwort: Philosophie dank der Schweiz. In: Ders.: Pestalozzis unvollendete Revolution. Philosophie dank der Schweiz von Rousseau bis Turel, hg. von Willi Goetschel. Wien 1995, S. 13–14.
Günter, Janne und Günter, Roland: Ein Leben als Praxis einer Kulturtheorie der Politik. 2. Teil [Interview mit Robert Jungk]. In: Kulturpolitische Mitteilungen III/1988, Nr. 42, S. 9–15.
Jungk, Peter Stephan: Die Reise über den Hudson. Stuttgart 2005.
Jungk, Robert: Deutschland von außen. Beobachtungen eines illegalen Zeitzeugen. München 1990.
Jungk, Robert: Freundschaft im Widerspruch. In: Wege des Widerspruchs. Festschrift für Prof. Dr. Hermann Levin Goldschmidt zum 70. Geburtstag, hg. von Willi Goetschel, John G. Cartwright und Maja Wicki. Bern, Stuttgart 1984, S. 255–257.
Jungk, Robert: Robert Jungk. In: Hans Jürgen Schultz (Hg.): Mein Judentum. Selbstzeugnisse. München 1986, S. 230–238.
Jungk, Robert: Trotzdem. Mein Leben für die Zukunft. Wien, München 1993.
Jungk, Robert und Müllert, Norbert R.: Zukunftswerkstätten. Hamburg 1981.
Koelbl, Herlinde: Robert Jungk [Interview]. In: dies. (Hg.): Jüdische Portraits, Frankfurt a. M. 1998, S. 171–175.
Koppenfels, Martin von und Zumbusch, Cornelia: Einleitung. In: dies. (Hg.): Handbuch Literatur & Emotionen. Berlin, Boston 2016, S. 1–36.
Kucher, Primus-Heinz, Evelein, Johannes F. und Schreckenberger, Helga (Hg.): Erste Briefe/First Letters aus dem Exil 1945–1950. (Un)mögliche Gespräche. Fallbeispiele des literarischen und künstlerischen Exils. München 2011.
Legewie, Heiner: Engagement für die Zukunft. Ein Gespräch mit Robert Jungk. In: Andreas Böhm, Angelika Faas, Heiner Legewie (Hg.): Angst allein genügt nicht. Thema: Umwelt-Krisen. Weinheim, Basel 1989, S. 193–212.
Lorenz, Anne Katrin: Exilbrief im 19. bis 21. Jahrhundert. In: Marie Isabel Matthews-Schlinzig, Jörg Schuster, Gesa Steinbrink und Jochen Strobel (Hg.): Handbuch Brief. Von der frühen Neuzeit bis zur Gegenwart. Bd. 1: Interdisziplinarität – Systematische Perspektiven – Briefgenres. Berlin, Boston 2020, S. 646–659.
Mattenklott, Gert, Schlaffer, Hannelore und Schlaffer, Heinz (Hg.): Deutsche Briefe: 1750–1950. Frankfurt a. M. 1988.
Mittenzwei, Werner: Exil in der Schweiz. Leipzig 1981 (2. Aufl.).
Müller, Wolfgang G.: Brief. In: Gert Ueding (Hg.): Historisches Wörterbuch der Rhetorik, Bd. 2: Bie–Eul. Tübingen 1994, S. 60–76.
O. A.: Interview mit Robert Jungk. In: Brückenbauer, Nr. 27, 6.7.1983, S. 4.
Peter Weiss: Fluchtpunkt Malerei. Ein Film von Norbert Bunge und Christine Fischer-Defoy, Dokumentarfilm. BR Deutschland 1986.
Reich, Wilhelm: Massenpsychologie des Faschismus. Zur Sexualökonomie der politischen Reaktion und zur proletarischen Sexualpolitik. Kopenhagen, Prag, Zürich 1933.
Rodríguez-López, Carolina und Ventura Herranz, Daniel: De exilios y emociones. In: Cuadernos de Historia Contemporánea (2014), vol. 36, S. 113–138.
Rosenwein, Barbara: Emotional Communities in the Early Middle Ages. Ithaca, N.Y. 2007.
Rotenstreich, Nathan: Tradition and Reality. The Impact of History on Modern Jewish Thought. Toronto 1972.
Schirrmeister, Sebastian: Vom Wegweiser zur Hieroglyphe Anna Maria Jokls *Essenzen* als Versuch über die Shoah und das Schreiben danach. In: Esther Kilchmann (Hg.): artefakte. Holocaust und

Zweiter Weltkrieg in experimentellen Darstellungsformen in Literatur und Kunst. Köln, Weimar, Wien 2016, S. 251–267.

Stracke-Baumann, Claudia: Nachhaltigkeit von Zukunftswerkstätten. Bonn 2009.

Weirauch, Wolfgang: Ich glaube an die Kraft der menschlichen Verbindung. Interview mit Robert Jungk. In: Rechtsleben und soziale Zukunftsimpulse, Flensburger Hefte 25. Flensburg 1989, S. 168–187.

Weiss, Peter: Briefe an Hermann Levin Goldschmidt und Robert Jungk 1938–1980, hg. von Beat Mazenauer. Leipzig 1992.

Weiss, Peter: Fluchtpunkt. Frankfurt a. M. 1962.

Wende, Frank: Briefe aus dem Exil. 1933–1945. In: Klaus Beyrer und Hans-Christian Täubrich (Hg.): Der Brief. Eine Kulturgeschichte der schriftlichen Kommunikation. Frankfurt a. M. 1996, S. 172–183.

Werfel, Franz: Eine Ansprache. In: Pariser Tageszeitung, Sonntagsbeilage, 15./16.1.1939, S. 3.

Unveröffentlichte Quellen

Archiv für Zeitgeschichte der ETH Zürich [AfZ]

Goldschmidt, Hermann Levin: Lebenslauf. Enthalten in: Hermann Levin Goldschmidt an den Zentralrat der Juden in Deutschland, 9.8.1957. AfZ: NL H Levin Goldschmidt / 17.

Hermann Levin Goldschmidt an Fritz Medicus, 14.4.1944. AfZ: NL H Levin Goldschmidt / 29.

Protokoll Konferenz der Herren von der Flüchtlingshilfe Zürich mit Herren aus dem Kreise der Emigration, 11.5.1944. AfZ: NL H Levin Goldschmidt / 74.

Briefwechsel zwischen Robert Jungk und Hermann Levin Goldschmidt. AfZ: NL H Levin Goldschmidt / 398.

Robert Jungk an Peter Weiss, 31.10.1943. AfZ: NL H Levin Goldschmidt / 434.

Briefwechsel zwischen Robert Jungk und Hermann Levin Goldschmidt. AfZ: NL H Levin Goldschmidt / 638.

Interview mit Hermann und Mary Levin Goldschmidt-Bollag vom 12.6.1992 (Aufnahme unvollständig). AfZ: NL H Levin Goldschmidt / 983.

Goldschmidt, Hermann Levin: Abschiedsvorlesung (Volkshochschule Zürich), 31.1.1995. AfZ: NL H Levin Goldschmidt / 984.

Prof. Dr. Robert Jungk: Politische Arbeit ohne Arbeitserlaubnis. Erinnerungen an meine Schweizer Emigrationsjahre 1938–1945. AfZ: TA Kolloquien FFAfZ / 75.

Prof. Dr. Hermann Levin Goldschmidt: 15. Februar 1938–10. Januar 1963. Von der Ankunft in Zürich bis zur Aufnahme ins Zürcher Bürgerrecht. AfZ: TA Kolloquien FFAfZ / 83.

Rezeption in Zürich, Vorsätze, Herausforderungen. AfZ: FD Marcel Ott / 10.

Die Schweiz. AfZ: FD Marcel Ott / 12.

Über die Freiheit; Persönliche Erlebnisse HLG. AfZ: FD Marcel Ott / 37.

Literaturarchiv Salzburg [LAS]

Interview Robert Jungk, 21.5.88, Interviewer: Heiner Legewie, Typoskript mit handschr. Ergänzungen. LAS: Nachlass Robert Jungk, Box 7, ohne Signatur.
Jungk, Robert: Trotzdem, Typoskript. LAS: Nachlass Robert Jungk, Box 5.
Briefwechsel zwischen Robert Jungk und Hermann Levin Goldschmidt. LAS: Nachlass Robert Jungk, Briefe, Mappe RJ/B Ga-Go.
Raimund Kurscheid: Gespräch mit Robert Jungk am 11.12.1975, Typoskript. LAS: Nachlass Robert Jungk, Box 7, ohne Signatur.
Robert Jungk bei Elwert und Meureh, Typoskript. LAS: Nachlass Robert Jungk, Box 7, ohne Signatur.

Österreichische Nationalbibliothek/Literaturarchiv

Robert Jungk an Günther Anders, 8.12.1956, Österreichische Nationalbibliothek: Nachlass Günther Anders, Briefwechsel Günther Anders – Robert Jungk, 237/B1495 LIT MAG, ohne Signatur.

Till Greite
Sprachsprung ins Niemandsland: Michael Hamburgers Initiationserfahrung im britischen Exil

1

Immer wieder greift der als Kind aus Deutschland exilierte Michael Hamburger (1924–2007) in seinem Werk auf ein eindrückliches Bild zurück, um die Urszene seiner literarischen Existenz, seiner dreifachen Identität als Dichter, Übersetzer und Kritiker zu fassen. Es ist der Schreck des verstummenden Kindes, dem in der Fremde keine Sprache zur Verfügung steht. Die Szene beginnt im Jahr 1933 mit einem neunjährigen Charlottenburger Jungen, der über die Flure einer britischen Schule geistert. Er ist kürzlich mit seiner Familie, aufgrund jüdischer Herkunft, von der er bis vor wenigen Monaten nichts wusste, aus Nazi-Deutschland vertrieben worden. Diesen traumatischen Schreck, der Sturz in einen wortlosen Abgrund, hat Hamburger, der später zum entscheidenden „cultural mediator" deutschsprachiger Literatur in Großbritannien werden sollte, in immer neuen Varianten geschildert.[1] Berichtete er in seiner Muttersprache, das heißt auf Deutsch, von diesem Erlebnis, so nahm er eine aufschlussreiche Sinnverschiebung, eine Entstellung des Wortes „Übersetzung" vor, in der sich der Kern seines Schicksals andeutet. Statt der aktiven Form der Übertragung betonte er die passive, ungewollte Variante eines Übersetztwerdens, in die sich die Erfahrung eines Erlittenen eingeschrieben hat. Der Übersetzte wird zum Deportierten in eine andere Sprachumgebung.

So beantwortete Hamburger dreißig Jahre nach diesem Erlebnis die Frage einer deutschen Zeitung „Warum ich übersetze" mit jenem abgründigen Wortspiel, das eine werkbegründende Allegorie stiftet: Er sehe da zwei Jungen, ihn und seinen Bruder, in einem Edinburgher Schulgebäude die richtige Schwelle zur Initiation in eine neue Welt suchend: „Ich selber", heißt es in der zentralen Wendung, „war ins Englische übersetzt worden. Nun galt es, das fremde Element [...]

---

[1] Zu Hamburgers Rolle als „cultural mediator" im Nachkrieg: Jeremy Adler: Erich Fried, F. B. Steiner and an Unkown Group of Exile Poets in London. In: Theodor Kramer Gesellschaft (Hg.). Zwischenwelt. Exil in Großbritannien. Wien 1995, S. 163–185, hier S. 164. Anmerkung: Der Verf. dankt dem Institute of Languages, Cultures and Societies der School of Advanced Study, University of London, welches das Postdoc-Vorhaben zu Michael Hamburgers Exil durch Forschungsaufenthalte in London 2022 und 2024 gefördert hat.

https://doi.org/10.1515/9783111329345-003

zu bewältigen – oder unterzugehen."[2] Was als einschneidend hervortritt, ist der Sprung ins fremde Sprachbad, wie ihn Hamburger auch in seiner englischen Autobiographie *A Mug's Game* beschrieben hat, darin die maritime Daseinsmetaphorik herausstellend: „[I]t was like learning to swim by beeing thrown into deep water."[3] Aber, so seine Deutung dieser „linguistic transplantation"[4], gerade die Erfahrung der Sprachnot mobilisierte in der Folge eine Dringlichkeit zu verstehen.

Es stellte sich ein Gefühl der Ohnmacht ein; doch mobilisierte dieses einen Überlebenswillen, eine aus der sprachlichen Verpflanzung geborene Hermeneutik eigener Notwendigkeit. Dabei war der Sprung über die Schwelle in eine neue Lebenswelt phänomenologisch gesprochen mit Elementaraffekten – Angst und Scham – verbunden, die – so die These dieses Beitrags – eine sowohl erweckende wie im Ergebnis kreative Dimension eröffneten. Die von Hamburger ins Bild gebannte Grunderfahrung haben ebenso andere jüdische Exilanten und Exilantinnen seiner Generation geschildert, die als Kinder einen traumatischen Sprachriss erlebten. Etwa der fast gleichaltrige französisch-deutsche Autor Georges-Arthur Goldschmidt: Er bemerkte zum schockhaften Weltwechsel, der das Wesen des Exils als Flucht ausmacht, dass dieser einen unvermittelt in die „Wahrheit der Sprache" stellte.[5] Auch ihn nötigte der Sprung über die Schwelle in eine neue Sprache zu einer Form „progressive[r] Auslegung".[6] Ähnlich sprach Hamburger von der Entselbstverständlichung von Sprache überhaupt im Zeichen der Entfernung aus der Muttersprache. Diese Beobachtungen lassen sich mit einem hermeneutischen Gedanken zuspitzen, auf den Friedrich Nietzsche bereits in seiner *Morgenröte* hinwies und für die Exilerfahrung Relevanz beanspruchen kann: Er

---

[2] Michael Hamburger: Warum ich übersetze. In: Die Zeit (19.10.1962), Nr. 42, S. 13–14, hier S. 13. Mit Anthony Grenvilles Unterscheidung der Exilantentraumata ist Hamburgers Fall ein „trauma of forced emigration": Anthony Grenville: Childhood Trauma as Represented in Literary Works by Jewish Refugees from Nazism to Britain. London 2024 (Manuskript), insb. S. 5, 12.

[3] Michael Hamburger: A Mug's Game. Intermittent Memoirs. Cheadle 1975, S. 28. Hamburger hat diese Szene mehrfach beschrieben wie sein Herausgeber Ian Galbraith betonte: „Hamburger described the first year of his exile in Britain and in the English language as the equivalent of a child being thrown into water so that it may learn to swim." Ian Galbraith: Michael Hamburger. Distinguished translator and poet. The Independent (11 June 2007), S. 37. Add MS 89100 unbound 5045 G: Letters from Michael Hamburger to Rick Rawson 1985–2007. British Library, Modern Literary Manuscripts.

[4] Hamburger: A Mug's Game, S. 74.

[5] Vgl. Georges-Arthur Goldschmidt: Über die Flüsse. Autobiographie. Frankfurt am Main 2003, S. 168.

[6] Ebd.

gab zu bedenken, dass die Not eine „Lehrmeisterin des Verstehens" sein könne und ungeahnt zu neuen Ufern führe.[7]

Man kann es insofern als das Existenzparadox Hamburgers beschreiben, das sich in dem zweischneidigen Verständnis des Übersetzungsbegriffs manifestiert. Darin lag von Anbeginn Bemerkenswertes: wie jene „traumatic translation", wie er in expliziter Verwendung des Traumakonzepts sagte, sich von einer Zerrüttungserfahrung zur schöpferischen Kraft transformierte.[8] Damit deuten sich in seinem idiosynkratischen Verständnis von Übersetzung zwei spannungsreiche Erfahrungsweisen an, die auf eine Bedeutungsverschiebung hinauslaufen: Sie liegt darin, dass aus dem Übersetztwerden – als Teil seines Exilierungserlebnisses – ein notwendiger Rückgang zu den eigenen Quellen wurde. So war das Übersetzen auch das, was ihm im Weiteren den Kontakt zur eigenen Berliner Kindheit wachhielt. Das Übersetzen ermöglichte, wie noch zu zeigen ist, einen zweiten Sprung ins Deutsche zurück: „Schon daß meine Verpflanzung keiner totalen Entwurzelung gleichkam, daß mir die abgeschnittene Kindheit nie ganz verloren ging," wie er später das früh Erlebte einordnete, „hängt mit meinen Übersetzungen zusammen."[9]

Hier bietet sich ein weiterer Begriff an, der von Goldschmidt ins Gespräch eingeführt wurde, um jene Erfahrung des Exilierten von der Zweisprachigkeit, wenn jemand bilingual aufwächst, zu unterscheiden: den einer Doppelsprachigkeit. Von dieser ist die Rede, wenn jemand sich in jungen Jahren an eine fremde Sprache zu assimilieren hat.[10] Die abrupte Anpassung hat einen ereignishaften Index: „Doppelsprachigkeit", so Goldschmidt, ist „aus der Geschichte entstanden, sie ist ein persönliches Schicksal, sie ist zu jeder Zeit eine verdoppelte Seinserfahrung."[11] Auf dieser gedanklichen Spur sprach Hamburger einmal – bezeichnenderweise zur Verleihung des Übersetzerpreises der Akademie für Sprache und Dichtung – davon, dass es nicht seine „Geschichte" gewesen sei, die ihn nach

---

7 Vgl. Friedrich Nietzsche: Morgenröte. Gedanken über die moralischen Vorurteile (1881). In: ders.: Kritische Studienausgabe. Bd. 3, hg. von Giorgio Colli und Mazzino Montinari. München 2003, S. 9–331, hier S. 134. Grundlegend zur künstlerischen Produktion im Zeichen existentieller Bedrängnis auch: Ludwig Binswanger: Über den Satz von Hofmannsthal: „Was Geist ist, erfaßt nur der Bedrängte" (1948). In: ders.: Ausgewählte Werke. Bd. 3, hg. von Max Herzog und Hans-Jürg Braun Heidelberg 1994, S. 265–273.
8 Vgl. Michael Hamburger: In Conversation with Peter Dale. London 1998, S. 15.
9 Hamburger: Warum ich übersetze, 14.
10 Hamburger hat die großen Assimilationsfähigkeiten der Kinder beschrieben, die zunächst ein mimetisches Verhältnis zur fremden Sprache entwickeln: Vgl. Michael Hamburger: Der englische Lyriker und Essayist Michael Hamburger im Studio, Min. 2:30 f. SWF 1993. Signatur W0032998, Unternehmensarchiv Südwestfunk.
11 Georges-Arthur Goldschmidt: Exil und Doppelsprachigkeit. In: Exilforschung. Ein internationales Jahrbuch 25 (2007), S. 1–2, hier S. 2.

Großbritannien „versetzt" habe.¹² Es war vielmehr die Geschichte des 20. Jahrhunderts, die deutschsprachige Erfahrung eines „age of dispersion", wie er in der literaturgeschichtlichen Schrift *After the Second Flood* formulierte, die ihn zum „displaced poet" und Übersetzer in der Fremde hatte werden lassen.¹³

Hierbei ist die Idee, dass die Not des Exils eine Lehrmeisterin des Verstehens ist, drücke sie sich dichtend oder übersetzend aus, gleichwohl in der Forschung schon angeklungen. Jüngst sprach der britische Germanist Jeremy Adler davon, dass der exilierte Schriftsteller nicht nur zum Verstehen in der fremden Gastwelt angehalten werde, sondern „notgedrungen" Neues schaffe, so es ihm gelänge seine Separierung produktiv werden zu lassen.¹⁴ Das Besondere an Hamburgers schöpferischer Reaktion auf das Exil ist nun die, dass er den Zwischenraum zwischen den Sprachen, was er englisch „rift" und deutsch „Niemandsland" nannte, fruchtbar zu machen verstand.¹⁵ Etwas, das sich in der Begegnung mit dem tatsächlichen Niemandsland in seiner Geburtsstadt Berlin, festgehalten in dem deutschsprachigen Essayband *Zwischen den Sprachen*, später wiederholte: eine Retraumatisierung, die auf kreatologisches Neuland führte. Erschüttert wurde zwar seine Sprachgewissheit als Weise des In-der-Welt-Seins; aber dieses „Gestrandetsein" im „Niemandsland" half ihm nicht zuletzt auch, den Zugang zur poetischen Sphäre zu erneuern.¹⁶

Mit Hamburger lässt sich somit eine herstellungsästhetische Zuspitzung der allgemeineren Übersetzungserfahrung des Exils formulieren. Schließlich wurde aus Hamburger ein eminent produktiver Meister des Weltenwechsels. Und unverkennbar bedarf es für diese *rite de passage* zwischen den Sprachen eine Fertigkeit, die er

---

12 Vgl. Michael Hamburger: Selbstvorstellung. In: Jahrbuch der Deutschen Akademie für Sprache und Dichtung 1 (1975), S. 147–148.
13 Siehe: Michael Hamburger: After the Second Flood. Essays on Post-War German Literature. Manchester 1986, S. 122.
14 Vgl. Jeremy Adler: Das bittere Brot des Exils. H.G. Adler, Elias Canetti und Franz Baermann Steiner im Londoner Exil. Göttingen 2015, S. 62. Sowie exemplarisch dazu schon: Lion Feuchtwanger: Der Schriftsteller im Exil (1943). In: ders.: Ein Buch nur für meine Freunde. Frankfurt am Main 1984, S. 533–538. Mit Dank für den Hinweis an Sebastian Schirrmeister.
15 Vgl. Michael Hamburger: Niemandsland-Variationen. In: ders.: Zwischen den Sprachen. Essays und Gedichte. Frankfurt/Main 1966, S. 26–34, hier S. 33. Zum „rift": Hamburger: A Mug's Game, S. 74
16 Zum „Gestrandetsein" im „Niemandsland": Michael Hamburger: Nachtrag zu den Memoiren (2006). In: ders.: Pro Domo. Selbstauskünfte, Rückblicke und andere Prosa, hg. v. Iain Galbraith. Wien, Bozen 2007, S. 9–34, hier S. 26. Zum Herausfallen aus der gewohnten Lebenswelt auch: Hans Blumenberg: Theorie der Lebenswelt, hg. von Manfred Sommer. Frankfurt/Main 2010, S. 178–179.

auf den lakonischen Titel „literarische Erfahrungen" brachte.[17] In diese mag nicht nur der Schreck hineingespielt haben, das Verhältnis von Welt und Wort in der Fremde neu sortieren zu müssen, sondern auch eine Sensibilisierung für das beim Aufbruch ins Exil über Bord Geworfene. Hamburger nannte diese Tätigkeit ein „carrying over": ein Nachholvorgang, der im Bau einer Arche aus Übersetzungen in England mündete.[18] Offensichtlich stellte diese Tätigkeit literarischer „mediation" ein inneres Gleichgewicht wieder her, die den initialen Verpflanzungsschmerz in eine Arbeit an der Überlieferung verwandelte.[19] Kurzum, die persönliche Katastrophe einer Übersetzung wurde in die Notwendigkeit des Übersetzers umgewendet.

Inwiefern diese Überlieferungsbezogenheit Hamburgers ein Erbstück seiner Herkunft aus dem assimilierten jüdischen Bürgertum war, dazu hat Hamburger am Ende seines Lebens Andeutungen gemacht. Hamburger, der sich selbst mit Identitätszuschreibungen zurückhielt, äußerte in dem Aufsatz „Gedanken zur Identitätsfrage", dass ihn die Begegnungszonen des Geistes interessiert hätten, aus denen das Beste einer „deutsch-jüdischen Verschmelzung" entstanden sei.[20] Dass Hamburgers übersetzerisches Werk einen Bogen von Friedrich Hölderlin zu Paul Celan spannt, gehört in diesen Herkunftskomplex. Schließlich waren es nach einer Bemerkung des deutsch-jüdischen Historikers George Mosse nicht selten Außenseiter wie Hamburger, die ein literarisches Erbe für Generationen stifteten.[21] Dass der gerade eingebürgerte Neunzehnjährige 1943 seine erste Publikation in Großbritannien Friedrich Hölderlin, dem Dichter eines Leidens am Suchen des Ausdrucks schlechthin widmete, hat seinen persönlichen Hintergrund in der eingangs geschilderten Szene der Sprachnot im Moment der Exilierung.

Dabei kann man es als ein surreales Ereignis einer Geburt als Autor ansehen – und Hamburger hat dies getan –, wenn einer „mitten im Krieg" mit einem Band deutscher Lyrik eines in England kaum bekannten, dazu als verrückt geltenden Dichters hervortritt, dessen Etablierung im englischen Sprachraum die Mis-

---

17 Vgl. Michael Hamburger: Literarische Erfahrungen, hg. von Harald Hartung. Darmstadt, Neuwied 1981.
18 Zu diesem Bild: Michael Hamburger: On Translation (1980). In: ders.: Testimonies. Selected Shorter Prose 1950–1987. Manchester 1989, S. 257–161, hier S. 259.
19 Hierzu das „Postscript" der überarbeiteten Fassung seiner Autobiographie: Michael Hamburger: String of Beginnings. Intermittent Memoirs 1924–1954. London 1991, S. 326.
20 Vgl. Michael Hamburger: Gedanken zur Identitätsfrage (1993). In: ders.: Pro Domo. Selbstauskünfte, Rückblicke und andere Prosa, hg. von Iain Galbraith. Wien, Bozen 2007, S. 162–172, hier S. 171.
21 Vgl. George L. Mosse: Jüdische Intellektuelle in Deutschland. Zwischen Religion und Nationalismus. Frankfurt/Main, New York 1992, S. 49.

sion dieses Exilanten wurde.[22] Doch hat der Hölderlin-Bezug Hamburgers noch eine andere Bewandtnis: Denn ausgerechnet in jenen Jahren, in denen er sich eine neue Sprache aneignete, wird ihm Hölderlin zur intimen Identifikationsfigur: zur *persona*, mittels derer er das Verhältnis von Sprache und Emotion für sich auf einen produktiven Kontakt zurückführte. Diese Maske, so lässt sich sagen, ermöglichte es ihm auszudrücken, wofür er vorerst keine eigenen Worte hatte.[23] Dass diese indirekte Initiation einen langen Schatten im Werk warf, lässt sich durch die Wanderung einer Denkfigur zeigen. Offensichtlich hatte Hamburger eine Lektüre Hölderlins im Sinn, die im Kontrast zu dessen Missbrauch im Nationalsozialismus stand. Für ihn wurde dieser nicht nur zum „Dichter in dürftiger Zeit", sondern in einem radikalen Sinne, um seine frühe Übersetzung zu zitieren, zum „poet in desolate times".[24] Diese Denkfigur sollte er zwanzig Jahre später für seinen Dichter-Freund Johannes Bobrowski wieder wählen, wenn er diesen als „deeply involved in the issues and desasters of our time" beschrieb.[25] Hier blitzt jene Zeugenschaftsfigur auf, das „bearing witness", die Hamburger später als zentral für sein Verständnis einer Ethik der Poesie ansah.

Damit kommt in der Hölderlin-Maske etwas zur Sprache: sein Bild des Literaten, den er sich nicht nur in „desolater Zeit" als einen dachte, der große Distanzen, geographisch, zeitlich, kulturell, zu überbrücken hatte, sondern sich zwangsläufig in unbequemer Position wiederfand. Er sei in den Zwischenräumen unsrer Welten und Auffassungen zuhause.[26] Diese Position als *outcast* reklamierte er schon in der Hölderlin-Übersetzung, wenn er den ruhelosen Geist als einen beschrieb, der verdammt sei, „from land to land used to travel", darin unverkennbar die eigene Entwurzelungserfahrung anklingen lassend.[27] Nach dem großen Bruch von 1945 wurde ihm insofern klar, dass seine Rolle die eines Hermes zwischen der Insel und Festlandseuropa sein würde. Hamburger wurde zum „Bindegeist"; dies in einer Epoche, die er in seinem literaturkritischen Hauptwerk, *The Truth of Poe-*

---

22 Vgl. Michael Hamburger: Moderne deutsche Literatur in England (1981). Mit einer Vorbemerkung von Till Greite. In: Sinn und Form (2024), Nr. 2, S. 238–252, hier S. 243.
23 Vgl. Michael Hamburger: Englische Hölderlin-Gedichte. In: Hölderlin-Jahrbuch (1963), Nr. 54, S. 80–87, hier: S. 81 und 85. Zur „Identifizierung mit dem Dichter" Hölderlin im frühen Exil: Hamburger: Der englische Lyriker und Essayist Michael Hamburger im Studio, Min. 0:30 f.
24 Vgl. Michael Hamburger: Poems of Hölderlin. London 1943, S. 171.
25 Vgl. Michael Hamburger: Johannes Bobrowski: an Introduction. In: ders.: Testimonies. Essays. Selected Shorter Prose 1950–1987. Manchester 1989, S. 206–214, hier S. 208.
26 Vgl. Hamburger: A Mug's Game, S. 74.
27 Vgl. Hamburger: Poems of Hölderlin, S. 171.

try, nach den totalitären Erfahrungen als „loose at all ends" charakterisierte.[28] Vor dem Hintergrund seiner traumatischen Übersetzung entwickelte er sich im Nachkrieg also zu einem Mittler im Transitraum der Sprachen. Hierbei sei es ihm darum gegangen, wie er in dem Aufsatz „Erfahrungen des Übersetzers" schrieb, ein Verfahren der „Verpflanzung" zu entwickeln, das weder freie „Nachdichtung" noch „Besitzergreifung" sei.[29] Hamburgers Übersetzerethos hat Adler umrissen, wenn er dessen Ziel im britischen Kontext so beschrieb: „to acclimatize foreign poetry, giving it ‚a local habitation and a name'."[30] Mit der ihm eigenen Ironie äußerte Hamburger dazu, dass er dies Verfahren der deutschen Literatur abgeschaut habe, die immer wieder bewiesen hätte, wie fruchtbar die „Einbürgerung von Fremdem" sein kann.[31]

Damit ist der Kern des Übersetzungsverständnisses Hamburgers berührt, der im Anschluss an John Dryden drei Weisen, die Metaphrase, die Paraphrase und die Imitation unterschied. Diese kann man die literale, allegorische und poetische Weise nennen. Die literale schied für Hamburger als bedeutungsfixiert, die poetische als besitzergreifend aus. Insofern machte er keinen Hehl daraus, dass er die mittlere Form einer umschreibend-allegorischen Weise bevorzugte, die die Andersgeartetheit des fremden Textes, seine eigentümliche Geste, in die Zielsprache hinüberzutragen versucht.[32] Thesenhaft kann man sagen, dass seine Übersetzungen einer Tendenz zur „foreignisation" statt „domestication" folgen.[33] Gewinnende Fremdheit bedeutete für ihn doppelte Anreicherung: Denn einerseits füllt die gelungene Übersetzung eine „Lücke", eine bis dato unbekannte Leerstelle in der Zielsprache.[34] Das ist der Fall Hölderlins im Englischen. Anderseits kann das

---

28 Zur zitierten Denkfigur des vermittelnden „Bindegeistes" siehe: Jean Paul: Vorschule der Ästhetik, hg. von Wolfhart Henckmann. Hamburg 1990, S. 55. Sowie: Michael Hamburger: The Truth of Poetry. Tensions in Modern Poetry from Baudelaire to the 1960s. London 1969, S. 180–181.
29 Vgl. Michael Hamburger: Erfahrungen eines Übersetzers (1975). In: ders.: Literarische Erfahrungen, hg. von Harald Hartung. Darmstadt, Neuwied 1981, S. 15–27, hier S. 17.
30 Jeremy Adler: The Great Transformation. The Contribution of German-Jewish Exiles to British Culture. London 2019, S. 18.
31 Vgl. Hamburger: Erfahrungen eines Übersetzers, S. 17.
32 Hierzu seine Bermerkung, er habe ein „concern with the quiddity of the poet": Michael Hamburger: The poet speaks. British council tapes. 30.01.1973, Min. 12:15 f. C144/1857. British Library, Listening Archive. Zur Frage der „quiddity" auch: Iain Galbraith: Michael Hamburger's ‚Chandos Moment'? Reflections on the ‚Niemandsland-Variationen'. In: Joyce Crick u. a. (Hg.). From Charlottenburg to Middleton: Michael Hamburger (1924–2007): Poet, translator, critic. München 2010, S. 70–88, hier S. 74.
33 Zu dieser Unterscheidung: Katrin Kohl: Michael Hamburger as a Translator of German Poetry. In: Joyce Crick u. a. (Hg.). From Charlottenburg to Middleton: Michael Hamburger (1924–2007): Poet, translator, critic. München 2010, S. 41–61, hier S. 44.
34 Vgl. Hamburger: Moderne deutsche Literatur in England, S. 239 und 246.

Übersetzen, im Dialog mit einer kritischen Essayistik, auf die Ausgangssprache zurückwirken. Das ist der Rückwirkungseffekt, der produktiv werdende „foreign point of view".[35] In Verbindung mit der Erfahrung eines Hineingeworfenseins von einer Sprache in die andere konstituierte dieser seinen siebten Sinn für verkürzte geschichtliche Optiken, in der deutschsprachigen Überlieferung zumal. So lässt sich Hamburger als ein Fall begreifen, der durch seinen Blick des ehemaligen *insider* auf verschüttete Traditionen in der Nachkriegszeit aufmerksam machen konnte.

Dieses Überlieferungsbewusstsein, in Verbindung mit der Produktionserfahrung, kann darüber hinaus deutlich machen, woher Hamburgers tiefe Skepsis gegenüber der deutschen Exilforschung rührte, deren Periodisierungen für ihn das lange Exil bzw. das Nachexil verpassten.[36] Vielmehr legte Hamburger den Forschenden eben jenen beherzten „Sprung" nahe, den er selbst erfahren hatte, und der ins Zentrum jener „Sprachunsicherheit" führt, die für ihn und seine Generation als entscheidend zu bezeichnen ist. Was bis heute fehle, so Hamburger anlässlich einer Tagung Ende der 1970er Jahre, sei eine „Phänomenologie der Exil-Literatur", die an die eingangs beschriebene Art biographischer und herstellungsästhetischer Initiationserlebnisse herankomme, in denen sich für ihn Sprache ereigne.[37] Hamburger ging von seiner eigenen Transplantationserfahrung als Hintergrund aus, um das Sprachempfinden des Exils auf den Punkt zu bringen: Denn wenn man – erklärte er an anderer Stelle – aus seiner Muttersprache entfernt wurde,

> and then you grew up in another language, it could be that you begin to see language as something which you can't take for granted in the way that most people do take language for granted, something that you are moving in as your element, as a fish moves in water. As though the fish has been taken out of water for a time and then put in a different tank. And then the fish begins to see, there is such a thing as water.[38]

Der versetzte Fisch sieht das Wasser, das heißt die Sprache. Wieder hält sich Hamburger an seine existentielle Daseinsmetaphorik, um den Sprachwechsel als Sprachbad zu evozieren.

---

35 Vgl. Hamburger: The poet speaks. British Council tapes, 30.01.1973, Min. 2:35 f.
36 Vgl. Georges-Arthur Goldschmidt: Vom Nachexil. Göttingen 2020. Sowie zum Desiderat Nachexil: Doerte Bischoff u. a.: Sprache(n) im Exil. Einleitung. In: Exilforschung. Ein internationales Jahrbuch 32 (2014), S. 9–25, hier S. 10.
37 Vgl. Michael Hamburger: Einige Bemerkungen zur Kategorie Exil-Literatur (1978). In: ders.: Literarische Erfahrungen, hg. von Harald Hartung. Darmstadt, Neuwied 1981, S. 97–105, hier S. 103.
38 Michael Hamburger: Poetry reading by Michael Hamburger, 01.04.1975, Min. 6:10 f. C40/130 Side 1. British Library, Listening Archive.

Beim Entstehen eines Gedichts im Exil sei insofern all dies, das „Ich, der Boden, die Sprache", wie Hamburger in dem Tagungsbeitrag „Bemerkungen zur Kategorie Exil-Literatur" schrieb, in schwindelerregender Bewegung. Noch einmal greift er auf die existentielle Sprungmetaphorik zurück, um den poetischen Zustand zu beschreiben: „[A]lle sind nicht mehr etwas Gegebenes, sondern etwas, das erst durch das Wagnis, das Fortgehen oder auch Hineinspringen in die Ungewißheit, gefunden werden kann."[39] Ein Augenblick von Freiheit und Fremdheit. Ähnlich hat es der ebenfalls im britischen Exil lebende H. G. Adler formuliert, wenn er sagte, die exterritoriale Sprachbehandlung könne zu einer „Unabhängigkeit" führen, wenngleich mit spezifischen emotionalen Idiosynkrasien.[40] Aus dieser Erfahrung entwickelte Hamburger sein Verständnis von Autorschaft, das er mit John Keats auf den Begriff einer „negative capability" brachte und vor allem in einem „gift of empathy" sah.[41] Der Schöpfer arbeite aus seinen Spannungen, seinem Widerstreit. Daher bleibe er in der Identität unterbestimmt. Vielmehr bewahrheite sich die Identität eines Dichters am Geschriebenen selbst: „nicht aus dem, was er wollte, sondern aus dem, was er mußte und konnte."[42] Noch den zweifelhaftesten Ambivalenzen kann somit Ausdrucksenergie entspringen.

2

Es dürfte aus den bisherigen Überlegungen deutlich geworden sein, inwiefern der traumatische Riss und der diesen überbrückende Sprung zum poetologischen Kernbestand von Hamburgers Denken gehört – mit dem Zusatz, dass in der Übersetzungserfahrung der kreative Nukleus seines Werkes enthalten ist. Das heißt, mit diesem Kern ist einerseits verschlossenes Leid, psychoanalytisch gesprochen eine innere stumme psychische Krypta aufgerufen, die Ausgangspunkt des schöpferischen Vermögens des Autors war.[43] Denn wie im initiierenden Sprachbad des Exils, gleich einer Dissoziationserfahrung, Welt und Wort – sowie Leib und Wort – neu zueinander finden mussten, lag darin auch die Chance eines neuen Anfangs, wie sie jeder poetischen Bemühung zu eigen ist. Es gibt diesbezüglich

---

39 Hamburger: Einige Bemerkungen zur Kategorie Exil-Literatur, S. 103.
40 Vgl. H.G. Adler: Zuhause im Exil. In: Karl Korino (Hg.). Autoren im Exil. Frankfurt/Main 1981, S. 242–253, hier S. 248.
41 Vgl. Hamburger: The Truth of Poetry, S. 3 und 99.
42 Hamburger: Gedanken zur Identitätsfrage, S. 163.
43 Zum Begriff der Krypta als Stätte eines verkapselten traumatischen Schocks siehe: Nicolas Abraham / Maria Torok: Deuil ou mélancolie. Introjecter – incorporer (1972). In: dies.: L'écorce et le noyau, Paris 1987, S. 258–275, hier S. 267–268.

eine Reihe von Metaphern im Werk Hamburgers, die diese Kernerfahrung umkreisen und die als seine Schlüsseltopoi des Übersetzungstraumas zu bezeichnen sind. Sie gilt es im Folgenden zu entfalten.

Da ist zunächst der „Angsthase", der die Angst des Kindes aufruft, welches dem Sprachsprung ausgesetzt war. Der Ausdruck verbindet die Berliner mit der britischen Seite – und es ist eines der wenigen Worte, die in Hamburgers Autobiographie *A Mug's Game* auf Deutsch auftauchen, so als müsste hier sprachlich eine heikle Erfahrung eingekapselt werden. Die Bedeutung des mit aufgerufenen Elementaraffekts, der Angst im Heidegger'schen Sinne, wird bei Hamburger dadurch unterstrichen, dass er dazu ein zweites Wort aus seiner Erinnerung wachruft: den „Hasensprung", der eine Lokalität, genauer einen Weg an der südwestlichen Peripherie Berlins im Bezirk Grunewald benennt.[44] „Hasensprung", als poetisches Wort verstanden, markiert zudem die existentielle Dringlichkeit dieses Themas; sie erinnert an das, was der Phänomenologe und Psychiater Viktor von Gebsattel eine initiierende „Unterbrechung" nannte, die für den weiteren Verlauf des Lebens maßgeblich ist.[45] Hamburger, durch seine Beschäftigung mit Sören Kierkegaard und anderen Daeinsphilosophen vorgeprägt, war – so darf man annehmen – die Zentralität der Sprungmetaphorik im existentiellen Denken bewusst.[46] Es ist der Sprung, der die Angst hervorruft, aber auch das Zurückgeworfensein auf das Selbst: Auf die Frage, was dieses Selbst, nach all den Jahren des Sprachwechsels eigentlich ausmacht? Der „Hasensprung", das war somit Hamburgers existentielle Gegend, die die Frage nach Identität und Zugehörigkeit implizierte.[47]

Wenn Hamburger bei seiner Rückkehr nach Berlin Anfang der 1960er Jahre der „Angsthase" wiederbegegnete, so signalisierte das nicht nur eine Signalangst, die sein Empfinden begleitete, sondern dieser ließ zugleich eine Schicksalsspur zum Vorschein kommen. Das Ganze scheint zunächst – im Bus gen Grunewald in südwestlicher Richtung sitzend, wo seine Großeltern einst gelebt hatten – auf einem vielsagenden Verhörer beruht zu haben. Denn da ihm die Busstation mit

---

44 Zur daseinserschließenden Funktion der Angst grundlegend: Martin Heidegger: Sein und Zeit. 9. Auflage. Tübingen 2006, S. 182.
45 Zur Idee initiierender „Unterbrechung": Viktor von Gebsattel: Numinose Ersterlebnisse. In: ders.: Imago Hominis. Beiträge zu einer personalen Anthropologie. Salzburg 1968, S. 308–323, hier S. 311 und 316.
46 Zum Topos existentieller Dringlichkeit auch: Michael Hamburger: A Refusal to Review Kierkegaard (1965). In: ders.: Testimonies. Essays. Selected Shorter Prose 1950–1987. Manchester 1989, S. 54–57, hier S. 54. Zur von Kierkegaard geprägten existentiellen Sprungmetaphorik siehe: Helmuth Vetter: Sprung. In: ders. (Hg.): Wörterbuch der phänomenologischen Begriffe. Hamburg 2004, S. 504–505.
47 Zur Gegend als Ort, wo sich ein „entscheidendes Bewenden" anzeigt: Heidegger: Sein und Zeit, S. 104.

Namen „Hasensprung" nichts mehr sagte, konnte dieses Wort unversehens zum Bild des verlorenen Berliner Lebens werden. Im Buchstäblich-Nehmen des Hasensprungs wurde ihm der eigene Balanceakt seit der Emigration, zwischen Orten und Zeiten, schlagartig bewusst: „All at once that name brought back a parapet and a stone hare, the vertigo that had seized me when I was balancing on the parapet on a walk with my father, and his calling me ‚Angsthase', which means a rabbit or a funk."⁴⁸ Aus dem „Angsthasen" in Berlin – damals an der Hand des Vaters geführt, der 1940 im Exil starb –, wurde im fremden Medium des Englischen einer, dem das Balancieren auf schmalem Grad zur Daseinsform wurde. Hatte im „Angsthasen" – einer Formulierung aus Walter Benjamins *Berliner Kindheit* folgend – „die ganze entstellte Welt der Kindheit"⁴⁹ noch einmal Platz genommen, so wies der vom Rückkehrer missverstandene „Hasensprung" über diese hinaus auf den rettenden Sprung ins Exil.

Demnach führte ihn der „Hasensprung" in eine andere Sphäre, an den verdeckten Anfang des Lebens zurück. Am Hasensprung in Berlin tritt der Schock der Erinnerung wie ein Stich auf den Plan: „[M]emory stabbed me", heißt es, „like a knife".⁵⁰ Hierbei ist davon auszugehen, dass Hamburger der wiederholt erlittene Sprachverlust – das Verlernen und wieder Erlernen-Müssen des Deutschen – auf die Spur eines existenzbezogeneren Poesie brachte, was seine Nähe zu Denkern der Existenz von Kierkegaard bis Sartre nahelegt.⁵¹ So nahm er an, dass der Anstoß zum Dichten stets aus der Erfahrung von Krisen komme. Die Einsicht sah er nicht nur in der eigenen, sondern in der Weise der ihm verwandten Lyriker am Werk: von Hölderlin über Trakl zu Celan.⁵² Dass sein Sprung in die Kindheit von der Leitstimmung eines Schwindels, eines „vertigo", begleitet wurde, mag damit zusammenhängen, dass eine Angst bestanden zu haben scheint, in eine innere Grube zu stürzen: in das Grab eines lang verschütteten Ichanteils.

Auf diese Weise wurde ihm der „Hasensprung" in Berlin zur doppelten Erfahrung: eine der erinnerten Geburt des Selbst – wie zum wieder durchlebten Unter-

---

48 Hamburger: A Mug's Game, S. 16.
49 Vgl. Walter Benjamin: Berliner Kindheit um Neunzehnhundert (1938/1950). In: ders.: Gesammelte Schriften. Bd. IV-1, hg. von Tillmann Rexroth. Frankfurt am Main 1991, S. 235–304, hier S. 262.
50 Hamburger: A Mug's Game, S. 16.
51 Hierzu Hamburgers Kontakt mit dem Daseinanalytiker und Dichter: Hans W. Cohn: Existential Thought and Therapeutic Practice. An Introduction to Existential Psychotherapy. London 1997. Zum Nexus von Poesie und Therapie auch Hamburgers Kommentar: Michael Hamburger: Vorwort. In. Hans W. Cohn. Mit allen fünf Sinnen. Gedichte, hg. von Thomas B. Schuman. Hürth bei Köln 1994, 9–13, hier S. 12–13.
52 Vgl. Michael Hamburger: Meine Gedichte (1988). In: ders.: Das Überleben der Lyrik. Berichte und Zeugnisse, hg. von Walter Eckel. München, Wien 1993, S. 209–219, hier S. 218.

gang des deutschen Selbst in der traumatischen Übersetzung nach England. Man kann gleichwohl sagen, dass der retraumatisierende Sprung auch eine Wiedergeburt darstellte, insofern ein Stück Muttersprache wieder in Sicht geriet. Es manifestierte sich die janusköpfige Grundkonstellation seines Schriftstellerlebens: als englischer Dichter und Übersetzer aus Deutschland. Wenn der Philosoph Hans-Georg Gadamer diesbezüglich einmal das Bild eines Sprachblitzes eingeworfen hat, der den Poeten im Exil als Eingebung erfassen könne, so fügte dem Hamburger den schöpferischen Grenzwechsel hinzu.[53] Für ihn war es jene Pendelbewegung zwischen dem suchenden Wagnis an den Grenzen des Selbstverlusts und einer Aufhebung der Fremdheit im Finden des rettenden Worts.

Neben der Stimmung der Beklemmung scheint aber auch die Erfahrung des Freiseins zum eigenen Entwurf mitangeklungen zu sein. Der „Hasensprung" war beides, Enge und Weite, Freiheit und Einschluss als emotionales Wechselbad.[54] Das hat dieser Sprung mit einer zweiten Schlüsselmetaphorik Hamburgers, dem Niemandsland, gemeinsam: jenes Land eines wortlosen Staunens, das seine abgebrochene Kindheit mit der späteren Wiederentdeckung im Berlin der Mauerzeit verbindet. Das Niemandsland kam für ihn in Sicht, als die Jahre der Akkulturation in Großbritannien, der poetologischen Assimilation an einen englischen Stil, überwunden wurden.[55] Man könnte es einen Wechsel von der Stummheit in die Stille nennen, insofern in diesen Jahren sich seine primäre Identität anmeldete: jenes ‚stumme Selbst', von dem schon Nietzsche und Phänomenologen wie Max Scheler sprachen.[56] Im Niemandsland entdeckte Hamburger das Deutsch seiner Kindheit, das unter der Erfahrung der Emigration zu einem kleinen Deutsch, zu einer „kleinen Literatur" geschrumpft war.[57]

---

53 Vgl. Hans-Georg Gadamer: Leben ist Einkehr in eine Sprache. In: Universitas 10 (1993), S. 922–926, hier S. 926.
54 Zu den Paradoxien der Angst: Hans-Georg Gadamer: Angst und Ängste (1990). In: ders.: Die Verborgenheit der Gesundheit. Aufsätze und Vorträge. Frankfurt/Main 1993, S. 189–200, hier S. 190.
55 Hamburger hat diese langsame Befreiung von einem englischen „clutter of literariness" betont, welche er abwerfen musste, um seinen lyrischen Ton zu finden: Michael Hamburger an Rick Rawson vom 19.2.2007. Add MS 89100 unbound 5045 G: Letters from Michael Hamburger to Rick Rawson 1985–2007. British Library, Modern Literary Manuscripts.
56 Zur Selbstpsychologie schon: Friedrich Nietzsche: Menschliches Allzumenschliches (1878). In: ders.: Kritische Studienausgabe Bd. 2, hg. von Giorgio Colli und Mazzino Montinari. München. 2005, S. 371. Sowie zur unwillkürlichen „Gefühlserinnerung", die den Selbstkern betrifft: Max Scheler: Der Formalismus in der Ethik und die materiale Wertethik. Gesammelte Werke. Bd. 2, hg. von Maria Scheler. Bern, München 1966, S. 331–332.
57 Im Sinne ungewollter Fremdsprachlichkeit in der verlorenen Muttersprache wäre Hamburger ein eigener Fall kleiner Literatur: Vgl. Gilles Deleuze / Félix Guattari: Kafka. Pour une littérature mineure. Paris 1975, S. 43 und 49.

Man kann diesbezüglich von einem zerrissenen Sprachgefühl sprechen, das ihn bei seinen Rückkehrerlebnissen ereilte und ihm nirgendwo so vor Augen stand wie im Berliner Niemandsland. Er näherte sich in diesem Prosadeutsch seiner Muttersprache wie einer, schrieb er in seinen „Niemandsland-Variationen", der „auf Krücken" über einst vertrautes Gelände gehe.[58] Ein posttraumatisches Deutsch, ein Kinderdeutsch, war es, da von einem gesprochen und geschrieben, der als Grundschüler aus dem Sprachzusammenhang gerissen wurde. Zugleich ein altes Deutsch, da von einem praktiziert, dessen Kenntnisse weit in der Überlieferung zurückreichten. Genau in diesem Deutsch waltete ein Spalt, gleich dem Niemandsland, zwischen den Sprach- und Erfahrungsschichten, wie Hamburger sagte: „[T]here is a long gap when I spoke only English, and then I started learning German as a foreign language [...]. So I got a bookish sort of stratum, and another one that is childish. But there is a great gap in-between."[59]

Das Ungenügen an der Zweisprachigkeit erfasste ihn umso mehr, wie er das, was er an der Quelle seiner Kindheit erlebt hatte, Deutsch – und im Gedicht – ausdrücken wollte. Doch dafür reichte, was „aus der Kindheit erhalten blieb", nur unzureichend aus, um auszudrücken, was er als Verlusterfahrung in sich trug. Denn „das später Erlernte bleibt", so Hamburger, „wie alles Erlernte, abstrakt, fügt sich nicht den Gedanken und dem Gefühl. Die Zerrissenheit des Erlebten ist arg genug; die Zweisprachigkeit zerreißt es noch einmal."[60] In diese Sprache, das macht ihre Authentizität aus, hat sich eine Distorsionserfahrung eingeschrieben. Er selbst nannte es einen fast pathologischen „Übersetzungstrieb", dessen „psychische Anlage" er kaum beleuchten mochte.[61] So geriet das Übersetzen zum nachträglichen Sich-Gewöhnen an den Übertritt. Das wiederholte Kreuzen der Sprachgrenze scheint also beides gewesen sein zu sein: eine Retraumatisierung wie der Versuch einer Behandlung dieses Traumas. Doch hinterließ es einen unerledigten Rest, ein Nicht-Metaphorisierbares, wie dieses in den Theorien des Traumas immer wieder hervorgehoben wird.[62]

---

58 Zu diesem fragilen Sprachgebrauch wie „auf Krücken": Hamburger: Niemandsland-Variationen, S. 33.
59 Michael Hamburger: Poetry reading by Michael Hamburger. 18.04.1975, Min. 12:40 f. C40/130 Side 1. British Library, Listening Archive.
60 Hamburger. Niemandsland-Variationen, S. 26.
61 Vgl. Michael Hamburger: Dank und Antwort. In: Jahrbuch der Deutschen Akademie für Sprache und Dichtung (1964), Nr. 1, S. 81–93, hier S. 81.
62 Zum analytischen Konzept eines Nicht-Metaphorischen im vom Trauma verletzten Selbstkern: Abraham / Torok. Deuil ou mélancolie. Introjecter – incorporer, S. 268. Zu den Lücken in der Bildproduktion bei Traumatisierungen auch: Julia Barbara Köhne: Gedächtnisverlust und Trauma. In: Lars Koch (Hg.). Angst. Ein interdisziplinäres Handbuch. Stuttgart, Weimar 2013, S. 157–165, hier S. 158.

Mit diesen Erfahrungen im Niemandsland ist zuletzt das verbunden, was in Anlehnung an Goldschmidt eine Doppelsprachigkeitserfahrung genannt wurde. Bei Hamburger fällt in seinen „Berliner Variationen" hierfür das deutsche Wort „Zerrüttung", um die innere Spannung der beiden Schichten im Selbst zu akzentuieren.[63] Insofern spricht Hamburger bezüglich der erlittenen Zweisprachigkeit auch von „afflication", was am besten mit „Gebrechen" zu übersetzen ist.[64] Es kam zu einer merkwürdig chiastischen herstellungsästhetischen Lage im Berliner Niemandsland: Im Deutschen war ihm keine Lyrik, nur eine ‚Prosa der Emotion' zugänglich. Dichten konnte er nur auf Englisch, aber in dieser Sprache geriet er nicht in direkten Kontakt mit seinem Kindheitserlebnissen, die hinter einem wortlosen Schleier verblieben. Das war sein „Dilemma" als Autor, um diesen von ihm in *The Truth of Poetry* eingeführten produktionsästhetischen Terminus zu verwenden.[65]

Die Lösung dieses Dilemmas führt zum letzten poetologischen Gedanken, Hamburgers Apologie der Stille, die den dritten Schlüsseltopos benennt: die „condition of silence".[66] Es ist eine intensive vorsprachliche Stille, wie er in einem Brief betonte: „The alternative, infinitely seductive and refreshing to me, is silence [...]. Silence, in any case, is the measure or gauge of real writing."[67] Hier schließt sich die Stille mit dem Niemandsland als Gegend sprachlosen Staunens vor den Phänomenen kurz: „Im Niemandsland hatte man andere Sorgen. Dort galt nicht mehr, was man sein wollte, auch nicht, wofür einen die anderen hielten: sogar, was man war, ging einen seltsamerweise nichts an."[68] Denn in diesem „Licht des Niemandslandes" zerfielen die Maskierungen. Diese Erfahrung kann als Hamburgers zweites Geburtstrauma aus dem Geist des Niemandslandes begriffen werden. Ihm lag das Paradox zugrunde, dass gerade der Punkt größter Verletzbarkeit Anfang einer neuen Ausdruckskraft war. Eine Kreisbewegung wurde um den Kern der Leiderfahrung ausgeführt: ebenso, wie es das ungarisch-französische Analytikerpaar Ni-

---

63 Vgl. Michael Hamburger: Berliner Variationen. In: ders.: Zwischen den Sprachen. Essays und Gedichte. Frankfurt/Main 1966, S. 9–25, hier S. 25.
64 Michael Hamburger: Samuel Beckett as a Poet (1978). In: ders.: Testimonies. Selected Shorter Prose 1950–1987. Manchester 1989, S. 162–165, hier S. 163.
65 Zum literaturkritischen Begriff des Dilemmas im Anschluss an Sartre: Hamburger: The Truth of Poetry, S. 3.
66 Vgl. Michael Hamburger: A writer on his work (1966). In: ders.: Testimonies. Essays. Selected Shorter Prose 1950–1987. Manchester 1989, S. 225–228, hier: S. 227. Zur „condition of silence" als Fundament von Hamburgers Ars Poetica auch: Galbraith: Michael Hamburger's ‚Chandos Moment'?, S. 70–80.
67 Michael Hamburger an Rick Rawson vom 16.4.1986. Add MS 89100 unbound 5045 G: Letters from Michael Hamburger to Rick Rawson 1985–2007. British Library, Modern Literary Manuscripts.
68 Hamburger: Niemandsland-Variationen, S. 34.

colas Abraham und Maria Torok, selbst Exilierte, in ihrer Theorie psychischer Krypten beschrieben, dass es viel „Wege", „tausend Arten der Symbolisierung" gebe, um am Unsäglichen zu rühren.[69] Man kann das eine notwendig indirekte Poetisierung des traumatischen Schocks nennen, insofern es für schweres Leid keinen direkten Ausdruck geben kann.[70] Es bedarf Formen gestischer Metaphorisation. Diese Sprache entsteht jedoch erst im Durchgang durch das, was Hamburger den „pull of silence", den geheimnisvollen „Zug der Stille" nannte.[71] Erst dieser führt ins Offene.

Was Hamburger also aus der Not des Exils vertraut war, begegnete ihm auf schmerzliche wie spielerische Weise im Berliner Niemandsland wieder: Die Worte flogen ihm aus der Fremdheit, merkwürdigen Vertrautheit der dortigen Stille, noch einmal entgegen. Hier wird deutlich, was Hamburger unterm poetischen Wort, ob in Lyrik oder Prosa, verstand wissen wollte: Es gleiche weniger dem bloß treffenden Wort, sondern ähnele dem leisen Eintauchen eines Steins, den man ins Schweigen fallen lasse.[72] Für Hamburger blieb dennoch, das war das melancholische Momentum darin, immer etwas vom wortlosen Hiatus übrig. Dieser wurde zum Kern seiner Poetik: „accepted, left open explored."[73] Denn wie der spätere Zusammenprall, so Hamburger, zwischen der ersten und der zweiten Sprache nicht restlos zu befrieden war, so müsse zuletzt die produktive Fremdheit des ersten Sprungs, wie immer schmerzlich, bewahrt werden.[74]

Literaturverzeichnis

Abraham, Nicolas / Torok, Maria: Die Topik der Realität. Bemerkungen zu einer Metapsychologie des Geheimnisses (1971) . In: Psyche. (2001), Nr. 6, S. 539–544.
Abraham, Nicolas / Torok, Maria: Deuil ou mélancolie. Introjecter – incorper (1972). In: dies.: L'écorce et le noyau, Paris 1987, S. 258–275.
Adler, H.G.: Zuhause im Exil. In: Karl Korino (Hg.). Autoren im Exil. Frankfurt/Main 1981, S. 242–253.
Adler, Jeremy: Erich Fried, F. B. Steiner and an Unkown Group of Exile Poets in London. In: Theodor Kramer Gesellschaft (Hg.). Zwischenwelt. Exil in Großbritannien. Wien 1995, S. 163–185.
Adler, Jeremy: The Great Transformation. The Contribution of German-Jewish Exiles to British Culture. London 2019.

---

69 Vgl. Nicolas Abraham / Maria Torok: Die Topik der Realität. Bemerkungen zu einer Metapsychologie des Geheimnisses (1971) . In: Psyche. (2001), Nr. 6, S. 539–544, hier S. 546.
70 Vgl. Sándor Ferenczi: Ohne Sympathie keine Heilung. Das klinische Tagebuch, hg. von Judith Dupont. Frankfurt/Main 1988, S. 193.
71 Vgl. Hamburger: A Mug's Game, S. 75.
72 Vgl. Hamburger: A writer on his work, S. 227.
73 Hamburger: A Mug's Game, S. 75.
74 Vgl. Hamburger: Berliner Variationen, S. 24.

Adler, Jeremy: Das bittere Brot des Exils. H.G. Adler, Elias Canetti und Franz Baermann Steiner im Londoner Exil. Göttingen 2015.
Benjamin, Walter: Berliner Kindheit um Neunzehnhundert (1938/1950). In: ders.: Gesammelte Schriften. Bd. IV-1, hg. von Tillmann Rexroth. Frankfurt/Main 1991, S. 235–304.
Binswanger, Ludwig: Über den Satz von Hofmannsthal: „Was Geist ist, erfaßt nur der Bedrängte" (1948). In: ders.: Ausgewählte Werke Bd. 3, hg. von Max Herzog und Hans-Jürg Braun Heidelberg 1994, S. 265–273.
Blumenberg, Hans: Theorie der Lebenswelt, hg. von Manfred Sommer. Frankfurt/Main 2010.
Cohn, Hans W.: Existential Thought and Therapeutic Practice. An Introduction to Existential Psychotherapy. London 1997.
Deleuze, Gilles / Guattari, Félix: Kafka. Pour une littérature mineure. Paris 1975.
Ferenczi, Sándor: Ohne Sympathie keine Heilung. Das klinische Tagebuch, hg. von Judith Dupont. Frankfurt/Main 1988.
Feuchtwanger, Lion: Der Schriftsteller im Exil (1943). In: ders.: Ein Buch nur für meine Freunde. Frankfurt/Main 1984, S. 533–538.
Gadamer, Hans-Georg: Angst und Ängste (1990). In: ders.: Die Verborgenheit der Gesundheit. Aufsätze und Vorträge. Frankfurt/Main 1993, S. 189–200.
Gadamer, Hans-Georg: Leben ist Einkehr in eine Sprache. In: Universitas (1993), Nr. 10, S. 922–926.
Galbraith, Iain: Michael Hamburger's ‚Chandos Moment'? Reflections on the ‚Niemandsland-Variationen'. In: Joyce Crick u. a. (Hg.). From Charlottenburg to Middleton: Michael Hamburger (1924–2007): Poet, translator, critic. München 2010, S. 70–88.
Galbraith, Ian: Michael Hamburger. Distinguished translator and poet. The Independent (11 June 2007), S. 37. Add MS 89100 unbound 5045 G: Letters from Michael Hamburger to Rick Rawson 1985–2007. British Library, Modern Literary Manuscripts.
Gebsattel, Viktor von: Numinose Ersterlebnisse. In: ders.: Imago Hominis. Beiträge zu einer personalen Anthropologie. Salzburg 1968, S. 308–323.
Goldschmidt, Georges-Arthur: Über die Flüsse. Autobiographie. Frankfurt/Main 2003.
Goldschmidt, Georges-Arthur: Vom Nachexil. Göttingen 2020.
Grenville, Anthony: Childhood Trauma as Represented in Literary Works by Jewish Refugees from Nazism to Britain. London 2024 (Manuskript).
Hamburger, Michael: Poems of Hölderlin. London 1943.
Hamburger, Michael: Warum ich übersetze. In: Die Zeit (19.10.1962), Nr. 42, S. 13–14.
Hamburger, Michael: Englische Hölderlin-Gedichte. In: Hölderlin-Jahrbuch (1963), Nr. 54, S. 80–87.
Hamburger, Michael: Dank und Antwort. In: Jahrbuch der Deutschen Akademie für Sprache und Dichtung (1964), Nr. 1, S. 81–93.
Hamburger, Michael: A Refusal to Review Kierkegaard (1965). In: ders.: Testimonies. Essays. Selected Shorter Prose 1950–1987. Manchester 1989, S. 54–57.
Hamburger, Michael: A writer on his work (1966). In: ders.: Testimonies. Essays. Selected Shorter Prose 1950–1987. Manchester 1989, S. 225–228.
Hamburger, Michael: Berliner Variationen. In: ders.: Zwischen den Sprachen. Essays und Gedichte. Frankfurt/Main 1966, S. 9–25.
Hamburger, Michael: Niemandsland-Variationen. In: ders.: Zwischen den Sprachen. Essays und Gedichte. Frankfurt/Main 1966, S. 26–34.
Hamburger, Michael: The Truth of Poetry. Tensions in Modern Poetry from Baudelaire to the 1960s. London 1969.
Hamburger, Michael: A Mug's Game. Intermittent Memoirs. Cheadle 1975.

Hamburger, Michael: Erfahrungen eines Übersetzers (1975). In: ders.: Literarische Erfahrungen, hg. von Harald Hartung. Darmstadt, Neuwied 1981, S. 15–27.
Hamburger, Michael: Samuel Beckett as a Poet (1978). In: ders.: Testimonies. Selected Shorter Prose 1950–1987. Manchester 1989, S. 162–165.
Hamburger, Michael: On Translation (1980). In: ders.: Testimonies. Selected Shorter Prose 1950–1987. Manchester 1989, S. 257–161.
Hamburger, Michael: Moderne deutsche Literatur in England (1981). Mit einer Vorbemerkung von Till Greite. In: Sinn und Form (2024), Nr. 2, S. 238–252.
Hamburger, Michael: After the Second Flood. Essays on Post-War German Literature. Manchester 1986.
Hamburger, Michael: Meine Gedichte (1988). In: ders.: Das Überleben der Lyrik. Berichte und Zeugnisse, hg. von Walter Eckel. München, Wien 1993, S. 209–219.
Hamburger, Michael: String of Beginnings. Intermittent Memoirs 1924–1954. London 1991.
Hamburger, Michael: Gedanken zur Identitätsfrage (1993). In: ders.: Pro Domo. Selbstauskünfte, Rückblicke und andere Prosa, hg. von Iain Galbraith. Wien, Bozen 2007, S. 162–172.
Hamburger, Michael: Vorwort. In. Hans W. Cohn. Mit allen fünf Sinnen. Gedichte, hg. von Thomas B. Schuman. Hürth bei Köln 1994, 9–13.
Hamburger, Michael: In Conversation with Peter Dale. London 1998.
Hamburger, Michael: Nachtrag zu den Memoiren (2006). In: ders.: Pro Domo. Selbstauskünfte, Rückblicke und andere Prosa, hg. v. Iain Galbraith. Wien, Bozen 2007, S. 9–34.
Hamburger, Michael: The poet speaks. British council tapes. 30.01.1973. C144/1857. British Library, Listening Archive.
Hamburger, Michael: Poetry reading by Michael Hamburger. 18.04.1975. C40/130 Side 1. British Library, Listening Archive.
Hamburger, Michael an Rick Rawson vom 16.4.1986. Add MS 89100 unbound 5045 G: Letters from Michael Hamburger to Rick Rawson 1985–2007. British Library, Modern Literary Manuscripts.
Hamburger, Michael: Der englische Lyriker und Essayist Michael Hamburger im Studio. SWF 1993. Signatur W0032998, Unternehmensarchiv Südwestfunk.
Hamburger, Michael an Rick Rawson vom 19.2.2007. Add MS 89100 unbound 5045 G: Letters from Michael Hamburger to Rick Rawson 1985–2007. British Library, Modern Literary Manuscripts.
Heidegger, Martin: Sein und Zeit. 9. Auflage. Tübingen 2006.
Köhne, Julia Barbara: Gedächtnisverlust und Trauma. In: Lars Koch (Hg.). Angst. Ein interdisziplinäres Handbuch. Stuttgart, Weimar 2013, S. 157–165.
Kohl, Katrin: Michael Hamburger as a Translator of German Poetry. In: Joyce Crick u.a. (Hg.). From Charlottenburg to Middleton: Michael Hamburger (1924–2007): Poet, translator, critic. München 2010, S. 41–61.
Mosse, George L.: Jüdische Intellektuelle in Deutschland. Zwischen Religion und Nationalismus. Frankfurt/Main, New York 1992.
Nietzsche, Friedrich: Menschliches Allzumenschliches (1878). In: ders.: Kritische Studienausgabe Bd. 2, hg. von Giorgio Colli und Mazzino Montinari. München. 2005.
Nietzsche, Friedrich: Morgenröte. Gedanken über die moralischen Vorurteile (1881). In: ders.: Kritische Studienausgabe. Bd. 3, hg. von Giorgio Colli und Mazzino Montinari. München 2003, S. 9–331.
Paul, Jean: Vorschule der Ästhetik, hg. von Wolfhart Henckmann. Hamburg 1990.
Scheler, Max: Der Formalismus in der Ethik und die materiale Wertethik. Gesammelte Werke. Bd. 2, hg. von Maria Scheler. Bern, München 1966.
Vetter, Helmuth: Sprung. In: ders.: (Hg.). Wörterbuch der phänomenologischen Begriffe. Hamburg 2004, S. 504–505.

Simona Leonardi
Landmarks des Exils und Emotionen

> Die Problematik zu den Emigrationsschicksalen jedes von uns ist so groß, dass man sie wohl kaum klassifizieren kann [...] Die schweren Dinge, die wirklich die meisten von uns erlebt haben, sitzen tief, und sind sicher der Grund für viele unserer Gefühle, für unsere Ausdrücke, für unsere Erinnerungen.
>
> Alfred A. Wachs[1]

1 Einleitung

Gegenstand meiner Untersuchung sind Textbeispiele aus dem sog. Israelkorpus,[2] eine Sammlung narrativer biographischer Interviews mit deutschsprachigen Israelis, die meist in den 1930er Jahren aus politischen und rassistischen Gründen aus Deutschland und annektierten Gebieten nach Palästina/Israel getrieben wurden. Aus dieser Sammlung stammt das obige Zitat, in dem der Interviewte Alfred A. Wachs[3] die Interviewerin Anne Betten auf die Rolle der Emigration nicht nur

---

[1] Interview Anne Betten mit Alfred Abraham Wachs (*Berlin, 23.5.1914), Haifa, 27.6.1990 (IS_E_00132; hier und in den folgenden Ausschnitten beziehen sich derartige Siglen auf die sogenannte Ereignis-ID, unter der die jegliche Aufnahme in der Datenbank für Gesprochenes Deutsch (DGD) des Leibniz-Instituts für deutsche Sprache (IDS) archiviert ist).

[2] Anne Betten (Hg.): Sprachbewahrung nach der Emigration – Das Deutsch der 20er Jahre in Israel. Teil I: Transkripte und Tondokumente. Tübingen 1995; Anne Betten und Simona Leonardi: Das Interviewkorpus „Sprachbewahrung nach der Emigration / Emigrantendeutsch in Israel": Ein sprach- und kulturwissenschaftliches Archiv des deutschsprachigen Judentums im 20. Jahrhundert. In: Tsafon Hors-série no 11 (Archives de la Diaspora / Diaspora des Archives. Penser la mémoire de la dispersion à partir de l'espace germanophone) (2023), S. 233–258.

[3] Wachs' „Emigrationschicksal" steht für viele Lebensgeschichten, die im Israelkorpus dokumentiert sind. Bereits nach der Etablierung der NS-Herrschaft 1933 hatte er sich für die Auswanderung nach Palästina entschlossen, jedoch konnte er erst nach mehreren Etappen dort ankommen; 1935 leitete er eine *Hachshara* (die ‚Vorbereitung' auf die Migration in Palästina, was von den Interviewten selbst ‚Umschichtung' genannt wird) der zionistischen Jugendbewegung in Jugoslawien, wurde danach nach Berlin zurückgerufen; 1936 begann er ein Studium der Agronomie in Florenz, das er wegen der in Italien 1938 verabschiedeten Rassengesetze nicht beenden konnte; 1939 wurde er als *troubleshooter* für junge Juden, die im Vereinten Königreich auf weit verstreuten Farmen Hachshara machten, nach England bzw. Schottland geschickt, 1940 jedoch als *enemy alien* interniert und auf dem Truppentransporter Dunera in ein Internierungslager nach Australien verschifft. Erst 1942 kam er durch Bemühungen seiner späteren Frau endlich nach Palästina, wo er bei der englischen und nach 1948 bei der israelischen Marine arbeitete. Später studierte er Psychologie in der Schweiz

https://doi.org/10.1515/9783111329345-004

für sich selbst, sondern für alle Teilnehmenden an Bettens Interviewprojekt hinweist.[4] Die Erfahrung der (Zwang-)Migration verbindet Wachs explizit mit den oft tief traumatischen Erlebnissen („die schweren Dinge") seiner Generation, die entscheidend ihre jetzige Identität geprägt haben. Nicht zuletzt auch durch die stilistische Gestaltung (dreifache Listenstruktur[5]) hebt er die „Gefühle, Ausdrücke, Erinnerungen", die noch in der Gegenwart erlebt, geäußert oder hervorgerufen werden, die aber aus der Emigrationserfahrung stammen.

Unter diesen Prämissen möchte ich auf drei Ausschnitte aus dem Israelkorpus näher eingehen. Zuvor schildere ich kurz den theoretischen und methodologischen Hintergrund meiner Ausführungen.

Die Feststellung, dass Erzählen für die Konstruktion individueller und kollektiver Identitäten von zentraler Bedeutung ist, hat in den letzten Jahrzehnten zunehmende Beachtung gefunden. Daher dienen in der Migrationsforschung[6] immer häufiger biographische Erzählungen als bevorzugter Zugang zur Erschließung von Stellungnahmen und sozialen Kategorisierungen der Sprechenden.[7]

Es wurde ferner vermehrt darauf hingewiesen, dass Erzählungen von Migrationserfahrungen – zu denen auch die Interviews aus dem Israelkorpus zählen – besonders häufig auf räumliche Elemente fokussieren, denn sie befassen sich mit verschiedenen Aspekten des Prozesses der Trennung von der ursprünglichen Heimat und der anschließenden Umsiedlung in neue Länder. Deswegen greift die folgende Analyse verschiedene Impulse auf, die sich v. a. ab den 1990er Jahren in

---

und promovierte; danach war er als Schul- und Marinepsychologe in Israel tätig. Seine Eltern wurden im KZ ermordet.

4 S. u.; für eine detailliertere narratologische Analyse einer längeren Passage aus Wachs' Interview s. ferner Simona Leonardi: Erinnerte Emotionen in autobiographischen Erzählungen. In Simona Leonardi, Eva-Maria Thüne und Anne Betten (Hg.): Emotionsausdruck und Erzählstrategien in narrativen Interviews. Analysen zu Gesprächsaufnahmen mit jüdischen Emigranten. Würzburg 2016, S. 1–45 (hierzu S. 8–13).

5 Vgl. Gail Jefferson: List-construction as a task and a resource. In: George Psathas (ed.): Interaction Competence. Washington, D.C.: 1990, S. 63–92 (hierzu S. 64–69).

6 Vgl. Anna De Fina und Amelia Tseng. Narrative in the study of migrants. In: A. Suresh Canagarajah (ed.): The Routledge handbook of migration and language. London 2017, S. 381–396; Simona Leonardi et al. (Hg.): Orte und Erinnerung. Eine Kartografie des Israelkorpus. Roma 2023.

7 Vgl. Gabriele Lucius-Hoene und Arnulf Deppermann: Rekonstruktion narrativer Identität: ein Arbeitsbuch zur Analyse narrativer Interviews. Opladen 2004.

der Folge des *spatial turn*[8] und des darauffolgenden *topographical turn*[9] inter- und transdisziplinär mit dem Wechselspiel zwischen Gedächtnis, Erinnerungen und Orten auseinandersetzen.

Darüber hinaus soll berücksichtigt werden, dass autobiographische Erzählungen nicht nur das prozesshafte Erinnern aus Gedächtnisinhalten – oder besser gesagt, dessen Verbalisierung – widerspiegeln, sondern auch die damit verbundenen und ggf. reaktivierten Emotionen.[10]

Der Aufsatz ist wie folgt aufgebaut: Nachdem in Abschnitt 2 sich an eine kurze Darstellung des Untersuchungskorpus die Schilderung der Wechselbeziehungen zwischen Erinnern, Erzählen und Emotionen sowie deren Analyse mit dem Instrumentarium der Erzähl- und Gesprächsanalyse anschließt, ist Abschnitt 3, in dem der Begriff *Landmark* eingeführt wird, der Funktion der Topologie in autobiographischen Erzählungen gewidmet. In Abschnitt 4 erfolgt die qualitative Analyse einiger Ausschnitte aus dem Untersuchungskorpus, aus denen die Rolle von *Landmarks* und ihr Wechselspiel mit Emotionen hervorgehen. Der Beitrag schließt mit einer Diskussion der Ergebnisse und mit einer Skizze der Forschungsperspektive (Abschnitt 5).

Die Studie verfolgt einen qualitativen Ansatz und verwendet das Instrumentarium der Erzählanalyse.

2 Erinnerung, Erzählungen und Emotionen im Israelkorpus

Die Verschränkung von Erinnerung und Erzählung zeigt sich besonders gut in (auto)biografischen narrativen Interviews. Das sogenannte Israelkorpus ist eine Sammlung solcher Interviews; gesammelt wurden diese im Rahmen verschiedener Forschungsprojekte zwischen 1989 und 2019 vorwiegend in Israel von der deutschen Sprachwissenschaftlerin Anne Betten und Mitarbeiter*innen.[11] Es handelt sich um Zeitzeugeninterviews mit deutschsprachigen Israelis, die sich meist in den

---

[8] Vgl. Mike Crang: Zeit : Raum. In: Jörg Döring und Tristan Thielmann (Hg.), Spatial Turn: das Raumparadigma in den Kultur- und Sozialwissenschaften. Bielefeld 2008, S. 409–438 und Stephan Günzel: Spatial Turn. In: ders. (Hg.): Raum: ein interdisziplinäres Handbuch. Stuttgart 2010, S. 90–99.
[9] Katrin Wagner: Topographical Turn. In: Stephan Günzel (Hg.), Raum: ein interdisziplinäres Handbuch. Stuttgart: 2010, S. 100–109.
[10] Für Studien zur Wechselbeziehung von Erzählen und Erinnern im Israelkorpus s. die Aufsätze in Leonardi, Thüne und Betten: Emotionsausdruck und Erzählstrategien.
[11] Zur Entstehungsgeschichte s. Anne Betten: Interview mit Anne Betten zur Entstehungsgeschichte und Archivierung der sog. Israelkorpora. germanica; 33 (Erzählte Chronotopoi: Orte und

1930er Jahren zur Emigration gezwungen sahen (ein späteres Projekt wurde Gesprächen mit der 2. Generation gewidmet, d. h. meist Kinder der früheren Interviewten). Obwohl das Endziel Palästina bzw. Israel wurde, hat sich der Emigrationsprozess nicht selten über mehrere Jahre und Stationen erstreckt.[12]

Das Korpus ist derzeit in der Datenbank für gesprochenes Deutsch (DGD) des Leibniz-Instituts für deutsche Sprache (IDS) in Mannheim archiviert, wo es in drei Subkorpora unterteilt ist: das Korpus IS „Emigrantendeutsch in Israel"[13], Korpus ISW „Emigrantendeutsch in Israel: Wiener in Jerusalem"[14] und Korpus ISZ „Zweite Generation deutschsprachiger Migranten in Israel"[15]. Die folgende Analyse setzt sich mit Abschnitten aus den Subkorpora IS und ISW auseinander.

In der Erzählung der eigenen Lebensgeschichte verbalisieren die Interviewten Ereignisse, Begebenheiten, auch Details, die aus dem Gedächtnis aufgerufen werden und die ggf. nach und nach schärfere Konturen annehmen können. In dieser Erinnerungsarbeit ist das Erinnern nicht als ein bloßes Abrufen von Elementen zu verstehen, die statisch gespeichert sind, sondern als ein dynamischer, selektiver Prozess, wie bereits Bartlett[16] andeutete und wie es auch Studien der

---

Erinnerung in Zeitzeugeninterviews und -berichten zu erzwungener Migration im 20. Jahrhundert) (2023), S. 9–50.
12 S. dazu v. a. Anne Betten: Emigrationsetappe Frankreich: Zur Ausformung von Erzählungen in mündlichen Autobiographien ehemaliger deutscher Juden. In: Eugène Faucher, René Métrich und Marcel Vuillaume (Hg.): Signans und Signatum. Auf dem Wege zu einer semantischen Grammatik. Festschrift für Paul Valentin zum 60. Geburtstag. Tübingen 1995, S. 395–409; Steffen Haßlauer: Fluchterlebnisse und ihr sprachlicher Ausdruck. Untersuchungen zu Agency, Emotionen und Perspektivierung in den Erzählungen zweier jüdischer Emigrantinnen. In: Leonardi, Thüne und Betten (Hg.): Emotionsausdruck und Erzählstrategien. S. 201–230; Anne Betten: Die Flucht über das Mittelmeer in den Erzählungen deutschsprachiger jüdischer Migranten der Nazizeit. In: Giusi Zanasi et al. (Hg.), Das Mittelmeer im deutschsprachigen Kulturraum: Grenzen und Brücken. Tübingen 2018, S. 235–263; Simona Leonardi: Metaphern in der Migration. Analyse narrativer Interviews mit deutschsprachigen Emigrant_innen aus dem nationalsozialistischen Machtbereich. In: Radhika Natarajan (Hg.), Sprache, Flucht, Migration Kritische, historische und pädagogische Annäherungen. Wiesbaden 2019, S. 75–94.
13 1989–2019; 188 Aufnahmen mit 185 Sprecher*innen, die zwischen 1892 und 1932 geboren wurden.
14 1998–2011, 28 Interviews mit 24 Sprecher*innen, die zwischen 1915 und 1929 geboren wurden. Der Kern dieser Sammlung geht auf eine Exkursion der Salzburger Germanistik in Jerusalem zurück. Dies spiegelt sich auch in der Interviewform wider, denn die in diesem Rahmen aufgenommenen Gespräche wurden von je zwei Personen – Student*innen und Dozent*innen an der Universität Salzburg – geführt.
15 1999–2019, 100 Interviews, die 66 Sprecher*innen wurden zwischen 1925 und 1966 geboren.
16 Frederic Bartlett: Remembering: A Study in Experimental and Social Psychology. Cambridge 1932, S. 213; vgl. auch Paul Ricœur: La mémoire, l'histoire, l'oubli. Paris 2003.

letzten Jahrzehnte bestätigten.[17] Erzählungen entwickeln sich dementsprechend als narrative Rekonstruktionen, in denen die Person retrospektiv Sinnzusammenhänge und Beziehungen zu den verschiedenen Facetten der eigenen Erfahrung herstellt, die die eigene Lebensgeschichte ausmachen, aber auch zwischen letzterer und dem jeweiligen historischen Kontext.

Aus den erinnerten Inhalten wählen dann die Erzähler*innen normalerweise im Hier und Jetzt der Interviewsituation diejenigen aus, die am besten in die sich entfaltende Geschichte passen und verbalisieren diese. Dabei spielt die Erzählwürdigkeit[18] im Rahmen des gegebenen Gesprächs eine große Rolle; jedoch kann es v. a. bei traumatischen Erlebnissen vorkommen dass diese sich nicht bewältigen lassen und ungewollt zum Ausdruck kommen.[19] Erzählwürdige Ereignisse thematisieren vorwiegend Momente (positiver oder negativer) biographischer Diskontinuitäten, denen im Rückblick eine besondere Bedeutung verliehen wird.[20]

Eine solche Bedeutung ist mit Positionierungsakten verbunden, die Bewertungen entsprechen; diese sind ihrerseits oft mit Emotionen verbunden – sowohl mit solchen, die im Laufe der Erzählung ggf. wiederbelebt werden, als auch mit jenen, von denen berichtet wird. Emotionen sind nämlich auch Bewertungen, obwohl diese grundlegende bewertende Dimension von Emotionen erst in den letzten Jahrzehnten von der Forschung berücksichtigt wurde,[21] deren wichtigste Aspekte hier nun zusammengefasst werden.

In der linguistischen und kulturwissenschaftlichen Emotionsforschung wird zwischen Ausdruck und Thematisierung von Emotionen unterschieden.[22] Im ersten Fall kann die Person die erlebte Emotion auf unterschiedliche Weise ausdrü-

---

17 Vgl. Ulric Neisser und Lisa K. Libby: Remembering life experiences. In: The Oxford handbook of memory. Oxford 2000, S. 315–332 sowie Kourken Michaelian und John Sutton: Memory. In: The Stanford Encyclopedia of Philosophy (Summer 2017 Edition). https://plato.stanford.edu/archives/sum2017/entries/memory/ (Zugriff: 20.2.2024).
18 Vgl. Lucius-Hoene und Deppermann: Rekonstruktion narrativer Identität, S. 23 und 127, ferner Raphaël Baroni: Tellability. In: Peter Hühn et al. (Hg.), the living handbook of narratology. Hamburg 2011 http://www.lhn.uni-hamburg.de/node/30.html (Zugriff: 20.2.2024).
19 S. Lucius-Hoene und Deppermann: Rekonstruktion narrativer Identität, S. 30; für ein Beispiel aus dem Korpus ISW s. Leonardi: Erinnerte Emotionen, S. 21–24.
20 S. George Herbert Mead: The Nature of the Past. In: John Coss (ed.), Essays in Honor of John Dewey, New York 1929, S. 235–242.
21 Aber s. bereits Reinhard Fiehler: Kommunikation und Emotion: theoretische und empirische Untersuchungen zur Rolle von Emotionen in der verbalen Interaktion. Berlin 1990; ferner Monika Schwarz-Friesel: Sprache und Emotion. Tübingen ; Basel 2013 sowie neuerdings Laura Alba-Juez: Affect and Emotion. In: Michael Haugh, Dániel Z. Kádár und Marina Terkourafi (eds.): The Cambridge Handbook of Sociopragmatics. Cambridge 2021, S. 340–362.
22 Vgl. Jan Plamper: Geschichte und Gefühl: Grundlagen der Emotionsgeschichte. München 2012; ferner Schwarz-Friesel: Sprache und Emotion und Alba-Juez: Affect and Emotion.

cken: mittels Sprache, d. h. in Worten, aber auch durch prosodische Elemente sowie durch Gestik und Mimik. Diese eingesetzten Mittel sehen nicht unbedingt die Benennung der Emotion vor und umfassen z. B. die Verwendung von positiv oder negativ konnotierten Attribuierungen (z. B. *unhöflich*), von Diminutivmorphemen, Pejorativa, Interjektionen, Schimpfwörtern und Kosenamen sowie metaphorischen und figurativen Ausdrücken. Von der Thematisierung von Emotionen spricht man hingegen, wenn diese Gegenstand einer Äußerung sind. Dies kann durch folgende Strategien[23] geschehen:

1) „begriffliche Emotionsbenennung", d. h. durch Wörter aus dem einer Sprachgemeinschaft zur Verfügung stehenden Emotionswortschatz (*Emotion, Erleben*, aber auch feinere Kategorisierungen des Emotionskontinuums, wie *glücklich, Ekel, Freude,* usw.);

2) „Erlebens- und Emotionsbeschreibung" mittels Formulierungen, die aus dem Emotionswortschatz schöpfen (*ich bin traurig*), die aber auch durch die Beschreibung von somatischen Manifestationen, die mit Emotionen verbunden sind (*er wurde rot*) erfolgen können, und ferner über idiomatische bzw. figurative Ausdrücke (*sie war auf der Palme*)[24];

3) kurze Erwähnung emotional aufgeladener Ereignisse, für die die sprechende Person eine empathische Reaktion des Gesprächspartners erwarten kann (*ich hatte am Sonntag einen Unfall*);

4) ausführliche Schilderung eines Erlebnisses mit dem Ziel, beim Gesprächspartner die Situation vorstellbar zu machen, die das Gefühl ausgelöst hat, und durch Empathie ein ähnliches Gefühl nachempfinden zu lassen. In komplexen Emotionsthematisierungen können mehrere Verfahren kombiniert werden.

Strategie 3) und 4) entsprechen den sogenannten emotionsbasierten Implikaturen (E-Implikaturen), d. h. impliziten emotionalen Stellungnahmen bzw. Bewertungen. Diese setzen ein gemeinsames Evaluationssystem sowie sozial und kulturell eingebundene Werte voraus, denn auf dieser Grundlage beabsichtigen die Sprechenden bei der Gesprächspartnerin Empathie – d. h. eine ähnliche Emotion – auszulösen.[25]

Emotionsthematisierung und -ausdruck können gleichzeitig vorkommen, dieses Szenario ist jedoch selten; deutlich häufiger sind Fälle, in denen Emotionen –

---

[23] S. Fiehler: Kommunikation und Emotion; ferner Reinhard Fiehler: Emotionalität im Gespräch. In: Klaus Brinker et al. (Hg.): Text- und Gesprächslinguistik / Linguistics of Text and Conversation, 2. Halbband (HSK 16.2). Berlin, New York 2001, S. 1425–1438 (hierzu S. 1431–1432).
[24] Schwarz-Friesel: Sprache und Emotion, S. 395.
[25] S. Schwarz-Friesel: Sprache und Emotion und Alba-Juez: Affect and Emotion, S. 344–346.

z. B. aus einer späteren Perspektive – thematisiert, aber nicht ausgedrückt werden, oder solche, in denen sie nicht thematisiert, aber ausgedrückt werden. Manchmal kommt es auch zu einer Inkongruenz zwischen thematisierter und ausgedrückter Emotion (z. B. ironische Formulierungen).

3 Orte, Erinnerung und *Landmarks*

In den letzten Jahrzehnten wurde auf die Wechselbeziehungen zwischen Gedächtnis, Erinnerungen und Orten aus verschiedenen Forschungsrichtungen – etwa Sprachwissenschaft[26], Soziologie[27], Kulturwissenschaften[28], Geschichte[29] – verwiesen, die u. a. Impulse von Lefebvre[30], de Certeau[31] und Nora[32] aufgenommen und weiterentwickelt haben.

Von besonderer Relevanz sind Forschungen aus der Philosophie[33] und der Humangeografie. Der Philosoph Edward Casey hat wiederholt auf die Wechselbeziehungen von Orten und Erinnerung aufmerksam gemacht, denn „to live is to live locally, and to know is first of all to know the places one is in."[34] Bei der Analyse erinnerter Orte stellt Casey deren spezifische Verankerungseigenschaften für die Erinnerung fest, nämlich „the variegated features of a (remembered) place

---

26 Vgl. z. B. Anna De Fina: From space to spatialization in narrative studies. In: James Collins, Mike Baynham und Stef Slembrouck (Hg.): Globalisation and language in contact: Scale, migration, and communicative practices, London, New York 2009, S. 109–129; zu Orten im sog. Israelkorpus s. Leonardi et al.: Orte und Erinnerung.
27 S. Johannes Becker: Orte und Verortungen als raumsoziologische Perspektive zur Analyse von Lebensgeschichten. In: Forum Qualitative Sozialforschung / Forum: Qualitative Social Research 20.1 (2019). Art. 12.
28 S. Jörg Döring und Tristan Thielmann (Hg.). Spatial Turn: das Raumparadigma in den Kultur- und Sozialwissenschaften. Bielefeld 2008; Stephan Günzel (Hg.). Raum: ein interdisziplinäres Handbuch. Stuttgart: 2010.
29 Vgl. Simone Lässig und Miriam Rürup (Hg.): Space and Spatiality in Modern German-Jewish History. New York 2017; Tim Buchen und Maria Luft (Hg.): Breslau / Wrocław 1933–1949. Studien zur Topographie der Shoah. Berlin 2023.
30 S. Henri Lefebvre: La production de l'espace. Paris 1974.
31 S. Michel de Certeau: L'invention du quotidien, 1.: Arts de faire et 2.: Habiter, cuisiner. Ed. Luce Giard. Paris 1980.
32 Pierre Nora (éd.): Les lieux de mémoire : [la République, la Nation, les France]. Paris 1984.
33 S. u. a. Ricœur: La mémoire.
34 Edward S. Casey: How to Get from Space to Place in a Fair Amount of Time. In: Steven Feld und Keith H. Basso (Hg.): Senses of place. Santa Fe, NM 1996, S. 13–48, hier S. 18.

that serve as points of attachment for specific memorial content; ‚things to hang our memories on'."[35]

Für den Geografen Yi-Fu Tuan bildet sich ein Ort (*place*) aus menschlichen Erlebnissen und Lebensgeschichten heraus[36]. Tuans Ansatz ist für meine Analyse besonders fruchtbar, denn einerseits hebt er die narrative Dimension von Orten hervor, weil nur durch Erlebnisse sowie deren Versprachlichung oder Beschreibung, natürliche Räume (*sites*) zu Orten (*places*) werden: „through the processes of naming, surveying, mapping, and the writing up of trip logs and journals"[37]; andererseits betont er die Rolle von Emotionen für die Beziehungen zu Orten.[38]

Auch Doreen Massey[39] hat wiederholt die chronologische Dimension von Orten betont; diese entfaltet sich auch narrativ, denn die unterschiedlichen zeitlichen Schichtungen lassen sich materiell oder immateriell erkennen: Während materielle Spuren konkreten Elementen sowohl der Naturlandschaft (geomorphologische Struktur, Vegetation u. ä.) als auch der anthropogenen Kulturlandschaft (Gebäude, Straßen, einschließlich Sprachlandschaft wie Schilder usw.) entsprechen, sind immaterielle Spuren ein Effekt der *resonance*. Diese Eigenschaft zeigt sich auch in Erinnerungen an einen bestimmten Ort sowie in den damit verbundenen Erzählungen.[40] Massey verbindet diese narrative Eigenschaft von Orten mit ihrer Identität und ihren Beziehungen zur herrschenden Kultur: „The identity of places is very much bound up with the *histories* which are told of them, *how* those histories are told, and which history turns out to be dominant."[41]

Eine feinkörnige narratologische Analyse der topologischen Elemente in den Erzählungen aus dem Israelkorpus kann auch den semiotischen Prozess zum Vorschein bringen, durch den Orte mit einem symbolischen Wert versehen werden

---

[35] Edward S. Casey: On the Phenomenology of Remembering: The Neglected Case of Place Memory. In: Robert G. Burton (ed.): Natural and Artificial Minds. Albany, NY 1993, S. 165–186, hier S. 172.

[36] Yi-Fu Tuan: Language and the Making of Place: A Narrative-Descriptive Approach. In: Annals of the Association of American Geographers 81.4 (1991), S. 684–696.

[37] Tuan: Language and the Making of Place, S. 687.

[38] S. Yi-Fu Tuan: Humanistic Geography. in: Annals of the Association of American Geographers 66.2 (1976), S. 266–276, hierzu S. 269; Yi-Fu Tuan: Space and place: the perspective of experience. Minneapolis 1977, S. 8–10; S. 184.

[39] Z.B. Doreen Massey: Places and Their Pasts. In: History Workshop Journal 39.1 (1995), S. 182–192

[40] Für Beispiele der Resonanz im Israelkorpus sowie in Narrativen aus dem Kindertransport s. Eva-Maria Thüne: Raumwahrnehmung und Textentwicklung. Ein Vergleich von Beispielen aus den Korpora Emigrantendeutsch in Israel und Flucht und Emigration nach Großbritannien. In: Leonardi et al.: Orte und Erinnerung, S. 385–402.

[41] Massey: Places and Their Pasts, S. 186.

können.⁴² Solche Orte sind im Sprachgebrauch einer Gemeinschaft mit Assoziationen und Resonanzen verknüpft, die sich in der Verbalisierung von mnestischen Inhalten entfalten können, weil die Sprechenden in die Narrative auch die topologischen Beziehungen zwischen Erzählfiguren und Orten einbauen. Dadurch werden Orte zu Bezugspunkten (*Landmarks*)⁴³.

4 *Landmarks* in erzählten Erinnerungen

In diesem Abschnitt werde ich auf *Landmarks* in zwei Interviews aus dem Israelkorpus eingehen, um deren Rolle in der mnestischen und narrativen Rekonstruktion zu analysieren; berücksichtigt werden ferner auch das Wechselspiel mit Emotionen und die Strategien zu ihrer Verbalisierung.

4.1 Jehoshua Brünn und das Grab von Heinrich Heine in Paris

Julius Jehoshua Brünn⁴⁴ wurde 1913 im ostpreußischen Allenstein geboren und wuchs in einem religiösen Haushalt auf; schon als Kind war er Mitglied der zionistischen Organisation „Blau-Weiß". 1931 zog er nach Berlin, wo er u. a. beim Grohag-Konzern als Kaufmann arbeitete. Nachdem er am Boykotttag vom 9. April 1933 von der Gestapo eingeschüchtert wurde, nahm er Kontakt mit dem Verband Hechaluz auf, von dem er im Mai nach Paris geschickt wurde, „um dort die jüdischen Flüchtlinge für den Hechaluz zu interessieren" (Fragebogen Brünn, S. 2). Im Januar 1934 fuhr er aus Marseille mit dem Schiff nach Palästina. Von 1936 bis 1946 war er in der britischen Armee; von 1953 bis 1974 Bibliothekar bei der israelischen Landespolizei.

Folgender Ausschnitt (1) stammt aus einer längeren Erzählung, in der Brünn von seiner Auswanderung aus Berlin nach Frankreich berichtet. Wenn er in den Gedächtnisbeständen die Ereignisse aus dieser Zeit durchgeht,⁴⁵ ruft Brünn eine Epi-

---

42 De Fina: From space to spatialization, S. 111–113.
43 David Herman: Spatial reference in narrative domains. In: Text - Interdisciplinary Journal for the Study of Discourse 21.4 (2001), S. 515–541, hierzu S. 518.
44 Diese biographischen Angaben beruhen auf dem Interview sowie auf einem Fragebogen, den die Interviewten im Rahmen des Projekts IS normalerweise lange vor der Aufnahme ausgefüllt haben (dazu s. Betten: Interview, S. 17–19) – Die Fragebögen sind in der DGD > Korpus IS unter ‚Zusatzmaterialien' als PDF-Dateien aufrufbar.
45 Dieser Erinnerungsvorgang spiegelt sich z. B. in der dreimaligen Wiederholung „acht junge" im 1. Gesprächsbeitrag oder auch in der Reformulierung „ich bin dort/ wir sollten" im 3. Gesprächsbeitrag wider.

sode auf, die ihm besonders erzählwürdig erscheint; diese Erzählbarkeit hängt mit seinem Entschluss zusammen, in Paris zum Grab von Heinrich Heine (5 ff.) zu gehen:

(1) Interview Eva Eylon (EE) mit Jehoshua Brünn (JB) (geb. 19.1.1913 in Allenstein, Ostpreußen), Petach Tikwa, 20.8.1991 (IS_E_00020[46]; 18min 32s–20 min 33 s)
001 JB: und so kamen wir nach Frankreich, wir waren acht junge acht junge Leute, acht junge Leute und wurden von äh als *réfugiés à la longue* dort un/ (unterhalten)[47].
002 EE: Was haben Sie da gemacht? Gearbeitet?
003 JB: ich bin dort/ wir sollten die jüdischen Flüchtlinge organisieren für den Hechaluz, ja.
004 EE: Ja.
005 JB: Bei der Gelegenheit bin ich äh in Paris auf den Friedhof gegangen, um äh das Grab von Heinrich Heine zu besuchen. Und da stand auf der am Grab mein anderer Bruder aus 1. Ehe, er war Schauspieler, aber er war Kommunist und da sag ich
006 EE: Der war also auch von Deutschland nach Paris
007 JB: nach Paris gekommen. Und den hab ich erst dort(en) getroffen und
008 EE: Wie viel Jahre war der älter als Sie?
009 JB: Ungefähr fünfundzwanzig Jahre, sechsundzwanzig.
[…]
010 JB: er war der Jüngste aus der ersten Ehe, und äh fragt er mich, was äh tust du hier. Darauf sagt ich ihm, ich äh will mit dem Br/ Helmut nach Palästina gehen.

In der Folge der Erzählung zeigt sich ein entscheidendes Element, das zur Erwähnung dieses Ortes im Interview beigetragen haben soll, nämlich, dass Brünn am Grab Heinrich Heines zufällig seinen älteren Bruder traf, der aus politischen Gründen aus Deutschland floh (s. 5). Diese Wiederbegegnung ist im Kontext der Resonanz des Ortes (Heinrich Heines Grab) zu sehen, der offenbar sowohl für die deutsch-jüdischen Exilanten – und somit auch für Jehoshua Brünn und seinen

---

46 PID = http://hdl.handle.net/10932/00-0332-C3B1-F1AA-B801-E (Zugriff: 20.2.2024).
47 Der Text ist ein orthographisches Transkript der Originalaufnahme; da dieser Teil gesprächsanalytisch keine besonderen Eigenschaften aufweist, habe ich hier Prosodie und weitere Merkmale der gesprochenen Sprache wie Pausen, Dehnungen usw. nicht notiert. Wiederholungen und Korrekturvorgängen, welche die Prozesshaftigkeit der gesprochenen Sprache zeigen, wurden beibehalten (dazu s. Johannes Schwitalla: *Gesprochenes Deutsch: eine Einführung*. 4., neu bearb. und erw. Auflage. Berlin 2012). In Klammern steht ein vermuteter Wortlaut, der nicht sicher rekonstruierbar ist.

Bruder – einen starken symbolischen Wert besaß. Dies hängt mit der Vorstellung von Heine als Exemplum des ins Exil gezwungenen deutsch-jüdischen Intellektuellen, der damit zu einer entscheidenden Bezugsfigur für all jene wurde, die ebenfalls als deutsche Juden auf der Flucht waren.[48]

Auf dieser Grundlage wird der Ort für diese Gruppe deutscher Exilanten zu einer Pariser *Landmark*. In diesem Beispiel bringt Brünn die damals erlebten Emotionen beim zufälligen Wiedersehen mit dem Bruder (Überraschung, Freude, ggf. gemischte Gefühle usw.) nur implizit, mittels einer E-Implikatur zum Ausdruck, die gemeinsame gesellschaftliche und kulturelle Werte (d. h. soziale Rolle der Familie und Familienbande) voraussetzt.

4.2 Max Friedländer in London

Ganz andere Migrationserfahrungen hatte Max Friedländer, der 1924 in Wien geboren wurde. Er und sein älterer Bruder konnten 1938 mit dem Kindertransport[49] nach Großbritannien auswandern, wo er eine Modefachschule besuchte. 1948 zog er nach Israel zu den Eltern, denen 1938 die Flucht aus Wien noch gelang. Im nächsten Abschnitt (2) erzählt er von der „erste[n] Sache", die er in England wahrnahm:

(2) Interview Andrea Mooslechner (AM) und Michaela Pfisterer (MP) mit Max Friedländer (MB) (geb. 28.6.1924 in Wien), Jerusalem, 30.11.1998 – ISW-_E_00006;[50] 24 min 55 s–26 min 6 s[51]
001 MF: nach Holland gekommen (.) nach England gekommen °h (-) und da war (--) die erste (-) Sache die ich (2.0) in England (4.0) gesehn hab (5.0) war ein (-) englischer Polizist (3.0) das war im East End (an der) Liverpool Street (-) ihr kennt London?
002 AM: [no]
003 MP: [ja]

---

48 Vgl. Anne Benteler: Sprache im Exil: Mehrsprachigkeit und Übersetzung als literarische Verfahren bei Hilde Domin, Mascha Kaléko und Werner Lansburgh. Stuttgart 2019, S. 33.
49 Dazu s. auch den Beitrag von Christine Arendt in diesem Band.
50 PID = http://hdl.handle.net/10932/00-0332-C42F-2B5C-3601-6 (Zugriff: 20.2.2024).
51 In diesem und im folgenden Beispiel lassen sich im Interview prosodisch mehrere Merkmale emotionsbeladenen Sprechens hören; deswegen habe ich mich entschlossen, die wichtigsten Kennzeichen im Transkript wiederzugeben – ohne ein gesprächsanalytisches Transkript zu erstellen, deren Entzifferung für Nicht-Linguist*innen wohl zu mühsam wäre. °h / h° stehen für Ein- bzw. Ausatmen; (.), (-), (--), (---) für stille Pausen (ikonisch dargestellt je nach Länge), *(2.0)* bzw. weitere Zahlen in Klammern für gemessene stille Pausen ab 0.5 Sekunden, ↑ für Tonhöhensprünge nach oben; :; ::; ::: für Dehnung, Längung (ikonisch dargestellt).

004 MF: Liverpool Street (-) Und der Polizist war ein Jud und hat ↑Jid↑disch mit uns gesprochen. (4.0) Ich konnt ihn nicht verstehn (aber) ich hab er↑kannt↑ dass es Jiddisch ist (--) das war für uns vielleicht eine (6.0) eine Er/ Augeneröffnung (5.0) ein Polizist, der Jiddisch spricht. Die Polizisten die wir gekannt habm war der Herr Inspektor (2.0) in Wien (-) der sehr sehr stramm war (--) und sich (.) nach (.) Hitler hat auch erbarmt gehabt ((Telefon klingelt)) und hat äh sich nicht gekümmert um äh (2.0) Sachen (--) das ist mein Sohn (--) um: Sachen (.) die Juden äh sich zu beklagen gehabt habm (2.0) komplett ignoriert.

Max Friedländer kommt zu der unter (2) aufgeführten Episode als Abschluss seiner Schilderung der Zugreise von Wien nach England, deren emotionsbeladene Klimax die Wiedergabe eines traumatischen Erlebnisses an der Grenze zu Holland bildet[52]: Dort musste der 14-jährige Friedländer seinen Bar-Mizwa-Ring vom Finger nehmen und ihn einem aggressiven Zollbeamten übergeben, der ihn dazu mit folgenden Worten aufgefordert hatte: „Saujud, gib den Ring her."[53] Nach Friedländer sind dies die letzten (deutschen) Worte, die er hörte („das letzte Wort, das ich gehört hab"). Diese akustische Spur, die mit negativen Emotionen verbunden ist, verbindet er mit der Erinnerung einer gegensätzlichen, positiven, Wahrnehmung, d. h. mit der ersten visuellen Wahrnehmung in England („die erste Sache, die ich [...] gesehn hab").

Im Vergleich mit Brünns Interviewausschnitt klingt Friedländer viel emotionaler, v. a. durch die vielen stillen, z. T. auch längeren Pausen (vier, fünf, auch sechs Sekunden), die wohl mit der prozesshaften Erinnerungsarbeit und mit dem damit verbundenen Versuch der Fokussierung auf wachgerufene Elemente, die noch keine scharfen Konturen haben, zusammenhängen. Die Figur des englischen Polizisten, die als Gegenbeispiel zum deutschen Zollbeamten positiv hervorsticht, wird räumlich verankert „im East End [...] Liverpool Street" (001). Diese topologische Angabe, die auch wiederholt wird (004), fügt das erinnerte Ereignis in eine der wichtigsten *Landmarks* der Kindertransport-Narrativ ein, denn genau an der Liverpool Street Station kamen die Kindertransport-Züge an[54] (dort befindet sich die Statue *The Arrival* von Frank Meislers zum Andenken an die Kindertrans-

---

52 Zu traumatischen Reiseerfahrungen als Motiv in Erzählungen der Kinder vgl. Eva-Maria Thüne: Kinder an der Grenze. Narrative Rekonstruktion von Reiseetappen des Kindertransports. In: germanica; 33 (Erzählte Chronotopoi: Orte und Erinnerung in Zeitzeugeninterviews und -berichten zu erzwungener Migration im 20. Jahrhundert) (2023), S. 151–176.
53 24 min 0 s.
54 Vgl. u. a. Eva-Maria Thüne: „Who are those children?" Die Aufarbeitung des Kindertransports in ausgewählten Texten. In: Elisa Pontini et al. (Hg.): Die Shoah in der deutschsprachigen Litera-

porte⁵⁵). Als auffälliges Merkmal des Polizisten⁵⁶ nennt Friedländer zuerst, dass er „Jud" (004) war, was er vermutlich aus dem kurz darauf hinzugefügten Kennzeichen (s. die deutliche Tonhöhensprünge bei „↑Jid↑disch" und „er↑kannt↑"), dass er „Jiddisch" gesprochen habe, rekonstruierte. Obwohl Friedländer betont, dass er Jiddisch nicht konnte⁵⁷ („Ich konnt ihn nicht verstehn (aber) ich hab erkannt, dass es Jiddisch ist"), vermittelt die Tatsache, dass der Polizist Jiddisch sprach – und dass er folglich Jude war – ein Gefühl der Geborgenheit, des Endlich-Sicher-Seins. Das Emotionspotential⁵⁸ der Episode wird nicht nur prosodisch, sondern auch in der inhaltlichen Fragmentierung und in der textlichen Destrukturierung⁵⁹ ausgedrückt; es zeigt sich z. B. an den Abbrüchen und Korrekturen („nach Holland gekommen (.) nach England gekommen" 001; „eine Er/ Augeneröffnung" 004) und an den Wiederaufnahmen („ein (-) englischer Polizist", 001; „der Polizist", „ein Polizist", 004). Thematisiert werden jedoch die Emotionen auch in diesem Fall nicht. Als Schlüsselwort für die Mitteilung der damals erlebten – und zum Teil wieder wachgerufenen – Emotionen durch eine E-Implikatur gilt „Augeneröffnung". Damit greift Friedländer die mit seiner Ankunft in London verbundenen Eindrücke auf, die wohl mit Gefühlen der Erleichterung und sich als Jude sicher zu fühlen verkoppelt sind. Das ergibt sich u. a. implizit aus der narrativen Struktur, denn Friedländer hebt die positive Figur des jiddisch sprechenden Polizisten besonders hervor, da er diese zwischen den bedrohlichen Zollbeamten und den unmittelbar danach erwähnten gleichgültigen Wiener „Herr[n] Inspektor" setzt, der jüdische Beschwerden „komplett ignoriert" hatte.

Zwei Minuten und etliche Sekunden später erzählt Friedländer folgende Episode (3), in der es v. a. darum geht, wie er vom Ausbruch des Kriegs erfuhr:

---

tur. Beiträge der Tagung Bologna 2021. Jahrbuch für Internationale Germanistik. Beihefte Reihe A (2024), S. 57–80.
55 https://www.iwm.org.uk/memorials/item/memorial/54207 (Zugriff 20.2.2024).
56 Zum Topos des freundlichen Polizisten in den Kindertransport-Narrativen s. Thüne: Kinder an der Grenze, S. 162; beigetragen zur Verbreitung des Topos hat wohl auch folgende Anthologie: Barry Turner: „…. And the Policeman smiled". 10,000 Children Escape from Nazi Europe. London 1991.
57 Zu Spracheinstellungen zum Jiddischen im Anne Bettens Korpora vgl. Simona Leonardi: Fern und nah: Jiddisch in Zeitzeugeninterviews mit deutschsprachigen Emigrant*innen in Israel (sog. Israelkorpus). In TRANS. Internet-Zeitschrift für Kulturwissenschaften | Internet journal for cultural studies | Revue électronique de recherches sur la culture 27 (2023) https://www.inst.at/trans/27/fern-und-nah-jiddisch-in-zeitzeugeninterviews/ (Zugriff: 20.2.2024).
58 Vgl. Schwarz-Friesel: Sprache und Emotion.
59 Thüne: Kinder an der Grenze, S. 156.

(3)   Interview mit Max Friedländer (28 min 13 s–29 min 11 s)
Dann ist der Krieg ausgebrochen (5.0) es war am Sonntag früh (-) hat Chamberlain erklärt (2.0) den:: Krieg erklärt an: Deutschland (3.0) und ich war auf der (.) Westminster Bridge da waren (3.0) hat man Lautsprecher gemacht (---) es hat natürlich damals kein Television gegeben (-) niemand hat Radio gehabt (-) und diese Sachen hats auch noch nicht gegeben °hh Man hat Lautsprecher gemacht mit äh er hat äh seine Rede gehalten und ich hab einfach gehört (.) bin dagestanden (--) und hab gehört (3.0) wie gesagt ich bin weggelaufen vor Hitler und jetzt kriegt er mich. (4.0) Da hat die beste Zeit meines Lebens angefangen (--) Der Krieg (.) war für mich eine Lehre (3.0) wie (--) Hitler zu bekämpfen (.) ohne Kampf

Diese Erzählung wird mit einem *Abstract*[60] („Dann ist der Krieg ausgebrochen") eingeleitet; die lange Pause danach (fünf Sekunden) dient vermutlich dazu, die Aufmerksamkeit auf die wachgerufenen Erinnerungen zu richten und diese zu ordnen sowie auszuwählen. Einer ersten, allgemeineren zeitlichen Orientierung („es war am Sonntag früh") folgt die auf sein damaliges Ich bezogene räumliche Orientierung („ich war auf der (.) Westminster Bridge"). Mit einem Zoom-Verfahren[61] fügt er weitere Details der Szene hinzu: Auf der Brücke waren Lautsprecher montiert und auf diese Weise hat er Chamberlains Rede gehört. Mit einer näheren Zoom-Stufe fokussiert Friedländer auf sein früheres Ich („ich hab einfach gehört (.) bin dagestanden (–) und hab gehört") und auf seine emotive Reaktion, die durch die von der Kriegserklärung an Deutschland ausgelösten Gedanken („ich bin weggelaufen vor Hitler und jetzt kriegt er mich") mitgeteilt wird. Diese entsprechen einer E-Implikatur, die negative Gefühle des Schreckens und Angst suggeriert. In der Folge berichtet Friedländer, wie diese negative Klimax sich zum Guten wenden wird („Da hat die beste Zeit meines Lebens angefangen"), wie er in einer hier nicht wiedergegebenen Passage ausführen wird.

Eine bedrohliche Stimmung durchzieht die Passage bis zur Komplikation, obwohl auch in diesem Fall keine Emotionen thematisiert werden. Ausgedrückt werden sie – neben der erwähnten E-Implikatur – wieder prosodisch (viele längere

---

60 Ich beziehe mich hier auf die ‚klassische Erzählstruktur', wie sie zum ersten Mal von Labov und Waletzky herausgearbeitet wurde, vgl. William Labov und Joshua Waletzky: Narrative Analysis: Oral Versions of Personal Experience. In: Essays on the Verbal and Visual Arts, hg. von June Helm. Seattle 1967, S. 12–44; nach dieser besteht eine Erzählung aus folgenden Teilen: 1) Abstract, 2) zeiträumliche Orientierung, 3) Komplikation, 4) Resultat, 5) Coda.
61 Johannes Schwitalla: Raumdarstellungen in Alltagserzählungen. In: Erzählen als Form – Formen des Erzählens, hg. von Friederike Kern, Miriam Morek und Sören Ohlhus. Berlin, Boston 2012, S. 161–200 (hierzu S. 174–175).

Pausen, Dehnungen, Einatmen) sowie in der textuellen Destrukturierung und Fragmentierung, die sich in diesem Abschnitt noch stärker als im Beispiel (2) zeigen[62].

Westminster Bridge verweist in dieser Erzählung klar auf die Orten innewohnende Eigenschaft, als Verankerung für Erinnerungen und für die damit verkoppelten Emotionen zu dienen. Dass es sich auch um eine *Landmark* für die dortige Sprachgemeinschaft handelt, ergibt sich u. a. auch aus der Tatsache, dass dort Lautsprecher montiert waren, die vermutlich Rundfunksendungen übertrugen, damit sich die Nachrichten in jenen schwierigen Zeiten am besten verbreiten konnten.

5 Fazit und Ausblick

Die feinkörnige mehrdimensionale Analyse von drei Abschnitten aus zwei biografisch-narrativen Interviews des Israelkorpus hat auf der einen Seite gezeigt, wie Orte als Erinnerungsanker dazu beitragen, die mit diesen Orten verbundenen Ereignisse hervorzurufen. Auf der anderen Seite kommen im mnestischen Prozess auch damals erlebte Emotionen wieder ins Gedächtnis und werden ggf. wieder belebt. Mitgeteilt werden können diese emotionalen Zustände durch verschiedene narrative und pragmatische Strategien sowie linguistische und prosodische Mittel, wobei nur selten die Emotionen selbst thematisiert werden. In den untersuchten Narrativen zu Exilerfahrungen sind die erzählten Emotionen mit Orten verkoppelt, die sozial und historisch eine besondere symbolische Bedeutung erhalten haben, sogenannte *Landmarks*. Es wurden Abschnitte aus zwei Interviews analysiert, die nicht nur ganz unterschiedliche Exilerfahrungen darstellen, sondern auch für unterschiedliche Erzählstile stehen. Im ersten Beispiel erzählt Jehoshua Brünn, wie er als junger Mann 1933 in Pariser Exil am Grab Heinrich Heines (das zur *Landmark* für die deutschen Exilanten in Paris wurde) zufällig den aus politischen Gründen ausgewanderten älteren Bruder traf. Das Emotionspotential des Abschnitts wird zum größten Teil implizit durch eine E-Implikatur ausgedrückt. Das zweite und dritte Beispiel stammen aus dem Interview mit Max Friedländer, der sich 1938 als 14-jähriger mit dem Kindertransport von Wien nach London retten konnte. Die im zweiten Beispiel erwähnte *Landmark* ist Liverpool Street bzw. Liverpool Street Station, d. h. der Ankunftsbahnhof der Kindertransporte-Züge; damit verbindet Friedländer seine erste Erinnerung an England, „ein Polizist, der Jiddisch spricht", der positive Gefühle der Geborgenheit weckte. Im dritten Beispiel berichtet Friedländer

---

62 Z.B. Reformulierungen („hat Chamberlain erklärt (2.0) den:: Krieg erklärt"), Abbrüche und Reformulierungen („da waren (3.0) hat man Lautsprecher gemacht"; „Man hat Lautsprecher gemacht mit äh er hat [...]").

vom Tag, als der Krieg ausbrach; diese Erinnerungen sind nicht nur chronologisch präzisiert („es war am Sonntag früh"), sondern auch topologisch an der *Landmark* Westminster Bridge verankert.

Zukünftige Forschung soll der Rolle von Raumgedächtnis in anderen Interviews des Israelkorpus und auch weiteren diese Jahre thematisierenden Interviewkorpora nachgehen; es sollen auch die durch räumlich verankerte Assoziationen wachgerufenen Erinnerungen sowie deren raumzeitliche Verteilung miteinbezogen werden. Ferner würde es sich lohnen, zusätzliche Orte mit Bezug auf ihre möglichen symbolischen Bedeutungen zu prüfen.

Korpora

Korpus IS „Emigrantendeutsch in Israel", Datenbank für Gesprochenes Deutsch, Leibniz-Institut für deutsche Sprache, PID = http://hdl.handle.net/10932/00-0332-C3A7-393A-8A01-3 (Zugriff: 20.2.2024).

Korpus ISW „Emigrantendeutsch in Israel: Wiener in Jerusalem" Datenbank für Gesprochenes Deutsch, Leibniz-Institut für deutsche Sprache, PID = http://hdl.handle.net/10932/00-0332-C42A-423C-2401-D (Zugriff: 20.2.2024).

Literaturverzeichnis

Alba-Juez, Laura: Affect and Emotion. In: Michael Haugh, Dániel Z. Kádár und Marina Terkourafi (eds.): The Cambridge Handbook of Sociopragmatics. Cambridge 2021, S. 340–362.

Baroni, Raphaël: Tellability. In: Peter Hühn et al. (Hg.), the living handbook of narratology. Hamburg 2011 http://www.lhn.uni-hamburg.de/node/30.html (Zugriff: 20.2.2024).

Bartlett, Frederic: Remembering: A Study in Experimental and Social Psychology. Cambridge 1932.

Becker, Johannes: Orte und Verortungen als raumsoziologische Perspektive zur Analyse von Lebensgeschichten. In: Forum Qualitative Sozialforschung / Forum: Qualitative Social Research 20.1 (2019). Art. 12.

Benteler, Anne:. Sprache im Exil: Mehrsprachigkeit und Übersetzung als literarische Verfahren bei Hilde Domin, Mascha Kaléko und Werner Lansburgh. Stuttgart 2019.

Betten, Anne: Emigrationsetappe Frankreich: Zur Ausformung von Erzählungen in mündlichen Autobiographien ehemaliger deutscher Juden. In: Eugène Faucher, René Métrich und Marcel Vuillaume (Hg.): Signans und Signatum. Auf dem Wege zu einer semantischen Grammatik. Festschrift für Paul Valentin zum 60. Geburtstag. Tübingen 1995, S. 395–409.

Betten, Anne (Hg.): Sprachbewahrung nach der Emigration – Das Deutsch der 20er Jahre in Israel. Teil I: Transkripte und Tondokumente. Tübingen 1995.

Betten, Anne: Die Flucht über das Mittelmeer in den Erzählungen deutschsprachiger jüdischer Migranten der Nazizeit. In: Giusi Zanasi et al. (Hg.), Das Mittelmeer im deutschsprachigen Kulturraum. Grenzen und Brücken. Tübingen 2018, S. 235–263.

Betten, Anne: Interview mit Anne Betten zur Entstehungsgeschichte und Archivierung der sog. Israelkorpora. germanica; 33 (Erzählte Chronotopoi: Orte und Erinnerung in Zeitzeugeninterviews und -berichten zu erzwungener Migration im 20. Jahrhundert) (2023), S. 9–50.

Betten, Anne und Simona Leonardi: Das Interviewkorpus „Sprachbewahrung nach der Emigration / Emigrantendeutsch in Israel": Ein sprach- und kulturwissenschaftliches Archiv des deutschsprachigen Judentums im 20. Jahrhundert. In: Tsafon Hors-série no 11 (Archives de la Diaspora / Diaspora des Archives. Penser la mémoire de la dispersion à partir de l'espace germanophone) (2023), S. 233–258.

Buchen, Tim und Maria Luft (Hg.): Breslau / Wrocław 1933–1949. Studien zur Topographie der Shoah. Berlin 2023.

Casey, Edward S.: On the Phenomenology of Remembering: The Neglected Case of Place Memory. In: Robert G. Burton (ed.): Natural and Artificial Minds. Albany, NY 1993, S. 165–186.

Casey, Edward S.: How to Get from Space to Place in a Fair Amount of Time. In: Steven Feld und Keith H. Basso (Hg.): Senses of place. Santa Fe, NM 1996, S. 13–48.

Certeau, Michel de: L'invention du quotidien, 1.: Arts de faire et 2.: Habiter, cuisiner. Ed. Luce Giard. Paris 1980.

Crang, Mike: Zeit : Raum. In: Jörg Döring und Tristan Thielmann (Hg.), Spatial Turn: das Raumparadigma in den Kultur- und Sozialwissenschaften. Bielefeld 2008, S. 409–438.

De Fina, Anna: From space to spatialization in narrative studies. In: James Collins, Mike Baynham und Stef Slembrouck (eds.): Globalisation and language in contact: Scale, migration, and communicative practices, London, New York 2009, S. 109–129.

De Fina, Anna und Amelia Tseng. Narrative in the study of migrants. In: A. Suresh Canagarajah (ed.): The Routledge handbook of migration and language. London 2017, S. 381–396.

Döring, Jörg und Tristan Thielmann (Hg.). Spatial Turn: das Raumparadigma in den Kultur- und Sozialwissenschaften. Bielefeld 2008.

Fiehler, Reinhard: Kommunikation und Emotion: theoretische und empirische Untersuchungen zur Rolle von Emotionen in der verbalen Interaktion. Berlin 1990

Fiehler, Reinhard: Emotionalität im Gespräch. In: Klaus Brinker et al. (Hg.): Text- und Gesprächslinguistik / Linguistics of Text and Conversation, 2. Halbband (HSK 16.2). Berlin, New York 2001, S. 1425–1438

Günzel, Stephan: Spatial Turn. In: ders. (Hg.): Raum: ein interdisziplinäres Handbuch. Stuttgart 2010, S. 90–99.

Günzel, Stephan (Hg.). Raum: ein interdisziplinäres Handbuch. Stuttgart: 2010.

Haßlauer, Steffen: Fluchterlebnisse und ihr sprachlicher Ausdruck. Untersuchungen zu Agency, Emotionen und Perspektivierung in den Erzählungen zweier jüdischer Emigrantinnen. In Leonardi, Thüne und Betten (Hg.): Emotionsausdruck und Erzählstrategien. S. 201–230.

Herman, David: Spatial reference in narrative domains. In: Text – Interdisciplinary Journal for the Study of Discourse 21.4 (2001), S. 515–541

Jefferson, Gail: List-construction as a task and a resource. In: George Psathas (ed.): Interaction Competence. Washington, D.C.: 1990, S. 63–92

Labov, William und Joshua Waletzky: Narrative Analysis: Oral Versions of Personal Experience. In: Essays on the Verbal and Visual Arts, hg. von June Helm. Seattle 1967, S. 12–44;

Lässig, Simone und Miriam Rürup (eds.): Space and Spatiality in Modern German-Jewish History. New York 2017

Lefebvre, Henri: La production de l'espace. Paris 1974.

Leonardi, Simona: Erinnerte Emotionen in autobiographischen Erzählungen. In Leonardi, Thüne und Betten (Hg.): Emotionsausdruck und Erzählstrategien, S. 1–45

Leonardi, Simona: Metaphern in der Migration. Analyse narrativer Interviews mit deutschsprachigen Emigrant_innen aus dem nationalsozialistischen Machtbereich. In: Radhika Natarajan (Hg.), Sprache, Flucht, Migration. Kritische, historische und pädagogische Annäherungen. Wiesbaden 2019, S. 75–94.

Leonardi, Simona: Fern und nah: Jiddisch in Zeitzeugeninterviews mit deutschsprachigen Emigrant*innen in Israel (sog. Israelkorpus). In TRANS. Internet-Zeitschrift für Kulturwissenschaften | Internet journal for cultural studies | Revue électronique de recherches sur la culture 27 (2023) https://www.inst.at/trans/27/fern-und-nah-jiddisch-in-zeitzeugeninterviews/ (Zugriff: 20.2.2024).

Leonardi, Simona, Eva-Maria Thüne und Anne Betten (Hg.): Emotionsausdruck und Erzählstrategien in narrativen Interviews. Analysen zu Gesprächsaufnahmen mit jüdischen Emigranten. Würzburg 2016.

Leonardi, Simona et al. (Hg.): Orte und Erinnerung. Eine Kartografie des Israelkorpus. Roma 2023.

Lucius-Hoene, Gabriele und Arnulf Deppermann: Rekonstruktion narrativer Identität: ein Arbeitsbuch zur Analyse narrativer Interviews. Opladen 2004.

Massey, Doreen: Places and Their Pasts. In: History Workshop Journal 39.1 (1995), S. 182–192.

Mead, George Herbert: The Nature of the Past. In: John Coss (ed.), Essays in Honor of John Dewey, New York 1929, S. 235–242

Michaelian, Kourken und John Sutton: Memory. In: The Stanford Encyclopedia of Philosophy (Summer 2017 Edition). https://plato.stanford.edu/archives/sum2017/entries/memory/ (Zugriff: 20.2.2024).

Neisser, Ulric und Lisa K. Libby: Remembering life experiences. In: The Oxford handbook of memory. Oxford 2000, S. 315–332.

Nora, Pierre (éd.): Les lieux de mémoire : [la République, la Nation, les France]. Paris 1984.

Plamper, Jan: Geschichte und Gefühl: Grundlagen der Emotionsgeschichte. München 2012.

Ricœur, Paul: La mémoire, l'histoire, l'oubli. Paris 2003

Schwarz-Friesel, Monika: Sprache und Emotion. Tübingen, Basel 2013.

Schwitalla, Johannes: Gesprochenes Deutsch: eine Einführung. 4., neu bearb. und erw. Auflage. Berlin 2012.

Schwitalla, Johannes: Raumdarstellungen in Alltagserzählungen. In: Erzählen als Form – Formen des Erzählens, hg. von Friederike Kern, Miriam Morek und Sören Ohlhus. Berlin, Boston 2012, S. 161–200.

Thüne, Eva-Maria: Raumwahrnehmung und Textentwicklung. Ein Vergleich von Beispielen aus den Korpora Emigrantendeutsch in Israel und Flucht und Emigration nach Großbritannien. In: Leonardi et al. (Hg.): Orte und Erinnerung, S. 385–402.

Thüne, Eva-Maria: Kinder an der Grenze. Narrative Rekonstruktion von Reiseetappen des Kindertransports. In: germanica; 33 (Erzählte Chronotopoi: Orte und Erinnerung in Zeitzeugeninterviews und -berichten zu erzwungener Migration im 20. Jahrhundert) (2023), S. 151–176.

Thüne, Eva-Maria: „Who are those children?" Die Aufarbeitung des Kindertransports in ausgewählten Texten. In: Elisa Pontini et al. (Hg.): Die Shoah in der deutschsprachigen Literatur. Beiträge der Tagung Bologna 2021. Jahrbuch für Internationale Germanistik. Beihefte Reihe A (2024), S. 57–80.

Tuan, Yi-Fu: Humanistic Geography. in: Annals of the Association of American Geographers 66.2 (1976), S. 266–276.

Tuan, Yi-Fu: Space and place: the perspective of experience. Minneapolis 1977.

Tuan, Yi-Fu: Language and the Making of Place: A Narrative-Descriptive Approach. In: Annals of the Association of American Geographers 81.4 (1991), S. 684–696.

Turner, Barry: „... And the Policeman smiled". 10,000 Children Escape from Nazi Europe. London 1991.

Michael Szurawitzki
Exil und Emotionen. Eine Untersuchung werbesprachlicher Besonderheiten in Shanghaier deutschsprachigen Periodika aus den 1930er und 1940er Jahren

1 Einführung und Forschungsfragen

Im visumfrei erreichbaren chinesischen Shanghai sammelte sich in den 1930er und 1940er Jahren eine ca. 18.000 Personen starke Gruppe von oft jüdischen deutschsprachigen Geflüchteten, die – vorwiegend aus Wien stammend – in der Hafenstadt eine Heimat auf Zeit fanden. Es entstand deutschsprachige Infrastruktur in Form von Läden, Restaurants, Dienstleistungen etc.[1] Aus zahlreichen Biographien wissen wir bereits einiges über die Verhältnisse und auch über die Emotionen, die die Autor:innen während und nach der Exilzeit in China bewegten. Viel zu selten sind aber bisher zeitgenössische Dokumente im Hinblick auf Emotionen befragt worden. Im Kontext des deutschsprachigen Shanghaier Exils bieten sich dazu die digital über das Leo Baeck Institute vorliegenden Periodika an, die im vorliegenden Beitrag untersucht werden. In den Periodika wird viel Werbung von Flüchtlingen für Flüchtlinge gemacht, die sich ihre Zeit im subtropischen und herausfordernden Umfeld möglichst ‚angenehm' gestalten wollen und dabei z. B. auf Ablenkung, Erholung, Gesundheit und Genuss setzen. Insgesamt liegen im Kontext eines linguistisch-werbesprachlichen Forschungsprojekts gut 5.000 solcher Anzeigen vor.[2] Diese werden mit Blick auf die potenziell zu evozierenden Emotionen hin analysiert. Dabei gilt es, die folgenden Forschungsfragen zu berücksichtigen:

---

[1] Michael Szurawitzki: Deutsch in Shanghai gestern und heute. In: Zielsprache Deutsch 44.2 (2017), S. 3–17.
[2] Zu Vorarbeiten vgl. Michael Szurawitzki: Umworbene Flüchtlinge – Eine linguistische Analyse von Werbesprache im Shanghaier Exilperiodikum Gelbe Post. In: Csaba Földes (Hg.): Kontaktvarietäten des Deutschen im Ausland. Tübingen 2021, S. 495–507; sowie Michael Szurawitzki: Perspektiven auf die Erforschung von Werbesprache von und für Flüchtlinge in deutschsprachigen Periodika aus dem Shanghai der 1930er und 1940er Jahre. Mit exemplarischen Analysen zum Sprachkontakt Deutsch-Hebräisch. In: Glottotheory. International Journal of Theoretical Linguistics 14.2 (2023), S. 201–227.

https://doi.org/10.1515/9783111329345-005

– Unter der Verwendung welcher sprachlichen und nicht-sprachlichen Mittel erfolgt die Einbindung von Emotionen (positiv, negativ, ambivalent) in den untersuchten werbesprachlichen Kommunikaten?
– Welche Rolle spielen Hochwertwörter und Schlüsselwörter bei den in der persuasiven Kommunikation verwendeten sprachlichen Mitteln zur Vermittlung/Evozierung von Emotionen?
– Welche Emotionen werden gegebenenfalls über Bilder kommuniziert?
– Wie hängen auf der Basis der Analysen Emotionen und Identitätsstiftung zusammen?

Es wird entsprechend folgende Gliederung zu Grunde gelegt: an die Einführung schließt sich der einschlägige Forschungsstand an (2.), wonach theoretische und methodische Reflexionen zu Emotionen und Werbesprache erfolgen (3.). Hieran anschließend wird das Untersuchungskorpus vorgestellt (4.).[3] Darauf folgen als Hauptteil des Beitrages die Analysen zu Emotionen in den Werbekommunikaten aus den Shanghaier Exilperiodika (5.). Eine Zusammenfassung beschließt den Beitrag (6.).

2 Forschungsstand

Der einschlägige Forschungsstand zum jüdischen Exil in Shanghai ist andernorts referiert.[4] Aus Umfangsgründen werden hier in Auswahl diejenigen Studien genannt, die zumindest einen impliziten Bezug zu Emotionen aufweisen. Im Bereich der geschichtswissenschaftlichen Studien können die folgenden genannt werden: Zu politischen Aspekten der Flucht vgl. Berna.[5] Hochstadt fokussiert in verschiedenen Publikationen auf die jüdische Fluchtperspektive aus dem Dritten Reich gen Shanghai.[6] Wei zeichnet aus literaturwissenschaftlicher Perspektive die Erinnerungskulturen des jüdischen Exils in Shanghai nach, und zwar mit Fokus auf Plurimedialität und Transkulturalität.[7] Pan legt die aktuellste geschichtswissenschaftliche Studie zu jüdischen Flüchtlingen in China zwischen 1933 und 1945

---

3 Auf Basis von Szurawitzki: Perspektiven auf die Erforschung von Werbesprache.
4 Szurawitzki: Perspektiven auf die Erforschung von Werbesprache, S. 203–207.
5 Yves Berna: Politische Aspekte der Flucht europäischer Juden nach China während des Zweiten Weltkriegs. Frankfurt, New York 2011.
6 Steve Hochstadt: Shanghai Geschichten. Teetz 2007; Steve Hochstadt: Exodus to Shanghai. New York 2012.
7 Zhuang Wei: Die Erinnerungskulturen des jüdischen Exils in Shanghai (1933–1950). Berlin 2015.

vor.[8] Pscheiden/Spera bieten einen Sammelband, der unter dem Titel *Wiener in China: Fluchtpunkt Shanghai* relevante Aspekte thematisiert.[9] So schreibt Pscheiden zu den Wienern in Shanghai und dem Konzept des *Little Vienna*, Haman blickt auf Musik, Unterhaltung und Exiltheater in Shanghai, Frischler beschreibt die Medienvielfalt im Shanghaier Emigrationskontext.

Wei betont die Notwendigkeit der Erforschung der Exilzeit der Jüdinnen und Juden in China während des Zweiten Weltkrieges.[10] Für uns relevant konstatiert er ein sich manifestierendes Identitätsproblem vor Ort in Shanghai:

> Das Identitätsproblem der Flüchtlinge entspricht z. B. der Tatsache, dass man im Bereich der Gastronomie kaum Spuren des Judentums finden kann. Stattdessen war die Verbindung zwischen der verlorenen Heimat und der Gastronomie so groß, dass sogar 29 Kaffeehäuser und eine Wurstfabrik der Statistik von *Shopping News* zufolge am 29. Mai 1939 von den jüdischen Flüchtlingen eröffnet wurden. [...] Auch deswegen entstand in kurzer Zeit das sogenannte „Little Vienna", wo „das helle, lichte, heitere Hongkou mit seinen Restaurants und Lokalen im europäischen Stil, eigentlich Wiener Stil ist." Die Flüchtlinge identifizierten sich mit ihrem Heimatort, dagegen seltener mit der jüdischen Tradition und Religion.[11]

Aus dem Zitat lassen sich für die hier angestrebte Untersuchung gleich mehrere relevante Aspekte ableiten. Mit Blick auf Szurawitzki[12] problematisiert Wei nachvollziehbar die präsente Identitätsfrage, die sich in der *Gelben Post* wie den anderen Periodika spiegelt, in den Werbekommunikaten wie darüber hinaus.

Wie deutlich wird, gibt es einschlägig ein breites Interesse an verschiedensten Aspekten des Lebens der Geflüchteten. Die vorliegende Studie greift mit der Spezialisierung auf Werbesprache und Emotionen einen bisher nicht beachteten Bereich auf. Von daher rechtfertigen sich das Erkenntnisinteresse sowie der nachfolgend thematisierte Zugriff.

---

8 Guang Pan: A Study of Jewish Refugees in China (1933–1945). Singapore 2019.
9 Daniela Pscheiden, Danielle Spera (Hg.): Die Wiener in China: Fluchtpunkt Shanghai: Little Vienna in Shanghai. Wien 2020.
10 Liu Wei: Die Wahrnehmung jüdischen Exils in Shanghai – von der Erinnerung der Anderen zum eigenen Kulturgedächtnis. In: Ralf Glitza, Michael Schüller, Thomas Willems (Hg.): China durchDenken. Bochum, Freiburg 2022, S. 101–116.
11 Wei: Die Wahrnehmung jüdischen Exils in Shanghai, S. 112–113.
12 Szurawitzki: Umworbene Flüchtlinge.

3 Theoretisch-methodische Reflexionen zu Emotionen und Werbesprache

3.1 Emotionen und Werbesprache

Das Thema Sprache und Emotion ist in Schwarz-Friesels Standardwerk ausführlich betrachtet.[13] Hierbei tun sich im Bereich Emotion(en)/Gefühl(e) v. a. aus psychologischer Sicht Probleme auf, die einerseits definitorischer Art, andererseits in unserem Kontext so nutzbar sind, dass keinerlei inhaltlichen Einschränkungen hinsichtlich der werbesprachlich-emotionalen Analysen gemacht werden müssen:

> Ein Blick auf die Forschungsliteratur [...] zeigt, dass das Problem einer genauen Definition und Erklärung auch in der Wissenschaft besteht. Schon die Einträge in den einschlägigen psychologischen Wörter- und Nachschlagebüchern offenbaren das Dilemma. Bei Debus (1977: 156) findet sich die Aussage, dass Gefühle „Erlebens- bzw. Verhaltenskategorien" sind, „für die es keine allgemeinverbindlichen Definitionen gibt." Vielfach sind zirkuläre Definitionen zu konstatieren. In Dorschs Lexikon der Psychologie (Dorsch [15]2009: 255) ist bei Emotion zunächst der rekursive/zirkuläre Verweis auf den ebenfalls erklärungsbedürftigen Terminus *Gefühl* zu finden, und in dem Eintrag zu *Gefühl* wird dem Anliegen, eine Definition zu erhalten, prinzipiell eine Absage erteilt: „Der Begriff Gefühl oder Emotion lässt sich nicht definieren, sondern nur umschreiben, da sich Gefühle auf nichts anderes zurückführen lassen" (Dorsch [15]2009: 364).[14]

Schwarz-Friesel referiert auf die besonders subjektive, tentative Dimension, die Emotionen innewohne.[15] Für unsere Analysen bedeutet dies pragmatisch, dass Emotionen illokutionär, d. h. produzent:innenseitig, sowie perlokutionär, d. h. rezipient:innenseitig, betrachtet werden müssten. Dies stellt uns vor einige Herausforderungen, da wir einerseits vermuten können, was mit Werbung und Emotionen bezweckt werden *soll*, aber natürlich nicht einfach sagen können, was die angesprochenen/enthaltenen Emotionen letztlich individuell bewirken. Daher stellt der vorliegende Beitrag in seinen Erträgen ein rekonstruierendes Deutungsangebot zur Diskussion, das im Kontext des Gesagten offen ist und zu fachlichem Widerspruch einlädt.

---

13 Monika Schwarz-Friesel: Sprache und Emotion. Tübingen 2013 (2. Aufl.); vgl. auch Monika Schwarz-Friesel: Sprache, Kognition und Emotion. Neue Wege in der Kognitionswissenschaft. In: Heidrun Kämper, Ludwig M. Eichinger (Hg.): Sprache – Kognition – Kultur. Berlin, New York 2008, S. 277–301, die das Thema Sprache und Emotion in den Fokus der linguistischen Öffentlichkeit rückt.
14 Schwarz-Friesel: Sprache und Emotion, S. 45 [Hervorhebungen i. O.].
15 Schwarz-Friesel: Sprache und Emotion, S. 44.

Bei Schwarz-Friesel findet sich im Kapitel 6 „Texte und ihr Emotionspotenzial" ein Abschnitt, der auch Werbung thematisiert[16] Jedoch geschieht dies nicht, wie für unsere Zielsetzung erhofft, über nutzbare Handreichungen zum Spannungsfeld Emotionen und Werbung, sondern über exemplarische Analysen, die uns nicht konkret weiterhelfen.

Stattdessen ist für den theoretischen Unterbau des vorliegenden Textes eher das vorherige Kapitel 5 „Gefühle sprachlich mitteilen: Referenz auf Emotionen und verbale Ausdrucksmöglichkeiten der emotionalen Einstellung" relevant, in dem bottom-up auf Verbalisierungsmöglichkeiten geblickt wird.[17] Schwarz-Friesel nennt das sprachliche Lexikon der sog. „emotionsbezeichnende[n] Wörter":

> *Freude, Liebe, Glück, Ärger, Trauer, Wut, Zorn, Angst, Furcht, Verzweiflung, Neid, Eifersucht, Missgunst* usw. Diese Lexeme benennen eine Emotion explizit. Der Gefühls- oder Emotionswortschatz ist der Teil des Wortschatzes, dessen Lexeme sich deskriptiv auf emotionale Zustände und Prozesse beziehen (neben den Nomina auch die entsprechenden Verben wie *hassen, lieben, freuen, trauern, zürnen* und die Adjektive wie *traurig, neidisch, glücklich, wütend* etc.[18]

Für unsere Analysen auf lexikalischer Ebene wird relevant, inwiefern sich unterschiedliche wortartliche Ausprägungen bei der Zuschreibung von Emotionen in Verbindung mit den Produkten zeigen lassen. Es kann nicht erwartet werden, dass die Beispiele aus dem Zitat als Wortformen immer unbedingt in unserem Material aufscheinen, Negatives könnte ggf. ohnehin nur über geeignete Deutungen und als implizit enthalten verdeutlicht und beschrieben werden. Dieser Problematik gilt bei der Auswertung des Korpusmaterials unsere Aufmerksamkeit. Schwarz-Friesel thematisiert in der Folge[19] ausführlich lexikalische Aspekte der Verbalisierung von Emotionen, anhand relevanter Literatur und zahlreicher Beispiele. Im weiteren Verlauf kommen dann Interjektionen in den Blick, die sicherlich heute nicht nur in der gesprochenen, sondern auch in der geschriebenen Werbesprache relevant sind;[20] in unserem historischen Material dürften Interjektionen, wenn überhaupt, dann eine untergeordnete Rolle spielen. Potenziell relevanter, speziell auch im Hinblick auf mitschwingende negative oder ambivalente Emotionen, dürften die anschließend von Schwarz-Friesel thematisierten Konnotationen von Lexemen sein.[21]

---

16 Schwarz-Friesel: Sprache und Emotion, S. 233–235.
17 Schwarz-Friesel: Sprache und Emotion, S. 134–211.
18 Schwarz-Friesel: Sprache und Emotion, S. 144 [Hervorhebungen i. O.].
19 Schwarz-Friesel: Sprache und Emotion, S. 145–154.
20 Schwarz-Friesel: Sprache und Emotion, S. 154–162.
21 Schwarz-Friesel: Sprache und Emotion, S. 162–173.

Danach wechselt Schwarz-Friesel zur Satzebene. Hierbei steht zuerst das emotive Potenzial von Einzelsätzen im Sinne von Propositionen im Zentrum.[22] Im werbesprachlichen Kontext könnten dies v. a. (durch Layout prominent hervorgehobene) Headlines und Slogans sein, aber denkbar wären auch Sätze aus ggf. vorhandenen Fließtexten. Danach kommt der für uns, wohl ähnlich wie die angesprochenen Konnotationen, durchaus relevante Vergleich zur Sprache, danach Metaphern.[23] Hierbei stellt sich vorab die Frage, inwiefern der Shanghai-spezifische Kontext ggf. eigene spezifische Metaphern innerhalb der Werbekommunikate hervorbringt.

Um den Bereich Emotion und Sprache geeignet für unseren Kontext fokussiert weiter zu beleuchten, wird im Folgenden das *Handbuch Werberhetorik* ausgewertet.[24] Somit bewegen wir uns am aktuellsten Forschungsstand: Bock referiert in ihrem Beitrag zu politischer Werbung in nicht-demokratischen Systemen am Beispiel der DDR auf Knape, der Metaphern und Schlagwörtern das Potenzial zuschreibt, durch ihre „emotionale Aufgeladenheit [...] Emotionen und Verhalten zu beeinflussen".[25] Bock bezieht sich auf Funktionen von politischen Plakaten in der DDR, die „bestimmte [...] Handlungen aus[]lösen [können], und zwar mittels [...] auf Affekte und Emotionen abzielender (*pathos*) [...] Verfahren."[26] Dieses kann für unseren Kontext potenziell Emotionen ansprechender Werbung im Shanghaier Exilkontext analog als valide angenommen werden. Girnth referiert auf Wahlkampfreden zur Mobilisierung der Emotionen von Anhängerschaften politischer Gruppierungen,[27] ähnlich wie Michel auf das politische Framing zur Evozierung von Emotionen Bezug nimmt.[28] Wyss äußert sich zu Emotionen im Kontext der Genese von guter Werbung: „Daher entsteht (gute) Werbung auf der Grundlage der Antizipation identitärer ‚Distinktions- und Imitationsschemata' (z. B. idealtypischer Emotionen, lebensstilstiftender Affinitäten der Zielgruppe)."[29] Obwohl Wyss primär auf TV- und andere audiovisuelle Werbeformate Bezug nimmt, kann ihre Äußerung durchaus

---

22 Schwarz-Friesel: Sprache und Emotion, S. 173–191.
23 Schwarz-Friesel: Sprache und Emotion, S. 191–211.
24 Nina Janich, Steffen Pappert, Kersten Sven Roth (Hg.): Handbuch Werberhetorik. Berlin, Boston 2023.
25 Bettina Bock: Politische Werbung in nicht-demokratischen Systemen am Beispiel der DDR. In: Janich/Pappert/Roth: Handbuch Werberhetorik, S. 25–56, hier S. 33.
26 Bock: Politische Werbung, S. 38 [Hervorhebung i. O.].
27 Heiko Girnth: Wahlprogramme und Wahlkampfreden. In: Janich/Pappert/Roth: Handbuch Werberhetorik, S. 439–460.
28 Sascha Michel: Kampagnenrhetorik. In: Janich/Pappert/Roth: Handbuch Werberhetorik, S. 461–482.
29 Eva L. Wyss: Rhetorik der Fernsehwerbung und audiovisueller Werbeformen. In: Janich/Pappert/Roth: Handbuch Werberhetorik, S. 305–328, hier S. 312–313.

auch für unseren Kontext gelten, zumal der Bezug zu einer Spiegelung speziell der Wiener Identität der Shanghaier Geflüchteten eine Rolle spielt. Janoschka/Albisser kontextualisieren Hashtag- und Bildverwendungen sowie textbasierte Werbeanzeigen im Internet und die Weckung positiver Emotionen;[30] hierzu lässt sich der Bogen in die Shanghaier Flüchtlings-Lebenswelt schlagen, wo Emotionen in der Werbung eine signifikante Rolle spielen. Dies gilt auch für potenziell emotional aufgeladene (z. B. Wiener Identität betonende) Markennamen, die Lobin thematisiert.[31] Lobin schreibt weiter – für uns relevant –: „In solch einem Kontext hängt der Erfolg der Marktkommunikation in hohem Maße davon ab, inwieweit es gelingt, die angebotenen Produkte und Dienstleistungen in die emotionale Erfahrungs- und Erlebniswelt der Zielgruppe einzupassen."[32] Weidacher erforscht politische Online-Werbung[33] und spricht dieser in unterschiedlichen Hinsichten Emotionalität zu, ähnlich wie Heil der Werbung im Kontext von Sport.[34]

3.2 Gewählte Vorgehensweise: Fokus Emotionen

Nina Janich hat Grundlegendes zur Erforschung von Werbesprache beigetragen. Wir nutzen im Folgenden ihre Konzepte der sog. Hochwert- und Schlüsselwörter, die für die Vermittlung positiver Eigenschaften zu bewerbender Dinge oder Inhalte zentral sind. Der Einfluss von Hochwertwörtern kann auch für die Vermittlung von positiven Emotionen in unserem Kontext als potenziell möglich bis wahrscheinlich angenommen werden. Hochwertwörter werden wie folgt definiert:

> Als HOCHWERTWÖRTER können [...] alle diejenigen Ausdrücke bezeichnet werden, die ohne die grammatische Struktur eines Komparativs oder Superlativs geeignet sind, das damit Bezeichnete (bei Substantiven) oder näher Bestimmte/Prädizierte (bei Adjektiven) aufgrund ihrer sehr positiven Inhaltsseite aufzuwerten.[35]

---

30 Anja Janoschka, Matthias Albisser: Rhetorik von Online-Kurzformen. In: Janich/Pappert/Roth: Handbuch Werberhetorik, S. 375–396.
31 Antje Lobin: Rhetorik der Markenzeichen und Markennamen. In: Janich/Pappert/Roth: Handbuch Werberhetorik, S. 397–412.
32 Lobin: Rhetorik der Markenzeichen, S. 402.
33 Georg Weidacher: Politische Online-Werbung. In: Janich/Pappert/Roth: Handbuch Werberhetorik, S. 503–522.
34 Johannes Heil: Die Rhetorik der Werbung im Sport. In: Janich/Pappert/Roth: Handbuch Werberhetorik, S. 583–602.
35 Nina Janich: Werbesprache. Ein Arbeitsbuch. Tübingen 2010 (5. Auflage), S. 169[Hervorhebung i. O.].

Nach den Hochwert- kommen dann potenziell auch die Schlüsselwörter in den Fokus der Analysen für die positiven Emotionen. Unter Schlüsselwörtern verstehen wir hier mit Janich Folgendes:

> SCHLÜSSELWÖRTER haben demgegenüber [gegenüber Hochwertwörtern, MSZ] nicht nur aufwertende Funktion, sondern sie nehmen auch anzeigen- und produktübergreifend „eine Schlüsselstellung im Gedanken- und Sprachfeld der Werbung" ein (Römer ^{6}1980: 132). [...] [Sie bieten] eine[n] entscheidenden Beitrag zur Argumentation und zur Formulierung des Zusatznutzens eines Produkts.[36]

Zu Hochwert- und Schlüsselwörtern fasst Szurawitzki seine Resultate zu den werbesprachlichen Analysen zur *Gelben Post* folgendermaßen zusammen:

> Bei den festgestellten Hochwertwörtern lässt sich auf die Wortart bezogen eine Variation v. a. zwischen Substantiven und Adjektiven beschreiben; insgesamt existiert eine relativ breite Palette solcher Wörter. Als Schlüsselwörter können die Referenzen auf den Wiener Kontext verstanden werden; so entsteht sprachlich, mental und kulturell im besten Fall, d. h. einer erfolgreichen Werbung, ein Stück Heimat fern der Heimat.[37]

Die Auswahl und wortartliche Variation der Hochwertwörter sowie punktuell der Wien-Bezug, der sich über die Schlüsselwörter manifestiert, bilden hier die Grundlage unserer Beobachtungen zu Emotion im Untersuchungskorpus. In einer Präzisierung der eingangs gestellten Forschungsfrage zur Beschaffenheit der Werbesprache: Über welche Hochwert- und Schlüsselwörter werden im Kontext des deutschsprachigen und jüdischen Exils in Shanghai Emotionen transportiert?

Während die Hochwert- und Schlüsselwörter eng mit der persuasiven Funktion von Werbung verknüpft sind, da positive Dinge, Inhalte oder Emotionen adressiert werden, verhält es sich mit der Betrachtung negativer wie ambivalenter Emotionen in unserem Zusammenhang schwieriger. Da Werbung an sich eigentlich im Resultat ausschließlich Positives darstellt, wäre zu fragen, wie denn geeignet womöglich Negatives und/oder Ambivalentes, speziell mit Blick auf die Emotionskomponente, eingebunden ist. Am ehesten liegt dazu die Vermutung nahe, dass von einer emotional negativen bzw. ambivalent aufgeladenen Situation ausgegangen werden kann, die durch die beworbenen Produkte aufgewertet wird. Es wird sich anhand der Analysen zeigen, inwiefern neben den pragmatisch, aber auch inhaltlich erwartbaren positiven Aspekten der Werbekommunikate die Bereiche der negativen bzw. ambivalenten evozierten Emotionen eine Rolle spielen, um ggf. die positive Wirkung der jeweiligen Kommunikate noch verstärken zu können.

---

36 Janich: Werbesprache, S. 169[Hervorhebung i. O.].
37 Szurawitzki: Umworbene Flüchtlinge, S. 506.

4 Untersuchungskorpus

Zunächst musste ein Überblick darüber gewonnen werden, welche Periodika digital im Katalog des Leo Baeck Instituts vorhanden sind. Dabei konnten folgende Publikationen inkl. Jahrgängen und Umfängen ermittelt werden (Februar 2023; chronologische Reihenfolge; die Umfänge variieren teils stark)[38]:

Digital vorliegende Shanghaier Exilperiodika (inkl. Jahrgängen u. Umfang)
- *SZ am Mittag*, Jahrgang 1939, gesamt 49 S.
- *Gelbe Post*, Jahrgang 1939, gesamt 166 S.
- *Acht Uhr Abendblatt der Shanghai Woche*, Jahrgänge 1939–1941, gesamt 11 S.
- *Shanghai Woche*, Jahrgänge 1939–1942, gesamt 81 S.
- *Shanghai Jewish Chronicle*, Jahrgänge 1939–1942, gesamt 151 S.
- *Medizinische Monatshefte Shanghai*, Jahrgänge 1940–1941, gesamt 115 S.
- *Mitteilungen der Vereinigung der Emigranten-Ärzte in Shanghai*, Jahrgänge 1940–1941, gesamt xxxii + 376 S.
- *Jüdisches Nachrichtenblatt*, Jahrgänge 1940–1946, gesamt 654 S.
- *Shanghaier Morgenpost*, Jahrgang 1941, gesamt 16 S.
- *Sport Shanghai*, Jahrgänge 1943–1944, gesamt 42 S.
- *Shanghai Echo*, Jahrgang 1946, gesamt 1246 S.
- **Gesamtumfang des Analysekorpus: xxxii + 2907 S.**

Es werden für die vorliegende Studie die Anzeigen in den Periodika systematisch auf ihren emotionalen Gehalt bzw. ihr emotives Potenzial hin ausgewertet. Aufgrund des begrenzten Umfangs des vorliegenden Textes werden daher im folgenden Abschnitt relevante Beispiele herausgegriffen.

5 Analysen

Die Analysen sind nachfolgend in dreierlei Hinsicht geleistet: Zunächst wird auf positive (5.1.), danach auf negative Emotionen eingegangen (5.2.). Als dritter Komplex kommen die aus unserer Sicht als ambivalent charakterisierbaren, also je nach Kontext teils positiv, teils negativ aufgeladenen bzw. konnotierten Emotionen in den Blick (5.3.). Dabei argumentieren wir aus der heutigen Sicht, ohne die zeitgenössischen Verhältnisse in Shanghai genau kennen zu können.

---

38 Vgl. auch Szurawitzki: Perspektiven auf die Erforschung von Werbesprache, Anhang.

5.1 Positive Emotionen

Innerhalb von Werbung ist potenziell meist davon auszugehen, dass (wie oben ausgeführt) besonders positive Eigenschaften angesprochen werden, um Kauf- und Konsumanreize zu schaffen. Diese Perspektive wird hier in Richtung der Emotionen eingeengt. Blicken wir zunächst auf zwei Treffen: So wirbt das Café Rex im *Acht Uhr Abendblatt* (Nr. 107, 2.12.1939, S. 4) für eine (1)[39] *Wiedersehensfeier der VIA SIBERIA Ankoemmlinge vom 5. Dezember 38*, ähnlich wie das Cafe Rendez-Vous für ein gemütliches Beisammensein aller (2) *BUCHENWAELDER* (*Shanghai Echo*, Jg. 1, Ausg. 176, 27.06.1946, S. 3) und evoziert bei den oft einsamen Geflüchteten mit der potenziellen Freude auf ein Wiedersehen innerhalb bestimmter Peer Groups ein positives Gefühl.

Kino und Theater nutzen vielfach die Ansprache positiver Emotionen, um die Geflüchteten zu unterhalten: So spricht die Boris Shapiro Bühne von einem (3) *sensationellen Erfolgstueck* [sic] namens *Kamerad Frau* (*Acht Uhr Abendblatt*, 3. Jg., 18.3.1941, Nr. 62, S. 1). Ähnlich spricht das Kino Doumer in der *Shanghaier Morgenpost* (Jg. 1, Nr. 33, 21.11.1941, S. 8) Interessierte am Film *Drums Along the Mohawk* an und wirbt mit den Ausrufen (4) *Ergreifendes Drama! Packende Handlung!* In der *SZ am Mittag* setzt sich diese Tendenz fort: So nennt The Eastern Theatre den Film *Unter Zwang* ein (5) *Abenteuer von unerhörter Spannung* (Jg. 1, Ausgabe 63, 21.12.1939, S. 4), und *G.-Men* mit James Cagney einen (6) *sensationellen & atemraubenden Grossfilm* (Jg. 1, Ausgabe 65, 23.12.1939, S. 4). Das Theaterstück *Mr. Brown geht auf Urlaub* wird als (7) *spannendes Kriminalstueck in 5 Bildern* beworben (*Sport Shanghai*, Nr. 99, 18.12.1943, S. 4). Die Werbeanzeige für das Theaterstück *Tante Salli lässt sich scheiden* ist mit (8) *Lachen! Lachen!* überschrieben. (*Jüdisches Nachrichtenblatt*, Jahrgang 6, Ausgabe 58, 17.12.1945, S. 2).

Mit der Neugier und Vorfreude der potenziellen Kund:innen auf gutes Essen spielt die Anzeige eines Restaurants: (9) *Was?! Sie waren noch nicht in Gabels Restaurant? da muessen Sie hingehn, da essen Sie schmackhaft* [...] (*SZ am Mittag*, Jg. 1, Nr. 65, 23.12.1939, S. 4). Neben dem Essen spielt auch der (10) *[a]ngenehme[] Aufenthalt*[40] im Restaurant The Palm-Garden (*Gelbe Post*, Jg. 1, Heft 2, 16.05.1939, S. 26[41]) oder der (11) *angenehmste Aufenthalt* im ‚Mascot-Dachgarten', bei dem die (12)

---

[39] Aus typographischen Gründen wird manchmal eine vereinfachte Darstellung (v. a. ohne Layout) gewählt. Die Hervorhebungen stammen jeweils aus dem Original.
[40] Mit einem angenehmen Aufenthalt werben auch das Cafe Rendezvous (*Shanghai Echo*, Jg. 1, Nr. 89, 31.03.1946, S. 8) sowie das Cafe und Restaurant At Home (*Shanghai Echo*, Jg. 1, Ausg. 196, 17.07.1946, S. 5).
[41] Auch *Gelbe Post*, Jg. 1, Heft 5, 01.07.1939, S. 118; *Shanghai Woche*, Ausg. 8, 19.05.1939, S. 6.

schönste Erholung⁴² (Shanghai Echo, Jg. 1, Ausg. 199, 20.07.1946, S. 2) versprochen wird, eine Rolle, als Gegensatz zum vielleicht öfter tristen Alltag in Shanghai; alle Besucher:innen (14) *SIND ENTZUECKT* (Shanghai Woche, Ausg. 9, 26.05.1939, S. 6) beim (15) *entzueckende[n] Tanzbetrieb* (Shanghai Jewish Chronicle, Jg. 1, Nr. 19, 22.06.1939, S. 1). Ähnliches gilt für Black-Cat, die (16) *entzueckende Wiener Caffe-Bar* (Shanghai Woche, Ausg. 1, 30.03.1939, S. 3). Die semantisch angenehme Dimension von Restaurantaufenthalten erweitert die Anzeige des Quick, das die Räume oben und unten als (17) *[b]ehaglich* anpreist (Shanghai Woche, Ausg. 1, 30.03.1939, S. 4)⁴³. Das Cafe-Restaurant Swan verspricht im subtropischen Klima: (18) *Kuehler, behaglicher Aufenthalt* (Shanghai Woche, Ausg. 8, 19.05.1939, S. 8⁴⁴). Mit *behaglich* würde in den kühleren Heimatländern mindestens heutzutage eher ein brennendes Kaminfeuer verbunden werden. Erwartbar wäre entsprechend eher der (19) *angenehme kuehle Aufenthalt* im International (Shanghai Echo, Jg. 1, Ausg. 114, 25.04.1946, S. 2⁴⁵). Im Jewish Club sollen Besucher:innen sich auf (20) *PROEHLICHE STUNDEN*⁴⁶ freuen (Shanghai Woche, Ausg. 16, 14.07.1939, S. 10), in der Cafe-Bar Ohio auf (21) *Angenehme Unterhaltung* (Shanghai Woche, Jg. 5, Ausg. 20, 24.10.1942, S. 3). (22) *Ruhe und Erholung finden Sie nur auf Thals Dachgarten*, heißt es wohl ex negativo zum unruhigen Leben in Shanghai (Jüdisches Nachrichtenblatt, Jahrgang 4, Ausgabe 18, 14.05.1943, S. 6). Die S.J.Y.A. School lädt zum (23) *Gartenfest der tausend Freuden* am 30. Juni 1946 ein (Shanghai Echo, Jg. 1, Ausg. 172, 23.06.1946, S. 4; auch Ausg. 178, 29.06.1946, S. 3).

Auch materielle Dinge können den Exilant:innen in Shanghai expressis verbis Freude machen: So wirbt der Uhrenhersteller Tissot in der Headline (24): *Dem Beschenkten zur Freude*, im Fließtext derselben Anzeige heißt es dann über die Uhren der Marke (25) *Ihr Aussehen, ihre Zuverlässigkeit und ihr augenscheinlicher Wert erfreuen den Beschenkten immer wieder aufs Neue*. (Gelbe Post, Jg. 1, Heft 3, 01.06.1939, S. 71). Auch Warten auf besondere Produkte kann sich lohnen und Freude auslösen: Mit (26) *Endlich ist sie da!* (Shanghai Jewish Chronicle, 22.10.1939, S. 8) wirbt die Sarolli-Schokoladenfabrik für ihr Erzeugnis. Das Trinken von Expresso-Kaffee soll bewirken, dass (27) *man frohe Lieder* singt (Shanghai Echo, Jg. 1, Ausg. 113, 24.04.1946, S. 4). Gesteigert wird dies rhetorisch noch durch (28) *Alles*

---

42 (13) *ACHTUNG ACHTUNG ERHOLUNG* verspricht auch das Fichtennadel-Sauerstoff-Mischbad von H. Burkhard (Shanghai Echo, Jg. 1, Ausg. 231, 21.08.1946, S. 4).
43 Auch Shanghai Woche, Ausg. 2, 06.04.1939, S. 6; Ausg. 3, 14.04.1939, S. 6; Ausg. 4, 21.04.1939, S. 6; Ausg. 8, 19.05.1939, S. 8; Ausg. 9, 26.05.1939, S. 5.
44 Auch Shanghai Woche, Ausg. 12, 16.06.1939, S. 3.
45 Die Anzeige ist im Shanghai Echo insgesamt sechs Mal geschaltet.
46 Es kommen häufiger teils schwer nachvollziehbare Fehler dieser Art vor; vermutlich wurden die Anzeigen von chinesischen Arbeitskräften gesetzt.

schreit sich heiser Nach Wurst von Jonassohn & Kaiser (Shanghai Echo, Jg. 1, Ausg. 316, 17.11.1946, S. 9). Die Preispolitik kann punktuell zu Emotionen wie Staunen Anlass geben, liest man Hermann Sterns Zigarrenwerbung (29): *Grösste Auswahl in Cigarren, infolge ganz geringer Spesen zu staunend billigen Preisen* (Jüdisches Nachrichtenblatt, Ausgabe 3, 30.08.1940, S. 6). Lebensfreude wird in der Anzeige des Erfrischungsgetränks Sunbeam angesprochen: (30) *Lebensfreuden wieder winken / ‚Sunbeam' kaufen, ‚Sunbeam' trinken!* (Shanghai Echo, Jg. 1, 25.05.1946, S. 6)[47].

Im Kontext der Männerhygiene ist folgende Anzeige als emotional aufgeladen, nämlich Vergnügen bringend, zu nennen: (31) *Nur mit Esta-Rasierseife ist das Rasieren ein Vergnuegen!* (Shanghai Woche, Jg. 5, Ausg. 20, 24.10.1942, S. 4).[48] Eine Seite weiter wird ein Sprachkurs ebenfalls als Vergnügen beworben, allerdings für Japanisch: (33) *Japanisch lernen – ein Vergnuegen* (Shanghai Woche, Jg. 5, Ausg. 20, 24.10.1942, S. 5).

Zu Gesundheit: Halimin-Tabletten sollen Kinder stärken, dies sieht man an dem abgebildeten lachenden Jungen, der seine rechte Faust emporreckt (Shanghai Jewish Chronicle, 28.10.1941, 17.11.1941, je S. 6). Sanft ist die positive emotionale Wirkung des Schlafmittels Sedormid: (34) *Sedormid erzwingt den Schlaf nicht, sondern fuehrt ihn durch Herabsetzung der nervoesen Erregung auf natuerlichem Wege herbei* (Mitteilungen der Emigranten-Ärzte in Shanghai, Jg. 1940, April-Heft, S. II + 11).[49] Das Mittel Twill ist der (35) *Wohltaeter bei juckenden Flechten* (Shanghai Echo, Jg. 1, Ausg. 218, 08.08.1946, S. 2).

Fasst man die Beobachtungen zu den verwendeten positiven Emotionen zusammen, so kann neben der Ansprache eines Zusammengehörigkeitsgefühls (Treffen unterschiedlicher Leidensgenoss:innen) der in vielfältiger Weise angesprochene unterhaltende Charakter von Kino- und Theaterveranstaltungen genannt werden, v. a. durch erlebte *Spannung* und Hochwertwörter aus dieser Wortfamilie. Bei Aufenthalten in verschiedenen Gaststätten geht es um ein Sich-Wohlfühlen, dies wird v. a. über Attribute als Hochwertwörter deutlich, wie *angenehm, entzückend, behaglich* und auch *kühl*. Die Wortfamilie *Freude* blendet über zu mittels auch Produkten angesprochenen Emotionen bis hin zum *Vergnügen*. Einige Emotionen sind auch im medizinischen Werbekontext verwendet, teils als Schlüsselwörter (z. B. Zusatznutzen als *Wohltaeter*).

---

[47] Die Anzeige ist im *Shanghai Echo* insgesamt vier Mal geschaltet.
[48] Leicht abgewandelt im *Shanghai Jewish Chronicle*, 14.09.1941, S. 2: (32) *Rasieren ein Vergnügen / aber nur mit ‚Esta' Rasierseife*.
[49] Diese Anzeige findet sich in der untersuchten Zeitschrift noch vierzehn weitere Male in identischer Form.

5.2 Negative Emotionen

Nach den positiven gehen wir im Folgenden zu den angesprochenen negativen Emotionen über, mittels derer persuasive Kommunikation im Werbe-Kontext für die nach Shanghai Geflüchteten erwächst. Dies scheint auf den ersten Blick eventuell ein wenig merkwürdig, sind wir es von heute (oder wie in 5.1. oben) doch zumeist gewohnt, dass besonders positive Attribute (hier: Emotionen) herausgestellt werden. Aus dem angesprochenen Negativen lässt sich dann aber doch, wie die nachfolgend angeführten Belege zeigen, Nutzen für die Geflüchteten in ihren Kontexten ziehen.

Zunächst zu Ekel und Angst vor Ungeziefer: In der *SZ am Mittag* begegnet uns eine Werbung für das Max Levy Laboratorium für Ungeziefer-Vertilgung, das eine „radikale Beseitigung" verschiedener Plagen verspricht (*SZ am Mittag*, Jg. 1, Nr. 63, 21.12.1939, S. 4). Kammerjaeger Moses verspricht unter einem Totenschädel mit gekreuzten Knochen (36) *Radikale Ausrottung* sowie (37) *Durchgasung von Couches und Polstern in eigener Gaskammer* (*Shanghai Jewish Chronicle*, 22.10.1939, S. 3)[50]; an anderer Stelle wirbt er mit derselben Grafik und ähnlicher Sprache: (38) *Wanzen u Ungeziefer aller Art beseitigt radikal H. Moses; Durchgasung von Zimmern u Haeusern; Eigene Gas-Kammer fuer Einzelmoebel* (*Shanghai Jewish Chronicle*, 14.09.1941, S. 14, auch S. 15).[51] Sprachlich ähnlich wirbt der A.R.D. Allgemeine Reinigungs-Dienst für seine Kammerjägerei: (39) *vertilgt radikal WANZEN u. a. UNGEZIEFER VERGASUNGEN*. (*Jüdisches Nachrichtenblatt*, Ausgabe 2, 16.08.1940, S. 7) Kammerjäger Siegfried Plonski wirbt für (40) *VERGASUNGEN* (*Jüdisches Nachrichtenblatt*, Jahrgang 3, Ausgabe 16, 27.07.1942, S. 12). Die Formulierungen erinnern aus heutiger Perspektive unwillkürlich an die Shoah und scheinen daher besonders emotional aufgeladen. Die Werbung für das Anti-Wanzenmittel Akoform warnt dagegen vor der mit dem Sommer herannahenden Gefahr: (41) *Die Hitze kommt! Die Wanzen kommen!* (*Shanghai Jewish Chronicle*, 10.05.1942, o. S.). Die hohen Temperaturen werden von Crown Dyers anders kontextualisiert: (42) *ACHTUNG Die Hitze naht! Bringen Sie JETZT ihre Wintersachen zum REINIGEN* (*Shanghai Echo*, Jg. 1, 25.05.1946, S. 7).

Verschiedene weitere Gefahren drohen den Geflüchteten in Shanghai, u. a. verschiedene Krankheiten, und machen ihnen Angst. Die Vienna Desinfectant Soap wirbt daher mit der Angst durch die Headline (43) *Schach der Infection* (*Shanghai Woche*, Ausg. 11, 09.06.1939, S. 1).[52] Ähnlich verfährt die Werbung für Pectussin Cough Syrup Droga: (44) *Mit Husten faengt es an bei manchen gefaehrlichen Krank-*

---

50 Auch *Jüdisches Nachrichtenblatt*, Ausgabe 2, 16.8.1940, S. 4; Ausgabe 3, 30.8.1940, S. 6.
51 Auch *Shanghai Jewish Chronicle*, 10.05.1942, S. 21.
52 Auch *Shanghai Woche*, Ausg. 12, 16.06.1939, S. 1.

heiten (*Shanghai Jewish Chronicle*, 24.11.1940, S. 8). Bard & Co. Optiker verfahren dem gegenüber eher abgeschwächt: (45) *Schuetzen Sie Ihre Augen* (*Shanghai Jewish Chronicle*, 02.10.1940, S. 9), ähnlich wie Halisun Kapseln: (46) *Schuetzen Sie sich vor Husten und Erkaeltungen* (*Shanghai Jewish Chronicle*, 08.07.1941, S. 4) oder Aquarius Mineralwasser: (47) *Schuetzen Sie sich gegen TYPHUS, – RUHR & CHOLERA* (*Jüdisches Nachrichtenblatt*, Ausgabe 3, 30.08.1940, S. 7). Die Werbung für Rebail forte Tablets macht Gebrauch von einer Personifikation diverser Krankheiten als Gespenst, wie die nachfolgende Abbildung 1 zeigt:

Abb. 1: Rebail forte Tablets, *Shanghai Jewish Chronicle*, 14.09.1941, S. 15.

Wakamoto A-D Tabletten werden zur Bekämpfung drohender Mangelerscheinungen, vor denen man Angst empfinden könnte, empfohlen: (48) *Butter nicht erschwinglich? Leider geht mit ihr auch das unbedingt notwendige Vitamin A abhanden. Wodurch der Koerper Infektionen viel staerker ausgesetzt wird!* (*Shanghai Jewish Chronicle*, 10.05.1942, S. 4, ohne Paginierung) Etwas abgeschwächt, aber implizit mit einer verzögerten Entwicklung Angst erzeugend, wirbt Yakamoto für sein Yeast-Präparat, das die Entwicklung starker Kinder wie in der Abbildung stützen soll und (49) *unentbehrlich* sei (Abb. 2, S. 87 oben):

Abb. 2: Wakamoto Yeast, *Mitteilungen der Emigranten-Ärzte in Shanghai*, Jg. 1941, Mai-Heft, S. II.

Eine Anzeige für die Twill-Schutzcreme fragt mahnend, potenziell Angst schürend: (50) *Denken Sie auch an die Gesundheit ihrer Kinder?* (*Shanghai Echo*, Jg. 1, Ausg. 228, 18.08.1946, S. 4) In einer anderen Anzeige für Twill wird über die Headline (51) *HITZEPICKEL entstellen Ihr Aussehen* (*Shanghai Echo*, Jg. 1, Ausg. 221, 11.08.1946, S. 9) über die angesprochene Angst, „entstellt" auszusehen, ein Kaufanreiz durchaus kontroverser Art generiert. Die Kosmetikerin Silvia Schäfer entfernt (52) *Schoenheitsfehler / Haare, Leberflecke, etc.* (*Shanghai Jewish Chronicle*, 10.05.1942, S. 7, ohne Paginierung). Ebenfalls kontrovers liest sich das folgende Beispiel (53) *Wollen Sie mit Gewalt Ihre Waesche vernichten?*, in dem für Harry Wachsner's Waschseife geworben wird (*Shanghai Echo*, Jg. 1, Ausg. 193, 14.07.1946, S. 9).

Bei einer kaputten Schreibmaschine solle man nicht weinen wie bildlich und schriftlich dargestellt (vgl. nachstehende Abbildung 3), da ABRA Typewriters diese reparieren können:

Abb. 3: Abra Typewriters, *Jüdisches Nachrichtenblatt*, Jg. 3, Ausgabe 8, 17.04.1942, S. 2.

Der Kürschner Willi Tarnowski mahnt vor dem Winter und seiner Kälte: (54) *Ihre Pelzsachen muessen jetzt repariert, modernisiert u. nachgesehen werden.* (*Shanghai Jewish Chronicle*, 14.09.1941, S. 12). E. Pollak greift ebenfalls den Winter als potenziellen Angstfaktor auf: (55) *Sie kennen keine WINTERSORGEN wenn Sie bereits jetzt ihr BRENNMATERIAL bestellen* (*Jüdisches Nachrichtenblatt*, Jahrgang 5, Ausgabe 26, 31.7/ 2.8.1944, S. 10); und (56) *Ehe der Winter kommt müssen Sie Ihren Bedarf an HEIZMATERIAL aller Art in bester Qualität decken.* (*Jüdisches Nachrichtenblatt*, Jahrgang 5, Ausgabe 35, 08.10.1944, S. 3) Klempnermeister S. Schönfeld mahnt: (57) *DER WINTER NAHT / Bestellen Sie rechtzeitig Ihre OEFEN u. OFENROHRE* (*Jüdisches Nachrichtenblatt*, Jahrgang 6, Ausgabe 47, 09.11.1945, S. 2);[53]; (58) *DER WINTER NAHT* ist ebenfalls Headline bei der Kohlenhof Coal Co. (*Shanghai Echo*, Jg. 1, Ausg. 316, 17.11.1946, S. 2).

Mit implizit angedeuteter Hektik wirbt die New Bakery, die Bestellungen umzuschreiben: (59) *Noch ist es Zeit* (*Jüdisches Nachrichtenblatt*, Jahrgang 4, Ausgabe 19, 21.05.1943, S. 3). Ungeduld vor der Rückkehr oder Weiterreise (vgl. dazu speziell 5.3. unten) fließt in die Anzeigengestaltung des Schuhhauses Paris ein: (60) *Noch immer keine Ausreise / Dennoch sehr billige Preise* (*Shanghai Echo*, Jg. 1, Ausg. 116, 28.04.1946, S. 7).

Mit der Angst vor Diebstahl wirbt die Schlosserei Schönfeld und Siedner: (61) *GESTOHLEN kann Ihnen nichts werden, wenn Sie sich unsere fachmaennisch erprobten Europ. Sicherheitsschloesser Eisenstangen – Vergitterungen anbringen lassen* (*Jüdisches Nachrichtenblatt*, Jahrgang 5, Ausgabe 12, 04.03.1944, S. 6).[54]

Sorgen werden auch zum Anlass genommen, sie in der Werbung zu thematisieren, nicht komplett ohne Humor, und bei Expresso Coffee sogar in Reimform: (62) *Wer Sorgen hat, hat auch Likoer / Lass ab von diesen Braeuchen / Expresso Coffee wird viel mehr / Die Sorgen Dir verscheuchen* (*Shanghai Echo*, Jg. 1, Ausg. 107, 18.04.1946, S. 3). Schon nach Kriegsende wirbt das Kino Doumer Theatre für den Film *Pastor Hall* damit, bis dahin nicht gezeigte Gräueltaten aus Konzentrationslagern zu zeigen: (63) *SEE tortures of the concentration camp never shown before* (*Shanghai Echo*, Jg. 1, Ausg. 169, 20.06.1946, S. 4).[55]

Insgesamt lassen sich die Resultate der Analyse für negative Emotionen wie folgt zusammenfassen: Zunächst wird auf Ekel und Angst der Geflüchteten vor Ungeziefer referiert, dem diverse Kammerjäger beikommen wollen, und zwar mit aus heutiger Sicht und wohl auch im Kontext v. a. jüdischer Personen salienter Hochwertlexik mit Bezug zur Wortfamilie *Gas* wie *Durchgasung, Vergasung, Gaskam-*

---

53 Auch *Jüdisches Nachrichtenblatt*, Jahrgang 6, Ausgabe 49, 16.11.1945, S. 8.
54 Auch *Jüdisches Nachrichtenblatt*, Jahrgang 5, Ausgabe 26, 31.7./2.8.1944, S. 10.
55 Insgesamt ist diese Anzeige fünf Mal im *Shanghai Echo* publiziert.

mer. Ebenso werden klimatische Bedingungen, wie Hitze, aber v. a. der bisweilen personifizierte *Winter* mit seiner (gefühlten) Kälte genannt. Ein Sich-*Schützen* vor verschiedenen Krankheiten wird angemahnt. Einige Male kommt rhetorisch ein Zeitfaktor von Dringlichkeit hinzu. Angst vor Diebstahl, Alkoholismus und Kriegsgräuel wird genutzt.

5.3 Ambivalente Emotionen

Abschließend für die Analysen blicken wir auf die ambivalenten Emotionen. Ein erster Beleg findet sich bei dem Werbe- und Propagandaleiter Fries, der eine auch im Kontext seiner Anzeige nicht klar deutbare Formulierung verwendet: (64) *Sie* [Die Passanten; MSZ] *beachten die – tief bewegt dreinschauenden – Plakate und Speisezettel an den Schaufenstern und Türen nicht* [...] (*SZ am Mittag*, Jg. 1, Nr. 38, 26.11.1939, S. 6). Sind die personifizierten Plakate positiv oder negativ gerührt? Bildlich erhalten wir darauf keinerlei Hinweise, weshalb die Zuordnung zu den ambivalenten Emotionen erfolgt.

Viel deutlicher bildlich wird in den *Medizinischen Monatsheften Shanghai* mit der Not von verschiedenen Bedürftigen geworben, derer man sich mittels Spenden an entsprechende Fonds annehmen soll, und zwar die Milch- (I.C. Milk Fund*)*, Kohlen- und Kleider- (I.C. Coal and Clothes Fund) sowie Schulfonds (I.C. School Fund) der International Community. Zur Bebilderung werden in den englischsprachigen Anzeigen Mitleid weckende Bebilderungen genutzt, und zwar im Falle des Milk Funds (*Medizinische Monatshefte Shanghai*, Heft 3, Dezember 1940, S. ii) eine invertiert, d. h. schwarz, dargestellte überdimensionierte Milchflasche, an deren oberen Rand zwei im Verhältnis sehr kleine Personen (Kinder?) zu gelangen versuchen. Ohne Bilder, dafür mit der Headline (65) *SPENDET DEM MILK-FUND*, wirbt das Internationale Committee im Sassoon House (*Mitteilungen der Emigranten-Ärzte in Shanghai*, Jg. 1940, Oktober-Heft, S. 26, ohne Paginierung). Eine invertierte Darstellung der Personen (auf einem Hocker in der Nähe eines Ofens sitzende Mutter mit zwei Kindern, eines vergräbt das Gesicht im Rock der Mutter, der Faltenwurf des Rocks ist aufgehellt) setzt sich beim Kohlen- und Kleidungsfond fort (*Medizinische Monatshefte Shanghai*, Heft 3, Dezember 1940, S. 57; ohne Paginierung). Auf derselben Seite wie der Kohlen- und Kleidungs- wirbt der Schulfonds, mit zwei hinter einem wiederum überdimensionierten „EXERCISE BOOK" sitzenden, offenbar eifrig lesenden Kindern. Ohne Bilder, dafür mit dem Aufruf (66) *HELFT SAMMELN!* (*Shanghai Jewish Chronicle*, 10.05.1942, S. 6, ohne Paginierung), werden für die Kranken und Emigranten-Hospitäler Spendensammler:innen gesucht. In den *Mitteilungen der Emigranten-Ärzte in Shanghai* wird zwei Mal zu Spenden für den vereinigungseigenen Wohlfahrtsfonds für Kranke und in Not geratene Kollegen und deren Familien aufgerufen (Jg. 2, Heft 8, Mai 1941, S. 32; Jg. 2, Heft 9, Juni 1941, S. 45). Die Beerdigungsbruderschaft Chewra Kadischa ruft eindringlich zu Spenden für die eigenen Mitglieder und darüber hinaus auf: (67) *CHEWRA KADISCHA betreut die Kranken, beduerftigen Glaubensbrueder. HELFET den Notleidenden – den Kranken – den Aermsten! SPENDET* (*Jüdisches Nachrichtenblatt*, Jahrgang 4, Ausgabe 44, 03.12.1943, S. 3). Die Anzeige zum Theaterstück *Alt Eisig wird tänzrig* (*Shanghai Echo*, Jg. 1, Ausg. 127, 09.05.1946, S. 4) enthält die Aufforderung (68) *Lachen Sie sich gesund*, in der impliziert wird, dass viele potenzielle Besucher:innen eben nicht gesund sind – an Körper oder Geist.

Ein weiterer zu verfolgender Aspekt ist die ebenfalls als ambivalent zu bezeichnende Perspektive der Rück- bzw. Weiterwanderung (wobei die Rückwanderung nach Ende des Zweiten Weltkriegs zumeist als eher positiv aufgefasst werden könnte, wenn man annimmt, dass die Heimat sich nicht verändert habe, was aber sicher nicht immer der Fall war). Diese Perspektive dürfte von vielen Betroffenen mit gemischten Gefühlen verbunden gewesen sein. Teils mit dem Ziel der alten Heimat, teils mit ungewisser Destination ist eine Gruppe von Aufbruchwilligen mindestens vage definiert. Zumindest aber so konkret, dass sich dies in den untersuchten Werbeanzeigen im *Shanghai Echo* niederschlägt, die allesamt aus dem Jahr 1946, also der Zeit nach Ende des Zweiten Weltkriegs, stammen. Der Zollspediteur East-Express spricht den erwähnten Personenkreis mittels spezieller Wortprägung direkt an: (69) *Weiterwanderer!* (*Shanghai Echo*, Jg. 1, Ausg. 116, 28.04.1946, S. 7).[56] Es werden Koffer (70) *[z]ur Weiterwanderung* angeboten (*Shanghai Echo*, Jg. 1, Ausg. 235, 25.08.1946, S. 9; ebenso Ausg. 242, 01.09.1946, S. 9); (71) *ZUR RUECK- UND WEITERWANDERUNG IST ES JETZT HOECHSTE ZEIT, sich Ihre Koffer reparieren zu lassen und fehlende Koffer zuzukaufen* (*Shanghai Echo*, Jg. 1, Ausg. 350, 12.12.1946, S. 2; auch Ausg. 353, 25.12.1946, S. 3)). Womit könnten die Koffer gefüllt sein? Der Arabia Coffee Store gibt Antwort: (72) *Rueckwanderer vergesst nicht mitzunehmen gruenen Kaffee* [sic], *Tee, Kakao* (*Shanghai Echo*, Jg. 1, Ausg. 350, 12.12.1946, S. 2) sowie (73) *Amerikanische SACHARINTABLETTEN* (*Shanghai Echo*, Jg. 1, Ausg. 353, 25.12.1946, S. 3). Ellinor Knitting Fashions macht mit (74) *Achtung Rueckwanderer* auf ein Kontingent Damen-Strickjacken aufmerksam (*Shanghai Echo*, Jg. 1, Ausg. 353, 25.12.1946, S. 4). Kuttner & Zinner bieten (75) *Fuer Rueck- u. Weiterwanderer* verschiedene Qualitätswaren an (*Shanghai Echo*, Jg. 1, Ausg. 353, 25.12.1946, S. 8). East-Express spricht (76) *Weiter- und Rueckwanderer* an, die ihre Habseligkeiten versichert, verpackt, eingelagert und transportiert haben wollen (*Shanghai Echo*, Jg. 1, Ausg. 350, 12.12.1946, S. 7). An (77) *OESTERREICHISCHE RUECKWANDERER* wen-

---

56 Insgesamt findet sich diese Anzeige noch fünf Mal im *Shanghai Echo*.

det sich die Firma Engel und Weiss, die Lord-Rasierseife vertreibt (*Shanghai Echo*, Jg. 1, Ausg. 353, 25.12.1946, S. 3).

Abschließend auch hier eine kurze Zusammenfassung der Eindrücke der Analyse der adressierten ambivalenten Emotionen: Hierbei spielen vor allem die Hilfsbestrebungen für Bedürftige eine Rolle, sowie der auch fachsprachlich besondere Kontext der *Weiter- und Rückwanderer*.

6 Zusammenfassung und Ausblick

Im vorliegenden Beitrag wurde versucht, über die Analyse von Werbekommunikation aus dem deutschsprachigen Shanghaier Exil der 1930er und 1940er Jahre Erkenntnisse zu Emotionen zu gewinnen. Diese Emotionen bewegten die Geflüchteten soweit, dass sie Teil des werbesprachlichen Alltags in den Periodika der Zeit wurden und aus heutiger Sicht in digitaler Form zugänglich sind. Im Kontext von Shanghai sind als ermittelte wesentliche Emotionen die folgenden festzuhalten: Positiv kann neben der Ansprache von Zusammengehörigkeitsgefühl der in vielfältiger Weise angesprochene *Spannung* vemittelnde Kontext von Kino- und Theaterveranstaltungen genannt werden. Bei Werbung für Gaststätten geht es um ein Sich-Wohlfühlen, dies zeigt sich über Attribute wie *angenehm, entzückend, behaglich* und auch *kühl*. Bei den negativen zur Werbung genutzten Emotionen werden Ekel und Angst vor Ungeziefer adressiert, dazu wird Hochwertlexik mit Bezug zur Wortfamilie *Gas* wie *Durchgasung, Vergasung, Gaskammer* genutzt; aus unserer heutigen Perspektive, in der eine sprachkritische Einschränkung bzw. Meidung dieser Verwendungen wirkt dies ungewöhnlich (ggf. könnte ein eingeschränktes zeitgenössisches Wissen um die NS-Vernichtungslager angenommen werden; gegen diese These spricht aber z. B. die oben thematisierte Zusammenkunft der „Buchenwälder"). Ebenso werden klimatische Bedingungen, wie Hitze, aber v. a. der *Winter* eingebunden. *Schutze* vor Krankheiten wird angemahnt; Ängste vor Diebstahl, Alkoholismus und Kriegsgräuel werden ebenfalls benutzt. Im Bereich der ambivalenten festgestellten Emotionen geht es einerseits um den Kontext Bedürftiger, andererseits nach Ende des Zweiten Weltkriegs um die *Rück-* bzw. *Weiterwanderer*. Weitergehende Analysen könnten auch mögliche Dis-(Kontinuitäten) zur (Wiener) Vorkriegszeit thematisieren.

Literatur

Berna, Yves: Politische Aspekte der Flucht europäischer Juden nach China während des Zweiten Weltkriegs. Frankfurt, New York 2011.
Bock, Bettina: Politische Werbung in nicht-demokratischen Systemen am Beispiel der DDR. In: Nina Janich, Steffen Pappert, Kersten Sven Roth (Hg.): Handbuch Werberhetorik. Berlin, Boston 2023, S. 25–56.
Debus, Günter: Gefühle. In: Theo Herrmann et al. (Hg.): Handbuch psychologischer Grundbegriffe. München 1977, S. 156–168.
Dorsch, Friedrich: Psychologisches Wörterbuch. Bern ^{15}2009.
Girnth, Heiko: Wahlprogramme und Wahlkampfreden. In: Nina Janich, Steffen Pappert, Kersten Sven Roth (Hg.): Handbuch Werberhetorik. Berlin, Boston 2023, S. 439–460.
Heil, Johannes: Die Rhetorik der Werbung im Sport. In: Nina Janich, Steffen Pappert, Kersten Sven Roth (Hg.): Handbuch Werberhetorik. Berlin, Boston 2023, S. 583–602.
Hochstadt, Steve: Shanghai Geschichten. Teetz 2007.
Hochstadt, Steve: Exodus to Shanghai. New York 2012.
Janich, Nina: Werbesprache. Ein Arbeitsbuch. Tübingen ^{5}2010.
Janich, Nina, Steffen Pappert, Kersten Sven Roth (Hg.): Handbuch Werberhetorik. Berlin, Boston 2023.
Janoschka, Anja, Matthias Albisser: Rhetorik von Online-Kurzformen. In: Nina Janich, Steffen Pappert, Kersten Sven Roth (Hg.): Handbuch Werberhetorik. Berlin, Boston 2023, S. 375–396.
Lobin, Antje: Rhetorik der Markenzeichen und Markennamen. In: Nina Janich, Steffen Pappert, Kersten Sven Roth (Hg.): Handbuch Werberhetorik. Berlin, Boston 2023, S. 397–412.
Michel, Sascha: Kampagnenrhetorik. In: Nina Janich, Steffen Pappert, Kersten Sven Roth (Hg.): Handbuch Werberhetorik. Berlin, Boston 2023, S. 461–482.
Pan, Guang: A Study of Jewish Refugees in China (1933–1945). Singapore 2019.
Pscheiden, Daniela, Danielle Spera (Hg.): Die Wiener in China: Fluchtpunkt Shanghai: Little Vienna in Shanghai. Wien 2020.
Römer, Ruth: Die Sprache der Anzeigenwerbung. Düsseldorf ^{6}1980.
Schwarz-Friesel, Monika: Sprache, Kognition und Emotion. Neue Wege in der Kognitionswissenschaft. In: Heidrun Kämper, Ludwig M. Eichinger (Hg.): Sprache – Kognition – Kultur. Berlin, New York 2008, S. 277–301.
Schwarz-Friesel, Monika: Sprache und Emotion. Tübingen ^{2}2013.
Szurawitzki, Michael: Deutsch in Shanghai gestern und heute. In: Zielsprache Deutsch 44.2, 2017, S. 3–17.
Szurawitzki, Michael: Umworbene Flüchtlinge – Eine linguistische Analyse von Werbesprache im Shanghaier Exilperiodikum Gelbe Post. In: Csaba Földes (Hg.): Kontaktvarietäten des Deutschen im Ausland. Tübingen 2021, S. 495–507.
Szurawitzki, Michael: Perspektiven auf die Erforschung von Werbesprache von und für Flüchtlinge in deutschsprachigen Periodika aus dem Shanghai der 1930er und 1940er Jahre. Mit exemplarischen Analysen zum Sprachkontakt Deutsch-Hebräisch. In: Glottotheory. International Journal of Theoretical Linguistics 14.2, 2023, S. 201–227.

Wei, Liu: Die Wahrnehmung jüdischen Exils in Shanghai – von der Erinnerung der Anderen zum eigenen Kulturgedächtnis. In: Ralf Glitza, Michael Schüller, Thomas Willems (Hg.): China durchDenken. Bochum, Freiburg 2022, S. 101–116.
Wei, Zhuang: Die Erinnerungskulturen des jüdischen Exils in Shanghai (1933–1950. Berlin 2015.
Weidacher, Georg: Politische Online-Werbung. In: Nina Janich, Steffen Pappert, Kersten Sven Roth (Hg.): Handbuch Werberhetorik. Berlin, Boston 2023, S. 503–522.
Wyss, Eva L.: Rhetorik der Fernsehwerbung und audiovisueller Werbeformen. In: Nina Janich, Steffen Pappert, Kersten Sven Roth (Hg.): Handbuch Werberhetorik. Berlin, Boston 2023, S. 305–328.

II Emotionen in autobiografischen und literarischen Texten zum NS-Exil

Nicolas Paulus
„Ich will nicht mehr lügen." Klaus Manns *Der Wendepunkt* zwischen Bekenntnisdrang und Vermeidung von Emotionalität

Klaus Manns Autobiografie *Der Wendepunkt*, das letzte umfangreichere Werk, welches der Dichter vor seinem Suizid im Mai 1949 vollendete, weist die für autobiografisches Schreiben nicht untypische Spannung auf, einerseits die bilanzierende, quasi-dokumentarische Darstellung eines Zeitabschnitts mitsamt seinen *allgemeinen* sozialen, kulturellen und politischen Entwicklungen zu verfolgen, und andererseits in hoher Intimität die Konstitution einer *partikularen* Subjektivität nachzuvollziehen. Die Schwierigkeit, diese beiden Perspektiven zu vermitteln, prägt den *Wendepunkt* über weite Teile und betrifft dabei auch und besonders den Umgang des Autors mit den eigenen Emotionen, ihrer literarischen Vermittlung und zeithistorischen Situierung. Sind nämlich die Teile über Kindheit und Jugend noch von einer großen Lust an der Erinnerung und am Erzählen inneren Erlebens geprägt, stellen sich die Passagen über die Weimarer Republik schon weniger persönlich dar, und die Kapitel über die Exiljahre weisen schließlich eine merkliche Abwesenheit von Aussagen über Manns eigene Gefühlswelt auf. Der Fokus verschiebt sich über den Verlauf des *Wendepunkts* zunehmend auf Beschreibungen (tages-)politischen Geschehens, auf Charakterskizzen von Manns Freund:innen und Bekannten sowie auf Reflexionen über NS-Deutschland, die USA, die Sowjetunion und eine mögliche globale Neuordnung nach Ende des Krieges, während der Verfasser und Protagonist der Autobiografie, seine Persönlichkeit und seine Empfindungen mehr und mehr in den Hintergrund rücken. Dieser Beitrag widmet sich insbesondere den Leerstellen des *Wendepunkts* und wird erörtern, weshalb Mann gewisse Seiten seines Lebens ausspart und welche Erzählstrategien er mit Blick auf äußerliche und innerliche Aspekte seiner Biografie mobilisiert.

Bevor in diesem Beitrag Manns Verhältnis zum eigenen Gefühlspektrum in seiner Behandlung der eigenen Kindheit (1), der Jugend (2) und des Exils (3) analysiert wird, sei aber zunächst noch die bewegte Vor- und Publikationsgeschichte von Manns *Lebensbericht* – so der von Erika Mann nach dem Tod ihres Bruders hinzugefügte Untertitel – skizziert. Dem *Wendepunkt* vorausgegangen war eine englischsprachige Fassung, die unter dem Titel *The Turning Point: Thirty-Five Years in this Century* bereits 1942 bei L. B. Fischer in New York erschien. Die Abfassung von *The Turning Point* folgte zwar auf die für Mann schwer enttäuschenden Einstellungen seiner Zeitschriftenprojekte *Die Sammlung* und *Decision*, welche ihn auch finanziell in tiefe Nöte stürzten, sowie auf eine öffentlich in der Exilpresse erhobene Anschuldigung als Sowjet-Agent,[1] fiel aber noch in eine Phase relativ hoher literarischer Produktivität und konnte innerhalb von wenig mehr als drei Monaten abgeschlossen werden[2] – und dies, obwohl es das erste ausschließlich auf Englisch verfasste Werk Klaus Manns darstellt.

Die amerikanische Autobiografie steuert auf Manns Entscheidung zum Eintritt in die US-Army im Jahr 1942 zu, die als der titelgebende *turning point* im Leben des Dichters inszeniert wird und mit welcher zugleich die Erwartung eines neuen Lebensabschnitts jenseits von Nationalitäten und der als bedrückend empfundenen Polarität von Heimat und Exil verbunden ist:

> You can't go home again nor can you find a new home. The world will be your home, or you will be homeless, disconnected, doomed. The world will be your home: if there is a world. The issue, therefore, is not exile or return. The issue is whether there will be a world for people like us to live in, to work for.[3]

Nach der Veröffentlichung erhielt *The Turning Point* zwar ganz überwiegend positive Besprechungen; eine breitere Leser:innenschaft und einen entsprechenden Verkaufserfolg erreichte die Autobiografie des Schriftstellers, der in den USA weiterhin in erster Linie als Sohn des Literaturnobelpreisträgers Thomas Mann bekannt war, allerdings nicht.[4]

Erst 1946 kam es von verlegerischer Seite zu konkreteren Bemühungen um eine deutsche Übersetzung, die zunächst von Monika Mann besorgt werden sollte, deren Rohübersetzung Klaus Mann schließlich aber weitestgehend verwarf, als er sich selbst dem Projekt zuwandte. Von Depressionen und Schreibhemmungen geplagt, benötigte er rund 16 Monate, um *Der Wendepunkt* zu verfassen,[5] wobei ein genuin eigenständiges Werk entstand, welches sich von *The Turning Point* in Teilen deutlich unterscheidet, wie auch Mann selbst in seiner Nachbemerkung betont:

> Es wäre falsch, den Zusammenhang zwischen den beiden Büchern, „The Turning Point" und „Der Wendepunkt", leugnen zu wollen; aber es wäre ebenso unrichtig, oder sogar noch irrtümlicher, die deutsche Version als eine „Übersetzung aus dem Amerikanischen" zu präsentieren. Denn es verhält sich nicht etwa so, daß ich meinen englischen Text ein-

---

[1] Vgl. Uwe Naumann: Klaus Mann mit Selbstzeugnissen und Bilddokumenten. Reinbek bei Hamburg 2006, S. 122–127.
[2] Vgl. Fredric Kroll und Klaus Täubert: Der Tod in Cannes. 1943–1949. Klaus-Mann-Schriftenreihe Band 6. Wiesbaden 1996, S. 302.
[3] Klaus Mann: The Turning Point. Thirty-Five Years in this Century [1942]. New York 1984, S. 357.
[4] Vgl. Fredric Kroll: Trauma Amerika. 1937–1942. Klaus-Mann-Schriftenreihe Band 5. Wiesbaden 1986, S. 390–392.
[5] Vgl. Kroll und Täubert: Der Tod in Cannes. S. 302.

fach ins Deutsche übertragen hätte; vielmehr habe ich ein neues deutsches Buch geschrieben, wobei ich einiges Material aus der ursprünglichen amerikanischen Fassung verwenden konnte.[6]

Der Wendepunkt wurde besonders in den späteren Teilen beträchtlich erweitert und um ein Schlusskapitel ergänzt, welches den Zeitraum von 1942 bis zu Manns Entlassung aus der U. S. Army 1945 behandelt, sodass der Umfang der deutschen Fassung jenen von *The Turning Point* bei Weitem übersteigt. Nach Klaus Manns Tod 1949 dauerte es noch einmal drei Jahre und erforderte das Drängen seines Vaters beim Verleger Gottfried Bermann Fischer, bis *Der Wendpunkt* schließlich im Druck erscheinen konnte, allerdings in einer durch den Verlagslektor Rudolf Hirsch und Erika Mann zensierten Form. Erst seit 2006 liegt eine Ausgabe vor, welche neben Entwürfen und Varianten auch die gestrichenen Passagen umfasst und so der von Klaus Mann intendierten Fassung entspricht.

Vor dem Hintergrund der zeitlichen Ausweitung bis über das Kriegsende hinaus ändert sich im *Wendepunkt* nicht zuletzt die Bedeutung des Titels. Dieser bezieht sich nun nicht mehr auf Manns individuelles Schicksal und seinen Eintritt in die Armee, sondern auf die globalpolitische Situation nach dem Untergang des NS-Regimes und die damit verbundene Chance auf einen Neuanfang:

> Am Wendepunkt bedarf es der Orientierung; ein klarer Kurs tut not. Was wollen wir, die geeinte Welt oder die zerstörte? Sollen in zehn Jahren alle Städte so aussehen, wie jetzt Berlin und München, oder besteht die Absicht, Berlin und München wiederaufzubauen als friedliche Zentren eines endlich befriedeten Reiches? Die Absicht entscheidet, besonders die Absichten der Russen und Amerikaner; aber auch Deutschland zählt, wenngleich zunächst nur als passiver Faktor im großen Spiel.[7]

Die in den Schlusskapiteln wahrnehmbare Bevorzugung übergeordneter (global-)politischer Reflexionen und die Vermeidung der persönlichen Perspektivierung steht in deutlichem Kontrast zum Beginn der Autobiografie, der von Manns Kindheit und Jugend erzählt.

---

6 Klaus Mann: Der Wendepunkt. Ein Lebensbericht [1952]. Erweiterte Neuausgabe. Mit Textvarianten und Entwürfen im Anhang hg. und mit einem Nachwort v. Fredric Kroll. Reinbek bei Hamburg 2006, S. 697.
7 Mann: Der Wendepunkt, S. 694.

1 Die Leichtigkeit der Kindheit

Mit einer Übersicht über seine Familiengeschichte, die erwartungsgemäß besonders die Brüder Heinrich und Thomas Mann, ihre Eigenheiten und Differenzen, fokussiert, eröffnet Klaus Mann den *Wendepunkt*, bevor er nach diesem Prolog rasch zu einigen ersten grundlegenden Überlegungen zum Wesen der Erinnerung vordringt:

> Es ist kein Verlaß auf die Erinnerung, und dennoch gibt es keine Wirklichkeit außer der, die wir im Gedächtnis tragen. Jeder Augenblick, den wir durchleben, verdankt dem vorangegangenen seinen Sinn. Gegenwart und Zukunft würden wesenlos, wenn die Spur des Vergangenen aus unserem Bewußtsein gelöscht wäre. Zwischen uns und dem Nichts steht unser Erinnerungsvermögen, ein allerdings etwas problematisches und fragiles Bollwerk. An was erinnern wir uns? An wieviel? Nach welchen Prinzipien bewahrt unser Geist die Spuren gewisser Eindrücke, während wir andere in den Abgrund des Unbewußten versinken lassen? Gibt es irgendeine Identität oder authentische Verwandtschaft zwischen meinem gegenwärtigen Ich und dem Knaben, dessen Lockenkopf ich von vergilbten Photographien kenne?[8]

Mann gibt sich damit als reflektierter Autobiograf zu erkennen. Das Verhältnis von Gegenwart und Vergangenheit wird von ihm an verschiedenen Stellen thematisiert, ebenso problematisiert er wiederholt das Unterfangen, sich als erwachsener Mensch in das Dasein als Kind und Jugendlicher zurückzuversetzen. Rhetorische Fragen, wie sie auch in dem obigen Zitat auftauchen, durchziehen das erste Kapitel „Mythen der Kindheit" und zeugen von dem Interesse Manns an Erinnerungsprozessen und Phänomenen der Einfühlung und Vergegenwärtigung: „An was also erinnere ich mich? Wer ist der Knabe, den ich im Dämmerlicht jenes Salons wiedererkenne?"[9] An anderer Stelle heißt es: „Ich schreibe diese traditionellen Formeln hin: ‚Vater', ‚Mutter', ‚väterliche Autorität' – und finde sie ungenau, beinah irreführend. Was haben diese Clichés mit einer Wirklichkeit zu tun, die sich aus tausend einmaligen, unwiederholbaren Nuancen zusammensetzt?"[10]

Nach Philippe Lejeune gehört zu den gattungskonstitutiven Eigenschaften der Autobiografie, dass diese sich als *„referentielle[r]* Text"[11] entwirft und damit prinzipiell einer *„Wahrheitsprobe"*[12] unterliegt. Als eine Form des „Referenzpakt[s]"[13] schwört der autobiografische Pakt den:die Leser:in darauf ein, dass der:die Autor:in

---

8 Mann: Der Wendepunkt, S. 25.
9 Mann: Der Wendepunkt, S. 26.
10 Mann: Der Wendepunkt, S. 32–33.
11 Philippe Lejeune: Der autobiographische Pakt. Übers. v. Wolfram Bayer und Dieter Hornig. Frankfurt am Main 1994, S. 39 [Hervorhebung i. O.].
12 Lejeune: Der autobiographische Pakt, S. 39 [Hervorhebung i. O.].
13 Lejeune: Der autobiographische Pakt, S. 40.

ein möglichst wahrheitsgetreues Bild seines:ihres Lebens zeichnet. Manns vielfach unternommenen Reflexionsanstrengungen signalisieren zwar, dass er das autobiografische Schreibprojekt nicht naiv anging und sich der Schwierigkeiten, zum Teil Jahrzehnte zurückliegende Ereignisse und Erinnerungen narrativ zu vermitteln, ohne sie durch fiktionale Elemente anzureichern und zu entstellen, durchaus bewusst war, zumal er sich für die Kindheitsjahre noch nicht auf eigene Tagebücher oder Briefe stützen konnte. Seine Darstellung der wohlbehüteten Münchener Kindheit bedient sich dann allerdings doch in hohem Maße literarischer Gestaltungsmittel und entwirft so ein sinnliches und eindrückliches Portrait seines kindlichen Daseins. Von besonderer Bedeutung ist in diesem Kontext die häufige Verwendung von wörtlicher Rede im szenischen Erzählen, da hierdurch der Eindruck eines unmittelbaren Zugangs zu den Erlebnissen der Kindheitsjahre erweckt wird und suggeriert wird, der:die Leser:in bekäme unverfälschte Einblicke in das frühe Zusammenleben der Familie Mann. Liegen den Passagen direkter Rede keine schriftlichen Quellen zugrunde, was für die frühen Kapitel angenommen wird, müssen diese als weitgehend fiktional betrachtet werden, da eine derart genaue Erinnerung über einen solch langen Zeitraum höchst unwahrscheinlich erscheint.[14]

Die hohe literarische Qualität gerade der Eingangskapitel über Kindheit und Jugend und Manns „ungewöhnliche Kraft der Vergegenwärtigung"[15] mit Blick auf die Kindheitserinnerungen ist in der Forschung vielfach festgestellt worden. Für Walter Jens etwa ist „die Schilderung von Kindheit und Jugend [...] nicht nur die poetische Glanz-Partie dieses Buches, sondern, die Behauptung sei gewagt, eine der im Tenor und Stil überzeugendsten Beschreibungen jenes frühen, fern-nahen Damals ist, die es in der Weltliteratur gibt."[16] Diese Beschreibung vollzieht der Dichter dabei unter einem spezifischen Blickwinkel. Der Titel des Kapitels, „Mythen der Kindheit", eröffnet nämlich bereits, dass Klaus Mann in seiner Darstellung vom Weltzugang des Kindes besonders auf irrationale und emotionale Momente abheben wird. Im klassischen Denkmuster einer Parallelisierung von Onto- und Phylogenese führt er seine Überlegungen dazu in einer längeren Passage aus:

---

14 Vgl. Susanne Utsch: Fiktionalisierte Vita. Das autobiographische Gedächtnis Klaus Manns in The Turning Point (1942) und Der Wendepunkt (1949). In: Wiebke Amthor und Irmela von der Lühe (Hg.): Auf der Suche nach einem Weg. Neue Forschungen zu Leben und Werk Klaus Manns. Frankfurt am Main 2008, S. 61–79. Hier: S. 67–69.
15 Friedrich Albrecht: Klaus Mann der Mittler. Studien aus vier Jahrzehnten. Bern u. a. 2009, S. 57.
16 Walter Jens: Klaus Manns „Der Wendepunkt". In: Walter Jens und Hans Tiersch (Hg.): Deutsche Lebensläufe in Autobiographien und Briefen. München, Weinheim 1987, S. 233–250. Hier: S. 235.

> Das Kind ist dem primitiven Menschen verwandt – unschuldig und gierig, ohne Arglist und ohne Gnade, unwissend und schöpferisch. Wie der Mensch der frühlingshaften Urzeit, so wertet und ordnet das Kind alle Phänomene neu, gleichsam zum ersten Male. Naiv und realistisch, immer nur am Nahen und Faßbaren interessiert, errichtet es seine eigene Hierarchie und schafft sich seine Mythen aus dem, was es sieht, hört, schmeckt, berührt. Nichts existiert außerhalb der Sphäre seiner direkten Interessen und unmittelbaren Wahrnehmungen. Wie könnte es an der absoluten Gültigkeit seiner individuellen Erfahrungen zweifeln? Der kindliche Geist vergleicht nicht, sondern nimmt jedes Ding und jedes Ereignis als etwas Einmaliges, Erstmaliges, Absolutes. Ein Regentag, eine Reise, die physischen Sensationen von Kälte, Hunger, Fieber, Zahnweh oder Müdigkeit; die Wirkung von Melodien oder Liebkosungen – die ganze Skala unseres emotionellen und somatischen Erlebens ist mit Erinnerung belastet.[17]

Nach Mann zeichnet sich das Kind durch, im Vergleich zum erwachsenen Menschen, stärker erlebte Affekte, eine intensivere Körperlichkeit und einen insgesamt weniger rationalen und eher emotionalen Realitätsbezug aus. Und ganz dieser Einschätzung entsprechend, legt der Dichter in der Darstellung seiner eigenen Kindheitserinnerung einen besonderen Fokus auf seine Gefühlswelt sowie den emotionalen Zugang zu seiner Familie und dem weiteren Umfeld.

Dabei dominieren positive Emotionen; die Kindheit erscheint Mann als „eine glänzende Reihenfolge heiterer Zeremonien und zeremonieller Freuden"[18] und geradezu überschwänglich erzählt er von Besuchen bei den Großeltern, den Weihnachts- und Osterfesten mit ihren Festmählern, von Urlauben und ersten Naturerlebnissen, aber auch von den alltäglichen Freuden beim Abendessen in familiärer Runde oder beim Spielen in der Nachbarschaft und mit den Bediensteten. Teilweise findet in diesen Passagen die zweite Person Singular Verwendung, wenn Mann sich selbst als Kind direkt adressiert, häufig kommt es zum Tempuswechsel ins Präsens, wodurch Unmittelbarkeit und Immersion produziert werden, und zuweilen schildert der Dichter in einem bildhaften, geradezu impressionistischen Stil aus der Perspektive des Kindes: „‚Vater' ... : das ist die kitzelnde Berührung eines Schnurrbarts; der Duft von Zigaretten, Eau de Cologne und frischer Wäsche; ein sinnendes, zerstreutes Lächeln, ein trockenes Räuspern, ein zugleich abwesender und durchdringender Blick."[19] Es zeigt sich hier eine Lust am Erzählen, auch und besonders am Erzählen von Innerlichkeit und dem persönlichen Empfinden. Von negativen Emotionen wird zwar weniger berichtet, doch bietet Mann auch Einblick in die Ängste und Sorgen, die seine Kindheit begleiteten, etwa

---

17 Mann: Der Wendepunkt, S. 30.
18 Mann: Der Wendepunkt, S. 46.
19 Mann: Der Wendepunkt, S. 33.

wenn er anschaulich von seinen Gefühlen angesichts eines wiederkehrenden Alptraums berichtet, der ihn ab dem Alter von fünf Jahren heimsuchte:

> Wie ich ihn verabscheute, den blassen Herrn, der fast jede Nacht meinen Frieden zu stören kam. Manchmal trug er seinen Kopf unter dem Arm, als wäre es ein Blumentopf oder Zylinder. Mir brach der Angstschweiß aus angesichts dieser weißen Fratze, die in so ungewöhnlicher Position freundlich nickte und grinste. Mein Grauen erreichte schließlich einen solchen Grad, daß ich es nicht mehr für mich behalten konnte.[20]

In „Mythen der Kindheit", dem Kapitel, welches die größte zeitliche Distanz zur Schreibgegenwart des Autobiografen aufweist, besteht ein scheinbar unverstellter Zugang zum gesamten Gefühlsspektrum, das sowohl im Kontext der Individuation des autobiografischen Subjekts reflektiert und analysiert als auch durch gekonnten Einsatz von Rhetorik literarisch inszeniert wird.

2 Unzuverlässige Emotionen

Die Jugendjahre Klaus Manns verlaufen vor dem Hintergrund des nach dem Ende des Ersten Weltkriegs wiedererstarkenden Militarismus und des Aufkommens des Faschismus, erscheinen für ihn persönlich aber mehr noch geprägt durch Schulwechsel, den sich intensivierenden Kontakt mit Literatur und Philosophie sowie erste eigene schriftstellerische Versuche. Tagebuchaufzeichnungen, die bis 1918 zurückreichen, dienen Mann als Basis seiner Erinnerungen und ermöglichen ihm Zugriff auf die dort manifestierten Ansichten, Gedanken und Gefühle, wobei er sich zuweilen über den pubertär gefärbten Gestus der Diarien lustig macht. So bemerkt der Dichter etwa mit Blick auf eine Eintragung, die sich auf die Ermordung Kurt Eisners, erster Ministerpräsident des Freistaats Bayern, im Februar 1919 bezieht, die in unmittelbarer Nähe von Manns Schule erfolgte:

> Meine Tagebuchnotizen, diesen Vorfall betreffend, zeichnen sich durch ein etwas unbeholfenes Pathos aus. Es heißt da, daß ich um den Ermordeten ‚bittere Tränen' vergossen hätte, eine Behauptung, die etwas übertrieben gewesen sein mag, aber kaum so völlig aus der Luft gegriffen, wie die Meinen vermuteten.[21]

Die politischen Entwicklungen beschäftigen also schon den jungen Klaus Mann, allerdings noch primär dort, wo er direkte Bezugspunkte zu seinem Leben finden kann.

---

20 Mann: Der Wendepunkt, S. 28.
21 Mann: Der Wendepunkt, S. 88.

Als einschneidende und prägende Erfahrung präsentiert die Autobiografie Prügelstrafen, die Mitschüler:innen von Mann zu ertragen hatten, und welche auf den Dichter großen Eindruck machten: „Mein Herz stockte bei jedem niedersausenden Schlag, mein Unbehagen, ja mein Grauen wuchs mit jedem Schrei, den der Gequälte hören ließ. Wie gerne hätte ich die erniedrigende Strafe einmal selbst erduldet, anstatt immer nur die Leiden der anderen in meiner Einbildung mitzumachen!"[22] Hier zeigt sich erstmals ein Emotionskomplex, der in Manns Lebensbeschreibung immer wieder auftauchen wird und der für seine Subjektkonstitution als eminent bedeutsam erscheint: das Gefühl, ausgeschlossen zu sein, nicht dazuzugehören und nicht an einer Gemeinschaft teilhaben zu können. Der Ausschluss von den gewaltsamen Bestrafungen produziert an dieser Stelle nicht, wie zu erwarten wäre, ein Gefühl der Erleichterung, sondern wird als Isolierung und als Verdammung zur Unfähigkeit wahrgenommen. Mann wähnt sich als „Unberührbarer" und schließt: „[S]elbst wenn die Strafe wirklich so schmerzhaft war, wie es den Anschein hatte – das Zuschauen war schlimmer."[23] Die Episode wird so zu einer frühen Erfahrung des Mangels an jenem „lebenslang gesuchte[n] Gemeinschaftsgefühl",[24] welches Mann besonders in den Exiljahren noch zu schaffen machen sollte. Allerdings zeigt sich hier auch eine Problematik autobiografischen Erzählens, die Ingrid Aichinger im Rückgriff auf Wayne Shumaker als „teleologische Tendenz" der Gattung bezeichnet hat:

> In der Rückschau hebt sich aus dem heterogenen Geflecht der Unsicherheiten, Verwirrungen, Vieldeutigkeiten, der Ungewißheit des Damals jene Linie heraus, die bis zur heutigen Entwicklungsstufe führt. [...] [D]er Autor sucht in Ereignissen und Erlebnissen einen Sinn zu finden, in ihrem Ablauf eine Zielgerichtetheit zu erkennen.[25]

Nach den Erfahrungen von Exil, Weltkrieg und ersten Reisen durch Nachkriegsdeutschland betont der Dichter aus der Schreibgegenwart des Jahres 1947 in der literarischen Darstellung der von ihm beobachteten Prügelstrafen besonders das Gefühl der Vereinsamung – ob dies tatsächlich dem damaligen Empfinden des Schülers Klaus Mann entspricht, muss aber offenbleiben.

Neben den Erlebnissen in der Schule, in der Familie und im Freundeskreis scheint für die Jugend Manns besonders die sich intensivierende Auseinanderset-

---

22 Mann: Der Wendepunkt, S. 71.
23 Mann: Der Wendepunkt, S. 71.
24 Susanne M. Klöss: Die „Zeit"-Problematik in der deutschsprachigen Schriftsteller-Autobiographie des 20. Jahrhunderts unter spezieller Berücksichtigung von Klaus Mann. Augsburg 1989, S. 37.
25 Ingrid Aichinger: Probleme der Autobiographie als Sprachkunstwerk [1970]. In: Günter Niggl (Hg.): Die Autobiographie. Zu Form und Geschichte einer literarischen Gattung. Darmstadt 1998, S. 170–199. Hier: S. 181.

zung mit Philosophie und Literatur prägend gewesen zu sein. Er berichtet ausführlich von seinen frühen Lektüreerfahrungen und konstruiert dabei einen Kanon, der sich in erster Linie aus Autoren der Romantik und des Fin de Siècle zusammensetzt. Mann stellt unter anderem die Werke Rimbauds, Georges, Nietzsches, Heines, Novalis', Wildes, Whitmans und Rilkes in ihrer Relevanz für seine Ich-Werdung dar und betont dabei immer wieder den emotionalen Zugang, der seine jugendlichen Annäherungen an die Weltliteratur bestimmt hatte. Auffallend ist hierbei, dass sich der Dichter damit von den literarischen Vorbildern seines Vaters weitestgehend absetzt, wie etwa in Bezug auf Goethe, den er als „zu entrückt, zu marmorn, zu olympisch"[26] charakterisiert. Thomas Mann hat diese Differenz bei seiner Lektüre des *Wendepunkts* selbst registriert und die Abwesenheit einer eher didaktisch-erbaulichen Rezeptionshaltung in einer Tagebuchaufzeichnung vom 27. Mai 1952 sogar als eines der wesentlichen Merkmale der „kranke[n] Literaten-Existenz"[27] seines Sohnes beschrieben. Dieser sei angezogen gewesen „von allem Faulen, was schon recht wäre, wenn es dabei auch einen Sinn für das Gesunde, Lebensgesegnete, Heilvolle gäbe. Wo ist ein Interesse an Goethe, Tolstoi, kurz an der Kraft und irgendwelche Erquickung durch sie?"[28]

Wie man zu dem Eintrag und zu Thomas Manns Äußerungen über seinen Sohn nach dessen Selbstmord grundsätzlich stehen mag, auch Klaus Mann selbst hinterfragt im *Wendepunkt* aus der Perspektive von 1946/47 seinen jugendlichen „Olymp [...] von Kranken und Sündern"[29] und die zugrundeliegenden ästhetischen Präferenzen, wobei er allerdings weniger den Mangel an einem wie auch immer gearteten Kraft-Begriff als problematisch ansieht, sondern vielmehr den Zeitgeist mit seiner Überhöhung von Körperlichkeit und Irrationalität kritisch zu erfassen sucht. Denn in Manns Autobiografie läuft latent immer auch die Selbstbefragung nach einer möglichen Mitschuld am Aufstieg des Faschismus mit, worauf später im Kontext des im *Wendepunkt* geführten Bekenntnisdiskurses noch zurückzukommen sein wird. Mit Blick auf das aufkommende Interesse an Philosophie und Literatur während seiner Jugendjahre bedeutet dies zunächst, dass Mann reflektiert, wie es in den Künsten zu einer ästhetischen Vorbereitung des Nationalsozialismus kommen konnte und ob diese Tendenz schon früher hätte erkannt oder sogar verhindert werden können. So hält Mann etwa fest, dass er nicht mehr die Begeisterung für Stefan George und sein Werk empfinde wie noch als Jugendlicher, da er nun eine Ablehnung spüre „gegen den Kult, den [George]

---

26 Mann: Der Wendepunkt, S. 312.
27 Thomas Mann: Tagebücher 1951–1952. Hg. v. Inge Jens. Frankfurt am Main 1993, S. 220.
28 T. Mann: Tagebücher 1951–1952, S. 220.
29 Mann: Der Wendepunkt, S. 151.

von nationalistischen Professoren und reaktionären Snobs bedauerlicherweise mit sich treiben ließ."[30]

Besonders prekär erscheint dem Autobiografen ein Phänomen, welches er als „typisch deutsch" und als einflussreich für seine gesamte Generation beschreibt: „Was aber auch die Halbwüchsigen voneinander trennen und unterscheiden mochte, sie hatten ein Grunderlebnis, einen bestimmenden Gefühlskomplex [!] gemeinsam – die *Jugendbewegung*."[31] Diese charakterisiert er als eine Verbindung von eigentlich progressiven Idealen mit Obskurantismus, Selbstverherrlichung, Pathos, Mystik und Körperlichkeitskult. Die deutsche Jugend habe einerseits einen legitimen Aufstand gegen die ältere Generation mit ihren überkommenen Normen und Moralvorstellungen führen wollen, andererseits seien „nationalistisch-rassistische Neigungen […] schon bei den ideologischen Begründern der Jugendbewegung" vorhanden gewesen, weshalb es in der Rückschau nicht überraschen könne, dass einige der Gruppierungen sich schließlich als „Wegbereiter des Nationalsozialismus erweisen sollten."[32] Manns retrospektive Deutung des Kulturphänomens hebt dabei insbesondere auf die vitalistischen Momente ab, welche die Bewegung trugen: Jugend sei als „süß-erregende[r] Zustand"[33] erfahren und als „antiintellektuelle Haltung"[34] gelebt worden, die in Wanderungen, im zuweilen ekstatischen gemeinsamen Musizieren und Rezitieren sowie im „Sportfanatismus"[35] ihren zunächst noch harmlosen Niederschlag gefunden hatte, jedoch immer schon anschlussfähig für die spätere faschistische Instrumentalisierung gewesen sei.

Hatte Mann das triebhafte und stark von Gefühlen bestimmte Dasein des Kindes noch aus einer psychologisch-anthropologischen Warte in den Blick genommen, verortet er nun die in seiner Generation vorgenommene jugendliche Aufwertung eines irrationalen Lebensentwurfes ideologiekritisch und aus der Nachkriegsperspektive im Kontext des entstehenden Nationalsozialismus. Einher geht damit auch eine erhöhte Skepsis gegenüber einer Literatur, die sich einseitig auf emotionale Zugänglichkeit hin entwirft, wie aus den abschließenden Überlegungen zu seinem persönlichen Kanon hervorgeht:

> Das erotisch-religiöse Element überwiegt, während das soziale fast völlig vernachlässigt bleibt. […] Das Pantheon des Sechzehnjährigen bevorzugt eine Romantik, in der Ironie und Schwermut, Wollust und Frömmigkeit, metaphysische Ahnung und sexuell-*emotionelle* Ekstase einander begegnen und durchdringen. […] Ich bedurfte der Führung; ich wollte ler-

---

30 Mann: Der Wendepunkt, S. 158.
31 Mann: Der Wendepunkt, S. 135 [Hervorhebung i. O.].
32 Mann: Der Wendepunkt, S. 136.
33 Mann: Der Wendepunkt, S. 137.
34 Mann: Der Wendepunkt, S. 847.
35 Mann: Der Wendepunkt, S. 164.

nen, verehren; vor allem aber suchte ich nach Deutung und Bestätigung des eigenen wirren, ringenden *Gefühls*. Mein unreifer, ungefestigter Geist öffnete, ergab sich jedem Einfluß, in dem ich auch nur die entfernteste Affinität zu meiner eigenen Art, meinem eigenen Erlebnis zu spüren glaubte.[36]

Die jugendliche, von überbordenden Gefühlen getragene Suche nach Identifikation und Halt erscheint als egozentrisch und sogar gefährlich, wenn der Dichter einige Zeilen darauf eine Verbindung zur deutsch-nationalen Suche nach Führung herstellt. Dass Klaus Mann in den späteren Kapiteln Abstand nimmt von einer detaillierten Beschreibung seines inneren Erlebens und zunehmend zu einer Schilderung der makropolitischen Umwälzungen der 1920er und 30er Jahre übergeht, wird vor diesem Hintergrund erklärlich. Allerdings kollidiert dieses Vorgehen mit dem zugleich mit einigem Pathos vorgetragenen Wunsch nach Bekenntnis, woraus für sein autobiografisches Projekt Spannungen resultieren.

3 „Ich will bekennen"

Die letzten beiden Kapitel von Klaus Manns Autobiografie, „Entscheidung" und „Der Wendepunkt", welche von den Jahren 1940 bis 1945 berichten, markieren formal eine radikale Zäsur, da sie sich nicht mehr als konventionelle Erzählprosa, sondern als Tagebucheinträge respektive Briefe präsentieren – mithin als eben jene Überlieferungsmedien, welche die Erwartung eines besonders engen Wirklichkeitsbezugs wecken. In weiten Teilen handelt es sich hierbei jedoch um stark veränderte, wenn nicht sogar völlig fiktive Eintragungen und Briefe, wie mittlerweile hinlänglich nachgewiesen wurde.[37] Da Mann selbst an keiner Stelle indiziert, dass er Veränderungen an seinen Quellen vorgenommen haben könnte, hat die Forschung insbesondere die Tagebucheinträge lange als authentisch behandelt und deshalb falsche Schlüsse gezogen: Es kann etwa nicht pauschal von einem „Stilwechsel, ein Wechsel vom Erzählen zum Zitieren"[38] gesprochen werden, denn Mann erzählt sehr wohl, allerdings bedient er sich dabei eben der Form von Tagebuch und Brief.

---

36 Mann: Der Wendepunkt, S. 160 [meine Hervorhebung, N. P.].
37 Vgl. Rong Yang: „Ich kann einfach das Leben nicht mehr ertragen". Studien zu den Tagebüchern von Klaus Mann (1931–1949). Marburg 1996, S. 55–60 und Susanne Utsch: Sprachwechsel im Exil. Die „linguistische Metamorphose" von Klaus Mann. Köln u. a. 2007, S. 343–364.
38 Klöss: Die „Zeit"-Problematik in der deutschsprachigen Schriftsteller-Autobiographie des 20. Jahrhunderts, S. 40.

Der Dichter selbst inszeniert den Entschluss zur Arbeit an der Autobiografie als Neubeginn seines literarischen Schaffens, wenn er in einem Eintrag, der mit dem 10. August 1941 datiert ist, schreibt:

> ‚Decision' genügt mir nicht mehr. Artikel genügen mir nicht. Ich will etwas Größeres schreiben, etwas Großes: ein Buch! Ein Buch, in englischer Sprache [...]. Ich will ein ernstes Buch schreiben, ein aufrichtiges Buch. Kann ein Roman ganz ernst, ganz aufrichtig sein? Vielleicht. Aber ich will keinen schreiben; nicht jetzt, nicht zu dieser Stunde. Ich bin müde aller literarischen Clichés und Tricks. Ich bin müde aller Masken, aller Verstellungskünste. Ist es die Kunst selbst, deren ich müde bin? Ich will nicht mehr lügen. Ich will nicht mehr spielen. Ich will bekennen. Die ernste Stunde – das ist die Stunde der Konfession.[39]

Diese Aufzeichnung, in der sich Klaus Mann so dezidiert gegen den Roman als Form für sein nächstes Werk ausspricht, ist fiktiv. In seinem authentischen Tagebuch findet sich kein Eintrag unter dem Datum, der zeitlich nächste vom 14. August des Jahres berichtet von einem spiritistischen Treffen, dem Mann beigewohnt hatte. Eine Entscheidung zur Arbeit an einer autobiografischen Schrift findet dort keine Erwähnung. Die Passage findet sich jedoch bereits in *The Turning Point*, wo Mann ebenfalls sein nächstes Projekt aus einem Wunsch nach Bekenntnis ableitet: „Nothing will do, this time, but the plain, candid confession."[40] Dass der Dichter seine Autobiografie zumindest retrospektiv als Konfession verstanden wissen wollte, scheint demnach evident.

Der Bekenntnisbegriff besitzt sowohl profane – im Wesentlichen aus dem Rechtskontext stammende – als auch religiöse Wurzeln, zudem findet er in der Rhetorik Verwendung und wird seit Augustinus mit memorialem Schreiben assoziiert.[41] Es soll hier zumindest erwähnt sein, dass das alttestamentarische Glaubensbekenntnis in der Exilerfahrung des jüdischen Volkes fundiert liegt,[42] wenngleich es unwahrscheinlich erscheint, dass Mann dieser Zusammenhang bewusst war, zumal sich in seinen anderweitigen Reflexionen über die ‚freiwillige Emigration' eher eine Tendenz zur Abgrenzung von jüdischen Exilierten vorfindet.[43] Bei dem Bekenntnis Manns handelt es sich um ein Schuldbekenntnis, wie bereits thematisiert wurde, und wie der Dichter selbst in einem fiktiven Brief an seinen langjähri-

---

39 Mann: Der Wendepunkt, S. 580.
40 Mann: The Turning Point, S. 347.
41 Vgl. Ulrich Breuer: Bekenntnisse. Diskurs – Gattung – Werk. Frankfurt am Main 2000, S. 78–81 und 110–123.
42 Vgl. Breuer: Bekenntnisse, S. 92.
43 Vgl. Stephan Braese: „... nicht Sache ‚deutscher Kulturrepräsentanten', das exclusiv Jüdische zu decken." Klaus Mann und das Judentum. In: Wiebke Amthor und Irmela von der Lühe (Hg.): Auf der Suche nach einem Weg. Neue Forschungen zu Leben und Werk Klaus Manns. Frankfurt am Main 2008, S. 35–48. Hier: S. 38 und 41.

gen Lebensgefährten Thomas Quinn Curtiss festhält: „Ich widme Dir dieses Buch aufgrund meines schlechten Gewissens – – – – – ich will mich nicht reinwaschen – ganz im Gegenteil, ich will meinen eigenen Anteil an Schuld und Verantwortung unterstreichen."[44] Die religiöse Bedeutungsdimension der Konfession bleibt im *Wendepunkt* dabei gegenwärtig. So folgt etwa auf die oben zitierte Tagebuchaufzeichnung vom 10. August 1941 nur wenige Seiten darauf ein undatierter Eintrag, in welchem Mann sich ausführlich mit der Existenz Gottes auseinandersetzt. Diese Überlegungen stehen als Resultat von Manns im Exil intensivierter Sinnsuche, wobei er das „Exilsengagement (laien-)theologisch als von Gott gegebenen Auftrag bzw. als synergistisch zu verstehende Mitarbeit des Menschen an dem Prozeß der Erlösung auffaßt, was wiederum die Konsequenz der individuellen Übernahme des Leidens für dieses Ziel impliziert."[45]

Der Kommunikationsakt des Bekennens ist – auch in Textform – durch „eine besonders starke Profilierung der Sprechergestalt und von daher durch eine enge Perspektivierung" ausgezeichnet und impliziert „uneingeschränkt die Bedingungen der Verteidigungspflicht sowie der Aufrichtigkeit, vor allem aber die der Konsequenz. Mit der Veröffentlichung intimer und somit bislang unbekannter Sachverhalte übernimmt der Bekennende nämlich bewußt die möglichen negativen Folgen seines sprachlichen Handelns."[46] Insofern erscheint Manns Entscheidung, die Darstellung des Exils, auf die sein Lebensbericht sowohl in der englischen als auch in der deutschen Fassung dramaturgisch zusteuert, in Form von Briefen und Tagebucheintragungen zu vollziehen, naheliegend, bieten diese doch die Möglichkeit, (vermeintlich) unmittelbaren Einblick in die Befindlichkeiten, Gedanken und Gefühle des Schreibenden zu vermitteln. Allerdings besitzen die Einträge und Briefe im *Wendepunkt* nur teilweise persönlichen Charakter, vielfach berichtet Mann eher objektiv über politische Ereignisse sowie über Entwicklungen in der Exilgemeinschaft, sodass die Kapitel in weiten Teilen mehr einer Chronik denn einer intimen Konfession gleichen. Selbst intensivste Emotionen werden hier nur mehr „*registriert* und nicht *sentimental-pathetisch* ausgespielt",[47] wie bereits Walter Jens bemerkt hat.

Die zunehmende Vermeidung von Emotionalität im *Wendepunkt* wird zum Ende der Autobiografie immer auffälliger. Mögliche Gründe hierfür sind vielfältig. Herausgearbeitet wurde bereits, dass Manns Reflexion seiner eigenen jugend-

---

44 Mann: Der Wendepunkt, S. 702.
45 Gunter Volz: Sehnsucht nach dem ganz anderen. Religion und Ich-Suche am Beispiel von Klaus Mann. Frankfurt am Main u. a. 1994, S. 208.
46 Jürgen Lehmann: Bekennen – Erzählen – Berichten. Studien zu Theorie und Geschichte der Autobiographie. Tübingen 1988, S. 60.
47 Jens: Klaus Manns „Der Wendepunkt", S. 238 [Hervorhebung i. O.]

lichen ästhetischen Präferenzen zu einer Skepsis gegenüber einer Literatur, die sich stark an Innerlichkeit orientiert und dabei soziale Faktoren außer Acht lässt, geführt hatte. Mit dieser Einsicht muss das mit viel Pathos erhobene Vorhaben einer Konfessionsschrift stets im Konflikt stehen, da eine solche per definitionem auf den Bekennenden fixiert bleibt. Auffallend ist daneben, dass Mann zwar ausführliche Reflexionen über eigene Verfehlungen und die Schuld seiner Generation am Aufstieg des Faschismus anstellt und damit Schonungslosigkeit auch gegen sich selbst beweist, er aber zugleich weite Teile seines Privatlebens und seiner Persönlichkeit gar nicht thematisiert. Schon in den Kapiteln zur Kindheit und Jugend sind nämlich Entstellungen und Auslassungen zu finden, wie Friedrich Albrecht mit Blick auf die Darstellung Thomas Manns ausgeführt hat. In den frühen Kapiteln des *Wendepunkts* dominiere demnach

> das Bestreben, sich der heiteren und idyllischen Seiten seines Lebens in der Familie zu versichern. Dabei werden vor allem die Beziehungen zu seinem Vater harmonisiert, obwohl [Klaus Mann] vorhatte, dieser für seine Jugendentwicklung so wichtigen Problematik nicht auszuweichen. Sie werden offenkundig aus der Perspektive der späteren Aussöhnung gesehen.[48]

Diese Harmonisierungstendenzen sind wohl aus der für Mann schwierigen Exilsituation zu erklären, die eine nostalgische Verklärung der Vergangenheit mit sich brachte. Darüber hinaus werden jedoch auch wesentliche Aspekte von Klaus Manns Leben verschwiegen, die bis in seine Schreibgegenwart hinein noch von Bedeutung waren. Hier ist zunächst jenes Thema zu nennen, das nach Foucault „seit der christlichen Buße bis heute [...] die privilegierte Materie des Bekennens"[49] bildet, nämlich Sex. Manns Homosexualität, seine Geliebten und seine erotischen Erfahrungen kommen nur an ganz wenigen Stellen des *Wendepunkts* überhaupt vor und werden dann auch stets sehr diskret behandelt.[50] Diese Auslassung war eine bewusste Entscheidung Manns:

> Von der Liebe könnte ich viel erzählen, tue es aber nicht, oder doch immer nur sehr nebenbei, andeutungsweise, ohne mich auf das schöne und trübe Thema je so recht einzulassen. Warum diese Diskretion? Aus Scham? Aus Vorsicht? Vielleicht. Wahrscheinlicher ist, daß ich mir gerade diesen Gegenstand für künstlerische Gestaltung aufhebe und vorbehalte.[51]

Nicht behandelt werden außerdem etwa Manns langjährige Opiumsucht mit mehreren Entzugstherapien, seine Syphiliserkrankung, welche mit einer langwierigen

---

48 Albrecht: Klaus Mann der Mittler, S. 60.
49 Michel Foucault: Sexualität und Wahrheit Bd. I. Der Wille zum Wissen. Übers. v. Ulrich Raulff und Walter Seitter. Frankfurt am Main 1983, S. 79.
50 Vgl. Carmen Giese: Das Ich im literarischen Werk von Grete Weil und Klaus Mann. Zwei autobiographische Gesamtkonzepte. Frankfurt am Main 1997, S. 103.
51 Mann: Der Wendepunkt, S. 419.

und quälenden Behandlung verbunden war, sowie der erste Suizidversuch aus dem Juni 1941. Kanonische Vorbilder aus der Bekenntnisliteratur, die sich gerade mit derartigen Themen auseinandersetzen, hätte es indes durchaus gegeben, man denke nur an Augustinus' Ringen mit der eigenen Sexualität in den *Confessiones* oder an Thomas De Quinceys *Confessions of an English Opium-Eater*. In den authentischen Tagebüchern hatte Klaus Mann zudem noch sehr offen von diesen Bereichen seines Lebens berichtet, erst in der Umarbeitung für die Publikation in der Autobiografie wurden weite Teile der intimsten Äußerungen getilgt.[52] Die Auslassungen zielten dabei offenkundig besonders auf jene Aspekte von Manns Existenz, die gesellschaftlich geächtet waren und sind daher wohl auch Resultat pragmatischer Überlegungen des Dichters hinsichtlich seiner Sprecherposition und der Publikationschancen seines Werks, von dem er hoffte, dass es breite Rezeption erfahren würde – was sich allerdings mit der für Bekenntnistexte konstitutiven „Aufrichtigkeitstopik"[53] nur schwerlich in Einklang bringen lässt.

Den in seiner Konfessionserklärung implizierten und religiös aufgeladenen Ehrlichkeitsanspruch kann Mann somit nur sehr bedingt einlösen. *Der Wendepunkt* steht in einer unauflösbaren Spannung zwischen dem individuellem Bekenntnisdrang des Dichters, welcher eine Offenlegung seines Lebens, seines inneren Empfindens und auch noch der schmerzhaftesten Erlebnisse erfordern würde, und der politisch-aufklärerischen Funktion, die er für seinen Lebensbericht vorgesehen hatte, und die seinem Verständnis nach eine stärkere Fokussierung auf kollektive Erfahrungen sowie eine gewisse Selbstzensur notwendig machte. Für Mann selbst scheint sein Schreibprojekt stets zwischen diesen Polen geschwankt zu haben, wie aus einem Entwurf zu einem fiktiven Tagebucheintrag hervorgeht, der zudem ein letztes Mal verdeutlicht, welch komplexe emotionale Konstellation der Autobiografie zugrunde liegt:

> Es gibt zu viele Dinge, die ich hineinpacken möchte, vor Eifer, den Bericht so vollständig und wahrhaftig zu machen wie irgend möglich. Ich muß mich jedoch davor hüten, das Buch mit einer unangemessenen Fülle an Problemen und Bildern, Anekdoten, Namen, Anspielungen und Bekenntnissen zu überfrachten. Bei der Arbeit an diesen – mit der Essenz meines Lebens und meines Denkens erfüllten – Kapiteln komme ich mir oft wie ein junger Schriftsteller vor, der sich an sein erstes umfangreiches Werk heranwagt und alles mit einbeziehen, alles herausschreien möchte. In anderen Momenten erlebe ich die Gefühle eines alternden Mannes, der die Summe aus den Irrtümern und Bestrebungen, den vergänglichen Freuden und den ewigen Traurigkeiten seines beinahe abgeschlossenen Lebens zu ziehen bemüht ist. Natürlich sind beide Gefühle illusorisch, und dennoch irgendwie gerechtfertigt.[54]

---

52 Vgl. Yang: „Ich kann einfach das Leben nicht mehr ertragen", S. 58–60.
53 Breuer: Bekenntnisse, S. 152.
54 Mann: Der Wendepunkt, S. 737–738.

Literatur

Aichinger, Ingrid: Probleme der Autobiographie als Sprachkunstwerk [1970]. In: Günter Niggl (Hg.): Die Autobiographie. Zu Form und Geschichte einer literarischen Gattung. Darmstadt 1998, S. 170–199.
Albrecht, Friedrich: Klaus Mann der Mittler. Studien aus vier Jahrzehnten. Bern u. a. 2009.
Braese, Stephan: „… nicht Sache ‚deutscher Kulturrepräsentanten', das exclusiv Jüdische zu decken." Klaus Mann und das Judentum. In: Wiebke Amthor und Irmela von der Lühe (Hg.): Auf der Suche nach einem Weg. Neue Forschungen zu Leben und Werk Klaus Manns. Frankfurt am Main 2008, S. 35–48.
Breuer, Ulrich: Bekenntnisse. Diskurs – Gattung – Werk. Frankfurt am Main 2000.
Foucault, Michel: Sexualität und Wahrheit Bd. I. Der Wille zum Wissen. Übers. v. Ulrich Raulff und Walter Seitter. Frankfurt am Main 1983.
Giese, Carmen: Das Ich im literarischen Werk von Grete Weil und Klaus Mann. Zwei autobiographische Gesamtkonzepte. Frankfurt am Main 1997.
Jens, Walter: Klaus Manns „Der Wendepunkt". In: Walter Jens und Hans Tiersch (Hg.): Deutsche Lebensläufe in Autobiographien und Briefen. München, Weinheim 1987, S. 233–250.
Klöss, Susanne M.: Die „Zeit"-Problematik in der deutschsprachigen Schriftsteller-Autobiographie des 20. Jahrhunderts unter spezieller Berücksichtigung von Klaus Mann. Augsburg 1989.
Kroll, Fredric: Trauma Amerika. 1937–1942. Klaus-Mann-Schriftenreihe Band 5. Wiesbaden 1986.
Kroll, Fredric und Klaus Täubert: Der Tod in Cannes. 1943–1949. Klaus-Mann-Schriftenreihe Band 6. Wiesbaden 1996.
Lehmann, Jürgen: Bekennen – Erzählen – Berichten. Studien zu Theorie und Geschichte der Autobiographie. Tübingen 1988.
Lejeune, Philippe: Der autobiographische Pakt. Übers. v. Wolfram Bayer und Dieter Hornig. Frankfurt am Main 1994.
Mann, Klaus: The Turning Point. Thirty-Five Years in this Century [1942]. New York 1984.
Mann, Klaus: Der Wendepunkt. Ein Lebensbericht [1952]. Erweiterte Neuausgabe. Mit Textvarianten und Entwürfen im Anhang hg. und mit einem Nachwort v. Fredric Kroll. Reinbek bei Hamburg 2006.
Mann, Thomas: Tagebücher 1951–1952. Hg. v. Inge Jens. Frankfurt am Main 1993.
Naumann, Uwe: Klaus Mann mit Selbstzeugnissen und Bilddokumenten. Reinbek bei Hamburg 2006.
Utsch, Susanne: Fiktionalisierte Vita. Das autobiographische Gedächtnis Klaus Manns in The Turning Point (1942) und Der Wendepunkt (1949). In: Wiebke Amthor und Irmela von der Lühe (Hg.): Auf der Suche nach einem Weg. Neue Forschungen zu Leben und Werk Klaus Manns. Frankfurt am Main 2008, S. 61–79.
Utsch, Susanne: Sprachwechsel im Exil. Die „linguistische Metamorphose" von Klaus Mann. Köln u. a. 2007.
Gunter Volz: Sehnsucht nach dem ganz anderen. Religion und Ich-Suche am Beispiel von Klaus Mann. Frankfurt am Main u. a. 1994.
Yang, Rong: „Ich kann einfach das Leben nicht mehr ertragen". Studien zu den Tagebüchern von Klaus Mann (1931–1949). Marburg 1996.

Christine Arendt
Emotionen in den autobiografischen Darstellungen des Exils von Lisa Seiden *„Bleib immer mit deinem Bruder zusammen!". Eine Geschichte vom „Kindertransport"* und Marion Charles *The Lucky One*

1 Einleitung

Autobiografien gehören zu den zentralen Formen von Selbstdarstellungen.[1] Es verwundert deshalb nicht, dass in ihnen die Emotionen, mit denen bestimmte Erlebnisse besetzt sind, oft sehr eindringlich beschrieben werden, wie eine Vielzahl autobiografischer Texte mit Schilderungen des Exils deutlich werden lässt. In dem Beitrag werden Darstellungen des Exils von Betroffenen der Kindertransporte analysiert. Von den ca. 10.000 zwischen Dezember 1938 bis August 1939 mit den Kindertransporten geretteten Kindern und Jugendlichen haben gerade in jüngster Zeit viele ihre Erlebnisse im Exil in England beschrieben.[2] So erschien beispielsweise 2018 die deutsche Ausgabe der Autobiografie Lisa Seidens *„Bleib immer mit deinem Bruder zusammen". Eine Geschichte vom „Kindertransport"*, die bereits 2009 auf Spanisch herausgekommen war.[3] Marion Charles veröffentlichte 2012 ihre Autobiografie im Denkhaus Verlag[4] und 2013 eine für jüngere Leserinnen und Leser umge-

---
[1] Zu den Gattungen, in denen vornehmlich subjektives Erleben dargestellt wird, vgl. Johannes F. Lehmann: Geschichte der Gefühle. Wissensgeschichte, Begriffsgeschichte, Diskursgeschichte. In: Martin von Koppenfels und Cornelia Zumbusch (Hg.): Handbuch Literatur & Emotionen. Berlin 2016, S. 140–157, hier S. 152.
[2] Siehe u. a. die Lebensgeschichten von Gideon Behrendt: Mit dem Kindertransport in die Freiheit. Vom jüdischen Flüchtling zum Corporal O'Brian. Frankfurt am Main 2001, Leslie Baruch Brent: Ein Sonntagskind? Vom jüdischen Waisenhaus zum weltbekannten Immunologen. Berlin 2009 und von Ruth Barnett: Person of No Nationality. A Story of Childhood Loss and Recovery. London 2010. Siehe auch den Sammelband von Wolfgang Benz, Claudio Curio und Andrea Hammel (Hg.): Die Kindertransporte 1938/1939. Rettung und Integration. Frankfurt am Main 2003.
[3] Lisa Seiden: „Bleib immer mit deinem Bruder zusammen!" Eine Geschichte vom Kindertransport, hg. und mit einem Nachwort von Inge Hansen-Schaberg. Aus dem Spanischen von Dieter Heymann. Berlin 2018.
[4] Marion Charles: The Lucky One. Die Lebensgeschichte von Marion Charles. Nürtingen 2012.
 Charles hatte bereits in den 1960er Jahren eine Autobiografie verfasst, die damals allerdings nicht veröffentlicht werden konnte, weil ein Mitglied der Familie strikt dagegen war, erwähnt zu werden (vgl. Wendy Leigh: Einleitung. In: Marion Charles: Ich war ein Glückskind. Mein Weg aus

schriebene Fassung[5] beim Kinder- und Jugendbuchverlag cbj.[6] In diesem Beitrag soll vor allem auf die 2012 veröffentlichte Fassung zurückgegriffen werden, weil sie die eingehendsten und zugleich differenziertesten Gefühlsdarstellungen enthält. Es handelt sich damit um Werke, die in einem größeren zeitlichen Abstand zu den erlebten Geschehnissen verfasst wurden, bei denen aber die Autorinnen auf Aufzeichnungen zurückgreifen konnten, die aus der erzählten Zeit stammen. Lisa Seiden konnte viele Briefe aus dem Briefwechsel mit ihren Eltern in ihre Autobiografie aufnehmen; Marion Charles standen ebenfalls Briefe zur Verfügung, vor allem aber ihre Tagebücher.

Die in diesen Schilderungen beschriebenen Gefühle sollen jeweils in ihren Kontexten analysiert werden. Damit werden die Gefühle nicht nach thematischen Schwerpunkten behandelt, sondern im Rahmen der einzelnen, exemplarischen Lebensgeschichten, die wichtige Einsichten bieten, aber selbstverständlich nicht repräsentativ sein können.[7] Die Erfahrungen und Emotionen von Lisa Seiden und Marion Charles sind insbesondere im Hinblick auf ihre Gefühle von Zugehörigkeit bzw. Ausgeschlossensein sehr aussagekräftig und lassen sich gut vergleichen: Beide stammen aus assimilierten jüdischen Familien, die sich durch einen gewissen Wohlstand auszeichneten, und beide sind behütet aufgewachsen. In Bezug auf die Emotionen gegenüber der Gastfamilie und ihre Zugehörigkeitsgefühle unterscheiden sich die Darstellungen jedoch stark. Die Bedeutung, die Emotionen für das menschliche Handeln insgesamt haben, wurde bereits wiederholt herausgearbeitet[8]; diese Lebensgeschichten veranschaulichen jeweils die zentrale Rolle, die Gefühle der Zugehörigkeit oder des Ausgegrenztseins für das Wohlbefinden und für Lebensentscheidungen – beispielsweise hinsichtlich des Lebensmittelpunkts – spielen. So war für die Flüchtlinge in England die Frage nach einer Rückkehr nach Deutschland oder einer Übersiedlung in ein anderes Land relevant, wenn auch die meisten in England blieben und naturalisiert wurden.[9]

Nazideutschland mit dem Kindertransport. Aus dem Englischen von Anne Braun. München 2013, S. 8 f.).
5 Zum Erzählverfahren vgl. Stephanie Homer: The Kindertransport in Literature. Reimagining Experience. Oxford 2022, S. 101–109.
6 Marion Charles: Ich war ein Glückskind. Während die Autobiografie auf Deutsch geschrieben wurde, stellt die für Kinder und Jugendliche bestimmte Fassung eine Übersetzung dar.
7 Vgl. Andrea Hammel: ‚I believe that my experience began in the womb and was later absorbed through my mother's milk'. Second Generation Trauma Narratives. In: German Life and Letters 72 (2019), 4, S. 556–569.
8 Zu Emotionen als zentralen Faktoren menschlichen Handelns vgl. Lehmann: Geschichte, S. 143 und Anne-Charlott Trepp: Gefühl oder kulturelle Konstruktion? Überlegungen zur Geschichte der Emotionen. In: Querelle 7 (2002), S. 86–103, insbesondere S. 88.
9 Vgl. Hammel: I believe, S. 557.

Emotionen bzw. Gefühle – die Begriffe werden hier synonym verwendet – stellen Formen emotionalen Erlebens dar.[10] Sie enthalten nicht-kognitive und kognitive Elemente in einem „komplexen Ineinander" und sind „Formen des subjektiven Beteiligtseins an der Welt", „das eine spezifische Erfassung, Perspektivierung oder Konstruktion von Situationen im Hinblick auf die eigenen Wünsche und Bedürfnisse" darstellt.[11] Nach Reinhard Fiehler kann in der Interaktion zwischen ‚Emotionsausdruck' und der ‚Thematisierung von Emotionen' unterschieden werden.[12] Bei der Thematisierung wird „ein Erleben oder eine Emotion durch eine Verbalisierung zum Thema der Interaktion gemacht", während „Ausdrucksphänomene nicht an Verbalisierungen" gebunden sind und die Emotionen in diesem Fall nicht notwendig Thema einer Interaktion sein müssen.[13] Bei schriftlichen Werken handelt es sich in jedem Fall um die Thematisierung von Erleben mittels einer Verbalisierung, bei der dann unterschiedliche kommunikative Verfahren gewählt werden können, so u. a. die begriffliche Erlebensbenennung oder die Erlebensbeschreibung. In den Autobiografien finden sich begriffliche Erlebensbenennungen, vor allem aber auch Erlebensbeschreibungen, die im Folgenden hinsichtlich der dargestellten Emotionen, ihrer sprachlichen Gestaltung, aber auch der verwendeten Inszenierungsstrategien genauer analysiert werden sollen.

2 Lisa Leist: Glückliche Jahre in England – traumatische Abreise nach Argentinien

2.1 Zugehörigkeit zur österreichischen Kultur und erste Ausgrenzungserfahrungen als Jüdin

Lisa Seiden wurde als Lisa Leist 1929 in Wien geboren und lebte dort mit ihren Eltern, ihrem älteren Bruder und Verwandten. Sie wächst in gesicherten Verhältnissen „auf einem hohen kulturellen Niveau"[14] auf. Die Familie empfindet sich vor allem als Österreicher. Ihr Vater ist Chemieingenieur, ihre Mutter musikbegeisterte Hausfrau. Die ersten Ausgrenzungserfahrungen macht Lisa 1938 einige Monate nach dem ‚Anschluss' Österreichs, als sie der Schule verwiesen wird. Vor dem Transport nach England ermahnt ihre Mutter sie beim Abschied, immer mit ihrem

---

10 Zur Abgrenzung der Begriffe ‚Gefühl' und ‚Emotion' siehe Lehmann: Geschichte, S. 149.
11 Lehmann: Geschichte, S. 148.
12 Vgl. Reinhard Fiehler: Kommunikation und Emotion. In: Sprachreport 7 (1991), 1, S. 11–13.
13 Fiehler: Kommunikation und Emotion, S. 12.
14 Seiden: „Bleib … !", S. 10.

Bruder zusammenzubleiben, worauf der Titel ihrer Autobiografie *Bleib immer mit deinem Bruder zusammen!* referiert. Zusammen mit ihrem Bruder Peter gelangt sie mit einem frühen Kindertransport vom 17. Dezember 1938 nach England, wo sie zunächst bei einer älteren Dame in Bath unterkommen, dann aber bei einer kinderreichen Familie, bei der sie sich sehr glücklich fühlen und bis nach Kriegsende bleiben. 1946 erreichen die Geschwister ihre Eltern in Argentinien. Zeugnis des Exils sowie des regen Austauschs mit der Mutter bzw. den Eltern sind nicht zuletzt Briefe, die sowohl als Abbildungen der Originale wie auch in transkribierter Form in die Autobiografie aufgenommen wurden. Sie wurden zu Beginn des Exils auf Deutsch verfasst. Da diese Briefe – trotz der Fernkommunikation – einen zeitnahen Einblick in die Reaktion der Kinder auf die Geschehnisse ermöglichen, soll auf sie vorrangig zurückgegriffen werden.[15] Häufig kommentiert Seiden darüber hinaus die Ereignisse, sodass sie Leserinnen und Lesern auch eine nachträgliche Bewertung bietet.

Die Jahre vor dem Anschluss Österreichs verlebten die Kinder eine glückliche Kindheit. Diese Welt bricht mit dem Ausschluss von der Schule zusammen:

> Wenn sie [ihre Mutter; C.A.] mir gesagt hätte, das sei so wegen meiner lockigen Haare oder der Farbe meiner Augen, wäre mein Erstaunen nicht größer gewesen, denn der Umstand, ein jüdisches österreichisches Mädchen zu sein, hatte für mich etwa die gleiche Bedeutung, zumal nichts in meinem Erscheinungsbild oder in meiner Lebensweise mich fühlen ließ, dass ich mich von meinen Mitschülern unterschied. Wir trugen die gleiche Kleidung, aßen das gleiche Essen, spielten dieselben Spiele.[16]

Ihr Vater muss sich vor der SS verstecken, Lisa soll ihn mit Lebensmitteln und Anweisungen versorgen. Aus der Distanz vieler Jahrzehnte schildert sie die letzte Begegnung mit ihm vor seiner Verhaftung:

> Das Treffen mit meinem Vater an diesem Ort unter der Brücke prägte sich wie ein Brandmal in mein Inneres ein, unmöglich es jemals zu vergessen.
> Noch sehe ich ihn in Träumen wie einstmals: Er an diesem trostlosen [...] Ort [...] und ich, mich in seine Arme werfend, verwirrt und verängstigt. Er tröstete mich[17]

Seiden kennzeichnet die Erinnerung an die Begegnung mit ihrem Vater als „Brandmal", und damit als Verletzung ihrer körperlichen Integrität, die sich nicht mehr beheben lässt und unvergesslich ist. Kurze Zeit später wird ihr Vater ins Konzentrationslager nach Dachau deportiert.

---

[15] Stephanie Homer stellt in Bezug auf Autobiografien fest, dass sie häufig nur ein Echo auf das Trauma vermitteln würden: „In most cases, only an echo of trauma's impact can be conveyed, rather than the initial reaction to the upsetting events". (Homer: The Kindertransport, S. 204).
[16] Seiden: „Bleib ... !", S. 9.
[17] Seiden: „Bleib ... !", S. 28.

2.2 Kindertransport und erste Monate in England – intensiver Briefverkehr mit der Mutter in Österreich

Die Kinder werden mit einem Kindertransport schon im Dezember 1938 in Sicherheit gebracht. Um ihr damaliges Erleben deutlich werden zu lassen, verwendet Seiden vor allem vollständig abgedruckte und transkribierte Briefe, in denen folglich ihre kindliche Erzählperspektive dominiert.[18] Die Abreise nach England empfinden beide eher als Abenteuer, wie Peter in einem Tagebuchauszug vom 17. Dezember 1938 schildert:[19]

> Heute ist der große Tag da. Alle sind sehr aufgeregt. Vormittags müssen wir von allen Bekannten Abschied nehmen. Alle haben fast geweint. [...]
> Um 9 h müssen wir beim Bahnhof sein. Mama, Tante Trude, Tante Lily und Kurt fahren mit. [...] Dort hat man uns gleich in einen großen Saal geführt, wo noch andere Kinder standen. Nach einer halben Stunde mussten die Eltern von den Kindern Abschied nehmen. Viele haben geweint. Wir aber nicht, weil wir es nicht so ernst nahmen.[20]

Obwohl sich die Kinder der Bedeutung des Tages bewusst sind – Peter spricht vom „großen Tag" – und sie merken, wie „aufgeregt" und den Tränen nahe ihre Bekannten sind, nehmen die beiden das Geschehen „nicht so ernst". In einer Postkarte vom 21. Dezember aus dem Lager in Dovercourt bezeichnet Lisa ihr neues Leben dann als „sehr schön".[21] Bereits zwei Tage später, am 23. Dezember, sind die Kinder bei der prominenten, in Bath ansässigen Kanadierin Sisley Tanner untergekommen. Die größte Belastung stellt nunmehr für sie die Ungewissheit über das Schicksal des inhaftierten Vaters dar. Eindrücklich schildert Lisa ihrer Mutter in ihrem Brief vom 18. Januar 1939 ihre immense Freude, als sie von der Freilassung des auf 35 kg abgemagerten Vaters erfahren:

> Liebe süße Mutti!!
> In der Früh um ½ 9h ist der Peter hinuntergegangen, um zu schauen ob Post für uns da ist. Es waren 2 Briefe [...]. Wir machten zuerst den von Dir auf. Peter liest leise. Plötzlich fing er an zu schreien und zu lachen, hüpfte aus dem Bett und dreht sich im Kreis herum. Ich nahm ihm den Brief aus der Hand und las selber. Plötzlich hat mich der Schlag getroffen, ich hupfte ebenfalls aus dem Bett und schrie: „Das Entlassungsgesuch, das Entlassungsgesuch für Paps", wir fassten uns an den Händen, drehten uns im Kreis herum, wie Irrsinnige. Dann lasen wir den Brief weiter, das Stückerl von Paps lasen wir mindestens 5 mal. [...]

---

18 Vgl. hierzu Homer: The Kindertransport, S. 81.
19 Seiden selbst schreibt aus der Distanz: „Ich erinnere mich, dass ich nicht traurig war, im Gegenteil, ich war aufgeregt und neugierig auf den Beginn dieses Abenteuers." (Seiden: „Bleib ... !", S. 29).
20 Seiden: „Bleib ... !", S. 30 f.
21 Seiden, S. 33.

> Reg Dich nicht auf, was ich Dir jetzt schreibe, aber bitte schreibe mir nicht mehr, dass Papa geweint hat um uns und dass er sich so gekränkt hat wegen uns, ich muss dann selber die ganze Zeit weinen.[22]

Lisa beschreibt in ihrem Brief ausführlich sowohl ihr eigenes Erleben als auch das ihres Bruders. Beide drücken ihre Freude durch körperliches Agieren aus. Auffällig ist, dass Lisa hier keine Benennung von Emotionen vornimmt – das Außerordentliche der Nachricht verlangt eine außerordentliche Reaktion und damit auch eine entsprechende Darstellung.

In dem zweiten Teil des Zitats reagiert Lisa auf die Thematisierung von Emotionen in den Briefen ihrer Mutter. Sie bittet darum, ihr nicht mehr die Gefühle ihres Vaters zu schildern – sie solle sie stattdessen ihrem Bruder schreiben –, da seine Trauer über die abgereisten Kinder für sie kaum erträglich sei und bei ihr ebenfalls starke Gefühle ausgelöst habe.

Eine Benennung von negativen Emotionen findet sich hingegen im Zusammenhang mit dem Schnupfen der Mutter, so in dem Brief, den Lisa zwei Tage später, am 20. Januar 1939, geschrieben hat:

> Liebe süße Mutti!!!!
> Eben ist Dein lieber Brief angekommen. Wir sind sehr traurig, dass du Schupfen hast, hoffentlich kommt nichts Ärgeres heraus. Wir halten hier Daumen, dass Du bald gesund wirst, dass Papa bald herauskommt und dass Du und Papa bald hier seid.[23]

Aufgrund bürokratischer Formalitäten konnte Lisa erst am 19. Januar 1939 zur Schule gehen. Die Mitschülerinnen und Mitschüler werden von der Lehrerin vorbereitet und sind von Anfang an sehr freundlich zu ihr, wie sie ebenfalls in dem Brief vom 20. Januar schreibt. Die Schule empfindet Lisa als „wunderschön" und „lustig".[24] Bemerkenswert ist, dass sie bereits nach ihrem zweiten Schultag englische Wörter in ihren Brief einbaut; bereits hier zeichnet sich ab, dass ihre Assimilation problemlos gelingt. Zur Integration trägt zweifellos auch die Geschicklichkeit der Lehrerin bei, die versucht, die Kinder für die Situation Lisas zu sensibilisieren, wie eine von ihr initiierte ‚Deutschstunde' für die Klasse zeigt.[25]

---

[22] Seiden, S. 46 f. In der Transkription im Buch behutsam durchgeführte Korrekturen von Rechtschreibfehlern wurden hier übernommen.
[23] Seiden, S. 55 f.
[24] Seiden: „Bleib ... !", S. 55 f. Über sehr positive Erfahrungen berichtet beispielsweise auch Leslie Baruch Brent, der in die Exilschule von Anna Essinger aufgenommen wurde und ebenfalls eine eindeutige Emotionsaussage („ich war glücklich") trifft (Baruch Brent: Ein Sonntagskind?, S. 73).
[25] Vgl. Seiden, S. 55 f.

Lisa und ihr Bruder gehören zu den ersten in Bath eingetroffenen Flüchtlingen. Sie berichtet in dem Brief über unverhohlene Neugierde ihr gegenüber, die sie als „schrecklich" empfindet:

> Wenn Kinder spielen, so hören sie auf und schauen und schauen, ein Bub hat sogar seine Mutter geholt und die Mutter und der Bub haben geschaut, als gehen Geister vorbei. Da ist einen schrecklich zumute. [...] In der Schule ist es wieder wunderschön [...] ich kann Dir nicht mehr sagen.
> Hoffentlich ist Paps schon zu Hause. Hoffentlich, hoffentlich.[26]

Die Hoffnung auf die Freilassung des Vaters drückt Lisa durch die dreifache Verwendung von „hoffentlich" aus. Wiederum zwei Tage später erreicht die Kinder die Nachricht vom Tod ihres Onkels Emil, der „im Konzentrationslager Buchenwald ‚gestorben' war".[27] Sie schreiben umgehend zurück (Brief vom 22.1.1939):

> Heute in der Früh ist ein Brief vom Paps gekommen, dass der Onkel Emil gestorben ist. Ich brauch Dir nicht viel mehr zu sagen. Auf jeden Fall haben Peter u. ich so angefangen zu weinen, dass wir geglaubt haben, wir können nicht mehr aufhören.[28]

Lisa hält es zunächst für überflüssig, ihre Gefühle zu thematisieren: „Ich brauch Dir nicht viel mehr zu sagen." Ähnlich wie nach der Nachricht von der Befreiung ihres Vaters berichtet sie ihrer Mutter von ihrer körperlichen Reaktion und beschreibt ihr unaufhörliches Weinen.

2.3 Glückliche Jahre auf der Rosemountfarm – traumatische Abreise nach Argentinien

Da ihre erste Pflegemutter nach Kanada geht, müssen die Kinder woanders untergebracht werden und können am 25. März 1939 zur Familie Hole auf die Rosemount Farm ziehen, mit deren Kindern sie vorher schon oftmals gespielt hatten.[29] Lisa bewertet die Zeit im Nachhinein als „glücklich".[30]

Entgegen ihrer ursprünglichen Pläne können die Eltern durch den Kriegsausbruch nicht nach England kommen, sondern reisen nach Argentinien aus, sodass die Kinder bis 1946 bei der Familie Hole bleiben. Lisa Seiden zieht in ihrer Autobiografie das folgende Resümee:

---

26 Seiden, S. 51.
27 Seiden, S. 48.
28 Seiden, S. 48.
29 Vgl. Seiden, S. 74.
30 Seiden, S. 77, vgl. auch S. 78.

> Auf eine wundersam schlichte Art, ohne es geheim zu halten oder sich damit zu brüsten, öffneten sie zwei unbekannten und fremden Kindern, die weder ihre Sprache sprachen noch ihre Gewohnheiten kannten, die Türen ihres Hauses und ihrer Herzen. Dabei gab es keine Bedingungen, keine Beschränkungen oder eine zeitliche Grenze. In einer Familie mit bereits zahlreichen Kindern schufen sie noch Platz für uns und wussten es so einzurichten, dass es uns leichtfiel, es anzunehmen und teilzuhaben.
>
> Sie gaben uns das, was wir so nötig brauchten: Liebe und Schutz. Sie behandelten uns so, wie sie ihre Kinder auch behandelten [...]
>
> Wir erhielten von ihnen all das, was nirgends gelehrt wird und was ich wie einen kostbaren Schatz in meinem Herzen bewahre und für das ich dankbar bin ohne Ende[31]

Lisa beschreibt hier genau, weshalb sie und ihr Bruder sich bei der Familie Hole so wohlgefühlt haben, nämlich weil beide wirklich dazugehörten, und zwar ohne „Bedingungen", „Beschränkungen" oder „zeitliche Grenze". Sie erhielten „Liebe" und „Schutz" und wurden genauso behandelt, wie alle anderen auch.

Die Beziehung zu den eigenen Eltern verliert dagegen immer mehr an Bedeutung:

> [...] im Laufe der Jahre wurde es immer schwieriger, an meine Eltern zu schreiben. Die Worte wirkten platt, leer und unpersönlich. Ich erzählte ihnen immer dasselbe: über das Wetter, danke für das Paket und / oder den Brief, den ich bekommen hatte, und äußerte am Schluss die Bitte, sich nicht um uns zu sorgen, da es uns bestens gehe und uns nichts fehle.
>
> Das Wichtigste fand sich zwischen den Zeilen, und meistens konnte man es nicht einmal dort finden.[32]

Schließlich verliebt sich Lisa in einen der Söhne; da aber beide wissen, dass Lisa demnächst abreisen muss, halten sie sich zurück. Sie fühlen sich beide durch ein von ihren „Eltern vereinbartes und vom Schicksal verhängtes Abkommen gebunden": „Unmöglich, diese Abmachung zu brechen, undenkbar, sie nicht zu erfüllen. Seit dem ersten Tag war unser Aufenthalt im Haus der Holes als ‚zeitlich begrenzt' gekennzeichnet, wir alle wussten das, und niemand stellte es in Frage."[33]

Der Wunsch ihrer Eltern, zu ihnen nach Argentinien zu kommen, versetzt Lisa in eine emotional ausweglose Situation:

> Viele Male quälte ich mich in der Morgendämmerung mit weit offenen Augen voller Scham wegen meiner Empfindungen und voller Schuldgefühle wegen meiner Gedanken immer mit denselben Fragen:
>
> Wäre ich fähig, mich zu weigern, dies alles zu verlassen?

---

31 Seiden, S. 118.
32 Seiden, S. 119.
33 Seiden, S. 131.

> Wäre ich fähig, meine armen Eltern so tief zu verletzen?
> Könnte ich mein Glück auf ihrem Schmerz errichten?
> Könnte ich ...?³⁴

Die Situation führt auch zu Diskussionen in der Familie Hole:

> Billy sprach offen über das Recht, sich zu weigern, Dinge zu tun, die einem selber schaden. Andere versetzten sich in die Lage unserer Eltern, ihre lange Warte- und schreckliche Leidenszeit. [...] Wir waren verstrickt in eine Situation, in der jeder recht hatte. Unmöglich, sich zu weigern, ohne jemand zu verletzen! Unmöglich, auszureisen, ohne zu leiden!³⁵

Lisa fürchtet nichts mehr als die Abreise nach Argentinien, auch da sie keine Nähe mehr zu ihren Eltern empfindet:

> Besondere Aufmerksamkeit schenkte ich jenen Fotos, die unsere Eltern uns zuletzt von Buenos Aires geschickt hatten. Ich versuchte, mich innerlich in ihre Gesichtszüge zu versenken, und es machte mir große Angst mit dem Finger über ihre Gesichter zu fahren und mit lauter Stimme zu sagen: „Das ist mein Papa, das ist meine Mama", und kein verwandtschaftliches Gefühl zu spüren.³⁶

Am 12. Juni 1946 reisten Lisa und Peter von der Rosemount Farm ab. Auf ihr Leben in Argentinien geht Seiden mit keinem Wort in ihrer Autobiografie ein, sie hat allerdings Inge Hansen-Schaberg – wie diese im Nachwort schreibt – gestanden, es sei „einfach nur schrecklich gewesen" und sie habe „nach der Ankunft tagelang geweint"³⁷. Den Brief, den die Familie Hole ihr beim Abschied mitgegeben hat, hat sie in einem Wutanfall auf der Überfahrt ins Meer geworfen. Der Kontakt zur Familie blieb bestehen, es kam auch zu vereinzelten Wiedersehen. Das letzte Kapitel der Autobiografie trägt die Überschrift „Was ich damals nicht wusste" und enthält allein ein Gedicht mit dem Titel „Nicht allein das Schicksal"³⁸. Thema des Gedichts ist es, sein Schicksal selbst zu bestimmen und „auszuwählen und zu entscheiden", was als eindeutiger Hinweis darauf zu werten ist, sie hätte damals in England selbst eine Entscheidung treffen und sich den Wünschen der Eltern widersetzen müssen.³⁹ Die Bedeutung dieser Re-

---

34 Seiden, S. 132.
35 Seiden, S. 135.
36 Seiden, S. 140.
37 Vgl. Inge Hansen-Schaberg: Nachwort. In: Lisa Seiden: „Bleib immer mit deinem Bruder zusammen!". Eine Geschichte vom Kindertransport, hg. und mit einem Nachwort von Inge Hansen-Schaberg. Aus dem Spanischen von Dieter Heymann. Berlin 2018, S. 150.
38 Vgl. Seiden: „Bleib ... !", S. 146.
39 Es gibt einige Fälle, wo sich die Kinder vehement widersetzten, zu ihren Eltern zurückzukehren, so beispielsweise Ruth Barnett (vgl. Barnett: Person of No Nationality, S. 104–127), siehe auch Karen Gershon: Wir kamen als Kinder. Eine kollektive Autobiografie. Übers. von Hanns Schuma-

flexionen wird sowohl durch die Form des Gedichts selbst als auch durch die herausgehobene Position am Ende des Werkes betont.

3 Marion Charles – Fehlende Zugehörigkeit in England und spätere Rückkehr nach Deutschland

Die Lebensgeschichte von Marion Charles kann als das Gegenstück zum Schicksal von Lisa Seiden angesehen werden. Im Gegensatz zu ihr fühlt sie sich bei keiner ihrer Gastfamilien wohl und leidet darunter, nie dazuzugehören.

3.1 Glückliche Kindheit in Berlin, Ausgrenzungserfahrungen als Jüdin und Zusammenbruch ihrer Welt

Marion Charles (eigentlich Czarlinski) wird 1927 in Berlin geboren und wächst ebenfalls in einer assimilierten Familie in behüteten und privilegierten Verhältnissen auf. Ihr Vater, der im ersten Weltkrieg als Kavallerie-Offizier gedient hatte und mehrfach ausgezeichnet wurde, ist Patriot und Fabrikbesitzer. Bis 1937 ist für sie von der zunehmenden Ausgrenzung der Juden nichts zu spüren und so wünscht sie sich an ihrem zehnten Geburtstag, ihr Leben möge sich nie verändern.[40]

Aber bald beginnt die Ausgrenzung, die bei ihr als assimilierter nicht praktizierender Jüdin auf keinerlei realen kulturellen oder religiösen Unterschieden basiert, damit für sie völlig unverständlich bleibt und eine „beklemmende[.] Angst" auslöst:

> Wieso war ich anders und wer bestimmte das? Ich hatte die gleichen Haare, die gleiche Hautfarbe, sprach dieselbe Sprache – was erwartete man von mir? Meine Eltern schienen mir genauso wie alle Deutschen zu sein. [...] Sie sahen aus wie andere Deutsche – was hieß da schon »du bist Jüdin«?

---

cher. Frankfurt am Main 1988, S. 144 f. Bei anderen gelang die Wiedervereinigung, so kehrten Hans und Kurt Menasse zu ihren Eltern nach Wien zurück, vgl. die Darstellungen bei Eva Menasse: Vienna. Roman. München 2007, insbesondere S. 91–94 und S. 106–111, sowie Alexander Juraske, Agnes Meisinger und Peter Menasse: The Austrian Boy. Ein Leben zwischen Wien, London und Hollywood. Wien 2019, insbesondere S. 48–52.

40 Vgl. Charles: The Lucky One, S. 5.

> Ich wusste nur, was ich fühlte. Man war nicht ganz normal, umgeben von Schatten und einer ewigen, beklemmenden Angst, aber was man getan hatte, und was genau anders war, wusste keiner.[41]

In der Reichspogromnacht kann ihr Vater der Verhaftung entgehen, seine Fabrik wird jedoch beschlagnahmt. Marion muss zwei Mal die Schule wechseln – sie geht nun auf jüdische Schulen –, die Familie muss ihre große Wohnung verlassen, schließlich beschließt ihr Vater, sie nach England zu schicken. Am Morgen der Abfahrt am 4. Juli 1939 nach England sieht sie ihren Vater weinen, was im völligen Gegensatz zu seinem bisherigen Verhalten steht und von Marion deshalb als „das Allerschlimmste" empfunden wird, was ihr „je widerfahren konnte":[42]

> Die Tür zur Küche stand ein wenig offen, und ich wollte gerade hineingehen, als ich meinen Vater am Tisch sitzen sah, den Kopf auf beide Hände gestützt. Er war ganz gegen seine Gewohnheit unrasiert und trug noch seine alte lila Samtjacke, die er sonst nur abends anhatte, anscheinend war er gar nicht zu Bett gegangen. Ich wollte ihn wie üblich mit zärtlichen Guten-Morgen-Küssen überschütten, aber mit einem Mal bemerkte ich, wie ihm Tränen auf die Wachstuch-Tischdecke tropften. Ich hatte kaum geahnt, dass ein Mann weinen kann und noch dazu mein Vater, der immer lustig war, scherzte, von dem ich in meinen elf Jahren nie ein böses Wort gehört hatte – er saß da und weinte wie ein Kind.[43]

3.2 Mangelnde menschliche Wärme und fehlende Zugehörigkeit bei ihren Gastfamilien

Marion ist in England in Cambridge bei mehreren Pflegefamilien, bei keiner erfährt sie jedoch wirklich menschliche Wärme. Die erste Familie insistiert stets auf Distanz: Marion verbringt ihre Zeit mit dem Dienstmädchen und soll die fast gleichaltrigen Kinder mit „Mistress" und „Master" anreden.[44] Die Besuche bei Bekannten bieten ihr etwas Abwechslung. Sie empfindet sie als „schön"; allerdings kann sie sich in der Bezeichnung „the little refugee" kaum wiederfinden:

> Als ich das Wort zum ersten Mal hörte und entdeckte, dass es mich betraf, war ich erstaunt. Ich hatte mir Flüchtlinge immer arm und hungrig vorgestellt, aber hier war ich, gekleidet nach der neuesten Kindermode – maßgeschneidert oder im KDW gekauft –, und aß von Silbertellern in Privatschlössern.[45]

---

41 Charles, S. 13.
42 Charles, S. 29.
43 Charles, S. 29.
44 Charles, S. 34.
45 Charles, S. 35.

Den Schrankkoffer, den ihr Vater ihr mit der nötigen Garderobe für die nächsten fünf Jahre nachgeschickt hat, darf sie nicht mit ins Haus nehmen; einige Kleidungsstücke trägt ihre Pflegemutter.

Auch bei der zweiten Familie bleibt sie Gast. Die Distanz ist hier in der Tatsache begründet, dass die Familie auf das Geld des Flüchtlingskomitees angewiesen ist und deshalb unbedingt einen gewissen Standard bieten möchte.[46]

Bei der dritten Familie, wo sie vier Jahre bleiben wird, kann Marion ebenfalls kein Gefühl der Zugehörigkeit entwickeln. Zunächst entsteht allerdings eine gewisse Nähe, sie fühlt sich als zur Familie gehörig, nicht zuletzt, da alle „genau das Gleiche aßen"[47]. Ihre Pflegemutter, die sie „Auntie" nennen soll, lehnt das Geld des Flüchtlingskomitees ab, weil sie sie „wie ihr eigenes Kind" behandeln möchte. Charles betont, dass sie ihr einiges verdankt: Sie darf fast jede Woche mit ihr ins Theater gehen und lernt mit den Kindern, Bridge und Tennis zu spielen sowie Hörspiele zu verfolgen.

In Bezug auf den Umgang mit Emotionen erlebt Charles sowohl in der schulischen Erziehung als auch in der Familie eine kulturelle Praxis, die sich von der in ihrem bisherigen kulturellen Umfeld unterscheidet. Während der Ausdruck der eigenen Gefühle in ihrem Leben in Deutschland zulässig war, wird sie nunmehr dazu erzogen, keine Emotionen zu zeigen:[48]

> „To keep a stiff upper lip", eine steife Oberlippe behalten, war ein Ausdruck, der in den besseren Privatschulen in England viel benutzt wurde. Ich hatte längst gelernt, meine Gefühle zu unterdrücken und Haltung zu bewahren.[49]

Hier wird die kulturelle Vermitteltheit des Umgangs mit Emotionen besonders evident.[50] Sogar bei der Nachricht vom Tod ihres Vaters erfährt Marion von der Familie keinerlei Anteilnahme und ist selbst nur auf Gefühlsunterdrückung bedacht:

> Eines Tages saß die ganze Familie am Frühstückstisch, und Auntie sagte so ganz nebenbei: „I suppose, you know your father is dead." [...] Selbst in diesem Moment verzog ich keine Miene. Ich nickte mit dem Kopf, als ob ich es gewusst hätte, und aß mein Margarinebrot

---

46 Charles, S. 41 f.
47 Charles, S. 44.
48 Vgl. hierzu auch die Darstellungen von Stefanie Zweig beispielsweise in ihrem autobiografischen Roman *Nirgendwo in Afrika* aus dem Jahr 1995, siehe Stefanie Zweig: Nirgendwo in Afrika. In: Dies.: Nirgendwo in Afrika. Irgendwo in Deutschland. Zwei Romane in einem Band. München 2000, S. 92, S. 96, S. 102 und S. 193.
49 Charles: The Lucky One, S. 46.
50 Vgl. hierzu Lehmann: Geschichte, S. 144 f. Zur kulturellen Codierung von Emotionen vgl. auch Lehmann, S. 146 f., Klaus Hansen: Kultur und Kulturwissenschaft. Tübingen 2011 (4. Aufl.), S. 85–101 und Trepp: Gefühl, S. 93.

weiter – man war zu hungrig, um es liegen zu lassen. Es erschien mir wie eine Ewigkeit, bis das Frühstück beendet war und ich den Tisch verlassen konnte. Ich verkroch mich in meinem Zimmer. Der Hund lag auf dem Bett – auch in diesem Haus war er langsam mein bester Freund geworden –, und Tränen fielen auf sein Fell. Ich erinnerte mich daran, wie mein Vater am letzten Tag in der Limonenstraße den Kopf so voller Gram in die Hände gestützt hatte. Vielleicht weil er ahnte, dass wir uns nie wiedersehen würden.[51]

Marion bleibt bei dieser Familie insgesamt vier Jahre; die Beziehungen werden im Laufe der Zeit immer schwieriger. Ihre Pflegemutter würdigt ihre schulischen Leistungen herab: „Ach, ich wünschte, du wärest die Schlechteste! Die Schule ist so unwichtig"[52]; schließlich möchte sie, dass Marion nach der Schule arbeitet und nicht studiert. Außerdem versucht sie den Kontakt mit einer anderen, bei ihr einquartierten Jüdin zu unterbinden, die, nachdem sie beim Saubermachen einen Brief der Pflegemutter mit antisemitischem Inhalt gefunden hatte – „Die Israeliten übernehmen langsam mein Haus"[53] –, beim Flüchtlingskomitee veranlasst, dass Marion ihre Unterkunft wechselt. Marion wird sich hinterher bewusst, dass Auntie versuchte, sie „zu einem anderen Menschen zu machen".[54]

Zu den Ausgrenzungserfahrungen in den verschiedenen Familien kommen auch die Reaktionen der englischen Gesellschaft hinzu, die Deutsche seit dem deutschen Eroberungskrieg zunehmend ablehnen:[55]

> Daran, dass ich jüdisch war, hatte ich mich zwar gewöhnt, und ich schämte mich nicht mehr dafür. Aber Deutsche zu sein, war mir jetzt unangenehm. […] Seit dem Einmarsch der Deutschen in Frankreich, Holland und Belgien im Mai 1940 wurde mit großem Hass von Deutschland und den Deutschen gesprochen. »Bloody Germans«, hörte man die ganze Zeit, »dirty Huns«.
>
> Im Innersten kränkte es mich sehr. Schließlich hatte ich mein Land geliebt und war erzogen worden, stolz darauf zu sein. Auch nachdem ich meine jüdischen Wurzeln entdeckte, war ich mehr mit den deutschen als den jüdischen Sitten verbunden. Wenn sie doch nur von den Nazis statt von den Deutschen gesprochen hätten. Aber die Engländer konnten das Wort »Nazi« kaum aussprechen.[56]

An diesen Textstellen mit ihrer expliziten Kritik an den Engländern wegen ihrer mangelnden Differenzierung wird besonders deutlich, dass Charles für

---

51 Charles: The Lucky One, S. 47.
52 Charles: The Lucky One, S. 45 und S. 51; siehe auch Charles: Ich war ein Glückskind, S. 153
53 Charles: The Lucky One, S. 53
54 Charles, S. 65. Vgl. auch Charles, S. 62.
55 Vgl. hierzu auch weitere Schilderungen bei Gershon: Wir kamen als Kinder, S. 109–111.
56 Charles: The Lucky One, S. 42 f.

ein deutsches Publikum schreibt – ihre Autobiografie wurde nicht auf Englisch veröffentlicht.[57]

Es ist der Mangel an Zugehörigkeit, den Marion Czarlinski während des Krieges im Gegensatz zu Lisa Seiden fortwährend empfindet, der sie dazu bringt, ausgesprochen früh zu heiraten, obwohl sie damit zunächst ihr Studium, auf das sie viele Jahre hingearbeitet hat, aufschiebt. Sie berichtet, dass ihr zu der Zeit alles egal gewesen sei, es „zählte nur das Bewusstsein, nun zu jemandem zu gehören"[58]. Später erklärt sie in Bezug auf ihre armseligen Lebensbedingungen: „Mir war das alles egal. Ich wollte nur ein Heim haben und jemanden, der mich liebte"[59]. Nach ihrer Hochzeit verbringt Charles Monate „in vollkommener Glückseligkeit"[60].

Schon vor der Hochzeit wurde ihr – diesmal mit mehr Empathie und Rücksichtnahme auf ihre Gefühle – mitgeteilt, dass ihre Mutter noch lebt:

> Eines Tages im Frühjahr 1945, als ich zur Schule kam, rief mich die Direktorin zu sich. „Ich habe eine Nachricht für dich", sagte sie, „setz dich erst hin." Ich setzte mich mit zitternden Beinen und trockener Kehle. „Hier ist eine Nachricht von deiner Mutter, sie ist am Leben."
>
> Sprachlos stand ich auf, ich hatte die Hoffnung nie aufgegeben. Ich war mir immer sicher gewesen, dass Mutter sich meinetwegen durchkämpfen würde, nun aber wusste ich, dass sie es geschafft hatte! Ich konnte es nicht fassen. [...] Es ging ihr gut. Sie war bei Freunden in Magdeburg. Deutsche Freunde! Also konnten doch nicht alle Deutschen Nazis gewesen sein.
>
> ES WAR DER GLÜCKLICHSTE MOMENT MEINES LEBENS. Ich durfte den Tag frei nehmen. [...]
>
> Vor Aufregung wusste ich nicht, was ich machen sollte. Ich ging zur Synagoge – so lange Zeit war ich nicht dort gewesen – und wollte Gott danken. Auntie hatte mich zu einer Atheistin gemacht, aber nun erschien es mir wieder möglich, an Gott zu glauben.[61]

Dieser Abschnitt zeichnet sich durch die Darstellung eines intensiven Gefühlserlebens aus. Auf die Ankündigung der Direktorin einer „Nachricht" reagiert Marion körperlich mit „zitternden Beinen und trockener Kehle". Sie ist sprach- und fassungslos. Charles schildert hier nicht nur ihre Gefühle, sondern nimmt auch eine Bewertung vor, indem sie die überragende Bedeutung des Ereignisses hervorhebt („ES WAR DER GLÜCKLICHSTE MOMENT MEINES LEBENS"), die sie mit Großbuchstaben noch zusätzlich betont.

---

57 Trepp weist darauf hin, dass „beim Schreiben immer ein Gegenüber mitgedacht wird, für das das Geschriebene auch erzählerisch gestaltet und gelenkt wird." (Trepp: Gefühl, S. 90).
58 Charles: The Lucky One, S. 73.
59 Charles, S. 82.
60 Charles, S. 73.
61 Charles, S. 69; Hervorhebung im Original.

Das Wiedersehen mit ihrer Mutter verläuft ganz im Gegensatz zu den Erfahrungen vieler anderer Betroffener positiv; es stellt sich schnell wieder eine neue Nähe ein:

> Die Passagiere verließen das Schiff, Mutter kam immer näher. Wir fielen uns in die Arme. „Mutti" – „Meine Marion", und erst in diesem Moment kam mir zu Bewusstsein, dass ich kaum ein deutsches Wort mehr über die Lippen brachte. Was gab es da auch weiter zu sagen? Als schüchternes, kleines Mädel von elf Jahren war ich fortgegangen, und Mutter hatte mit Tränen in den Augen unter dem Kirschbaum in der Limonenstraße gestanden. Hier empfing sie nun eine neunzehnjährige, verheiratete Engländerin, viel größer als sie, beinahe eine völlig andere Person.
>
> Wir saßen im Zug nach London, dicht beisammen, die Tränen wollten nicht trocknen, und Mutter erzählte und erzählte. Von den schweren Jahren der Einsamkeit, der Sehnsucht nach mir und der Angst. Sie sprach von meinem Vater, wie er sich nach meiner Auswanderung immer mehr grämte, wie ihm seine Kriegsverletzungen größere Schmerzen als zuvor verursachten und wie die Enttäuschung über sein Deutschland von Tag zu Tag wuchs. Eines Tages wachte er einfach nicht mehr auf.[62]

Die Wiederannäherung wird durch körperliche Nähe („dicht beisammen") und einen intensiven Erfahrungsaustausch begünstigt („Mutter erzählte und erzählte").[63] Marions Mutter benennt die Emotionen Einsamkeit, Sehnsucht und Angst. In den Sätzen über den Vater fällt wiederum das Zusammenspiel von körperlichen und seelischen Faktoren ins Auge: Die Gram geht mit größeren körperlichen Schmerzen und zunehmender Enttäuschung einher und verursacht schließlich den Tod.

Marion Charles reist durch ihre gemeinsame unternehmerische Tätigkeit mit ihrem Mann zum ersten Mal anlässlich einer Messe wieder nach Deutschland, obwohl sie sich eigentlich nicht vorstellen kann, „auch nur zu Besuch nach Deutschland zu fahren".[64] Schnell entdeckt sie eigene Vorurteile: Ein Mann im Ledermantel erinnert sie an Göring, entpuppt sich aber als jüdischer Emigrant aus London.[65] Ein Ehepaar, das sie nach dem Weg fragt, erkennt ihren Berliner Einschlag beim Sprechen. Charles schildert ihre ambivalenten Gefühle:

> Ich eilte davon. Ich konnte doch nichts gemeinsam haben mit Berlinern, die vielleicht mit verantwortlich waren dafür, dass ich als Kind meine Heimatstadt und mein Zuhause verlassen musste. Und doch kamen sie mir bekannt vor. So wie die Leute in der Konditorei erinnerten sie mich an die Freunde meiner Eltern, mit denen diese sich manchmal im Grunewald trafen[66]

---

62 Charles: The Lucky One, S. 75.
63 Ruth Barnett berichtet hingegen, dass sie die Berührungen ihrer Mutter nicht ertrug (vgl. Barnett: Person of No Nationality, S. 105).
64 Charles: The Lucky One, S. 88.
65 Vgl. auch Charles, S. 105 f.
66 Charles, S. 89.

In dieser Beschreibung wird der kognitive Anteil von Emotionen sowie ihre Gebundenheit an die persönliche Geschichte besonders deutlich.[67] Charles meint, sie könne „doch nichts gemeinsam haben mit Berlinern", die vielleicht für ihr Schicksal verantwortlich waren; zugleich empfindet sie jedoch eine gewisse Vertrautheit und wird sich damit der Historizität von Emotionen, das heißt der Gebundenheit der Gefühle an frühere Erfahrungen, bewusst.

Noch vor Ende der Messe organisieren die Retter ihrer Mutter ein Treffen. Die Freundin ihrer Mutter entschuldigt sich „für ganz Deutschland"[68], was bei Charles zu einer Veränderung ihres Deutschlandbildes beiträgt:

> Ich konnte Deutschland nicht hassen. Und wie sollte man sich hier auch nicht wohl fühlen! Die herrlichen Kuchen im Café Reichert mit Bergen von Schlagsahne [...] Es kam mir beinahe vor, als ob das Bild von Deutschland, das mich so lange gequält hatte, auf einem Irrtum beruhe. Plötzlich sah ich nicht mehr das Land der vielen Schatten und der schrecklichen Erinnerungen vor mir, sondern das Land meiner geborgenen Vorschulzeit. Ich fühlte mich wie in einem freundlichen Schlaraffenland, in dem die Schaufenster voller Kuchen mit Schlagsahne waren. Wie merkwürdig war es, dass die deutsche Sprache, die irgendwo in mir geschlummert hatte, zurückkam, als hätte sie nur überwintert. Aber es war das Deutsch einer Zehnjährigen. Ich hatte keine Ahnung von technischen Wörtern, vom Wortschatz der Sexualität, von allem, was mit Fernsehen und Raumschiffen, Hubschraubern und moderner Wissenschaft zusammenhing.[69]

Ihre Emotionen bewirken, dass Charles fortan „fast nur noch für die jährlichen Messen"[70] lebt. Sie kann auf die Frage nach ihrer Zugehörigkeit keine eindeutige Antwort geben:[71]

> Mit wem fühlte ich mich verbunden? Mit den Juden, die [...] mir unverständliche jiddische Worte benutzten, hatte ich wenig Gemeinsamkeiten; von den Engländern wurde ich nicht so ganz akzeptiert, den Deutschen gegenüber schwankte ich zwischen Misstrauen und Zuneigung. Wo hatte ich mit meinen dreißig Jahren Wurzeln gefasst?[72]

Später reflektiert sie:

> Ich hatte versucht, englischer als die Engländer zu werden. Trotzdem merkte ich langsam, wie wenig Gemeinsames ich mit meiner Umgebung teilte. Auch meine Tochter, die inzwi-

---

67 Vgl. hierzu Lehmann: Geschichte, S. 149.
68 Charles: The Lucky One, S. 90.
69 Charles, S. 90 f. Zur Sprachentwicklung siehe auch S. 49 und S. 70.
70 Charles, S. 91.
71 Vgl. hierzu auch Charles, S. 109.
72 Charles, S. 93.

schen studierte, war gern in Gesellschaft junger Leute, deren Eltern oder Großeltern nicht in England geboren waren.[73]

Obwohl ihre Mutter und ihre Tochter in England leben, beschließt Charles, nach Deutschland zurückzukehren und eine Fremdsprachenschule am Bodensee zu übernehmen – sie bleibt dort 25 Jahre.[74] Die Forschungen Rebekka Göpferts bestätigen Charles' Gefühl mangelnder Zugehörigkeit in England: „‚Kinder', die zeit ihres Lebens in Großbritannien geblieben sind, haben bis heute die Identität des Flüchtlings, da sie zwar als ‚British subjects' akzeptiert werden, aufgrund ihrer Herkunft jedoch nur in den seltensten Fällen als ‚British'".[75]

4 Fazit

Die Lebensgeschichten von Lisa Seiden und Marion Charles weisen eine Vielzahl von Emotionen auf, von denen einige hier aufgeführt und analysiert wurden. Zunächst lassen die untersuchten Emotionen deutlich werden, wie sehr sie als „zentrale Faktoren des menschlichen Handelns und menschlicher Entscheidungsprozesse"[76] angesehen werden können. Darüber hinaus konnte die These von der zentralen Rolle, die die Gefühle von Zugehörigkeit bzw. Ausgegrenztheit für das Wohlbefinden und für

---

[73] Charles: The Lucky One, S. 103. Charles versucht, ihre Tochter Wendy in England heimisch werden zu lassen, erkennt aber im Nachhinein das Vergebliche ihres Versuchs: „An ihrem neuen Internat konnte Wendy leider nur in den Ferien nach Hause kommen. Sie sollte die typische Ausbildung eines englischen Mädchens der Mittelschicht erhalten. Heutzutage hätte ich sicher anders gehandelt, damals war es mein Traum, dass sie Wurzeln schlagen würde – eine komplette Illusion, wenn die Ahnen nicht auch englisch waren." (Charles, S. 98).
  Charles berichtet hingegen von einem engen Verhältnis zwischen ihrer Tochter und ihrer Mutter, also zwischen Großmutter und Enkelkind (vgl. Charles, S. 103). Wendy Leigh hat schließlich sehr unter dem Tod ihrer Mutter gelitten und ist nur fünf Monate später gestorben, siehe beispielsweise den Nachruf in *The Telegraph* vom 2. Juni 2016, https://www.telegraph.co.uk/news/2016/06/02/wendy-leigh-best-selling-biographer-of-david-bowie-and-jfk-dies/ (Zugriff: 23.01.2024).
[74] Für Gideon Behrendt ist London nach „all den Jahren [...] nur eine fremde Stadt, in der [er; C.A.] nichts zu suchen hatte" (Behrendt: Mit dem Kindertransport, S. 152). Über eine starke Zuneigung zu England berichtet hingegen beispielsweise Mordechai Ron, die ihn allerdings trotzdem nicht daran gehindert hat, ebenso wie Gideon Behrendt nach Israel zu gehen: „England war mehr für mich als der zufällige Ort meiner Rettung. Ich entwickelte eine Liebe für dieses Land und seine Bewohner [...]. Freundlichkeit, Güte, Verständnis und Mitgefühl erfuhr ich hier" (Mordechai Ron in Göpfert: Ich kam allein, S. 130).
[75] Rebekka Göpfert: Der jüdische Kindertransport von Deutschland nach England 1938/39. Geschichte und Erinnerung. Frankfurt am Main 1999, S. 25.
[76] Lehmann: Geschichte, S. 143.

Lebensentscheidungen spielen, erhärtet werden. Der Mangel an Zugehörigkeit in England und die positiven Gefühle Deutschland gegenüber bewirken bei Marion Charles, dass sie nach Deutschland zurückkehrt. Lisa Seiden hingegen siedelt aus Pflichtgefühl ihren Eltern gegenüber nach Argentinien über, erlebt diese Veränderung aber als wesentlich traumatischer als ihr Exil in England.

Literatur

Baruch Brent, Leslie: Ein Sonntagskind? Vom jüdischen Waisenhaus zum weltbekannten Immunologen. Berlin 2009.
Barnett, Ruth: Person of No Nationality. A Story of Childhood Loss and Recovery. London 2010.
Behrendt, Gideon: Mit dem Kindertransport in die Freiheit. Vom jüdischen Flüchtling zum Corporal O'Brian. Frankfurt am Main 2001.
Benz, Wolfgang; Curio, Claudio; Hammel, Andrea (Hg.): Die Kindertransporte 1938/1939. Rettung und Integration. Frankfurt am Main 2003.
Charles, Marion: Ich war ein Glückskind. Mein Weg aus Nazideutschland mit dem Kindertransport. Aus dem Englischen von Anne Braun. München 2013.
Charles, Marion: The Lucky One. Die Lebensgeschichte von Marion Charles. Nürtingen 2012.
Fiehler, Reinhard: Kommunikation und Emotion. In: Sprachreport 7 (1991), 1, S. 11–13.
Gershon, Karen (Hg.): Wir kamen als Kinder. Eine kollektive Autobiografie. Übers. von Hanns Schumacher. Frankfurt am Main 1988.
Göpfert, Rebekka: Der jüdische Kindertransport von Deutschland nach England 1938/39: Geschichte und Erinnerung. Frankfurt am Main 1999.
Göpfert, Rebekka (Hg.): Ich kam allein. Die Rettung von zehntausend jüdischen Kindern nach England 1938/39. Nach Bertha Leverton und Shmuel Lowensohn (Hg.): I came alone. The Story of the Kindertransports. München 1994.
Hammel, Andrea: ‚I believe that my experience began in the womb and was later absorbed through my mother's milk': Second Generation Trauma Narratives. In: German Life and Letters 72 (2019), 4, S. 556–569.
Hansen, Klaus P.: Kultur und Kulturwissenschaft. Tübingen 2011 (4. Aufl.).
Hansen-Schaberg, Inge: Nachwort. In: Seiden, Lisa: „Bleib immer mit deinem Bruder zusammen!". Eine Geschichte vom Kindertransport, hg. und mit einem Nachwort von Inge Hansen-Schaberg. Aus dem Spanischen von Dieter Heymann. Berlin 2018, S. 147–151.
Homer, Stephanie: The Kindertransport in Literature. Reimagining Experience. Oxford 2022.
Juraske, Alexander; Meisinger, Agnes; Menasse, Peter: The Austrian Boy. Ein Leben zwischen Wien, London und Hollywood. Wien 2019.
Lehmann, Johannes F.: Geschichte der Gefühle. Wissensgeschichte, Begriffsgeschichte, Diskursgeschichte. In: Martin von Koppenfels und Cornelia Zumbusch (Hg.): Handbuch Literatur & Emotionen. Berlin 2016, S. 140–157.
Leigh, Wendy: Einleitung. In: Charles, Marion: Ich war ein Glückskind. Mein Weg aus Nazideutschland mit dem Kindertransport. Aus dem Englischen von Anne Braun. München: 2013, S. 9–14.
Menasse, Eva: Vienna. Roman. München 2007.

Nachruf auf Wendy Leigh, 2.6.2016, in: The Telegraph, https://www.telegraph.co.uk/news/2016/06/02/wendy-leigh-best-selling-biographer-of-david-bowie-and-jfk-dies/ (Zugriff: 23.01.2024).

Seiden, Lisa: „Bleib immer mit deinem Bruder zusammen!". Eine Geschichte vom Kindertransport, hg. und mit einem Nachwort von Inge Hansen-Schaberg. Aus dem Spanischen von Dieter Heymann. Berlin 2018.

Trepp, Anne-Charlott: Gefühl oder kulturelle Konstruktion? Überlegungen zur Geschichte der Emotionen. In: Querelle 7 (2002), S. 86–103.

Zweig, Stefanie: Nirgendwo in Afrika. In: Dies.: Nirgendwo in Afrika. Irgendwo in Deutschland. Zwei Romane in einem Band. München 2000, S. 3–364.

Irene Nawrocka
Die Mutter rettet sich selbst: zu Cordelia Edvardsons autobiografischem Text *Gebranntes Kind sucht das Feuer* in Schweden und Deutschland

1 Die Wiederentdeckung eines Auschwitz-Berichts

„Gegenwartsstoff für eine antike Tragödie", so bezeichnet die Jury des Geschwister-Scholl-Preises 1986 Cordelia Edvardsons „ungeheuerliche Kinder- und Opfergeschichte" „in quälenden Familienszenen und Schreckensberichten aus den Lagern", „eine barbarisch zerrissene Kindheit", die von Berlin über Theresienstadt nach Auschwitz führt.[1] Die deutschsprachige Neuausgabe von *Gebranntes Kind sucht das Feuer* in neuer Übersetzung aus dem Schwedischen von Ursel Allenstein und mit einem Nachwort von Daniel Kehlmann erreicht 2023 – siebenunddreißig Jahre nach Erscheinen der deutschen Erstausgabe – innerhalb weniger Monate die dritte Auflage, eine erfolgreiche Wiederentdeckung also. Die schwedische Originalausgabe des Textes (*Bränt barn söker sig till elden*), zuletzt 2012 im Todesjahr der Autorin in einer Taschenbuchausgabe aufgelegt, ist gegenwärtig (Anfang 2024) vergriffen und liegt nur in antiquarischen Exemplaren vor.

Als der österreichische Schriftsteller Daniel Kehlmann Anfang 2022 den Elisabeth-Langgässer-Preis erhielt,[2] nahm er dies zum Anlass, sich mit dieser Autorin und ihrem Werk auseinanderzusetzen. Er hält es für „nicht gut gealtert"[3], aber er wurde dadurch auf das erstmals 1984 auf Schwedisch erschienene Buch von Cordelia Edvardson, Langgässers Tochter, aufmerksam. *Gebranntes Kind sucht das Feuer* kam 1986 auf Deutsch heraus.[4] Es wurde bald nach Erscheinen in eine Reihe mit Primo

---
1 Preisträgerin 1986 Cordelia Edvardson: Gebranntes Kind sucht das Feuer, https://geschwister-scholl-preis.de/preistraegerinnen/1986/ (Zugriff: 29.1.2024)
2 Bei der Preisverleihung ist Edvardsons Tochter Elisabeth Hoffmann anwesend. Marta Thor: Vermessener Perspektivenwechsel? Schriftsteller Daniel Kehlmann nimmt Elisabeth-Langgässer-Literaturpreis im Weingut der Stadt Alzey entgegen. In: Allgemeine Zeitung, 28.2.2022, https://www.alzey.de/de-wAssets/docs/2022-02-28_AZ_Vermessener-Perspektivwechsel.PDF (Zugriff: 19.1.2024)
3 Daniel Kehlmann: Nachwort. Von der Asche sprechen. In: Cordelia Edvardson: Gebranntes Kind sucht das Feuer. Roman. München 2023, S. 135–147, hier S. 135.
4 Ich danke Kirsten Vogelsang vom Münchner Carl Hanser Verlag für Kopien der Rezensionen zur deutschsprachigen Erstausgabe.

Levis *Ist das ein Mensch?* (1947, Neuauflage mit einem Nachwort von Cordelia Edvardson 1988), Elie Wiesels *Die Nacht* (1956) und Ruth Klügers *weiter leben* (1992) gestellt.[5]

In Schweden, wohin Cordelia Edvardson mit der schwedischen Rettungsaktion der „Weißen Busse"[6] im Frühjahr 1945 kam, war sie vor Erscheinen ihres autobiografischen Textes vorwiegend als Journalistin und Korrespondentin der Qualitäts-Tageszeitung *Svenska Dagbladet* im Nahen Osten bekannt. Als Schriftstellerin veröffentlichte sie bereits 1958 unter dem Pseudonym Maria Heller – angelehnt an den Namen ihres leiblichen Vaters, Hermann Heller, den sie nie kennen gelernt hatte – das Büchlein *Så kom jag till Kartago* (*So kam ich nach Karthago*[7], nicht ins Deutsche übersetzt) mit autobiografischen Prosatexten und Gedichten. Nach *Gebranntes Kind sucht das Feuer* folgte 1988 ein weiterer Auschwitz-Bericht *Viska det till vinden* (deutsche Ausgabe unter dem Titel *Die Welt zusammenfügen*, 1989), „Primo Levi in memoriam" zugeeignet. Edvardson wurde in den darauffolgenden Jahren in Schweden mit zahlreichen Preisen ausgezeichnet. 2009 erhielt sie das Bundesverdienstkreuz 1. Klasse für herausragende Verdienste um die deutsch-schwedischen Beziehungen. 2010 stiftete das Institut für Medienstudien der Stockholmer Universität den Cordelia-Edvardson-Preis, dessen Jury sie bis zu ihrem Tod selbst angehörte.

2 Ein autobiografischer „Roman"

Der Klappentext der aktuellen deutschen Ausgabe klärt den Leser darüber auf, dass es sich um die eigene Lebensgeschichte der Autorin handelt. Der „Roman", wie Edvardson ihren Text selbst bezeichnet,[8] ist in der dritten Person geschrieben. Das Kind, das seine Mutter abgöttisch liebt, wächst in einem katholischen Zuhause auf

---

5 Hannes Stein: Ihr Leben passt in keinen Zeitungsartikel. In: Welt, 1.11.2012, https://www.welt.de/print/die_welt/kultur/article110493372/Ihr-Leben-passt-in-keinen-Zeitungsartikel.html (Zugriff: 29.1.2024). Zu Kehlmanns „Kategorie der bleibenden Holocaust-Erinnerungen" zählen die Bücher von Primo Levi, Imre Kertész, Jorge Semprún, Ruth Klüger oder Thomas Buergenthal. Kehlmann: Nachwort, S. 136.
6 Zu Folke Bernadottes Rettungsaktion siehe u. a.: Oliver von Wrochem (Hg.): Skandinavien im Zweiten Weltkrieg und die Rettungsaktion Weiße Busse. Ereignisse und Erinnerung. Berlin 2012.
7 Die Übersetzung der Zitate aus dem Schwedischen stammt von der Autorin dieses Beitrags.
8 In einem Interview in den „Stuttgarter Nachrichten" vom 2.4.1986 antwortete Edvardson auf die Frage, warum sie ihr Buch „Roman" nenne, obwohl es doch eher das Dokument eines Lebens sei: „Das Buch ist ein Roman in dem Sinn, daß es ganz bewußt künstlerisch gestaltet ist, jedes Wort ganz bewußt gewählt wurde. Mein Roman handelt ja auch von inneren Erlebnissen viel mehr als von äußeren. Weil ich mich an viele Fakten nicht erinnere, ist es notgedrungen auf sehr weniges reduziert."

und wird im Berlin der 1930er Jahre aufgrund seiner jüdischen Herkunft, von der es nichts weiß, immer mehr ausgeschlossen, darf dem Bund deutscher Mädel nicht beitreten und wird schließlich der Schule verwiesen. Es kann auch immer weniger am Familienleben teilnehmen und muss in mit dem gelben Judenstern markierten Häusern übernachten. Eine Adoption durch eine spanische Familie, die die Mutter erreicht, und damit verbunden die spanische Staatsbürgerschaft scheinen kurz die Rettung zu sein, bis das vierzehnjährige Mädchen selbst seiner Deportation zustimmt, nach Theresienstadt[9] und letztendlich nach Auschwitz verschleppt wird – und überlebt.

Cordelia Edvardson wurde 1929 unehelich in Berlin geboren. Der Vater, der jüdische Staatswissenschaftler Hermann Heller, lehnte den Kontakt zu seiner Tochter ab, anerkannte jedoch die Vaterschaft vor dem Vormundschaftsgericht,[10] was für das Mädchen einige Jahre später lebensbedrohliche Konsequenzen haben sollte. Nach den „Nürnberger Rassengesetzen" von 1935 war das Mädchen „jüdisch".

Die Mutter Elisabeth Langgässer[11] galt im Dritten Reich als „Mischling 1. Grades", war jedoch aufgrund ihrer Ehe mit dem „Arier" Wilhelm Hoffmann, die sie 1935 schloss, einer „privilegierten Mischehe", geschützt. Aus dieser Beziehung stammten drei weitere Mädchen. Nach der Heirat ihrer Mutter mit Hoffmann bekam Edvardson seinen Nachnamen – und er war gewalttätig gegen sie.[12]

Elisabeth Langgässer wurde im Mai 1936 aus der Reichsschrifttumskammer ausgeschlossen, was einem Veröffentlichungsverbot gleichkam. Posthum erschien 1950 ihr letzter Roman *Märkische Argonautenfahrt*, für den sie einen Bericht ihrer Tochter über deren Erfahrungen in Auschwitz verwendet hatte.[13] „Als sie den

---

9 Edvardson war vom 10. März 1944 bis 18. Mai 1944 in Theresienstadt. Sie wurde dort unter dem Namen Hoffmann-Garcia, Scouvart Cordelia Maria geführt. Siehe Database of the Terezín inmates and persons deported to the Łódź and Minsk ghettoes and to the Ujazdów labor camp, https://www.pamatnik-terezin.cz/prisoner/te-15 (Zugriff: 25.1.2024)
10 Elisabeth Hoffmann: Jüdin – Deutsche – Katholikin. Fragen nach der Identität am Beispiel von Elisabeth Langgässer und Cordelia Edvardson. In: Jutta Dick und Barbara Hahn (Hg.): Von einer Welt in die andere. Jüdinnen im 19. und 20. Jahrhundert. Wien 1993, S. 288.
11 Siehe auch Sonja Hilzinger: Elisabeth Langgässer. Eine Biografie. Berlin 2009.
12 Edvardson: Gebranntes Kind, S. 32.
13 Elisabeth Langgässer hatte ihre Tochter Cordelia im Juni 1948 um einen Bericht ersucht: „Dela, diese Dinge muss ich ganz genau wissen, um sie der Nachwelt als Feuerwein zu kredenzen – in meinem Werk, in dem nächsten Buch, an dem ich jetzt schreibe." (Elisabeth Langgässer: Briefe 1924–1950, hg. von Elisabeth Hoffmann. Düsseldorf 1990, S. 784–785.) Dieser Bericht wird heute im Nachlass von Elisabeth Langgässer im Deutschen Literaturarchiv in Marbach aufbewahrt und wurde von dieser laut Elisabeth Hoffmann in der „Frankfurter Rundschau" 1948 veröffentlicht, ohne Hinweis darauf, dass es sich bei der Verfasserin um ihre eigene Tochter handelt. Hoffmann. In: Elisabeth Pfister: Unauslöschliche Siegel. Hörspiel. Hessischer Rundfunk, Erstsendung 19.6.1991, 40:29.

Roman der Mutter später las, erkannte sie ihre Erinnerungen nicht wieder. [...] Wie sollte es auch anders sein, es war von einer Lebenden geschrieben worden."[14]

Cordelia Edvardson heiratete 1948 sehr jung den schwedischen Sportjournalisten und Schriftsteller Ragnar Edvardson, der aus einer protestantischen Pfarrersfamilie stammte. Im selben Jahr kam Sohn Martin auf die Welt (er starb im Alter von zehn Jahren an Krebs). Die Ehe hielt nur wenige Jahre, 1953 folgte die Scheidung. Später bekam Edvardson weitere Kinder, u. a. mit dem schwedischen Schriftsteller Tore Zetterholm einen unehelichen Sohn. 1950, als Cordelia Edvardson gerade ein Mädchen zur Welt brachte, wenige Monate, bevor sie sich von ihrem Ehemann trennte, starb Elisabeth Langgässer, was Edvardson unmittelbar nach der Geburt erfuhr. Sie nannte daraufhin ihre Tochter nach ihrer Mutter Elisabeth und gab sie kaum ein Jahr später weg – eine Wiederholung in der Familiengeschichte, die Mutter übergibt ihr Kind: „Ich hatte keine Ausbildung, keinen Beruf, kein Geld, nichts."[15] Elisabeth Hoffmann wurde von Edvardsons Stiefvater Wilhelm Hoffmann 1956 adoptiert und wuchs in Deutschland auf. Sie gab 1990 die Briefe ihrer Großmutter heraus[16] und publizierte auch zu Cordelia Edvardson und Elisabeth Langgässer beziehungsweise zu deren Verhältnis zueinander, allerdings ohne dabei zu erwähnen, dass sie die Tochter beziehungsweise die Enkelin und somit selbst in diese Familiengeschichte verstrickt ist.[17]

Die Literaturwissenschaftlerin und Schriftstellerin Ruth Klüger, ebenfalls eine Auschwitz-Überlebende, schreibt 1997 über Edvardson und Langgässer:

> Die Lebensgeschichte der christlichen Dichterin Elisabeth Langgässer ist für heutige Leser ein besonders irritierendes Stück unverdaulicher Vergangenheit. [...] Langgässers Ruhm war kurzlebig. [...] Erst Cordelia Edvardsons Buch löste in der deutschen Übersetzung von 1986 sowohl ein erneutes als auch neuartiges Interesse an ihrer Mutter aus: Elisabeth Langgässer wurde zum Sündenbock für deutsche Schuld, wegen der im Stich gelassenen Tochter. Cordelia Edvardson protestiert jedesmal, wenn auf Grund ihres Buches von deutscher Seite Vorwürfe gegen ihre Mutter erhoben werden, und erinnert daran, daß nicht die Mutter es war, die das Kind verschleppte, daß man vielmehr denen die Schuld zu geben hat, die einer Mutter ein solches Dilemma aufzwingen."[18]

---

14 Edvardson: Gebranntes Kind, S. 118.
15 Edvardson im Interview mit Birgitta Albons: Även min dotter drabbades av skulden. In: Dagens Nyheter, 6.7.1998.
16 Elisabeth Langgässer: Briefe 1924–1950, hg. von Elisabeth Hoffmann. Düsseldorf 1990.
17 Siehe Literaturverzeichnis.
18 Ruth Klüger: Wiederkehr mit Anemone. Ursula El-Akramy geht mit Elisabeth Langgässer ins Gericht. In: Frankfurter Allgemeine Zeitung, 11.9.1997, Nr. 211, S. 42, https://www.faz.net/aktuell/feuilleton/buecher/rezension-sachbuch-wiederkehr-mit-anemone-11303336.html?service=printPreview.

3 „ich bin ... *a graduate of Auschwitz*"

Viel zitiert ist der erste Satz von Cordelia Edvardsons *Gebranntes Kind sucht das Feuer* (auch der Klappentext der deutschsprachigen Neuausgabe beginnt so): „Das Mädchen hatte schon immer gewusst, dass etwas mit ihm nicht stimmte"[19], schreibt die beim Erscheinen der schwedischen Erstausgabe fünfundfünfzigjährige Autorin über sich selbst. Die Handlung des „Romans" spielt hauptsächlich in Deutschland (Berlin), Schweden (Stockholm) und Auschwitz-Birkenau.

Dem Text voran geht eine Widmung an ihre „drei Mütter" in Berlin (Elisabeth Langgässer), Stockholm (Edvardsons Psychotherapeutin Stefi Pedersen) und Jerusalem (Sylvia Krown) sowie ihre Kinder. Der „Roman" ist in drei Teile gegliedert, jeder trägt ein Motto. Das erste ist ein Zitat von Lars Gyllensten, „Die Vergangenheit ist unserer Barmherzigkeit ausgeliefert".[20] Mit „Barmherzigkeit" ist jedoch keinesfalls ein allgemeines Verzeihen und Versöhnen gemeint, sondern „sehen, wie es wirklich gewesen ist".[21] Dem zweiten Teil ist ein Vers aus Goethes *Wilhelm Meisters Lehrjahre* vorangestellt: „Ihr führt ins Leben uns hinein, | Ihr lasst den Armen schuldig werden, | Dann überlasst ihr ihn der Pein; | Denn alle Schuld rächt sich auf Erden".[22] Der dritte und lediglich vier Seiten umfassende Teil ist mit „Am Israel Chai" (das Volk Israel lebt) betitelt, die auch die Schlussworte des Textes ausmachen.

Edvardson berichtet in einer Sprache, die die Jury des Geschwister-Scholl-Preises als „so sachlich und doch fassungslos traurig"[23] bezeichnet, in dem nur knapp etwas mehr als 130 Seiten umfassenden Buch *Gebranntes Kind sucht das Feuer* wenig über den Alltag im Lager; es ist das „davor", „danach" und „dazwischen", das sie in ihrer Gefühlswelt beschreibt, das „anderssein", das „ausgewählt sein": das Sich-selbst-zur-Ausgeschlossenen-Machen, das Missverstanden-Werden

---

19 Edvardson: Gebranntes Kind, S. 9. Das Zitat in der Kapitelüberschrift stammt aus Edvardson: Rede, S. 53.
20 Das Zitat stammt aus *Huvudskallebok* (1981), dem ersten Teil einer Trilogie über religiöse Symbolik.
21 In ihrer Rede sagt Edvardson: „Nein, mit Barmherzigkeit ist hier keinesfalls ein allgemeines Versöhnen, Verzeihen und Sich-einander-in-die-Arme-Fallen gemeint. *Das* wäre ein Vergehen gegen die Toten und die Opfer. Mit Barmherzigkeit ist hier, schlicht und einfach, gemeint, sich noch einmal umzudrehen, der Vergangenheit ins Gesicht zu sehen, zu sehen, wie es wirklich gewesen ist, von Angesicht zu Angesicht – und zu trauern." Edvardson: Rede, S. 52 (Kursivsetzung im Original).
22 Edvardson: Gebranntes Kind, S. 99.
23 Preisträgerin 1986, https://geschwister-scholl-preis.de/preistraegerinnen/1986/ (Zugriff: 29.1.2024)

("so lebendig"[24]). Das Buch ist der starke Wunsch, verstanden zu werden in dem, was sie erlebt hat, wie sich die Welt für sie anfühlt.

4 Cordelia Edvardsons Schwedenbild

Edvardson schreibt nicht in ihrer Muttersprache, sondern in der Sprache jenes Landes, das sie nicht selbst für sich gewählt hatte. Sie kam nach ihrer Befreiung mit Hilfe des Roten Kreuzes im Rahmen der schwedischen Rettungsaktion der „Weißen Busse" nach Schweden, berichtet jedoch darüber in *Gebranntes Kind sucht das Feuer* kaum Details. „Sie waren in einem Arbeitslager abgeholt worden, irgendwo außerhalb von Hamburg, glaubte das Mädchen, obwohl sie keineswegs sicher sein konnte."[25] Danach verbrachte die Sechzehnjährige mehrere Monate in einem Stockholmer Krankenhaus, wo sie wegen ihrer schweren Tuberkulose behandelt wurde. Weihnachten 1945 war sie bei einer schwedischen Familie eingeladen, die sie mit landesüblichen Weihnachtstraditionen bekannt machte.

> Doch weder der Gesang noch der Tannen- und Hyazinthenduft noch der Glanz der Kerzenflammen konnten in sie vordringen und ihre Dunkelheit und Stummheit erhellen. Wie ein kleines, bösartiges schwarzes Bündel [...] saß das Mädchen in einer Ecke und verdarb die Weihnachtsstimmung [...]. Nein, dachte sie hasserfüllt, so leicht geht das nicht, was liegt, das liegt, die Gebeine der Toten werden weiß und rasseln im Wind, was einmal genommen, kann nicht wieder zurückgegeben werden, nicht mal an Heiligabend.[26]

Auch das Umfeld ist in seinem Verhalten verunsichert: „Anfangs versuchte man, so zu tun, als wäre nichts, die Schweden waren Meister in dieser Kunst, wie das Mädchen nach und nach lernte, vielleicht, weil in diesem Land tatsächlich nicht viel gewesen war."[27] Die Gastmutter „flehte? drohte?", „Es ist doch jetzt vorbei, jetzt musst du all das geschehene Böse vergessen", und löste damit Wut und Hass aus.

> Aber für mich ist es nicht vorbei, ich will nicht gesund werden, und ich will nicht vergessen! Ihr wollt es „durchstreichen und weitergehen", wie es so schön und bequem heißt. Ihr wollt mir meine Angst wegnehmen, sie verleugnen und durchstreichen und euch vor meiner Wut schützen, aber dann streicht ihr auch mich durch, „ausradieren" nannten die

---

24 Edvardson: Gebranntes Kind, S. 113. Siehe auch das Zitat weiter unten im Text.
25 Edvardson: Gebranntes Kind, S. 102. Es dürfte sich um das KZ Neuengamme gehandelt haben. Von dort wurden mit Zustimmung Heinrich Himmlers u. a. skandinavische Häftlinge evakuiert.
26 Edvardson: Gebranntes Kind, S. 105.
27 Edvardson: Gebranntes Kind, S. 105.

Deutschen das, und damit verleugnet ihr auch mich, denn das bin ich. Heute, in dieser Weihnachtsnacht, bin ich das!²⁸

Dies denkt sie allerdings nur, ausdrücken kann sie es noch nicht. Erst als Edvardson bereits Mutter ist und therapeutische Hilfe bei Stefi Pedersen in Anspruch nimmt, fühlt sie sich dazu in der Lage (wobei schon *Så kom jag till Kartago* 1958 ein erster Schritt war).

Bereits kurz nach ihrer Ankunft in Schweden wird Edvardson im Krankenhaus schnell neuerlich zur Außenseiterin. Die anderen Überlebenden,

> polnische und ungarische Jüdinnen, nannten sie „deutsches Schwein". Sie wusste, dass sie selbst schuld war, die Auserwähltheit hatte ihren Preis, und noch war sie willens dafür zu zahlen. Sie hatte aus freien Stücken von ihren Eltern und ihren jüngeren Geschwistern zu Hause im Eichkatznest erzählt, von ihrem deutsch-katholischen Hintergrund, von all dem, was sie von den anderen Frauen unterschied.²⁹

Ihr Wunsch war, aus der KZ-Nummer A 3709 wieder zu Cordelia, Delia, aus Berlin-Eichkamp zu werden. „War ‚deutsches Schwein' vielleicht ein Schritt in die richtige Richtung?"³⁰

Im Nachwort zu Primo Levis Buch *Ist das ein Mensch?* (1988) zeichnet Edvardson einen schönen Frühsommerabend in Schweden, beschreibt die blühende Natur, doch: „Ich sehe, ich höre, ich rieche und fühle, ich liebe sogar [...] aus dem Abstand – denn dies alles ist nicht das Meine. [...] Wir können nicht zu den Lebenden zurückkehren. [...] Wir sind einsam und verlassen, ausgeliefert unserem Wissen, unseren Erinnerungen und unserer Angst." Und an Levi gerichtet: „War es diese Erkenntnis, die Du nicht länger ertragen konntest?"³¹

Im während des Krieges bündnisfrei gebliebenen Schweden ließen sich die Erfahrungen einer Überlebenden nicht artikulieren. 1974 zog Edvardson, die schwedische Staatsbürgerin geworden und der jüdischen Gemeinde beigetreten war, nach Israel. Erst als gesundheitliche Probleme sie dazu zwangen, kehrte sie 2006 nach Schweden zurück, wo sie 2012 starb.

---

28 Edvardson: Gebranntes Kind, S. 106.
29 Edvardson: Gebranntes Kind, S. 109.
30 Edvardson: Gebranntes Kind, S. 110.
31 Edvardson, Cordelia: Für Primo Levi. In: Primo Levi: Ist das ein Mensch? Die Atempause. München, Wien 1988, S. 369–373, hier S. 372.

5 Zur Rezeption von *Gebranntes Kind sucht das Feuer* in Schweden

Im *Svenskt kvinnobiografiskt lexikon* wird Cordelia Edvardson mit Zenia Larsson (1922–2007) verglichen,[32] die in Schweden als eine der Ersten über ihre Erfahrungen im Konzentrationslager berichtete (Edvardsons 1958 publizierter Bericht *Så kom jag till Kartago* wurde offenbar nicht rezipiert[33]) und ihr Autorendebüt 1960 gab.[34] Wie sie kam Larsson mit Hilfe des Roten Kreuzes nach Schweden. Dort war Edvardson bereits vor dem Erscheinen von *Bränt barn söker sig till elden* als Journalistin in Israel bekannt. Gleich mehrere Rezensent:innen erinnerten sich in ihren Besprechungen von Edvardsons autobiografischem Text auch an die Folge der Fernsehserie *Här är ditt liv* („Das ist dein Leben") von Lasse Holmqvist, in der Cordelia Edvardson zu Gast war.[35] „Was für eine tolle kleine Frau. So lebendig trotz allem, was sie durchgemacht hat!", schreibt beispielsweise Nancy Holmström, bezogen auf Edvardsons Auftritt im Fernsehen.[36] Dies scheint eine Wahrnehmung gewesen zu sein, der die Journalistin häufig begegnete, wie sie in ihrem Buch auch schreibt:

> Das Mädchen wurde für einen so lebendigen Menschen gehalten. Wie war das möglich?, fragte sie sich später. Hatte die Umgebung vielleicht ein derart großes Bedürfnis danach, dass diejenigen, die im Fleisch überlebt hatten, auch im Geist lebendig waren? […] Oder war es ihr schlicht gelungen, die anderen und sich selbst zu überlisten?[37]

Die Rezensionen zur schwedischen Erstausgabe, die als „ein unschwedisches Buch"[38] bezeichnet wurde, waren durchwegs sehr positiv. Mehrmals wird festgehalten, dass sich einige Themen wie der Mutter-Tochter-Konflikt oder die Jugend im Berlin der 1930er Jahre auch jeweils für ein eigenes Buch geeignet hätten, oder auch die Rettung und Edvardsons Zeit in Schweden.[39]

---

32 Lisbeth Larsson: Cordelia Maria Edvardson. In: Svenskt kvinnobiografiskt lexikon, 2018, https://skbl.se/sv/artikel/CordeliaEdvardson (Zugriff: 19.1.2024)
33 Eine Suche in der Datenbank „artikelsök" ergab keinen Treffer.
34 Die Bücher sind nicht ins Deutsche übersetzt. Zu Larsson siehe auch Lisbeth Larsson: Zenia Szajna Larsson. In: Svenskt kvinnobiografiskt lexikon, 2018, https://skbl.se/sv/artikel/ZeniaSzajnaLarsson (Zugriff: 24.1.2024)
35 Das Programm wurde am 20. März 1982 im schwedischen Fernsehen ausgestrahlt.
36 Nancy Holmström: Bränt barn söker sig till elden. In: Göteborgs-Posten, 5.9.1984.
37 Edvardson: Gebranntes Kind, S. 113.
38 Ebba Elfving: Bränt barn söker sig till elden. In: Hufvudstadsbladet, 23.9.1984.
39 Gerd Strömberg: Bränt barn söker sig till elden. In: Ystads Allehanda, 10.9.1984.

Edvardsons Sprache wird sehr gelobt als „prägnant, klar und mit vibrierender Wut"[40]. Dabei wird wenig darauf eingegangen, dass Schwedisch für die Autorin eine Fremdsprache war, die sie erst als junge Frau erlernte. „Schuld" wird in den Rezensionen häufig angesprochen, das Aufwachsen als jüdisches Kind im Berlin der 1930er Jahre, das schrittweise Ausgeschlossen-Werden und das Ausgeschlossensein aus der eigenen Familie. Das würde Edvardsons Buch auch von anderen unterscheiden: Sie nimmt eine doppelte Perspektive ein, die der Betroffenen und die der Übrigbleibenden, der hilflosen Erwachsenen, die nicht sehen können oder wollen, wobei das Kind nicht begreift, wie es im Stich gelassen wird, da diese doch alles sind, was sie hat.[41]

Edvardsons Buch wird außerdem mit Anne Frank verglichen, wobei sie sich nicht für eine Romantisierung eigne.[42] Edvardson schreibt selbst in ihrem autobiografischen Text: „Sie sollten nicht über sie weinen dürfen, so wie sie über Anne Franks Tagebuch schluchzten."[43] Deren Tagebuch endet vor der Deportation und vor Auschwitz. Thematisiert wird auch, weshalb sich Edvardson in Schweden nicht heimisch fühlte.[44] Diese Frage zum Leben im „unschuldigen"[45] Schweden, dem Vorhof der Hölle (Limbus), zu der Unmöglichkeit, „sich als Schwedin zu fühlen" im „Land ohne Geschichte"[46] beantwortet Edvardson in *Gebranntes Kind sucht das Feuer*: „In so viel Unschuld konnte sie nur schwer atmen und verstand, dass sie aufbrechen musste."[47]

Die Bedeutung des Buchtitels erschließt sich während des Lesens: Die bzw. der, der den Holocaust erlebt und überlebt hat, sucht die Gesellschaft der Überlebenden. Daraus zieht eine schwedische Rezensentin die Schlussfolgerung, man müsse sich wohl wie eine Fremde in einer Gesellschaft fühlen, die niemals auch nur der Gefahr ausgesetzt war, Ähnliches zu erleben. Edvardson schien sich schnell in Schweden zu integrieren und war auch erfolgreich in ihrem Beruf, aber „die Integ-

---

40 Immi Lunin: Bränt barn söker sig till elden. In: Aftonbladet, 11.12.1984.
41 Madeleine Gustafsson: Bränt barn söker sig till elden. In: Dagens Nyheter, 5.9.1984.
42 Inger Dahlman: Bränt barn söker sig till elden. In: Norrköpings Tidningar-Östergötlands Dagblad, 5.9.1984.
43 Edvardson: Gebranntes Kind, S. 113.
44 Lena Brändström: Bränt barn söker sig till elden. In: Sundsvalls Tidning, 5.9.1984. Das Zitat in *Gebranntes Kind* lautet wörtlich: „Es dauerte viele, viele Jahre, bis sie aufwachte und verstand, dass dies ihr Limbus war. Der Ort östlich der Verdammnis und westlich der Erlösung. Das Niemandsland und das Land, das nicht existiert, bevölkert von den Schatten der guten und gerechten Heiden." S. 127.
45 Allan Sandström: Bränt barn söker sig till elden. In: Skånska Dagbladet, 5.10.1984.
46 Sandström, 5.10.1984.
47 Edvardson: Gebranntes Kind, S. 127.

ration ging nie in die Tiefe"[48]. Ihre einzig mögliche Loyalität galt dem jüdischen Volk, was sie bei Ausbruch des Jom-Kippur-Krieges begriff, „zeitgleich, als der Antisemitismus wieder unter ihren schwedischen Kollegen aufflammte, unter dem Deckname[n] Antizionismus". Für die Rezensentin Gunnel Vallquist, eine Kollegin Edvardsons bei der Tageszeitung *Svenska Dagbladet*, ist es nachvollziehbar, dass die Kommunikation zwischen einer Überlebenden von Auschwitz und den Schweden „in einer Zeit fast programmatischer Geschichtslosigkeit" unmöglich wurde in einem Land, in dem man weder Fragen stellt noch Antworten verlangt.[49]

Auffallend wenig bis gar nicht – und das ist der besonders starke Gegensatz zu den deutschsprachigen Rezensionen – wird näher auf die besondere Mutter-Tochter-Beziehung eingegangen. Die Mutter, „die sich selbst rettet", wird nicht aufgegriffen. Eine Rolle mag dabei möglicherweise spielen, dass Elisabeth Langgässer in Schweden unbekannt ist und ihr Werk nicht auf Schwedisch vorliegt.

In einer Rezension wird allerdings die Mutter thematisiert, die die Augen vor der Wirklichkeit verschließt, und der Ausschnitt eines Briefes Langgässers an eine Freundin zitiert, nachdem sie sich von der Tochter vor deren Deportation verabschiedet hatte, den Edvardson in ihrem Buch wiedergibt:

> Wir fanden sie vollkommen gefasst, ja sogar fröhlich und zuversichtlich[50], denn erstens war es ja wirklich „nur" Theresienstadt (und nicht etwa Polen) und zweitens ging sie als Säuglingsschwester und begleitendes Sanitätspersonal mit dem Zug [...] und war bereits in Tracht und Häubchen, was sie, glaub ich, mit großem Stolz erfüllte.[51]

Die Rezensentin beschreibt Edvardsons Buch als das „wichtigste, engagierteste und ergreifendste", was sie seit Langem gelesen hat, doch „was berichtet wird, ist ein Blick in den entmenschlichten Abgrund". Der Text sei eine „Beschwörung": die Sprache der Kindheit, deutsche Wörter und Lyrik, eine Sprache frei von Pathos und Zynismus. „Wer eindringlich spricht, spricht leise."[52]

1998 griff auch Birgitta Albons den Mutter-Tochter-Konflikt auf. In einem Interview, das Cordelia Edvardson während ihres Sommerurlaubs in Schweden für die Tageszeitung *Dagens Nyheter* gab, verteidigte sie ihre Mutter und reagierte heftig auf das Wort „Versöhnung": „Meine Mutter war genauso ein Opfer wie ich.

---

48 Gunnel Vallquist: Bränt barn söker sig till elden. In: Svenska Dagbladet, 5.9.1984.
49 Vallquist, 5.9.1984. Um die Wichtigkeit der Erinnerung an den Holocaust zu verdeutlichen, beschloss die schwedische Regierung 2021, ein Holocaust-Museum (Sveriges museum om Förintelsen) zu errichten, dessen erste Ausstellung 2023 in Stockholm eröffnet wurde.
50 Auch in der schwedischen Originalausgabe verwendet Edvardson das deutsche Wort „zuversichtlich".
51 Edvardson: Gebranntes Kind, S. 77. Dieser Brief an Martha Friedlaender vom 13. März 1944 ist abgedruckt in: Langgässer, Briefe, Band 1, S. 446–448.
52 Eva-Britta Ståhl: Bränt barn söker sig till elden. In: Upsala Nya Tidning, 5.9.1984.

Sie hatte keine Wahl. Stattdessen sollten sie [d. i. die Deutschen] sich fragen, wie sie ein solches System schaffen und tolerieren konnten, das eine Mutter in eine derartige Situation bringt." Hätte sie sich geweigert, hätte die Gestapo sie beide genommen. „Wenn man nach Versöhnung fragt, setzt das eine Schuld voraus, die beglichen werden soll. Sie hatte keine Wahl."[53] Erst viel später habe sie ihr einen Vorwurf gemacht: weil sie die Wirklichkeit nicht hatte sehen wollen.

Als Mutter und Tochter sich erstmals nach dem Krieg – und zum letzten Mal – 1949 wiedersehen, sprachen sie nicht über Auschwitz. Langgässer sah nicht, dass „ich ein schwer verletzter Mensch" war. Erst später hinterfragte die Tochter, warum die Mutter sie nach der Mitteilung im Januar 1946, demnach sich ihre Tochter schwerkrank in einem schwedischen Krankenhaus befand („ich lag praktisch im Sterben"), nicht besuchen kam. „Ich glaube, sie hatte vor einem Treffen Angst. Ganz unbewusst."[54]

6 Edvardsons Äußerungen zu Deutschland und zur deutschen Sprache

In „Reden über das eigene Land: Deutschland"[55] eröffnete Cordelia Edvardson ihre Ansprache mit folgenden Worten: „Aber Deutschland ist doch nicht mein Land, [...] vielleicht war Deutschland einmal mein Land, aber auch das ist nicht so ganz sicher"[56]. Über die deutsche Sprache sagt sie, sie habe seit Jahrzehnten den Kontakt mit ihr verloren. „Zu den Verbrechen der Nazizeit, und es war nicht das geringste dieser Verbrechen, gehört auch der Mord an der deutschen Sprache." – „[I]ch verlor Namen und Gesicht, wurde zur ,Judensau', zur ,Mistbiene' und anderen sprachlichen Schöpfungen dieser Zeit."[57] In *Gebranntes Kind sucht das Feuer* geht dies schrittweise: Aus dem „Kind" Cordelia Maria oder Delia Langgässer, später Hoffmann, wird Cordelia Maria Sara, später (nach der Adoption)

---

53 Albons, 6.7.1998. In der Radiosendung „Unauslöschliche Siegel" meinte Edvardson über ihre Mutter, sie habe für die Sicherheit ihrer Tochter „wie eine Tigerin gekämpft" (26:38).
54 Albons, 6.7.1998.
55 Die Reden wurden auf dem „Münchner Podium in den Kammerspielen" 1986 gehalten und veröffentlicht in „Reden über das eigene Land: Deutschland". Im Vorwort schreibt Ulrich Wechsler: „Cordelia Edvardson berichtet voller Zartheit [sic!] von einem unvorstellbaren Leben." In: Reden über das eigene Land: Deutschland. Herbert Achternbusch, Cordelia Edvardson, Daniel Cohn-Bendit, Stephan Hermlin. München 1986, S. 8. Edvardson gesteht am Beginn ihrer Rede, sehr gezögert zu haben, sie zu halten, als sie vom Titel der Vortragsreihe erfuhr (Rede, S. 37).
56 Edvardson: Rede, S. 37.
57 Edvardson: Rede, S. 38.

Cordelia Garcia-Scouvart, auf dem Weg nach Theresienstadt Cordelia Maria Hoffmann-Garcia Scouvart[58] und schließlich Schutzhäftling A 3709, die in den Arm tätowierte Nummer. In Schweden wird sie zur Cordelia Edvardson, ein Name, den sie bis zu ihrem Lebensende behält.

Doch gleichzeitig betont Edvardson, dass sie der deutschen Sprache auch ihr Leben verdanke. Nach dem Morgenappell, auf dem Weg in eine Fabrik oder ins Lager „wiegte sie sich im vertrauten Rhythmus der eigenen Zauberformel, auch dies eine Gabe der Mutter oder des Dichters Matthias Claudius"[59] und sie zitiert innerlich „Der Mond ist aufgegangen". Damit konnte sie sich „unsichtbar und unerreichbar" machen, den nagenden Hunger und die Schmerzen der Erschöpfung vergessen, „sie ging geradewegs hinein in das Ewigkeitslicht des Gedichts und ließ sich davon erfüllen".[60] Gedichte, Mythen und Märchen sind der „Ariadnefaden"[61], den ihr die Mutter mitgegeben hat.

Auf die Frage, ob sie die deutsche Sprache hasse, entgegnet sie: „Nein. Ich trauere um sie. Sie gehörte mir einmal, und sie wurde mir gestohlen. Wie so vieles andere."[62] Was in der deutschen Übersetzung von *Gebranntes Kind sucht das Feuer* verloren geht, ist, dass Edvardson deutsche Wörter und Ausdrücke in ihren schwedischen autobiografischen Texten verwendet, die in einem Glossar im Anhang ins Schwedische übersetzt sind, so als könne sie manches doch nur auf Deutsch ausdrücken oder als wären diese Ausdrücke nun mal mit der deutschen Sprache (der Nationalsozialisten) verbunden (in *Bränt barn söker sig till elden*: „Arbeit macht frei", „Schreibstube", „Die kleine von [sic!] Berlin", „Flieg Maikäfer flieg", „Ariernachweis", „Schutzhäftling A 3709"; in *Viska det till vinden*: „ausmerzen", „dreckige Judensau", „judenrein", „wir haben nichts gewusst", „für den Führer gefallen").

Cordelia Edvardsons Texte wie *Gebranntes Kind sucht das Feuer*, *Die Welt zusammenfügen* oder ihre Rede über Deutschland sind Ausdruck des tiefen Schmerzes einer schwer Traumatisierten, die ihr Leid, das stets gegenwärtig ist, gesehen haben möchte. Das ist auch eine Erfahrung, die man im Gespräch mit Exilierten und ihren Nachkommen sowie mit Personen, deren Angehörige im Holocaust ermordet wurden, immer wieder macht: Nichts soll und darf vergessen werden. Doch „nachher" wurde diese Zeit von anderen, in Deutschland, „ausgeklammert, als ob sie nie gewesen wäre"[63]. Es sei keine Trauerarbeit nach dem Krieg geleistet worden: „Über das, was man Ihrem Volk, Ihrem Land und Ihrer Sprache angetan

---

58 Siehe Fußnote 12.
59 Edvardson: Rede, S. 39.
60 Edvardson: Rede, S. 40.
61 Edvardson: Rede, S. 40.
62 Edvardson: Rede, S. 40.
63 Edvardson: Rede, S. 48.

hat – oder was Sie sich selber angetan haben. Die Vergangenheit lebt in Ihnen so wie in mir."[64]

Auf der Lesereise, die Cordelia Edvardson nach der Veröffentlichung von *Gebranntes Kind sucht das Feuer* durch Deutschland führt, sucht sie nach Trümmern, nach Spuren der Vergangenheit, auch über vierzig Jahre nach dem Krieg. Diese Suche war „ein Ausdruck für mein Bedürfnis, eine Verbindung zwischen damals und heute herzustellen. […] Hier bin ich. Wo seid Ihr?".[65]

Die Diskussion in Deutschland über die „Einmaligkeit des Holocaust" kommentiert sie: „ich muß hier brutal deutlich werden. […] Aber die Wahrheit ist doch die: Stalin […] hat doch nie Säuglinge und Kinder *systematisch* ermorden lassen. Russische Techniker hatten nicht die Aufgabe, diese schwierige Rechenaufgabe ‚Giftgasmenge geteilt durch die Anzahl von Menschen', zu lösen. Das waren *deutsche* Techniker." Sie berichtet wie auch in ihrem „Roman", dass Säuglinge überlebt hatten, als „die Böden der Gaskammern nach unten ins Feuer der Verbrennungsöfen gekippt wurden"[66]. „Es ist meine Überzeugung, daß unsere Welt in Auschwitz einen Riß oder Sprung bekommen hat und daß das Giftgas von Auschwitz noch heute unsere Welt verseucht. Wir ersticken daran."[67] Sie bezieht hier klar Stellung: „Wenn man das weiß, und man *sollte* es ja wissen, *so ist es mir, offen gesagt, schleierhaft, wie man die Diskussion über die Einmaligkeit von Auschwitz überhaupt noch führen kann.*"[68]

7 Cordelia Edvardson, Elisabeth Langgässer und Elisabeth Hoffmann – drei Generationen einer Familie und die Frage nach Schuld

In der Ausgabe von Langgässers *Das unauslöschliche Siegel* aus dem Jahr 1978 steht im Nachwort von Ursula Krechel, Langgässers älteste Tochter Cordelia sei in Auschwitz vergast worden.[69] Nach dem Erscheinen von *Gebranntes Kind sucht das Feuer*

---

64 Edvardson: Rede, S. 50.
65 Edvardson: Rede, S. 42.
66 Edvardson: Rede, S. 53.
67 Edvardson: Rede, S. 55.
68 Edvardson: Rede, S. 53. Kursivsetzung im Original.
69 Ursula Krechel: Ein Kosmos, durch die Gartenpforte zu betreten. In: Elisabeth Langgässer: Das unauslöschliche Siegel. Darmstadt 1979, S. 233. Im schwedischen Wikipedia-Eintrag zu Edvardson werden vier ihrer Kinder namentlich genannt, aber Elisabeth Hoffmann fehlt nach wie vor in dieser Aufzählung. https://sv.wikipedia.org/wiki/Cordelia_Edvardson (Zugriff: 1.2.2024)

gab Elisabeth Hoffmann 1987 eine Neuausgabe von Langgässers Buch mit einem Nachwort heraus. Sie ging in mehreren Buchbeiträgen auf die Beziehung zwischen Langgässer und Edvardson ein – ohne zu erwähnen, dass es sich dabei um ihre eigene Großmutter und Mutter handelt. Langgässer, meinte sie, hätte Cordelia die Deportation durch eine Emigration der Familie ersparen können.

> Wäre Elisabeth Langgässer imstande gewesen, sich eindeutiger und offensiver zu ihrer jüdischen Herkunft zu bekennen, vielleicht hätte sie dann ihrer Tochter die Teilhabe am jüdischen Schicksal, zumindest die Deportation, ersparen können, sei es durch eine rechtzeitige Emigration der ganzen Familie, sei es dadurch, dass sie sich für Cordelia um die Hilfe jüdischer Organisationen bemüht hätte.[70]

In Edvardsons Augen wurde ihre Tochter Elisabeth in Deutschland immer mehr zu dem kleinen katholischen Mädchen, das Cordelia einmal gewesen war, und der Kontakt brach schließlich ab. Erst als sie ihr Buch *Gebranntes Kind sucht das Feuer* mit dem Foto der kleinen Cordelia auf dem Umschlag in der Hand hielt, fiel eine Schuld von ihr ab, jene, dass sie sich für ein katholisches Mädchen gehalten hatte und sich nicht mit den jüdischen Opfern identifizieren hatte können[71]. Danach konnte sie sich ihrer Tochter wieder annähern.[72]

Eine Schlüsselszene im „Roman", die im deutschsprachigen Raum stark rezipiert wurde, ist die Beschreibung der Vorladung durch die Gestapo, zu der die elegante, geschminkte Mutter ihre Tochter begleitet. Dort soll sie ein Dokument unterzeichnen, das „sich als eine Erklärung im Namen des Mädchens" erweist, in dem sie die doppelte Staatsbürgerschaft akzeptiert, somit die deutsche neben der spanischen behält und „gleichzeitig freiwillig der Anwendung des deutschen Gesetzes, inklusive der Rassengesetze, auf ihre Person zustimmte. Dies beinhaltete auch das Tragen des Judensterns und einen eventuellen „Abtransport in den Osten". „Die Tochter", schreibt Edvardson weiter, „blickte unsicher zu ihrer Mutter hinüber und begegnete einer weißen Maske, in der ein viel zu roter Mund wie eine Wunde leuchtete. Von der Mutter konnte sie sich in diesem Moment keine Unterstützung erwarten, verstand das Mädchen und bekam große Angst". Die anfängliche Geduld des Beamten lässt schnell nach, „diesmal spuckte der Drache Feuer [...] wenn Sie das nicht auf der Stelle unterzeichnen, dann müssen wir Ihre Mutter belangen!"[73]

Die Vierzehnjährige unterschreibt. Sicherlich habe die Mutter ihr Kind im Stich gelassen, „doch was wäre die Alternative gewesen?", fragt Elisabeth Hoff-

---

70 Hoffmann: Jüdin, 3. 293.
71 Unauslöschliche Siegel, 52:42–52:49.
72 Albons, 6.7.1998.
73 Edvardson: Gebranntes Kind, S. 69–70.

Abb. 1: Cover der deutschen Erstausgabe, 1987 (© Hanser Verlag).

mann.[74] Für Daniel Kehlmann ist *Gebranntes Kind sucht das Feuer* ein Werk, in dem sich „ein Mutter-Tochter-Konflikt zu wahrhaft unerträglichem Extrem steigert und in dem wir Details aus der Realität der Vernichtungslager erfahren, die wir lieber nicht wissen würden".[75] Dazu gehört u. a., dass Cordelia in der „Schreibstube" registriert und die „blonde" Lagerführerin Maria Mandl und den „dunkelhaarige[n] Dr. Mengele, der die Selektionen vornahm"[76], erlebt.

Zum Abschluss eines eigenen Programms im Sveriges Radio sendet Edvardson 1999 eine Grußbotschaft an alle Eltern – „warum?": Nachdem die Überlebenden des Holocaust an Land gespült worden waren, hatten sie es eilig, Kinder in die Welt setzen. Kinder – so Edvardson – seien im Spannungsfeld von Dunkelheit und Licht eine Lebensbejahung – „trotz allem".[77] Sie selbst war froh, Kinder be-

---

74 Unauslöschliche Siegel, 28:03.
75 Kehlmann: Nachwort, S. 136.
76 Edvardson: Gebranntes Kind, S. 84.
77 Cordelia Edvardson, Sommar & Vinter I P1, 21. Juli 1999, ab 43:09. https://sverigesradio.se/avsnitt/1345290 (Zugriff: 31.1.2024)

kommen zu haben, und hatte in späteren Jahren zu ihrer Tochter Elisabeth, die sie lange verschwiegen hatte, ein enges Verhältnis.[78]

Literaturverzeichnis

Albons, Birgitta: Även min dotter drabbades av skulden. In: Dagens Nyheter, 6.7.1998.
Bachner, Henrik: Återkomsten. Antisemitism i Sverige efter 1945. Stockholm 2004.
Brändström, Lena: Bränt barn söker sig till elden. In: Sundsvalls Tidning, 5.9.1984.
Bromander, Lennart: Bränt barn söker sig till elden. In: Arbetet, 9.5.1984.
Dahlman, Inger: Bränt barn söker sig till elden. In: Norrköpings Tidningar-Östergötlands Dagblad, 5.9.1984.
Database of the Terezín inmates and persons deported to the Łódź and Minsk ghettoes and to the Ujazdów labor camp, https://www.pamatnik-terezin.cz/prisoner/te-15 (Zugriff: 25.1.2024)
Die Überlebende. Cordelia Edvardsons Erinnerungs-Roman. In: Süddeutsche Zeitung, 5.4.1986.
Edvardson, Cordelia: Gebranntes Kind sucht das Feuer. Ungekürzte Lesung mit Nina Kunzendorf und einem Nachwort von Daniel Kehlmann, gelesen von Ulrich Noethen. Berlin 2023.
Edvardson, Cordelia: Gebranntes Kind sucht das Feuer. Übersetzt aus dem Schwedischen von Ursel Allenstein. Mit einem Nachwort von Daniel Kehlmann. München 2023.
Edvardson, Cordelia: And the Dream took on a Face. Stefi Pedersen in memoriam. In: Walter Schmitz (Hg.): Erinnerte Shoah. Die Literatur der Überlebenden. The Shoah Remembered. Literature of the Survivors. Dresden 2003, S. 165–172.
Edvardson, Cordelia: Bränt barn söker sig till elden. Stockholm 1984.
Edvardson, Cordelia: Die Welt zusammenfügen. München, Wien 1989.
Edvardson, Cordelia: Für Primo Levi. In: Primo Levi: Ist das ein Mensch? Die Atempause. München, Wien 1988, S. 369–373.
Edvardson Cordelia, Gebranntes Kind sucht das Feuer. Aus dem Schwedischen von Anna-Liese Kornitzky. München, Wien 1987.
Edvardson, Cordelia: Gebranntes Kind sucht das Feuer. Übersetzt aus dem Schwedischen von Ursel Allenstein. Mit einem Nachwort von Daniel Kehlmann. München 2023.
Edvardson, Cordelia: Gebranntes Kind sucht das Feuer. Ungekürzte Lesung von Nina Kunzendorf und einem Nachwort von Daniel Kehlmann, gelesen von Ulrich Noethen. Berlin 2023.
Edvardson Cordelia: Jerusalems Lächeln. Gedichte. München, Wien 1993.
Edvardson, Cordelia: Jerusalems leende. Stockholm 1991.
Edvardson, Cordelia: [Rede]. In: Reden über das eigene Land: Deutschland. Herbert Achternbusch, Cordelia Edvardson, Daniel Cohn-Bendit, Stephan Hermlin. München 1986, S. 37–55.
Edvardson, Cordelia: Så kom jag till Kartago. Stockholm 1958.
Edvardson, Cordelia: Viska det till vinden. Stockholm 1988.
El-Akramy, Ursula: "Wotans Rabe". Elisabeth Langgässer, ihre Tochter Cordelia und die Feuer von Auschwitz. Frankfurt am Main 1997.
Elfving, Ebba: Bränt barn söker sig till elden. In: Hufvudstadsbladet, 23.9.1984.

---

78 Unauslöschliche Siegel, ab 58:07.

Finnan, Carmel: Contested Memories. Autobiographical Challenges to the Collective Memory of the Shoa. In: Edric Caldicott und Anne Fuchs (Hg.): Cultural Memory. Essays on European Literature and History. Bern 2003, S. 361–376.

Finnan, Carmel: „Ein Leben in Scherben". Geschlechterdifferenz als Erinnerungsform bei Cordelia Edvardson und Ruth Klüger. In: Manuela Günter (Hg.): Überleben schreiben. Zur Autobiographik der Shoah. Unter Mitarbeit von Holger Kluge. Würzburg 2002, S. 155–175.

Ferchl, Irene: Ein Versuch, die Welt wiederherzustellen. Cordelia Edvardson, Tochter Elisabeth Langgässers, über Auschwitz und die Verarbeitung der Vergangenheit. In: Basler Zeitung, 9.4.1986.

Flickan från Auschwitz (The Girl From Auschwitz). Regie Stefan Jarl. Stefan Jarl AB, Schweden 2005.

Frisé, Maria: Antwort aus der Asche. Cordelia Edvardsons Kindheit in Auschwitz. In: Frankfurter Allgemeine Zeitung, 15.3.1986.

Glaser, Hermann: Zorn und Angst. Zu Cordelia Edvardsons Roman „Gebranntes Kind sucht das Feuer". In: Nürnberger Nachrichten, 17.–19.5.1986.

Gwalter, Maja E.: Schuld des Überlebens: Ein deutsches Schicksal. Cordelia Edvardsons Lebensgeschichte: „Gebranntes Kind sucht das Feuer". In: Luzerner Neueste Nachrichten, 7.10.1986.

Gustafsson, Madeleine: Bränt barn söker sig till elden. In: Dagens Nyheter, 5.9.1984.

Hermelius, Eva: Bränt barn söker sig till elden. In: Göteborgs-Tidningen, 17.9.1984.

Hillderdal, Gunnar: Bränt barn söker sig till elden. In: Hallandsposten, 28.9.1984.

Hilzinger, Sonja: Elisabeth Langgässer. Eine Biografie. Berlin 2009.

Hilzinger, Sonja: Im Bann der Schrift. Elisabeth Langgässer und Cordelia Edvardson. In: Inge Hansen-Schaberg, Sonja Hilzinger, Adriane Feustel und Gabriele Knapp (Hg.): Familiengeschichte(n). Erfahrungen und Verarbeitung von Exil und Verfolgung im Leben der Töchter. Wuppertal 2006, S. 231–249.

Hinck, Walter: Selbstannäherungen. Autobiographien im 20. Jahrhundert von Elias Canetti bis Marcel Reich-Ranicki. Düsseldorf, Zürich 2004, S. 167–175.

Hoffmann, Elisabeth: Jüdin – Deutsche – Katholikin. Fragen nach der Identität am Beispiel von Elisabeth Langgässer und Cordelia Edvardson. In: Jutta Dick und Barbara Hahn (Hg.): Von einer Welt in die andere. Jüdinnen im 19. und 20. Jahrhundert. Wien 1993, S. 287–296.

Hoffmann, Elisabeth: Mutter und Tochter in „finsteren Zeiten". Elisabeth Langgässer und Cordelia Edvardson: ein deutsch-jüdisches Schicksal im Dritten Reich. In: Barbara Bauer und Waltraud Strickhausen (Hg.): „Für ein Kind war das anders". Traumatische Erfahrungen jüdischer Kinder und Jugendlicher im nationalsozialistischen Deutschland. Berlin 1999, S. 85–95.

Hoffmann, Elisabeth: Nachwort. In: Elisabeth Langgässer: Das unauslöschliche Siegel. Roman. Düsseldorf 1987, S. 625–640.

Holmberg, Diana: Bränt barn söker sig till elden. In: Helsingborgs Dagblad, 6.9.1984.

Holmström, Nancy: Bränt barn söker sig till elden. In: Göteborgs-Posten, 5.9.1984.

Jönsson, Martin: Hon gjorde tillvaron mer uthärdlig. In: Svenska Dagbladet, 29.10.2012, https://blog.svd.se/kulturchefsbloggen/2012/10/29/hon-gjorde-tillvaron-mer-uthardlig/ (Zugriff: 27.2.2024)

Karlson, Eskil: Bränt barn söker sig till elden. In: Borås Tidning, 13.9.1984.

Kehlmann, Daniel: Von der Asche sprechen. In: Cordelia Edvardson: Gebranntes Kind sucht das Feuer. Roman. München 2023, S. 135–147.

Klages, Norgard: Look Back in Anger. Mother-Daughter and Father-Daughter Relationships in Women's Autobiographical Writings of the 1970s and 1980s. New York u. a. 1995.

Klüger, Ruth: Wiederkehr mit Anemone. Ursula El-Akramy geht mit Elisabeth Langgässer ins Gericht. In: Frankfurter Allgemeine Zeitung, 11.9.1997, Nr. 211, S. 42, https://www.faz.net/aktuell/feuilleton/buecher/rezension-sachbuch-wiederkehr-mit-anemone-11303336.html?service=printPreview (Zugriff: 27.2.2024)

Kraft, Helga: Verlassene Töchter und die Asche des Muttermythos. Elisabeth Langgässer, Proserpina. Cordelia Edvardson, Gebranntes Kind sucht das Feuer. In: Helga Kraft und Elke Liebs (Hg.): Mütter – Töchter – Frauen. Weiblichkeitsbilder in der Literatur. Stuttgart 2003, S. 193–213.

Kraft, Helga: Reconstructing Mother – The Myth and the Real. Autobiographical Texts by Elisabeth Langgässer and Cordelia Edvardson. In: Elke P. Frederiksen und Martha Kaarsberg Wallach (Hg.): Facing Facism and Confronting the Past. German Women Writers from Weimar to the Present. New York 2000, S. 117–133.

Kumm, Evert: Bränt barn söker sig till elden. In: Nerikes Allehanda, 5.9.1984.

Krechel, Ursula: Ein Kosmos, durch die Gartenpforte zu betreten. In: Elisabeth Langgässer: Das unauslöschliche Siegel. Darmstadt 1979, S. 227–238.

Langgässer, Elisabeth: Briefe 1924–1950. Herausgegeben von Elisabeth Hoffmann. Düsseldorf 1990.

Larsson, Lisbeth: Cordelia Maria Edvardson, in: Svenskt kvinnobiografiskt lexikon (2018), https://skbl.se/sv/artikel/CordeliaEdvardson (Zugriff: 19.1.2024)

Lippold, Mark: Bränt barn söker sig till elden. In: Kvällsposten, 2.9.1984.

Lorenz, Dagmar C. G.: Jewish Women Authors and the Exile Experience. Claire Goll, Veza Canetti, Else Lasker-Schüler, Nelly Sachs, Cordelia Edvardson. In: German Life and Letters 51 (1998), 2, S. 225–239.

Lorenz-Lindemann, Karin: Denn all dies bin ich. In memoriam Cordelia Edvardson. In: Stimmen der Zeit 138 (2013), S. 661–670, https://www.herder.de/stz/hefte/archiv/138-2013/10-2013/denn-all-das-bin-ich-in-memoriam-cordelia-edvardson/ (Zugriff: 27.2.2024)

Lundberg, Lotta: Zur Stunde Null. Roman. Hamburg 2015.

Lundstedt, Göran: Bränt barn söker sig till elden. In: Sydsvenska Dagbladet Snällposten, 8.9.1984.

Lunin, Immi: Bränt barn söker sig till elden. In: Aftonbladet, 11.12.1984.

Nyström, David: Bränt barn söker sig till elden. In: Dagen, 7.9.1984.

Ohlsson, Anders: Vår outtröttliga strävan att laga världen: Förintelsen och Cordelia Edvardsons författarskap. In: Horisont 45 (1998), 4, S. 3–17.

Pfister, Elisabeth: Unauslöschliche Siegel. ARD Hörspieldatenbank, https://hoerspiele.dra.de/vollinfo.php?dukey=1372806 (Zugriff: 27.2.2024)

Pfister, Elisabeth: Unauslöschliche Siegel. Hörspiel. Hessischer Rundfunk, Erstsendung 19.6.1991.

Preisträgerin 1986 Cordelia Edvardson: Gebranntes Kind sucht das Feuer, https://geschwister-scholl-preis.de/preistraegerinnen/1986/ (Zugriff: 29.1.2024)

Riley, Anthony W.: „… and the dream took on a face …". Cordelia Edvardsons Vorstudie zu ihrem Roman *Gebranntes Kind sucht das Feuer*. In: Walter Schmitz (Hg.): Erinnerte Shoah. Die Literatur der Überlebenden. The Shoah Remembered. Literature of the Survivors. Dresden 2003, S. 153–164.

Roggenkamp, Viola: Durchs Feuer gegangen. In: Emma 10 (1986), 8, S. 31, https://www.emma.de/lesesaal/45247#pages/31 (Zugriff: 27.2.2024).

Sandström, Allan: Bränt barn söker sig till elden. In: Skånska Dagbladet, 5.10.1984.

Sahm, Ulrich: Abschied vom „gebrannten Kind". Cordelia Edvardson in Stockholm verstorben, in: Jüdische Allgemeine, 30.10.2012, https://www.juedische-allgemeine.de/juedische-welt/abschied-vom-gebrannten-kind/ (Zugriff: 27.2.2024)

Schauder, Karlheinz: Erinnerungen an „dunkle Zeiten". Cordelia Edvardsons „Gebranntes Kind sucht das Feuer". In: Die Rheinpfalz, 18.4.1986.

Schauder, Karlheinz: Barmherziger Rückblick. Cordelia Edvardsons „Gebranntes Kind sucht das Feuer". In: Neue Zürcher Zeitung, 10.4.1986.

Seibt, Gustav: Kein Recht auf Ignoranz. Leise gesprochen: Cordelia Edvardsons erschütternder Roman einer Überlebenden, „Gebranntes Kind sucht das Feuer", gelesen von Nina Kunzendorf. In: Süddeutsche Zeitung, 22.11.2023, https://www.sueddeutsche.de/kultur/hoerbuch-gebranntes-kind-sucht-das-feuer-1.6305253 (Zugriff: 27.2.2024)

Siljeholm, Ulla: Bränt barn söker sig till elden. In: Vestmanlands Läns Tidning, 12.9.1984.
Stein, Hannes: Ihr Leben passt in keinen Zeitungsartikel. In: Welt, 1.11.2012, https://www.welt.de/print/die_welt/kultur/article110493372/Ihr-Leben-passt-in-keinen-Zeitungsartikel.html (Zugriff: 29.1.2024)
Stockholms universitet, Institutionen för mediestudier: Cordelia Edvardson-priset, 17.5.2022, https://www.su.se/institutionen-for-mediestudier/om-institutionen/samarbeten/cordelia-edvardson-priset-1.563901 (Zugriff: 27.2.2024)
Strömberg, Gerd: Bränt barn söker sig till elden. In: Ystads Allehanda, 9.10.1984.
Susanek, Corinne: Neue Heimat Schweden. Cordelia Edvardson und Ebba Sörboms Autobiografik zur Shoah. Köln, Weimar, Wien 2008.
Ståhl, Eva-Britta: Bränt barn söker sig till elden. In: Upsala Nya Tidning, 5.9.1984.
Thor Tureby, Malin und Kristin Wagrell: Vittnesmål från Förintelsen och de överlevandets berättelser. Definitionen, insamlingar och användningar, 1939–2020. Stockholm 2020.
Thor, Marta: Vermessener Perspektivenwechsel? Schriftsteller Daniel Kehlmann nimmt Elisabeth-Langgässer-Literaturpreis im Weingut der Stadt Alzey entgegen. In: Allgemeine Zeitung, 28.2.2022, https://www.alzey.de/de-wAssets/docs/2022-02-28_AZ_Vermessener-Perspektivwechsel.PDF (Zugriff: 27.2.2024)
Torekul, Bertil: Bränt barn söker sig till elden. In: Östgöta Correspondenten, 6.9.1984.
Uhde, Anne: Das Schicksal eines Mädchens aus Berlin. In: Welt am Sonntag, 9.11.1986.
Vallquist, Gunnel: Bränt barn söker sig till elden. In: Svenska Dagbladet, 5.9.1984.
Walter, Henrike: Cordelia Edvardson. Schreiben in der Welt. In: Exil. Forschung – Erkenntnis – Ergebnisse 28 (2008), 1, S. 59–71.
Wrochem, Oliver von (Hg.): Skandinavien im Zweiten Weltkrieg und die Rettungsaktion Weiße Busse. Ereignisse und Erinnerung. Berlin 2012.
Zeillinger, Gerhard: Von der Mutter an die Nazis ausgeliefert. Cordelia Edvardsons autobiografischer Roman „Gebranntes Kind sucht das Feuer" ist so unerträglich wie lesenswert. In: Der Standard, 11.11.2023, https://www.derstandard.at/story/3000000194652/von-der-eigenen-mutter-an-die-nazis-ausgeliefert (Zugriff 13.11.2023)
Zern, Leif: Bränt barn söker sig till elden. In: Expressen, 5.9.1984.

Alberto Orlando
„Nur das ‚Weh', es blieb. / Das ‚Heim' ist fort". Heimweh als poetische Antriebskraft in Mascha Kalékos, Hilde Domins und Rose Ausländers Exilgedichten

1 Vorbemerkung

Die Schicksale der exilierten Schriftstellerinnen und Schriftsteller waren trotz oft gemeinsamer Lebensstationen keineswegs einheitlich. Besonders prekär war die Situation der Dichterinnen, zumal sie im Ausland neben zahlreichen gesellschaftlichen Herausforderungen als Frauen auch fehlendem Publikum und auf die Exilzeitschriften beschränkten Veröffentlichungsmöglichkeiten ihrer Gedichte ausgesetzt waren. Zu dieser sozioökonomischen Unsicherheit gesellt sich in vielen Fällen eine emotionale Labilität, die oft durch die Entfernung von der Heimat und zurückgelassenen Angehörigen bedingt wurde.

Diese schmerzhafte Trennung, die das Ende der literarischen Karriere vieler Dichterinnen verursachte, ist Thema ihrer Verse, die sich oftmals mit dem ‚Heimweh' auseinandersetzten. Der als dialektaler Ausdruck in der Schweiz entstandene Begriff wurde erstmals 1688 in der Dissertation des elsässischen Arztes Johannes Hofer, *Dissertatio medica de nostalgia, oder Heimwehe*, verwendet, um sich auf eine Krankheit zu beziehen. Das psychophysische Unwohlsein, auch als ‚Schweizerkrankheit' bekannt, betraf insbesondere die Schweizer Söldner, die sich von ihrer Heimat entfernen mussten, und war durch Symptome wie Melancholie, Kraftverlust, Fieber und Herzrasen gekennzeichnet. Die Darstellung dieser Krankheit verbreitete sich im frühen achtzehnten Jahrhundert durch die Werke des Schweizer Arztes und Naturforschers Johann Jakob Scheuchzer. Während Hofer den Ursprung des Heimwehs im Gehirn lokalisierte, vertrat Scheuchzer die Ansicht, dass es auf eine Auswirkung des Luftdrucks zurückzuführen sei. In der Zeit der Romantik fand das Heimweh Eingang in den deutschen Sprachgebrauch und verlor dabei seine ursprüngliche Begrenzung auf das Schweizer Gebiet. In diesem Zusammenhang galt es als eine psychische Krankheit und wandelte sich zugleich von einer männlichen Pathologie zu einem vorwiegend weiblichen Zustand.[1]

---

[1] Vgl. Karl Jaspers: Gesammelte Schriften zur Psychopathologie [1963]. Berlin, Heidelberg 1990 (2. Aufl.), S. 2–19.

Ab dem zwanzigsten Jahrhundert gewann die psychologische Perspektive bei der Interpretation dieser Symptome an Bedeutung, und die potenziell tödliche Krankheit entwickelte sich zu einer Gemütsverfassung, die häufig zu einer unheilbaren Depression führte. 1909 widmete sich der Psychiater und Philosoph Karl Jaspers in seiner Doktorarbeit mit dem Titel *Heimweh und Verbrechen* diesem Phänomen im Rahmen der forensischen Psychiatrie. In den Studien des Psychologen Karl Marbe aus den 1920er Jahren wurde das Heimweh schließlich nicht mehr als Krankheit betrachtet, sondern vielmehr als ein völlig normales Verhalten der Menschen, das mit bestimmten Umweltbedingungen verbunden war.[2]

Der vorliegende Beitrag untersucht dieses emotionale Phänomen anhand der lyrischen Produktion der jüdischen deutschsprachigen Schriftstellerinnen Mascha Kaléko, Hilde Domin und Rose Ausländer. In dem analysierten Korpus wird das Heimweh nicht als reine Sehnsucht nach dem verlorenen Zuhause, sondern als ein gegliedertes emotionales Gefüge erlebt, das einen Prozess der Traumaverarbeitung und der Identitätswiederherstellung auslöst.

In den Versen der untersuchten Dichterinnen gestaltet sich das Heimweh so als eine Antriebskraft für die poetische Schöpfung und die Wiedergeburt des Individuums und die schmerzhafte existenzielle Exilerfahrung wird damit in eine Inspirationsquelle für das lyrische Schaffen verwandelt. Die geraubte Heimat wird auf diese Weise neu konfiguriert und die temporären Räume des Exils werden in ein poetisches Universum umgewandelt, das der (Mutter)Sprache angehört und außerhalb jedes Raum-Zeit-Kontinuums liegt. In dieser neuartigen Dimension erlangt die wandernde Identität das Bewusstsein, sich endlich selbst im Wort wiederfinden zu können.

2 Ein Wort-Raum in einem persönlichen Weltall: Neugestaltung des Heimwehs und der Exilerfahrung in Mascha Kalékos Lyrik

In Mascha Kalékos Werk hängt das Heimweh direkt mit der Darstellung des Emigrationstraumas zusammen. In den Jahren ihres amerikanischen Exils wurde ihre Lyrik tatsächlich einerseits das Resultat der in Deutschland erlebten Ent-

---

2 Für aktuelle weiterführende Literatur zum Thema ‚Heimweh' aus wissenschaftlich-psychiatrischer Perspektive siehe: Petra Beschoner, Zrinka Sosic-Vasic, Lucia Jerg-Bretzke: Heimweh – eine systematische Übersicht zum Vorkommen und den Folgen eines Phänomens von aktueller Relevanz. In: Psychiatrische Praxis 47 (2020), 7, S. 352–360. DOI: www.doi.org/10.1055/a-1182-2433 (Zugriff: 29.2.2024).

fremdung – insbesondere als die Schriftstellerin 1937, ein Jahr vor ihrer Flucht nach New York, in das Berliner Stadtviertel Steglitz zog – und andererseits des Emigrantenlebens in der nordamerikanischen Metropole. Das Jahr 1933 markierte für Kaléko den Beginn ihres ‚zweiten Exils', denn sie „teilte das Schicksal vieler, die seit dem Ende des 19. Jahrhunderts in die westlichen Metropolen strömten: sie wurde nach 1933 ein zweites Mal vertrieben und in ein Judentum zurückgestoßen, aus dem sie gerade versucht hatte, sich zu emanzipieren".[3]

Kalékos doppelte Exil zeigt sich zum Beispiel im späten Gedicht „Bleibtreu heißt die Straße", das im Februar 1975 im *Tagesspiegel* veröffentlicht wurde:

> Vor fast vierzig Jahren wohnte ich hier.
> [...]
> Vierzig Jahre! Ich bin es nicht mehr.
> Vierzig Jahre! Wie oft haben meine Zellen
> Sich erneuert inzwischen
> In der Fremde, im Exil.
> New York, Ninety-Sixth Street und Central Park,
> Minetta Street in Greenwich Village.
> Und Zürich und Hollywood. Und dann noch Jerusalem.
> Was willst du von mir Bleibtreu?
> Ja, ich weiß. Nein, ich vergaß nichts.
> Hier war mein Glück zu Hause. Und meine Not.
> Hier kam mein Kind zur Welt. Und mußte fort.
> Hier besuchten mich meine Freunde
> Und die Gestapo.[4]

Durch die Rückkehr zu ihrem Herkunftsort stellt die Autorin eine tiefe Verbindung zwischen der Gegenwart, der Zeit des Schreibens, und der Erinnerung her. Dieses Andenken erweckt ein Zugehörigkeitsgefühl zu der Straße wieder, in der alles begann und gleichzeitig endete. Die beiden räumlichen Ebenen der Vergangenheit und der Gegenwart sind eng miteinander verwoben: Kaléko listet die Orte des Exils auf und stellt ihnen die geliebte und verlassene Straße, das einstige Zuhause, gegenüber, von der sie sich nun wie ausgefragt fühlt.

Das Gedicht gliedert sich durch eine Reihe antithetischer Begriffe (wissen/vergessen, Glück/Not, kommen/fortkommen, Freunde/Gestapo), und stützt sich auf die wörtliche Bedeutung des Straßennamens, die bereits im Titel deutlich wird. Die Schriftstellerin aber kann nur sich selbst treu bleiben, weil sie erkennt, dass die verlorenen Jahre, und damit auch die verlorenen Orte, nicht mehr aufholbar sind. Wie

---

[3] Karina von Tippelskirch: Mimikry als Erfolgsrezept. Mascha Kalékos Exil im Exil. In: Helga Schreckenberger (Hg.): Ästhetiken des Exils. Amsterdam 2003, S. 157–171, hier S. 170.
[4] Mascha Kaléko zitiert nach Edda Ziegler: Verboten-Verfemt-Vertrieben. Schriftstellerinnen im Widerstand gegen den Nationalsozialismus. München 2010, S. 316–317.

Bauschinger schreibt, „was sie suchte, war [...] unwiederbringlich verloren, und nicht durch das Exil, sondern auch durch die Zeit".[5] Die Bleibtreustraße wird tatsächlich in ein Wortspiel übersetzt, das die Bitterkeit der Rückkehr nach Deutschland ausdrückt, denn das Einzige, was nach dem Exil bleibt, ist die eigene Identität, auch wenn sie durch die Ereignisse des Exils zutiefst verändert wurde.

Insgesamt scheint Kaléko ihr neues Leben in Nordamerika innerhalb dieser Verse angenommen zu haben. Die emotionale Erfahrung des Heimwehs taucht aber bereits in früheren Gedichten, wie „Zum Thema ‚Seelenwanderung'" (1958) auf:

> Wer nicht an Seelenwanderung glaubt,
> Dem mag der Herr vergeben.
> Was mich betrifft, ich sage: Ja,
> Ich war bestimmt als Vogel schon da,
> In einem früheren Leben.
>
> Als ich ein Kind war, konnte ich auch noch fliegen
> – Oft hab ich des Nachts aus dem Bett mich entfernt.
> [...]
>
> Seitdem war mein Haus von Meisen überrannt,
> Von Meisen und von Spatzen.
> Die kamen täglich gegen vier
> Auf den Balkon, um dort mit mir
> Von vergangenen Zeiten zu schwatzen.
>
> ... Und dann das Heimweh, das ich allenthalben
> Verspüre, sobald die ersten Schwalben
> In Septemberscharen südwärts ziehn ...[6]

Hier führt die Autorin das Thema der Metempsychose ein, das eines der grundlegenden Elemente der kabbalistischen Lehre ist (*Gilgul*). Dieses Konzept wird von der mystisch-esoterischen Literatur übernommen, insbesondere von der lurianischen Kabbala. In chassidischen Erzählungen, wo die Reinkarnation ins Tierreich oft einen pädagogischen Zweck hat, um die Bedeutung der Einhaltung der Gebote zu betonen, gehört der Vogel zu den erwähnten Tieren.

Diese metaphysische Überlegung, die Kaléko in der ersten Strophe vorbringt, betrifft metaphorisch die Exilerfahrung. In der zweiten Strophe bezieht sich die

---

5 Sigrid Bauschinger: Mascha Kaléko. In: John M. Spalek und Joseph Strelka (Hg.): Deutschsprachige Exilliteratur seit 1933. New York, Berlin, Boston 1989, S. 410-420, hier S. 417.
6 Mascha Kaléko: Verse für Zeitgenossen [1945], hg. von Gisela Zoch-Westphal. Reinbek bei Hamburg 2020 (1. Aufl. 1958/1980), S. 108–110. Dieser Gedichtband erschien erstmals 1945 im amerikanischen Exil (Schoenhof Verlag, Cambridge, Mass.) und wurde später 1958 in einer erweiterten Neuauflage vom Rowohlt Verlag herausgebracht.

Dichterin höchstwahrscheinlich auf ihr ‚erstes Exil', und zwar auf die Flucht aus Galizien 1914, als sie erst sieben Jahre alt war. Kaléko schafft es darin, die beiden Exile zu überblenden, und das Heimweh kommt durch das Bild der Wanderung der Schwalben im September zum Ausdruck. Diese Vorstellung löst bei der Autorin die Erinnerung an ihre eigene Auswanderung aus, als sie genau im gleichen Monat des Jahres 1938 Deutschland verlassen musste, um nach New York zu fliehen.

Das Heimweh scheint in der Endphase ihrer dichterischen Produktion immer tiefer und negativer geprägt zu sein. In den späten Gedichten Kalékos wird in der Tat die Unmöglichkeit klar, nach dem Exil an eine Heimat zu denken. Diese Überzeugung wird in den letzten beiden Versen des Gedichts „Heimweh, wonach?" (aus *Mein Lied geht weiter*, posthum veröffentlicht im Jahr 2007) noch radikaler. Kaléko zerlegt das Substantiv ‚Heim-weh', indem sie nur den zweiten Teil annimmt, nämlich den Schmerz und die Sehnsucht nach einem verschwundenen Ort. Mit diesem Raum verknüpft sie den Traum, ein Bestandteil, der jedoch grundsätzlich zur Erinnerungsdimension gehört:

> Wenn ich „Heimweh" sage, sag ich „Traum".
> Denn die alte Heimat gibt es kaum.
> Wenn ich Heimweh sage, mein ich viel:
> Was uns lange drückte im Exil.
> Fremde sind wir nun im Heimatort.
> Nur das „Weh", es blieb.
> Das „Heim" ist fort.[7]

Die Verwandlung des verlorenen Zuhauses in eine Utopie, die sich als eine traumhafte Stätte offenbart, gilt Marion Schmaus zufolge als eine therapeutische Reaktion auf dieses kritische Gefühlslebensergebnis. Das lyrische Ich schafft einen idealen Ersatz für einen realen Verlust, der von einem Individuum erlebt wird, das an einen begrenzten und sozial eingeschränkten Lebensraum gewöhnt ist und jetzt zur Mobilität und Universalität gezwungen wird.[8]

Der Wegfall der konkreten Alltäglichkeit des Vor-Exils wird in Kalékos Versen zum Motiv der poetischen Schöpfung. Als Zeugnis dafür erkennt die Dichterin schließlich ihre eigene Existenz in einer Dimension, in der die Distanzen zwischen Orten und Zeiten nicht bestehen und das Heimweh und das Gefühl des Verlustes zu echten metaliterarischen Mitteln werden. Diese Theorie schlägt sich

---

7 Mascha Kaléko: In meinen Träumen läutet es Sturm. Gedichte und Epigramme aus dem Nachlass, hg. von Gisela Zoch-Westphal. München 1977, S. 105.
8 Vgl. Marion Schmaus: Psychosomatik. Literarische, philosophische und medizinische Geschichten zur Entstehung eines Diskurses (1778–1936). Berlin 2009, S. 109.

konkret als poetische Realität in ihrem Gedicht „Wo sich berühren Raum und Zeit ..." (1958) nieder:

> Wo sich berühren Raum und Zeit,
> Am Kreuzpunkt der Unendlichkeit,
> Ein Pünktchen im Vorüberschweben -
> Das ist der Stern, auf dem wir leben.
>
> [...]
>
> Das All ist eins. Was ‚gestern' heißt und ‚morgen',
> Ist nur das Heute, unserm Blick verborgen.
> Ein Korn im Stundenglase der Äonen
> Ist diese Gegenwart, die wir bewohnen.[9]

Raum und Zeit treffen sich an einem Punkt im Unendlichen, dem ‚Stern', der der Ursprung von allem ist. Kaléko schränkt die räumliche Dimension in einem All ein, wohingegen die Zeitdimension nur aus dem ‚Heute' besteht, ohne dass dies dem Menschen ersichtlich wird. Beim Verständnis des menschlichen Lebens sind dann nur Vergangenheit und Zukunft vorhanden.

Die Autorin verdichtet somit die Existenz in einer raum- und zeitlosen Urform, die geschützt vor äußeren, teilweise negativen Einflüssen ist. In diesem ganz persönlichen Weltall befindet sich ein Raum für Besinnlichkeit, wo Kaléko versucht, den Verlust und das Heimweh zu überwinden und ihre Worte dem *hic et nunc* zu widmen.

3 Die Entdeckung der eigenen Identität im Exil: Heimweh als Wiedergeburt des Individuums im Werk Hilde Domins

Das Hier-und-Jetzt-Prinzip kommt auch in Hilde Domins Lyrik vor. Ihre Emigrationsgeschichte, gekennzeichnet durch zahlreiche Stationen zwischen Italien, England und der Dominikanischen Republik, prägte ihr Leben und ihre Dichtung tiefgreifend. Wie sie schrieb, bedeutete das Exil für sie „das Herausnehmen eines Menschen aus dem normalen Kontext seines Lebens, und zwar ein gewaltsames und unfreiwilliges Herausnehmen".[10] Ihre Gedichte stellen sich als Dokument

---

9 Kaléko: Verse für Zeitgenossen, S. 14–15, hier S. 14.
10 Hilde Domin zitiert nach Franziska Loretan-Saladin: Dass die Sprache stimmt. Eine homiletische Rezeption der dichtungstheoretischen Reflexionen von Hilde Domin. Fribourg 2008, S. 82.

einer Erfahrung heraus, die sich, wenn auch subjektiv, als universell erweist und der Suche nach einem identitären und sozialen Gleichgewicht im Kontext der Migration dient.

Trotz der mehreren im Exil verbrachten Jahre, wird ihre dichterische Produktion oft im Zusammenhang mit ihrer Heimkehr nach Deutschland betrachtet. Domin wurde von Hans-Georg Gadamer „Dichterin der Rückkehr"[11] genannt und sie selbst bestätigt diese Etikettierung: „Die Rückkehr, nicht die Verfolgung war das große Ereignis meines Lebens".[12] Ihr Werk basiert auf den Jahren und Orten des Exils, und die Auseinandersetzung mit jenen Themen, die ihr Leben und ihre Lebenseinstellung in den vorangegangenen Jahren beeinflusst hatten, setzt sich auch nach der Heimkehr fort. Lehr-Rosenberg erklärt:

> Das Thema von Heimatverlust und Heimatsuche wird als durchgängig im Werk Hilde Domins erkannt. Allerdings werden den Rückkehrgedichten nach 1961 Nachwirkungen des Exils bescheinigt. Das bedeutet, dass das Thema des Exils nach der Rückkehr weitergedacht und weiter künstlerisch verarbeitet wird, selbst wenn sich die äußere Situation geändert und der Anteil an ‚öffentlichen' Gedichten zugenommen hat.[13]

Wie bei Kaléko ist das Thema des Heimatverlustes und der schmerzhaften Rückkehr in die Heimatstadt auch in Domins Gedichten unausweichlich eng mit dem Raum der eigenen Herkunft verzahnt. Es wäre daher falsch zu behaupten, dass das im Exil verspürte Heimweh von der Vergangenheit der Autorin trennbar ist. Bevor das lyrische Ich sich mit der Neugestaltung der Gegenwart befassen kann, ist es verpflichtet, die Fragmente einer Vergangenheit wiederzuvereinigen, die sich in der Erinnerung zunehmend zersplittert zeigt. Dies lässt sich im Gedicht „Köln" analysieren, das in der Sammlung *Hier* (1964) enthalten ist:

> Die versunkene Stadt
> für mich
> allein
> versunken.
>
> Ich schwimme
> in diesen Straßen.
> Andere gehn.

---

11 Hans-Georg Gadamer: Hilde Domin, Dichterin der Rückkehr [1971]. In: Bettina von Wangenheim (Hg.): Vokabular der Erinnerungen. Zum Werk von Hilde Domin. Frankfurt a. M. 1998, S. 29–35, hier S. 29.
12 Hilde Domin zitiert nach Ziegler: Verboten-Verfemt-Vertrieben, S. 322.
13 Stephanie Lehr-Rosenberg: „Ich setzte den Fuß in die Luft, und sie trug". Umgang mit Fremde und Heimat in Gedichten Hilde Domins. Würzburg 2003, S. 76.

> Die alten Häuser
> haben neue große Türen
> aus Glas.
>
> Die Toten und ich
> wir schwimmen
> durch die neuen Türen
> unserer alten Häuser.[14]

In diesen Versen besteht die dichterische Strategie der Autorin darin, sich von den ‚anderen' durch Bilder zu entfernen, die die Grenzen der Rationalität überschreiten und in die Sphäre der Vorstellungskraft vordringen, wie das Bild, dass das Ich in den Straßen ‚schwimmt', während die anderen ‚gehen'.

Die Trennung wird in der letzten Strophe noch deutlicher. Das lyrische Subjekt gehört hier zu den ‚Toten', die Einzigen, die durch die neuen Türen gehen und gleichzeitig zu den alten Häusern zurückkehren können. Durch dieses Sonderrecht rufen sie das Bild der Exilanten hervor, die an verlassene Orte zurückkehren und nun das Gefühl haben, Teil einer Vergangenheit zu sein, die sich nicht mit dieser neuen Gegenwart deckt. Bemerkenswert ist die Entscheidung der Dichterin, durch die neuen Glastüren die Gegenwart zu materialisieren, die das dahinterliegende alte Haus (als bildliche Darstellung der Vergangenheit) verbergen.

Die einmalige Verbindung zwischen Realem und Surrealem und die Aufspaltung zwischen Sichtbarem und Vorstellbarem lassen Domin auf das Nebeneinander von zwei scheinbar gegensätzlichen Raum-Zeit-Ebenen hinweisen: einerseits die Vergangenheit und andererseits die Zukunft, beide in absoluter Synergie zur Schaffung des Hier-und-Jetzt. Diese zeitliche Spannung ist auf eine von der philosophischen Anthropologie geprägten Definition von ‚Heimweh' zurückzuführen, wie sie von Hans Kunz formuliert wurde: „eine Einheit, in der das zukünftige Wonach auf das anfänglich Vergangene zurückläuft und solcherart die Gegenwart überschwingt".[15]

Das lyrische Ich führt daher ein kollektives Gedächtnis ein, das sich von einer reinen und subjektiven Betrachtung über den Raum-Zeit-Abstand der Heimat und des Exils unterscheidet. Während die ‚anderen' sich auf das Sichtbare beschränken, kann das lyrische Ich Zeit und Raum in einer wirklichkeitsnahen Darstellung anpassen, denn es kann als einziges die Gegenstände der Realität zwischen ‚alt' und ‚neu', und zwar zwischen ‚vorher' und ‚jetzt', unterscheiden. Die individuelle Ebene wird jedoch nicht beseitigt, sondern sie wird vielmehr in

---

14 Hilde Domin: Abel steh auf. Gedichte, Prosa, Theorie, hg. von Gerhard Mahr. Stuttgart 1979, S. 34.
15 Hans Kunz: Die anthropologische Bedeutung der Phantasie. Basel 1946, S. 269.

einen Gesamtüberblick eingeführt, die Vergangenheit und Gegenwart nicht voneinander trennt.

Eine äußerst persönliche Perspektive des Exils, bei der diese kosmische Sehnsucht auf eine individuelle Ebene beschränkt wird, ist in einigen früheren Gedichten thematisiert, wie zum Beispiel „Auf Wolkenbürgschaft", das zu der Sammlung *Nur eine Rose als Stütze* (1959) gehört:

> Ich habe Heimweh nach einem Land
> in dem ich niemals war,
> wo alle Bäume und Blumen
> mich kennen,
> in das ich niemals geh,
> doch wo sich die Wolken
> meiner
> genau erinnern,
> ein Fremder, der sich
> in keinem Zuhause
> ausweinen kann.
>
> Ich fahre
> nach Inseln ohne Hafen,
> ich werfe die Schlüssel ins Meer
> gleich bei der Ausfahrt.
> Ich komme nirgends an.
> Mein Segel ist wie ein Spinnweb im Wind,
> aber es reißt nicht.
> Und jenseits des Horizonts,
> wo die großen Vögel
> am Ende ihres Flugs
> die Schwingen in der Sonne trocknen,
> liegt ein Erdteil
> wo sie mich aufnehmen müssen,
> ohne Paß,
> auf Wolkenbürgschaft.[16]

Im Gegensatz zum vorherigen Gedicht, wird hier das Thema des Exils bereits im ersten Vers und ohne komplexe Metaphern ersichtlich gemacht und der Begriff ‚Heimweh' nimmt eine zentrale Lage ein. Der Zustand als ‚heimatlose Fremde' wird in der zweiten Strophe, insbesondere durch den Zusammenhang mit den räumlichen Bezügen, weiter intensiviert. Das Meer, das gewöhnlich die Möglichkeit der Flucht und der Rettung symbolisiert, ist stattdessen das, was die Autorin von ihren eigenen Orten entfernt. Eine Insel ohne Hafen ist ein Ort, aus dem man

---

[16] Hilde Domin: Nur eine Rose als Stütze. Frankfurt a. M. 1959, S. 67.

nicht entkommen kann. Zudem ist der Hafen als Grenz- und Übergangsort von Europa ins Ausland zu verstehen, von dem aus viele Flüchtlinge vor dem Nationalsozialismus flohen. Darüber hinaus, obwohl in Domins Gedichten fast nie die Spuren der Diskussion über die jüdischen Ursprünge auftauchen, könnten die ersten beiden Verse der ersten Strophe als Annahme einer Bedingung ihrer Existenz als Jüdin ausgelegt werden, nämlich der ewigen Diaspora. Margret Karsch interpretiert diese Verse in Bezug auf die jüdische Identität der Autorin im Kontext der Lyrik nach Auschwitz:

> Das Gedicht bezieht im Diskurs um Lyrik nach Auschwitz eine Position, der zufolge Trost nur im utopischen Entwurf der Wolkenbürgschaft, im Aufblitzen des schönen Traumbilds zu finden ist, oder sich auf den Tod als Heimat richtet. [...] Eine Todessehnsucht der Verse ist an sich jedoch noch kein hinreichender Beleg für eine Interpretation des Gedichts als Ausdruck des Glaubens, sie kann auch die Müdigkeit und das Hoffen auf ein Ende des Leidens widerspiegeln. [...] *Auf Wolkenbürgschaft* entwirft ein Szenario, dessen Bilder tröstliche Elemente benennen, zu denen auch der Tod gehört.[17]

Trotzdem, auch wenn sich die Schriftstellerin, genauso wie das Volk Israel, auf der Suche nach ‚einem Land, das sie nie gekannt hat' fühlt, wird die utopische Vorstellung eines solchen Raumes in der letzten Strophe konkret geprägt durch den Verweis auf eine reale Exilschwierigkeit, und zwar das Erlangen von für die Flucht notwendigen Reisepässen und Dokumenten. Zugleich lassen sich diese Verse als Ausdruck von Domins poetischem Vorhaben lesen, einen Raum innerhalb der Dichtung zu erschaffen, wo der Raub der eigenen Identität und somit das Heimwehtrauma verarbeitbar ist. In dem Exil-Raum, wo das Heimweh verstärkt wird, hat die Schriftstellerin ihre Identität gefunden, nicht verloren.

Bei näherer Betrachtung ihrer Gedichte und autobiografischen Schriften wird jedoch nachvollziehbar, dass der Raum, in dem diese (Wieder)Geburt stattfindet, das Wort – und genauer gesagt die Lyrik – ist. Domin eröffnet nicht umsonst die bereits erwähnte Sammlung *Hier* mit dem Gedicht „Lyrik", das fast als Prolog dient: „das Nichtwort // ausgespannt / zwischen // Wort und Wort".[18] Und genau das Schreibgebiet ermöglicht es dem lyrischen Subjekt, eine emotionale Neuanordnung vorzunehmen, in der der Zustand des Exils nicht verleugnet wird, sondern zum Spielraum für die Entwicklung einer neuen identitären, sozialen und relationalen Dimension wird.

In einigen Versen – wie in „Auf Wolkenbürgschaft" – gewinnen die Lesenden fast den Eindruck, dass der Heimatraum nie existiert hat. Wie um den verwirren-

---

[17] Margret Karsch: „das Dennoch jedes Buchstabens". Hilde Domins Gedichte im Diskurs um Lyrik nach Auschwitz. Bielefeld 2007, S. 243.
[18] Domin: Abel steh auf, S. 33.

den emotionalen Folgen dieses Fehlens entgegenzuwirken, erstellt die Autorin die Aufteilung von Raum und Zeit, wie im bekannten Gedicht „Ziehende Landschaft" (1959), das sie nach ihrer Rückkehr nach Europa schrieb:

> Man muß weggehen können
> und doch sein wie ein Baum:
> als bliebe die Wurzel im Boden,
> als zöge die Landschaft und wir ständen fest.
> Man muß den Atem anhalten,
> bis der Wind nachläßt
> und die fremde Luft um uns zu kreisen beginnt,
> bis das Spiel von Licht und Schatten,
> von Grün und Blau,
> die alten Muster zeigt
> und wir zuhause sind,
> wo es auch sei,
> und niedersitzen können und uns anlehnen,
> als sei es an das Grab
> unserer Mutter.[19]

Mit der Baum- und Wurzel-Metapher beseitigt Domin jegliche räumliche Distanz, insbesondere die zwischen dem ‚Dasein' und dem ‚Hiersein', und zeigt, dass sie sich in Übersee, wo sprachlich-kulturelle Schranken scheinbar unüberwindbar waren, zu Hause fühlte. Das Gedicht ist in zwei Objektivitätsstufen aufgeteilt: Vom unpersönlichen ‚man' des ersten Verses wechselt die Schriftstellerin im vierten Vers zum ‚wir', was eine Verschiebung von der Unpersönlichkeit zur Einbeziehung des Subjekts in dieser ‚Mission' darstellt. Die Substantive in den ersten vier Versen, die dem ‚wir' vorausgehen, gehören alle zum Naturwortfeld (Baum, Wurzel, Boden, Landschaft), wodurch eine Subjekt-Natur-Gegenüberstellung entsteht, die sich auch durch die Verben ausdrückt, mit denen diese Verse beginnen und enden, vor allem ‚weggehen' und ‚feststehen'. Auf diese Weise dient die Dualität zwischen Unpersönlichem und Persönlichem sowie zwischen Objekt und Subjekt dazu, eine allgemeingültige Beobachtung mit einer persönlichen Erfahrung zu verknüpfen. Diese wird jedoch nicht durch ein ‚ich' ausgedrückt, sondern vielmehr durch das kollektive ‚wir', das auf jeden Heimkehrer hinweisen könnte.

Das Bild des von jeglicher Bestimmung befreiten Hauses wird durch die feste Wurzel im Boden symbolisiert, die eine Metapher für die Zugehörigkeit zur Heimat ist. Hier wird dennoch, bereits durch das Oxymoron im Titel, die Bedeutung betont, sowohl fest wie der Baum zu bleiben als auch sich gleichzeitig einem anderen Raum anzupassen. Dies entspricht dem, was Kaléko in „Bleibtreu heißt die Straße"

---

19 Domin: Nur eine Rose als Stütze, S. 9.

schrieb: treu bleiben und sich selbst nicht aufgeben, unabhängig von äußeren Kräften, seien sie zeitlich oder räumlich. Lehr-Rosenberg bemerkt:

> Dem Rassenhaß konnte im Nationalsozialismus kein Jude ausweichen [...]. Aber es gibt verschiedene Haltungen, die die Überlebenden gegenüber dieser Situation des Ausgestoßenseins einnehmen können. Darauf macht das Gedicht aufmerksam. [...] Hilde Domins Gedicht plädiert für den Standpunkt, der die Erfahrung der Vertreibung nicht leugnet. Die Entwurzelung wird erlitten und hat doch nicht das letzte Wort. Die Kunst, ihr standzuhalten, liegt im Aushalten der Spannung.[20]

Domin arbeitet dieses Selbstbewusstsein eines inneren Entwicklungsprozesses im Gedicht „Makabrer Wettlauf" (1959) aus:

> Du sprachst vom Schiffe-Verbrennen
> – da waren meine schon Asche –,
> du träumtest vom Anker-Lichten
> – da war ich auf hoher See –,
> von Heimat im Neuen Land
> – da war ich schon begraben
> in der fremden Erde,
> und ein Baum mit seltsamen Namen,
> ein Baum wie alle Bäume,
> wuchs aus mir,
> wie aus allen Toten,
> gleichgültig, wo.[21]

Auch hier tritt das Bild des Baumes auf, dessen Wurzel ein Grab ist. Während noch von Schiffen, Ankern und dem neuen Land die Rede ist, hat die Realität bereits Asche produziert und aus dem Meer ist das Ich in einen neuen Raum gelangt.

Dieses Gedicht zeigt die Zeitverzögerung, die zwischen Realität und Sprache entsteht, da Ereignisse oft so schnell eintreten, dass die Sprache sie nur nachträglich erfassen kann. In diesem Fall wurde der makabre Wettlauf überwunden, denn aus dem Tod ist das Leben entstanden. Lehr-Rosenberg zufolge wird hier nicht der Tod an sich beschrieben, sondern „der ganz persönliche Tote als Spiegelbild unserer selbst. Demnach ist der Tote nicht zu trennen von uns, sondern die andere Seite des Lebens: ein Wegbegleiter".[22]

Alles fügt sich in einen unausweichlichen Naturkreislauf ein, und alle Orte werden bedeutungslos. Daher kommt dieses positive Bewusstsein zum Vorschein, dass überall ein Zuhause ist und dass der Tod einen neuen Raum bilden kann: „der

---

20 Lehr-Rosenberg: „Ich setzte den Fuß in die Luft, und sie trug", S. 185.
21 Domin: Nur eine Rose als Stütze, S. 38.
22 Lehr-Rosenberg: „Ich setzte den Fuß in die Luft, und sie trug", S. 180.

Selbstmord oder auch nur das Warten auf das Sterben sehen im Tod den ausschliesslichen Satisfaktionsraum. [...] Nur im Tod – dafür gleich auf ewig – findet das Heimweh hier seine Heimat".[23]

Somit ist der von der Autorin eingeschlagene Weg – bei dem das irdische Heimatland seine Wesensart verliert und eher ein Gleichnis des Übergangs als des Verlustes wird – eine Strecke zu einer neuen Form der Selbstkenntnis, die es ihr ermöglicht, eine neue soziale Rolle zu erobern, insbesondere als Schriftstellerin:

> Hilde Domins Gedichte bewahren das Schwanken zwischen der Hoffnung auf ‚das Wunder' zwischenmenschlichen Verstehens und der Erinnerung an die Toten, an Zerstörung und Leiden der Vergangenheit. Die Rückkehr ins Mutterland wird als Konfrontation mit der Vergangenheit, als Bewährung ihrer neuen dichterischen Existenzform erlebt, erweist sich aber mit den Jahren [...] immer weniger als Heimkehr.[24]

Der neue Zustand, ausgelöst durch die Trennung vom schützenden Halt der Vergangenheit, bietet Domin die Gelegenheit, sich als Individuum in der Welt zu erleben. Aus diesem Grund endet ihr Exil nicht mit der Rückkehr nach Deutschland, sondern es zieht sich durch ihr gesamtes Leben, jetzt jedoch mit der Gewissheit, eine Richtung, sowohl in der Poesie als auch im Leben, gefunden zu haben.

4 Vaterland-Mutterland-Niemandsland: Heimweh als Motor einer emotionalen Reise in Rose Ausländers Exillyrik

Ähnlich wie Mascha Kaléko verfügte auch Rose Ausländer über zwei Emigrationserfahrungen: 1921 zog sie aus wirtschaftlichen Gründen für einige Jahre nach New York und 1946 kehrte sie, nachdem sie fünf Jahre im Ghetto Czernowitz überlebt hatte, in die Vereinigten Staaten zurück. Obwohl es nicht völlig richtig ist, die erste Auswanderung als Exil im engeren Sinne, d. h. durch politische Ursachen motivierte, zu betrachten, bedeuteten beide Erlebnisse für die Schriftstellerin eine erzwungene Abkehr von ihrem Zuhause, was ihre Selbstwahrnehmung als ewige ‚Ausländerin' verstärkte. Zusätzlich erzeugte die Verpflichtung, 1957 nach Europa zurückzukehren,

---

23 Corina Salis Gross: Über das Heimweh ... In: Bündner Monatsblatt: Zeitschrift für Bündner Geschichte Landeskunde und Baukultur (1989), 1, S. 5–23, hier S. 20–21. DOI: https://doi.org/10.5169/seals-398480 (Zugriff: 29.2.2024).
24 Ulrike Böhmel Fichera: Zum „Stelldichein mit mir selbst". Die Exilerfahrung in der Lyrik Hilde Domins. In: Jörg Thunecke (Hg.): Deutschsprachige Exillyrik von 1933 bis zur Nachkriegszeit. Amsterdam, Atlanta 1998, S. 339–355, hier S. 355.

und das Verbot, im Emigrationsland ansässig zu sein, eine belastende Vorstellung von Exil, die ihre Dichtung und auch ihre Einstellung zum Leben durchdrang. Der Heimatverlust und die damit verbundenen Folgen beeinflussten einen bedeutenden Teil ihrer Gedichte, die nach der Rückkehr geschrieben wurden.

Neben dem Exil stellt der Tod ihrer Mutter eine äußerst schmerzhafte und traumatische Erfahrung dar, die jedoch zur Wiederentdeckung ihrer Persönlichkeit und ihrer poetischen Kreativität beitrug. Es scheint daher sinnvoll, einen Vergleich zwischen der Mutterfigur und der Heimat zu ziehen. Obwohl Menschen – allen voran die Familie – die Heimat im weitesten Sinne nicht verkörpern können, können sie dennoch – so Salis Gross – nostalgische Reaktionen auslösen und als wichtiger symbolischer Wert des Selbstbildes gelten.[25] Die Mutter als Heimat ist im Gedicht „Bukowina III" (1976) wiederzufinden:

> Grüne Mutter
> Bukowina
> Schmetterlinge im Haar
>
> Trink
> sagt die Sonne
> rote Melonenmilch
> weiße Kukuruzmilch
> ich machte sie süß
>
> Violette Föhrenzapfen
> Luftflügel Vögel und Laub
>
> Der Karpatenrücken
> väterlich
> lädt dich ein
> dich zu tragen
>
> Vier Sprachen
> Viersprachenlieder
>
> Menschen
> die sich verstehn[26]

Mit der Personifikation der Bukowina als ‚grüne Mutter' verleiht die Dichterin ihrer Heimat eine mütterliche Rolle, was besonders durch das Motiv der Milch als Sinnbild für den ursprünglichen Lebensquell unterstrichen wird. In seiner Analyse von „Heimweh nach Personen" erläutert Salis Gross die Rolle der Mutter wie folgt: „eine Angleichung der Staats- an die Muttervorstellung geschieht auch dadurch,

---

25 Vgl. Salis Gross: Über das Heimweh ..., S. 14.
26 Rose Ausländer: Gedichte [2001], hg. von Helmut Braun. Frankfurt a. M. 2012 (2. Aufl.), S. 17–18.

dass die Sehnsucht nach Geborgenheit, also das Heimweh, von der leiblichen und sozialen Mutter auf eine ‚Übermutter' verlagert wird. Die Mutter wird ‚aus dem Intimbereich ins Nationale' erhoben".[27]

Von den Naturbildern der ersten vier Strophen, die die Heimat und die Mutter- und Vaterfigur in Beziehung setzen (in der vierten Strophe nehmen die Karpaten väterliche Züge an), erfolgt ein Wechsel in den letzten beiden Strophen in die menschliche Sphäre. Menschen stimmen ein ‚Viersprachenlied' an, das mit dem mythischen (fast märchenhaften) Bild dieses Ortes einhergeht, aber auch die Fähigkeit zum Zusammenleben und zum gegenseitigen Verständnis darstellt.

Die Heimatstadt Czernowitz wird in Ausländers Exilgedichten zu einem Ort, an dem ein existenzieller Verlust stattfindet, und als Reaktion darauf macht die Schriftstellerin aus ihrer Heimat ein ‚Mutterland'. In „Mutterland" (1978) liest man:

> Mein Vaterland ist tot
> sie haben es begraben
> im Feuer
>
> Ich lebe
> in meinem Mutterland
> Wort[28]

Das Heimweh nach der Heimat ist hier das Heimweh nach allem, was im gegenwärtigen Leben nicht mehr zu finden ist, und das lyrische Ich verspürt in der Begegnung mit dem Unbekannten verstärkt das Bedürfnis, sich selbst als das ‚Andere' zu gestalten. Lersch bemerkt dazu: „wenn wir uns von einer gewohnten und vertraut gewordenen Umgebung, von einer Stadt oder Landschaft lösen müssen und spüren, wie sehr wir zu ihr gehörten und sie zu uns, auch dann ist es die Sphäre des Gemütes, die betroffen wird. In allem Heimweh [...] spricht das Gemüt".[29] Das Exil erfolgt wie ein metaphorischer Tod, denn die Bukowina symbolisiert für die Schriftstellerin nicht länger das Vaterland, nicht zuletzt wegen der Veränderung der geografischen Grenzen, die nicht mehr diejenigen ihrer Kindheit in Czernowitz sind.

Die sprachliche Wahl der Autorin ist ebenso interessant: Wenngleich ‚Heimat' und ‚Vaterland' als Synonyme betrachtet werden können, rufen die beiden Begriffe unterschiedliche Emotionen und Gefühle hervor. Nach Burckhardt weckt das Wort ‚Heimat' „völlig andere Gefühle [...], stillere, stetigere, zeit- und geschichtslosere als das leidenschaftliche Wort Vaterland".[30] Die Entscheidung, das Substantiv ‚Vaterland' zu verwenden, ist deshalb kein Zufall. Es bezieht sich auf das verlassene Hei-

---

27 Salis Gross: Über das Heimweh ..., S. 18.
28 Ausländer: Gedichte, S. 227.
29 Philipp Lersch: Aufbau der Person [1938]. München 1954 (6. Aufl.), S. 241.
30 Carl Jacob Burckhardt: Heimat. In: Merkur 8 (1954), 81, S. 1006–1012, hier S. 1006.

matland, das jetzt weggefallen ist und das Ausländer nicht erkennt, und an dessen Stelle setzt sie eine ganz neue Version, nämlich die dichterische, in ihrer ‚mütterlichen' Form. Im Übrigen zögert die Schriftstellerin nicht, der Leserschaft klare Hinweise auf die Ursache des Todes des Vaterlandes zu geben, indem sie auf das Feuer und somit auf die Gewalttaten und die ‚Todesmaschinen' des Nationalsozialismus hinweist.

Die Raum-Zeit-Dimension äußert sich zudem in einer retrospektiven Überlegung, die, wie bei Kaléko und Domin, einen Raum hervorbringt, in dem das Wort als neues Heimatland herrscht. Hilzinger erläutert diesen Übergang vom Wort zur Heimat sehr deutlich:

> Die Mutter-Sprache in des Wortes wörtlichster Bedeutung wird für Rose Ausländer nicht nur zum Medium poetischer Neuschöpfung von Welt, sondern zugleich zum imaginären Ort von Heimat in umfassendem Sinn: von Kindheit, Paradies und Poesie. Das Wort als Heimat – diese sinnstiftende, tröstende und vielleicht heilende Verwandlung ist das Ergebnis lebenslanger dichterischer Produktivität.[31]

Ausländer schreibt so der Lyrik eine zentrale Rolle zu, nämlich die eines autobiografischen Mittels, das bewusst dazu verwendet wird, die Veränderung ihrer geografischen, identitären und sprachlich-kulturellen Wurzeln herauszustellen. Die poetischen Worte bilden zudem in ihren Texten den letzten Raum, in dem das Heimweh seinen unmittelbar emotionalen Wert verliert und nur noch zum Anlass für die Selbstbeobachtung und das Schreiben über sich selbst wird. Das lässt sich in „Raum II" (aus der Sammlung *Noch ist Raum*, 1977) analysieren:

> Noch ist Raum
> für ein Gedicht
>
> Noch ist das Gedicht
> ein Raum
>
> wo man atmen kann[32]

Daraus geht hervor, dass für die Schriftstellerin keine Grenze zwischen der realen Welt und dem Wort besteht. Die Lyrik, sie selbst und die Welt befinden sich alle drei im Mittelpunkt eines Gebiets, in dem der poetische Schaffensakt von der äußeren Realität geteilt wird, die mit der Intimität des Schreibenden zusammenwirkt. Die Autorin selbst setzt die Dichtung nicht in Kalékos und Domins Hier-

---

31 Sonja Hilzinger: „Ich will wohnen im Menschenwort". Zur Lyrik von Rose Ausländer. In: Jörg Thunecke (Hg.): Deutschsprachige Exillyrik von 1933 bis zur Nachkriegszeit. Amsterdam, Atlanta 1998, S. 325–338, hier S. 337.
32 Ausländer: Gedichte, S. 230.

und-Jetzt an, sondern vielmehr in einem fortwährenden Denk- und Verarbeitungsprozess, der von der greifbaren Realität ausgeht und von ihr in Worte übersetzt wird.

Diese Entwicklung vom ‚Vaterland' zum ‚Mutterland' führt schließlich zu einem Ort, dem sogenannten ‚Niemandsland', als letzte Station dieser emotionalen Reise. Im Gedicht „Niemand" (entstanden zwischen 1970–1976) schreibt Ausländer:

> Ich bin König Niemand
> trage mein Niemandsland
> in der Tasche
>
> Mit Fremdenpaß reise ich
> von Meer zu Meer
>
> Wasser deine blauen
> deine schwarzen Augen
> die farblosen
>
> Mein Pseudonym
> Niemand
> ist legitim
>
> Niemand argwöhnt
> daß ich ein König bin
> und in der Tasche trage
> mein heimatloses Land[33]

Das ‚Niemandsland' lässt an einen unbekannten Ort außerhalb jeder Landkarte und jeder zeitlichen Ordnung denken. Es handelt sich um einen Entfremdungsraum, in dem das lyrische Ich jedes identitätsstiftende Merkmal ablegt, da ‚niemand sein' bedeutet, keinen Namen, kein Land und keine Muttersprache mehr zu besitzen. Wie Morris jedoch feststellt, bezieht sich Ausländer in der vierten Strophe auf den Begriff ‚Niemand' als ihr eigenes Pseudonym, „suggesting a self-conscious play with the identities both of poet and of ‚Niemand'".[34]

Die vernichtende Erfahrung des Verlustes wird noch einmal zu einer Gelegenheit zur Aufwertung des eigenen Selbstverständnisses. Gerade das Heimweh drängt das Subjekt angesichts dieses Nicht-Ortes dazu, sich in die einzige verbleibende Heimat – das Wort – zu ‚ziehen', wie die Autorin im Gedicht „Die Spitze" (aus *Der Traum hat offene Augen. Unveröffentlichte Gedichte 1965–1978*, 1987)

---

[33] Ausländer: Gedichte, S. 171.
[34] Leslie Morris: Mutterland / Niemandsland. Diaspora and Displacement in the Poetry of Rose Ausländer. In: Religion & Literature 30 (1998), 3, S. 47–65, hier S. 61.

schreibt: „Ich zog aus / das Leben lernen // Mein Haus ausgezogen / ich wohne im Wort // [...] // Der Tod / macht mich / unsterblich".[35]

Ausländers Gedichte stellen letztendlich eine authentische Strecke einer verbannten Identität dar, die vom ‚Vaterland' zum ‚Niemandsland' führt, über das ‚Mutterland' und dann wieder zurück.

Fremdsein bedeutet somit paradoxerweise auch, zu Hause zu sein, und das, was aus ihren Versen hervorgeht, ist eine psychologische, physische, aber vor allem sprachliche Beweglichkeit.

5 Schlussfolgerung: Das poetische Wort als Heilmittel gegen Heimweh

In Kalékos, Domins und Ausländers poetischer Produktion kann die emotionale Erfahrung des Heimwehs nicht auf bloße Nostalgie reduziert werden. Das Heimweh wirkt vielmehr als eine Triebfeder, die neben der Auslösung eines Prozesses der Wiedergeburt auch zur dichterischen Schöpfungskraft der drei Schriftstellerinnen beiträgt. In der Darstellung des Verstummens aufgrund der Entfremdung von der Muttersprache gelang es den Autorinnen, Lyrik während und nach Auschwitz zu schreiben, wobei sie dem Wort sozusagen die Eigenschaften einer Messerklinge verliehen, die eine Wunde zufügen kann, wie Domin in ihrem Gedicht „Unaufhaltsam" (aus der Sammlung *Rückkehr der Schiffe*, 1962) schreibt: „Besser ein Messer als ein Wort. / Ein Messer kann stumpf sein. / Ein Messer trifft oft / am Herzen vorbei. / Nicht das Wort."[36]

In dem Bestreben, die verlorene Heimat zurückzugewinnen, haben die drei Dichterinnen den Zustand des fehlenden Zuhauses schließlich positiv konnotiert und das Gefühl des Heimwehs in ein herausragendes Mittel zur Hinterfragung ihrer eigenen Identität und Lebenserfahrung verwandelt. Die Entscheidung, die Muttersprache zu bewahren und gleichzeitig die Dimension der Vergänglichkeit anzunehmen, hat ihnen erlaubt, sich in Raum und Zeit zu bewegen, ohne das Bewusstsein zu verlieren, dass Zuhause überall sein kann oder dass es zumindest in der poetischen Sprache immer zu finden ist. Das Wort steht daher stellvertretend für das Daheim, das im Exil nicht vollständig ersetzt werden konnte.

Des Weiteren bezeugen ihre Verse einen Übergang von der passiven Zustimmung einer tief entmenschlichenden Bedingung zu einem aktiven Ansatz, und

---

35 Ausländer: Gedichte, S. 286.
36 Domin: Abel steh auf, S. 25–26.

dies spiegelt sich auch im Exilleben wider: Die Schriftstellerinnen reagierten oftmals, im Vergleich zu ihren männlichen Kollegen, zielbewusster auf die Herausforderungen am Emigrationsort. Diese Widerstandsfähigkeit führte dazu, dass in ihren Werken das Wort zu einem Heilmittel wurde, um nicht nur das Heimweh auszugleichen, sondern auch zur Erfüllung eines sozialen Projekts, das nicht mehr individuell, sondern kollektiv ist. Es handelt sich nämlich um eine Wiedergeburt, die die komplexe Gemeinschaft des Exils und des Nach-Exils betrifft.

Literaturverzeichnis

Ausländer, Rose: Gedichte [2001], hg. von Helmut Braun. Frankfurt am Main 2012 (2. Aufl.).
Bauschinger, Sigrid: Mascha Kaléko. In: John M. Spalek und Joseph Strelka (Hg.): Deutschsprachige Exilliteratur seit 1933. New York, Berlin, Boston 1989, S. 410–420.
Beschoner, Petra, Sosic-Vasic, Zrinka, Jerg-Bretzke, Lucia: Heimweh – eine systematische Übersicht zum Vorkommen und den Folgen eines Phänomens von aktueller Relevanz. In: Psychiatrische Praxis 47 (2020), 7, S. 352–360. DOI: www.doi.org/10.1055/a-1182-2433 (Zugriff: 29.2.2024).
Böhmel Fichera, Ulrike: Zum „Stelldichein mit mir selbst". Die Exilerfahrung in der Lyrik Hilde Domins. In: Jörg Thunecke (Hg.): Deutschsprachige Exillyrik von 1933 bis zur Nachkriegszeit. Amsterdam, Atlanta 1998, S. 339–355.
Burckhardt, Carl Jacob: Heimat. In: Merkur 8 (1954), 81, S. 1006–1012.
Domin, Hilde: Abel steh auf. Gedichte, Prosa, Theorie, hg. von Gerhard Mahr. Stuttgart 1979.
Domin, Hilde: Nur eine Rose als Stütze. Frankfurt am Main 1959.
Gadamer, Hans-Georg: Hilde Domin, Dichterin der Rückkehr [1971]. In: Bettina von Wangenheim (Hg.): Vokabular der Erinnerungen. Zum Werk von Hilde Domin. Frankfurt am Main 1998, S. 29–35.
Hilzinger, Sonja: „Ich will wohnen im Menschenwort". Zur Lyrik von Rose Ausländer. In: Jörg Thunecke (Hg.): Deutschsprachige Exillyrik von 1933 bis zur Nachkriegszeit. Amsterdam, Atlanta 1998, S. 325–338.
Jaspers, Karl: Gesammelte Schriften zur Psychopathologie [1963]. Berlin, Heidelberg 1990 (2. Aufl.).
Kaléko, Mascha: In meinen Träumen läutet es Sturm. Gedichte und Epigramme aus dem Nachlass, hg. von Gisela Zoch-Westphal. München 1977.
Kaléko, Mascha: Verse für Zeitgenossen [1945], hg. von Gisela Zoch-Westphal. Reinbek bei Hamburg 2020 (1. Aufl. 1958/1980).
Karsch, Margret: „das Dennoch jedes Buchstabens". Hilde Domins Gedichte im Diskurs um Lyrik nach Auschwitz. Bielefeld 2007.
Kunz, Hans: Die anthropologische Bedeutung der Phantasie. Basel 1946.
Lehr-Rosenberg, Stephanie: „Ich setzte den Fuß in die Luft, und sie trug". Umgang mit Fremde und Heimat in Gedichten Hilde Domins. Würzburg 2003.
Lersch, Philipp: Aufbau der Person [1938]. München 1954 (6. Aufl.).
Loretan-Saladin, Franziska: Dass die Sprache stimmt. Eine homiletische Rezeption der dichtungstheoretischen Reflexionen von Hilde Domin. Fribourg 2008.
Morris, Leslie: Mutterland / Niemandsland. Diaspora and Displacement in the Poetry of Rose Ausländer. In: Religion & Literature 30 (1998), 3, S. 47–65.

Salis Gross, Corina: Über das Heimweh ... In: Bündner Monatsblatt: Zeitschrift für Bündner Geschichte Landeskunde und Baukultur (1989), 1, S. 5–23. DOI: https://doi.org/10.5169/seals-398480 (Zugriff: 29.2.2024).

Schmaus, Marion: Psychosomatik. Literarische, philosophische und medizinische Geschichten zur Entstehung eines Diskurses (1778–1936). Berlin 2009.

Tippelskirch, Karina von: Mimikry als Erfolgsrezept. Mascha Kalékos Exil im Exil. In: Helga Schreckenberger (Hg.): Ästhetiken des Exils. Amsterdam 2003, S. 157–171.

Ziegler, Edda: Verboten-Verfemt-Vertrieben. Schriftstellerinnen im Widerstand gegen den Nationalsozialismus. München 2010.

Paula Odenheimer
„Wie viele Heimatländer"? Emotionen und Sprachbilder in Nelly Sachs' Heimatfigurationen

Einleitung

Mit der Unterstützung vieler Freundinnen und Freunde und deren Netzwerk im In- und Ausland gelang es der jüdischen Schriftstellerin Nelly Sachs (1891–1970) im Mai 1940, sich und ihre Mutter ins schwedische Exil zu retten und der unmittelbar bevorstehenden Deportation in ein nationalsozialistisches Konzentrationslager zu entkommen.[1] Die Flucht führte sie damit in ein Land, zu dem sie bis dahin nur genuin literarischen Kontakt unterhalten hatte. Noch während des Kriegs reflektierte Sachs ihren existentiellen Heimatverlust in einem Brief an die befreundete schwedische Theologin Emilia Fogelklou-Norlind (1878–1972) dennoch überraschend positiv: „Nun sind wir wieder daheim. Ja, wirklich daheim in unserm kleinen Nest im Schwedenland."[2] Drei Jahre nach dem Verlassen Berlins schien sie gemeinsam mit ihrer Mutter ein neues Zuhause gefunden zu haben. Doch das hier artikulierte Bild der Geborgenheit täuscht. Denn in anderen Briefen aus dem umfangreichen und bis heute nicht vollständig edierten Korrespondenzkorpus weicht die Heimatrhetorik und die fast biedermeierliche Bildsprache über das Leben in Schweden einem Abwägen zwischen Gefühlen der Akzeptanz, Resignation und Verzweiflung. So vertraut sie 1946 ihrer deutschen Kindheitsfreundin Gudrun Dähnert in einem Brief an: „Aber zuweilen ist mir das Herz schwer. [...] Auch die Dichter des Nobelkomitees [Anders] Österling und [Hjalmar] Gullberg haben sich sehr meiner angenommen, aber was soll es helfen. Ich habe kein Land und im Grunde auch keine Sprache." (B, Nr. 35). Um 1960 kündigen sich dann eine resignative Ausdehnung dieser Heimatlosigkeit ins Metaphysische und existenzphilosophische Zweifel an: „fühle mich heimwehkrank – was soll ich noch auf Erden?" (B, Nr. 170).

Mit der Frage nach Heimat ruft Sachs damit präzise jene krisenhaften Dimensionen auf, die Hannah Arendt in ihrer *Vita activa* als Enträumlichung und Krise metaphysischer Orientierung benennt. Der neuzeitlichen Weltentfremdung folgt

---
1 Zur Fluchtgeschichte und biographischen Angaben vgl. Aris Fioretos: Flucht und Verwandlung: Nelly Sachs. Schriftstellerin, Berlin/Stockholm. Eine Bildbiographie. Berlin 2010; Ruth Dinesen: Nelly Sachs. Eine Biographie. Frankfurt am Main 1992.
2 Nelly Sachs: Briefe der Nelly Sachs, hg. von Ruth Dinesen und Helmut Müssener. Frankfurt am Main 1984, hier Nr. 15. Von nun an im Text mit der Sigle B zitiert.

https://doi.org/10.1515/9783111329345-010

nach Arendts doppelter Diagnose eine „Flucht von der Erde in das Universum und der Flucht aus der Welt in das Selbstbewusstsein"[3]. Arendts Vorstellung von „Welt" scheint mir instruktiv für die Heimatverhandlungen Nelly Sachs' zu sein, da an die Stelle räumlicher Kategorisierungen das soziale Miteinander tritt. In Sachs' „unsichtbarem Universum"[4], das zum Symbol ihrer Heimat-Poetologie avanciert, entfaltet sich eine vergleichbare Vorstellung. Eine Antwort auf die Frage nach Heimat ist für Sachs allerdings weder aus ihren Briefen noch aus ihren poetischen und poetologischen Schriften leicht zu geben. Ihre Einlassungen auf Heimatkonstruktionen entziehen sich einer eindimensionalen Identifikation und Charakterisierung im Rahmen politischer, weltanschaulicher, kultureller oder auch religiöser Kategorien, da Sachs den Komplex Heimat nicht fixiert, sondern als vielstimmigen und dynamischen Resonanzraum konzipiert. Ihre Rekurse auf Heimat reichen von ekstatisch positiven Gefühlausbrüchen über sachlich distanzierte Beobachtungen bis hin zu elegischen und verzweifelten Tönen und verbinden sich in der Zusammenschau zu einer komplexen Gefühls- und Reflexionsdramaturgie, die expressiv und diagnostisch zugleich, übliche Konzeptionen von „Heimat" oder „Heimatlosigkeit" produktiv irritiert. Anstelle einer verallgemeinernden Denkfigur als Antwort auf die moderne *conditio humana* müssen spezifische Konstellationen in den Blick genommen werden, da sich Heimat bei Sachs immer in den konkreten geschichtlichen, religiös-mystischen und kulturübergreifenden Spannungen bestimmt.

Um dieses Irritationspotential sichtbar zu machen, ist es notwendig, sich nicht allein auf ihre literarischen Texte zu konzentrieren, sondern diese im unmittelbaren Kontext ihres engen Briefnetzwerks aus Bekannten, Unterstützern, Kollegen und Freunden zu beobachten. Freundschaften, die im persönlichen wie im Austausch durch Briefe eine wichtige Dialog- und Verständniskomponente für Sachs übernehmen, erlangen für sie und ihre Werke vor allem in Schweden zentrale Bedeutung. Ihre „liebsten Freunde" symbolisierten nicht nur in ihren Gedichten,[5] sondern auch

---

[3] Hannah Arendt: Vita activa oder Vom tätigen Leben. München 1960, S. 13.
[4] Sachs benutzt diese Wendung an unterschiedlichen Stellen in ihrer Dichtung und in Beschreibungen über ihr Werk. Einige Stellen werden später genauer beschrieben. Daraufhin griffen auch zeitgenössische Rezensenten dieses Bild immer wieder auf. Walter A. Berendsohn notiert sich dazu: „In ihr [seiner Arbeit über Sachs] verwende ich mehrfach die Wendung ‚Das unsichtbare Universum'. Als sie sagte: ‚Aber dieses Bild ist doch mein Credo, meine allereigenste Schöpfung', wurde ich hellhörig und ganz still, da ich spürte, wie wesentlich dies war für die Gesamtauffassung ihres Werks." Zitiert nach: Hermann Zabel (Hg.): Zweifache Vertreibung: Erinnerungen an Walter A. Berendsohn. Nestor der Exil-Forschung, Förderer von Nelly Sachs. Essen 2000, S. 145.
[5] Zum Beispiel in einem Brief an den schwedischen Schriftsteller Johannes Edfelt: „daß Du als erster meinem Gedicht in Schweden Heimat gabst" (B, Nr. 103); an Curt Trepte: „möchte Ihnen meines Herzens tiefsten Dank aussprechen für ihre Güte und Tatkraft, mit denen Sie meinen heimatlosen Gedichten eine Heimat verschaffen haben." (B, Nr. 38).

in ihren Briefzeugnissen „viele Jahre hindurch schon Heimat" (B, Nr. 133). Dabei bedeuten Flucht und Exil eine gewaltsame Zerstörung ursprünglicher Gemeinschaften und erfordern in der Folge besondere Mühen in der Knüpfung neuer Freundschaften oder bei der Suche nach alten Bekannten und Vertrauten. Freundschaft, die Schilling und Michaelis-König verknappt als „zwischenmenschliche Beziehung [...], die nicht institutionalisiert ist, sondern sich in einer kontinuierlichen Praxis ergibt [...]", definieren,[6] erhält gerade für Exilantinnen und Exilanten, denen Heimat als räumliche Herkunft gewaltsam entzogen wurde, eine dringende Bedeutung. Die diversen mitlaufenden Diskontinuitäten und Verschiebungen mitreflektierend sind Freundschaften in ihren pluralen Konstellationen von sozialer Zugehörigkeit und Gemeinschaft für Sachs von großem Belang. Die Autorin, so soll im Folgenden nachgezeichnet werden, imaginiert Freundschaften als grenzüberschreitende Stiftung einer Gemeinschaft zwischen Individuen, die nationalstaatliche, sprachliche und religiöse Grenzen hinter sich lässt und darüber hinaus ins Virtuelle und Utopische drängt. Gleichzeitig findet sich in ihrer Rede über Freundschaften eine Heuristik, die im Blick auf den Heimatbegriff genauer betrachtet zu werden lohnt, da Sachs diese Beziehungen nutzte, so meine These, um in einem Prozess der Kontrastierung und Spiegelung, der Affirmation, Negation und Modifikation, ihre eigene Verortung zu kalibrieren.

Der erste Teil meines Beitrags widmet sich anhand ausgewählter Briefe einigen schwedischen, deutschen und jüdischen Verbindungen, die Sachs aus Schweden unterhält. Die Briefe bieten dabei weniger unmittelbare Gefühlsdokumente als Einblick in die interreligiösen und multikulturellen sprachlichen Welten der Dichterin und die ästhetischen Potentiale, die sich aus diesem Zusammenspiel ergeben. Vor diesem Hintergrund interpretiere ich im zweiten Teil das poetologische Gedicht „Wie viele Heimatländer" aus dem Jahr 1959, um zu zeigen, wie stark Leben und Dichtung bei Sachs verflochten sind und welche Potentiale gleichzeitig in ihren dezidiert literarischen Imaginationen stecken. Meine zentralen Beispiele konzentrieren sich auf die Jahre zwischen 1956 und 1959 und damit auf die Zeit vor der für Sachs wichtigen ersten Reise zurück nach Deutschland und dem Zusammentreffen mit Paul Celan (1920–1970).[7] Gerade vor dem Hintergrund der noch immer schleppenden Anerkennung ihres Œuvres stehen diese Jahre für eine signifikante Umbruchzeit.

---

6 Erik Schilling, Andree Michaelis-König (Hg.): Poetik und Praxis der Freundschaft (1800–1933). Heidelberg 2019, S. 11.
7 Für eine Darstellung des politischen Klimas um das Jahr 1960 in Deutschland siehe Barbara Wiedemann: Das Jahr 1960. In: Andrei Corbea-Hoisie (Hg.): Paul Celan. Biographie und Interpretation/Biographie et interprétation. Konstanz [u. a.] 2000, S. 33–59.

1 (Brief-) Freundschaften

Unmittelbar nach der Flucht 1940 dominieren in Sachs' Briefen Bilder der Sprachlosigkeit, wie beispielsweise gegenüber Enar Sahlin (1862–1950), bei dem sie und ihre Mutter die ersten Monate in Schweden verbringen und dessen Güte sie nur kurz darauf in fast sakraler Diktion würdigt und als göttliche Intervention deutet:

> Meine Mutter und ich, stumm vor Ergriffenheit über Ihre unendliche Güte, fanden keinen Ausdruck für das, was unsere Herzen fühlten. Es war uns, als ob ‚Er' uns seine Engel gesandt, die uns fern von der Heimat dieses kleine Heim, dieses warme Nest geschaffen, damit wir ‚Ihm' danken und ‚Ihm' dienen. (B, Nr. 11)

Über die Jahre, insbesondere nach Kriegsende 1945, werden Erleichterung, persönliche und religiöse Dankbarkeitsgefühle durch neue Ausdrucksformen und Bezugsgrößen ergänzt und artikuliert. Sachs' Übersetzungen und ihre literarische Arbeit zwischen Deutschland und Schweden werden von ihr als tätiger Beleg der Dankbarkeit gedeutet, die sich auf das Kollektiv und die Kultur ihres Zufluchtsorts richtet. Neben dem aufkommenden Bestreben, sich der „Interesselosigkeit des deutschen Literaturpublikums"[8] an ihrem Œuvre entgegenzustellen, engagierte sich Sachs von Beginn an ebenso für die Verbreitung schwedischer Literatur in Deutschland und leistete hierfür „als Dank der Flüchtlinge an Schweden" (B, Nr. 26) umfassende Transferarbeit. So veröffentlichte sie beispielsweise 1947, im gleichen Jahr, in dem ihr erster eigener Gedichtband im ostdeutschen Aufbau-Verlag in Deutschland erscheinen konnte, im selben Verlag mit *Von Welle und Granit* auch eine Übersetzungsanthologie schwedischer Lyrik. Sogar noch vor der Veröffentlichung ihres ersten Gedichtbands in Westdeutschland 1957 präsentierte sie mit *Aber auch diese Sonne ist heimatlos* 1956 eine weitere Auswahl schwedischer Lyrik in Deutschland. Vier weitere Bände folgten. Dabei setzte sie auf die Zusammenarbeit mit Literaturvermittlern und Lektoren wie Hans Magnus Enzensberger (1929–2022) und Max Tau (1897–1976) sowie dem Germanisten Walter A. Berendsohn (1884–1984), denen sie erklärt: „Man hat uns so viel Gutes in Schweden getan, daß ich nur allzugern immer wieder auf meine Weise danken möchte." (B, Nr. 57). Das Wechselverhältnis von Dank gegenüber Schweden und Unterstützung durch deutsche Förderer manifestiert sich im Austausch von Lyrik und deren Übersetzungen zwischen Deutschland und Schweden, den Sachs orchestrierte. Sie vermittelte beispielsweise Gedichte ihres Verlegers Enzensberger nach Schweden und übersetzte unter anderem moderne schwedische Gedichte von Gunnar Ekelöf (1907–1968), die so über ihren deut-

---

[8] Peter Hamm: Besuch bei Nelly Sachs, einer „Schwester Kafkas". In: Du 232 (1960), S. 56–60, hier S. 56.

schen Herausgeber Enzensberger nach Deutschland kamen.⁹ Ekelöf wiederum revanchierte sich mit Übersetzungen von Sachs' Band *Glühende Rätsel* ins Schwedische.¹⁰ Doch auch neben diesen konkreten text-praktischen Ausdrucksformen des Dankes findet dieser auf besondere Weise Eingang in ihre eigene Lyrik.

Die poetischen Bildwelten sind dabei eng mit Heimatkonzeptionen korreliert. So verhandelt Sachs über die Arbeit mit schwedischen Lyrikern, neben Ekelöf beispielweise Ragnar Thoursie (1919–2010) und Erik Lindegren (1910–1968),¹¹ ihre Position und Zugehörigkeit in den Sprachwelten der schwedischen Dichtung und gewinnt daraus für ihre eigene Sprache einen Anknüpfungsbereich. Mal präsentiert Sachs ihre poetische Zugehörigkeit zu Schweden über eine ähnliche Bildsprache als vollständig ‚integriert', mal distanziert. „Nur wer die weißen Sommernächte oder die Dunkelheiten eines schwedischen Winters erlebt hat, wo die Gestirne gleich riesigen Früchten herabstrahlen, versteht in dieser Dichtung jenes Geheimnisvolle, das alle Grenzen unsicher macht."¹², schreibt sie in ihrer ersten Übersetzungsanthologie schwedischer Dichtung von 1947 und lässt durch eine konzeptuelle Ähnlichkeit von Abstrakta (das „Geheimnisvolle") sowie der Anlehnung an die kosmische Metaphorik des eigenen „Universums" die eigene Position als zugehörig aufscheinen. Antithetisch die hellen, „weißen" Sommernächte der Dunkelheit des Winters gegenübergestellt, löst sich diese Spannung im „Geheimnis", das beide verbindet, sogleich wieder auf. Sachs definiert das in ihrer Dichtung immer wiederkehrende „Geheimnis" nicht. Ihr Zyklus „Geheimnis brach aus dem Geheimnis" versprachlicht ihr Verständnis vom ‚Durchbrechen' einer Schwelle, wie sie es bei Martin Buber in der Begegnung mit ‚dem Anderen'¹³ und in Gershom Scholems *Sohar*-Übersetzung findet („der Quell durchbrach").¹⁴ Die „Gestirne" der schwedischen Lyrik, die in ihrem eigenen „Universum" widerstrahlen, erscheinen ihr jedoch zu anderen Zeiten „weit weg". So schreibt sie 1960 dem befreundeten Ehepaar Gisela und Alfred Andersch: „Schweden erschien

---

9 Gunnar Ekelöf: Poesie. Texte in zwei Sprachen, übers. von Nelly Sachs, hg. von Hans Magnus Enzensberger. Frankfurt am Main 1962.
10 Nelly Sachs: Glühende Rätsel. Glödande gåtor. En diktcykel i svensk tolkning av Gunnar Ekelöf. Stockholm 1966.
11 Zu einer Studie, wie sich die Auseinandersetzung mit dem Werk schwedischer Autoren auf die Lyrik Nelly Sachs' auswirkte, vgl. Anders Olsson: Nelly Sachs und die schwedische Moderne. In: Ariane Huml (Hg): „Lichtersprache aus den Rissen". Nelly Sachs – Werk und Wirkung. Göttingen 2008, S. 263–279.
12 Nelly Sachs: Von Welle und Granit. Querschnitt durch die schwedische Lyrik. Vorwort. In: dies.: Werke: Kommentierte Ausgabe in vier Bänden. Bd. 4: Prosa und Übertragungen, hg. von Aris Fioretos. Berlin 2010, S. 455.
13 Martin Buber: Ich und Du [1923]. Gerlingen 1997 (13. Aufl.).
14 Vgl. Peter Michel: Mystische und literarische Quellen in der Dichtung von Nelly Sachs, [Diss. Freiburg] 1981.

mir zuerst trotz aller weiß-goldenen Schönheit kalt und weit weg von mir – eine schöne Prinzessin im Glassarg – aber das ist hier so – das Heimweh blüht hier überall, eine gewöhnliche Wiesenpflanze." (B, Nr. 165). Erst an die spiritualisierenden, engelsgleichen „weiß-goldenen" Farbdimensionen anknüpfend, kontert sie diese Unantastbarkeitsmetaphorik des „Glassarg[s]" in der Ferne durch das alltägliche Bild der „gewöhnliche[n] Wiesenpflanze", die „das Heimweh" als solches in profane, weniger sakralisierende, dafür nahe und vertraute Sphären, einordnet.

In die affektive Dimension ihrer Verhandlungen sowohl gegenüber ihrem Exilland als auch ihrem Herkunftsland und möglichen imaginierten Heimatländern gewährt sie auch Menschen Einblick, die sie über die Nähe und Ferne als Freunde gewinnt. Im Frühjahr 1957 wendet sich Nelly Sachs in einem Brief an den gut vierzig Jahre jüngeren deutschen Autor und Literaturkritiker Peter Hamm (1937–2019), der in den 1950er Jahren im Umfeld der Gruppe 47 zu schreiben begonnen hatte. Obwohl die beiden im Hinblick auf den Krieg eine generationelle Erfahrungsgrenze trennt und Hamm nicht wie Sachs jüdischen Glaubens ist, gesteht sie dieser Korrespondenz einen virtuellen Status von Heimat zu, mehr noch, teilt mit Hamm ihre Verhandlung dessen, was Heimat für sie nach der Flucht bedeutet:

> [J]edes Ihrer Worte ist zu mir eingegangen wie ein guter Freund aus einer Heimat, die, sollte sie auch nirgendwo mehr zu finden sein, doch da ist in einem unsichtbaren Universum, wo das geboren wird, um das es sich allein lohnt zu leben. So drücke ich Ihnen dort die Hand, wo alle Entfernungen aufgehoben sind und alle von Menschen errichteten Grenzen gefallen. (B, Nr. 105)

Sachs nimmt Hamms poetische Sprache (seine „Worte") zum Anlass einer Virtualisierung von Heimat, die Generationen, Religionen, ja Grenzen und Räume ‚freundschaftlich' überbrücken oder sogar aufheben könne. Trotz der massiven lebensgeschichtlichen Brüche, die das Exil mit sich brachte, beschreibt sie die Vorstellung von Heimat im Brief an Hamm nach ihrem ersten Negativbefund – „nirgendwo mehr zu finden" – als „doch da". Wirkmächtig evoziert sie das von der Poesie her gestaltete „unsichtbare[] Universum", an dessen freundschaftlich-heimatlicher Ausgestaltung er als ihr designierter Freund in ihrer Wahrnehmung ebenso mitarbeitet wie sie. Wie um ihn und sich selbst der tatsächlichen Präsenz eines solchen Universums zu vergewissern, reicht sie ihm „die Hand", die in ihrer haptisch-körperlichen Qualität die Virtualität zu kontern und als Zeichen der Freundschaft einen realweltlichen, zwischenmenschlichen Zusammenhang herzustellen scheint. Die antithetische Konstruktion der Sätze – nicht vorhanden und doch wiederum zu finden, „unsichtbar[]" und dennoch greifbar – spiegelt in nuce bereits die Mehrdimensionalität und Komplexität von Sachs' späterer Reflexion der Heimatvorstellung.

Auch Ragnar Thoursie, dessen Texte Sachs aus dem Schwedischen ins Deutsche übertrug und der ihre Dichtung schon früh positiv in einer Stockholmer Tageszeitung rezensierte, nimmt sie nach der Beschäftigung mit seinen Texten über ihre Beschreibungen in den Kreis ihrer Freunde auf. Seine Gedichte erscheinen erstmalig in ihrer zweiten Übersetzungsanthologie 1956. In kurzen Erläuterungen zu den übersetzten Werken charakterisiert sie Thoursie als einen „ entscheidende[n] Einzelgänger", einen Verwandten „Hölderlins und Trakls".[15] Damit scheint er ihr, die auch immer wieder auf ihre eigene randständige Rolle hinweist und der Hölderlin ein wichtiges Vorbild ist,[16] persönlich nah. Zur Beschreibung und Deutung seiner Dichtung bedient sie sich einer besonderen Unterwassermetaphorik. Sie bezeichnet Thoursie in ihren Anmerkungen zu weiteren übersetzten und in der Zeitschrift *Texte und Zeichen* veröffentlichten Gedichten als einen „Taucher" aus einem „Unterwasser-Reich", der für seine Dichtung Sprachschätze aus verborgenen Tiefen hervorhole.[17] Damit stellt sie ihrem eigenen kosmischen Bild des „Universums" eine Welt gegenüber, die zwar nicht überirdisch, aber gleichwohl erdentrückt ist. Ausgedrückt durch die Gleichsetzung ihres lyrischen Vokabulars mit der Beschreibungssprache für Thoursie, münden diese Parallelen für Sachs in dem, was sie als Freundschaft definiert, die sie im Brief an Hamm auch explizit als solche deklariert („gehört hier zu meinen besten Freunden").

Besondere Bedeutung kommt Freundschaften zu, die Sachs mit dem Konzept „Familie" auflädt. So schreibt sie ihren schwedischen Freunden Benqt (1924–2002) und Margaretha Holmqvist (*1926) im Jahr 1962 ganz deutlich: „Ihr seid mir Familie geworden – Heimat – die einzige, die ich noch auf Erden habe." (B, Nr. 194). Auch in einem Brief an ihren deutschen Verleger Hans Magnus Enzensberger und seine Frau evoziert sie das Bild einer Familie zwischen Felsen und Meer als ein, wenn auch durch den Weltzustand bedrohtes, aber universelles Zuhause.[18] Damit gibt sie zum einen über ihre Poesie Einblick in das, was für sie das ‚größte Zuhause' bedeutet: „eine Familie", ein Konzept, das sie metaphorisch auf ihre Freundschaften überträgt, metaphysisch auflädt und somit zwischen lebensweltlichen, poetischen und außerpoetischen Ebenen oszillieren lässt. Zum anderen scheinen an eben jenen Verhandlungen die pluralen Einflüsse, die sie zu eben diesen Bildern und Konzepten führen, durch. Die Welt, aus der sich die „Familie" und damit verwandte Konzepte wie

---

[15] Nelly Sachs: Aber auch diese Sonne ist heimatlos: Schwedische Lyrik der Gegenwart. In: dies.: Werke, Bd. 4, S. 467.
[16] Siehe u. a. Gisela Dischner: „… bald sind wir aber Gesang": Zur Hölderlin-Linie der Moderne. Bielefeld 1996.
[17] Nelly Sachs: Aus den Notizen der Übersetzerin. Einführung in die Auswahl in Texte und Zeichen (1957). In: dies.: Werke, Bd. 4, S. 471.
[18] Der Briefabschnitt lautet: „Schön Euch zu denken: eingebettet, eine Familie zwischen Felsen und Meer – diesem ja für uns alle größeren Zuhause, das nur sonst auf der Welt überklebt und in unzählige Schnitzel verkleinert wird." (B, Nr. 122).

„Freunde" und „Heimat" ergeben, sei „überklebt und in unzählige Schnitzel verkleinert". Sachs nennt sie gleich darauf „unsere zerschnittene Welt" (B, Nr. 122) und evoziert damit sprachspielerisch die Kulturtradition des lurianisch-kabbalistischen Mythos vom Bruch der Gefäße[19]. Dieser dient ihr, genau wie Walter Benjamin in seinen Bemerkungen zum Charakter des Fragments beim Übersetzen[20], als Resonanzraum für ihre eigene heimatpoetische sprachliche Verhandlung. Sachs verharrt jedoch nicht im gezeichneten Zustand einer ‚gebrochenen' und ‚zerspaltenen' Welt. Vielmehr setzt sie sich in ihren Briefen und ihrer Lyrik dezidiert mit diesen metonymischen „Bruchstücken" auseinander. Ihre Texte lediglich als Ausdruck jüdischer Klage, die im existentiellen Zustand der *Shebira*, der Katastrophe des Bruchs, verharrt, zu deuten, greift zu kurz. Denn, wie Benjamin es als Aufgabe des Übersetzers sieht, beide Sprachen „wie Scherben als Bruchstück eines Gefäßes, als Bruchstück einer größeren Sprache"[21] zu behandeln, findet Sachs in der Ausstellung der Fragmentierung der Welt und ihres eigenen vielstimmigen „Universums" eine neue Form.

Auch poetische und intellektuelle Affinitäten zu jüdischen Schriftstellern, etwa die öffentliche Stilisierung Sachs' zur „Schwester Kafkas"[22] durch Ragnar Thoursie, wiederaufgenommen durch Peter Hamm,[23] oder ihre eigene Bezeichnung Paul Celans mit der privaten Ansprache „Bruder" aktivieren den Metaphernkomplex der Familie für die Erfassung freundschaftlicher Beziehungen zu jüdischen Autoren. Dabei zeichnen sich besondere Verbindungen nicht immer durch gleiche Ansichten aus. Denn als „Geschwisterkinder"[24] erlebt man nicht nur Harmonie, sondern auch ‚geschwisterliche' Unstimmigkeiten.[25] 1958 erteilt Sachs Celan Einblick in die Energie, die sie aus ihrer „Pfeilspitze der Sehnsucht" durch die Kreationen innerhalb ihres „unsichtbare-[n] Universums" nach der gemeinsamen Suche in einem ‚Außerhalb' schöpft:

---

19 Siehe z. B. Einat Davidi: Paradiso als Pardes. Kontrapunktisches Lesen der Poetologie José Lezama Limas und der Sprach- und Geschichtstheorie der Kabbala. München 2012, hier besonders S. 141–208.
20 Walter Benjamin: Charles Baudelaire, Tableaux parisiens. Deutsche Übertragung mit einem Vorwort über die Aufgabe des Übersetzers. In: ders.: Gesammelte Schriften, Bd. IV/1: Kleine Prosa, Baudelaire-Übertragungen, hg. von Tillman Rexroth. Frankfurt am Main 1972, S. 8–21.
21 Benjamin: Aufgabe des Übersetzers, S. 18.
22 Ragnar Thoursie: En syster till Kafka. In: Stockholms-Tidningen (13.10.1947).
23 Hamm: Besuch bei Nelly Sachs, S. 56–60.
24 Paul Celan: Gespräch im Gebirg. In: ders.: Gesammelte Werke in fünf Bänden, Bd. 3: Gedichte, Prosa, Reden, hg. von Beda Allemann und Stefan Reichert. Frankfurt am Main 1983, S. 169–173. Interessanterweise ist im Originaltyposkript statt von „Geschwisterkind" von „Schwestersohn" und den entsprechenden Pluralformen die Rede. Celan verwendet zwar eine weniger spezifische Bezeichnung, die Familiennähe jedoch bleibt.
25 Vgl. Barbara Wiedemann: „Schweig, / hol Atem bei dir, laß mir / die Toten". Neues zum Verhältnis zwischen Paul Celan und Nelly Sachs. In: „Lichtersprache aus den Rissen", S. 155–180.

> Ich glaube an ein unsichtbares Universum darin wir unser dunkel Vollbrachtes einzeichnen. Ich spüre die Energie des Lichtes die den Stein in Musik aufbrechen läßt, und ich leide an der Pfeilspitze der Sehnsucht die uns von Anbeginn zu Tode trifft und die uns stößt, außerhalb zu suchen, dort wo die Unsicherheit zu spülen beginnt.[26]

In der „Freundschaft" mit Franz Kafka (1883–1924) zeugt das Verhältnis von einem anderen Aspekt des vielschichtigen Beziehungs-Phänomens, indem sich eine weitere Dialogebene zu historischen, fiktiven Gesprächspartnern erschließt. Ihm, den sie nur aus der Literatur kennt, kann sie anders als Celan nicht ihre zu sprachlichen Bildern kondensierten Gefühlsprozesse schicken. Bei ihrer Kafka-Lektüre aber hat sie, wie die Forschung gezeigt hat, wichtige Passagen unterstrichen.[27] In *Das Schloss* ist ihr der Satz „man schloß uns aus jedem Kreis aus." Programm und der existentielle Ausschluss eines ‚Wir'[28] Grundlage für eine spezielle Verbundenheit. Die Familiennähe zu Kafka, mit dem sie lebenslänglich sympathisiert, wird in ihren Briefen Ausdruck einer zeitenthobenen, allerdings auch eingeschränkt einseitig möglichen Freundschaft. Aus der Auseinandersetzung mit Kafkas Poetik zieht sie Schlüsse zu Gemeinschaften und Zugehörigkeit, die ihr in einem Transferprozess die übersetzten schwedischen Dichter zu Dichterfreunden werden lassen. Diese, deren Zustand sie 1956 in Analogie zu ihrem eigenen als „explosives ‚Außer-Raum-geschleudertwerden'"[29] beschreibt, die in Celans Worten „wie ich waren, die andern, die anders waren als ich und genauso, die Geschwisterkinder",[30] verortet sie mit sich im „Außerhalb"[31].

Dies weist auf eine spezifische begriffliche Eingrenzung der Komplexe Verbundenheit und Gemeinschaft hin. Zu einer solchen zählen für Sachs, wie exemplarisch an einigen konkreten Textstellen gezeigt wurde, die Versatzstücke deutscher, schwedischer und jüdischer Einflüsse. Der Verbund all jener formt die begriffliche und poetische Ebene, die wir aus vielfältigen Textformen versuchen können, genauer zu bestimmen. Dabei liegt die Spezifität der Sachs'schen Figurationen in ihren nationale Grenzen transzendierenden Vorstellungen. Der schwedische Dichter Ragnar Thoursie wird mit dem Vergleich mit Trakl und Hölderlin sowohl in den deutschen als auch in den jüdisch-deutschen Sprachraum verwiesen. Aber auch die

---

[26] Paul Celan, Nelly Sachs: Briefwechsel, hg. von Barbara Wiedemann Frankfurt am Main 1993, Nr. 5.
[27] Florian Strob, Charlie Louth (Hg.): Nelly Sachs im Kontext – eine „Schwester Kafkas"? Heidelberg 2014, S. 9.
[28] Eine instruktive Studie zu Gemeinschaften bei Kafka liefert Vivian Liska: When Kafka says we: Uncommon communities in German-Jewish literature. Bloomington [u. a.] 2009.
[29] Sachs: Aber auch diese Sonne ist heimatlos, S. 469.
[30] Celan: Gespräch im Gebirg, S. 172.
[31] Vgl. auch einen gleichnamigen Beitrag Aris Fioretos: Außerhalb. In: „Lichtersprache aus den Rissen", S. 243–262.

sprachlichen Bilder, ob über- oder unterirdisch, ob ausschnitthaft oder zu einer Gesamtschau perspektiviert, erfahren eine Verbindung der pluralen Herkünfte. Die Aushandlung all dieser Positionen finden Eingang in ihre Lyrik, was im Folgenden am Beispiel des poetologischen Gedichts „Wie viele Heimatländer" (1959) dargelegt wird.

2 „Wie viele Heimatländer"?

„An Stelle von Heimat / halte ich die Verwandlungen der Welt –". Diese isolierten Verse aus Sachs' Gedichtband *Flucht und Verwandlung*, der 1959 bei der Deutschen Verlags-Anstalt erschien, werden immer wieder als Schlüssel zu ihrem Verständnis von Heimat zitiert,[32] insofern den „Verwandlungen" transzendente und mystische Kräfte zugesprochen werden, die statt einer realweltlichen Heimat einen sprachlich evozierten, „dialektisch-kabbalistischen Sehnsuchtsort"[33] versprechen. Ein sehr viel genauerer Blick auf exemplarische Konnotations- und Auslegungsräume des kaum behandelten poetologischen Gedichts „Wie viele Heimatländer" aus demselben Band kann die Überlegungen, wie sie im vorangegangenen Kapitel aus der Korrespondenz abgeleitet wurden, mit Sachs' lyrischer Umsetzung verknüpfen. Eröffnet der Vergleich mit bestimmten transkulturellen Kontexten auf poetische und poetologische Schnittmengen hin auch Neues für ihren lyrischen Heimatbegriff und ihre lyrische Schöpfungskraft im Allgemeinen?

> Wie viele Heimatländer
> spielen Karten in den Lüften
> wenn der Flüchtling durchs Geheimnis geht
>
> wie viel schlafende Musik
> im Gehölz der Zweige
> wo der Wind einsam
> den Geburtenhelfer spielt.

---

32 Vgl. z. B. Florian Strob: Schreiben und Lesen im Zeichen des Todes. Zur späten Prosa von Nelly Sachs. Heidelberg 2016.
33 Vgl. Susanne Utsch: „An Stelle von Heimat / halte ich die Verwandlungen der Welt". Die Transformation von real-räumlicher zu weltanschaulicher Verortungssuche in der Lyrik von Nelly Sachs. In: Reinhard Andress, Evelyn Meyer und Gregory Divers (Hg.): Weltanschauliche Orientierungsversuche im Exil. Amsterdam 2010, S. 57–68.

Blitzgeöffnet
sät
Buchstaben-Springwurzelwald
in verschlingende Empfängnis
Gottes erstes Wort.

Schicksal zuckt
in den blutbefahrenen Meridianen einer Hand –

Alles endlos ist
und an Strahlen
einer Ferne aufgehängt –[34]

Das aus siebzehn reimlosen, freirhythmischen Versen und unterschiedlich langen, strophenähnlichen Sequenzen bestehende, titellose Gedicht „Wie viele Heimatländer" ist inhaltlich in fünf mit den Strophen korrelierende Sinneinheiten strukturiert: Sie eröffnen das Thema des Heimatverlustes und der Fremde (1 & 2), reagieren darauf durch die Setzung eines expressiven und aktionistischen poetischen Programms (3 & 4) und erzeugen so am Ende einen ambivalenten, spannungsreichen Ausblick (5).

Die *medias in res* einsetzenden Fragen konstituieren zwei parallel strukturierte Sätze, wobei lediglich der zweite mit dem von Sachs so sparsam verwendeten Punkt anstelle eines Fragezeichens abgeschlossen wird. Das erste „wie viele" mündet in eine temporale „wenn"-Konstruktion, wohingegen der Beginn des zweiten Satzes mit „wie viele" durch ein lokalisierendes „wo" ergänzt wird. Zeitliche und räumliche Marker, gepaart mit romantisch konnotierten Begriffen („schlafende Musik", „Gehölz der Zweige", „Wind", „einsam"), suggerieren als Antwort auf die zunächst nicht beantworteten Fragen einen Bezug auf eine räumliche, national codierte Heimatkonzeption. In dieser wird „der Flüchtling" (3) zu einer bestimmten Zeit seines Raumes beraubt, wodurch, der Chronologie folgend, die Notwendigkeit einer neuen Heimatsuche entsteht. Doch bereits der erste Satz bricht mit dieser Erwartungshaltung, indem die personifizierten Heimatländer als Subjekt agieren und dem Flüchtling übergeordnet werden. Es sind die Heimatländer, die „spielen", während der Flüchtling „durchs Geheimnis" (3) schreitet.[35] Auch der Wind (6) „spielt", doch im Unterschied zu den Heimatländern, deren Spiel zwischen üblichem Kartenspiel, dem Lesen von Landkarten oder Schicksalslinien der Hand bereits auf die Verbundenheit mit den Meridianen weißt, ist seine Aktivität eine Geste der Nachahmung, ein ‚Vor-spielen', ein ‚Als-ob', genauso wie er, der damit personifiziert wird, vorgibt, spielen zu können. Er mimt einen „Geburtenhelfer" (7) – für eine Neugeburt in einer neuen Heimat?

---

34 Zitiert nach Sachs: Werke, Bd. 2, S. 102 f.
35 Passend zu den Ausführungen in Kapitel 1 wird auch hier das „Geheimnis" wieder zentrales Moment des Durchbrechens: „wenn der Flüchtling *durchs* Geheimnis geht" [meine Hervorhebung, P.O.].

Die freirhythmischen Verse der Strophen drei und vier setzen den durch den Punkt signalisierten Bruch fort und verstärken ihn durch eine expressive Bildsprache sowie eine durch Inversionen evozierte Unnatürlichkeit. Harte Enjambements und Anakoluthe kontrastieren mit den suggestiven, grammatikalisch (fast) vollständigen Fragen der Anfangsstrophen. Die im Gedicht mittig positionierten Verse unterscheiden sich ebenso markant von der melancholischen Behandlung der Themen Heimat und Heimatlosigkeit, die Sachs in vielen zu dieser Zeit von ihr übersetzten schwedischen Gedichten fand.

So wie die bereits erörterten „Freundschaften" für Sachs als Orientierungspunkte und Reflexionsflächen ihrer Heimatvorstellung fungieren, so bietet auch die Auseinandersetzung mit Heimatdarstellungen aus ihrem schwedischen Umfeld wichtige Impulse zur Schärfung und Kontrastierung ihrer lyrischen Sprache. Titelgebend für ihre Übersetzungsanthologie, die nur einige Zeit vor „Wie viele Heimatländer" publiziert wurde, war Karl Vennbergs (1910–1995) „Men även denna sol är hemlös" aus *Fiskefärd* (1949), in Sachs' Übersetzung: „Aber auch diese Sonne ist heimatlos"[36]. Dem ausweglosen Schluss „Oh ohne Heimat zurückkehren / in eine ewige Heimatlosigkeit." und den durch Anaphern und Interjektionen („O", „Ach", „Ja") gekennzeichneten klassischen Versen Vennbergs setzt Sachs eine kraftvolle, eigene Bildsprache entgegen. Der in „Wie viele Heimatländer" experimentelle, zentral gesetzte Neologismus „Blitzgeöffnet" (8) antwortet auf Sachs' eigene Charakterisierung schwedischer Lyrik im Nachwort von *Aber auch diese Sonne ist heimatlos*. Sie schreibt: „In ihrem neutralen Lande sehen sie [die schwedischen Dichter, P.O.] keine andere Möglichkeit, als sich mit der Ekstase der Worte in ihrem wie vom Blitz gespaltenen Gedicht zu den Opfern zu werfen."[37] Gemeinsam mit der ersten Zeile in Form der nicht-punktierten Frage „Wie viele Heimatländer" mag sie damit das metaphorische Exilthema Vennbergs und ihre Lage als deutsche Jüdin, seit 1952 als schwedische Staatsbürgerin in einem neutralen Land erklären. In ästhetischer Hinsicht aber wendet sie die ‚blitzgespaltene' Sprache Vennbergs und anderer schwedischer Modernisten in ein positives Programm eines offensiv plural gedachten Heimatkonzepts, das in seiner ‚blitzgeöffneten' Formensprache seinen adäquaten Ausdruck findet und aus dieser Intervention Energien für eine Buchstaben ineinander verschlingende Kreation empfängt.

In den nächsten Versen verbindet sie zwei wesentliche Motive auf unerwartete Art. Wie bereits am Brief an Peter Hamm ausgeführt, verknüpft Sachs das Bildfeld der Hand immer wieder auf besondere Weise. So stehen auch hier „Hand" und „Meridiane", in einer für ihre Gedichte der Zeit typischen Genitivmetapher,

---

36 Zitiert nach Sachs: Werke, Bd. 4, S. 395.
37 Sachs: Aber auch diese Sonne ist heimatlos, S. 469.

entgegen den abrupten vorangehenden Zeilensprüngen in einem langen Vers zusammen. Mit den beiden Versen „Schicksal zuckt / in den blutbefahrenen Meridianen einer Hand –" (13, 14) eröffnet Sachs uns Einblick in die Ambivalenz ihres Heimatverständnis. Der Meridian, hier auf eindringliche Weise mit dem Kompositum „blutbefahren" bestimmt, dient in ihrer Lyrik, ihren Briefen und szenischen Dichtungen konstant als vielschichtiges Bild. Er weckt zum einen geographische und richtungsweisende Assoziationen, ist nicht zu sehen oder erfühlen, was den Bezug zu ihrem „wandernde[n] Weltall"[38] herstellt, zum anderen verbildlicht er stellvertretend die komplexe Überlagerungssituation von realen, metaphorischen und transzendenten Verbindungslinien in ihrem Œuvre. Metaphorisch verbinden diese Meridiane Sachs in Schweden mit Freunden in Schweden, Deutschland, Frankreich und vielen andern Orten. Dabei geht es nicht um die Orte, sondern die Menschen, mit denen sie über ihre Briefe eine Bindung aufbaut. Die Überlagerungen von Briefwechseln mit Freunden, die wiederum mit anderen ihrer Freunde in Kontakt treten sowie die poetischen Meridiane innerhalb ihrer Lyrik werden zu einem dichten Netz aus Verbindungslinien.

Bekannt geworden durch Paul Celans gleichnamige Büchnerpreisrede, etablierte Sachs dieses Bild bereits zuvor an einer zentralen Stelle im Briefwechsel der beiden. Ein Brief, der im selben Jahr wie „Wie viele Heimatländer" entstand, endet mit den Worten: „Lieber Paul Celan wir wollen uns weiter einander die Wahrheit hinüberreichen. Zwischen Paris und Stockholm läuft der Meridian des Schmerzes und des Trostes."[39] Anders als in Celans Büchnerpreisrede laufen bei Sachs mehrere Meridiane parallel und sich kreuzend auf verschiedene Gegenüber zu. Immer wieder und durch alle Textsorten hinweg multiplizieren sich die Meridiane genau wie ihre Heimatbilder zu mehrstelligen Konfigurationen: So führt beispielsweise in der szenischen Dichtung *Simson fällt durch Jahrtausende* (1962) der Weg „in die Tiefe, Höhe, Breite, in die neuen Meridiane der Sternfelder",[40] und schließt damit an die kosmische Bildsprache der ‚Gestirne im Universum' an.

Sachs scheint nicht nur eine Variation gemeinsamer Themen vorzunehmen, sondern reinterpretiert und stellt sich entschieden gegen eine zyklische, in sich zurückkehrende Heimatlosigkeit, wie sie sich in Celans „Meridian" oder Vennbergs „Aber auch diese Sonne ist heimatlos" abzeichnet. Ihre „blutbefahrenen Meridiane[] einer Hand" könnten eine dezidierte Replik und Antwort auf Vennbergs zentralen Vers „Was können da blinde Hände finden?" sein. Vennbergs lethargischer Frage „Ist nicht das Suchen Tasten Sehen / selber nur heimatloses Licht einer heimatlo-

---

38 Vgl. Sachs: Werke, Bd. 2, S. 77: „Aber vielleicht / haben wir / vor Irrtum Rauchende / doch ein wanderndes Weltall geschaffen / mit der Sprache des Atems?".
39 Celan, Sachs: Briefwechsel, Nr. 19.
40 Nelly Sachs: Simson fällt durch Jahrtausende. In: dies.: Werke, Bd. 3, S. 165.

sen Sonne?" und der resignierenden Antwort „Ja, heimatloses Licht ist alles" entgegnet Sachs mit ihrem kunstvollen Bildfeld des Tastens und Greifens auf subtile Weise. In Form von Synekdochen stehen einzelne Körperteile, wie die Hand – in anderen Gedichten Augen, Finger, Zähne usw. – immer wieder für das zu Ertastende, Erfühlende und Erahnende als Berührungsfigurationen, die bei ihrer Dechiffrierung neue Bedeutungsperspektiven eröffnen. So ändert sich auch in den Versen „An Stelle von Heimat / halte ich die Verwandlungen der Welt –" oder den Briefzeilen „So drücke ich Ihnen dort die Hand, wo alle Entfernungen aufgehoben sind" der unmittelbare Fokus von den Verwandlungen, dem Immateriellen, Unsichtbaren hin zu deren ‚greifbaren', körperlichen und reellen Dimensionen.

Im Kontrast zu Vennbergs Gedicht entwickelt sich „Wie viele Heimatländer" nach den einleitenden, konstatierenden Strophen sowie den dynamischen mittleren Passagen hin zu einer nicht nur negativen, sondern offen Zukunftsvision. Obgleich weiter im Präsens („Alles endlos ist / und an Strahlen / einer Ferne aufgehängt –"), zeugt dies sowohl von der Unmittelbarkeit eines ‚Schon-da' als auch von einer utopischen Nichterreichbarkeit. Wie dem zentralen vierzehnten Vers, der die Ideen von Meridianen, Heimat und Berührungsfigurationen bündelt, kommt auch dem letzten Vers des Gedichts durch eine graphische Markierung mit einem Gedankenstrich besondere Bedeutung zu. Diese Gedankenstriche, neben zwei Punkten die einzigen Satzzeichen des Gedichts, weisen die Sonderstellung dieser Verse aus, verbinden sie und laden zum Weiterdenken ein. Mehr als zwei Drittel der Gedichte in *Flucht und Verwandlung* enden im Gedankenstrich, was ihn zu einem signifikanten poetologischen Element in Sachs' Dichtung macht. In der Forschung wird er sowohl als ‚Gedankenstrich des Verstummens'[41] als auch als Symbol der Verbindung, Auslassung, Umwendung und Verdichtung[42] gelesen. Dieser Gedankenstrich verknüpft den Ausgangsort, den letzten Vers, mit einem anderen Ort und verbindet vorherige Gedanken mit neuen. Er führt zurück zur Frage des ersten Verses, die eine erste Beantwortung im vierzehnten Vers erhält. Während die „blutbefahrenen Meridianen" (14) und das ‚zuckende' „Schicksal" (13) düstere Untertöne evozieren, folgt nun nach dem invertierten Vers „Alles endlos ist" (15) eine helle und leichtere Vision einer ‚strahlenden Ferne' (16, 17). Anders als Theodor W. Adorno für die Novellen Theodor Storms „stumme Linien in die Vergangenheit, Falten auf der Stirn

---

[41] Gisela Dischner: Poetik des modernen Gedichts. Zur Lyrik von Nelly Sachs. Bad Homburg [u. a]. 1970.
[42] Ulrike Vedder: „Verhoffen": Gedankenstriche in der Lyrik von Ingeborg Bachmann, Nelly Sachs und Paul Celan. In: Alexander Nebrig und Carlos Spoerhase (Hg.): Die Poesie der Zeichensetzung. Studien zur Stilistik der Interpunktion. Bern [u. a.] 2012, S. 345–361.

der Texte"⁴³ imaginierte, richten sich Sachs' Gedankenstriche in die offene Zukunft. Gegen die bereits erträumte künftige Verortung romantischen Charakters, die vor allem in den ersten drei Strophen des Gedichts durch physische Situiertheit im ‚Wald', noch durchklingt, aktualisiert Sachs in ihrem Gedicht eine, sei es auf Vergangenheit oder sei es auf Zukunft, gerichtete Linearität. Der Gedankenstrich zeigt damit auch dem Heimatkonstrukt die Richtung: Die „Heimatländer" haben sich in Vergangenheit und Zukunft immer aufs Neue zu bilden und zu bewähren.

Fazit

Nelly Sachs' sprachlich hochkomplexe Bilder, ihre Kognitionen eines emotionalen Ausnahmezustands, sind Ausdruck ihres eigenen sprachlichen ‚Kosmos' und einer konstruierten, neuen Verortung in menschlichen Dialogräumen. Hannah Arendts Begriff der ‚Welt', mit dem sie „den pluralen Raum des Zusammenlebens", bezeichnet, „in dem sich die, die in ihm leben und handeln, aufeinander beziehen, sich um die Welt sorgen und sie gestalten"⁴⁴, lässt sich fruchtbar mit Sachs' poetisch gestaltetem Weltverständnis verbinden. Immer wieder sind es plurale Formen, sei es der Freundschaften, der Meridiane und, schlussendlich der Heimaten, die zum einen auf den Verlust von Einheit, die Fragmentierung und den Bruch hinweisen und die zum anderen als positive Umwendungen Ausdruck dessen sind, was als Nelly Sachs' Kraft der Verwandlungen verstanden wird und somit als spezifische Ästhetik gelesen werden können. Heutigen wie zeitgenössischen Urteilen, die ähnlich lauten wie das des Freunds Peter Hamm – „Gerettet zwar, aber für immer heimatlos im Stockholmer Exil"⁴⁵ –, stellt Sachs eine besondere *poeisis*, eine literarische Produktionskraft an die Seite, mit der sie ihr überaus nuanciertes Verhältnis zu Heimat und Heimatlosigkeit nach der Flucht in Sprachbildern und konkreter Textarbeit entfalten kann. Über die Beschäftigung mit anderen Lyrikerinnen und Lyrikern, mit Übersetzungen und Übernahmen fremder Anregungen in ihre eigene Lyrik werden Emotionen einerseits in einer dialogisch gestalteten gemeinsamen Welt, andererseits in konkreten textuellen Praktiken ausgelebt und wiederum erlebbar gemacht.

---

43 Theodor W. Adorno: Noten zur Literatur. In: ders.: Gesammelte Schriften, Bd. 11, hg. von Rolf Tiedemann. Frankfurt am Main 1990, S. 106–113, hier S. 108 f.
44 Antonia Gruneberg: Hannah Arendt, Vita Activa oder Vom tätigen Leben. In: Manfred Brocker (Hg.): Geschichte des politischen Denkens. Das 20. Jahrhundert. S. 355–370, hier S. 359 f.
45 Hamm: Besuch bei Nelly Sachs, S. 56.

Dabei zeichnen sich selbstredend nicht alle Gedichte von Sachs durch ein so hoffnungsvolles Ende wie in „Wie viele Heimatländer" aus. Neben positiven Zukunftsvisionen manifestieren Formen resignierender Akzeptanz des Heimatverlusts, irenischer ‚Versöhnlichkeit' sowie verzweifelter Trauer in der literarischen Verarbeitung eine starke poetische und erinnerungspolitische Produktivität, die sich etwa in ihrer emotionalen Beziehung zur Exilheimat Schweden und einem komplexen Aushandlungsprozess zwischen Neujustierung, Anpassung und „Dankesschuld" spiegelt. In der Oszillation zwischen Abgrenzung und Identifikation mit diesen schwedischen, aber auch anderen, sehr unterschiedlich bedingten Freundschaften, der „Spannung zwischen Distanz und Nähe"[46], formiert sich für Sachs ein Verortungsgefühl, das simultan vielfältige Kontexte involviert und daraus eine spezifische Dynamik gewinnt. Das literarische Durcharbeiten an romantischer, zeitgenössisch exilischer, deutschsprachig-jüdischer sowie schwedischer poetischer und poetologischer Konflikt- und Verbindungslinien, wie es hier an beispielhaften Ausschnitten aus dem gewaltigen Textpanorama der Schriftstellerin vorgestellt wurde, führt zu jenem Reflexionspanorama zwischen Rückwärts- und Vorwärtsgewandheit, Verzweiflung und Hoffnung, düsterem Verstummen und leuchtender Produktionskraft, das sich über alle von Sachs erprobten Textarten hinweg spiegelt.

Literaturverzeichnis

Adorno, Theodor W.: Noten zur Literatur. In: ders.: Gesammelte Schriften, Bd. 11, hg. von Rolf Tiedemann. Frankfurt am Main 1990, S. 106–113.
Arendt, Hannah: Vita activa oder Vom tätigen Leben. München 1960.
Benjamin, Walter: Charles Baudelaire, Tableaux parisiens. Deutsche Übertragung mit einem Vorwort über die Aufgabe des Übersetzers. In: ders.: Gesammelte Schriften, Bd.IV/1: Kleine Prosa, Baudelaire-Übertragungen, hg. von Tillman Rexroth. Frankfurt am Main 1972, S. 8–21.
Buber, Martin: Ich und Du [1923]. Gerlingen 1997 (13. Aufl.).
Celan, Paul: Gespräch im Gebirg. In: ders.: Gesammelte Werke in fünf Bänden, Bd. 3: Gedichte, Prosa, Reden, hg. von Beda Allemann und Stefan Reichert. Frankfurt am Main 1983, S. 169–173
Celan, Paul/Sachs, Nelly: Briefwechsel, hg. von Barbara Wiedemann. Frankfurt am Main 1993.
Davidi, Einat: Paradiso als Pardes. Kontrapunktisches Lesen der Poetologie José Lezama Limas und der Sprach- und Geschichtstheorie der Kabbala. München 2012.
Dinesen, Ruth: Nelly Sachs. Eine Biographie. Frankfurt am Main 1992.
Dischner, Gisela: Poetik des modernen Gedichts. Zur Lyrik von Nelly Sachs. Bad Homburg [u. a]. 1970.
Dischner, Gisela: „… bald sind wir aber Gesang": Zur Hölderlin-Linie der Moderne. Bielefeld 1996.
Eichler, Klaus-Dieter (Hg.): Philosophie der Freundschaft. Leipzig 1999.
Ekelöf, Gunnar: Poesie. Texte in zwei Sprachen, übers. von Nelly Sachs, hg. von Hans Magnus Enzensberger. Frankfurt am Main 1962.

---

46 Klaus-Dieter Eichler (Hg.): Philosophie der Freundschaft. Leipzig 1999.

Fioretos, Aris: Außerhalb. In: „Lichtersprache aus den Rissen". Nelly Sachs – Werk und Wirkung, hg. von Ariane Huml. Göttingen 2008, S. 243–262.
Fioretos, Aris: Flucht und Verwandlung: Nelly Sachs. Schriftstellerin, Berlin/Stockholm. Eine Bildbiographie [herausgegeben zur Nelly-Sachs-Wanderausstellung 2010/2011 in Berlin, Stockholm, Zürich und Dortmund]. Berlin 2010.
Gruneberg, Antonia: Hannah Arendt, Vita Activa oder Vom tätigen Leben. In: Brocker, Manfred (Hg.): Geschichte des politischen Denkens. Das 20. Jahrhundert. Frankfurt am Main 2018, S. 355–370.
Hamm, Peter: Besuch bei Nelly Sachs, einer „Schwester Kafkas". In: Du 232 (1960), S. 56–60.
Liska, Vivian: When Kafka says we: Uncommon communities in German-Jewish literature. Bloomington. Ind. [u. a.] 2009.
Michel, Peter: Mystische und literarische Quellen in der Dichtung von Nelly Sachs. [Diss. Freiburg] 1981.
Olsson, Anders: Nelly Sachs und die schwedische Moderne. In: Huml, Ariane (Hg.): „Lichtersprache aus den Rissen". Nelly Sachs – Werk und Wirkung. Göttingen 2008, S. 263–279.
Sachs, Nelly: Glühende Rätsel. Glödande gåtor. En diktcykel i svensk tolkning av Gunnar Ekelöf. Stockholm 1966.
Sachs, Nelly: Briefe der Nelly Sachs, hg. von Ruth Dinesen und Helmut Müssener. Frankfurt am Main 1984.
Sachs, Nelly: Werke: Kommentierte Ausgabe in vier Bänden, hg. von Aris Fioretos. Berlin 2010.
Schilling, Erik/Michaelis-König, Andree (Hg.): Poetik und Praxis der Freundschaft (1800–1933). Heidelberg 2019.
Strob, Florian/Louth, Charlie (Hg.): Nelly Sachs im Kontext – eine „Schwester Kafkas"? Heidelberg 2014.
Strob, Florian: Schreiben und Lesen im Zeichen des Todes. Zur späten Prosa von Nelly Sachs. Heidelberg 2016.
Thoursie, Ragnar: En syster till Kafka, In: Stockholms-Tidningen (13.10.1947).
Utsch, Susanne: „An Stelle von Heimat / halte ich die Verwandlungen der Welt". Die Transformation von real-räumlicher zu weltanschaulicher Verortungssuche in der Lyrik von Nelly Sachs. In: Reinhard Andress, Evelyn, Meyer, und Divers, Gregory (Hg.): Weltanschauliche Orientierungsversuche im Exil / New Orientations of World View in Exile. Amsterdam 2010, S. 57–68.
Vedder, Ulrike: „Verhoffen": Gedankenstriche in der Lyrik von Ingeborg Bachmann, Nelly Sachs und Paul Celan. In: Alexander Nebrig und Carlos Spoerhase (Hg.): Die Poesie der Zeichensetzung. Studien zur Stilistik der Interpunktion. Bern [u. a.] 2012, S. 345–361.
Wiedemann, Barbara: Das Jahr 1960. In: Andrei Corbea-Hoisie (Hg.): Paul Celan. Biographie und Interpretation/Biographie et interprétation, Konstanz [u. a.] 2000, S. 33–59.
Wiedemann, Barbara: „Schweig, / hol Atem bei dir, laß mir / die Toten". Neues zum Verhältnis zwischen Paul Celan und Nelly Sachs. In: Huml, Ariane (Hg.): „Lichtersprache aus den Rissen". Nelly Sachs – Werk und Wirkung. Göttingen 2008, S. 155–180.
Zabel, Hermann (Hg.): Zweifache Vertreibung: Erinnerungen an Walter A. Berendsohn. Nestor der Exil-Forschung, Förderer von Nelly Sachs. Essen 2000.

Finja Zemke
Bewegt. Gefühlsgeschichte(n) des Exils – Günther Anders, Albert Drach, Oskar Maria Graf und Konrad Merz

> Denn uns erwarten keine Ahnen,
> und keine Liebe macht uns blind,
> wir wohnen in den Eisenbahnen,
> und unser Lehrer ist der Wind.
>
> Wer uns in Fahrt bringt, macht uns erfahren,
> wer uns ins Weite stößt, uns weit.
> Nun danken wir alles den fahrenden Jahren,
> und nichts der Kinderzeit.[1]

In seiner 1956 erschienenen philosophischen Schrift *Die Antiquiertheit des Menschen* proklamiert Günther Anders, das größte Desiderat der Geschichtsphilosophie und -wissenschaft sei eine Geschichte der Gefühle.[2] Seine Schrift charakterisiert er als „traurige Seiten über die Verwüstung des Menschen", der – wie das Ende des Zweiten Weltkrieges gezeigt hat – durch die Atombombe in die katastrophale Lage versetzt ist, die Menschheit zu vernichten.[3] In seinen Tagebuchaufzeichnungen und Notizen hält er wichtige Befunde über das Gefühlsleben seiner Zeit fest, die durch die Erfahrung beider Weltkriege, Flucht und Exil geprägt ist – so etwa in seinen 1986 veröffentlichten literarisierten Tagebucheintragungen *Lieben gestern. Notizen zur Geschichte des Fühlens*, die er 1947–1949, noch unter dem Titel *Lieben heute*, geschrieben hat. Anders hat diese Aufzeichnungen Jahre später erneut aufgegriffen in dem Bewusstsein, dass seine „Darstellung der Liebe im Exil-Leben des 20. Jahrhunderts von Gefühlen handelt, die es unter früheren Umständen so gewiß nicht gegeben hätte."[4]

---

[1] Günther Anders: Lied der Untreuen [1943]. In: Ders.: Tagebücher und Gedichte. München 1985, S. 286.
[2] Vgl. Günther Anders: Die Antiquiertheit des Menschen [1956]. Erster Band: Über die Seele im Zeitalter der zweiten industriellen Revolution. 5. Aufl. München 1980, S. 311. Diesem Desiderat und der Rekonstruktion einer *Geschichte der Gefühle* sind um die Jahrtausendwende verschiedene Disziplinen begegnet. Vgl. Claudia Benthien, Anne Fleig u. Ingrid Kasten: Einleitung. In: Dies. (Hg.): Emotionalität. Zur Geschichte der Gefühle. Köln 2000, S. 7–20, hier S. 12.
[3] Anders: Die Antiquiertheit des Menschen, Widmung.
[4] Günther Anders: Lieben gestern. Notizen zur Geschichte des Fühlens. München 1986, S. 10. Im Folgenden zitiert unter der Sigle LG. Zur Veränderung von Gefühlen vgl. auch Benthien, Fleig, Kasten: Einleitung, S. 8.

Folgt man diesem Gedanken, dann gehen mit einer Exilerfahrung besondere Gefühle einher, die durch die außergewöhnliche Situation bedingt sind und die symptomatisch für die Exilerfahrungen einer Zeit stehen können. 1962 schreibt Anders in *Der Emigrant*, dass die Exilsituation für diejenigen, die die „Schande der totalen Rechtlosigkeit am eigenen Leib erfahren haben",[5] emotional insbesondere im Hauptskandal besteht:

> daß wir [...] systematisch daran gehindert werden, emotional an den Hauptmiseren unserer Welt teilzunehmen; daß wir dazu gezwungen werden ‚falsche Tränen' zu vergießen, Tränen, die Unbeträchtlichem gelten [...] daß wir dadurch der Zeit, der Kraft und des Rechts beraubt sind, dasjenige zu beweinen, was ein Recht [...] auf unsere Tränen hätte. (E, 41)

Hier deutet sich eine Verschiebung von Emotionen an, die eine Situation beschreibt, als Rechtlose nicht an bestimmten Gefühlen teilhaben zu dürfen, sondern stattdessen zu unangebracht und falsch empfundenen Regungen gezwungen zu sein, die den Fühlenden fehl am Platz erscheinen. Insofern die Exilierten als Verfolgte, Vertriebene und Geflohene – wie Anders es empfindet – der Kraft und des Rechts beraubt waren, emotional am Weltgeschehen teilzuhaben, deuten sich ein Verlust ‚wahrer Tränen' und damit implizit gleichfalls erzwungene Leerstellen in der Gefühlsbeschreibung an. Wie das Anders'sche Empfinden deutlich macht, kann es bei der Annäherung an eine Gefühlsgeschichte des Exils folglich nicht allein darum gehen, Gefühlsbeschreibungen nachzuspüren. Es ist ferner erforderlich, auch ihre Abwesenheit in den Blick zu nehmen, insbesondere dort, wo jene Leerstellen wie bei Anders selbst zum Thema gemacht werden.

Worin genau zeichnen sich diese Leerstellen und die von Anders beschriebene Gefühlsverschiebung im Exil aus? Welche spezifischen Gefühle lassen sich für Exilerfahrungen ablesen? Und was haben diese mit einer der größten Emotionen seit Menschengedenken, der Liebe, zu tun? Mittels Anders' philosophischer Befunde und unter Bezugnahme auf literarische Texte, die das NS-Exil reflektieren und in etwa in jenem Zeitraum entstanden sind, in dem sich Anders mit einer Gefühlsgeschichte seiner Zeit auseinandergesetzt hat – von der Exilzeit während des Zweiten Weltkrieges bis zum Ende des Jahrhunderts –, möchte ich diesen Fragen nachgehen und mich einer Gefühlsgeschichte des Exils annähern.

Zu den ausgewählten Romanen gehören Oskar Maria Grafs *Die Flucht ins Mittelmäßige* (1959), Albert Drachs *Unsentimentale Reise* (1966), Konrad Merz' unveröffentlichtes Manuskript *Der Mann ohne P.* (1999)[6] in Verbindung mit seinem Roman *Liebeskunst für Greise. Memoiren unseres Jahrhunderts* (1992). Seit jeher als Ver-

---

5 Günther Anders: Der Emigrant [1962]. München 2021, S. 42. Im Folgenden zitiert unter der Sigle E.
6 Das ist wahrscheinlich die letzte vorgesehene Fassung für den Druck.

handlungsort von Gefühlen angesehen,[7] lassen sich mit diesen verschiedenen Romanen literarische Texte ausmachen, die in fiktionalisierter Form ähnliche und ergänzende Gedanken um Liebe und Gefühle im Exil verhandeln, wie Anders sie formuliert hat. Durch die gemeinsame Lektüre philosophischer Notizen und Tagebuchaufzeichnungen – die ihrerseits literarisiert sind – wie auch literarischer Schriften sollen in diesem Beitrag exilische Verhandlungen von Gefühlen analysiert und der Diskurs um das Exil als Moment der Verschiebung und des Verlusts von (‚wahren') Gefühlen in den Blick genommen werden.

Für nachfolgende Generationen stellen literarische und non-fiktionale Aufzeichnungen wie diese wichtige Zeugnisse dar, um die Gefühle einer (früheren) Zeit, in diesem Fall des historischen NS-Exils, zu vergegenwärtigen. Gefühle tragen fundamental dazu bei, uns selbst und andere zu verstehen.[8] (Über) Gefühle zu schreiben bedeutet, dieses Verstehen in Worte zu fassen, sie zu speichern und so etwas über das Leben im Exil an nachfolgende Generationen weiterzugeben. Anders war es dabei ein besonderes Anliegen, Gefühle grundsätzlich in der Geschichtsschreibung zu bedenken. Er schreibt, dass „die Aufgabe der morgigen Historiker [...] auch darin bestehen wird, Geschichte als ‚Geschichte der Gefühle' zu schreiben." (LG, 10)

Wissenschaft verlangt meist eine Distanz, die dazu führen kann, dass Emotionen verloren gehen, Geschichte vergangen erscheint und menschliche Schicksale zu abstrakten Wörtern werden. Durch eine Annäherung an eine Geschichte der Gefühle im Exil kann dieses auf neue Weise lesbar werden. Es ist dies auch der Versuch, eine empathische Exilliteraturforschung zu betreiben.

1 Gefühlsverschiebungen im Exil. Günther Anders: *Lieben gestern*

Günther Anders' Notizen zu einer Gefühlsgeschichte stellen das Bemühen dar, jene für seine Epoche im Allgemeinen charakteristischen Gefühle festzuhalten. Er legt darin nicht nur Zeugnis seiner Zeit ab, in der er gelebt hat, sondern bezieht sich auch auf Zeiten vorangegangener Generationen. Wenn er zum Teil alte Muster herausarbeitet, die ihm für seine Generation längst überholt erscheinen – etwa die Rolle der Frau, die sich durch zunehmende Gleichberechtigung aus tradierten Rollenzuschreibungen emanzipiert – unterliegen auch seine Aufzeichnungen einer ge-

---

[7] Vgl. Susanne Knaller: Emotions and the Process of Writing. In: Ingeborg Jandl, Susanne Knaller, Sabine Schönfellner u. Gudrun Tockner (Hg.): Writing Emotions. Theoretical concepts and selected case studies in literature. Bielefeld 2017, S. 17–28, hier S. 17.
[8] Vgl. Knaller: Emotions and the Process of Writing, S. 19.

wissen Zeitlichkeit und erscheinen zum Teil – wie er selbst anmerkt – bereits dem 40 Jahre späteren Blick veraltet. In seinen Aufzeichnungen über Gefühle und die Emotion der Liebe aber erkennt er wichtige Eigenheiten seiner Zeit, weshalb seine Aufzeichnungen von zentraler Bedeutung sind, um sich der Zeit während und nach dem Zweiten Weltkrieg anzunähern. Anders dokumentiert diese größtenteils über seine Mitmenschen, die exemplarisch für ihre Zeit einstehen. Ihre „Privat-Erfahrungen und -Gefühle" erscheinen ihm „*unprivat*", d. h. sie sollten oder müssten nach Anders „*eigentlich von jedem Zeitgenossen ebenfalls gefühlt werden* […] – was nur eben leider nicht der Fall war oder ist." (LG, 9, Herv. i. O.)

Zu diesen unprivaten Beobachtungen gehört die Feststellung, dass in seinen zahlreichen Manuskripten nur ein einziges über Liebe nachzuweisen ist. Während Liebe für vorherige Generationen das Hauptthema ausgemacht habe, sieht er eine Philosophie der Liebe in seiner Generation verloren. Dennoch hole auch seine Generation die Liebe immer wieder ein. Sie ist nur scheinbar ausgelassen (vgl. LG, 12), wie Anders' Aufzeichnungen selbst erkennen lassen. In *Lieben gestern* beschreibt er nicht nur Gefühle, sondern verhandelt die Emotion der Liebe auch darüber hinaus, indem er sich beispielsweise mit der Gleichberechtigung der Geschlechter und der gesellschaftlichen Institution der Ehe auseinandersetzt. Durch das Exil ist es ihm möglich, gesellschaftliche und kulturelle Eigenschaften zu erkennen, die dem gewohnten Blick meist verborgen bleiben. An dieser Stelle werden jene Spezifika fokussiert, die er dem Gefühlsleben im Exil zuschreibt und die in den ausgewählten literarischen Texten ebenfalls in je eigener und doch ähnlicher Weise verhandelt werden. Anders greift sie, wie in der Analyse der literarischen Texte gezeigt wird, in seiner Schrift *Der Emigrant* wieder auf, in der er dezidiert das Dasein im Exil beschreibt und die als wichtiger Intertext angesehen werden kann.

Dazu gehört Anders' Beobachtung, dass die Exilant:innen abgestumpft würden gegen Subtilitäten und ihr Fingerspitzengefühl verlören (vgl. LG, 13). Es sei zum Teil weniger der Verlust des Privaten gewesen, sondern insbesondere der Einsatz für Nicht-Privates, der dazu geführt habe, dass Liebe und menschliche Beziehungen vernachlässigt worden seien. So schreibt Anders: „Ewig kann sich ohne Ritter keine Ritterlichkeit, ohne Hof keine Höflichkeit, […] ohne materiellen Rückhalt keine Rücksicht halten, auch als bloße Spiel-Form nicht. […] Und ebenso schrumpft […] die Subtilität unseres seelischen Privatlebens." (LG, 13) Nicht einmal vorspielen und suggerieren ließe sich Feinfühligkeit ewig. Wie hier über die Spiel-Form nimmt Anders auch in anderen Schriften Bezüge zum Theater vor[9] –

---

9 Zur Theater-Metapher vgl. auch Wendelin Schmidt-Dengler: „Hoch die Metapher! Hoch unsere Verdrängungen!" – Zu Günther Anders' „Lieben gestern". In: Konrad Paul Liessmann (Hg.): Günther Anders kontrovers. München 1992, S. 138–152.

etwa, wenn er auf das im Exil fehlende Sterbepublikum und den Bühnentod verweist, der unwirklich wahrgenommen wird, da man nur zu Hause wirklich sterben könne (vgl. E, 28). Darin deutet sich ein verschobenes Verhältnis zur Umwelt an, die im Exil im Gegensatz zum verlorenen Zuhause als unwirklich empfunden wird.

Als Generationszug seiner Zeit beschreibt Anders zudem die Beobachtung, dass vor dem Hintergrund der Massenkatastrophe private Katastrophen – selbst unvermeidbare wie Selbstmordgedanken aufgrund von Liebeskummer – lächerlich erschienen. Auch hier klingt eine Verschiebung von Gefühlen im Exil an, die deutlich erkennen lässt, dass es die Zeit und die Umstände sind, die die Exilierten diese Haltung zwanghaft haben einnehmen lassen: „Ob wir es bedauern oder nicht, so wie die Welt nun einmal ist, im Mittelpunkt kann heute das Privatleben nicht stehen [...]" (LG, 20).

Über sechs Ehepaare seiner Zeit stellt Anders heraus, dass sie alle, was kennzeichnend für seine Generation sei – kinderlos sind. Er schreibt das nicht primär ihrem Wunsch, sondern den Umständen ihrer Zeit zu. Die meisten von ihnen haben sich im Exil alles neu aus dem Nichts aufbauen müssen. Privatheit, Kinder, eine Wohnung – all diese „Stützen des Erwachsenwerdens" hätten ihnen gefehlt. (LG, 18) Die Ungewissheit ihres Daseins, ihres Aufenthalts und ihres Lebens seien die Ursache für ihre Kinderlosigkeit gewesen, die zum Normalzustand geworden sei, über den man nicht mehr sprach (vgl. LG, 27). „Gekränktheit war", wie Anders schreibt, „ihre einzige Stellungnahme zur Weltlage". (LG, 26) Trotz ihrer Sorgen sei seine Generation im Gegensatz zu Gleichaltrigen früherer Generationen weniger erwachsen gewesen – Anders spricht von einer verspäteten Pubertät – und damit fatalerweise insbesondere um den gesellschaftlichen Status betrogen worden, der mit dem Erwachsensein einhergeht (vgl. LG, 27).

Seine Beobachtung, dass sich in seiner Zeit kaum ein autobiographischer Roman ausmachen lasse, „der sich über seine ‚Erlebnisse' ausgelassen oder Liebe als Problem auch nur zum Thema gemacht hätte" (LG, 14), mag für die Zeit seiner Aufzeichnungen kurz nach dem Zweiten Weltkrieg stimmen. Und auch wenn sich in den später im 20. Jahrhundert entstandenen Romanen, die das NS-Exil reflektieren, zum Teil autobiographische Züge erkennen lassen, so wird doch deutlich, dass sich eine Verschiebung der Gefühle, wie sie Anders beschreibt, abzeichnen lässt und Liebe nicht das Hauptthema, sondern vielmehr Medium ist, diese Verschiebung aufzuzeigen. Mit ihrer gemeinsamen Lektüre wird der Versuch unternommen, Anders' pointierte Beobachtungen und gesellschaftliche Szenen um Beobachtungen aus anderen Perspektiven und Schriften zu erweitern.

2 Bewegte Bewegungen. Albert Drach: *Unsentimentale Reise*

Die eingangs zitierten Strophen aus Anders' Gedicht „Lied der Untreuen" von 1943 sind nach subjektiver Lesart bewegend und muten traurig an, spielen sie doch auf den Verlust der Kindheit, der Vorfahren und damit auch von Liebe an. Und doch vermitteln die Verse Hoffnung und trotzen dem Ausgestoßensein in die Weite, indem sie aus der Vertreibung und einem Leben im Transit Kraft schöpfen, die „fahrenden Jahre" in E*rfahrungen* zu transformieren und sich nicht negativ durch Gefühle von Liebe beeinflussen zu lassen. In *Lieben gestern* stellt Anders wenige Jahre später die Frage, ob die geringere Bedeutung des Privaten nur mit Verlust gleichzusetzen sei. Für ihn ließe sich darin vielmehr eine Befreiung von einer früheren Pathetisierung der Liebe sehen (vgl. LG, 14). Diese zuversichtlich gewendete Haltung ist es, die in seinem Gedicht bereits literarisch zum Ausdruck gebracht wird. Folgt man seinen poetischen Selbstaussagen, dann geht es ihm nicht nur um eine Gefühlsvermittlung, sondern auch um ein Bewusstsein dafür, wozu man schreibt und für wen. Gefühle spielen dabei unmittelbar eine Rolle – sowohl für den Adressanten als auch den Adressaten: „Was geht den anderen an, wie es dir geht? Willst du ihn lesen machen? Sprechen machen? [...] Was siehst du vor dir? Einen Einsamen? Wen? In welcher Lage?"[10] Beim Dichten, aber auch darüber hinaus in seinem Schreiben denkt Anders den Lesenden als Fühlenden stets mit.

Ein zentrales Motiv seines Gedichts ist die Bewegung, die erzwungen ist, deren Zwang aber durch die *agency* der Ausgeschlossenen transformiert wird: Die erzwungene Fahrt und das Wohnen in den Eisenbahnen bewegt die „Untreuen" dazu, das ihnen Widerfahrene in persönliche Stärke umzuwandeln. Ebenso verhält es sich mit der aus der Vertreibung resultierenden Verschiebung hinsichtlich des Liebesgefühls. Die Exilsituation wird symbolisch durch das Bild des Zuges und die physische Bewegung erfasst. Mit dem dichterischen Ausdruck von Gefühlen und der subjektiven Rezeption lässt sich zudem ein Bewegtsein von den Gedichtversen ausmachen. Die erzwungene Bewegung durch die Vertreibung und Flucht ins Exil verbindet sich mit Gefühlen und Emotionen als bewegende Ereignisse.

Das Wort Emotion, das sich etymologisch vom lateinischen Verb *movere – bewegen, erregen* aber auch *verjagen* bzw. dem lat. *emovere – hinausschaffen, entfernen, vertreiben* ableitet, hat die Bewegung (sowohl die physische als auch die des Gemüts) und mit der Vertreibung ein Moment des Exilischen bereits in seiner ursprünglichen Bedeutung enthalten. Eine solche Bewegung im doppelten Sinn ihrer

---

10 Günther Anders: Über Gedichte. In: Ders.: Tagebücher und Gedichte. München 1985, S. 269–273, hier S. 269.

Bedeutung vollzieht Albert Drachs Protagonist Kucku im gleichnamigen Roman auf seiner „unsentimentalen Reise", die von Verfolgung, Deportation und Flucht gekennzeichnet ist. Auch hier vermittelt sich die ständige Fluchtbewegung im Exil über das Motiv des Zuges. Auf seiner „Reise" begegnet Kucku Menschen, die sich an ihn erinnern können, er sich umgekehrt aber zunächst nicht an sie zu erinnern vermag. Anders schreibt, dass die Erinnerung für die Exilant:innen dadurch erschwert würde, dass sie gezwungen seien, mehrere Leben zu leben – er spricht nicht von *vita*, sondern von *vitae*. Dabei seien die einzelnen Lebensphasen durch tiefere Kerben unterbrochen, als es sonst der Fall sei, der Lebensfluss verlaufe vielmehr wie ein Labyrinth (vgl. E, 9–13). Die fehlenden Erinnerungen Kuckus verweisen weniger auf seine Unfähigkeit zu menschlichen Beziehungen, sondern stellen vielmehr die Brüche seines exilischen Daseins heraus.

Wie Anders es für das Exildasein beschrieben hat, ist für Kucku weder ein Ort sicher, an dem er bleiben kann, weil sein Aufenthaltstitel im französischen Exil, wenn überhaupt, nur für wenige Monate ausgestellt wird und immer wieder durch Behördengänge verlängert werden muss, noch ist sein Dasein gewiss. Letzteres wird unmittelbar zu Beginn des Romans durch den erzählten Umstand deutlich, dass Kucku nach der Besetzung Frankreichs durch die Nationalsozialisten ins Internierungslager Rivesaltes deportiert wird, ein Sammellager auf französischem Grund, von dem aus die Internierten größtenteils im Vernichtungslager Auschwitz ermordet worden sind. Ihm selbst gelingt – weil er es schafft seine Zugehörigkeit zum Judentum nach französischem Recht auf seinen Papieren zu leugnen – die Freilassung aus diesem Lager, nach der er sich mit prekären, immer wieder ablaufenden Aufenthaltsrechten weiterhin (häufig in Zügen) auf der Flucht befindet. Seine permanente Vertreibung und Flucht charakterisiert der Protagonist selbst als „unsentimentale Reise", von der „keiner weiß, wann und wie sie einmal endet, noch wohin sie führt."[11] Der immer wieder auftauchende Hinweis darauf, dass seine Reise unsentimental sei, gemahnt der Abwesenheit gewöhnlicher Zeiten und markiert die rechtlose Situation seines permanent bedrohten und unsicheren Lebens im Exil. Seine „Reise" ist nicht mit gewöhnlichen Zeiten vergleichbar; er entschuldigt damit zum Teil sein Verhalten und Umstände, in denen er sich befindet, die für gewöhnlich nicht seiner Art entsprächen. In Referenz auf Laurence Sterns' Roman *A Sentimental Journey through France and Italy* wird auf den Verlust sentimentaler, gefühlvoller Zeiten und damit auf Gefühlsverschiebungen durch das Exil verwiesen.[12]

---

11 Albert Drach: Unsentimentale Reise. Ein Bericht. München 1988, S. 98. Im Folgenden zitiert unter der Sigle UR.
12 Zur Intertextualität vgl. etwa Liesbeth Haagdorens: Displacements of Exile in Albert Drach's Novel *Unsentimentale Reise*. In: Alexander Stephan (Hg.): Exile and Otherness. New Approaches

Aus der erfahrenen Rechtlosigkeit resultiert eine Haltung, die dem Leben mit einer gewissen Gleichgültigkeit begegnet: „daß ich das Leben nicht mehr so ernst nehme, seit ich weiß, daß die Gesetze aufgehoben sind, die es schützen." (UR, 98) Entsprechend nimmt Kucku auf dem Weg in das Lager Rivesaltes anders als die anderen Deportierten nach außen hin eine gleichgültig wirkende Haltung zum Geschehen ein – mit Bezug auf Anders ließe sich auch eine Form von Abgestumpftsein erkennen;[13] während er innerlich aber das Gefühl einer Hoffnung entwickelt, überleben zu wollen. Nach seiner Freilassung empfindet Kucku Angst, jederzeit wieder interniert zu werden, und sieht im Zurücktreten dieser Angst, die mögliche Gefahr, gleichgültig gegenüber den weiterhin Internierten zu werden:

> Es mag in mir die Angst gesteckt haben, [...] wieder dem Auffanglager zu verfallen, aus dem ich durch ein Wunder vorläufig glücklich gerettet bin. Und wenn diese Angst zurücktrat, so war es vielleicht bereits die beginnende Gleichgültigkeit gegenüber dem Schicksal der Zurückgelassenen, die sich langsam anmeldet, je länger ich selbst in die alte Lebenslage zurückversetzt bin. (UR, 91)

Die einsetzende Gleichgültigkeit gegenüber der Weltkatastrophe, die die eigene Angst zurückdrängen lässt, ist Ausdruck dessen, was Anders als Hauptmisere seiner Zeit beschrieben hat. Es ist die „ordinär[e] Sorge um das nackte Leben" (E, 37), die die Exilant:innen, wie Florian Grosser mit Bezug auf Anders herausstellt, „mit den Leiden Anderer ‚unsolidarisch' werden und an den ‚moralischen Hauptmiseren der heutigen Menschheit', an Shoah, Weltkrieg und der Beobachtung nuklearer Vernichtung, ‚vorbeileben'" hat lassen.[14] Er kann sich kein Mitleid erlauben, weil er selbst um sein eigenes Überleben kämpfen muss (vgl. UR, 146). Als Emigrant ist er, nach Anders, des *„Rechtes auf seine Sorgen beraubt* und *des Rechtes auf seine Leiden"*, was teilweise dazu geführt habe, dass die trivialsten Probleme unverhältnismäßige Reaktionen hervorgebracht hätten (E, 39, Herv. i. O.).

Ebenso scheint es Kucku auf seiner unsentimentalen Reise zu empfinden, als er zu weinen beginnt, ohne den genauen Grund seiner Tränen zu kennen. Sie könnten ihm aufgrund einer unerfüllten Liebe gekommen sein, wegen seiner kindlichen Furcht vor der Nacht oder aber durch das Gefühl, nirgends dazuzugehören (vgl. UR, 169). An seinem Gesichtszug des Weinens wird deutlich, dass die Empfindungen den

---

to the Experience of the Nazi Refugees. Bern 2005, S. 249–268, hier S. 250 (siehe auch ihre folgenden Ausführungen zur Analogie der Berichte).

13 Daniela Kirchstein spricht von Gefühlskälte. Vgl. Dies.: Flucht als literatur- und kulturwissenschaftliches Problem: Albert Drachs Unsentimentale Reise. In: Zagreber Germanistische Beiträge 24 (2015), S. 257–270, hier S. 265.

14 Florian Grosser: „Man denkt an mich, also bin ich". Günther Anders über Emigration und die Gefahr von Selbst- und Weltverlust. In: Günther Anders: Der Emigrant. Mit einem Nachwort von Florian Grosser. München 2021, S. 53–86, hier S. 78.

Protagonisten einholen und sich nicht gänzlich verbergen lassen, wenn er sie auch nicht deuten kann. Sein Schamgefühl über seine Sentimentalität kann als Andeutung auf die von Anders beschriebenen „falsch" empfundenen Tränen und die Schande der „falschen Gefühle" gelesen werden (E, 41),[15] insofern der Protagonist seine eigenen privaten Gefühle im Angesicht der Katastrophe nicht in den Vordergrund stellen möchte und sich auch deshalb immer wieder seiner unsentimentalen Reise erinnert: „Ich möchte aufhören zu weinen, weil ich mich vor mir sehr schäme […] und weil keine Sentimentalität erlaubt ist auf dieser unsentimentalen Reise". (UR, 170) Die selbstauferlegte und doch nicht ohne die Zwangssituation zu verstehende Unsentimentalität ermöglicht es ihm, Stärke zu bewahren und nicht seinen Gefühlen zu verfallen, um nicht am Todeskampf zu zerbrechen. Die Gleichgültigkeit zum Geschehen stellt damit auch eine Schutzfunktion dar, sich von der rechtlosen Situation zu distanzieren und innerlich nicht an ihr zugrunde zugehen. Er immunisiert sich wie Philipp Wulf in Bezug auf Drachs Folgeroman *Das Beileid* herausstellt (darin erwacht Drachs Protagonist als „Paradox eines lebenden Toten"), als gefühlloser Toter gegen die Trauer und negiert seine eigenen Empfindungen.[16]

Die gesamte Handlung spielt vor der Hintergrundfolie der Liebe sowie dem Misslingen menschlicher Beziehungen. Sein Versuch, sich ins Irreale zu flüchten und sich in eine Liebe mit einer um Jahre jüngeren Frau zu träumen, ist Ausdruck seiner Distanz gegenüber der Realität. Er entflieht der ihn umgebenden Wirklichkeit in eine imaginierte Traum- und Phantasiewelt, denn obwohl der Protagonist sich nach Liebesabenteuern sehnt und mehrfach in der Situation ist, sein sexuelles Verlangen zu stillen, gelingt ihm dies nicht (vgl. etwa UR, 189/190). Er ist unfähig zur Liebe. Und auch seine Feststellung, „daß Geschichten über Dinge, die mit Fortpflanzung zusammenhängen auf dem Weg zur Vernichtung eine Verhöhnung darstellen könnten" (UR, 50), setzt sich in tragischer Ironie mit der fehlenden Fortpflanzungsmöglichkeit seiner Schicksalsgenossen auseinander. Ohne Liebe, Beruf und sichere Bleibe, sind ihm die „Stützen des Erwachsenwerdens" genommen: „abgesehen davon, daß die Nazis da sind, ich kein Glück in der Liebe habe, keinen Beruf, nicht einmal eine sichere Bleibe, wird die Gefahr um mich herum mir immer gewohnter." (UR, 219) Unfähig zur Liebe, wird ihm die Gefahr zur ständigen Begleiterin, die ihm jegliche menschliche Beziehungen und Sentimentalitäten wie die Liebe verwehrt: „daß ich von Rechts wegen, seit ich das Drahtgitter von Rives

---

15 Vgl. auch die Ausführungen von Philipp Wulf zum Pathos in der Exilliteratur, die er ausgehend von Drachs Texten in Bezug auf Komik vornimmt. Ders.: „Aber Tote weinen nicht". Komisches Schreiben im Nachexil bei Alfred Polgar, Albert Drach und Georg Kreisler. Berlin 2020, S. 1–13, insbes. S. 2.
16 Philipp Wulf nimmt hier Bezug auf eine „Anästhesie des Herzens". Vgl. Ders.: „Aber Tote weinen nicht", S. 1.

Altes passiert habe, tot bin [...] Ich darf [...] nicht lieben, und darum scheitern auch alle meine einschlägigen Versuche." (UR, 226) Das durch die rechtlose Situation einsetzende Gefühl, bereits tot zu sein, nimmt ihm auch das Recht zur Liebe.

Er beginnt das Gefühl zu entwickeln, als ob er sich „so spalten könnte, daß ein Teil von mir die Gefahren übernimmt, der andere aber als unbeteiligter Zuschauer von außen dem gebotenen Schauspiel beiwohnen darf." (UR, 219). Hier klingt die Theatermetapher an, mit der Anders auf den Ausschluss aus der Wirklichkeit aufmerksam macht, der das exilische Dasein charakterisiere. Es ist für ihn zwar notwendig, sein Lebensminimum sicherzustellen, zu dem, wie Anders herausstellt, „ein Bett, Arbeitserlaubnis, Geld, Essenskarten, Schwarzarbeit, vor allem aber seine (‚Aufenthaltserlaubnis' genannte) *Lebenserlaubnis*" (E, 37, Herv. i. O.) gehören, aber das Leben selbst wird ihm vor diesem Hintergrund zu einer viel schwierigeren Herausforderung: „Außerdem frage ich mich längst nicht mehr, wovon ich am morgigen Tag leben werde. Wichtig ist, bis morgen zu leben". (UR, 219) Ebendiese „Lebenserlaubnis" war meist ein aussichtsloses Unterfangen, wie Anders schlussfolgert (vgl. E, 38) und wie sich auch an Drachs Protagonist zeigt, der sich, wie mehrfach gezeigt, bereits als tot wahrnimmt: „In meinem Zimmer, das eng ist wie ein Sarg, liege ich und möchte weinen. Aber Tote weinen nicht, und Tränen sind überhaupt nicht erlaubt auf einer unsentimentalen Reise." (UR, 368) Dieses Gefühl, lebend tot und ein lebendiger Leichnam zu sein, findet sich in der Literatur des Exils vielfach beschrieben. Die Flucht von Drachs Protagonisten in den Gedankenraum misslingt, die Realität wie auch die Stimmen der Toten holen ihn immer wieder ein. Seine Gefühle über Tränen zum Ausdruck zu bringen, bleibt ihm untersagt, weil seine unsentimentale Reise kein Ende nimmt und er – von der Gesellschaft nicht gesehen und gehört – ohne Lebenserlaubnis, längst tot und als Toter zu Gefühlsausdrücken nicht mehr fähig ist.

In einem Drama, das er für seine imaginäre Geliebte zu schreiben beginnt, versucht er seine Gefühle für sie zu übersetzen: „Es ist die Darstellung des Lebens eines jungen Mannes, der sich in eine Tote verliebt und ihr sein ganzes Leben widmet. [...] Vielleicht war schon die Übersetzung meiner Gefühle für Darling in dieses Stück eine schlechte Idee." (UR, 352) Autopoetisch gelesen, erzählt diese dramatische Sequenz, wovon auch der Roman handelt. Die unsentimentale Reise und das Empfinden, lebend tot zu sein, vermitteln den Leser:innen die Gefühle des Exilierten – es sind Übersetzungen von Gefühlen, die im Bild von Unsentimentalität, Tod, Traum und Theater verarbeitet werden. Unsentimental ist die Reise vor allem dadurch, dass die Gefühle des Exilierten zwanghaft ausgelöscht wurden und deshalb nicht mehr leben, nicht mehr lebensfähig sind (vgl. dazu UR, 150).

3 Alleinsein im Kollektiv. Oskar Maria Graf: *Die Flucht ins Mittelmäßige*

Oskar Maria Grafs Roman *Die Flucht ins Mittelmäßige* setzt sich ebenfalls mit Gefühlen und ihren Verschiebungen durch das Exil auseinander. Der Roman spielt nach dem Zweiten Weltkrieg und erzählt von einer Exilgemeinschaft in New York, in deren Kreis Diskussions- und Gesprächsrunden stattfinden. Der Protagonist Martin Ling trägt mit schauspielerischem Talent Geschichten vor und wird schließlich herausgefordert, eine Geschichte zu schreiben. An dieser Aufgabe zerbricht er zunächst. Nachdem ihm aber eine Veröffentlichung seiner Geschichte gelingt, versucht er, einen Roman zu verfassen, dessen Manuskript er am Ende verbrennt. Er extrahiert sich dabei mehr und mehr aus der Gemeinschaft und entwickelt einen posthumanen und menschenleeren Stoff. Über diesen nähert er sich mit seiner Traumfigur eines knochenlosen „Quallenschweins"[17] einer „Welt ohne Menschen" an – wie sie Anders vor dem Hintergrund der Erfindung der Atombombe dystopisch vorhergesehen hat.[18]

Bezeichnenderweise haben auch in dieser Exilgemeinschaft die meisten Ehepaare oder Alleinstehenden, wie in Anders' Portrait der sechs kinderlosen Ehepaare, keine Kinder. Eine Ausnahme ist Ling, der aber ohne seine Frau und sein Kind geflohen ist und keinen Kontakt zu ihnen hat. Für Ling ist die Aufnahme in die Gesellschaft „ehemalige[r] europäische[r] Emigranten, die nach dem Krieg nicht mehr in ihre ursprüngliche Heimat zurückgekehrt waren",[19] eine willkommene Aussicht, seine unmittelbare Lebenssucht zu stillen, die aus seinem Alleinsein und der Enge seines ärmlichen Lebens resultiert, dessen Armut Armut er selbst hasst und das ihn zur permanenten Flucht vor sich selbst treibt. Der Erzähler wertet diese Verbitterung und das zermürbende Versteckspiel vor sich selbst als Alterserscheinung, Ling aber bezeichnet es als „,das Emigrantische'" (FM, 9–10). Anders würde Grafs Figur vermutlich als „Berufsemigranten" bezeichnen, der sich mit seiner ganzen Person dagegen wehrt, sich in die amerikanische Umgebung und die ihn umgebende Kultur einzufügen, und der nicht beabsichtigt, das Exil in seine neue Heimat zu verwandeln (vgl. E, 20–22). Ling ist sich dessen bewusst, dass

---

17 Vgl. zum Mensch-Tier Verhältnis und dem historischen Kontext um Konsum und Technik Carla Swiderski: Der Mensch spiegelt sich im Blick der Tiere. Auflösung und Neudefinition des Menschen in der Exilliteratur. Berlin 2023, S. 359–371.
18 Günther Anders: Mensch ohne Welt. Schriften zur Kunst und Literatur. München 1984, S. XI.
19 Oskar Maria Graf: Die Flucht ins Mittelmäßige. Ein New Yorker Roman [1959]. Frankfurt am Main 1985, S. 11. Im Folgenden zitiert unter der Sigle FM.

Heimat für ihn nicht restituierbar ist und versteht sich als „Diasporit".[20] Als Staatenloser möchte er nirgends mehr dazugehören (vgl. FM, 79). Darauf verweist symbolisch sein Pass, den er zerriss und hinunterspülte, weil er in Prag nicht verlängert werden konnte (vgl. FM, 118). An Lings Figur werden Anders' Ausführungen deutlich. Auch er zahlt mit seiner Haltung, die er als Diasporit nach dem Zweiten Weltkrieg weiterhin einnimmt, den Preis der Erwachsenheit und büßt damit einen entsprechenden gesellschaftlichen Status ein.

Über die Emigration heißt es bei Graf:

> Solange ein Emigrant wartet, ist er noch gar nicht emigriert [...] Die neue Umgebung sieht er noch gar nicht. Er befindet sich noch [...] im ersten Stadium der Fremdheitspubertät [... Er] kann Englisch lernen, amerikanischer Bürger werden, sich einleben [...] – das bleibt alles dünner Firnis bei ihm, es ist bloß Selbsttäuschung. (FM, 107–108)

Die Figur, die diese Erkenntnis in Grafs Text formuliert hat, begeht Selbstmord. Es wirkt, als sei diese Passage aus Anders' Aufzeichnungen entnommen oder umgekehrt – es zeigt sich darin ein Generationszug, den beide Autoren aus der Erfahrung ihres New Yorker Exils heraus beschreiben: Im Zeichen des Provisorischen war das Leben der Wartenden ein „Intermezzo", das durch eine ständige Vorbereitung für ein „Übermorgen" begleitet war (E, 25). Und so schreibt auch Graf über das diasporische Dasein:

> Der Diasporit war gewissermaßen schon längst vergangenheitslos, er stand auch nicht in der Zeit und Umwelt der allgemeinen Gegenwart, er fühlte beständig, dass er sich in einem Zustand des Provisorischen befand, und gerade deswegen sein unruhiges Darüberhinausdenken, sein grenzenloses Hineinplanen in eine fiktive private oder allgemeine Menschenzukunft. (FM, 384)

Dieses Gefühl des Provisorischen ging einher – so Anders und so auch die Erkenntnis der Figur in Grafs Text, die an dieser Situation zerbricht und Selbstmord begeht,– mit einem „völlig *ungültige[n] Leben*" (E, 25, Herv. i. O.).

Mit Grafs Protagonisten begegnen die Leser:innen einer Figur, die nicht sehr sympathisch gezeichnet wird: Ling hat seine Frau und sein Kind zurückgelassen und ist ohne sie geflohen, bringt kaum Gefühle für seine Mitmenschen auf, ist wenig empathisch und stark auf sich selbst und seine eigenen Probleme fokussiert. So heißt es

---

20 Vgl. auch Thorsten W. Leine: Oskar Maria Graf: Die Flucht ins Mittelmäßige. Ein New Yorker Roman. In: Bettina Bannasch u. Gerhild Rochus (Hg.): Handbuch der deutschsprachigen Exilliteratur. Von Heinrich Heine bis Herta Müller. Berlin u. a. 2013, S. 314–321, hier S. 316. Leine schreibt zum Verständnis der Diaspora in Grafs Roman: „Angelehnt an die Tradition der jüdischen Diaspora, markiert die Bezeichnung im Kontext des Romans den Übergang von einem zeitlich begrenzten Exil (1933–1945) zu einer dauerhaften Existenz in einem fremden Kulturraum." (S. 316).

im Text über ihn: „Seit jeher stand er anderen Menschen völlig lieblos und gleichgültig gegenüber. [...] nichts von ihrem Wesen rührte ihn innerlich an, wenn er auch stets den Mitbeteiligten spielte" (FM, 185). Trägt er diesen Charakterzug auch bereits vor seinem Exil, so wird deutlich, dass sich seine innere Haltung durch das Exil verstärkt hat, denn hier blieb ihm aus Mangel an Zeitvertreib nur noch die Literatur, deren „fremde Gefühle" ihn auch früher schon als einzige zu berühren vermögen. Deshalb kommt ihm das Gefühl, als habe sich durch das Exil für ihn nichts verändert; seine „grauenhafte Lieblosigkeit" und seine fast ans „Unmenschliche grenzende Unempfindlichkeit jedem fremden Schicksal gegenüber" versucht er auch hier durch sein schauspielerisches Talent zu verbergen (FM, 148–149); seine „Spiel-Form" der Gefühle aber lässt sich im Exil nicht mehr halten und die Gleichgültigkeit gegenüber seiner Zeit wird im Text demaskiert (vgl. etwa FM, 209–210). Graf entwickelt mit Ling einen Protagonisten, der Anders' Beobachtung unterläuft, indem er eitel ist und danach strebt, außergewöhnlich und besonders zu sein. Mit der Zeit aber zeichnet sich eine Veränderung ab, insofern Ling ein Leben im Mittelmaß anzustreben beginnt. Er möchte ein "mittelmäßiger Mensch" sein (FM, 256) und entflieht dafür schließlich wieder seiner im Exil aufgebauten Beziehungen in die Diaspora.

Auch in Grafs Roman ist es die Liebe und Unfähigkeit zu menschlichen Beziehungen, über die das Dasein in der Diaspora reflektiert wird, indem Graf einen lieblosen Menschen entwirft, der der Menschheit zu entsagen beginnt und sich mehr und mehr von ihr entfremdet; Liebesbeziehungen geht er nur zeitweise ein und löst sich frühzeitig aus ihnen, was für die Frauen ihm gegenüber unverständlich erscheint. Eine Schriftstellerfigur, die in Grafs Roman eigens einen Roman über Ling schreibt (es ist, als läsen wir diesen im Roman geschriebenen Roman), stellt fest – und auch Ling erkennt sich in den Worten wieder –, dass weniger in der Emigration, sondern vielmehr im Nationalsozialismus selbst der Grund für Gefühle von Entfremdung, Angst, Unsicherheit und Furcht liegt:

> Unsre beste Lebenszeit hat uns die Hitlerei gestohlen, ganz gleich ob im KZ oder sonstwie [...] Heraus sind wir aus ihr [...] *Das* hat uns fremd gemacht, nicht die Emigration! [...] Keiner gehört mehr zum andern. Jeder ist ein Leerlauf für sich [...]. Diaspora? [...] Nicht entwurzelt und zerstreut sind wir, fremd, fremd ist einer dem andern, fremd! Angst und Furcht und Unsicherheit machen uns verlogen, weil sie natürlich keiner zeigt. (FM, 320–321)

Das Fallen aus der Zeit hat zu Entfremdung geführt; die wahren Gefühle werden nicht gezeigt. Es ist die Gefahr einer „radikale[n] Vereinzelung",[21] ein Alleinsein im Kollektiv und eine Demaskierung von Gefühlen, die die Schriftstellerfigur hier beschreibt. In Referenz auf eine Strophe von Oskar Wilde („Denn jeder tötet, was er liebt"), reflektiert eine enge Freundin Lings, ob man anders liebt, wenn man

---

21 Leine: Oskar Maria Graf, S. 317.

keiner Nationalität mehr angehört. Auch Wilde hat, wie die Figuren feststellen, in der Diaspora gelebt. Grafs Text gibt keine eindeutige Antwort, aber mit Lings in die Einsamkeit und dem Zurückbleiben der Frau, die ihn verzweifelt geliebt hat, zumindest eine Tendenz: „[...] Liebt man denn als Amerikaner, Engländer, Franzose, Russe oder Deutscher anders als wir, die alles das nicht mehr sind?' [...] ‚Vielleicht!'" (FM, 515–516)

4 Ein fruchtbares, furchtbares Jahrhundert. Konrad Merz: *Der Mann ohne P.* und *Liebeskunst für Greise*

Konrad Merz erschreibt über den Diskurs um den Verlust von Liebesfähigkeit eine Hoffnung auf ein neues Jahrhundert, die sich durch eine Verbindung aus Liebe und Kunst vermittelt. Im Deutschen Literaturarchiv Marbach befindet sich mit *Der Mann ohne P.*, ein Manuskript, das das 20. Jahrhundert beschließt und in das neue Jahrtausend einleitet. Es stellt vermutlich den letzten Roman von Merz dar, dessen Erstlingswerk *Ein Mensch fällt aus Deutschland* von 1936 zu den ersten Texten gehört, die die Erfahrung des NS-Exils verarbeiten. Bezeichnenderweise reflektiert Merz die NS-Zeit und ihre Folgen in seinem späten Manuskript ebenfalls in Bezug auf Liebe sowie ihren Verlust. Er erzählt darin von einem Souffleur namens Penalty, der die Shoah (wie Drachs Protagonist knapp) überlebt hat, weil er sich zunächst auf einem Friedhof verstecken und von dort ins niederländische Exil fliehen konnte. Etwa 30 Jahre später erhält er auf seinem 65. Geburtstag einen Brief von seinem Arzt, in dem steht, er sei der Mann ohne P.[22] Um dieses P. und die Suche nach ihm dreht sich die folgende Handlung.

Für die Darstellung der Gefühlsverschiebung ist entscheidend, dass immer wieder auf die Impotenz Penaltys angespielt wird (vgl. z. B. 24–25), über die sein verlorener Seinsbeweis zum Ausdruck gebracht wird. Das Gefühl, lebendig tot zu sein, drückt sich hier insbesondere körperlich und auch in Bezug auf die Emotion der Liebe aus. So fragt etwa sein Arzt: „ist denn das noch Leben [...] ohne Zeugnis, ohne Zeugen seiner Zeugungskraft?" Ohne P. verneige er sich „vor dem Finale aller Männlichkeit auf Erden, vor dem Amen jedes Mannes, vor der Pleite jedes Herrn, vor dem Tode der Gegenwart." (MP, 26–27) Penaltys Vater ist im Ersten Weltkrieg gestorben, seine Mutter ist der Shoah zum Opfer gefallen (vgl. MP, 65). Es gibt niemanden

---

[22] Vgl. Konrad Merz: Der Mann ohne P. S. 7 (Manuskript im Teilnachlass des DLA Marbach, A: Merz, Konrad). Im Folgenden zitiert unter der Sigle MP.

mehr, der ihn bezeugt und ohne Zeugen seiner selbst ist auch seine Zeugungskraft verloren. Seiner Vergangenheit beraubt, ist ihm damit ebenfalls eine Zukunft verwehrt. Auch hier deutet sich die von Anders beschriebene fehlende Lebenserlaubnis eines Menschen an, der nicht mehr gesehen und gehört wird. Wenn Anders mit Bezug auf Descartes formuliert, dass es für das eigene Dasein jemanden braucht, der an einen denkt – „man denkt an mich, also bin ich" – und beobachtet, dass dieser Seinsbeweis im Exil verlorengegangen ist und die Menschen zu Luft hat werden lassen (E, 18–19), dann wird mit Merz' Text und seinem Verweis auf das fehlende Zeugnis deutlich, dass Anders' Umformulierung im Exil zu einer negativen Umkehr wurde: Niemand denkt an ihn, also ist er nicht.

Der gesamte Text changiert, ähnlich wie bei Drach, auf der Grenze zwischen Leben und Tod, zwischen realer und theatraler Welt. Penaltys Flucht vom Friedhof ins niederländische Exil wird in intertextueller Referenz auf ein Gedicht von Heinrich Heine beschrieben, dessen Stimme ihn gewarnt und zur Flucht bewegt hat. Darin heißt es: „„Schattenküsse, Schattenliebe, / Schattenleben [...] Was wir lieblich fest besessen / Schwindet hin, wie Träumerein, / Und die Herzen, die vergessen, / Und die Augen schlafen ein."" (MP, 68–69) Penalty ist, so ließe sich in Verbindung mit den vorherigen Ausführungen deuten, nur noch ein Schatten seiner selbst. Liebe und Leben werden zu Schatten von Gewesenem und gehen verloren. Nichts wird bleiben, wie es war – alles ist der Veränderung unterlegen. So ist auch seine Beziehung zu einer Schauspielstudentin, die Penalty in seinem Versteck auf dem Friedhof geholfen hat – zunächst in der Rolle Gretchens später in der Minna von Barnhelms – eine andere als sie 30 Jahre später zu Penalty nach Amsterdam kommt, für den seine Liebe zu ihr bisher nur ein Traum war. Über den Bezug zum Theater wird auch hier der realen Wirklichkeit eine theatrale an die Seite gestellt und auf das Erleben des (Nach-)Exils als ein Moment des Unwirklichen und des lebendigen Todes verwiesen. Dabei verschwimmen theatrale und reale (Text)Welt immer mehr – auch weil über die Suche nach P. die Kunst in Vergangenheit, Gegenwart und Zukunft verhandelt wird.

Merz stellt das Schicksal Penaltys um sein verlorenes P. nicht als individuelles Einzelphänomen dar, sondern als symptomatisch für seine Epoche. So heißt es im Text: „wer weiß, ob der Skandal unserer Historiker um die Jahrhundertwende sich nicht auch um das weggelaufene P. aus Penaltys Hose handelte." (MP, 26) Die Impotenz verweist auf die Menschenrechtsverletzung und massenhafte Vernichtung von Menschenleben; auf die vernichtete Genealogie in Vergangenheit und Gegenwart durch die Shoah, die auch bei Drach mit dem tragisch ironischen Verweis auf die genommene Fortpflanzungsmöglichkeit durch das Verbrechen gegen die Menschlichkeit angeklungen ist. Sie figuriert den Verlust der Kunst im Angesicht der Shoah, der mit dem Tod verwoben ist. So stellt sich am Ende kurz vor seinem Tod heraus: „Der Mann ohne P. das ist der Mann ohne Poesie!" (MP, 81)

Mit dem Eunuchen als männliches Geschlecht, das kastriert wurde, wird die Zukunftsfähigkeit der Kunst befragt und in Frage gestellt: „Die Zukunft unserer Kunst ist vielleicht ein Eunuch." (MP, 79) Die Kunst ist möglicherweise nicht mehr zeugungsfähig, kann nichts (Neues) mehr auf die Welt bringen. Für Penalty ist eine Existenz und ein Liebesleben mit Minna nicht mehr möglich; in seiner Verbindung zu ihr aber verschmelzen die Zeiten aus Vergangenheit und Gegenwart: „Du bist schon nächstes Jahrhundert. Ich bleib in diesem vom nicht-mehr-existierenden Menschen". (MP, 79) Über das Theater als zweite Wirklichkeitsebene formuliert der Text eine Hoffnung auf eine Zukunft, die durch ihre Verbindung zum Ausdruck kommt. So spricht Penalty seine letzten Worte vor seinem Tod mit dem Atem Minnas:

> Du Tochter Lessings, ich glaube an die Frau, [...] die uns aus diesem Jahrhundertbad von ausgeschultertem Menschenblut / schleppen wird in ihr nächstes Jahrhundert [...] Unsere Kunst wird keine neue Welt mehr auf die Welt bringen, meinst du nicht auch? (MP, 81)

Im Gesagten vermitteln sich Ende und Anfang, Tod und Leben, das die Figuren verkörpern und das sich in ihrer Nähe (dem Aufgehen im Anderen) verbindet. Es ist ein Denken vom Anderen aus, eine Verantwortung für den Anderen, die Merz in Referenz auf Emmanuel Levinas' Ethik nach Auschwitz und seinen Humanismus[23] mittels dieser besonderen Liebesbeziehung zwischen Fiktion und Realität, zwischen der Nachfahrin der Dramatiker und einem Souffleur, erzählt, in dem sich die Hoffnung auf ein neues Jahrhundert vermittelt.

Merz selbst verbindet die Hoffnung auf ein neues Europa mit dem Gedanken, dass „die Geburt des Romans der deutschen Geschichte [...] noch gar nicht tot ist".[24] Den Versuch eines solchen Romans stellt nicht nur sein vermutlich letztes Manuskript, sondern auch sein Roman *Liebeskunst für Greise. Memoiren unseres Jahrhunderts* dar. In seiner Rede, die Merz 1992 im Rahmen der Berliner Festspiele gehalten hat, sagt er über diesen Roman, dass er eine „erotische Variante [sei] neu zwischen den Geschlechtern, eine Freude ohne Freud. Die Frau neu seit Eva, die Frau neu zur

---

23 Vgl. MP, 31–33. Merz' Souffleur nimmt hier direkt auf Levinas Bezug. Vgl. auch Emmanuel Lévinas: Jenseits des Seins oder Anders als Sein geschieht. Aus dem Franz. v. Thomas Wiemer. Freiburg u. a. 1992, insbes. S. 40; 52; 301. Merz nimmt in seinen Texten nicht nur direkte Bezüge zu Levinas' Ethik vor, sondern mit der Figur des Boxers und der Tänzerin etwa auch motivische. Vgl. Konrad Merz: Liebeskunst für Greise. Berlin u. a. 1992, S. 57; 101. Im Folgenden zitiert unter der Sigle LfG. Vgl. auch Emmanuel Lévinas: Ausweg aus dem Sein. De l'évasion. Übersetzt, mit einer Einleitung und Anmerkungen hg. v. Alexander Chucholowski. Hamburg 2005, S. 43.
24 Konrad Merz: „Ein Mensch fällt aus Deutschland". Vom Alexanderplatz nach Amsterdam. Zur Einführung liest Walter Schmidinger. „Berliner Lektion" am 29. März 1992. In: „Berliner Lektionen" 1992. Gütersloh 1993, S. 50–69, hier S. 60.

Erneuerung der Gattung."²⁵ Wie in *Der Mann ohne P.* formuliert sich auch in diesem Roman die Hoffnung auf eine Erneuerung von Liebe und Menschheit, eine „Erneuerung der Gefühle und der Wahrnehmung" im nächsten Jahrtausend. (LfG, 152) Es treten darin Figuren auf, deren Geschlechtsidentitäten zum Teil fluid und queer sind. Anders stellt mit Bezug auf Heines *Der Doktor Faust* und die darin aufgeworfene Aussage „‚–Seid ihr Männer oder Weiber? – Wir haben kein Geschlecht" fest, dass die gleiche Antwort für die in seiner Zeit aufkommenden Begriffe wie „Ich", „Leben", „Subjekt", „Dasein" gegeben werden könnte, allerdings kritisiert er, dass implizit alle Subjekte männlichen Geschlechts seien (LG, 73). Merz' Greis:innen tragen mehrere Geschlechter zugleich, sind im Traum zum Teil sogar körperlos – auch hier verschwimmen Leben, Tod, Traum und Realität ineinander und erzeugen verschiedene Wirklichkeitsebenen, die miteinander verwoben sind. Die Greis:innen erscheinen – wie es Anders' im Zuge seiner Pubertäts-Diagnose feststellt – zugleich greisenhaft und jung (vgl. E, 25). Es handelt sich, so wird im Text immer wieder betont, um eine Zeit der Widersprüche und so heißt es – hier wird die von Anders beschriebene Art der Pubertät hoffnungsvoll umgekehrt – über das Greisentum, es sei „ein bisher noch nicht entdecktes Stadium der Pubertät", keine „zu späte Pubertät", sondern „eine neue, früher nicht entdeckte *Produktivität*." (LfG, 94) Viele der Greis:innen, so heißt es zu Beginn im Text, der in einer Reklame-Agentur spielt, haben im Laufe der Zeit vergessen, „zu lachen, zu lächeln, zu träumen, zu trauern oder auf sonstige Art nicht geboren zu bleiben". (LfG, 9–10) Treten mit diesen abwesenden Gefühlsausdrücken ähnliche auf, wie in Drachs und Grafs Texten, so zeigt sich auch hier, dass mit ihrem Verlust das Leben dem Tod gleicht. Es sind die Gesichter der Ausgelöschten und Vernichteten, der Ausgeschlossenen und Vergessenen, die im Text aus ihren Fotografien heraus wiederbelebt und erinnert werden (vgl. LfG, 24) und die sich zwischen den Zeiten, zwischen Leben und Tod vereinigen sollen für eine hoffnungsvolle Zukunft: „ehemalige Fotos und zukünftige Großeltern aller Völker vereinigt euch!, damit der Kuß auf Erden keine Fremdsprache mehr spricht, damit der alte Mensch eines neuen Wesens würdig wird". (LfG, 41)

Mit dem Jahrhundert wird eine Verbindung mit dem anderen Geschlecht im eigenen (zum Teil fiktiven und körperlosen) Leib proklamiert, indem sich Mann und Frau zu einem vereinen, und es folgt die Abrechnung mit dem Jahrhundert, ob dieses fruchtbar, furchtbar oder beides ist (vgl. LfG, 155). Es bleibt die Hoffnung aus einem furchtbaren in ein fruchtbares zu überführen, die sich in der Liebe – ihrem Verlust wie in der Belebung durch den Anderen – vermittelt sieht: „Das allertypischste im Leben ist das Leid, und das allertypischste in der Liebe ist das Wieder-

---

25 Merz: „Ein Mensch fällt aus Deutschland". Vom Alexanderplatz nach Amsterdam, S. 64.

erkennen des andern in der Überwindung des Leids". (LfG, 110) Es ist auch hier ein Denken vom Anderen aus, das sich in der *Liebeskunst für Greise* vermittelt.

Am Ende des Romans wird das Schreiben selbstreferenziell reflektiert. Die Kunst versetzt:

> nicht mehr in Entzücken, nun sogar in Trauer. Glauben Sie, daß Ihre europäische Kunst nach den Beweisen von deren Impotenz sich vielleicht woanders ein Kind machen lassen kann [...] Schreiben Sie auf, woher Sie die Chuzpe genommen haben weiterzuleben, glücklich weiterzuleben und zu lieben und zu leiben, obwohl Sie doch [...] gewußt haben, daß Sie millionenmal ermordet sind. (LfG, 176–177)

Vielleicht ist *Der Mann ohne P.* dieses Aufgeschriebene, das im Ende der Kunst zugleich die Hoffnung auf einen neuen Anfang formuliert, in und mit der (Liebes-)Verbindung von Realität und Fiktion, von Leben und Kunst.

5 Lieben gestern, heute, morgen. Fazit

Anders war es ein besonderes Anliegen, dass niemand angemessene Aussagen über die Gefühle seiner Schicksalsgenossen, wie er sie in seinen Tagebuchaufzeichnungen beschreibt, treffen könnte außer den Betroffenen selbst, die zudem allein das Recht dazu hätten (vgl. E, 42). Deshalb erscheint es bedeutsam, die Texte selbst sprechen zu lassen. Mit seinen Tagebuchaufzeichnungen verfolgt Anders insbesondere auch das Affektziel, seine Zeitgenossen zum Umdenken zu *bewegen* und zur Veränderung des Fühlens angesichts der rasanten technischen Entwicklungen, insbesondere in Anbetracht der Atombombe, anzuregen – wenn eine Veränderung der Gefühle auch eines längeren Zeitraums bedarf (vgl. LG, 8–10). Auch die literarischen Texte sind bewegend und bewegen zum Umdenken. Trotz unterschiedlicher Fluchterfahrungen und Zufluchtsorte – den USA, Frankreich und den Niederlanden – ist den literarischen Texten gemein, dass in ihnen Protagonisten mit einer gewissen Art von Gefühllosigkeit oder -unfähigkeit entworfen werden, was aber keineswegs bedeutet, dass sie gefühl- und emotionslos sind. Im Gegenteil verhandeln die Texte über diese Charakterzüge insbesondere Gefühle wie die Liebe und zugleich ihren Verlust, der auch hier zum Teil als symptomatisch für das Jahrhundert herausgestellt wird. Dabei zeigt sich auch in den literarischen Texten das von Finci-Pocrnja für Anders' Werk und die Exilliteratur im Allgemeinen als charakteristisch herausgearbeitete „Gefühl der Gefährdung der Welt und alles Humanen".[26]

---

[26] Javorka Finci-Pocrnja: „Der Schriftsteller-Philosoph im Exil. Zum Stil von Günther Anders' Schriften anhand von ausgewählten tagebuchartigen Aufzeichnungen". Wien 2015, S. 280.

Gleichwohl es umstritten ist, ob Emotionen etwa ein universales, ein historisches oder psychologisches Phänomen sind,[27] scheinen Anders' Aufzeichnungen – wie die gemeinsame Lektüre der literarischen Texte und ihre Parallelen wie auch Erweiterungen deutlich zeigen – Generationszüge und charakteristische Gefühle seiner Zeit zu beinhalten – wobei zu betonen ist, dass es sich stets um sprachliche „Repräsentationen von Gefühlen" im Medium von Philosophie und Literatur handelt.[28] Zu bedenken bleibt zudem, dass die Zusammenschau an Texten, wie sie hier erfolgt ist, nur als Teil einer Gefühlsgeschichte des Exils im 20. Jahrhundert verstanden werden kann. Anders weist darauf hin, dass Philosophie anders geschrieben worden wäre, wenn sie aus der Perspektive von Frauen verfasst worden wäre. Zum Beispiel wäre der Weltbegriff, wie er schreibt, sicher ein anderer (vgl. LG, 75–76). Und so würden auch diese mit Bezug auf vier Schriftsteller und Philosophen herausgestellten Gefühle sicher ergänzt, bezöge man andere Texte und weibliche Stimmen ein.[29]

Für Anders', Drachs, Grafs und Merz' Texte lässt sich festhalten, dass sie sich vor dem Hintergrund von Shoah und Exil sowie dem Zeitalter der Atombombe über die exemplarisch zitierten Textstellen hinaus intensiv mit Liebe, ihrem Verlust, mit Gefühlen und ihren erzwungenen Verschiebungen wie auch ihren Leerstellen auseinandersetzen und diese in Referenz auf das Scheitern und die gleichzeitige Hoffnung in die Kunst vermitteln. Ihre Figurationen der Liebe werden zu einer Chiffre für den charakteristischen Gefühlsverlust in ihrer Zeit, für die Unfähigkeit zu Gefühlen im Angesicht menschenrechtsverletzender Tode und für die Hoffnung auf eine humane Zukunft.

Literaturverzeichnis

Anders, Günther: Die Antiquiertheit des Menschen [1956]. Erster Band: Über die Seele im Zeitalter der zweiten industriellen Revolution. 5. Aufl. München 1980.
Anders, Günther: Mensch ohne Welt. Schriften zur Kunst und Literatur. München 1984.
Anders, Günther: Lied der Untreuen [1943]. In: Ders.: Tagebücher und Gedichte. München 1985.
Anders, Günther: Über Gedichte. In: Ders.: Tagebücher und Gedichte. München 1985, S. 269–273.
Anders, Günther: Lieben gestern. Notizen zur Geschichte des Fühlens. München 1986.
Anders, Günther: Der Emigrant [1962]. München 2021.

---

[27] Die Liste ist beliebig verlängerbar. Vgl. Susanne Knaller: Emotions and the Process of Writing, S. 20.
[28] Benthien, Fleig, Kasten: Einleitung, S. 9.
[29] Zur Bedeutung gendertheoretischer Konzeptualisierungen vgl. Benthien, Fleig, Kasten: Einleitung, S. 9–10.

Benthien, Claudia; Fleig, Anne; Kasten, Ingrid: Einleitung. In: Dies. (Hg.): Emotionalität. Zur Geschichte der Gefühle. Köln 2000, S. 7–20.

Drach, Albert: Unsentimentale Reise. Ein Bericht. München 1988.

Graf, Oskar Maria: Die Flucht ins Mittelmäßige. Ein New Yorker Roman [1959]. Frankfurt am Main 1985.

Finci-Pocrnja, Javorka: „Der Schriftsteller-Philosoph im Exil. Zum Stil von Günther Anders' Schriften anhand von ausgewählten tagebuchartigen Aufzeichnungen". Wien 2015.

Grosser, Florian: „Man denkt an mich, also bin ich". Günther Anders über Emigration und die Gefahr von Selbst- und Weltverlust. In: Günther Anders: Der Emigrant. Mit einem Nachwort von Florian Grosser. München 2021, S. 53–86.

Haagdorens, Liesbeth: Displacements of Exile in Albert Drach's Novel *Unsentimentale Reise*. In: Alexander Stephan (Hg.): Exile and Otherness. New Approaches to the Experience of the Nazi Refugees. Bern 2005, S. 249–268.

Kirchstein, Daniela: Flucht als literatur- und kulturwissenschaftliches Problem: Albert Drachs Unsentimentale Reise. In: Zagreber Germanistische Beiträge 24 (2015), S. 257–276.

Knaller, Susanne: Emotions and the Process of Writing. In: Ingeborg Jandl, Susanne Knaller, Sabine Schönfellner, Gudrun Tockner (Hg.): Writing Emotions. Theoretical concepts and selected case studies in literature. Bielefeld 2017, S. 17–28.

Leine, Thorsten W.: Oskar Maria Graf: Die Flucht ins Mittelmäßige. Ein New Yorker Roman. In: Bettina Bannasch u. Gerhild Rochus (Hg.): Handbuch der deutschsprachigen Exilliteratur. Von Heinrich Heine bis Herta Müller. Berlin u. a. 2013, S. 314–321.

Lévinas, Emmanuel: Jenseits des Seins oder Anders als Sein geschieht. Aus dem Franz. v. Thomas Wiemer. Freiburg u. a. 1992.

Lévinas, Emmanuel: Ausweg aus dem Sein. De l'évasion Übersetzt, mit einer Einleitung und Anmerkungen hg. v. Alexander Chucholowski. Hamburg 2005.

Merz, Konrad: Liebeskunst für Greise. Berlin u. a. 1992.

Merz, Konrad: „Ein Mensch fällt aus Deutschland". Vom Alexanderplatz nach Amsterdam. Zur Einführung liest Walter Schmidinger. „Berliner Lektion" am 29. März 1992. In: „Berliner Lektionen" 1992. Gütersloh 1993, S. 50–69.

Merz, Konrad: Der Mann ohne P. (Manuskript im Teilnachlass des DLA Marbach, A:Merz, Konrad)

Schmidt-Dengler, Wendelin: „Hoch die Metapher! Hoch unsere Verdrängungen!" – Zu Günther Anders' „Lieben gestern". In: Konrad Paul Liessmann (Hg.): Günther Anders kontrovers. München 1992, S. 138–152.

Swiderski, Carla: Der Mensch spiegelt sich im Blick der Tiere. Auflösung und Neudefinition des Menschen in der Exilliteratur. Berlin 2023.

Wulf, Philipp: „Aber Tote weinen nicht". Komisches Schreiben im Nachexil bei Alfred Polgar, Albert Drach und Georg Kreisler. Berlin 2020.

III **Emotionen in weiteren Konstellationen von Exil und Migration**

Jobst Welge
Miguel de Unamuno im Exil. Emotion und Universalisierung

In der spanischen Literatur des 20. Jahrhunderts spielt die Kondition und die Thematik des Exils naturgemäß eine große Rolle, namentlich im Zusammenhang mit den Verwerfungen des Spanischen Bürgerkriegs. Vergleichsweise weniger bekannt ist heute dagegen, zumal im internationalen Kontext, die Exilerfahrung des Schriftstellers Miguel de Unamuno (1864–1936). 1924 wurde Unamuno auf die Kanarischen Inseln, nach Fuerteventura, verbannt, als Bestrafung für seine Kritik an der Diktatur von Primo de Rivera (1924–1930). Dieser hatte es mit dem Wohlwollen des Königs Alfons XIII. unternommen, nach dem Vorbild von Mussolinis „Marsch auf Rom" (1922) eine Militärregierung, beziehungsweise einen korporativen Staat zu gründen (1923–1925), und dabei die Cortes und die Konstitution von 1876 aufzulösen. Prinzipieller Widerstand zum Regime kam vor allem von Seiten der Intellektuellen und aus dem universitären Milieu, wobei Unamuno hier oft als entscheidendes Vorbild und als aktiver Anreger der jungen Generationen fungierte, mit denen er auch zur Zeit seines Exils in engem Austausch stand.[1]

Unamunos kritische Auseinandersetzung mit der Monarchie und sein Eintreten für eine Landreform hatten bereits 1914 zu seiner Enthebung vom Posten des Rektors der Universität von Salamanca geführt, was ihn in den Folgejahren nur noch mehr dazu motivierte, gegen die Monarchie und Primo de Rivera immer wieder kritische Artikel in Zeitungen zu veröffentlichen, bis er schließlich am 12.3.1924 auch seiner Professur für Gräzistik enthoben und nach Fuerteventura verbannt wurde. Die wenige Monate später erfolgte Flucht hatte offenbar eher einen propagandistischen Effekt, da er einige Tage zuvor bereits eine offizielle Amnestie erhalten hatte.[2] Bei seinem nunmehr freiwilligen Exil unterstützt durch M. Henry Dumay, den Direktor der Zeitung *Le Quotidien*, bestieg er das Dampfschiff *Zeelandia* Richtung Frankreich.[3] Nach dreizehn Monaten Aufenthalt in Paris siedelt er 1925 schließlich nach Hendaye, nahe der spanischen Grenze, über, wo er bis

---
[1] William D. Phillips, Jr. und Carla Rahn Philips: A Concise History of Spain. Cambridge 2010, S. 241–243; Leslie J. Harkema: Spanish Modernism and the Poetics of Youth. From Miguel de Unamuno to *La Joven Literatura*. Toronto 2017, S. 142–144.
[2] Eduardo González Carreja: Miguel de Unamuno, entre la conspiración y la denuncia antidictatorial. In: Ders. und Isabelle Larriba (Hg.): Les Intellectuels Espagnols en temps des crise XIX-XX siècle. Aix-en-Provence 2021, S. 189–207, hier S. 190.
[3] Teresa Gómez Trueba: Introducción. In: Miguel de Unamuno, Como se hace una novela. Madrid 2009, S. 23.

zum Fall der Diktatur im Februar 1930 bleiben wird, um dann schließlich nach Spanien zurückzukehren.

Viele der zentralen Figuren des intellektuellen und literarischen Exils während der frühen Franco-Jahre, darunter zum Beispiel die Philosophin María Zambrano oder der Schriftsteller Max Aub, beziehen sich in ihren Texten der 1940er Jahre auf das Vorbild, die präfigurierende Rolle von Unamuno—etwa mit Blick auf seine Beurteilung der Rolle des (exilierten) Intellektuellen oder des Verhältnisses zwischen Rationalität und Affekt.[4] Trotz dieser Rolle als Vorbild und obwohl Unamuno heute weithin als einer der wichtigsten spanischen Autoren der klassischen Moderne gilt (insbesondere wegen seines Romans *Niebla* [1914]), ist seine eigene (relativ kurze) Exilerfahrung in der kritischen Literatur vergleichsweise wenig diskutiert oder im Bewusstsein präsent.[5]

Die Umstände eines teilweise freiwilligen Exils Unamunos deuten bereits darauf hin, dass es hier auch um eine gewisse Selbststilisierung des Autors ging, das Annehmen einer ‚Rolle'—so wird es Unamuno dann später selber beschreiben.[6] Die verschiedenen Abstufungen und Differenzen innerhalb des Exils (Fuerteventura, Paris, Hendaye) geben Unamuno die Möglichkeit, grundsätzlich über sein affektives Verhältnis zur Heimat Spanien und das Problem der kulturellen Zugehörigkeit zu reflektieren. Im Folgenden möchte ich verdeutlichen, inwieweit die konkreten Umstände und Exil-Orte jeweils Anlass geben zu einer Tendenz, die Kondition des Exils zu universalisieren. Die mit dem Exil verbundenen Emotionen, so versuche ich zu zeigen, bewegen sich in einem Spannungsfeld von Innerem und Äußerem, zwischen spiritueller Innerlichkeit und nach außen gewendeter Reflexion. Indem ich dabei neben den philosophischen Essays Beispiele aus der Lyrik (*De Fuerteventura a París*, 1925; *Romancero del destierro*, 1928) und einen auto-fiktionalen Anti-Roman (*Como se hace una novela*, 1925/27) heranziehe, wird zugleich die spezifische Ästhetik deutlich, die zwischen später Romantik (in der Lyrik) und klassischer Moderne (im Roman) angesiedelt ist. Diese Texte lassen sich als Teil einer „selbst-reflexiven Autobiografie" verstehen, insofern die Erinnerungen an das Erlebte und an den Moment

---

4 Luis Martín-Estudillo: The Rise of Euroskepticism. Europe and Its Critics in Spanish Culture. Nashville, TN 2018, S. 31; Mario Martín Guijón: Un segundo destierro: la sombra de Unamuno en el exilio español. Madrid, Frankfurt am Main 2018, S. 13–18; Daniel Aguirre-Oteiza: This Ghostly Poetry. History and Memory of Exiled Spanish Republican Poets. Toronto 2020, S. 222, 228, 248.
5 Martín-Estudillo: The Rise of Euroskepticism, S. 38: „Nowadays one rarely thinks of Unamuno as an example of exile."
6 Unamuno: Como se hace, S. 157.

der literarischen Aufzeichnung immer auch die Dimension des emotionalen Erlebens umfassen.[7]

1 Essays: Tragisches Lebensgefühl und Agonie

Zunächst möchte ich die zentrale Bedeutung von Emotionen für Unamunos philosophische Essays hervorheben. Ein zentrales Thema der sogenannten 98er Generation, zu der Unamuno gerechnet wird, ist die Frage der Modernisierungsproblematik im ‚peripheren' Spanien. Hierbei nahm Unamuno eine insgesamt zwischen Spanien und Europa vermittelnde Position ein.[8] Zunehmend wurde seine Position jedoch Europa-skeptisch, insofern er die Dimension des Gefühls gegenüber dem mit Zentraleuropa assoziierten Paradigma der Ratio kontrapunktisch ins Recht setzen wollte. In einem seiner wichtigsten philosophischen Essays, *El sentimiento trágico de la vida* (Das tragische Lebensgefühl, 1913, also vor der Exilierung), zugleich seine ausführlichste Darlegung der Bedeutung von Emotionen, formuliert Unamuno, dass das moderne Wissenschaftsideal nicht auf die affektiven Bedürfnisse des Menschen zu antworten vermag:

> [...] la ciencia podrá satisfacer, y de hecho satisface en una medida creciente, nuestras crecientes necesidades lógicas o mentales, nuestro anhelo de saber y conocer la verdad, pero la ciencia no satisface nuestras necesidades afectivas y volitivas, nuestra hambre de inmortalidad, y lejos de satisfacerla, contradícela.[9]

> [(...) Die Wissenschaft mag unsere wachsenden logischen oder mentalen Bedürfnisse, unser Verlangen nach Wissen und Wahrheit, befriedigen und tut dies auch in zunehmendem Maße, aber sie befriedigt nicht unsere affektiven und willensmäßigen Bedürfnisse, unseren Hunger nach Unsterblichkeit, und sie widerspricht diesem Verlangen sogar.]

---

7 Vgl. die Definition von Christiane Struth: „It is typical of self-reflexive autobiographies that the autobiographical subject explicitly describes the moment of recall and its accompanying emotions, the 'here and now' of the discourse, the actual process of writing down his or her life, while reflecting on the interrelations between how something is remembered and what specifics triggered the memory in the first place;" Christiane Struth: 'Affects as Stabilizers of Memory?'. The Literary Representation of Emotion, Affect, and Feeling in Self-Reflexive Autobiographies". In: Devika Sharma und Fredrik Tygstrup (Hg.): Structures of Feeling. Affectivity and the Study of Culture. Berlin 2015, S. 129.
8 S. dazu ausführlich Anne Kraume: Das Europa der Literatur. Schriftsteller blicken auf den Kontinent 1815–1945. Berlin 2010, S. 45–152.
9 Miguel de Unamuno: Del sentimiento trágico de la vida y otros ensayos. Barcelona: Penguin 2020, S. 346. Soweit nicht anders angegeben, stammen alle Übersetzungen von mir (JW).

Weiterhin insistiert Unamuno, dass Emotionen nicht nur einen Gegensatz zur Ratio markieren, sondern dass sie letztlich jeder Form von echter Erkenntnis zugrunde liegen:

> ¿Será posible acaso un pensamiento puro, sin conciencia de sí, sin personalidad? ¿Cabe acaso pensamiento puro, sin sentimiento, sin esta especie de materialidad que el sentimiento le presta? ¿No se siente acaso el pensamiento, y se siente uno a sí mismo a la vez que se conoce y se quiere?[10]
>
> [Ist es möglich, einen reinen Gedanken zu haben, ohne Bewusstsein seiner selbst, ohne Persönlichkeit? Kann es einen reinen Gedanken geben ohne Gefühl, ohne die Art von Materialität, die das Gefühl ihm verleiht? Ist es nicht so, dass man den Gedanken und sich selbst fühlt, während man sich selbst kennt und liebt?].

Dieses Insistieren auf der Bedeutung des Fühlens ist für Unamuno die Konsequenz seiner Auseinandersetzung mit der Erkenntnisphilosophie beispielsweise von Descartes, der er eine Praxis der Weisheit gegenüberstellt, die seiner vitalistischen Konzeption des Menschen entspricht, der unhintergehbar aus „carne y hueso" [Fleisch und Knochen] bestehe.[11] Aus dieser Disposition wiederum entsteht das ‚tragische Lebensgefühl', das er in prototypischen (ausschließlich männlichen) Gestalten verkörpert sieht wie z. B. Marcus Aurelius, Rousseau, Leopardi, Kleist, Kierkegaard.[12]

Unamunos Essay *La agonía del cristianismo* [Die Agonie des Christentums], 1925 in Paris verfasst (und zunächst auf Französisch veröffentlicht), steht hingegen klar im Kontext des Exils. Der zentrale Begriff der Agonie, von griech. *agon*, wird dabei nicht nur im Sinne von ‚Todeskampf', sondern als ‚Kampf' schlechthin verstanden. Diese Erfahrung des inneren Kampfes wird hier sowohl als ‚inneres Erlebnis' als auch als Merkmal des Christentums und der spanischen Nation gedeutet. Im Schlusskapitel wird noch einmal hervorgehoben, dass *agon*/Agonie genau das Begriffsfeld ist, in dem sich das Innere und das Äußere, subjektive Religiosität und Krise der Nation, bzw. des Europas der Nachkriegszeit verbinden:

> Escribo esta conclusión fuera de mi patria, España, desgarrada por la más vergonzosa y estúpida tiranía, por la tiranía de la imbecilidad militarista; [...] y sintiendo en mí con la lucha civil la religiosa. La agonía de mi patria, que se muere, ha removido en mi alma la agonía del cristianismo.[13]

---

10 Unamuno: Del sentimiento, S. 373.
11 S. dazu Nicolás Fernández-Medina: Life Embodied. The Promise of Vital Force in Spanish Modernity. Montreal & Kingston 2018, S. 238–239. Zum biblischen Kontext und zur Genese dieses Bildes bei Unamuno vgl. Robert Patrick Newcomb: Iberianism and Crisis. Spain and Portugal at the Turn of the Twentieth Century. Toronto 2018, S. 102–103.
12 Unamuno: Del sentimiento, S. 359.
13 Unamuno: Del sentimiento, S. 693.

[Ich schreibe diese Schlussfolgerung außerhalb meines Heimatlandes, Spanien, das von der schändlichsten und dümmsten Tyrannei, von der Tyrannei des militaristischen Schwachsinns zerrissen wird; [...] und fühle in mir mit dem zivilen Kampf den religiösen. Die Agonie meines sterbenden Heimatlandes hat in meiner Seele die Agonie des Christentums geweckt.]

Die anaphorische Verwendung von „siento" [ich fühle] in diesem Zusammenhang[14] unterstreicht die affektive Dimension der diagnostizierten Krisen und Kämpfe.

2 Lyrik: Orte und Emotionen des Exils

Der Untertitel der unmittelbar nach der Verbannung begonnenen Gedichtsammlung *De Fuerteventura a París* [Von Fuerteventura nach Paris, 1925] macht bereits deutlich, dass es hier um den Zusammenhang zwischen subjektiven Gefühlen und poetischer Form geht: *Diario íntimo de confinamiento y exilio vertido en sonetos* [Intimes Tagebuch der Gefangenschaft und des Exils in Sonette gegossen]. Die Gedichte streben nach einer Vermittlung des Politischen und des Privaten, der ephemeren Aktualität und des gültigen Ausdrucks.[15] In seinem Vorwort zu dem Band bindet Unamuno seine Gedichte einerseits an das für ihn so wichtige Konzept der *Agonie*, andererseits handele es sich um tagesaktuelle Momentaufnahmen, gewissermaßen in Form gebrachte Gefühlsausbrüche:

> Así resulta este mi nuevo rosario de sonetos un diario íntimo de la vida íntima de mi destierro. En ellos se refleja toda la agonía—agonía quiere decir lucha—de mi alma de español y de Cristiano. Como todos los feché al hacerlos y conservo el diario de sucesos y de exterioridades que ahí llevaba, puedo fijar el momento de historia en que me brotó cada uno de ellos.[16]

---

14 "Siento la agonía del Cristo español [...]. Y siento la agonía de Europa" [Ich fühle die Qualen des spanischen Christus [...]. Und ich fühle die Agonie Europas] (Unamuno: Del sentimiento, S. 693).
15 So beschreibt es Anas Urrutia-Jordana: „The subtitle [...] confirms the intention of the author in crafting a book with three objectives: to chronicle the events of the day (much like a *diario* or newspaper would, if censorship were not a constant issue); to reflect both the mood and intimate thoughts triggered by particular moments; and to create a popular conscience by shaking the audience into action through the art of poetry". Ana Urrutia-Jordana: The Perversion of Genius: Unamuno's Exile and the Censors. In: Luis Álvarez-Castro (Hg.): Approaches to Teaching the Works of Miguel de Unamuno. Ed. Luis Álvarez-Castro. New York: The Modern Language Association of America, 2020, S. 78–92, hier S. 90.
16 Miguel de Unamuno: Poesía completa. Bd. 2. Madrid 1987, S. 260.

[Dies ist also mein neuer Rosenkranz aus Sonetten, ein intimes Tagebuch über das intime Leben im Exil. Sie spiegeln die ganze Agonie — Agonie bedeutet Kampf —meiner Seele als Spanier und als Christ wider. Da ich sie alle datiert habe, als ich sie schrieb, und da ich das Tagebuch der Ereignisse und Äußerlichkeiten, das ich dort führte, bewahre, kann ich den Moment in der Geschichte festlegen, in dem jedes einzelne von ihnen zu mir kam].

Wie bereits Jean Cassou in einer oft zitierten Bemerkung feststellte, sei Unamuno in seiner Eigenschaft als Dichter immer — im besten Sinne — Gelegenheitsdichter gewesen.[17] Im Vorwort äußert sich Unamuno auch zu der Frage, warum er für diese Form der Äußerungen überhaupt das Genre der Lyrik gewählt hat, namentlich die Form des Sonetts, die als besonders streng und konventionsgebunden gilt: „Es un medio de dar resistencia y permanencia a un pensamiento. Por otra parte, ¡qué intensidad de emoción no alcanza un sentimiento cuando se logra encerrarlo en un cuadro rígido, en una forma fija" [Es ist ein Mittel, um einem Gedanken Widerstand und Beständigkeit zu verleihen. Anderseits, welche Intensität von Emotion erreicht ein Gefühl nicht, wenn es ihm gelingt, es in einen strengen Rahmen, in eine feste Form einzuschließen.][18] Neben der auf den Diktator und den König gerichteten Indignation drückt sich in den Gedichten auch der innere Frieden aus, den er auf der Insel findet. In einem der Sonette (LXV), die sich auf die Zeit in Fuerteventura beziehen, vergleicht sich das lyrische Ich mit der Insel, sie wird mit einer Erfahrung des Göttlichen gleichgestellt, als positiv gesehener Rückzugsort gegenüber den Zumutungen der ‚Zivilisation':

> Raíces como tú en el Océano
> echó mi alma ya, Fuerteventura,
> De la cruel historia la amargura
> Me quitó cual si fuese con la mano.
>
> Toqué a su toque el insondable arcano
> que es la fuente de nuestra desventura
> y en sus olas la mágica escritura
> descifré del más alto Soberano.
>
> Un oasis me fuiste, isla bendita;
> la civilización es un desierto
> donde la fe con la verdad se irrita;
>
> Cuando llegué a tu roca llegué a puerto
> y esperándome allí a la última cita
> sobre tu mar vi el cielo todo abierto.[19]

---

17 Miguel de Unamuno: Como se hace una novela. Hg. Teresa Gómez Trueba. Madrid 2009, S. 114.
18 Unamuno: Poesía completa, S. 261.
19 Unamuno: Poesía completa, S. 316.

Wurzeln wie du im Ozean
Hat meine Seele bereits geschlagen, Fuerteventura,
Die Bitterkeit grausamer Geschichte
Mir wie mit der Hand genommen.

Bei dieser Berührung berührte ich das unergründliche Geheimnis
das die Quelle unseres Unglücks ist
und in seinen Wellen entzifferte ich die magische Schrift
des höchsten Souveräns.

Eine Oase warst Du mir, gesegnete Insel;
die Zivilisation ist eine Wüste
wo der Glaube sich an der Wahrheit stört;

Als ich zu deinem Felsen kam, kam ich in den Hafen
und wartete dort für die letzte Verabredung
über deinem Meer sah ich den Himmel ganz offen.

Aus der Perspektive des Pariser Exils erscheint Unamuno der Aufenthalt in Fuerteventura, trotz der schmerzhaften Entfernung von seiner Familie, in nostalgischem Licht.[20] Nicht die felsige Insel, sondern die moderne ‚Zivilisation' wird als ‚Wüste' erfahren, die Landschaft des Exils wird zur Heimat, in der das Ich ‚Wurzeln' schlägt, zugleich ist das ‚Unglück' ein kollektives Merkmal der *conditio humana*. In einem für die argentinische Zeitung *Caras y Caretas* verfassten, kurzen Essay, ebenfalls mit dem Titel „De Fuerteventura a París", stellt er die beiden Orte so gegenüber, dass gerade der Ort der Nicht-Moderne zum Ort der inneren Ruhe, des Mit-Sich-Einsseins wird:

> Y ¿dónde estaba más cerca de la civilización, de la civilidad, eternas y infinitas? ¿Allí, en la isla arida y sedienta, a la que briza el sueño el arrullo del Atlántico africano, o aquí, en la Ciudad Luz, a la que no deja dormir en paz el traqueteo de los autos! [...] ¡Oh, aquellas noches plácidas, junto a la mar compasiva y consolodora, viendo rielar la luna sobre las olas brizantes!²¹

> [Und wo war ich der Zivilisation, der Zivilität, die ewig und unendlich ist, näher? Dort, auf der trockenen und durstigen Insel, wo das Wiegenlied des afrikanischen Atlantiks sie in den Schlaf wiegt, oder hier, in der Stadt des Lichts, wo man wegen des Ratterns der Autos nicht

---

20 Zu Unamunos generell negativer Wahrnehmung von Paris, vgl. Jean-Michel Rabaté: Miguel de Unamuno en el destierro de Paris. In: Cuaderno Gris 3.6 (2002), S. 71–82.
21 Miguel de Unamuno: De Fuerteventura a París. In: Caras y Caretas, 4. Okt. 1924, S. 10. Zum ‚Habitus' des vergleichenden Gegenüberstellens von Heimat/Exil bei spanischen Autoren, s. Enric Bou: Inventions of Space. City, Travel and Literature. Madrid, Frankfurt am Main 2012, S. 205. Im vorliegenden 'Vergleich' erscheint der Ort der Verbannung paradoxer Weise als heimatlich konnotiert, im Vergleich zu Paris, dem (ersten) Ort des freiwilligen Exils.

> in Ruhe schlafen kann! [...] Oh, diese ruhigen Nächte, am mitfühlenden und tröstenden Meer, den Mond über die plätschernden Wellen gleiten sehend!].

Die geradezu therapeutische Wirkung des Aufenthalts auf Fuerteventura auf Unamunos Körper und Seele dürfte kaum in der Absicht seiner ‚Verbannung' gelegen haben.

Die Umsiedlung im Jahre 1925 von Paris nach Hendaye verknüpft sich für Unamuno mit einer neuen emotionalen Grundstimmung. Der Ort und die Landschaft an der Atlantikküste, in unmittelbarer Grenznähe zu Spanien, erscheinen ihm gekennzeichnet von einer historischen Tiefendimension, die ihn auf diese Weise in Kontakt bringt mit der Idee eines ‚ewigen Spanien.' Diese Landschaft verändert auch die Form der Lyrik: Die von ihm in der folgenden Gedichtsammlung *Romances del destierro* [Romanzen des Exils, 1928] benutzte Form des *romance* repräsentiert eine Idee genuin spanischer, volkstümlicher Dichtung. So heißt es in *Wie man einen Roman macht* mit Bezug auf die Grenzregion des Baskenlandes:

> ¡La campana de Fuenterrabía! Cuando la oigo se me remejen las entrañas. Y así como en Fuerteventura y en París me di a hacer sonetos, aquí, en Hendaya, me ha dado, sobre todo, por hacer romances.[22] [Die Glocke von Fuenterrabía! Wenn ich sie höre, schüttelt es mich innerlich. Und so wie ich auf Fuerteventura und in Paris Sonette geschrieben habe, so habe ich hier in Hendaye vor allem Romanzen geschrieben.]

Hier zitiert Unamuno dann eine dieser Romanzen, in der die sich jenseits der Grenze befindende baskische Stadt Fuenterrabía vom lyrischen Ich einerseits räumlich getrennt ist, andererseits aber deren Glocke als „lengua de la eternidad" [Sprache der Ewigkeit] die —religiös vermittelte — Identifikation mit der spanischen Heimat zum Ausdruck bringt, insbesondere mit dem Baskenland, aus dem Unamuno stammte. Dies sind die ersten drei Strophen:

> Si no has de volverme a España,
> Dios de la única bondad,
> si no has de acostarme en ella
> ¡hágase tu voluntad!
>
> Como en el cielo en la tierra
> en la montaña y la mar,
> Fuenterrabía soñada,
> tu campana oigo sonar.
>
> Es el llanto de Jaizquíbel,
> –sobre él pasa el huracán–,

---

22 Unamuno: Como se hace, S. 133.

entraña de mi honda España,
te siento en mí palpitar.

[...]²³

Wenn du mich nicht nach Spanien zurückschickst,
Gott der einzigen Güte,
wenn du mich nicht in ihm niederlegst
Dein Wille geschehe!

Wie im Himmel so auf Erden
in den Bergen und im Meer,
Geträumtes Fuenterrabía,
höre ich deine Glocke läuten.

Es ist die Klage von Jaizquibel,
-über den der Hurrikan hinwegzieht-,
Eingeweide meines tiefen Spaniens,
Ich fühle dich in mir pochen.

Unamuno hat selbst darauf hingewiesen, dass der romantische Grundton seiner Lyrik quer steht zu der Idee der puren Poesie, wie sie von den Vertretern der 1927er Generation im Anschluss an die Wiederentdeckung des Barockdichters Góngora zelebriert wurde. Seine Dichtung sei eine, „[...] donde no hay pasión, donde no hay cuerpo y carne de dolor humano"²⁴ [wo es keine Leidenschaft gibt, wo es keinen Körper und kein Fleisch des menschlichen Schmerzes gibt].

3 Exil und Meta-Fiktion: *Wie man einen Roman macht*

Dieses letzte Zitat stammt aus Unamunos bedeutendstem literarischen Werk im und über das Exil, dem Anti-Roman *Cómo se hace una novela* [Wie man einen Roman macht, 1925/1927]. Mit seinen verschachtelten Digressionen, Reflektionen und philosophischen Passagen ist es zugleich ein Werk, das zunächst kaum dem entspricht, was man sich normaler Weise unter Exilliteratur vorstellen mag. Ebenso wenig entspricht es den konventionellen Erwartungen gegenüber dem Genre des Romans. Unamunos oft stark monologisch oder dialogisch orientierte Anti-Romane

---

23 Unamuno: Como se hace, S. 134; bzw. VIII in Unamuno: Poesía completa, S. 413–414, wo Unamuno selbst anmerkt, dass es sich bei Jaizquíbel um einen Berg handelt.
24 Unamuno: Como se hace, S. 160.

wurden von ihm auch als *nivolas* bezeichnet; gegenüber traditionell-realistischen Ideen von Plot oder Figurenentwicklung zeichnen sie sich durch das Inszenieren kognitiver oder affektiver Situationen, meist unter Einbeziehung des Lesers, aus.[25]

Die meta-narrative Dimension ist zugleich autofiktional motiviert, konkret an das Exil, aber auch eine umfassendere spirituelle Krise gebunden, was sich schon in der eröffnenden Situation einer Schreibkrise zeigt:

> Héteme aquí ante estas blancas páginas – blancas como el negro porvenir: ¡Terrible blancura! [...] Trato, a la vez, de consolarme de mi destierro, del destierro de mi eternidad, de este destierro al que quiero llamar mi des-cielo.[26] [Hier stehe ich vor diesen weißen Seiten – weiß wie die schwarze Zukunft: Schreckliche Weiße! [...] Ich versuche gleichzeitig, mich über mein Exil zu trösten, das Exil meiner Ewigkeit, das Exil, das ich meine ‚Verbannung aus dem Himmel' nennen möchte.][27]

Zu Beginn des Textes nimmt Unamuno auf seine Sammlung *De Fuerteventura a París* Bezug, deren Gedichte er nun als zu wenig persönlich charakterisiert:

> No estoy en ellos con todo mi yo del destierro, me parecen demasiado poca cosa para eternizarme en el presente fugitivo, en este espantoso presente histórico, ya que la historia es la posibilidad de los espantos.[28] [Ich bin nicht mit meinem ganzen verbannten Selbst in ihnen, sie scheinen mir zu klein, um in der flüchtigen Gegenwart zu bleiben, in dieser beängstigenden historischen Gegenwart, denn Geschichte ist die Möglichkeit von beängstigenden Dingen.]

In seinem ‚Roman' bindet Unamuno die Wiedergabe affektiver Zustände an die konkrete Erfahrung des Exils — im Einklang mit seiner vitalistischen Grundthese, dass ‚Leben' und ‚Roman' einander entsprechen; gleichzeitig ist bei der Art und der Genese der Gefühle das Spirituelle unlösbar mit dem Politischen verbunden. Das wird deutlich im einleitenden Prolog (1930) zur Schrift *Die Agonie des Christentums*, wo er auf die Entstehung dieses Anti-Romans zurückblickt:

> Este libro fue escrito en París hallándome yo emigrado, refugiado allí, a fines de 1924, en plena dictadura pretoriana y cesariana española y en singulares condiciones de mi ánimo,

---

25 Íngrid Vendrell Ferran: Exploring Self and Emotion: Unamuno's Narrative Fiction as Thought Experiment. In: Garry L. Hagberg (Hg.): Narratives of Self-Understanding. Cham 2019, S. 77–96, hier S. 79.
26 Unamuno: Como se hace, S. 131.
27 Unamunos Neologismus „des-cielo" ist analog gebildet zu „destierro" (Exil, Verbannung). Zur internationalen Begrifflichkeit von Exil, vgl. Peter Burke: Exiles and Expatriates in the History of Knowledge. In: Groniek. Historisch Tijdschrift 2008/9 (2015), S. 161–172, hier S. 162–163; vgl. Peter Burke: Exiles and Expatriates in the History of Knowledge, 1500–2000. Chicago 2017, S. 2–3.
28 Unamuno: Como se hace, S. 132.

presa de una verdadera fiebre espiritual y de una pesadilla de aguardo, condiciones que he tratado de narrar en mi libro *Cómo se hace una novela*. [...] La escribí [...] casi en fiebre, vertiendo en ella, amén de los pensamientos y sentimientos que desde hace años–¡y tantos! —me venían arando en el alma, los que me atormentaban a causa de las desdichas de mi patria y los que me venían del azar de mis lecturas del momento.[29]

[Dieses Buch wurde in Paris geschrieben, als ich ein Emigrant war, dorthin geflüchtet Ende 1924, inmitten der spanischen Prätorianer- und Cäsardiktatur und in einem besonderen Geisteszustand, im Griff eines wahren geistigen Fiebers und eines Alptraums der Erwartung, Zustände, die ich in meinem Roman *Wie man einen Roman macht* zu beschreiben versucht habe. (...) Ich schrieb ihn fast im Fieber, indem ich zusätzlich zu den Gedanken und Gefühlen, die mich schon seit Jahren — und seit so vielen Jahren — quälten, auch diejenigen einfließen ließ, die mich wegen der Unglücksfälle in meiner Heimat gequält hatten, und die mir zufällig bei meiner damaligen Lektüre begegneten].

Unamuno stellt hier ebenfalls klar, dass dieser Text nicht nur direkter Ausdruck des unmittelbaren Exil-Alltags ist, sondern dass der Text die Erfahrungen einer ganzen Lebensspanne — und darüber hinaus — kondensiert:

Pesaban sobre mí no sólo mis sesenta años de vida individual física, sino más, mucho más que ellos; pesaban sobre mí siglos de una silenciosa tradición recogidos en el más recóndito rincón de mi alma. [Es lasteten auf mir nicht nur meine sechzig Jahren individuellen physischen Lebens, sondern mehr, viel mehr als diese; es lasteten auf mir Jahrhunderte einer stillen Tradition, die im innersten Winkel meiner Seele versammelt ist.]

Diese intimste Prägung durch das ‚tragische Lebensgefühl' ist somit zugleich etwas, das weit über die Grenzen des Individuums hinausgeht und was die verschiedenen (Zeit)Schichten des Textes zusammenhält.[30] Die komplexe Publikationsgeschichte ist nämlich nur vor dem Hintergrund der spezifischen Umstände des Exils begreifbar. Der ursprüngliche Text des Romans wurde von Unamunos Freund Jean Cassou (Begründer des Pariser *Musée National d'Art Moderne*) ins Französische übersetzt (*Comment on fait un roman*), 1926 im *Mercure de France* veröffentlicht, versehen mit einer Einleitung von Cassou. Die spanischsprachige Version von 1927 (zunächst in Argentinien veröffentlicht) wiederum besteht aus einem Prolog, einem „Porträt" Unamunos aus der Feder von Cassou, gefolgt von einem Kommentar dieses „Porträts" durch Unamuno, dem eigentlichen Romantext (den Unamuno aufgrund des verlorenen Originalmanuskripts aus dem Französischen rückübersetzt), einer „Fortsetzung" sowie einigen Tagebucheintragungen. Der Text erhält eine Palimpsest-Struktur dadurch, dass Unamuno seinen eigenen Text (und damit auch sich selbst, wie er formu-

---

29 Unamuno: Del sentimiento, S. 613–614.
30 Stephen G. H. Roberts: El exilio como una experiencia temporal. Miguel de Unamuno y *Cómo se hace una novela*. In: Hispanística 17 (1999), S. 329–338.

liert) nicht nur ins Spanische rückübersetzt,[31] sondern auch aus der zeitlichen Distanz analeptisch kommentiert — in Passagen, die im Text jeweils durch eckige Klammern markiert sind. Es sind also diese textuellen Überlagerungen und paratextuellen Anreicherungen, die den Roman nicht nur thematisch, sondern auch in seiner formalen Gestalt dem ‚Leben' annähern. Wenn die Spuren räumlicher, zeitlicher und sprachlicher Brüche sowie von Brüchen innerhalb des Individuums charakteristisch sind für die moderne Literatur des Exils,[32] dann kann *Wie man einen Roman macht*, der bisher zumeist im Gefolge von *Niebla* als Meta- und neuerdings vor allem auch als Pionier der Autofiktion gelesen wurde, auch paradigmatisch als Exil-Text gelten, wobei sich diese Zuschreibungen hier verbinden.

In diesem Sinne profiliert gleich der Beginn des Prologs den Text als eine selbst-reflexive Autobiografie/Autofiktion, insofern hier von Hendaye (1926–1927) aus und mit dem zeitlichen Abstand von zwei Jahren, auf das Pariser Exil (1924–1926) und seine damalige emotionale Situation zurückgeblickt wird:

> Cuando escribo estas líneas, a fines del mes de mayo de 1927, cerca de mis sesenta y tres, y aquí, en Hendaya, en la frontera misma, en mi nativo país vasco, a la vista tantálica de Fuenterrabía, no puedo recordar sin un escalofrío de congoja aquellas infernales mañanas de mi soledad de París, en en invierno, del verano de 1925, cuando en mi cuartito de la pensión del número 2 de la rue Laperouse me consumía devorándome al escribir el relato que titulé: *Como se hace una novela*. No pienso volver a pasar por experiencia más trágica.[33]

> [Während ich diese Zeilen schreibe, Ende Mai 1927, kurz vor meinem dreiundsechzigsten Geburtstag, und hier in Hendaye, direkt an der Grenze, in meiner baskischen Heimat, in Sichtweite von Fuenterrabía, kann ich mich nicht ohne einen Schauer der Angst an jene höllischen Vormittage meiner Einsamkeit in Paris erinnern, im Winter, im Sommer 1925, als ich in meinem kleinen Zimmer in der Pension in der Rue Laperouse Nr. 2 in mich zusammensackte, während ich die Geschichte schrieb, die ich nannte: *Wie man einen Roman schreibt*. Ich habe nicht vor, noch einmal eine so tragische Erfahrung zu machen.]

Im Text selbst beschreibt er die beklemmende Ungewissheit und die Apathie, die ihn in seiner Pariser Wohnung angesichts der Unklarheit über die Dauer des Exils erfasst — immer den inneren Blick nach Spanien und damit auch auf den Zustand der Nation gerichtet:

> Recibo a poca gente; paso la mayor parte de mis mañanas solo, en esta jaula cercana a la plaza de los Estados Unidos [...]. Me paso horas enteras, solo, tendido sobre el lecho solitario

---

31 Unamuno: Como se hace, S. 107–108.
32 Axel Englund und Anders Olsson: Introduction: Twentieth-Century Ruptures of Location and Locution. In: Dies. (Hg.), Languages of Exile. Migration and Multilingualism in Twentieth-Century Literature. Bern 2013, S. 1–18 (1; 5).
33 Unamuno: Como se hace, S. 105

de mi pequeño hotel—*family house*–, contemplando el techo de mi cuarto, y no el cielo, y soñando en el porvenir de Europa y en el mío. O deshaciéndolos.³⁴

[Ich empfange nur wenige Menschen; ich verbringe die meisten meiner Vormittage allein in diesem Käfig in der Nähe des Platzes der Vereinigten Staaten (...). Ich verbringe ganze Stunden allein, liege auf dem einsamen Bett meines kleinen *family house*, betrachte die Decke meines Zimmers und nicht den Himmel und träume von der Zukunft Europas und meiner eigenen. Oder ich löse sie auf].

Der Text ‚handelt' von der Konstruktion eines Romans über die Figur Jugo de la Raza, der eine Erfahrung nicht nur der räumlichen, sondern auch der zeitlichen Verwerfung und der subjektiven Auflösung, der „Agonie" verkörpert³⁵—so wie sie auch von Unamuno in Paris erlebt wird und sich in der vorübergehenden Schreibkrise manifestiert. Jugos Gefangensein durch einen am Seine-Ufer endeckten Roman und die Nicht-Abschließbarkeit der Lektüre, bzw. das offene Ende des Romanprojekts und der Exil-Situation, werden miteinander in Analogie gesetzt. Wieder erscheint die individuelle Situation als Abbild eines menschheitlichen Phänomens, als Konvergenz von Leben und Literatur:

Y sobre la conjoga del posible acabamiento de mi novela, sobre y bajo ella, sigue acongojándome la congoja del posible acabamiento de la novela de la humanidad.³⁶ [Und beim Schmerz über das mögliche Ende meines Romans, darüber und darunter, trauere ich weiterhin um das mögliche Ende des Romans der Menschheit.].

Im August 1925 schließlich siedelt Unamuno nach Hendaye über, was ihm, wie wir bereits anlässlich der Lyrik sahen, der Präsenz der Vergangenheit der baskischen Heimat näherbringt, wie es dann in der ‚Fortsetzung' betont wird:

[...] me voy a Bayona, que me reinfantiliza, que me restituye a mi niñez bendita, a mi eternidad historica, porque Bayona me trae la esencia de mi Bilbao de hace más de cincuenta años, del Bilbao que hizo mi niñez y al que mi niñez hizo.³⁷ [(...) Ich fahre nach Bayonne, das mich neu beflügelt, das mich in meine gesegnete Kindheit zurückversetzt, in meine historische Ewigkeit, denn Bayonne bringt mir die Essenz meines Bilbao von vor mehr als fünfzig Jahren, des Bilbao, das meine Kindheit ausmachte und zu dem mich meine Kindheit machte].

Diese Tiefendimension der Geschichte als Essenz des Nationalen ist eine Idee, die Unamunos Denken schon von früh an durchzog, namentlich im Essay *El torno al casticismo* [Über die Liebe zur Reinheit, 1895/1902], in dem er den Historiogra-

---

34 Unamuno: Como se hace, S. 132.
35 Unamuno: Como se hace, S. 167; S 169; S. 170.
36 Unamuno: Como se hace, S. 168.
37 Unamuno: Comon se hace, S. 175.

phie-kritischen Begriff *intrahistoria* einführte, der sich auf die ‚ewige Tradition' des einfachen Volkes bezieht.[38]

Während des Nachsinnens über einen möglichen Roman zieht Unamuno zugleich Parallelen zu paradigmatischen literarischen und politischen Figuren des Exils:

> Y todos ellos, Moisés, San Pablo, el Dante, Mazzini, Victor Hugo, y tantos más aprendieron en la proscripción de su patria, o buscándola por el desierto, lo que es el destierro de la eternidad.[39] [Und sie alle, Moses, der Heilige Paulus, Dante, Mazzini, Victor Hugo und so viele mehr lernten in der Verbannung von ihrer Heimat oder suchten nach ihr in der Wüste, was die Verbannung von der Ewigkeit ist.]

Im Text zitiert er verschiedentlich aus Briefen des italienischen Freiheitskämpfers Giuseppe Mazzini an seine Geliebte Giuditta Sidoli. Mazzini („el gran soñador" [der große Träumer], „el gran desdeñoso" [der große Verächter]) und sein Exil gilt Unamuno als Chiffre des Scheiterns, aber sein affektives, auf die Zukunft gerichtetes Festhalten am Vaterland ist ihm Vorbild.[40]

Der ebenfalls mehrfache Verweis auf die Parallele zu Victor Hugo zeigt eine Wahlverwandtschaft an, die sich auf den Komplex Exil, Lyrik, Politik bezieht.[41] In jedem Fall sieht sich Unamuno in pathetisch aufgeladener Weise in einer Traditionslinie von illustren Figuren, deren Unmut über die Verhältnisse sich in Ärger, Wut und Invektiven äußert.[42] Obwohl die Kritik an Primo de Rivera letztlich in einer rationalen Analyse der politischen Entwicklungen begründet ist, stellt Unamuno sein Verhältnis zu dem Staatsmann oft so dar, als handele es sich um eine Beziehung, die in seinem inneren Erleben stark affektiv besetzt sei. Den König und Primo de Rivera beschreibt er einmal sogar als fiktive Wesen: „En tanto que criaturas mías, son criaturas de mi amor aunque se revista de odio"[43]. [Als meine Geschöpfe sind sie Geschöpfe meiner Liebe, auch wenn sie in Hass gekleidet ist]. Und als er ihnen dann fast schon ihre Fehler vergeben will, schaltet sich der Autor der Ergänzungen von 1927 mit einem Kommentar ein, wonach er dies in

---

38 Newcomb: Iberianism, S. 101.
39 Unamuno: Como se hace, S. 147.
40 Insofern verkörpert Mazzini auch das, was Claudio Guillén einmal als ‚counter-exile' bezeichnet hat, eine auch im Nationalismus präsente, ‚zentripetale' und temporal orientierte Tendenz. Claudio Guillén: On the Literature of Exile and Counter-Exile. In: Books Abroad 50 (1976), S. 271–280.
41 S. dazu Kraume : Das Europa der Literatur, S. 45–152; Anne Kraume: Îles, Ébauches d'Europe dans l'oeuvre de Victor Hugo et de Miguel de Unamuno. In: Lendemains 39 (2014), S. 253–259.
42 Stephen G. H. Roberts: Exile 1924–1930: Essays, Narrative and Drama. In: Julia Biggane und John Macklin (Hg.): *A Companion to Miguel de Unamuno*. Woodbridge 2016, S. 58–59.
43 Unamuno: Como se hace, S. 155.

einem Moment der Schwäche („desaliento") geschrieben habe. Unamunos politische Äußerungen und Invektiven sind somit immer an eine affektive Situation gebunden.

4 Schluss

Die hier kurz vorgestellten Gedichte und der Anti-Roman zeigen auf unterschiedliche Weise, wie Unamunos Texte in ihren konkreten Entstehungsbedingungen und formalen Eigenheiten an die Konditionen seines Exils gebunden sind, und dass sie sich als Zustandsbeschreibungen der Widersprüche verstehen lassen, die jeweils Ausdruck bestimmter temporaler und lokaler Koordinaten sind. Sie zeigen aber auch, dass für den zutiefst gläubigen Autor das Gefühl des Fremdseins, der Heimatlosigkeit nicht zu trennen ist von einer universellen *conditio humana*, die er immer wieder mit dem Begriff *destierro* belegt, der für ihn eine existentielle, ja theologische Bedeutung besitzt. Sowohl die Dimension eines ‚universell' verstandenen Exils als auch der Begriff der ‚Emotion' ist insgesamt grundlegend für Unamunos philosophischen Zugang zur Literatur.[44] Dies wird besonders deutlich etwa im ‚Vorwort/Nachwort' (1934) zu seinem Roman *Amor y pedagogía* (Love and Pedagogy, 1902), in dem Unamuno seine Lebensauffassung und sein Verständnis von Literatur so verdeutlicht:

> Un crítico muy inteligente, muy sensitivo y muy comprensivo me ha llamado ‚desterrado'. Y, en efecto, me siento un desterrado en el sentido de la *Salve*, donde los cristianos católicos se dirigen a la Virgen María llamándose a sí mismos 'desterrados hijos de Eva,' *exules filii Evae* […]. El sentimiento, no la concepción racional del universo y de la vida, se refleja mejor que en un sistema filosófico o que en una novela realista, en un poema, en prosa o en verso, en una leyenda, en una novela.[45]

> [Ein sehr intelligenter, sehr sensibler und sehr sympathischer Kritiker hat mich einen 'Ausgestoßenen' genannt. Und in der Tat fühle ich mich wie ein Ausgestoßener im Sinne der *Salve*, in der sich die katholischen Christen an die Jungfrau Maria wenden, indem sie sich selbst als 'verbannte Söhne Evas', *exules filii Evae*, bezeichnen (...) Das Gefühl, nicht die rationale Auffassung des Universums und des Lebens, spiegelt sich besser als in einem philosophischen System oder in einem realistischen Roman, in einem Gedicht, in Prosa oder in Versen, in einer Legende, in einem Roman].

---

44 Vendrell Ferran: Exploring Self, S. 79: „The complexities and anxieties of existence can be better approached from the perspective of feeling, a perspective that he [Unamuno] sees as being intrinsically linked to literary praxis".
45 Miguel de Unamuno: Amor y pedagogía. Madrid 2008, S. 33.

Literaturverzeichnis

Aguirre-Oteiza, Daniel: This Ghostly Poetry. History and Memory of Exiled Spanish Republican Poets. Toronto 2020.
Bou, Enric: Inventions of Space. City, Travel and Literature. Madrid, Frankfurt am Main 2012.
Burke, Peter: Exiles and Expatriates in the History of Knowledge, 1500–2000. Chicago 2017.
Burke, Peter: Exiles and Expatriates in the History of Knowledge. In: Groniek. Historisch Tijdschrift 2008/9 (2015), S. 161–172.
Englund, Axel; Anders Olsson: Introduction: Twentieth-Century Ruptures of Location and Locution. In: Dies. (Hg.): Languages of Exile. Migration and Multilingualism in Twentieth-Century Literature. Bern 2013, S. 1–18.
Fernández-Medina, Nicolás: Life Embodied. The Promise of Vital Force in Spanish Modernity. Montreal & Kingston 2018.
Gómez Trueba, Teresa: Introducción. In: Miguel de Unamuno, Como se hace una novela. Madrid 2009, S. 11–91.
González Carreja, Eduardo: Miguel de Unamuno, entre la conspiración y la denuncia antidictatorial. In: Isabelle Larriba und Eduardo González Calleja (Hg.): Les Intellectuels Espagnols en temps des crise XIX-XX siècle. Aix-en-Provence 2021, S. 189–207.
Guijon, Mario Martín: Un segundo destierro: la sombra de Unamuno en el exilio español. Madrid, Frankfurt am Main 2018.
Guillén, Claudio: On the Literature of Exile and Counter-Exile. In: Books Abroad 50 (1976), S. 271–280.
Harkema, Leslie J.: Spanish Modernism and the Poetics of Youth. From Miguel de Unamuno to *La Joven Literatura*. Toronto 2017.
Kraume, Anne: Îles, Ébauches d'Europe dans l'oeuvre de Victor Hugo et de Miguel de Unamuno. In: Lendemains 39 (2014), S. 253–259.
Kraume, Anne: Das Europa der Literatur. Schriftsteller blicken auf den Kontinent 1815–1945. Berlin 2010.
Martín-Estudillo, Luis: The Rise of Euroskepticism. Europe and Its Critics in Spanish Culture. Nashville, TN 2018.
Newcomb, Robert Patrick: Iberianism and Crisis. Spain and Portugal at the Turn of the Twentieth Century. Toronto 2018.
Phillips, William D. Jr; Carla Rahn Philips: A Concise History of Spain. Cambridge 2010.
Rabaté, Jean-Michel: Miguel de Unamuno en el destierro de Paris. In: Cuaderno Gris 3.6 (2002), S. 71–82.
Roberts, Stephen G. H.: Exile 1924–1930: Essays, Narrative and Drama. In: Julia Biggane und John Macklin (Hg.): A Companion to Miguel de Unamuno. Woodbridge 2016, S. 53–74.
Roberts, Stephen G. H.: El exilio como una experiencia temporal. Miguel de Unamuno y *Cómo se hace una novela*. In: Hispanística 17 (1999), S. 329–338.
Struth, Christiane: 'Affects as Stabilizers of Memory?'. The Literary Representation of Emotion, Affect, and Feeling in Self-Reflexive Autobiographies. In: Devika Sharma und Fredrik Tygstrup (Hg.): Structures of Feeling. Affectivity and the Study of Culture. Berlin 2015, S. 124–131.
Unamuno, Miguel de: Cómo se hace una novela. Ed. Teresa Gómez Trueba. Madrid 2009.
Unamuno, Miguel de: Amor y pedagogía. Madrid 2008.
Unamuno, Miguel de: Del sentimiento trágico de la vida y otros ensayos. Barcelona 2020.
Unamuno, Miguel de: Poesía completa. Bd. 2. Madrid 1987.
Unamuno, Miguel de: De Fuerteventura a París. In: Caras y Caretas, 4. Okt. 1924.

https://gredos.usal.es/handle/10366/101691 (Zugriff 18.3.2024).

Urrutia-Jordana, Ana: The Perversion of Genius: Unamuno's Exile and the Censors. In: Luis Álvarez-Castro (Hg.): Approaches to Teaching the Works of Miguel de Unamuno. New York 2020, S. 87–92.

Vendrell Ferran, Íngrid: Exploring Self and Emotion: Unamuno's Narrative Fiction as Thought Experiment. In: Garry L. Hagberg (Hg.): Narratives of Self-Understanding. Cham 2019, S. 77–96.

Laura Wiemer
Sich erinnern, um zu vergessen. Exil und Emotionen in Laura Alcobas *Manèges*-Trilogie

1 Die große und die kleine Geschichte Argentiniens

Laura Alcoba (*1968 in La Plata, Argentinien) gilt als eine der wichtigsten Stimmen der französischen Exilliteratur, die v. a. für ihre *Manèges*-Trilogie bekannt ist, bestehend aus *Manèges. Petite histoire argentine*[1] [Karussell. Kleine argentinische Geschichte], *Le bleu des abeilles*[2] [Das Blau der Bienen] und *La danse de l'araignée*[3] [Der Tanz der Spinne], erschienen bei dem renommierten Pariser Verlag Gallimard. In der Trilogie erzählt Laura Alcoba ihre Kindheit und Jugend während der argentinischen Militärdiktatur (1976–1983), die sie aus dem Untergrund der regimekritischen Montonero-Bewegung ins französische Exil gezwungen hat. Im Vorwort des ersten Bands kündigt Alcobas erwachsene Erzählstimme an, dass sie die Traumata der Vergangenheit erinnert und erzählt, um sie zu vergessen:

> [...] si je fais aujourd'hui cet effort de mémoire pour parler de l'Argentine des Montoneros, de la dictature et de la terreur à hauteur d'enfant, ce n'est pas tant pour me souvenir que pour voir, après, si j'arrive à oublier un peu.[4] [[...] wenn ich jetzt mein Gedächtnis anstrenge, um vom Argentinien der Montoneros zu sprechen, von der Diktatur und dem Terror, und das alles aus der Sicht eines Kindes, dann geht es mir weniger darum, mich zu erinnern, als herauszufinden, ob ich danach anfangen kann zu vergessen.]

Daraufhin begleitet das Lesepublikum Alcobas kindliche und jugendliche Erzählstimme auf ihre emotionale Exilreise, die sie in ihrer Zweitsprache Französisch schildert. Im ersten Band *Manèges* geht es um die Verhaftung von Lauras regimekritischen Vater und ihr Leben im Untergrund. Der zweite Band *Le bleu des abeilles* erzählt ihre Ankunft und Integration im Exilland Frankreich, bevor der dritte Band *La danse de l'araignée* ihren Eintritt ins Jugendalter und das Wiedersehen mit ihrem Vater behandelt. Daran schließt Alcobas neuerer Roman *Par la forêt*[5] [Durch den Wald] über Griselda Solano an, die während der argentinischen Mili-

---

1 Laura Alcoba: Manèges. Petite histoire argentine. Paris 2007.
2 Laura Alcoba: Le bleu des abeilles. Paris 2013.
3 Laura Alcoba: La danse de l'araignée. Paris 2017.
4 Alcoba: Manèges, S. 14.
5 Laura Alcoba: Par la forêt. Paris 2022.

tärdiktatur mit ihrer Familie ebenfalls nach Frankreich flieht, Lauras Vater nach der Haftentlassung, mit der *La danse de l'araignée* endet, bei sich aufnimmt und im Exil zwei ihrer drei Kinder tötet. Erzählt wird der Roman von der erwachsenen Stimme ebenjener Laura, die das Lesepublikum als kindliche und jugendliche Erzählstimme durch die *Manèges*-Trilogie führt, welche die Autorin nicht als solche geplant hat:

> Au début, je n'avais pas forcément prévu d'écrire une trilogie. Mais après *Le bleu des abeilles*, je ne pouvais pas laisser mon père en prison. Il fallait que le troisième volet *La danse de l'araignée* le rende libre.[6] [Zu Beginn hatte ich nicht unbedingt vor, eine Trilogie zu schreiben. Aber nach *Le bleu des abeilles* konnte ich meinen Vater nicht im Gefängnis lassen. Der dritte Band *La danse de l'araignée* musste ihn befreien.]

Die Trilogie entfaltet die ganze Spannbreite von Lauras Emotionen, definiert als Erlebnisqualitäten und Stimmungswahrnehmungen, sowohl gegenüber ihrem Herkunftsland Argentinien als auch dem Exilland Frankreich. Indem Laura die meisten Ereignisse im Präsens und in der ersten Person erzählt, teilt das Lesepublikum ihre Emotionen, die in der inzwischen umfangreichen Forschungsliteratur zur *Manèges*-Trilogie gewöhnlich mitbehandelt werden, so z. B. die ständige Angst im Untergrund und die Scham für den Akzent in der Zweitsprache Französisch. Die Forschungsschwerpunkte liegen jedoch eher auf Gattungsfragen (Autobiographie vs. Autofiktion vs. Fiktion) und solchen der (trans-)nationalen Literaturgeschichtsschreibung (Argentinien vs. Frankreich).

Alcoba selbst betont den fiktionalen Charakter[7] der „kleinen Geschichte Argentiniens" (Lauras kindliche Lebenswelt und Untertitel des ersten Bands *Manèges*), welche die große Geschichte Argentiniens, die Militärdiktatur, widerspiegelt.[8] Auch die Gattungszuordnung „Roman" auf den Buchumschlägen und die teils bildliche, teils kindliche Sprache der Ich-Erzählerin verweisen auf die Autofiktionalität der Werke, die neben dem dokumentarischen einen ebenso starken poetischen Zweck verfolgen. Zudem erklärt Alcoba, dass sie erst durch das Schreiben in der Zweitsprache Französisch (Translinguismus) eine argentinische Schriftstellerin geworden ist: „Escribir en francés me permitió ser una escritora argentina, y siento que sin el

---

[6] Marie Cravageot: Écriture féminine de l'exil: esthétique de l'intime des espaces traversés. In: Marina Ortrud M. Hertrampf, Hanna Nohe und Kirsten von Hagen (Hg.): Au carrefour des mondes. Récits actuels de femmes migrantes. An der Schnittstelle der Welten. Aktuelle Narrative von migrierenden Frauen. München 2021, S. 185–208, hier S. 198.

[7] Vgl. Karen Saban: Un carrusel de recuerdos: conversación con la escritora argentina Laura Alcoba. In: Iberoamericana 39 (2010), S. 246–251, hier S. 247.

[8] Vgl. Karen Genschow: „Sujetos culturales en disputa en Manèges/La casa de los conejos de Laura Alcoba". In: Sociocriticism 2 (2017), S. 151–188, hier S. 156.

francés no hubiese podido."⁹ [Auf Französisch zu schreiben hat mir erlaubt, eine argentinische Schriftstellerin zu sein, und ich fühle, dass ich es ohne das Französische nicht geschafft hätte.] Nach dem jahrelangen Schweigen in der Erstsprache Spanisch hat ihr der Sprachwechsel somit die nötige Distanz, den Mut und die Freiheit gegeben, die Traumata der großen und der kleinen Geschichte Argentiniens literarisch zu verarbeiten, über die sie als Kind im Untergrund nicht sprechen durfte. Interessanterweise gelten die spanischen Übersetzungen *La casa de los conejos*¹⁰, *El azul de las abejas*¹¹ und *La danza de la araña*¹², die nicht Laura Alcoba selbst, sondern Leopoldo Brizuela angefertigt hat, in Argentinien als Originale, zumal der argentinische Verlag Edhasa sie in seiner blauen Reihe der argentinischen Literatur und nicht in der roten Reihe der internationalen Literatur verlegt hat.¹³ Darüber hinaus gehört die *Manèges*- bzw. *La casa de los conejos*-Trilogie, insbesondere der erste Band, den Valeria Selinger verfilmt hat,¹⁴ zur Schullektüre des ersten Jahrs der argentinischen Sekundarstufe, sodass sich das schulische Lesepublikum fast im gleichen Alter wie die Erzählerin Laura befindet.

Das weitere Forschungsinteresse gilt Alcobas narrativer Identitäts- und Erinnerungsarbeit, die häufig mit anderen Stimmen der französischen Exilliteratur verglichen wird. Dazu gehört bspw. Maryam Madjidi aus dem Iran, welche ihre Lebensgeschichte zwischen zwei Sprachen und Kulturen in *Marx et la poupée*¹⁵ [Marx und die Puppe] erzählt, ihrem preisgekrönten Debütroman (Prix Goncourt), der ähnlich wie Alcobas *Manèges*-Trilogie in drei Teile strukturiert und in der Zweitsprache Französisch geschrieben ist.¹⁶

Die vorliegenden Ausführungen kommen insofern einem Desiderat in der Alcoba-Forschung nach, als sie die Emotionen der kindlichen und jugendlichen Ich-Erzählerin, die in der Forschungsliteratur bisher eher en passant behandelt wurden, gezielt in den Mittelpunkt stellen und ihre identitäts-, gedächtnis- und wirklichkeitsstiftende Bedeutung für Lauras Leben im Exil aufzeigen. Die Themen- und Analyseschwerpunkte des Beitrags liegen auf der Entfremdung von beiden Elternteilen, der Herausforderung der französischen Sprache und der emotionalen Identitäts- und Erinnerungsarbeit im Exil.

---

9 Enzo Matías Menestrina: „La experiencia del exilio determina y deja una huella para siempre": entrevista a la escritora Laura Alcoba. In: Anclajes 24 (2) (2020), S. 63–78, hier S. 74.
10 Laura Alcoba: La casa de los conejos. Buenos Aires 2008.
11 Laura Alcoba: El azul de las abejas. Buenos Aires 2014.
12 Laura Alcoba: La danza de la araña. Buenos Aires 2018.
13 Vgl. Menestrina: La experiencia, S. 73.
14 La casa de los conejos also die. Reg. Valeria Selinger. INCAA, Argentinien 2020.
15 Maryam Madjidi: Marx et la poupée. Paris 2017.
16 Vgl. Marie Cravageot: Écriture féminine, S. 191.

2 Die Entfremdung von Vater und Mutter

Nach der Inhaftierung ihres Vaters und dem Untertauchen ihrer Mutter lebt die kindliche Ich-Erzählerin Laura im Alter von sieben Jahren in *Manèges* zunächst bei ihren Großeltern in La Plata. Die Besuchszeiten in der Haftanstalt, in der sie ihren Vater in Gefängniskleidung und mit kahl rasiertem Kopf wiedersieht, stellen für sie emotionale Stress- und Ausnahmesituationen dar, die sie wie die meisten Kinder Inhaftierter in Anwesenheit der bewaffneten Gefängniswärter so sehr verunsichern und einschüchtern, dass sie nicht weiß, wie sie sich verhalten soll.[17] So geht sie nur zögerlich auf ihren Vater zu, bevor sie sich übergeben muss. Zudem ist sie bei der Einlasskontrolle peinlich berührt, ihre Großmutter fast nackt zu sehen, die sich vor ihren Augen bis auf die Unterwäsche entkleiden muss und auch an intimen Körperstellen durchsucht wird.

Auch ihre untergetauchte Mutter sieht Laura nur in unregelmäßigen Abständen und erkennt sie dann kaum wieder:

> Ma mère ne ressemble plus du tout à ma mère. C'est une jeune femme maigre [...]. J'ai un moment de recul lorsqu'elle se penche pour m'embrasser.[18] [Meine Mutter sieht überhaupt nicht mehr aus wie meine Mutter. Vor uns steht eine magere junge Frau [...]. Unvermittelt weiche ich zurück, als sie sich vorbeugt, um mir einen Kuss zu geben.]

Bei jedem Treffen bekommt Laura als Entschuldigung, nicht für sie da zu sein, von ihrer Mutter eine Puppe geschenkt, über die sie sich zwar freut, die aber wie der französische Buchtitel *Manèges* [Karussell] und die eingesperrten Tiere (Kaninchen im ersten Teil, Spinne im dritten Teil) metaphorisch für ihre verlorene Kindheit steht.[19] Sie wünscht sich ein „normales" Leben mit „normalen" Eltern, welches das rote Haus mit Garten, Schaukel und Hund repräsentiert, von dem sie als Sehnsuchtsort immer wieder träumt. Ihre Mutter nimmt diesen Traum jedoch nicht ernst, sodass sich Laura enttäuscht fragt, wie sie sich so falsch verstehen können:

> Je me demande comment nous avons pu si mal nous comprendre, ou alors si elle fait semblant de croire que mon rêve à moi, c'était juste une affaire de jardin et de rouge.[20] [Ich frage mich, wie wir so aneinander vorbeireden konnten oder ob sie nur vorgab zu denken, bei meinem Traum drehe es sich einzig um einen Garten und etwas Rotes.]

---

17 Silvia Starke: Kinder von Inhaftierten. In: Lydia Halbhuber-Gassner, Barbara Kappenberg und Wolfgang Krell (Hg.): Wenn Inhaftierung die Lebenssituation prägt. Lokale Unterstützungsangebote und Online-Beratung für Angehörige. Freiburg im Breisgau 2010, S. 37–40, hier S. 38.
18 Alcoba: Manèges, S. 33.
19 Vgl. Saban: Un carrusel, S. 249–250.
20 Alcoba: Manèges, S. 16.

Einige Zeit später zieht Laura mit ihrer Mutter und anderen Montonero-Mitgliedern in das „Kaninchenhaus", welches als Kaninchenzucht getarnt das Hauptquartier der Montonero-Bewegung wird und als Titel der deutschen und der spanischen *Manèges*-Übersetzungen dient: *Das Kaninchenhaus*[21] und *La casa de los conejos*. Im „Kaninchenhaus" beobachtet Laura die Widerstandsaktivitäten der Montoneros wie den Druck der Oppositionszeitschrift *Evita Montonera* (1975–1979), erfährt von gewalttätigen Angriffen, Entführungen und Verhaftungen und wird durch ihre kindliche Unschuld, die keinen Verdacht auf sie lenkt, zur Wache, Ablenkung und Tarnung eingesetzt. Dadurch wird ihr die (Lebens-)Gefahr im „Kaninchenhaus" noch mehr bewusst und sie nimmt zwangsläufig die Erwachsenenrolle an: „Je suis grande, je n'ai que sept ans mais tout le monde dit que je parle et raisonne déjà comme une grande personne."[22] [Ich bin schon groß, zwar erst sieben, aber alle sagen, dass ich wie eine Erwachsene spreche und argumentiere.] Dies liegt auch daran, dass sie als Vorsichtsmaßnahme nach einiger Zeit nicht mehr zur Schule gehen darf, auch nicht unter falschem Namen und auch nicht in eine katholische Mädchenschule, die von der Regierung weniger kontrolliert wird. Dadurch hat Laura keinen Kontakt mehr zu anderen Kindern, langweilt sich und vereinsamt.

Eine Abwechslung stellt die Einladung der Nachbarin dar, die sie einmal besuchen darf, um keinen Verdacht aufkommen zu lassen. Der Besuch endet jedoch dramatisch, da die Nachbarin ahnungslos nach Lauras Nachnamen fragt, den sie aufgrund ihrer Lebensumstände nicht sagen darf und dadurch in Panik gerät:

> J'ai dû paniquer, car je sais très bien que ma mère est recherchée et que nous attendons qu'on nous donne un nouveau nom et des faux papiers. Est-ce que moi aussi je suis recherchée?[23] [Ich muss in Panik geraten sein, denn ich weiß sehr gut, dass meine Mutter gesucht wird und wir auf einen neuen Namen und falsche Papiere warten. Werde ich auch gesucht?]

So wird das „Kaninchenhaus", welches ihr die Mutter beim Einzug als ihr Traumhaus mit Garten, Schaukel und Hund präsentiert (*locus amoenus*), zu einem Ort der Angst und des Schreckens (*locus horribilis* oder *terribilis*): „La peur était partout. Surtout dans cette maison."[24] [Überall herrschte die Angst. Vor allem in diesem Haus.] Durch die Angst erzählt Laura teilweise unzuverlässig, weil die erlebten Traumata Leerstellen in ihrem Gedächtnis bilden und ihr dadurch narrativ nicht mehr zugänglich sind.[25] So hält sie fest: „Il me semble que j'en ai peur. Enfin, c'est

---

21 Laura Alcoba: Das Kaninchenhaus. Berlin 2010.
22 Alcoba: Manèges, S. 20.
23 Alcoba: Manèges, S. 74.
24 Alcoba: Manèges, S. 119.
25 Carsten Gansel: Störungen des ‚Selbst' – Trauma-Erfahrungen und Möglichkeiten ihrer künstlerischen Konfiguration – Vorbemerkungen. In: ders. (Hg.): Trauma-Erfahrungen und Störungen

encore une de ces choses dont je ne suis pas tout à fait sûre."[26] [Es kommt mir vor, als ob ich Angst habe. Aber das gehört auch zu den Dingen, bei denen ich mir nicht ganz sicher bin.]

Als die politische Lage durch die Militärdiktatur zu bedrohlich wird, flieht Lauras Mutter mit gefälschten Papieren nach Frankreich und lässt ihre Tochter erneut bei den Großeltern zurück, während Lauras Vater weiterhin inhaftiert ist. Der zweite Band *Le bleu des abeilles* beginnt mit Lauras privatem Französischunterricht im Haus ihrer Großeltern, der ihr die Integration in Frankreich erleichtern soll. Einerseits vermisst Laura ihre Mutter und träumt von Paris, andererseits hat sie Angst vor der Zukunft: „Ce départ me faisait peur, parfois. Pourtant, j'en avais aussi très envie."[27] [Dieses Fortgehen machte mir manchmal Angst. Allerdings hatte auch ich sehr Lust dazu.] Über zwei Jahre wartet Laura ungeduldig auf ihre Ausreise, was die Frage ihrer Französischlehrerin nach ihrem Alter zeitraffend veranschaulicht, da Laura erst acht, dann neun und schließlich zehn Jahre alt ist, bis sie ihrer Mutter im Jahr 1978 nach Frankreich folgt. Gedanklich befindet sich Laura allerdings schon ab der ersten Französischstunde im Exil, ohne La Plata verlassen zu haben.[28]

In Frankreich werden ihre Erwartungen vollkommen enttäuscht: „À La Plata, je n'avais pas imaginé les choses comme ça."[29] [In La Plata hatte ich mir die Dinge so nicht vorgestellt.] Denn sie wohnt nicht in der eleganten Hauptstadt Paris, sondern in einem sozialschwachen Vorort, für den sie sich schämt. In der Wohnung stehen kaum Möbel und ihre Kleider sind Sachspenden der katholischen Kirche, da ihre Mutter mit geringfügigen Beschäftigungen nur wenig Geld verdient. Um den Schein zu wahren, schickt Laura ihren argentinischen Freundinnen trotzdem Postkarten vom Eiffelturm und von der Kathedrale Notre-Dame und erzählt ihnen vom ersten Schneefall in Paris, ohne auf ihre prekären Lebensverhältnisse einzugehen. Darüber hinaus wohnt Laura nicht mit ihrer Mutter alleine, wovon sie in La Plata ausgegangen ist, sondern zu dritt in einer Wohngemeinschaft mit Amalia, einer anderen argentinischen Exilierten, die im dritten Band *La danse de l'araignée* schwer erkrankt und dadurch eine zusätzliche Belastung für die Mutter-Tochter-Beziehung darstellt. Von Anfang an empfindet Laura Amalias Anwesenheit als störend, weil sie ihre Mutter, auf die sie fast ihr ganzes Leben verzichten musste, nicht mit Amalia teilen

---

des ‚Selbst'. Mediale und literarische Konfigurationen lebensweltlicher Krisen. Berlin, Boston 2020, S. 1–6, hier S. 5.
26 Alcoba: Manèges, S. 96.
27 Alcoba: Le bleu, S. 14.
28 Vgl. Enzo Matías Menestrina: La restitución del pasado: Memoria autoficcional en El azul de las abejas de Laura Alcoba. In: Anclajes 25 (1) (2021), S. 151–166, hier S. 158.
29 Alcoba: Le bleu, S. 21.

möchte: „Mais pourquoi faut-il qu'elle soit toujours là, entre ma mère et moi?"[30] [Aber warum muss sie immer da sein, zwischen meiner Mutter und mir?] Teilweise ist Laura neidisch auf die Freundschaft der Frauen und fühlt sich ausgeschlossen, da sich die Mutter und Amalia untereinander sowie das Leben im Exil schon länger kennen. Auch besonders intime Momente der Mutter-Tochter-Beziehung wie das Einsetzen von Lauras Brustwachstum in der Pubertät werden mit Amalia gegen Lauras Willen geteilt, da die Mutter ihre Freundin ins Bad ruft, als Laura aus der Dusche steigt, um ihr die körperlichen Veränderungen ihrer Tochter zu zeigen.

Hinzu kommen der Druck der Mutter und der Druck, den sich Laura selbst macht, im französischen Schulsystem Anschluss zu finden. Ihre Mutter meldet sie, überzeugt vom pädagogisch-didaktischen Ansatz des „Sprachbads" (Immersion), in einer Regelschule an, für die Lauras Französischkenntnisse eigentlich nicht ausreichen. Dies belastet Lauras Sprachlernprozess, da sie aus Angst vor Fehlern kaum auf Französisch spricht, sowie die Beziehung zur Mutter, die Laura nicht enttäuschen will:

> Elle attend de moi que je réussisse cette histoire de bain linguistique, que je me débrouille le plus vite possible. Elle serait très déçue du contraire, et moi aussi.[31] [Sie erwartet von mir, dass ich in dieser Geschichte des Sprachbads erfolgreich bin, dass ich schnellstmöglich zurechtkomme. Sie wäre vom Gegenteil sehr enttäuscht, und ich auch.]

Darüber hinaus ist Laura an ihrem sozialschwachen Wohnort anfangs nur mit Kindern zusammen, die wie sie eine Migrations- oder Fluchtgeschichte haben, sodass sie die französische Sprache und Kultur gar nicht richtig kennenlernt, bis sie eine französische Freundin (Astrid) findet und ihrer Mutter stolz davon berichtet. Da Astrids Vorname aber nicht französisch klingt, zieht Lauras Mutter Astrids Herkunft in Zweifel, wodurch sie die Freude und den Stolz ihrer Tochter schmälert, bis sie Astrids französischen Nachnamen (Bergougnoux) hört und sich selbst korrigieren muss.

Ebenso belastet die Inhaftierung des Vaters in Argentinien die Mutter-Tochter-Beziehung in Frankreich. Laura steht mit ihrem Vater in regelmäßigem Briefkontakt, der insofern oberflächlich und konstruiert ist, als die Briefe durch die Gefängniswärter geöffnet und kontrolliert werden. Dadurch erfährt Laura nicht, wie es ihrem Vater wirklich geht, um den sie sich große Sorgen macht, und ist stets darauf bedacht, was sie wie schreibt, damit ihr Brief ihren Vater auch erreicht. Mit der Zeit fällt ihr auf, dass sich ihr Vater und ihre Mutter nicht mehr schreiben, und sie ahnt, dass ihre Eltern kein Paar mehr sind. Doch weder der Vater noch die Mutter

---

30 Alcoba: La danse, S. 53.
31 Alcoba: Le bleu, S. 36.

sprechen mit ihr darüber. Erst als der Vater nach sechs Jahren aus der Haft entlassen wird und nach Frankreich nachkommt, sagt ihr die Mutter, dass sie schon lange getrennt sind und nicht wieder zusammenleben werden. Als Laura von der Haftentlassung ihres Vaters erfährt und vor Erleichterung in Tränen ausbricht, ist die Mutter als emotionale Stütze für sie da, tröstet sie und fährt mir ihr zum Flughafen, um den Vater in Empfang zu nehmen. In diesem emotionalen Moment des Wiedersehens ist Laura neben ihren Eltern ebenso glücklich wie traurig: „Je reste à côté d'eux, heureuse et triste à la fois."[32] [Ich bleibe an ihrer Seite, glücklich und traurig zugleich.]

Trotz der Missverständnisse und Unstimmigkeiten, welche die Mutter-Tochter-Beziehung belasten und zum Teil auch darin begründet liegen, dass die junge Mutter als Alleinerziehende mit der Situation im Exil ebenso überfordert ist wie die Tochter, teilen sie auch positive Erlebnisse miteinander wie die Freude, das Glück und die Überraschung über den ersten Satz, den Laura nach langer Zeit auf Französisch sagt, ohne ihn vorher aus dem Spanischen zu übersetzen: „Elle était tellement surprise! [...] Moi aussi, j'étais stupéfaite, et comment! [...] J'étais émerveillée et effarée à la fois."[33] [Sie war so überrascht! Auch ich war verblüfft, und wie! Ich war entzückt und fassungslos zugleich.]

3 Die Herausforderung der französischen Sprache

Obwohl Laura in Argentinien vor ihrer Ausreise bereits zwei Jahre Französisch lernt, hat sie bei ihrer Ankunft in Frankreich sprachliche Schwierigkeiten und schämt sich für ihren Akzent:

> [...] je n'aime pas montrer mon accent. Il me fait honte. [...] Cet accent, j'aimerais l'effacer, le faire disparaître, l'arracher de moi."[34] [[...] ich möchte meinen Akzent nicht zeigen. Ich schäme mich für ihn. Ich möchte diesen Akzent auslöschen, verschwinden lassen, aus mir herausreißen.]

Die Scham, die sie empfindet, wenn jemand ihren Akzent hört, verarbeitet sie unbewusst in einem wiederkehrenden Albtraum, in dem sie nackt in einen Bus steigt, dies aber erst nach der Abfahrt durch die Blicke der anderen Fahrgäste bemerkt und nicht mehr aussteigen kann.

---

32 Alcoba: La danse, S. 142.
33 Alcoba: Le bleu, S. 118.
34 Alcoba: Le bleu, S. 36–37.

Hinzu kommt die Metapher der Röhren. Die Tapete in Lauras Zimmer zeigt ein Muster aus abstrakten Röhren, die für sie die französische Sprache symbolisieren. Lange Zeit findet sie nicht den Eingang in diese Röhren, was sie verzweifeln lässt, da sie unbedingt hinein möchte: „[...] je veux aller bien plus loin: me trouver à l'intérieur de cette langue, pour de bon, je veux être *dedans*."[35] [[...] ich möchte noch viel weiter gehen: mich im Inneren dieser Sprache wiederfinden, wirklich *drinnen* sein.] Erst am Ende des zweiten Bands *Le bleu des abeilles* gelingt es ihr zu ihrer großen Freude und Überraschung, einen Satz auf Französisch zu sagen, ohne ihn aus dem Spanischen zu übersetzen, der sie in die Röhren eintreten lässt: „Pour la première fois, dans ma tête, je n'avais pas traduit. J'avais trouvé l'ouverture."[36] [Zum ersten Mal hatte ich in meinem Kopf nicht übersetzt. Ich hatte den Eingang gefunden.]

Darüber hinaus befreit die französische Sprache sowohl die Autorin als auch die erzählende Protagonistin von dem Schweigen, zu dem sie ihr Leben im Untergrund der Montonero-Bewegung zwingt, und ermöglicht ihnen, sich selbst (wieder) zu finden und sich selbst zu erzählen.[37] Nicht nur der Vorfall mit der Nachbarin verdeutlicht Laura, wie wichtig es ist, kein falsches Wort zu sagen, sondern auch die Verhaftung einer ganzen Familie, deren Kleinkind sie bei einer Hausdurchsuchung unwissend und ungewollt verrät, indem es der Polizei das gesuchte Versteck zeigt. Daher hält Laura im Alter von nur sieben Jahren fest: „Je ne dirai rien. Même si on venait à me faire mal. [...] Moi, j'ai compris à quel point il est important de se taire."[38] [Ich werde nichts sagen. Selbst wenn man mir wehtut. [...] Ich habe verstanden, wie wichtig es ist, zu schweigen.] In dieser Hinsicht gibt ihr die französische Sprache ihre kindliche Leichtigkeit zurück, wodurch sie im zweiten und dritten Band viel aktiver und freier erzählt als im ersten.[39]

In ihrem regelmäßigen Briefwechsel versucht Lauras Vater, den Sprachlernprozess seiner Tochter aus der Entfernung zu unterstützen, indem sie die gleichen Bücher lesen (Laura auf Französisch, der Vater auf Spanisch) und sich darüber austauschen. Als Laura dafür ein Buch in der Bibliothek ausleihen möchte und die Bibliothekarin im Gespräch ihren Akzent bemerkt, versucht sie Laura zu überreden, lieber ein Kinder- oder Bilderbuch zu nehmen, welches eher ihrem Sprachniveau entspreche. Laura wird daraufhin wütend, weil sie sich nicht ernst genommen fühlt, zumal die Bibliothekarin bewusst eine einfache Sprache wählt und extra langsam und deutlich spricht, was für Lauras Verständnis gar nicht nötig wäre.

---

35 Alcoba: Le bleu, S. 55.
36 Alcoba: Le bleu, S. 118.
37 Vgl. Cravageot: Écriture féminine, S. 192.
38 Alcoba: Manèges, S. 20.
39 Vgl. Cravageot: L'écriture féminine, S. 192.

Das Streitgespräch mit der Bibliothekarin führt Laura vor Augen, dass sie in Frankreich „die Andere" ist, so wie schon in Argentinien, wo sie im Untergrund ein „anderes" Leben geführt hat als Kinder aus „normalen" Familien, die sie um das Traumhaus mit Garten, Schaukel und Hund beneidet. Vor diesem Hintergrund wundert es nicht, dass Laura im Gegensatz zu anderen Exilierten zu keinem Zeitpunkt ihr Heimweh nach Argentinien zum Ausdruck bringt. Natürlich vermisst sie ihren Vater, aber nicht ihr vorheriges Leben, in dem sie die meiste Zeit von ihren Eltern getrennt war, nicht zur Schule gehen durfte, im „Kaninchenhaus" gefangen war und ständig Angst hatte. So führt sie bis zur Haftentlassung ihres Vaters weder in Argentinien noch in Frankreich ein glückliches kindgerechtes Leben, weshalb mit der Befreiung ihres Vaters alle Emotionen aus ihr herausbrechen, die sie über Jahre unterdrückt hat:

> Je pleure tout ce que je n'ai pas pleuré avant. Je pleure la peur aussi bien que l'attente. Je pleure tout ce qui s'est passé là-bas. Je pleure pour nous mais aussi pour tous les autres. Pour tout ce que je sais et pour ce que j'ignore encore.[40] [Ich weine um alles, um was ich vorher nicht geweint habe. Ich weine um die Angst ebenso wie um das Warten. Ich weine um alles, was dort passiert ist. Ich weine für uns, aber auch für alle anderen. Für all das, was ich weiß, und für das, was ich noch nicht weiß.]

Gemäß Rubén G. Rumbaut gehört Laura zur Migrationsgeneration 1.5, die zwar selbst migriert ist (1. Generation), zu diesem Zeitpunkt aber noch ein Kind ist und fortan mit zwei Sprachen und Kulturen aufwächst (2. Generation).[41] Die anderen Kinder aus dem Pariser Vorort glauben Laura zuerst nicht, dass sie mit dem Flugzeug von Argentinien nach Frankreich gereist ist, weil sie zum einen gar nicht wissen, wo sich Argentinien genau befindet, und zum anderen selbst noch nie in einem Flugzeug saßen. Neidisch und ungläubig werfen sie Laura vor durch die Flugzeuggeschichte nur im Mittelpunkt stehen zu wollen und sehen sie als Lügnerin an. Dadurch fühlt sich Laura verletzt, unverstanden und einsam. Wie im „Kaninchenhaus" nimmt sie sich selbst erneut als „die Andere" wahr, deren Leben nicht mit dem „normaler" Kinder vergleichbar ist.

„Die Andere" ist sie auch in ihrem ersten Skiurlaub, den sie mit einer französischen Familie verbringt, die sie und ein anderes geflüchtetes Kind aus Lateinamerika (Eduardo) in die Berge mitnehmen. Sie erfährt von ihrer Mutter, dass die wohlhabende Familie geflüchteten Kindern etwas Gutes tun möchte, versteht aber erst später, dass Eduardo und sie ebenjene Kinder sind: „Les enfants réfugiés, c'est nous!"[42]

---

40 Alcoba. La danse, 3. 139.
41 Rubén G. Rumbaut: Generation 1.5, Educational Experiences of. In: James A. Banks (Hg.): Encyclopedia of diversity in education 1. Thousand Oaks 2012, S. 983.
42 Alcoba: Le bleu, S. 93.

[Die geflüchteten Kinder sind wir!] Trotz des Gefühls, in der Gastfamilie „die Andere" zu sein, ist der Skiurlaub eine positive und gewinnbringende Erfahrung für Laura, weil sie zum ersten Mal in ihrem Leben in den Urlaub fährt, zum ersten Mal Schneeberge sieht und zum ersten Mal die Zeit in Frankreich genießt. Dafür nimmt sie sich vor, möglichst wenig mit Eduardo zu sprechen, v. a. nicht auf Spanisch, um das Sprachbad in einer „richtigen" französischen Familie für sich zu nutzen.

4 Die emotionale Identitäts- und Erinnerungsarbeit

Im Nachwort von *Manèges* gibt die kindliche Erzählstimme der Protagonistin Laura das Wort an die erwachsene Erzählstimme der Autorin Alcoba zurück. Inzwischen selbst Mutter, reist Alcoba mit ihrer Tochter im Jahr 2003 nach Argentinien, um das „Kaninchenhaus" zu besichtigen, welches in der realen Welt kurz nach ihrer Ausreise vom Militär angegriffen und größtenteils zerstört wurde und heute als Museum den Besuchenden die Jahre der Militärdiktatur näherbringt. In La Plata besucht Alcoba auch die Mutter der ermordeten Montonero-Kämpferin Diana, mit der sie im „Kaninchenhaus" gelebt hat und zu der sie im Vorwort von *Manèges* spricht. Alcobas Rückkehr an den Ort ihrer traumatischen Kindheit, der die Zeit der Militärdiktatur verräumlicht und als Erinnerungsort Eingang in Argentiniens kulturelles Gedächtnis gefunden hat, bildet den emotionalen Grundstein für die Verschriftlichung ihrer Lebensgeschichte, die sie ohne die Rückkehr ins „Kaninchenhaus" nach so vielen Jahren vermutlich nicht mehr erzählt hätte.

Im Nachwort von *Manèges* kann die erwachsene Erzählstimme ihre Emotionen vor dem „Kaninchenhaus" nicht in Worte fassen: „Il n'existe pas de mots pour dire l'émotion qui m'a envahie quand j'ai découvert ces lieux qui portent toutes les marques de la mort et de la destruction."[43] [Es gibt keine Worte für die Ergriffenheit, die mich überkam, als ich an diesem von Tod und Zerstörung gezeichneten Ort stand.] Diese Worte hat Laura Alcoba durch das Schreiben in der Zweitsprache Französisch gefunden, die ihr im Sinne einer Katharsis die nötige emotionale Distanz gegeben hat, das Erlebte literarisch zu verarbeiten:

> En el caso particular de *Manèges*, creo que escribir en francés sí me ofreció la distancia emocional que necesitaba para hacer algo con esas cosas que llevaba de manera tan dolorosa.[44] [Im besonderen Fall von *Manèges* glaube ich, dass mir das Schreiben auf Französisch

---

43 Alcoba: Manèges, S. 138.
44 Saban: Un carrusel, S. 247.

die emotionale Distanz gegeben hat, um etwas mit diesen Dingen zu tun, die ich auf so schmerzhafte Weise mit mir trage.]

Gemäß Paul Ricœur schafft sich Laura Alcoba in der *Manèges*-Trilogie eine narrative Identität[45], indem die kindliche und jugendliche Erzählstimme einen eigenen, neuen und unverbrauchten Blick auf die große Geschichte Argentiniens wirft und sie auf die kleine Geschichte ihrer Lebenswelt bezieht. Dadurch erscheint Lauras individuelle Erzählstimme auch als kollektive Erzählstimme, welche die argentinische Erzähl- und Erinnerungsgemeinschaft repräsentiert (*pars pro toto*). Die *Manèges*-Trilogie wirkt demnach wirklichkeits-, identitäts- und gedächtnisstiftend, indem Alcoba ihre Erinnerungen mit uns teilt und insbesondere für das argentinische Lesepublikum Anknüpfungspunkte für eigene Erinnerungen schafft: „El hecho de haber puesto en marcha mi memoria puso en marcha otras memorias."[46] [Meine Erinnerung hat andere Erinnerungen in Gang gesetzt.]

Doch nicht nur das argentinische, sondern auch das französische Lesepublikum vollzieht einen Perspektivwechsel, indem es die eigene Sprache und Kultur mit Lauras „anderem" Blick wahrnimmt und die „andere" Geschichte der argentinischen Militärdiktatur durch Lauras Exil im eigenen Kulturraum kennenlernt. Dieser hat zwar viele Exilierte aus Argentinien und anderen lateinamerikanischen Ländern aufgenommen, ist von den dortigen (Militär-)Diktaturen aber ansonsten nicht direkt betroffen. Demnach „reisen" Lauras „argentinische" Erinnerungen sowohl in als auch mit der *Manèges*-Trilogie als *travelling memory* zwischen den Sprachen und Kulturen.[47] Dies trifft auch auf Alcobas neueren Roman *Par la forêt* zu, in dem sie die Erinnerungen der Argentinierin Griselda Solano und ihrer Tochter Flavia im französischen Exil erzählt.

Im Hinblick auf Alcobas weiteres literarisches Schaffen bleibt abzuwarten, auf welche emotionalen Exilreisen sie ihr Lesepublikum zukünftig mitnimmt. In der *Manèges*-Trilogie assoziiert sie das Exil mit einer beeindruckenden Spannbreite von Emotionen, die von Angst, Enttäuschung und Traurigkeit über Wut, Neid und Scham bis hin zu Freude, Neugierde und Stolz der kindlichen und jugendlichen Ich-Erzählerin Laura reichen. Damit schließt Alcoba in der *Manèges*-Trilogie eigentlich das Kapitel ihrer emotionalen Exilgeschichte, schlägt es für *Par la forêt* aber kurzzeitig wieder auf:

> Après cette sombre période que j'ai évoquée dans trois livres, *Manèges*, *Le bleu des abeilles* puis *La danse de l'araignée*, mon père a vécu là, quelque temps.[48] [Nach dieser dunklen Zeit,

---

45 Paul Ricœur: L'Identité narrative. In: *Esprit. comprendre le monde qui vient* 140 (1988), S. 295–304.
46 Saban: Un carrusel, S. 24.
47 Vgl. Astrid Erll: Travelling memory. In: Parallax 17 (4) (2011), S. 4–18.
48 Alcoba: Par la forêt, S. 103.

die ich in drei Büchern, *Manèges, Le bleu des abeilles* und *La danse de l'araignée*, erinnert habe, hat mein Vater dort eine Zeit lang gelebt.]

So wird Laura Alcoba die traumatischen Erinnerungen an die argentinische Militärdiktatur und ihr Leben im französischen Exil wohl nicht vergessen, auch wenn ihre erwachsene Erzählstimme dies im Vorwort von *Manèges* versucht. Denn emotional besetzte Ereignisse wie die Erfahrungen im Exil sind stärker in den Gedächtnisstrukturen verankert als andere Informationen und dadurch besser vor dem Vergessen geschützt.[49] Das Erzählen dieser Ereignisse hilft jedoch, sie zu verarbeiten und im Exil zurechtzukommen, in dem Laura Alcoba das „Andere" (die französische Sprache und Kultur) zum „Eigenen" gemacht hat und ihre Erzählstimmen nach dem aufgezwungenen Schweigen das Wort ergreifen und zu sich selbst zurückfinden.

Literaturverzeichnis

Alcoba, Laura: Manèges. Petite histoire argentine. Paris 2007.
Alcoba, Laura: La casa de los conejos. Buenos Aires 2008.
Alcoba, Laura: Das Kaninchenhaus. Berlin 2010.
Alcoba, Laura: Le bleu des abeilles. Paris 2013.
Alcoba, Laura: El azul de las abejas. Buenos Aires 2014.
Alcoba, Laura: La danse de l'araignée. Paris 2017.
Alcoba, Laura: La danza de la araña. Buenos Aires 2018.
Alcoba, Laura: Par la forêt. Paris 2022.
Cravageot, Marie: Écriture féminine de l'exil: esthétique de l'intime des espaces traversés. In: Marina Ortrud M. Hertrampf, Hanna Nohe und Kirsten von Hagen (Hg.): Au carrefour des mondes. Récits actuels de femmes migrantes. An der Schnittstelle der Welten. Aktuelle Narrative von migrierenden Frauen. München 2021, S. 185–208.
Gansel, Carsten: Störungen des ‚Selbst' – Trauma-Erfahrungen und Möglichkeiten ihrer künstlerischen Konfiguration – Vorbemerkungen. In: ders. (Hg.): Trauma-Erfahrungen und Störungen des ‚Selbst'. Mediale und literarische Konfigurationen lebensweltlicher Krisen. Berlin, Boston 2020, S. 1–6.
Erll, Astrid: Travelling memory. In: Parallax 17 (4) (2011), S. 4–18.
Genschow, Karen: Sujetos culturales en disputa en Manèges/La casa de los conejos de Laura Alcoba. In: Sociocriticism 2 (2017), S. 151–188.
Kuhbandner, Christoph und Reinhard Pekrun: „Emotion und Gedächtnis". In: Hans-Peter Trolldenier, Wolfgang Lenhard und Peter Marx (Hg.): Brennpunkte der Gedächtnisforschung: Entwicklungs- und pädagogisch-psychologische Perspektiven. Göttingen 2010, S. 35–51.

---

49 Christoph Kuhbandner und Reinhard Pekrun: „Emotion und Gedächtnis". In: Hans-Peter Trolldenier, Wolfgang Lenhard und Peter Marx (Hg.): Brennpunkte der Gedächtnisforschung: Entwicklungs- und pädagogisch-psychologische Perspektiven. Göttingen 2010, S. 35–51, hier S. 47.

La casa de los conejos also die. Reg. Valeria Selinger. INCAA, Argentinien 2020.
Madjidi, Maryam: Marx et la poupée. Paris 2017.
Menestrina, Enzo Matías: „La experiencia del exilio determina y deja una huella para siempre": entrevista a la escritora Laura Alcoba. In: Anclajes 24 (2) (2020), S. 63–78.
Menestrina, Enzo Matías: La restitución del pasado: Memoria autoficcional en El azul de las abejas de Laura Alcoba. In: Anclajes 25 (1) (2021), S. 151–166.
Ricœur, Paul: L'identité narrative. In: Esprit: comprendre le monde qui vient 140 (1988), S. 295–304.
Rumbaut, Rubén G.: Generation 1.5, Educational Experiences of. In: James A. Banks (Hg.): Encyclopedia of diversity in education 1. Thousand Oaks 2012, S. 983.
Saban, Karen: Un carrusel de recuerdos: conversación con la escritora argentina Laura Alcoba. In: Iberoamericana 39 (2010), S. 246–251.
Starke, Silvia: Kinder von Inhaftierten. In: Lydia Halbhuber-Gassner, Barbara Kappenberg und Wolfgang Krell (Hg.): Wenn Inhaftierung die Lebenssituation prägt. Lokale Unterstützungsangebote und Online-Beratung für Angehörige. Freiburg im Breisgau S. 37–46.

Axel Grimmeißen
Emotion, Exil und der arabisch-jüdische Krieg von 1948: Kriegserinnerungen, Flucht und Vertreibung in Josef Alkatouts *Samla* und Yoram Kaniuks *1948*

> Ich glaube nämlich immer noch, dass man in jeder Lage,
> auch im Krieg, nach Gerechtigkeit streben muss und
> auch kann – und dass das die grundjüdische Haltung ist.
> Max Brod: *Unambo*[1]

Bei Abfassung des Artikels 2024 hält nach dem terroristischen Angriff der Hamas im Nahen Osten der Gazakrieg an und noch immer sind israelische Geiseln in Gefangenschaft; die Zukunft der Zivilbevölkerung in Gaza und der Region im Allgemeinen nach Ende des Krieges bleibt ungewiss. Nach dem 7. Oktober 2023 wurden aufgrund der Plötzlichkeit des Angriffs und dessen Zeitpunkt, einem Schabbat zu Simchat Torah, Parallelen zum Jom-Kippur-Krieg 1973 gezogen. Während in der momentanen Situation für die Politik der Gesamtverlauf des Nahost-Konfliktes zu berücksichtigen ist, ist aus Sicht der Exilforschung der Israelische Unabhängigkeitskrieg bzw. der Palästinakrieg 1948 aufgrund seiner doppelten Exilkonstellation von besonderem Interesse. Der eingangs zitierte Max Brod, der 1939 vor dem Nationalsozialismus nach Israel/ Palästina floh,[2] verfasste dort den Exilroman *Unambo*, der eben jenen Krieg als Stoffgrundlage hat. Im Zuge der auch als „Alija ha-Germanit" bezeichneten,[3] fünften Einwanderungswelle, kamen zwischen 1933 und 1939 etwa 90 000 Menschen nach Palästina und die trotz der Bezeichnung anteilig wenigen deutschen Einwanderer mussten sich kulturell und sprachlich gegen Vorwürfe und Vorurteile behaupten.[4] Max Brods Roman kann dabei nach Raymond Williams literaturhistorisch als Teil des naszenten Stadiums deutschsprachiger Literatur in Is-

---
1 Max Brod: Unambo. Roman aus dem jüdisch-arabischen Krieg. Zürich 1949, S. 46.
2 Vgl. Claus-Ekkehard Bärsch: Max Brod im Kampf um das Judentum. Zum Leben und Werk eines deutsch-jüdischen Dichters aus Prag. Wien 1992, S. 79–89.
3 Katharina Hoba: Generation im Übergang. Beheimatungsprozesse deutscher Juden in Israel. Köln, Weimar, Wien 2017, S. 79–80. Sowohl die reguläre Einwanderung zu Beginn des 19. Jahrhunderts als auch die erzwungene Flucht deutschsprachiger Jüdinnen und Juden nach Israel werden dort detailliert beschrieben und historisch kontextualisiert.
4 Vgl. Linde Apel: Die richtigen Jeckes sind die andere. Israelis mit deutschen Wurzeln zwischen biographischer Selbstreflexion und Fremdzuschreibungen. In: Forschungsstelle für Zeitgeschichte in Hamburg (Hg.): Zeitgeschichte in Hamburg 2010. Hamburg 2011, S. 88.

rael eingeordnet werden.[5] Der historische Kontext der Entstehung des Romans ist dabei weiterhin eine Überschneidung zweier Exilsituation: einerseits die Flucht vor dem Nationalsozialismus und das damit einhergehende Exil in Palästina/Israel, andererseits Flucht und Vertreibung von Teilen der arabischen Bevölkerung im Zuge des Krieges von 1948. Der auf Max Brod zurückgehende Begriff der „Zweigeleisigkeit", mit dem sich Sebastian Schirrmeister in seiner Lektüre des Romans näher befasst hat,[6] scheint auf Israel und die Zwei-Staaten-Lösung in der jetzigen Situation keinesfalls mehr anwendbar. Dennoch will dieser Beitrag der im Eingangszitat aufgeworfenen Frage nach der Ethik im Krieg nachgehen.

Vor etwa 75 Jahren kam es im Zuge des Israelischen Unabhängigkeitskrieges bzw. Palästinakriegs 1947–1949 zu einer Flucht Zehntausender, was auch ein entscheidender Faktor für den Beschluss der panarabischen Invasion am 15. Mai darstellt.[7] Dieser historische Stoff erfuhr sowohl Bearbeitungen in der palästinensischen als auch in der israelischen Literatur. Ethische Lektüre kann in diesem Zusammenhang nach der Anerkennung von gegenseitigem Leid, entsprechend einer Anerkennungsethik, fragen und Emotionalität, d. h. den Ausdruck von Emotionen, als wissenschaftlich analysierbare Kategorie heranziehen.[8] Eine aufschlussreiche Lektüre in diesem Zusammenhang entstandener Gedichte der hebräischen Literatur, in der die Nakba in den 10 Jahren nach dem Krieg 1948 wenig präsent ist, nimmt Hannan Hever vor und hält das „Trauma des anderen" als gewichtig für die literarische Produktion in diesem Kontext fest: Aus hermeneutischer Sicht ist der Erwartungshorizont in der Wahrnehmung und Wiedergabe der Ereignisse durch je eigene Traumata geprägt.[9] Die literarische Bearbeitung des Stoffes setzt sich dabei bis heute fort und so finden der Angriffskrieg auf das junge Israel und, vergleichs-

---

5 Vgl. Jan Kühne: Deutschsprachige jüdische Literatur in Mandats-Palästina/ Israel (1933–2014) In: Hans-Otto Horch (Hg.): Handbuch zur deutsch-jüdischen Literatur. Berlin 2016, S. 205–206. Diese Einteilung ist nicht unumstritten: Vgl. Sebastian Schirrmeister: Begegnung auf fremder Erde. Verschränkungen deutsch- und hebräischsprachiger Literatur in Palästina/ Israel nach 1933. Stuttgart 2019, S. 34–38.
6 Vgl. Schirrmeister: Begegnung auf fremder Erde, S. 170–199.
7 Vgl. Benny Morris: 1948. Der erste arabisch-israelische Krieg. Berlin 2023, S. 245–246.
8 Die Ethik der Anerkennung versucht die auf Karl-Otto Apel und Jürgen Habermas zurückgehende Diskursethik weiterzuentwickeln. Gewichtig ist hierbei die Anerkennung des Eigenen und Anderen in Trennschärfe, um Autonomie und Individuation zu ermöglichen: Nur derjenige, der seine Individualisierung und die Anerkennung seiner selbst dank des Erlebnisses der Anerkennung Anderer erreicht hat, wird imstande sein können, seinerseits die Anderen anzuerkennen und sie ohne Eifersucht und Neid in der Verwirklichung ihres eigenen Lebensplans „gehen zu lassen". Roberto Finelli: Ethik der Anerkennung und Diskursethik. In: Hans Jörg Sandkühler (Hg.): Enzyklopädie Philosophie. Hamburg 2010, S. 92–93.
9 Vgl. Hannan Hever: Hebrew Literature and the 1948 War. Essays on Philology and Responsibility. Leiden, Boston 2019, S. 20–21 und S. 25.

weise emphatisch, die Vertreibung aus den arabischen Dörfern in der Literatur um die 2010er Jahre zwei eindrückliche Darstellungen: 2006, in der Zeit des innerpalästinensischen Kampfes um Gaza,[10] erschien Josef Alkatouts Roman *Samla* auf Deutsch, 2010 der autobiographische Roman *1948* von Yoram Kaniuk auf Hebräisch und 2013 in deutscher Übersetzung. Beide Texte stellen den Krieg um 1948 sowie damit einhergehende traumatische Erfahrungen dar. Die historische Deutung nach dem Waffenstillstandsabkommen von 1949 fiel dabei unterschiedlich aus: Israel betrachtete den Zustand als Ende des Krieges und die Waffenstillstandslinie als Grenzziehung, während die arabische Seite dies ablehnte und Israel als Paria-Staat ansah und teils bis heute tut. In Folge des Krieges wiederum prägte der führende arabische Intellektuelle Constantin Zureik den bereits genannten Begriff „Nakba" (dt. Katastrophe, Unglück).[11] Demgegenüber stehen hauptsächlich drei israelische Narrative:

> Während er [der Krieg] in Israel als Wunder betrachtet und als Unabhängigkeitskrieg („Milchemet Ha-Azma'ut") bezeichnet wird, manchmal auch als Krieg der Befreiung (Schichrur) oder des Widerstandes (Komemiut), heißen diese Geschehnisse bei den Palästinensern Nakba – die „Katastrophe", weil dadurch nicht die Chancen, einen palästinensischen Staat zu gründen, zerstört wurden, sondern auch etwa 700 000 der 1 200 000 Araber, die 1947 im Land lebten, im Exil endeten.[12]

Die ausgewählten Texte stehen damit neben ihrer literarischen Bedeutung auch im historischen Zusammenhang der (zeitgenössischen) Narrativ-Bildung, d. h. dem kommunikativen Gedächtnis über den ersten jüdisch-arabischen Krieg. Für die Literaturwissenschaft wiederum ergibt sich daraus die Schwierigkeit, engagierte von propagandistischer Literatur zu trennen bzw. Engagement von Propaganda. Dabei sei auf die propagandistische, israelfeindliche Vereinnahmung der Nakba verwiesen, die Literatur als Teil des Nahost-Konflikts erkennbar werden lässt. Dabei ist Kunst ein Raum, der antipodisch gegenüber dem Militär gesehen werden kann, Kunst- und Kulturschaffenden kommt zuweilen eine gesellschaftliche Position zu, die keine Beteiligung an kriegerischen Handlungen vorsieht.[13] Deswegen erschient es sinnvoll, die gewählten Texte 1. nach ihrem emotionalen Gehalt, 2. nach den damit verbundenen narrativen Strategien und 3. nach den Erklärungsvorschlägen für beiderseitige Ressentiments zu befragen.

---

10 Vgl. Asseburg, Muriel: Hamstan vs. Fatahland. Fortschritt in Nahost?, online: https://www.swp-berlin.org/publications/products/aktuell/2007A35_ass_ks.pdf (Zugriff: 01.02.2024).
11 Vgl. Adi Schwartz, Einat Wilf: Der Kampf um Rückkehr. Wie die westliche Nachsicht für den palästinensischen Traum den Frieden behindert hat. Leipzig 2022, S. 49.
12 Noam Zadoff: Geschichte Israels. Von der Staatsgründung bis zur Gegenwart. München 2020, S. 31–32.
13 Vgl. Michael Walzer: Just and unjust wars. A moral argument with historical illustrations. New York 1977, S. 43.

1 Emotion aus philosophisch-psychologischer Perspektive: (K)ein Teil der Ratio?

In philosophischen Kontexten sind die Begriffe Affekt und Gefühl gebräuchlicher als der der Emotion.[14] Dieser wird „erst ab dem Ende des 17. Jh. in Wörterbüchern behandelt".[15] Definiert werden Emotionen „(i) als ‚Sinnesempfindungen' (z. B. optische, akustische oder haptische Empfindungen) und (ii) als Erlebnisqualitäten des Menschen in der Individuum-Welt-Beziehung".[16] Damit sind Emotionen als Teil des Verstehensprozesses unmittelbarer als etwa die rein wissensbasierte Einordnung eines Interpretandum in eine Epochengeschichte. Dass die akademische Beurteilung eines Interpretandum der Emotionen bedarf, lässt sich durch einige hypothetische Minimalpaar-Vergleich zeigen. Eine Darstellung von Narziss mit lächelndem Gesicht wirft eine andere Perspektive auf die tradierte Erzählung als diejenige, die sich durch eine trauernde Darstellung ergäbe. Illustrationen dieses Mythos in vornehmlich kalten Farben lösen andere Gefühle in uns aus als eine Darstellung in warmen Farben und sind damit notwendiger Teil einer adäquaten Interpretation. Es mag die Leistung der Parodie sein, Ernst in Komik zu überführen und emotionale Wendungen zu bekannten Stoffen zu schaffen.

Eine weiter gefasste Definition der Emotionen indes fasst auch die Wahrnehmung von Stimmungen, auf die in den gerade genannten Beispielen der Farbtemperatur Bezug genommen wurde:

> Emotionen [...] umfassen körperliche, mimetisch-gestische, erkenntnisinvolvierte und tätigkeitsorientierte Begleitunterscheidungen bzw. Ausdrucksformen. Emotionen spiegeln die Individuum-Welt-Beziehung wider, indem mit ihrer Hilfe Körpermerkmale, Gegenstände, Erscheinungen, Ereignisse und Zustände (Stimmungen) bewertet werden. [Sie] stellen ‚Quellen der Erkenntnis' dar.[17]

Erweitert um die Modellierung von Verstehensprozessen verweist diese weite Definition auch auf die Psychophysik bzw. die kognitive Psychologie. In Sender-Empfänger-Modellen der kognitiven Psychologie sind dabei Emotionskonzepte neben Person- und Bedeutungskonzept die zentralen Bestandteile des konzeptuellen Systems, das zur Enkodierung notwendig ist und Verstehen erst ermöglicht.[18] In der Literatur ist

---

14 Hans Hermsen: Emotion. In: Hans Jörg Sandkühler (Hg.): Enzyklopädie Philosophie. Hamburg 2010, S. 493–500, hier S. 493.
15 Hermsen: Emotion, S. 493.
16 Hermsen: Emotion, S. 493.
17 Hermsen: Emotion, S. 495.
18 Hubert D. Zimmer, Johannes Engelkamp: Lehrbuch der Kognitiven Psychologie. Göttingen 2006, S. 147.

diese Erkenntnis anwendbar auf intra- und extradiegetische Erzählstimmen und Sprechakte beinhalten durch ihre emotive Funktion, die in der wörtlichen Rede z. B. semiotisch, durch adjektivische Ergänzungen oder stimmungsdefinierende Rahmungen wie etwa das Wetter lesbar werden, ein mehr an Informationsgehalt. Rationalistisch-philosophische Positionen, die Mitleid als „weibisch" disqualifizieren und diesem den Erkenntnisgewinn absprechen, stehen Erkenntnisse der Neurowissenschaften entgegen. Auf Grundlage der Entdeckung der Spiegelneuronen können Empathie, Intuition und Ahnung nicht als irrational verstanden werden, sondern als Möglichkeiten, „fremde Handlungen und Gefühle so zu verstehen, als wären es die eigenen Handlungen und Gefühle."[19] Eine weitere Spezifizierung von Gefühlen nahm der Forschungspsychologe Carroll E. Izard mit seinen Arbeiten zu den menschlichen Emotionen um die 1980er Jahre vor und unterscheidet dabei ausgehend von Silvan Tomkins Affekttheorie nach Ursachen (Außenwelt) und Auslöser (neuronale Prozessverbindungen) von Emotionen. Diese werden wiederum in zehn Primäremotionen unterteilt, es sind dies „drei positive Emotionen – Interesse, Freude, Überraschung – und sieben negative Emotionen: Traurigkeit bzw. Kummer, Ärger, Ekel, Furcht, Scham, Verachtung und Schuld."[20] Offensichtlich eignet sich das damit gegebene Vokabular zur Beschreibung und Einteilung literarisch dargestellter Emotionen, wobei graduelle Unterscheidungen nach der Intensität (Freude – Extase – Enstase) und situative Unterscheidungen (z. B. engl. mourning) noch nicht gefasst sind und die Forschung auch andere Einteilungen der Basisemotionen vornahm. Der durch klinische Fallstudien mit gehirngeschädigten Patienten erbrachte Nachweis, dass rationales Denken ohne Emotionen nicht möglich ist, gelang indes Antonio Damasio.[21] Daraus wird schließlich gefolgert:

> Zwar können emotionale Reaktionen und Bewertung fehlgeleitet sein, aber subjektive Faktoren von Projekten, Kunstwerken, kulturellen Leistungen können mit dem Wissen über gesellschaftliche historische Zusammenhänge für ein angemesseneres Urteil notwendig sein.[22]

Diese Folgerungen müssten sich der Logik entsprechend auch auf die Gnosis transferieren lassen und eine Geschichte der religiösen Emotionen, wie Angela Locatelli sie formuliert, erscheint dahingehend folgerichtig.[23] In ihrem Aufsatz werden verschiedenen Begriffen, die auf eine Art emotionale Religiosität verweisen,

---

19 Hermsen: Emotion, S. 495.
20 Hermsen: Emotion, S. 498.
21 Hermsen: Emotion, S. 499.
22 Hermsen: Emotion, S. 499.
23 Angela Locatelli: Emotions and/in Religion. Reading Sigmund Freud, Rudolph Otto, and William James. In: Jandl, Ingeborg/ Knaller, Susanne/ Schönfellner, Sabine/ Tockner, Gudrun (Hg.): Writing Emotions. Theoretical Concepts and Selected Case Studies in Literature. Bielefeld 2017, S. 77–98.

behandelt: das „ozeanisches Gefühl" bei Freud, das „Gefühl des Numinosen" bei Rudolph Otto und die „kosmische Emotion" bei William James.[24] Das „ozeanische Gefühl" ist dabei eine Metapher des französischen Philosophen und Romanciers Romain Rolland und wird von diesem weiterhin als Gefühl der Ewigkeit, Grenzlosigkeit, Ungebundenheit umschrieben, deren Entstehung Freud wiederum psychoanalytisch auf den primären Narzissmus in der Kindheit zurückführt, den phylogenetischen Emergenztheorien der Emotionalität nicht unähnlich.[25] Das „Gefühl des Numinosen" ist verbunden mit Präsenzerfahrungen bzw. des Fühlens einer Präsenz und der negativen Bestimmung als unbeschreiblich, die „kosmische Emotion" meint einen Erfahrungswert im Zusammenhang mit mystischen Zuständen.[26] Weiterhin handelt es sich bei religiösen Emotionen um subjektive, objektgebundene und adressierte Emotionen; die abschließende Konklusion der Arbeit ist die Erkenntnis, das religiöse Emotionen kulturell und historisch spezifisch sind.[27] Die Beschreibung der subjektiven Qualität religiöser Emotionen mag in der Literatur ein Medium finden, das diese intersubjektiv erfahrbar macht bzw. sympathetisches Verstehen ermöglicht.

2 Emotion und Nakba: Der Roman *Samla*

Der Roman *Samla* erzählt das Leben von Nasser Mahmoud, der während des Krieges 1948 im Kindesalter war und eine dementsprechende Erzählposition einnimmt. Geschrieben wurde der Text von Josef Alkatout (geb. 1984 in Süddeutschland), der Rechtswissenschaft und Internationale Beziehungen studierte und über die Legalität des Einsatzes von Kampfdrohnen promovierte.[28] In vier Zeit- und dazugehörigen Handlungsebenen wird durch den mit dem Protagonisten identischen Erzähler Mahmoud Nasser die Geschichte eines Bahnreisenden erzählt, der sich auf der ersten Erzählebene im Gespräch mit einem Mitreisenden an den jüdisch-arabischen Krieg erinnert. In zahlreichen Analepsen wird innerhalb dieser Rahmenhandlung in Form einer zweiten Erzählebene bruchstückhaft die Geschichte der Vertreibung und Migration des Erzählers rekonstruiert. Nach der Vertreibung aus Palästina gelangt die Familie des Erzählers nach Syrien, von dort emigriert der Erzähler nach Deutschland und wird – das stellt die dritte Erzählebene dar – Pharmazeut. Davon hebt sich als vierte Erzählebene eine Reise nach Mekka ab, die zur vorherigen

---

24 Locatelli, S. 77.
25 Locatelli, 85–87.
26 Locatelli, S. 87–88.
27 Vgl. Josef Alkatout: Samla. Roman. Zürich 2007, S. 93.
28 Vgl. Josef Alkatout, https://edition8.ch/autor/josef-alkatout (Zugriff: 01.03.2024).

Handlung zeitlich unbestimmt zum Zeitpunkt eines Danach erzählt wird. Diese Pilgerfahrt nach Mekka bzw. Hajj kann als potenzielle Aussöhnung des Erzählers mit seiner Herkunft und aufgrund des positiven Religionsbezugs antipodisch zum Nihilismus des Dschihadismus verstanden werden.[29]

Wie eingangs wiedergegeben, schließt sich an die durch den Nationalsozialismus verursachte Flucht nach Mandatspalästina im Speziellen, der Chronologie der Ereignisse entsprechend, ein palästinensisches Exil an; außerhalb der Grenzen des heutigen, derzeit von der Palästinensischen Autonomiebehörde bzw. der Hamas kontrollierten Gebiets vornehmlich in den Anrainerstaaten Israels. Die Beurteilung, die Shoah hätte die Nakba evoziert oder der Krieg von 1948 und das Flüchtlingsproblem, verkürzt dabei die Tatsache, dass eine Zwei-Staaten-Lösung vorgeschlagen wurde.[30] Dennoch formuliert der Vater des Erzählers Nasser in Josef Alkatouts *Samla* verkürzend: „Sie haben die Schule geschlossen. Sie haben alles geschlossen. Sie haben die Nazis überlebt, und jetzt sind sie hier", in Reaktion auf Angriffe der britischen Armee. Historisch lässt sich der Beginn des intradiegetisch zweiten Handlungsstrangs im Zeitraum der arabischen Unruhen vor der Staatsgründung Israels verorten.

Die Verankerung und der Stellenwert der Flucht vor dem Nationalsozialismus wird dabei im von der Romanfigur wiedergegebenen Passus hinsichtlich der Perspektive der arabischen Bevölkerung erzählt. „Sie", gemeint ist der Jischuw, sind dabei eine pluralistische Gemengelage mit Zuzug aus verschiedenen Ländern, bereits zu Beginn des 20. Jahrhunderts auf der Flucht vor Pogromen in Russland. *Samla* erzählt damit indirekt eine Seite bzw. eine Perspektive auf die Exilgeschichten der vor dem Nationalsozialismus Geflohenen, wobei die Bedeutung des jüdisch-arabischen Krieges für die arabische Bevölkerung in den Mittelpunkt gestellt ist. Vertreibung und Flucht, sowie das Exil des Erzählers in Syrien und die Migration nach Deutschland werden thematisiert.

In diesem Abschnitt soll der zugrundeliegende Text über das „palästinensische Exil"[31] bzw. die Nakba nach seinem Erkenntnisgewinn über Emotionen zu befragt werden. Welche Emotionen werden im Besonderen dargestellt und durch die narrative Strategie verständlich? Dass sich Nakba und Shoah nicht gleichsetzen lassen, halte ich für unmittelbar einleuchtend. Ein Vergleich der Exilsituation

---

29 Vgl. Alkatout: Samla, S. 75: „Für mich ist es die Hoffnung. Die viel zu große Hoffnung, vielleicht nichts der mitgebrachten Last wieder mit zurückzunehmen."
30 Vgl. Schwartz, Wilf: Der Kampf um Rückkehr, S. 19–21.
31 Der Begriff ist nicht unproblematisch und wird im Laufe des Textes näher befragt. Die Betrachtung der kontemporären Bevölkerung Palästinas als kollektiv Exilierte unterminiert Israel als legitim gegründeten Staat. Der durch die UNRWA aufrechterhaltene Zustand der indefiniten staatlichen Zugehörigkeit kann jedoch m.E. durchaus als Exilsituation bezeichnet werden.

ist deswegen umso aufschlussreicher, wird hier aber nur angeschnitten werden. Emotionalität und palästinensisches Exil sind das Hauptaugenmerk dieser Analyse. Welche Unterschiede sind auszumachen? An die Ergebnisse wird mit der kürzlich erschienen Publikation von Adi Schwartz und Einat Wilf zur palästinensischen Forderung nach einem Rückkehrrecht nach Israel angeknüpft, da dieses auch ein Thema des Textes darstellt.[32]

In *Samla* durchläuft die Erzählerfigur ein Exil in Syrien und einen Akkulturationsprozess in Deutschland. Es ist deswegen sinnvoll, erstens Exil und Emotion (1) sowie zweitens Migration und Emotion (2) näher zu betrachten. (1) Da palästinensischen Flüchtlingen von der UNRWA keine Ausweisdokumente im herkömmlichen Sinn der beglaubigten Staatsbürgerschaft ausgestellt wurden, erscheint der Begriff der „Emotionalen Staatsbürgerschaft", wie ihn Tadeusz Koczanowicz mit Rekurs auf Vilém Flussers Heimatbegriff vorschlägt, in diesem Zusammenhang schlüssig.[33] Die bei Koczanowicz zitierte Beschreibung der Herkunft des Heimatgefühls in frühkindlichen, fötalen und transpersonalen Regionen der Psyche[34] erinnert dabei an die Haltung Freuds zum „ozeanischen Gefühl" und deckt sich mit der These, der Aneignung von Emotionen in frühkindlichen Stadien. Nach Koczanowicz erscheint Heimat, als Gefühl der vermeintlichen Verbundenheit mit Nation, als emotionales Paradigma der Verbundenheit mit Personen bzw. Freunden und ist ähnlich den religiösen Emotionen Ausdruck einer sozialen Verbundenheit.[35] Die Nakba-Erzählung *Samla* beschreibt diese emotionale Staatsangehörigkeit durch Ausdruck des Wunsches nach Rückkehr[36] und erinnert auch durch die Vielzahl an Verweisen auf Gestank[37] in den Transiträumen an die olfaktorische Bindung, die in der Poesie als Symbol der Heimatverbundenheit Ausdruck fin-

---

32 Vgl. Schwartz, Wilf: Der Kampf um Rückkehr.
33 Vgl. Tadeusz Koczanowicz: The Emotional Citizenship of Exile. In: Dorota Sajewska, Małgorzata Sugiera (Hg.): Crisis and Communitas. Performative Concepts of Commonality in Arts and Politics. London 2023, S. 57–75.
34 Koczanowicz: The Emotional Citizenship of Exile, S. 73.
35 Anderer Stelle wird der Begriff der „Emotionalen Transnationalität" für Deutungszusammenhänge und Praktiken in transnationalen Kontexten verwendet, mit dem ausgedrückt wird, „dass Gefühle der Zugehörigkeit sich nicht auf einen einzigen Nationalstaat beziehen, sondern dass vielfältige Bezüge, Verortungen und Zugehörigkeiten denkbar sind."
Die Situation des Erzählers in Syrien entspricht nicht diesem Setting, das etwa in melting pots wie Marseille oder dem Zürich der historischen Avantgarde zu finden wäre. Die Dekonstruktion von Heimatgefühlen mit singulärem Nationenbezug findet jedoch auch hier Bestätigung. Yvonne Albrecht: Gefühle im Prozess der Migration. Transkulturelle Narrationen zwischen Zugehörigkeit und Distanzierung. Kassel 2016. S. 25.
36 Vgl. Alkatout: Samla, S. 71 und S. 93.
37 Vgl. Alkatout: Samla, S. 76, S. 80, S. 83, S. 86 und S. 100.

det.³⁸ Geruch ist demnach in poetischen Beschreibungen Signifikant der Heimat. Der Gestank im Text *Samla* wird damit als Ausdruck einer Nicht-Heimat oder negativ besetzten Heimat lesbar. Diese Nicht-Heimat, der Transitraum, wird anhand eines Kommentars des Erzählers im Roman *Samla* beim Grenzübertritt nach Syrien ersichtlich, der die Umstände der staatsbürgerlichen Identifikation betrifft: „Zu Hause hatten wir keine Papiere, und auch heute bekam ich bloß einen Ausweis, auf dem stand: ‚Palästina-Vertriebener in Syrien'".³⁹ Verbürgt ist qua Dokument der Fluchtzustand und die Herkunft, eine Heimat, die nicht in Syrien liegt und dort nicht gefunden werden kann und soll und ein Palästina, das zum Zeitpunkt der Ausstellung in den Grenzen Israels liegen muss. Die Grenzen, wie sie der UN-Teilungsplan vorsahen, gingen bekanntlich nicht in der Grenzziehung nach dem Waffenstillstand von 1949 auf: das Gebiet Israel umfasste mehr Territorium als vorgesehen, so auch Teile Jerusalems. Ob Nostalgie gegenüber der verlorenen Heimat Palästina durch den Status „Palästina-Vertriebener" besonders evoziert wird, lässt sich dem Text nicht entnehmen, jedoch findet die heute noch existierende, politische Forderung eines Rückkehrrechts der Palästinenser⁴⁰ in Form eines Glaubens an und Wunsches nach Rückkehr Ausdruck, auf das zur emotionalen Kompensation des Verlustes besonders der Vater im Roman pocht und daraus Kraft zu schöpfen scheint:

> „Die Luft hier muss anders riechen, irgendetwas muss jetzt anders sein", rief mein Vater. „Wir sind bald in Syrien! Dort bleiben wir, bis wir wieder nach Samla zurückkehren können."⁴¹

und

> Für Papa war jeder Morgen ein Tag gewesen, der ihn näher ans Ziel, nach Samla zurückbrachte. Mit jedem Sonnenaufgang verging ein Stück der Zeit, die man aushalten musste, gegen die man sich nicht wehren konnte. Die Kraft dafür lag nur in der Gewissheit der Rückkehr, die er sich ausmalte, für die er lebte. Eine Rückkehr zu sich, nach Hause. Ein Gefühl, das keine Sonne und kein Vogelzwitschern aufwog, kein Lächeln, kein Strahlen. Die Heimat. Die man nicht ersetzen konnte. Die uns niemand wiedergab. Bis heute nicht.⁴²

Während keine tatsächliche Staatsbürgerschaft gegeben ist, aber ein direkter Bezug zum Konzept Heimat unter dem Nationenbegriff gegeben ist, bleibt de

---

38 Koczanowicz: The Emotional Citizenship of Exile, S. 73.
39 Vgl. Alkatout: Samla, S. 71–72.
40 Vgl. Schwartz, Wilf: Der Kampf um Rückkehr, S. 43–89.
41 Vgl. Alkatout: Samla, S. 71.
42 Vgl. Alkatout: Samla, S. 93.

facto die emotionale Staatsbürgerschaft eine valide Option, um das nationalstaatliche Befangen-Sein in den Transiträumen zu beschreiben.

Ungleich Flusser gelingt es der fiktiven Figur des Vaters aber nicht, sich von der Nostalgie gegenüber der, in diesem Fall für immer, verlorenen Heimat zu befreien.[43] Die Darstellung des Vaters ist dabei trotz der beschriebenen Fluchtsituation, nach Salman Akhtar, weder die eines Exilanten noch die eines Geflüchteten. Der semantisch nuancierte Unterschied liegt dabei in der Betonung der Unmöglichkeit zur bzw. der Ablehnung der Rückkehr in das Heimatland und im Falle des Geflüchteten in der Betonung der je spezifischen Fluchtsituation, ausgelöst durch Gefahr oder Verfolgung.[44]

(2) Eine weitere Unterscheidung von Migration und Exil trifft der Psychoanalytiker Akhtar anhand von fünf Kategorien: Die Freiwilligkeit oder Unfreiwilligkeit der Emigration, die Zeit für die Vorbereitung, der Grund für das Verlassen des Landes, die Möglichkeit zur Rückkehr, die Aufnahme im Ankunftsland.[45] Diese bilden die Faktoren, die nach Migration Nostalgie ermöglichen und sie im Falle des Exils verhindern.[46] Die seelischen Schmerzen des Migranten zeigen sich durch eine „Wenn-Nur-Fantasie", eine „Mischung aus Schmerz und Freude" und dem Wunsch nach einer Rückkehr ins Heimatland „eines Tages", kurzum manifestiert sich ein Gefühl der Nostalgie gegenüber dem idealisierten und zuweilen herbeigesehnten Herkunftsort.[47] Durch das unfreiwillige Exil ist das Empfinden einer solchen Nostalgie nicht möglich, durch ein Durchsetzen der Erinnerung mit traumatischer Erfahrung stellt sich ein Gefühl der Bitterkeit gegenüber dem Herkunftsland ein, was Akhtar als „the poisoning of nostalgia" bezeichnet, wobei die Unmöglichkeit zur Rückkehr vorausgesetzt wird.[48] Damit ergibt sich ein Widerspruch aus der von Gewalt und Mord geprägten Flucht der Familie aus Samla und dem von Akhtar attestierten psychischen Verarbeitung und Symptomatik der jeweiligen Emigration.

Die Migration des Erzählers nach Deutschland, die an die Flucht nach Syrien anknüpft, wird zunächst verkürzt anhand einiger Antithesen dargestellt:

> Ich bestieg eine Maschine der Middle-East-Airline nach München, wo ich zum ersten Mal einen Wintermantel würde tragen müssen. Ich betrat ein Land, in dem Presse und Regierung verschiedene Meinungen haben, in dem ein Staatsoberhaupt durch Wahlen und nicht durch Pistolen abgelöst wird, in dem ich als unschuldig gelte, bevor nicht das Gegenteil be-

---

43 Koczanowicz: The Emotional Citizenship of Exile, S. 73.
44 Salman Akthar: The Immigrant, the Exile and the Experience of Nostalgia. In: Journal of Applied Psychoanalytic Studies (1999), Vol. 1, No. 2, S. 123–130, S. 125.
45 Vgl. Akthar: Samla, S. 124.
46 Vgl. Akthar: Samla, S. 124–127.
47 Vgl. Akthar: Samla, S. 124–125.
48 Vgl. Akthar: Samla, S. 127.

wiesen wird. Ich betrat erstmals ein Land der Freiheit, in dem ich mir seltsam erwünscht vorkam. Ich kehrte nie zurück.[49]

Dieser Haltung der Abkehr vom Transitland Syrien, gegen das der Erzähler positiv das Ankunftsland Deutschland hervorhebt, werden durchaus kitschige und ins Absurde reichende Anekdoten angefügt: So sind die Besuche bei den Eltern der zukünftigen Frau neben einer Kollision mit einer Scheune verbunden mit einer Ernte, die entfernt an das Volkslied „Hejo, spann den Wagen an" erinnert.[50] Die Begegnung mit dem Deutschen wird dabei hauptsächlich durch den Bildungsweg und die Beziehung zur künftigen, im Text namenlosen Frau des Protagonisten erzählt, wobei Hindernisse wie Sprachbarriere und das Problem mangelnder Ausweispapiere[51] ebenso wie das gemeinsame Essen mit den Eltern der Frau, das als besonders schmackhaft und deutsch beschrieben wird,[52] zu erwähnen sind. Die im letzten Viertel des Buches erzählte, individuelle Akkulturation[53] des Protagonisten in Stadt und Land ist dabei durchbrochen durch Erwähnungen politisch relevanter Ereignisse, wie das Olympiaattentat von 1972.[54] Eine vollständige soziokulturelle Adaption der in Deutschland dominierenden Kultur scheint nicht stattzufinden und Verhaltensänderungen bzw. Akkulturationserfahrungen werden geschildert, die von Interventionen der Frau des Erzählers geprägt sind.[55]

Der Erzähler reagiert dabei auf das Attentat panisch und fürchtet Diskriminierung, Ausgrenzung und Gewalt. Im Text unmittelbar nach dieser Passage wird erwähnt, dass er zeitgleich bei einem jüdischen Übersetzer deutsch lernt und sich mit diesem verstehe, was ein grundsätzlich unvoreingenommenes Verhältnis zu Personen jüdischen Glaubens nahelegt. Der palästinensische Antisemitismus und die anti-israelische Gewalt scheinen Nasser fernzuliegen und für den Leser ist die Differenzierung von palästinensischen Tätern, Kollaborateuren und unbeteiligten Personen umso einleuchtender. Letztere erscheinen in diesem Zusammenhang als weitere Opfer der dschihadistischen Gewalt.

Dementgegen bildet eine Gewalteskalation den dramaturgischen Höhepunkt des Romans. Die Handlung, die im ersten Teil zwischen der Vertreibungsgeschichte im Zuge des Krieges 1948 und einer zunächst unbestimmten Reise changiert, ist klimaktisch aufgebaut. Sie beginnt in einer Zugfahrt, in der sich der Erzähler mit einem

---

49 Vgl. Alkatout: Samla, S. 116.
50 Vgl. Alkatout: Samla, S. 119–121.
51 vgl. Alkatout: Samla, S. 123 und S. 121.
52 vgl. Alkatout: Samla, S. 120–121.
53 Ich verwende den Begriff auf Grundlage der Forschung von John Berry u. a. Vgl. John Berry, Ype Poortinga: Cross-Cultural Psychology. Research and Applications. Cambridge 1992, S. 345–383.
54 Vgl. Alkatout: Samla, S. 122–123.
55 Vgl. Alkatout: Samla, S. 126–129.

Mitreisenden unterhält. Sie beginnen ein Gespräch über Reiseziele und der ihm gegenübersitzende Passagier Silveri berichtet ungefragt, nach Israel zu reisen und verwickelt Nasser in ein Gespräch über seine Herkunft. Die Innenschau des Erzählers zeigt dabei dessen Unwohlsein aufgrund einer noch unbestimmten Erinnerung, die im Zusammenhang mit dem Namen des Mitreisenden evoziert wird und fortlaufend, teils im Schlaf wiederdurchlebt, erzählt wird.[56] Stilistisch wird im Übergang von einer zur nächsten Erzählebene mit Gegenständen oder Personen signifikanter oder näherungsweise signifikanter Ähnlichkeit gearbeitet.[57] Der Erregungszustand des Erzählers scheint dabei zuzunehmen, „unbewusst verkrampfen" sich seine Hände[58] um eine Landkarte Israels und schließlich attackiert er den Mitreisenden nach der Erinnerung an den Tod einer Freundin im Zuge des Krieges durch einen namensgleichen Kombattanten:

> „Mörder", schreie ich, „Amina!", schreie ich. Ich schüttle ihn, ich drücke zu. [...] Er [= der Attackierte] fingert an seinem Kragen herum, kramt ein Goldkettchen hervor. Silveri hält es mir hin, es hängt etwas daran. Es ist ein Kreuz.[59]

Offensichtlich durchlebt der Erzähler ein vergangenes Trauma wieder und es zeigt sich eine Form der posttraumatischen Belastungsstörung. Die Erlebnisse im Zuge der Vertreibung führen zu der Wut, die sich im Angriff auf den Mitreisenden zeigt. Der als Ausbruch von israelbezogenem Antisemitismus lesbare Vorfall wird im gegebenen Kontext der Innenschau als projektive, späte Gegenreaktion auf erlebte Furcht und damit als nicht psychonormale, Vergangenes abwehrende Affekthandlung lesbar. Es stellt sich damit auch die Frage nach dem impliziten Leser. Der Text richtet sich an eine deutsche Leserschaft, die an der Situation von palästinensischen Geflüchteten und von Personen mit Wurzeln in Palästina interessiert ist, wie durch die Bezugnahme auf historische Ereignisse geltend gemacht werden kann. Die Bedeutung des Krieges 1948 für das kollektive Gedächtnis der Palästinenser in Deutschland ist dabei das Hauptthema des Romans. Die positive Schilderung der Religion und Artikulation religiöser Emotion bei der Pilgerfahrt des Erzählers nach Mekka sind dabei antipodisch zu Formen des Dschihadismus lesbar, wie ihn etwa die Muslimbruderschaft, aus der die Hamas hervorging, zur Instrumentalisierung der Bevölkerung Palästinas benutzt. Dieser positive Religionsbezug, der die Unterscheidung von Islam und Islamismus unterstreicht, stellt innerhalb der Erzählung die Aussöhnung des Protagonisten mit seiner Biografie und einen Lösungsvorschlag für das

---

56 Vgl. Alkatout: Samla, S. 9.
57 Vgl. Alkatout: Samla, S. 9: Alte Dame - Mutter, S. 16: Obst, S. 42: Augenlid & Wimper + Hand vor den Augen usw.
58 Alkatout: Samla, S. 71.
59 Vgl. Alkatout: Samla, S. 74.

Problem der Integration palästinensischer Flüchtlinge dar. *Samla* kann daher als Nakba-Erzählung begriffen werden, die von der Leserschaft Empathie gegenüber dem durch den Krieg ausgelösten Leid einfordert und die Verbrechen illegitimer Herrschaft im Nahen Osten problematisiert und kritisiert. Eine Schwierigkeit zeigt sich aber prinzipiell in der Zuordnung zum Narrativ der Nakba: Dieses ist propagandistisch vereinnahmt und die Verwendung des Begriffs geht unweigerlich mit dem Diskurs um die Deutungsmacht gegenüber dem Krieg 1948, der Flucht und Vertreibung im Zuge dessen und oftmals mit dem Abspruch legitimer, israelischer Territorialansprüche einher. Eine graduelle Unterscheidung von gemäßigten bis extremistischen Nakba-Narrativen ist zwar einleuchtend und kann deeskalierendes Potenzial entfalten, bedient aber unweigerlich weiterhin Mystifizierungen des Krieges und Verklärung der nicht geplanten Deterritorialisierung von Teilen der arabischen Bevölkerung in Mandatspalästina. Die Lektüre der Erzählung Samla verdeutlicht, gerade anhand der dramaturgisch und realiter ins Zentrum des Textes gestellten Szene des Körperverletzungsdelikts, die Losgelöstheit des (israelbezogenen) Antisemitismus vom Verhalten jüdischer Personen. Der Titel spiegelt dabei ein Ideom einer ressentimentbehafteten Erzählung wider, die die Rückkehr in im Krieg 1948 verlorenes Gebiet verspricht. Die spezifische Ausgestaltung des Nakba- bzw. Rückkehrnarrativs ist dabei m.E. in weiten Teilen gemäßigt und erklärt palästinensischen Antisemitismus nicht als cum granum salis, sondern als Resultat seelischer Leiden.

3 Der Israelische Unabhängigkeitskrieg, Vertreibung und Emotion in Yoram Kaniuks *1948*

Eine weitere Perspektive auf den Krieg 1948 gibt der international bekannte israelische Schriftsteller und ehemalige Soldat Yoram Kaniuk (1930–2013), dessen autobiographische Erzählung[60] *1948* in deutscher Übersetzung vorliegt.[61] Kaniuk wurde in

---

60 Ein autobiographischer Lektürepakt wird durch Namensidentität auf Seite 1 (Ich) und S. 47 (Yoram) geschlossen. Vgl. Yoram Kaniuk: 1948. Roman. Aufbau, Berlin 2013. Eine Selbstmarkierung als teils unzuverlässiger Erzähler aufgrund von Erinnerungsschwierigkeiten und die Auskunft über den erzählten Zeitraum von 5 Monaten finden sich auf S. 141 und S. 181. Die anatomische Unmöglichkeit des Herausfallens und Wiedereinsetzens eines Auges nach Beschuss (S. 61) ist Beispiel für fiktionale Elemente, die stilistischer Teil der Darstellung der Erinnerungen sind.
61 Aufgrund sprachlicher Hürden wird hier die Übersetzung des Textes verwendet. Die Auswahl wurde aufgrund der Bekanntheit des Textes getroffen.

Tel Aviv geboren und diente im Israelischen Unabhängigkeitskrieg, im Zuge dessen er verletzt wurde. Im Anschluss an den Krieg lebte der vielfach prämierte Schriftsteller einige Jahre in New York.[62] Während *Samla* aus der Perspektive eines unbeteiligten Kindes dezidiert den Krieg und Flucht bzw. Migration verknüpft, gibt *1948* wenig Auskunft über das Leben Yoram Kaniuks nach seiner Migration nach New York, jedoch wird auch bei Kaniuk die Flucht bzw. Vertreibung von Teilen der arabischen Bevölkerung in Mandatspalästina geschildert. In 23 Kapiteln und einem Epilog schildert Kaniuk seine Erlebnisse im Zuge des israelischen Unabhängigkeitskriegs und dessen Bedeutung für sein Leben. Dabei wird die Staatsgründung Israels, einzelne (Gegen-)offensiven, die Verwundung Kaniuks und seine Rückkehr in den Krieg sowie in Kürze auch sein Leben danach erzählt. Der vorliegende Text gibt Auskunft über Aufenthalte in Marseille und Neapel, die als eine Art Rehabilitation verstanden werden können, als deren Verlängerung mag der Aufenthalt in New York erscheinen.[63] Im Kontext von Literatur und Emotion ist in *1948* die der autobiographischen Erzählung inhärente Empathie gegenüber der vertriebenen arabischen Bevölkerung hervorzuheben.

Die widerstreitenden Narrative zum Krieg 1948, die der eingangs zitierte Historiker Noam Zadoff zusammenfasst, sind in Kaniuks Autobiografie in einem Bericht von der im Radio übertragenenen Abstimmung über den Teilungsplan bei der UN-Vollversammlung am 29. November 1947 dargestellt. Der Vorwurf der widerrechtlichen, unmoralischen Vertreibung ist dabei dem gefeierten Widerstand gegenüber antijüdischer Verfolgung nachgeordnet:

> Tausende von Menschen sangen zusammen, 1 2 3 4 … , und dann brandete der Jubel auf. Zweitausend Jahre Diaspora und Furcht und Erniedrigung gingen zu Ende. Wir tanzten auf den Straßen, begrüßten tanzend das Ereignis, von dem es Jahre später heißen würde, dies sei der Anfang der *Nakba* gewesen, wir hätten die Nakba angezettelt, um Araber zu vertreiben.[64]

Der Freude des Jischuw über die Mehrheit der Stimmen ist das Gegennarrativ der Nakba auch emotional gegenübergestellt. Die Wertung, die der Text vornimmt, verweist wiederum auf den bis heute bestehenden Konflikt der Erinnerung an die Shoah, die Staatsgründung Israels und die Erinnerung an die Nakba. Die objektive Wiedergabe und adäquate Gewichtung der Narrative „Nakba" und „Staatsgründung" kommt aus ethischer Perspektive einer Gratwanderung gleich. Es fallen das historische Leid der Jüdinnen und Juden durch Verfolgung und Unterdrückung, das Leid der Shoah und die diffamierende Haltung eines Teils des Jischuw gegenü-

---

62 Vgl. Autorenporträt: Yoram Kaniuk, https://www.ithl.org.il/page_13196, (Zugriff: 04.02.2024).
63 Vgl. Kaniuk: 1948, S. 214.
64 Vgl. Kaniuk: 1948, S. 72–73.

ber den Überlebenden⁶⁵, das Leid der vom Krieg betroffenen Zivilbevölkerung sowie die Situation der Soldaten ins Gewicht. Ein Grund für den Gebietsanspruch und die Aufteilung der Bevölkerung in zwei Staaten liegt in der Verbesserung der Infrastruktur Mandatspalästinas durch den Jischuw, der Zuwanderung aus arabischen Anrainerstaaten beförderte.⁶⁶ Der Text selbst schildert m.E. gelungen den Sieg des Jischuws, vermag aber auch weiterhin durch die Augen des Erzählers Anerkennung gegenüber dem Leid der arabischen Bevölkerung zu bewirken:

> Am Ende der Kolonie sah ich ein Mädchen, das ein grünes Mäntelchen trug und eine Puppe in der Hand hielt. Sie blickte sich um und wurde von einem „Araber" mitgezogen, in dem ich den Bosnier, den Freund meines Vaters, erkannte. Ich wurde traurig, tat aber nichts.⁶⁷

Die Empathie des Erzählers zeigt eine Situation, in der der Begriff der Vertreibung nicht zutreffend erscheint. Demgegenüber zeigt ein weiterer Bericht über die Vertreibung der arabischen Bevölkerung im Fortlaufe des Textes empathieloses Verhalten gegenüber der arabischen Zivilbevölkerung:

> Ich fragte ihn, wer diese Menschen seien, die mich sehnlich anblicken, um meine Aufmerksamkeit zu erheischen und mich um Erbarmen zu bitten. Der Soldat sagte: Die sind nix! Araber! Wollen zurück nach Ramla. Dürfen aber nicht. Ich fragte ihn: Wer hat das verboten, es ist ihre Stadt gewesen. Er antwortete: Sei kein Dummkopf, sie ist es nicht mehr. Er lächelte mich an, als hielte er mich für geistesschwach.⁶⁸

Der Soldat fordert vom Erzähler, entgegen dessen eigener Intuition, Empathierückzug. Was wäre die moralisch richtige Haltung? Der Soldat kann in dieser Situation seinen Befehlen nicht entgehen und auch die staatenlos Gewordenen nicht repatriieren, jedoch erscheint dem Leser sein fehlendes Mitgefühl als haltungslos, als moralisch falsch. Bedingt mag diese Empathielosigkeit und die Dehumanisierung „Die sind nix!" durch das im Krieg notwendige Freund-Feind-Schema sein. Der Erzähler selbst konterkariert diese Haltung jedoch durch seine Menschlichkeit, die sich auch etwa in der Bedeckung der Scham einer Nonne mitten in einem Gefecht zeigt.⁶⁹ Ein dramaturgischer Höhepunkt ist auch die Beichte des Erzählers, im Krieg einen Jungen erschossen zu haben, dessen Leben noch schützenswerter als das von Nicht-

---

65 Vgl. Kaniuk: 1948, S. 69. Das im Text zitierte Schimpfwort „Sabonim" (dt. Seifen) geht auf den Irrglauben zurück, die Nationalsozialisten hätten in Konzentrationslagern Internierte zu Seifen verarbeitet.
66 Vgl. UN-Teilungsplan, https://embassies.gov.il/berlin/AboutIsrael/history/Pages/UN-Teilunsplan-(Resolution-181).aspx#, zuletzt aufgerufen am 04.02.2024.
67 Kaniuk: 1948, S. 112.
68 Kaniuk: 1948, S. 200.
69 Vgl. Kaniuk: 1948, S. 166.

Kombattanten einzuschätzen ist.[70] Als Reaktion auf und Racheakt für die menschenunwürdigste Verstümmelung eines Kameraden erhält Kaniuk den Befehl, diesen Jungen in einem arabischen Dorf neben seiner Mutter zu erschießen. Während er angibt, mit seinem schiefen, amerikanischen Gewehr auf den Befehlsgeber gezielt zu haben, trifft er den Jungen. Im Epilog des Buches wird ein Treffen mit einem anderen damaligen Soldaten namens Jecheskel lange Zeit nach dem Krieg wiedergegeben, bei dem sich Kaniuk entgegen diesem Geständnis als unschuldig erweist.[71]

Reue und Umkehr sind Paradigmen, die dem Leser bei der Lektüre unweigerlich in den Sinn kommen. Die Migration Kaniuks nach New York lässt sich anhand des Textes *1948* nicht nachzeichnen, mag aber dem weiteren autobiographischen Oeuvre des Schriftstellers zu entnehmen sein, das an dieser Stelle leider nicht weiter berücksichtigt werden kann. Die Selbstentlastung in der Offenlegung der geschehenen Kriegsverbrechen gegenüber einem öffentlichen Publikum lassen sich, als Beichte verstanden, durchaus in einen christlichen Traditionszusammenhang mit den Augustinischen *Confessiones* bringen. Es lässt sich festhalten, dass dem Leid der arabischen Bevölkerung im Zuge des jüdisch-arabischen Krieges bzw. der Nakba in Yoram Kaniuks autobiographischer Erzählung ein adäquates Maß an Anerkennung eingeräumt wird. Die narrative Strategie der Gegenüberstellung von empathischen und nicht-empathischen Akteuren angesichts der Vertreibung befähigt dabei den Leser zu kritischer Selbstpositionierung. Der bei Max Brod als „Streben nach Gerechtigkeit im Krieg" formulierte Ethos, als Prüfstein einer ethischen Lektüre verstanden, zeigt eine Aporie: Einerseits zeigt sich ein Streben nach Gerechtigkeit etwa in der oben genannten Nonnen-Szene und der Reflektion über die Vertreibung der Araber. Demgegenüber steht die erzwungene Hinrichtung des Jungen. In Michael Walzers *Just and Unjust Wars* findet sich ein Unterkapitel mit dem Titel „The Logic of War".[72] In Rückgriff auf Karl von Clausewitz wird die Logik des Krieges als eskalativ beschrieben, bei der reziproke Aktionen zunehmender Rücksichtslosigkeit das Handeln der Kombattanten definieren. Die Darstellung von Spitzen der Gewalt in der Kriegsliteratur scheint dieses Schema dramaturgisch zu reproduzieren, wie bei Kaniuk zu sehen ist. Dabei sind die Prinzipien Reue und Umkehr im jüdisch-christlichen Wertekanon, auch rituell, verankert. *1948* ist als Teil dieses Paradigmas lesbar.

---

70 Vgl. Kaniuk: 1948, S. 137.
71 Vgl. Kaniuk: 1948, S. 228.
72 Vgl. Walzer: Just and unjust wars, S. 22–25.

4 Fazit. Exil, Emotion, Aussöhnung?

Die beiden gegenübergestellten Texte wirken in höchstem Maße emotionalisierend gegenüber dem durch den Krieg 1948 ausgelösten Leid. Während in *Samla* die Geschichte von Exil und Migration im Zuge der Nakba erzählt wird, berichtet die Perspektive des israelischen Soldaten Kaniuk auf den Krieg nach der Staatsgründung ebenfalls von leidvollen Erfahrungen. Beide Texte weisen einen Religionsbezug auf: Die Pilgerfahrt nach Mekka in *Samla*, die als Teil einer Vergangenheitsbewältigung lesbar ist und der Beichtcharakter, der für *1948* zu zeigen war. Die palästinensische Perspektive, die in *Samla* gegeben ist, zeigt exemplarisch die Konsequenzen des jüdisch-arabischen Krieges für die Lebensrealität exilierter Palästinenser auf und ist der Leserschaft Impuls empathischer Verstehensprozesse. Das gilt auch für die Situation in Palästina und Syrien, die im Vergleich zu den politischen Verhältnissen in Deutschland negativ dargestellt wird. Die Staatsgründung Israels, die auch sicheres Exil für Jüdinnen und Juden weltweit hervorbringen sollte, wird durch das Narrativ der Nakba konterkariert und ist antipathisch gegenüber dem Leid der Shoah, der Verfolgung von Personen jüdischen Glaubens sowie der Bedeutung Israels. Die Bearbeitung des Nakba-Stoffes in *Samla* verstrickt sich dabei nicht in ideologische verhärtete Weltbilder, sondern bietet im Moment des positiven Religionsbezugs ein Lösungsangebot jenseits dschihadistischer Gewalt. Allgemeiner lässt sich folgendes festhalten: Der Angriffskrieg auf den neu gegründeten Staat Israel war illegitim und der Jischuw in seiner Verteidigung im moralischen Recht, im Sinne des ius ad bellum lässt sich deswegen von einem gerechten Kriegsgrund seitens der Israelis sprechen. Hinsichtlich moralischer Erwägungen im Sinne des ius in bello sind Kriegsverbrechen israelischer Soldaten im selben Maße zu verachten, wie die palästinensischer bzw. arabischer Akteure. Eine Schwierigkeit in der Lektüre derart emotionalisierender Literatur, insbesondere der Nakba-Erzählungen, kann der Geschichtsrevisionismus und die Täter-Opfer-Umkehr sein. Emotionen sind Teil der Ratio, aber auch hier führen rein emotionale Urteile zu falschen Schlüssen. Rein auf der Ratio beruhende Urteile mögen dazu führen, das Leid der aufgezeigten Personengruppen nicht im angebrachten Maße zu ermessen. Die Exilsituation der Palästinenser außerhalb der nach dem jüdisch-arabischen Krieg gezogenen Grenzen ist dabei nicht gleichzusetzen mit dem durch den Nationalsozialismus erzwungenen Exil.

Literaturverzeichnis

Alkatout, Josef: Samla. Roman. Edition 8, Zürich 2007.
Brod, Max: Unambo. Roman aus dem jüdisch-arabischen Krieg. Steinberg-Verlag, Zürich 1949.
Kaniuk, Yoram: 1948. Roman. Aufbau, Berlin 2013.

Akthar, Salman: The Immigrant, the Exile and the Experience of Nostalgia. In: Journal of Applied Psychoanalytic Studies (1999), Vol. 1, No. 2, S. 123–130.

Albrecht, Yvonne: Gefühle im Prozess der Migration. Transkulturelle Narrationen zwischen Zugehörigkeit und Distanzierung. Kassel 2016.

Apel, Linde: Die richtigen Jeckes sind andere. Israelis mit deutschen Wurzeln zwischen biographischer Selbstreflexion und Fremdzuschreibungen. In: Forschungsstelle für Zeitgeschichte in Hamburg (Hg.): Nachrichten aus der Forschungsstelle für Zeitgeschichte in Hamburg 2010. Hamburg 2011, S. 88–103.

Asseburg, Muriel: Hamstan vs. Fatahland. Fortschritt in Nahost?, online: https://www.swp-berlin.org/publications/products/aktuell/2007A35_ass_ks.pdf (Zugriff: 01.02.2024).

Autorenporträt: Yoram Kaniuk, https://www.ithl.org.il/page_13196, (Zugriff: 04.02.2024).

Edition 8: Josef Alkatout, https://edition8.ch/autor/josef-alkatout (Zugriff: 01.03.2024).

Berry, John, Poortinga, Ype: Cross-Cultural Psychology. Research and Applications. Cambridge 1992

Bärsch, Claus-Ekkehard: Max Brod im Kampf um das Judentum. Zum Leben und Werk eines deutsch-jüdischen Dichters aus Prag. Wien 1992.

Finelli, Roberto: Ethik der Anerkennung und Diskursethik. In: Hans Jörg Sandkühler (Hg.): Enzyklopädie Philosophie. Hamburg 2010, S. 92–93.

Hermsen, Hans: Emotion. In: Hans Jörg Sandkühler (Hg.): Enzyklopädie Philosophie. Hamburg 2010, S. 493–500.

Hoba, Katharina: Generation im Übergang. Beheimatungsprozesse deutscher Juden in Israel. Köln, Weimar, Wien 2017.

Zimmer, Hubert D., Engelkamp, Johannes: Lehrbuch der Kognitiven Psychologie. Göttingen 2006.

Koczanowicz, Tadeusz: The Emotional Citizenship of Exile. In: Dorota Sajewska / Małgorzata Sugiera (Hg.): Crisis and Communitas. Performative Concepts of Commonality in Arts and Politics. London 2023, S. 57–75.

Kühne, Jan: Deutschsprachige jüdische Literatur in Mandats-Palästina/ Israel (1933–2014). Berlin 2017.

Locatelli, Angela: Emotions and/in Religion. Reading Sigmund Freud, Rudolph Otto, and William James. In: Jandl, Ingeborg/ Knaller, Susanne/ Schönfellner, Sabine/ Tockner, Gudrun (Hg.): Writing Emotions. Theoretical Concepts and Selected Case Studies in Literature. Bielefeld 2017. S. 77–98.

Morris, Benny: 1948. Der erste arabisch-israelische Krieg. Berlin 2023.

Schwartz, Adi / Wilf, Einat: Der Kampf um Rückkehr. Wie die westliche Nachsicht für den palästinensischen Traum den Frieden behindert hat. Leipzig 2022.

Schirrmeister, Sebastian: Begegnung auf fremder Erde. Verschränkungen deutsch- und hebräischsprachiger Literatur in Palästina/ Israel nach 1933. Stuttgart 2019.

UN-Teilungsplan, https://embassies.gov.il/berlin/AboutIsrael/history/Pages/UN-Teilunsplan-(Resolution-181).aspx# (Zugriff: 04.02.2024).

Walzer, Michael: Just and unjust wars. A moral argument with historical illustrations. New York 1977.

Zadoff, Noam: Geschichte Israels. Von der Staatsgründung bis zur Gegenwart. München 2020.

Zimmer, Hubert D. / Engelkamp, Johannes: Lehrbuch der Kognitiven Psychologie. Göttingen 2006.

Ingeborg Jandl-Konrad
Nahe Seele, fremde Seele, ferne Seele. Archetypen der Heimat bei Irena Vrkljan, Marica Bodrožić und Lana Bastašić

1 Einleitung

Gefühle für die zurückgelassene Heimat speisen sich aus identitätsstiftenden Schlüsselerfahrungen, aus Vergleichen mit Schicksalen, die dem eigenen ähnlich sind, und aus späteren Begegnungen, die Assoziationen und Erinnerungen daran wecken. Im Gegensatz zu Strömungen wie dem Existenzialismus, die emotionale Bindungen ablehnen oder in Frage stellen,[1] lässt transkulturelle Literatur ein besonderes Bedürfnis nach zwischenmenschlicher Nähe erkennen, das als Reaktion auf ein unsicheres Beziehungsnetz in der Fremde gedeutet werden kann. Dieser Beitrag interessiert sich für allegorische Beziehungsmuster in der Verhandlung von Emotionen für ein durch Migration verlassenes Herkunftsland. Dem zugrunde liegt meine Hypothese, dass es Menschen sind, die emotionale Erfahrungen am stärksten formen. Der räumlich und zeitlich definierten Wahrnehmung von Lebensräumen sind daher jene Beziehungen eingeschrieben, die hier erfahren wurden. Die emotionale Erfahrung von Heimat und Exil entsteht nicht nur durch Räume, die auf das Subjekt einwirken, sondern insbesondere auch durch Menschen, die dessen Raumerfahrungen definieren. Nicht der Raum steht in diesem Konzept von Heimat und Exil im Vordergrund, sondern die personifizierte Erfahrung einer Bindung an das Verlorene.

Michail Bachtin zufolge ermöglicht die Betrachtung eines Gegenübers ein Erkennen jener Anteile des Selbst, die der Eigenperspektive verborgen bleiben.[2] Dieser Gedanke wird hier auf das emotionale Konzept von Heimat gelenkt, das die Erzählerinnen in sich tragen, das für sie jedoch erst durch ihre Beziehung zum Anderen erfahrbar wird. Systematisch ist in diesem Kontext auf C. G. Jungs Archetypenlehre zu verweisen,[3] die mit Allegorien operiert, um Emotionen und Bindung

---

1 Vgl. Ingeborg Jandl: Autism, Love, and Writing in and around Russian Literature. On Feeling, Non-Feeling and Writing as a Communicative Medium to Express Emotions. In: Ingeborg Jandl, Susanne Knaller, Sabine Schönfellner und Gudrun Tockner (Hg.): Writing Emotions. Theoretical Concepts and Selected Case Studies in Literature. Bielefeld 2017, S. 99–121.
2 Vgl. Michail Bachtin: Avtor i geroj v éstetičeskoj dejatel'nosti. In: ders. Sobranie sočinenij. Bd 1. Moskva 2003, S. 69–263, hier S. 104.
3 Vgl. Carl Gustav Jung: Archetypen. München 2015, hier S. 49.

https://doi.org/10.1515/9783111329345-015

intersubjektiv fassbar zu machen. Jung versteht Archetypen als Anteile des Selbst, die in personifizierter Form auftreten: Dabei befasst er sich insbesondere mit der ‚Anima', dem weiblichen Teil der Seele, der das Begehren für einen gewissen Frauentypus begründet, bzw. analog dazu mit dem ‚Animus'. Außerdem verhandelt er Figuren wie den ‚Schatten', der verdrängte negative Anteile der eigenen Persönlichkeit repräsentiert und oft als Spiegelung auftritt, oder den ‚alten Weisen', einen Archetypus des Geistes, der in Grenzsituationen mit Rat und Wissen zur Seite steht.[4] Jung leitet seine Archetypen als Kategorien des kollektiven Unbewussten her und beschreibt sie anhand archaischer Texte. Dieselben Einheiten erkennt er als „Erlebniskomplexe, die schicksalsmächtig [...] in unserem persönlichsten Leben"[5] auftreten. Er behandelt sie daher auch als Botschafter des individuellen Unbewussten, wobei er sich auf wiederholte Beziehungskonstellationen sowie auf Träume beruft. In diesem Sinne bestehen Zusammenhänge mit Mechanismen, die Freud in der *Traumdeutung* (1900) beschreibt: Verschiebung, Verdichtung, Verbildlichung und Symbolbildung. Laut Freud „erhebt der Traum mit seinem Affektinhalt den Anspruch, unter die wirklichen Erlebnisse unserer Seele aufgenommen zu werden", wobei „die Vorstellungsinhalte Verschiebungen und Ersetzungen erfahren haben, während die Affekte unverrückt geblieben sind"[6]. Dasselbe gilt für Archetypen, die in unterschiedlichen Repräsentationen manifest werden können und dabei stets denselben emotionalen Inhalt vermitteln.

Jung beschreibt keinen *Archetypus der verlorenen Heimat*. Einem solchen sind die im Folgenden untersuchten Figuren zuzuordnen, zu denen die migrierten Erzählerinnen enge Beziehungen aufbauen. Gefühle für die Heimat oder das Exil werden nicht erzählt, sondern in archetypischen Beziehungen erlebt. Für die Beschreibung dieser Verschiebung ist die Konzeptualisierung eines eigenen Archetypus gewinnbringend, zumal die notwendigen Grundlagen für einen solchen erfüllt sind: Bei ‚Heimat' handelt es sich um ein stark emotional besetztes archaisches Konzept, das tief im kulturellen Unbewussten verankert ist und in den unterschiedlichsten historisch-kulturellen Kontexten diskutiert und dargestellt wurde. Gerade so wie Jung für seine Archetypen festhält, ist Heimat ein „lebendiger Teil der Persönlichkeit und will darum in irgendeiner Form mitleben".[7] Mein Ziel ist es, anhand dieses Archetypus sowohl individuelle als auch kollektive Aspekte von gefühlter Heimat zu verdeutlichen.

Die Untersuchung stützt sich auf Texte dreier Autorinnen, die aus dem ehemaligen Jugoslawien stammen: Irena Vrkljan (1930–2021), Marica Bodrožić (* 1973)

---

4 Vgl. Jung: Archetypen, S. 49.
5 Jung: Archetypen, S. 40.
6 Sigmund Freud: Gesammelte Werke. Bd II/III: Die Traumdeutung. London 1942, hier S. 463.
7 Jung: Archetypen, S. 28.

und Lana Bastašić (* 1986). Vrkljan wuchs in Zagreb auf, brachte aber große Teile ihres Lebens in Berlin zu. Bodrožić verbrachte die ersten zehn Jahre ihrer Kindheit in Dalmatien und emigrierte anschließend nach Deutschland, Bastašić wuchs in Banja Luka in Bosnien und Herzegowina auf und lebt in unterschiedlichen europäischen Städten, u. a. in Barcelona, Belgrad und Zagreb.

Während Vrkljan posthum eine literarische Beziehung zur russischen Exildichterin Marina Cvetaeva aufbaut, mit der sie persönlich nicht bekannt war, verstricken Bodrožić und Bastašić die Protagonistinnen ihrer Romane in fiktionale Verhältnisse. Diese zwischenmenschlichen Annäherungen können jeweils auch als Auseinandersetzungen mit der zurückgelassenen Heimat gelesen werden, zu der die angestrebten Figuren in einem indexikalischen Verhältnis stehen. Durch die Gegenüberstellung der Texte möchte ich exemplarisch drei unterschiedliche emotionale Verortungen der verlorenen Heimat herausarbeiten, die dem Erleben zwischenmenschlicher Bindungen ähneln und im Text als Archetypen aktualisiert werden: Nähe, Fremdheit und Ferne.

2 Nahe Seele: Irena Vrkljan und Marina Cvetaeva

Die Bedeutung fremder Lebensgeschichten für die Selbstsuche zeigt sich an Irena Vrkljans Vertiefung in die Biografie der russischen Exildichterin Marina Cvetaeva besonders deutlich. In *Marina ili o biografiji*[8] (1986, *Marina im Gegenlicht*[9], 1988) unternimmt Vrkljan den literarischen Versuch, die entwurzelte und in ihrer alten Heimat lange Zeit verfemte Cvetaeva posthum neu zu verorten, und tröstet damit auch sich selbst bei der autobiografischen Rekonstruktion der Bruchstellen ihres Lebens.[10] Die Flucht aus Belgrad nach der Bombardierung 1941, die Judenverfolgung, die Kälte einer bürgerlichen Kindheit, die Schläge des Vaters, gescheiterte Beziehungen, Tode, Suizide, Armut und soziale Ungerechtigkeiten,[11] werden *en passant* erzählt und verweben sich in losen Bezügen mit Cvetaevas tragischer Biografie. Vrkljans

---

8 Irena Vrkljan: Marina ili o biografiji [1986]. In: Sabrana proza. Bd 1. Zagreb 2006, S. 149–236. Auf Anregung der Herausgeber:innen verzichte ich auf die originalsprachlichen Zitate. Bei Vrkljan liegt eine Selbstübersetzung vor.
9 Irena Vrkljan: Marina, im Gegenlicht. Graz 1988. Sigle: MG.
10 Ausführlich zu feministischen Schreibstrategien des Erinnerns und der Traumabewältigung bei Vrkljan siehe: Marina Protrka Štimec und Mirela Dakić: „Tijelo pamćenja je pčela koja me bode." Emancipatorne prakse ženskog pisma 80-ih. In: Poznańskie Studia Slawistyczne 16 (2019), S. 243–255, hier S. 253.
11 Andrea Zlatar verortet Vrkljans Poetik als typisches Modell des kroatischen autobiografischen Schreibens der 80er und 90er Jahre. Vgl. Andrea Zlatar: Tko nasljeđuje „žensko pismo"? Poetike

Hinwendung zu Cvetaeva hat mehrere Anknüpfungspunkte. Gefühlte Parallelen des Leids, der Hilflosigkeit und Einsamkeit in der Fremde, doch auch die Bewunderung für die Dichterin, eine Nähe auf Augenhöhe, weibliche Solidarität und der Wunsch, die dieser widerfahrenen Ungerechtigkeiten durch nachträgliche Zuwendung abzumildern, führen zu einem Gefühl besonderer Nähe.

In diesem Gewebe wird die russische Dichterin als Archetypus der Heimatlosigkeit deutlich: „Sie wanderte durch Europa und stand vor verhängten Fenstern einer Fremde. Was sie ausmachte, war die Kraft der eigenen Sprache. [...] Ich liebe Marina unvernünftig." (MG, S. 78) Cvetaeva wird zu einem festen imaginären Bestandteil von Vrkljans eigener Migrationsbiografie.[12] Die Dichterin wird angestrebt, vermisst und als wesensgleich empfunden: „Ich reise mit einem Koffer. [...] Ich sehne mich nach Marina." (MG, S. 13) Die prekäre Situation der beiden Schriftstellerinnen zeigt sich nicht (nur) objektiv anhand von Ereignissen, sondern symptomatisch an ihren Gefühlen: Vrkljan zitiert Cvetaevas Angst vor Fahrstühlen und erwähnt anknüpfend eine eigene Panikattacke. (MG, S. 61) Die Emigration wird dabei nicht als Grund für die belastende Situation interpretiert, sehr wohl jedoch als Spiegel oder Perspektive auf diese.

Mithilfe von Jahreszahlen verflicht Vrkljan die beiden Biografien, von denen sich zehn Jahre überschneiden, und führt damit Cvetaevas Vorliebe für Zahlensymbolik[13] fort. 1940 schreibt diese im Tagebuch über ihre Ängste, Suizidgedanken und das Versiegen ihrer dichterischen Inspiration. Im selben Jahr notiert Vrkljans Mutter in einem Heft, sie sei verwelkt und endgültig erschöpft. Die Verbindung zwischen Vrkljans eigenem Leben und Cvetaevas Suizid am 31. August 1941 rekonstruiert die Autorin als Doppelwelt, die erst später eingesehen werden kann:

> August 1941: die letzten Juden aus der Stadt Zagreb werden in die Lager gebracht. [Am 31.] feiert man den Geburtstag meiner Mutter. Mit Blumen, Gästen, Sekt. Das lange Kleid aus Taft mit Perlen merke ich mir. Die weiße Haut. Was außerhalb der Wohnung passiert, weiß sie nicht. Und ich erfahre es mit fünfzehn, nach dem Krieg. (MG, S. 104)

---

različitosti suvremene hrvatske prodikcije. Irena Vrkljan i Daša Drndić. In: Sarajevske Sveske 2 (2003), S. 83–93, hier S. 84.

12 Vgl. Celia Hawkesworth: Irena Vrkljan. Marina, or About Biography. In: The Slavonic and East European Review 69 (1991), S. 221–231, hier S. 222.

13 Vgl. Ingeborg Jandl: Von der Unzeitlichkeit des Poeten. Marina Cvetaeva und der Freitod des Dichters. In: Günter Blamberger und Sebastian Goth (Hg.): Ökonomie des Opfers. Literatur im Zeichen des Suizids. München 2013, S. 325–357, hier S. 339–345.

Vrkljan legt einen Fokus auf Cvetaevas Suizid und die Schicksalsschläge in deren Leben sowie einen weiteren auf deren Kindheit und ausgewählte glückliche Tage als junge Frau. Diese beiden Achsen werden als Angelpunkte erkennbar, an denen Vrkljan ansetzt, um Cvetaevas Schicksal neu zu schreiben, um die nach ihrer Rückkehr in die Heimat einsam und unbeachtet in einem russischen Dorf Gestrandete mit ihren Wurzeln zu verweben: den ideellen der Dichterin und den materiellen der Kindheit. Eine solche Logik der Umkehrung zeichnet sich darin ab, dass Vrkljan das Schreckensbild – Cvetaevas toten Körper – gleich zu Beginn des Buches physisch imaginiert: „Glimmendes Lampenlicht von draußen flutet träge an ihrem Körper entlang. Der Körper hängt. Kein Heft mit Gedichten in der tiefen Tasche des grauen Kittels. Nichts. Es ist das Jahr 1941." (MG, S. 39) Anschließend macht sie sich daran, die grauenhafte Szene zu bannen, indem sie sie durch Bilder der Schaffenskraft und der Kindheit überschreibt: „Um die Bilder aus jener unbekannten Nacht zu bannen: Aufschneiden der Erinnerung. [...] Eine Frau, die nicht sterben wird, so sehe ich dich, weil es dich gab, gibt, wie das Wort. Wie Gefühl, Schrift, Zeit." (MG, S. 39 f.) Vrkljan hat selbst aktiv teil an diesem Prozess der Neuverortung. Neben ihrer Rolle der Schreibenden ist sie auch jene Fühlende, die Cvetaevas Werk und deren geistige Existenz beglaubigt. Bei der Verschränkung der beiden Biografien achtet Vrkljan zugleich darauf, die beiden Leben nicht miteinander zu vermischen. Cvetaevas Freitod ist nicht ihr eigenes Schicksal und Cvetaevas Kindheit unterscheidet sich deutlich von der ihren. Diese Grenzen markiert sie auch erzählerisch: „Marina als Kind. [...] Die Baskenmütze, die ich 1983 aufsetze, meine Mütze, möchte ich aber nicht auf ihr Haar drücken." (MG, S. 40)

Stattdessen speist sich die gefühlte Nähe zur russischen Dichterin aus einem Konstrukt imaginärer Zwiesprache. Einen solchen Modus der Annäherung prägt Cvetaeva selbst in ihren Widmungsgedichten, etwa in dem anlässlich von Rainer Maria Rilkes Tod verfassten Poem *Novogodnee* (1927, *Neujahrsbrief*), das Vrkljan ihrem Text voranstellt. Cvetaeva beglückwünscht darin ihren Dichterfreund, mit dem sie in den Jahren davor in engem Briefwechsel stand, zu dessen neuer Existenz. Diese Sublimierung von Rilkes Tod basiert auf einer starken Todessehnsucht, die Cvetaevas ganzes Werk prägt, wo sie eine Postexistenz im ewigen Reich der Poesie heraufbeschwört.[14] Eine weitere enge lyrische Beziehung führte Cvetaeva mit Boris Pasternak, der in Russland blieb, während sie selbst sich im Exil aufhielt. Vrkljan weist auf das ihm gewidmete Poem *Popytka komnaty* (1926, *Versuch eines Zimmers*) hin, in dem die Dichterin eine Präsenzerfahrung aus der Distanz konstruiert, eine ideelle Nähe in einem imaginierten Raum.[15] Beide Vorlagen

---

14 Vgl. Jandl: Unzeitlichkeit, S. 347.
15 Vgl. Marina Cvetaeva: Sobranie sočinenij v semi tomach. Moskva 1994. Bd 3. S. 114–119.

sind auf jene Beziehung anwendbar, die Vrkljan in ihrem literarischen Text zu Cvetaeva aufbaut: Durch das Epigraph *Novogodnee* entschließt sie sich zur Deutung von deren Dichtertod als Übertritt in das ewige Reich der Poesie. Mit dem Verweis auf *Popytka komnaty* erklärt sie ihre eigene dazu analoge emotionale Kontaktaufnahme mit der Dichterin im zeitlosen Raum der Kunst.

Ähnlich wie Cvetaeva, die in ihren Tagebüchern schicksalhafte Träume festhielt, beschreibt Vrkljan eine geträumte Begegnung mit dieser. (MG, S. 59) In diesem Wunschbild erscheint die Dichterin jung und unversehrt von den Schrecken ihres späteren Lebens. Aus dieser imaginären Beziehung sowie aus dem Wissen um Cvetaevas Leid schöpft Vrkljan in eigenen Grenzsituationen Kraft: „Das, was mit Marina ist, ist eine Jetztzeit ohne Vernunft. Die Geborgenheit unter Bäumen." (MG, S. 90) Mit den „Bäumen" bezieht Vrkljan sich einerseits auf eine Linde in einem öffentlichen Park, unter die sie sich in der Kindheit vor familiärem Streit zurückzog, sowie andererseits auf Cvetaevas Pflanzenmystik[16] und Baumgedichte, die insbesondere deren Lebensbaum, der Eberesche, gelten.[17] Als Entwurzelte in der Fremde sucht Vrkljan Halt in Imaginationen der Kindheit. Angesichts ihrer eigenen angstgeplagten und erzieherisch wenig liebevoll begleiteten Vergangenheit rekonstruiert sie Cvetaevas kindliche Persönlichkeit, die sie auf Basis von deren Prosatexten als mutig, wild und naturverbunden imaginiert. Obgleich, oder gerade weil sie ihre eigene kindliche Persönlichkeit in Opposition dazu als besonders unsicher und unselbstständig erkennt, versucht sie eine kompensatorische Annäherung an jenes Kind, macht dieses zu ihrem Alter Ego. Die Beschäftigung mit Cvetaeva ist eine Selbstsuche in der anderen: „Mich zu finden ist genau so schwer wie das Suchen nach dem Kind Marina." (MG, S. 23)

Vrkljan reflektiert ihr Schreiben im Ausland als Modus, der den Blick auf die Heimat schärft: „Daß ich weggegangen bin, ermöglicht mir ein Hinsehen." (MG, S. 77) Die Distanz bedeutet keine Befreiung von der Last, sie drängt, im Gegenteil, die Schriftstellerin zur Auseinandersetzung mit der Vergangenheit. Dabei schwankt diese zwischen Sehnsüchten, Obsessionen, alten Ängsten und der intuitiven nostalgischen Bewusstheit eines Verlusts, der Ungreifbarkeit des Vergangenen: „Im Traum steht das Zagreber Haus, das der Kindheit, hier in Berlin. [...] Erschrecke, sehe, ich habe mich geirrt. [...] Das Haus gibt es nicht [mehr]." (MG, S. 107) Wie in Cvetaevas Exilgedichten dringt hier Heimweh durch, wobei Vrkljans Verhältnis zu ihrem Herkunftsland ambivalent ist, denn sie scheitert sowohl am Loslassen als auch am Festhalten ihrer Kindheit in Zagreb.

---

16 Vgl. Jandl: Unzeitlichkeit. S. 345–352.
17 Vgl. Marina Cvetaeva: Sobranie sočinenij v semi tomach. Moskva 1994. Bd 1: S. 274, 422; Bd 2: S. 26, 60, 142 f., 316, 324.

Als Archetypus der Heimatlosigkeit wird Cvetaeva für Vrkljan zu einem Alter Ego.[18] Als solches hat sie leidvolle Erfahrungen, teilweise stellvertretend für ihre Nachfolgerin, bereits vor ihr durchlebt. Zugleich repräsentiert Cvetaeva eine lebendige innere Kraft der Kindheit, die sie, wie Vrkljan annimmt, auch in der Emigration mit sich trug und die diese an sich selbst vermisst. Das Cvetaeva-Konstrukt unterstützt Vrkljans Reflexion, vielmehr noch jedoch ihr emotionales Begreifen erschütternder Erfahrungen sowie poetischer und vitaler Ankerpunkte: „Du bist die andere Biographie. Ein Sehen, welches nicht bestimmt wird von den eigenen Erfahrungen. Und darum die Möglichkeiten der Freiheit birgt. Die andere Frau. Die Linie des Körpers, jene der Empfindlichkeiten." (MG, S. 40) Indem Vrkljan die schöpferische und lebendige Cvetaeva aus den Grenzsituationen von deren Biografie löst und im ort- und zeitlosen Raum ihres Gedächtnisses beherbergt, erschafft sie für sich selbst eine Gesprächspartnerin, die ihr Leid und ihr Streben teilt. C. G. Jung schreibt seinen Archetypen eine vitale Kraft der ‚Wandlung'[19] zu und diese ist somit auch an Vrkljans Cvetaeva-Konstrukt festzustellen.

Einer Wandlung unterzieht Vrkljan Cvetavas Biografie, indem sie darin die Gewichtung der Ereignisse auf kraftspendende Eckpunkte verschiebt:

> Ein junges Mädchen geht am Strand hin und her und spricht. [...] Es geht im Jahr 1911, 1926, 1965. Niemand wird Marina fortjagen von dort. [...] Vollgeschriebene Hefte stapeln sich auf den Tischen [...]. Im dunklen, ortlosen Raum lachen zwei Mädchen. Der Zorn, die Not, [nur in der dt. Version] das falsche Leben dringen nicht hinein.] (MG, S. 109)

Die Eckpunkte dieses ortlosen Raumes werden an den Jahreszahlen erkennbar: 1911 ist das Jahr, in dem Cvetaeva am Strand von Koktebel auf der Krim ihren späteren Mann Sergej Ėfron kennenlernte, worauf eine anfangs sehr glückliche Beziehung folgte. 1926 ist das Jahr ihrer großen Dichterliebe zu Rilke und Pasternak. 1985 führt in die Gegenwart der schreibenden Vrkljan, die ein Jahr später ihren um Cvetaevas Leben und Werk gewobenen Text veröffentlichen wird. Liebesglück, literarische Vollendung und Reintegration in den Kanon zeichnen sich damit als jene Schlüsselbilder ab, anhand derer Vrkljan die Dichterin neu verortet, um mit diesem Andenken an die Seelenverwandte auch die eigenen Schreckensbilder zu bannen.

Vrkljans Cvetaeva-Biografie ist von transgressiver Nähe geprägt: Getragen von dem Wunsch, ihrer verfemten Vorfahrin in der Kunst ein würdiges Denkmal zu setzen, nähert sich die Schriftstellerin dieser mit großer Empathie. Für sie

---

18 Ausführlich zu Alter-Ego-Strukturen bei Vrkljan siehe: Alice Kucniar: Irena Vrkljan's Autobiographical Prose between Zagreb and Berlin. (A Critique of a Monolingual *Germanistik*). In: Seminar 49/3 (2013), S. 261–280, hier S. 268.
19 Vgl. Jung: Archetypen, S. 49.

selbst erfüllt ihr Cvetaeva-Konstrukt mehrere Funktionen, die mit der Sehnsucht nach einer Heimat verwoben sind. Angesichts der gefühlten Fremdheit, die sowohl den Umstand ihrer Emigration als auch ihr Herkunftsland betrifft, ist die Nähe zur Imaginierten Ersatz und Trost in Hinblick auf Verlorenes, Abwesendes und zerstörte Hoffnungen. Zugleich ist diese, und das erscheint noch wichtiger, als Impuls zu lesen, die vitale Kraft einer inneren Heimat zu aktualisieren. Cvetaevas ewige Heimat in der Poesie sowie ihre durch lebendige Fantasie geprägte Kindheit werden in dieser Auseinandersetzung auch für Vrkljan greifbar und spenden ihr einen imaginären Zufluchtsraum, ein ort- und zeitloses Zimmer, wie jenes, das die Dichterin im Exil für ihren engen Freund und Vertrauten Pasternak heraufbeschwor. Weibliche Solidarität und das Gefühl der Wesensgleichheit tragen Vrkljans Cvetaeva-Imagination und spenden ihr Heimat in Form eines dialogischen Gegenübers.

3 Fremde Seele: Begehren und Übergriff bei Marica Bodrožić

Nicht immer ist die Beziehung zum Herkunftsland wie bei Cvetaeva und Vrkljan nostalgisch geprägt. Die Romane von Marica Bodrožić und von Lana Bastašić legen Auseinandersetzungen mit kollektiven Traumata vor, die der Jugoslawienkrieg nicht nur in ihrer früheren Heimat, sondern auch in der Psyche ihrer Figuren hinterlassen hat. In *Kirschholz und alte Gefühle*[20] (2012) gilt die unbewusste Suche von Bodrožićs Protagonistin keinem wesensgleichen Vor- und Ebenbild, sondern dem Fremden, Unbekannten und Unberechenbaren, das in einem toten Winkel ihrer Seele auf Aufarbeitung wartet. Arjeta verlässt Sarajevo während des Krieges nach dem Tod ihrer Brüder und zieht nach Paris. Den Archetypus der Heimatlosigkeit repräsentiert in diesem Text ein undurchschaubarer französischer Fotograf namens Arik, der durch seine geheimnisvolle Unzugänglichkeit die Sehnsucht der Protagonistin auf sich zieht und sie damit in ihrer Entwurzelung preisgibt. Nach dem Scheitern dieser Beziehung verlässt Arjeta, gleichsam als Wiederholung ihres Verlusts der Heimat, das Pariser Exil und zieht zu ihrer Freundin Nadeshda nach Berlin.

In Form einer toxischen Liebesbeziehung tritt, mitten in Paris, Verdrängtes in Erscheinung. Arik konfrontiert Arjeta sowohl körperlich als auch durch flashbackartige Bilder mit vergangenen Ereignissen in ihrem Herkunftsland, vor denen sie

---

20 Marica Bodrožić: Kirschholz und alte Gefühle. München 2014. Sigle: K.

die Augen zu verschließen versucht. Die Schilderung dieser Beziehung, die bei der zweiten Begegnung mit einem sexuellen Übergriff beginnt, verweist auch später regelmäßig auf ein symptomatisches Unwohlsein der Protagonistin sowie auf den Krieg, in dem Arik als ehemaliger Kriegsfotograf selbst verankert ist: „An der Schwelle seiner Wohnung war mir einen Moment lang übel." (K, S. 70) Physisch und psychisch drängt er Arjeta zu Grenzüberschreitungen, wenn er ihr etwa vorschlägt, Fleisch zu essen, wissend, dass sie sich seit dem Tod ihrer Brüder vegetarisch ernährt. Symptomatisch sind außerdem Arjetas Eileiterschwangerschaft zu Beginn dieser Beziehung sowie die Geburt eines gemeinsamen Sohnes an deren Ende, bzw. der Umstand, dass Arjeta keine Bindung zu diesem Kind empfindet und es zur Adoption freigibt. Die beiden Ereignisse werden zu Symbolen der Fruchtlosigkeit und der abgeschnittenen Wurzeln.

Ariks Erscheinen gleichsam aus dem Nichts markiert die Flüchtigkeit seiner Präsenz sowie seine Rolle als Fatum der Protagonistin: „Ich sah Arik in jenem Moment, als die Sonne auf meinen Tisch fiel, es war sein Schatten, der sich mir als Erstes zeigte." (K, S. 40) Von Bedeutung scheint auch die sie verbindende Namensähnlichkeit. Dass Arjetas eigener Name im Text erst spät Erwähnung findet, zeugt von der erschütterten Identität dieser Figur, die aufgrund des Krieges ihre Heimat zurückgelassen hat. Gerade Arik spricht ihren Namen zum ersten Mal laut aus, und zwar nicht in einer Situation der Nähe, sondern als er sich nach einer längeren Phase unangekündigten Verschwindens aus dem Ausland meldet: „[...] Arjeta, verstehst du?" (K, S. 114) Im Umfeld dieser ersten Erwähnung wird der Name plötzlich präsent, denn auch Nadeshda nennt ihn, als sie ihre Besorgnis äußert: „[D]as einzige, was dieser Mann kann, ist, sich jedem zu entziehen, der ihm zu nahe kommt. Du, Arjeta Filipo, du bist ihm zu nah. Und du bist nicht stark genug, so etwas zu überstehen." (K, S. 116) Nur wenig später erinnert Arjeta sich außerdem an die zahlreichen Koseformen ihres Namens aus dem Mund ihrer in Dalmatien verbliebenen Mutter: „Ara, Ari, Arjeta, ach Liebes, wo bist du bloß wieder?" (K, S. 120) Arjetas Name bündelt ihre Identität sowie deren Verlust und stellt zugleich eine Verbindung zu ihrer verdrängten Kriegsvergangenheit dar. Auch Arik steht für jenes Verdrängte, das sich unvorhergesehen von fern her in Arjetas Bewusstsein drängt und sich ihr sogleich wieder entzieht, wenn sie es zu erhaschen sucht. Nadeshdas Vermutung „nicht Arik habe mich [Arjeta] ausgesucht, es sei umgekehrt gewesen" (K, S. 122), unterstreicht seine Bedeutung als Archetypus der verlorenen Heimat.

Arik selbst formuliert jenes Phantasma der Heimat, an das Arjeta glauben möchte: „Bei mir, sagte er, du bist bei mir zu Hause." (K, S. 115) Allerdings gibt er sein Versprechen in einem Moment, in dem offensichtlich ist, dass er ihr keine Heimat geben kann, nachdem ihm nämlich ihr gemeinsamer Hund auf einer Reise abhandengekommen ist. Das Angebot der Heimat ist nicht mehr als ein Vorwand,

Arjeta am Gehen zu hindern: „Als ich wortlos aufstehen wollte, zog er mich zärtlich an sich, komm, sagte er, was ist denn mit dir, komm doch wieder nach Hause." (K, S. 115) Arik ist ein Archetypus der verlorenen Heimat im Kontext des Verdrängten. Nach der Logik des Traumas bindet er die Protagonistin an ihre angstbesetzte Vergangenheit. Der psychische Mechanismus einer wider besseres Wissen aufrechterhaltenen toxischen Bindung prägt diese Beziehung. Arjeta beschreibt sie als etwas Irrationales, Körperliches, das von den Instinkten ausgeht: „Mein Kopf hat Arik abgelehnt." (K, S. 101) Anstatt das Trauma abzumildern, fügt er ihr durch seine emotionale Kälte und seine Unbeständigkeit während der Schwangerschaften zahlreiche neue Verletzungen zu. Die ursprüngliche Heimatlosigkeit wird so durch weitere Faktoren des Verlusts oder Entzugs einer neuen Heimat verstärkt: „Ich weiß nicht, wo mein zu Hause ist, sagte ich, bei dir ist es wahrscheinlich nicht." (K, S. 115)

Heimatlosigkeit ist gerade dort erfahrbar, wo Heimat verzweifelt gesucht wird. Tatsächlich gibt es in dieser unsicheren Beziehung Phasen, die dem Konzept einer emotionalen Heimat nahekommen: „[W]enn er da war, schliefen wir wie Kinder zusammen auf dem Teppich in der Sonne ein, Arm in Arm". (K, S. 111) Jedoch ist dieses idealisierte Glück dem Augenblick verhaftet, während Heimat der Dauer bedarf: „Lange hatte ich gedacht, dass Arik mir vorherbestimmt war, dass die Zeitlosigkeit, die ich bei der Betrachtung seiner Hände oder seiner Augen empfand, auf etwas Richtiges verwies, auf eine innere Heimkehr oder eben auf das Anhaltende, die Dauer." (K, S. 155) Ähnlich wie Vrkljans poetische Liebe zu Cvetaeva richtet sich Arjetas Begehren in der Fremde auf eine Projektion, von der sie sich emotionalen Rückhalt – Heimat – verspricht. Von Beginn an erscheint dieser Wunsch jedoch irrational, denn Arik wird als gefühlskalt beschrieben, und als zeitweilige Stütze höchstens für Arjetas Versuch des Verdrängens: „[S]eine Berührungen [löschten] alle anderen Empfindungen in mir aus." (K, S. 64) Intuitiv trägt Arjeta selbst dazu bei, die unüberbrückbare Distanz zu festigen, die Heimat verwehrt: „Ich unterschrieb auch nie meine Briefe an ihn." (K, S. 156) Als Archetypus der Heimatlosigkeit ist Ariks Rolle eine passive, er verweist auf etwas, das in der Protagonistin selbst verankert ist: „Arik hat sie mir gezeigt, diese Mauer in meinem Inneren, er hat so lange an ihr weitergebaut, bis ich sie bemerken musste." (K, S. 197)

Arjetas Heimatlosigkeit hat mit dem Krieg zu tun, doch auch mit ihrer Angst vor einer Rückkehr in das veränderte Land: „Ich habe kein Zuhause mehr […]. Der Krieg ist vorbei, schon lange, aber ich wollte nicht in ein zerstörtes Land zurückkehren. Es gab meinen alten Platz nicht mehr in seinem neuen Gefüge." (K, S. 146) Bei genauer Betrachtung ist der Krieg ursächlich mit Arjetas innerer Leere und Gefühlslosigkeit verbunden, mit der die Beziehung zu Arik sie konfrontiert: „Der Krieg, hat meine Mutter gesagt, habe sie alle gezwungen, im Hier und Jetzt zu leben, da sei keine Zeit für sentimentale Gefühle gewesen." (K, S. 128) Ein Leben im Moment ohne Sicherheit und feste Pläne für die Zukunft entspricht gerade jener Lebensweise, die Arik verkörpert.

Identität und Gefühle konzentrieren sich nach der Grenzerfahrung im Exil zunächst auf Grundlegendes. Beginnend bei basalen Körperempfindungen müssen sie erst wieder aufgebaut werden: „Jetzt verstehe ich, dass ich, genau wie jene Durchreisenden, die ich während des Krieges in Paris traf, nichts anderes habe als mich selbst: meine Wangen, meine Augen, meine Haut, meine Hände, meine Finger, meine Beine, meinen Mund, meine Ohren." (K, S. 123) Die Beziehung zu Arik reflektiert jenes Unbewusste, das Arjeta seit der Emigration von ihrem Selbstempfinden trennt. Wie sich posthum herausstellt, hinterlässt dieser ihr eine große Sammlung von Fotografien, die ihre Ankunft im Pariser Exil minutiös wiedergeben: „Ariks Fotos von mir waren zu einem Archiv meiner Bewegungen und ersten Tage nach dem Krieg in Paris geworden." (K, S. 215) Auf diese Weise rücken Details ins Bewusstsein, die Arjeta selbst nicht wahrgenommen hat, so auch ihre enge Verwobenheit mit den fortdauernden Kriegsereignissen trotz geografischer Entfernung: „Sogar das Datum der Zeitungen war zu erkennen, die ich in den Cafés las, auf den Titelseiten die Reportagen aus der belagerten Stadt, die Markthalle, schreiende Menschen, das Hotel Holiday Inn, Häuser mit Einschusslöchern, fliehende Kinder, eine betende Frau am Taubenplatz." (K, S. 206)

Bodrožićs Roman enthält eine Reihe von Doppelungen, wie sie in der Exilliteratur häufig als Markierung von Identitätskonflikten vorkommen.[21] Iga Nowicz stellt eine Parallele zwischen Arjeta und der aus dem kroatischen Vukovar stammenden Nebenfigur Silva her, die dort mutmaßlich zum Opfer eines sexuellen Kriegsverbrechens wurde. Wie Ariks Übergriff findet Silvas verschwiegene traumatische Begegnung an einem Flussufer statt – nicht an der Seine, sondern an der Donau – und deren sprachliche Vermittlung ist ähnlich gestaltet.[22] Überdies wirkt das Leben von Arjetas Freundin Nadeshda wie eine Doppelung ihres eigenen, wobei Nadeshda jeweils komplementäre Entscheidungen trifft. Wie sich erst nachträglich herausstellt, führt sie parallel zu Arjeta eine ähnlich hoffnungslose Beziehung mit Arik, entscheidet sich allerdings früher und ohne eine Schwangerschaft einzugehen, dazu, diesen Kontakt abzubrechen. Überdies ist Nadeshda Mutter eines Kindes, das sie allein großzieht. Wie sich ebenfalls spät herausstellt,

---

21 Vgl. Eva Hausbacher: Poetik der Migration. Transnationale Schreibweisen in der zeitgenössischen russischen Literatur. Tübingen 2009, S. 141.
22 Vgl. Iga Nowicz: „ich verstand, dass ich [...] in jeder Sprache dieser Welt eine Stimme hatte" – Stimme, Körper und Sprache bei Marica Bodrožić. In: Diana Hitzke und Miriam Finkelstein (Hg.): Slavische Literaturen der Gegenwart als Weltliteratur – Hybride Konstellationen. Innsbruck 2018, S. 215–236, hier S. 231.

ist auch dessen in Amerika lebender Vater auf das Engste mit Arjeta verbunden: Es handelt sich um ihre Jugendliebe aus Sarajevo.[23] Obgleich Arjeta durch diese Verbindungen das verliert, was in ihrem Leben einzigartig und ihr allein vorbehalten erscheint, herrscht keine Rivalität zwischen den beiden Frauen. Vielmehr verbindet sie die Solidarität eines geteilten Schicksals. Nadeshda, deren russischer Name „Hoffnung" bedeutet[24] (während man Arjetas mit dem französischen *arrêter* ‚stehenbleiben, anhalten, blockieren' deuten könnte), nimmt sie bei sich in Berlin auf und gemeinsam ziehen sie, als Zeichen von Wurzeln, Liebe und Kontinuität, Nadeshdas Kind groß.

Auch das emotionale Ankommen der beiden Frauen im Exil ist mit der zuvor erläuterten archetypischen Ebene verwoben. „Ariks Tod, der uns auf uns selbst verwies" (K, S. 196) bedeutet das Ende von Arjetas Archetypen der Heimatlosigkeit. Dieses Ereignis sowie die damit verbundene Erbschaft zahlreicher Fotografien erfordern eine neuerliche Befassung mit der Vergangenheit, ermöglichen jedoch auch ein verspätetes Loslassen: „Irgendwann fiel die Betäubung von mir ab, und ich begann, alles ungesehen fortzuwerfen." (K, S. 212) Im selben Zusammenhang gelingt Arjeta auch die Befreiung von sowie das Wiederfinden ihrer dalmatinischen Heimat, die sie in Form von „Plastiktüte[n] voller Fotos" im Gepäck ihrer Mutter als Belastung erlebt, während sie sich „Mandeln aus dem istrischen Garten und getrocknete Feigen, Aprikosen und Pflaumen" (K, S. 137) wünscht. Nicht das fotografische Sehen kann, so die Fotopoetik dieses Romans, das emotionale Empfinden von Heimat begründen, sondern nur das unmittelbare sinnliche Erleben. Wie sich zeigt, ist es Arik, der Arjeta nach seinem Tod, nachdem sie Verdrängtes aufgearbeitet und Vergangenes losgelassen hat, die gesuchte Heimat und ihre verlorenen Wurzeln vermacht. Neben Fotografien erbt sie von ihm ein Haus in der Bretagne, wobei das Meer eine ferne Verbindung zu Dalmatien herstellt: „Das Meer beruhigt mich. Das Meer zwingt mich nicht in die Vergangenheit. Es überlässt mir nur ihren lebendigen Sinn: die Bewegung, die nie aufhören darf". (K, S. 218)

Bodrožić verstrickt ihre Protagonistin in eine Auseinandersetzung mit der Fremdheit, die diese im Exil empfindet und die auch deren Suche nach einer neuen Heimat prägt. In Folge des Krieges ist das Konzept der früheren Heimat in diesem Roman ambivalent besetzt, Erinnerungen werden vermieden. Zugleich blockiert Verdrängtes das Ankommen, die Öffnung, die für die Nähe einer harmo-

---

23 Vgl. Esther Kilchmann: Sprachwechsel und Erinnerungsprozesse. Wechselseitige Beziehungen in der Psychoanalyse und in der Prosa von Marica Bodrožić. In: Marion Acker, Anne Fleig und Matthias Lüthjohann (Hg.): Affektivität und Mehrsprachigkeit. Dynamiken in der deutschsprachigen Gegenwartsliteratur. Tübingen 2019, S. 205–224, hier S. 209.
24 Vgl. Kilchmann: Sprachwechsel, S. 214.

nischen Beziehung nötig ist. Das Ankommen im Exil als erneutes Empfinden von Heimat scheitert so lange, bis die Protagonistin es schafft, ihre frühere Heimat im neuen Land wiederzufinden. Dazu ist es nötig, belastende Erfahrungen zu akzeptieren und die Suche nach Vergangenem aufzugeben. Als Archetypus der Heimatlosigkeit verdeutlicht die Figur des Arik jene Aspekte, die Arjeta dabei im Wege stehen: ihre eigene Traumatisierung, Kälte, Unsicherheit und Verschlossenheit, die ihr seine Verhaltensweisen wie ein Spiegel vor Augen führen. Während die Beziehung zu Arik die Bindung an Verlorenes unterstreicht, ermöglicht die Loslösung Arjetas Befreiung von alten Lasten und das Empfinden von Heimat.

4 Ferne Seele: Die verlorene andere Hälfte bei Lana Bastašić

In einem ähnlich konfliktgeprägten Prozess holt Lana Bastašić in *Uhvati zeca*[25] (2018, *Fang den Hasen*[26], 2021) die nach dem Krieg emigrierte bosnisch-serbische Hauptfigur Sara durch einen Anruf ihrer muslimisch-stämmigen früheren besten Freundin Lejla aus ihrem neuen Leben in Irland in die gemeinsame Vergangenheit sowie in die bosnische Nachkriegsgegenwart zurück. Milun Lutovac attestiert dem Roman einen „Code der Migration"[27]. Die neuerliche Annäherung ist von Abwehr geprägt und Erinnerungen an Schlüsselerfahrungen der gemeinsamen Kindheit entsprechen einem endgültigen Verlust ebenso sehr wie einem Wiederfinden. Lejla ist ein Archetypus der verlorenen Heimat, der komplexer gestaltet ist als jene in den beiden vorhergehenden Texten. Während Vrkljan eine Sehnsuchtsfigur konstruiert und Bodrožić einen negativ besetzten Schatten des Verdrängten, erscheint Lejla, in die Bastašićs als Schriftstellerin ausgewiesene Figur Sara sich vertieft, wandelbar, schwer zu fassen und gerade dadurch besonders lebendig.

Bereits Lejlas unerwarteter Anruf reflektiert das widersprüchliche Verhältnis einer durch zwölf Jahre Kontaktlosigkeit gefestigten Distanz sowie der transgressiven Nähe untrennbarer Freundschaft, die auch Saras Beziehung zu Bosnien spiegelt: „Sie spricht schnell, [...] ohne irgendeine Notwendigkeit, die Lücken zu überbrücken, im Wissen, in der Freundschaft, in der Chronologie." (FH, S. 10) Der Roman rahmt Vergangenes durch eine Wiederbegegnung der beiden Figuren an-

---

25 Lana Bastašić: Uhvati zeca. Beograd 2018.
26 Lana Bastašić: Fang den Hasen. Aus dem Bosnischen von Rebekka Zeinzinger. Frankfurt am Main 2021. Sigle: FH.
27 Vgl. Milun Lutovac: Roman koji počinje malim slovom. In: Humanističke studije 5 (2019), S. 203–205, hier S. 204.

lässlich einer Autofahrt von Mostar nach Wien, wo Lejla ein Treffen mit ihrem im Krieg verschollenen Bruder Armin, Saras geheimer Kindheitsliebe, angekündigt hat. Diese Reise aktualisiert eine Imagination, die sie als Teenager verband: den irrationalen Glauben an Armins Leben. Saras Vertiefung in Lejlas Persönlichkeit, die sie seit der Kindheit beneidet und nachahmt, während sie sich zugleich mit einem Gefühl der Überlegenheit von ihr abgrenzt,[28] hat introspektiven Charakter.[29] Lejla ist Saras Bosnien, jener Teil ihrer Identität, der in Bosnien verblieben ist: „An die Hälfte meiner Kindheit kann ich mich nicht erinnern, aber die Details von ihrer habe ich mit irritierender Klarheit vor mir. Der blaue Kaugummi mit Wassermelonengeschmack. Die Schürfwunde am linken Knie. Risse in den roten Lippen." (FH, S. 112) Es sind sinnliche Erinnerungen, die Saras Verlust der Heimat durch die Emigration unterstreichen.

Als Archetypus der verlorenen Heimat ist Lejla insbesondere durch äußere Veränderungen markiert: „Erst jetzt, als sie sie wieder auf mich richtete, erkannte ich, dass ihre Augen dunkelblau waren. Sie trug farbige Kontaktlinsen." (FH, S. 91) Lejlas ungewohnt blaue Augen und ihre gebleichten Haare erscheinen gerade gegensätzlich zu ihrem dunklen Teint und zeugen von Künstlichkeit. Dies führt zu einem Gefühl der Fremdheit, das Saras emotionales Wiederfinden der gemeinsamen Vergangenheit und Identität behindert: „[I]ch war zwischen zwei Lejlas festgefahren – derjenigen, die ich mein ganzes Leben gekannt hatte, der ich einmal erlaubt hatte, meine Schamhaare zu entfernen, und dieser Fremden mit gebleichtem Haar." (FH, S. 112)

Saras Irritation erinnert an Sigmund Freuds Analyse des Unheimlichen als Dissonanzerleben bei der Betrachtung von etwas Vertrautem.[30] Nicht zuletzt ist Lejlas entfremdetes Äußeres symptomatisch für ihre innere Gebrochenheit, die anhaltenden Wunden des Krieges, welche Sara durch ihre spätere Emigration verdrängt hat, sowie die Resignation beruflicher und sozialer Perspektivlosigkeit in Bosnien. Beides dringt nun ungefiltert auf sie ein.

---

28 Ausführlich zum philosophischen Konzept weiblicher Freundschaft siehe: Andrea Zink: (Post) Jugoslawische Körperspuren. Lana Bastašić *Uhvati zeca*. In: Magdalena Baran-Szołtys und Ingeborg Jandl-Konrad (Hg.): Körperkonzepte in den slawischen Kulturen. Köln, Weimar, Wien 2024 [im Druck].
29 In einem Nachwort erläutert Lana Bastašić, dass die Figur der Le(j)la auf einer Personifikation Bosniens beruhe. Sie trägt ihre eigenen Initialen, die zugleich jene ihrer Heimatstadt Banja Luka sind, wo auch ihre Figuren aufgewachsen sind. Das flüchtige J in der Mitte des Namens stehe für *ja* (,ich'). Vgl. Lana Bastašić: Pogovor autorke. In: Uhvati zeca. Beograd 2020, S. 231–237, hier S. 233–234.
30 Vgl. Sigmund Freud: Das Unheimliche. In: ders. Das Unheimliche. Aufsätze zur Literatur. Frankfurt am Main 1963, S. 45–84, hier S. 46.

Sara verlässt ihre Heimat nach dem Studienabschluss bei der ersten sich bietenden Gelegenheit und dies ist auch eine Flucht vor ihrem früheren Selbst: „Erst damit konnte ich diese andere Sara loswerden, die Lejlas Zimmer verlassen hatte". (FH, S. 252) Mit Bosnien streift sie die Vergangenheit ab, den Krieg, den Verlust Armins und Lejla, mit der ihre Identität, ihr Selbstwertgefühl und ihr Gefühl von Heimat untrennbar verbunden sind, obgleich diese Freundschaft nach dem ersten Studienjahr unwiderruflich in die Brüche ging. Sich von Lejla zu lösen, bedeutet das Aufgeben intuitiver Zwänge, die mit Zugehörigkeit und Heimat stets verbunden sind. Mit dem zwölf Jahre später angesiedelten gemeinsamen Aufbruch kehrt Sara diesen Prozess um und versucht die Wiederaneignung jenes Herzstücks ihrer emotionalen Heimat, ihres bosnischen Selbst, vor dem das Zurücklassen des Herkunftslands geradezu bedeutungslos erscheint: „Bosnien hatte nun, da ich wusste, dass ich ihm Lejla wegnahm und dass Armin woanders war, vollends seinen Sinn verloren." (FH, S. 252)

Zugleich beschreibt sie im Moment dieser zweiten Ausreise eine besonders enge, nostalgische und zugleich bewusst als irrational erkannte Bindung an das Land ihrer Herkunft:

> Ich wollte nicht in den Rückspiegel schauen, in dem *mein Land* immer kleiner wurde. Ich wollte es nicht eingeengt sehen in dem kleinen Glas, begrenzt von dem Plastikrahmen, an dem der Ehering von Lela Barun hing. Ich wollte es groß und grün in Erinnerung behalten, wasserreich und lebendig, zwischen den Fingern ausgebreitet. Ich wollte es so in Erinnerung behalten, wie es niemals war, zumindest für uns nicht. (FH, S. 252)

Sara klammert sich an klischeehafte Allgemeinplätze, die mit ihrer Erfahrung nichts zu tun haben. Zugleich zeigt sie auf, dass auch jene negativen Klischees des Balkans, die der Text akzentuiert, nur ein kleines Stück dieser Heimat darstellen und nicht mehr sind als ein Bild in einem Plastikrahmen. Auf diese verweist insbesondere der mehrfach deformierte Name ihrer einstigen Schulfreundin Lejla Begić, der deren unglückliche Eheschließung in einem patriarchal geprägten Land anzeigt und in seiner serbischen Variante noch die Spuren des Krieges trägt. Denn die Namensänderung von Lejla zu Lela stammt aus ihrer Kriegskindheit in der nationalistisch geprägten Republika Srpska.

Saras kurzzeitige Rückkehr ermöglicht ihr nicht das Wiederfinden des Vertrauten, das sie zurückgelassen hat, sondern stößt sie auf die Fremdheit dessen, was sie als Teil ihrer selbst begreift: „Ich war vollends verloren [...] in einem Land, das meinem so ähnelte wie eine Totenmaske dem Gesicht eines lebendigen Menschen." (FH, S. 121) Auch nachdem sie Bosnien erneut verlassen hat, wird deutlich, dass diese Reise ihr aus Erinnerungen gebautes Selbstkonzept durcheinandergebracht hat, dass sie die Grundfesten ihrer transkulturellen Identität erschüttert hat: „Ich wollte zurückkehren und alles erklären, doch es kommt mir vor, als hätte ich mich weit wegbewegt und nichts erreicht. Mehr noch, ich habe mich nur verirrt." (FH, S. 272)

Die emotionalen Assoziationen in *Uhvati zeca* führen im Kreis. Die gegenwärtige Lejla, Saras Archetypus der verlorenen Heimat, verweist auf ihren Bruder Armin als eigentliches emotionales Zentrum des Textes.[31] Dieser wiederum stellt eine Verbindung zu ihrer gemeinsamen Kindheit her, in der er verschwand, und damit auch zu Lejla als Kind. Bei dieser handelt es sich um eine verlorene Lejla mit lebhaften schwarzen Augen und den Haaren ihres Bruders, um Lejla aus jener vergangenen Zeit enger Freundschaft, in der Saras emotionale Heimat verortet liegt. Wie Sara feststellt, ist ihre gegenwärtige Reise „nur ein Reflex der Erinnerung an unsere gemeinsame Geschichte und kein Freundschaftsbeweis". (FH, S. 322) Die Konfrontation in der Gegenwart zeigt an, dass die verlorene Heimat möglicherweise nicht mehr existiert. Dennoch versucht Sara an ihrem Archetypus festzuhalten und mustert das fremde Gesicht auf der Suche nach dem Vertrauten: „Hinter ihrem auffällig geschminkten Gesicht kam endlich, zumindest für einen Augenblick, das Mädchen zum Vorschein, mit dem ich einst Hausaufgaben gemacht hatte." (FH, S. 95) In einem hoffnungsfrohen Moment ist Sara mit Blick auf Lejlas dunklen Haaransatz[32] sogar zuversichtlich, dass diese wieder jener Mensch werden kann, der sie früher war. (FH, S. 282)

Obgleich sich diese Hoffnung am Ende des Romans eher nicht bestätigt, ist Lejla in ihrer alten wie auch in ihrer neuen Erscheinung ein wichtiger konzeptueller Angelpunkt für Saras Selbstsuche, denn die Vertiefungen in das Fremde verweisen sie regelmäßig auf sie selbst: „Wer war diese Frau neben mir [im Auto]? Wer war ich"? (FH, S. 118) Lejlas Rolle als Saras Alter Ego, als deren andere Hälfte, als Projektionsfläche, auf der sie sich selbst betrachtet, wird in der letzten im Roman geschilderten Nacht besonders deutlich, die Sara allein und betrunken in einem Hotel in Wien verbringt, da Lejla unangekündigt mit einem Liebhaber verschwunden ist. Ihre Gedanken ruhen auf Lejlas Wesen, das sie zu fassen versucht. Dies geschieht in Form eines Hineinversetzens, einer Identifikation: „,Ich bin Lela', flüsterte ich auf Deutsch in den leeren Raum hinein. ,Ich bin Leja. Ich bin Lili.' [...] Auf meinem Kleid war ein Weinfleck. Als hätte ich jemanden umgebracht. ,Ich bin Lulu. Ich bin Lala.'" (FH, S. 314)

---

31 Vgl. Ingeborg Jandl: The Artist and Her Muse. From Female Bodies towards Female Identities (Drakulić, Bašić, Hasanbegović, Bastašić). In: Književstvo 11 (2021), S. 94–120, hier S. 110–112.
32 Zur Zeit des Erscheinens ihres Romans trug die Autorin selbst blaugefärbtes Haar mit schwarzem Ansatz. Vgl. Masha Durkalić: Lana Bastašić. Cijelog života ću pisati o balkanu. 13.01.2019, https://www.slobodnaevropa.org/a/lana-bastasic-cijelog-zivota-cu-pisati-o-balkanu/29704017.html (Zugriff am 02.02.2024). Dies bedeutet eine äußere Parallele zu ihrer Figur Lejla, deren Haarfarbe im bosnischen Original nicht eindeutig festgelegt ist, denn in Bezug auf Haarfarben bedeutet *plavo* zwar ,blond', an sich jedoch ,blau'.

Während Saras Name international ist, verweisen die zahlreichen Varianten von Lejlas Namen auf die Widersprüche ihrer bosnischen Heimat. Die an ‚Lejla' gekoppelte ursprüngliche, bosnisch-muslimische Identität ist in mehreren Schichten überschrieben durch den mit ‚Lela' vollzogenen Wandel zu einer serbischen Zugehörigkeit, den Kosenamen ‚Leja', mit dem die Mutter sie seit ihrer Kindheit ruft, und – wie Saras spontane Variationen ‚Lili', ‚Lulu' und ‚Lala' anzeigen – durch beliebig viele Entstellungen oder Facetten, die auf Veränderungen äußerer Umstände oder innerer Befindlichkeiten reagieren. Die Flut an Namen zeigt an, dass der dahinter verborgene Mensch sein Zentrum verloren hat. Als hätte man die ursprüngliche ‚Lejla' (oder das zurückgelassene Bosnien) getötet, und mit ihr Sara, die andere Hälfte, deren transgressive Verschmelzung mit ihr der vorliegende Sprechakt besonders deutlich macht.

Nicht nur betrunken imaginiert Sara Lejlas Perspektive. Durch die lange währende alte Aufteilung während der Schulzeit, wonach Lejla die Mathematik-Aufgaben und Sara die Aufsätze jeweils für beide erledigte, ist Sara es gewohnt, sich in Lejla hineinzuversetzen: „Wenn ich Lela Berićs Hausarbeiten schrieb, stellte ich mir vor, ich wäre du." (FH, S. 181 f.) Mit derselben Kipp-Perspektive nähert Sara sich Bosnien im Zuge ihrer Wiederbegegnung: „Ich wollte in ihren Kopf eindringen und jene Szene selbst bezeugen. Und mehr als das: Ich wollte [...] zu Lejla werden, wie in der Zeit, als ich mit meinem Stift ihre Hausarbeiten schrieb." (FH, S. 312) Saras innerer Widerspruch zwischen dem Wunsch nach Annäherung und jenem nach Distanz prägt den Roman. (FH, S. 169) Dieser Versuch einer Abgrenzung von Lejla entspricht Saras Abgrenzung von der bosnischen Heimat, zu der dennoch eine intuitive Verbindung besteht: „Ich bin aus Dublin, hab eine Avocado[pflanze] und bin cool. [...] Bei Tajči singe ich nicht mit. [...] Ich wollte nicht zugeben, dass ich alle Texte kannte." (FH, S. 175)

Nicht nur im Zuge der Rückkehr in dieses Land stellt Sara fest, dass sie Bosnien – oder konkreter Lejla als dessen pars pro toto – in sich trägt, sondern auch in Dublin, wo sie ihren Freund Michael mit Lejlas Sprechweise und Gesten gewinnt: „Er mochte [...] Lejla in mir, obwohl er sie nie kennengelernt hatte. Sie hat auch ihn für sich gewonnen." (FH, S. 117) Trotz zahlreicher innerer und äußerer Konflikte verdeutlicht die Auseinandersetzung mit Lejla Saras enge Bindung an diese und ihren starken Wunsch, die alte Beziehung weiterleben zu lassen: „Es war genug, ein Teil von etwas zu sein, das bei ihr, *mit* ihr war. Lejla und ich sind unterwegs, dachte ich, [...] Lejla und ich fahren nach Wien zu Armin." (FH, S. 173)

Dennoch wird unmissverständlich deutlich, dass das Verlorene – Lejla, Armin und Bosnien nicht wiederzubringen ist, denn „wie zwei tektonische Platten" driften Sara und Lejla auseinander: „Ein paar Millionen Jahre nur hatten sie zum selben Kontinent gehört. *Lejla und ich.*" (FH, S. 322) Lejla steht daher für eine geografische, zeitliche und emotionale Ferne der Heimat.

5 Archetypen der verlorenen Heimat

Eine seelenverwandte Dichterin, ein übergriffiger Fotograf und die verlorene andere Hälfte, die notwendig ist, um die eigene Identität sowie die multiethnische Heimat zu vervollständigen, werden in den hier behandelten Werken zu Projektionsflächen jener Gefühle, die unausgesprochen dem Herkunftsland gelten: Nähe, Fremdheit und Ferne. Alle drei Komponenten prägen den kollektiven Archetypus der verlorenen Heimat und bei genauerer Betrachtung können diese drei emotionalen Modalitäten archetypischer Bindung in jedem der Texte festgestellt werden.

Im Versuch, mit dem Verlust der gewohnten Umgebung umzugehen, bauen alle drei Protagonistinnen eine irrationale Nähe zur jeweiligen archetypischen Figur auf und machen diese sowie damit indirekt auch ihr verlassenes Heimatland zum Zentrum ihrer Reflexionen. Auch eine raumzeitliche Ferne, die die Unerreichbarkeit der verlassenen Heimat anzeigt, bestimmt diese Verhältnisse. Cvetaevas Existenz ist in einer anderen Raumzeitlichkeit verortet als Vrkljans, Arik sichert durch längere unangekündigte Abwesenheiten seine räumlich-emotionale Distanz zu Arjeta und die Entfernung zwischen der kindlichen Lejla und Sara ist zeitlich definiert. Eine gewisse Fremdheit prägt ebenfalls alle drei Verhältnisse und ist übertragbar auf die Differenz, die der Abstand zum Bekannten im Erleben der verlassenen Heimat entstehen lässt. Bei Vrkljan und Cvetaeva beruht sie darauf, dass die beiden Frauen nie persönlich miteinander bekannt wurden, bei Arjeta und Arik ist sie durch emotionale Kühle konstituiert, bei Sara und Lejla entsteht sie durch Entfremdung.

Das emotionale Verhältnis zur zurückgelassenen Heimat wird in den drei Texten jedoch durch eine deutlich unterschiedliche Gewichtung von Nähe, Fremdheit und Ferne bestimmt. Diese spiegelt sich im Auftreten der archetypischen Figuren, anhand derer eine individuelle Verhandlung der emotionalen Heimat erfolgt. Vrkljans nostalgisches Verhältnis zu Jugoslawien bzw. Kroatien wiederholt Cvetaevas irrationale sehnsüchtige Liebe zu Russland. Beide Schriftstellerinnen halten ihre transgressive Nähe zur Heimat aufrecht, obwohl diese keinen Ort der Geborgenheit für sie bereithält. Das Verhältnis der Abwehr, welches Bodrožić anhand ihrer Figur Arjeta konstruiert, ist durch ein Kriegstrauma geprägt. Indirekt proportional zu deren im Exil verdrängten Emotionen für Jugoslawien, die Schmerzhaftes und Verlorenes einschließen, entsteht Arjetas irrationales Begehren für einen unberechenbaren Menschen, den sie emotional für sich einzunehmen versucht, um in ihm einen verlässlichen, liebevollen Partner zu finden. Das Festhalten an der ambivalenten Beziehung zu diesem kann als Ersatzhandlung gelesen werden, die dem Wunsch geschuldet ist, eine traumatisch besetzte Heimat zurückzugewinnen. Gerade umgekehrt wagt Bastašićs Ich-Erzählerin Sara eine vorsichtige Annäherung an das Verdrängte. Die kurzfristige Rückkehr nach Bosnien sowie die wieder aufgenommene Beziehung zu ihrer veränderten Kindheitsfreundin Lejla verdeutlichen ihre Entfremdung von der früheren Heimat, doch durch diese findet Sara auch zurück zu ihren Erinnerungen an das Bosnien ihrer Kindheit und Jugend. Während Sara sich von der schwer zu ertragenden Realität des vergangenen sowie des gegenwärtigen Bosniens löst, beschließt sie, das verlassene Land als identitätsstiftende Imagination der Heimat in sich weiterleben zu lassen.

Alle drei Archetypen der zurückgelassenen Heimat begleiten die Auseinandersetzung mit einem emotional aufgeladenen inneren Konzept von Heimat, das sich aus Erinnerungen, alten Ängsten und neuen Hoffnungen speist. Dieses ist vom Verlust durch Vergessen bedroht, behindert jedoch zugleich die Selbstverortung in der Gegenwart des Exils. Die Texte erzählen vom Fortleben alter Bilder sowie von dem Versuch, diese zu fassen und festzuschreiben als Grundlage von Identität. Durch die Beziehung zu archetypischen Figuren findet jeweils eine Verschränkung zwischen Gegenwart und Vergangenheit sowie zwischen dem Land der Herkunft und der neuen Heimat statt. Archetypen der (verlorenen) Heimat begleiten daher sowohl das Wiederfinden des Vergangenen als auch dessen Neuverortung und Rekontextualisierung.

Literatur

Bachtin, Michail: Avtor i geroj v éstetičeskoj dejatel'nosti. In: ders. Sobranie sočinenij. Bd 1. Moskva 2003, S. 69–263.
Bastašić, Lana: Fang den Hasen. Aus dem Bosnischen von Rebekka Zeinzinger. Frankfurt am Main 2021.
Bastašić, Lana: Pogovor autorke. In: Uhvati zeca. Beograd 2020, S. 231–237.
Bastašić, Lana: Uhvati zeca. Beograd 2018.
Bodrožić, Marica: Kirschholz und alte Gefühle. München 2014.
Carl Gustav Jung: Archetypen. München 2015.
Cvetaeva, Marina: Sobranie sočinenij v semi tomach. Moskva 1994.
Durkalić, Masha: Lana Bastašić. Cijelog života ću pisati o balkanu. 13.01.2019, https://www.slobodnaevropa.org/a/lana-bastasic-cijelog-zivota-cu-pisati-o-balkanu/29704617.html (Zugriff: 02.02.2024)
Freud, Sigmund: „Das Unheimliche." In: ders. Das Unheimliche. Aufsätze zur Literatur. Frankfurt am Main 1963. 45–84.
Freud, Sigmund: Gesammelte Werke. Bd II/III: Die Traumdeutung. London 1942.
Hausbacher, Eva: Poetik der Migration. Transnationale Schreibweisen in der zeitgenössischen russischen Literatur. Tübingen 2009.
Hawkesworth, Celia: Irena Vrkljan. Marina, or About Biography. In: The Slavonic and East European Review 69 (1991), S. 221–231.
Jandl, Ingeborg: Autism, Love, and Writing in and around Russian Literature. On Feeling, Non-Feeling and Writing as a Communicative Medium to Express Emotions. In: Ingeborg Jandl, Susanne

Knaller, Sabine Schönfellner und Gudrun Tockner (Hg.): Writing Emotions. Theoretical Concepts and Selected Case Studies in Literature. Bielefeld 2017, S. 99–121.

Jandl, Ingeborg: The Artist and Her Muse. From Female Bodies towards Female Identities (Drakulić, Bašić, Hasanbegović, Bastašić). In: Književstvo 11 (2021), S. 94–120.

Jandl, Ingeborg: Von der Unzeitlichkeit des Poeten. Marina Cvetaeva und der Freitod des Dichters. In: Günter Blamberger und Sebastian Goth (Hg.): Ökonomie des Opfers. Literatur im Zeichen des Suizids. München 2013, S. 325–357.

Kilchmann, Esther: Sprachwechsel und Erinnerungsprozesse. Wechselseitige Beziehungen in der Psychoanalyse und in der Prosa von Marica Bodrožić. In: Marion Acker, Anne Fleig und Matthias Lüthjohann (Hg.): Affektivität und Mehrsprachigkeit. Dynamiken in der deutschsprachigen Gegenwartsliteratur. Tübingen 2019, S. 205–224.

Kucniar, Alice: Irena Vrkljan's Autobiographical Prose between Zagreb and Berlin. (A Critique of a Monolingual Germanistik). In: Seminar 49/3 (2013), S. 261–280.

Lutovac, Milun: Roman koji počinje malim slovom. In: Humanističke studije 5 (2019), S. 203–205.

Nowicz, Iga: „ich verstand, dass ich [...] in jeder Sprache dieser Welt eine Stimme hatte" – Stimme, Körper und Sprache bei Marica Bodrožić. In: Diana Hitzke und Miriam Finkelstein (Hg.): Slavische Literaturen der Gegenwart als Weltliteratur – Hybride Konstellationen. Innsbruck 2018, S. 215–236.

Protrka Štimec, Marina und Mirela Dakić: „Tijelo pamčenja je pčela koja me bode." Emancipatorne prakse ženskog pisma 80-ih. In: Poznańskie Studia Slawistyczne 16 (2019): 243–255.

Vrkljan, Irena: Marina ili o biografiji [1986]. In: Sabrana proza. Bd 1. Zagreb 2006, S. 149–236.

Vrkljan, Irena: Marina, im Gegenlicht. Graz 1988.

Zink, Andrea: (Post)Jugoslawische Körperspuren. Lana Bastašić Uhvati zeca. In: Magdalena Baran-Szołtys und Ingeborg Jandl-Konrad (Hg.): Körperkonzepte in den slawischen Kulturen. Köln, Weimar, Wien 2024 [im Druck].

Zlatar, Andrea: Tko nasljeđuje „žensko pismo"? Poetike različitosti suvremene hrvatske prodikcije. Irena Vrkljan i Daša Drndić. In: Sarajevske Sveske 2 (2003), S. 83–93.

Regina Karl
Affekt und Form. Marseille als Kaleidoskop des Transitorischen

1 Transit als Form. Der Affekt Marseille

Die „Krise Europas" ist zur Formel geworden.[1] Das kulturelle, politische und ökonomische Konstrukt Europa an den Anfang dieses Aufsatzes zu stellen, zieht daher auf fast schon symptomatische Weise die Notwendigkeit nach sich, die neuralgischen Eckpunkte dieser Krise innerhalb der letzten Dekade aufzulisten: Die sogenannte „Flüchtlingskrise", die Eurokrise, der Brexit, die Corona-Pandemie und zuletzt der Invasionskrieg Russlands in der Ukraine haben das politische und öffentliche Bild der Europäischen Union nachhaltig verändert und zunehmend instabil erscheinen lassen. Dennoch wird es mir im Folgenden um einen starken Europabegriff gehen, wenn ich die Stadt Marseille beispielhaft als Mikrokosmos einer zeitgenössischen Vision Europas lese. Allerdings ist es nicht mein Ziel, durch die Brille von Literatur und Film das Scheitern oder Gelingen der Europäischen Union zu diagnostizieren. Stattdessen werde ich zeigen, wie dem transnationalen Europa, das geprägt ist von globaler Diaspora und einer Diskrepanz aus nationaler Autonomie und Staatenverbund, in diesen Beispielen eine Form verliehen wird.

Marseille, die mediterrane Hafenstadt im Süden Frankreichs, dient dabei als Rahmen, um vergangene wie aktuelle Momente von Migration und humanitärer Krise zu reflektieren. Als exemplarischer Transitort, der allein aufgrund des Seezugangs im steten Fluss begriffen ist, hat die urbane Landschaft Marseilles immer wieder die Aufmerksamkeit von Literatur, Film und Kultursoziologie auf sich gezogen.[2] Eine beachtliche Menge an Filmemacher*innen, Architekt*innen oder

---

[1] Wichtige Anregungen zu diesem Aufsatz verdanke ich den Teilnehmer*innen der Konferenz „Visions of Europe. Cinema and Migration in Contemporary Germany" an der Rutgers University im Herbst 2022. Insbesondere gilt mein Dank Elisa Ronzheimer, mit der ich diese Konferenz gemeinsam konzipieren durfte.
[2] Einen detaillierten Überblick der Konjunktur Marseilles in Literatur, Film, Architektur und Soziologie der Moderne gibt Sabine Haenni. Sie untersucht die wechselseitige sexuelle, urbane und intellektuelle Promiskuität der Stadt und beschreibt sie als globalen Verkehrsknoten, „prone to discontinuities and fragmentation". Sabine Haenni: Intellectual Promiscuity: Cultural History in the Age of the Cinema, the Network, and the Database. In: New German Critique (2014), 122, S. 195. Auf das fragmentierte Erscheinungsbild Marseilles werde ich im Folgenden noch genauer eingehen. Zu den nennenswerten urbanwissenschaftlichen Publikationen neueren Datums gehö-

https://doi.org/10.1515/9783111329345-016

Schriftsteller*innen, unter ihnen László Moholy-Nagy, Walter Benjamin, Siegfried Kracauer und Anna Seghers, haben am Marseiller Stadtbild die Parameter moderner Geschichte und Lebenswelt abgelesen. In der aktuellen Krisensituation Europas kehrt Marseille zum Einen in urbanwissenschaftlichen Studien, zum Anderen im Kino der Berliner Schule beispielsweise von Angela Schanelec, Emily Atef oder Christian Petzold wieder.

Im Folgenden möchte ich mich auf Petzolds Film *Transit* konzentrieren – eine Adaption des gleichnamigen Romans von Anna Seghers –und zeigen, auf welche Weise Marseille darin als formale wie reale Manifestation Europas fungiert. Ich orientiere mich dabei an einem eher ideellen als geopolitischen Europa-Begriff, wie ihn Randall Halle in Zusammenhang mit dem zeitgenössischen Kino formuliert hat: „Europe is not a meta-identity. Europe is a space of transit crisscrossing or connecting A and B. Europe is not experienced as a totality but rather as that moment of productive transit in the interzone."[3] Um diese transitäre Zwischenzone stark zu machen, lese ich Marseille als ein Kaleidoskop der Affekte, eine Lektüre, die es mir außerdem erlaubt, zu verdeutlichen, dass Formalismus und Realismus sich gerade angesichts zentraler Themen wie Migration und Staatenlosigkeit nicht etwa ausschließen, sondern gegenseitig bedingen. Im Gegensatz zur üblichen Trennung von Formalismus und Realismus folge ich einem dualen filmtheoretischen Ansatz wie ihn Francesco Casetti formuliert:

> Reality has always occupied a double position in film theory. It may be linked to the source of the image – that which allows the image to be an index – but it can also be an effect of the image – something that emerges from how the image organizes its representation and challenges the spectator. Therefore, in cinema, reality is both a precondition and a construct.[4]

Was ich der indexikalischen Dualität aus Realitätseffekt und Konstruiertheit hinzufügen möchte, ist die Frage des Affekts. Die affektive Dimension einer Stadt wie Marseille, die sich in Prekarität, Verunsicherung, Gewalt und Entfremdung angesichts von Flucht, Exil und Staatenlosigkeit übersetzt, leuchtet unmittelbar ein. Wie sich diese Affekte jedoch vorrangig als Form lesen lassen und wie sich darüber hinaus Marseille nicht allein als Ort, sondern unmittelbarer Ausdruck von Affekten verstehen lässt, die von Todesangst bis Langeweile reichen, ist erklärungsbedürftig: Meine Überlegungen beziehen sich hier auf die von der amerika-

---

ren William Firebrace: Marseille Mix. Cambridge 2022; außerdem Marc Angélil et al. (Hg.): Migrant Marseille. Architectures of Social Segregation and Urban Inclusivity. Berlin 2020.
3 Randall Halle: The Europeanization of Cinema. Interzones and Imaginative Communities. Champaign 2014, S. 4.
4 Francesco Casetti: Sutured Reality: Film, from Photographic to Digital. In: October (2011), 138, S. 97.

nischen Film- und Medienwissenschaftlerin Eugenie Brinkema vorgeschlagene These, dass Affekte nicht allein das Feld unkontrollierbarer emotionaler Regungen beschreiben. Gegen die Behauptung einer Zufälligkeit und der damit einhergehenden Theorien der Fluidität und Unlesbarkeit des Affektiven setzt Brinkema eine Reihe klarer formaler Muster. In ihrer Studie *The Forms of the Affects* plädiert sie dafür, den sogenannten *affective turn* in den Geistes- und Sozialwissenschaften zu gleichen Teilen anhand von einerseits konkreten physischen und psychischen Erfahrungen wie andererseits strukturellen und ästhetischen Aspekten der Bildkomposition zu erklären.[5] Brinkema stellt sich gegen einen Affektbegriff, der das Affektive einzig als Unterbrechung oder absolut Anderes kognitiver Erfahrung und intellektueller Darstellbarkeit versteht. In ihrem Ansatz wird das zunehmende Interesse an Verkörperung und Materialität sowie außerdem dem Zusammenhang von Identität und Emotion nicht als Gegenthese, sondern als Fortsetzung poststrukturalistischer Theoriebildung manifest. Brinkema vermeidet es, Affekte schlicht als Kraft, Intensität oder Bewegungen zu beschreiben, die sich bedeutungstragender Strukturen entziehen. Statt dessen insistiert sie auf deren Lesbarkeit: „*The turning to affect in the humanities does not obliterate the problem of form and representation. Affect is not where reading is no longer needed.*"[6] Für die Film- und Medienwissenschaft bedeutet Brinkemas Intervention zugleich ein Umdenken der psychoanalytisch informierten und ideologiekritischen *apparatus theory* der 1970er Jahre, die zwar der Affekttheorie analoge Phänomene wie Schock, Empathie oder Erotisierung untersucht, sich in Bezug auf diese affektiven Dimensionen des Film allerdings vorranging auf die Wirkung auf die Zuschauer*innen konzentrierte.[7] Affekt ist also nicht allein phänomenologisch als Intention oder Effekt, sondern strukturell als formales und damit konstitutives Element filmischer Darstellung lesbar. Dieses methodische Umdenken fasst sie wie folgt zusammen:

---

5 Der *affective turn* setzt im angloamerikanischen Raum Mitte der neunziger Jahre ein und untersucht die affektiven Auswirkungen politischer, ökonomischer und kultureller Transformationen und damit vor allem die entweder besonders aktiven oder passiven körperlichen Reaktionen Einzelner auf das jeweilige soziale Umfeld. Die geistes- und sozialwissenschaftliche Affekttheorie dient also dazu, vornehmlich Erfahrungen in den Blick zu nehmen, die außerhalb des Paradigmas begrifflicher oder ästhetischer Repräsentierbarkeit angesiedelt sind. Das erste Kompendium geisteswissenschaftlicher Affektforschung bietet: Patricia Ticineto Clough und Jean Halley (Hg.): The Affective Turn. Theorizing the Social. Durham 2007.
6 Eugenie Brinkema: The Forms of the Affect. Durham 2014, S. xiv.
7 In der Folge und in Abgrenzung zur *apparatus theory* wurde die Wirkung des Films zunehmend körperlich und individualisiert gelesen. Die Fokussierung auf die Zuschauer*innenposition statt auf die formalen und strukturellen Kriterien des Films blieb dabei jedoch erhalten. Vgl. Brinkema, S. 26–31.

> First and foremost this approach requires beginning with the premise that affective force works over form, that forms are auto-effectively charged, and that affects take shape in the details of specific visual forms and temporal structures. Reading for form involves a slow, deep attention both to the usual suspects of close analysis that are so often ignored or reduced to paraphrase in recent work on affect – montage, camera movement, *mise-en-scène*, color, sound – and to more ephemeral problematics such as duration, rhythm, absences, elisions, ruptures, gaps, and points of contradiction (ideological, aesthetic, structural, and formal). Reading for formal affectivity involves interpreting form's waning and absence, and also attending to formlessness.[8]

In Anlehnung an Brinkemas These soll es im Folgenden um den affektiven Gehalt der Stadt Marseille in Bezug auf Exil- und Fluchterfahrung gehen, dabei vor allem um das Umkippen in die von Brinkema beschriebene „formlessness". Mit Fokus auf die visuelle Formensprache der Hafenstadt, wie sie Petzold in seiner Adaption von Seghers Roman *Transit* entwickelt, untersucht mein Beitrag, auf welche Weise Marseille nicht allein bestimmte Vorstellungen, sondern, dem vorgelagert, konkrete Darstellungen von Migration und Staatenlosigkeit produziert. Wie sich zeigen wird, zieht dieser formale Ansatz nicht etwa eine Verharmlosung der Affekte nach sich, die üblicherweise mit globaler Diaspora oder politischer Verfolgung assoziiert werden. Im Gegenteil: Marseille als Form zu lesen, lässt nachvollziehen, warum Affekte mehr als die körperliche, emotionale oder kommunikative Gegenseite der ästhetisch-formalen Struktur des Films ausmachen. Eine genaue Analyse der Wiederkehr bestimmter kinematographischer Muster und Motive Marseilles erlaubt affektive *blind spots* als solche sichtbar zu machen und lässt nachvollziehen, an welchen Punkten der prekäre Status des Transits brüchig wird. Was bisweilen als blumige Metapher erscheint – „die Flüchtigkeit des Transitorischen" – werde ich als formales Kriterium in Petzolds Marseille-Bildern stark machen. Affektentzug lese ich daher als Formentzug und möchte zeigen, an welchen Stellen und mit welchen Mitteln der Darstellung Sichtbarkeit und Empathie in Undarstellbarkeit und Indifferenz kippen. Marseille dient in meiner Lektüre nicht als schlichte Plattform, um Rührung für die Schicksale einzelner Flüchtlinge zu erzeugen. Stattdessen macht die Ephemerität der Stadt selbst die Gleichzeitigkeit aus Unmittelbarkeit und visueller Überladenheit aus, die den Affekt des Transistorischen formt.

---

8 Brinkema: The Forms of the Affect, S. 37.

2 Transitorische Räume

Der Moment, in dem Marseille nicht nur als Ort des permanenten Übergangs erfahrbar wird, sondern diese Erfahrung eine deutliche Formensprache gewinnt, lässt sich bereits in den 1920er Jahren festmachen. Marseille erweist sich zu dieser Zeit als Destillat der Schockerfahrung moderner Lebenswelt und zieht als Handelsknotenpunkt für Kolonialwaren und Durchgangsstation auf dem Weg in südfranzösische Urlaubsregionen das Interesse unterschiedlicher Künstler*innen und Intellektueller auf sich.[9] In Marseille entwickelt sich modernes Großstadtleben nicht nur parallel zur zunehmenden Popularität des Kinos, vielmehr verdeutlich die Stadt die Kongruenz aus kinematographischer Form und urbanem Chaos. Im Jahr 1929, zum Beispiel, dreht der Architekt und Photograph László-Moholy Nagy seinen Kurzfilm *Impressionen vom alten Marseiller Hafen (Vieux Port)*. Moholy vertrat die Überzeugung, dass moderne Technologie eine Neues Sehen, ein „Sehen in Bewegung"[10], befördert, dessen multiperspektivisch montierte Blickrichtungen er in der Marseiller *pont transbordeur* gespiegelt fand, einer Schwebefähre über der Einfahrt zum Alten Hafen.[11] Über große Teil des Films nimmt die Kamera von der Aussichtsplattform der Brücke aus schwindelerregende Perspektiven entlang der Stahlverstrebungen ein. Moholy entwickelt ein entfesseltes Schauspiel, geprägt von harten Schnitten und Kameraeinstellungen, die rastlos von oben nach unten, von nah zu fern wechseln. Sabine Haenni verweist in diesem Zusammenhang auf den mechanisch-technologischen Blick, der die Fähigkeiten des menschlichen Auges übersteigt und bemerkt, dass die

---

9 Walter Benjamin beschreibt diesen Schock unter anderem in seinem Aufsatz „Über einige Motive bei Baudelaire". Angesichts der Nähe von Technologie, Großstadt und Innervation in Benjamins Denken überrascht es wenig, dass auch er Marseille in den 1920er Jahren bereist. Es entsteht der Haschisch-Text sowie ein Denkbild über die Stadt Marseille, in dem der Hafen als triefendes, fauliges „Seehundsgebiss" beschrieben ist: Benjamin: Marseille. In: ders.: Gesammelte Schriften. 4.1, hg. v. Tillman Rexroth. Frankfurt am Main 1972, S. 359. Kracauer und Benjamin treffen sich als politische Verfolgte 1940 in Marseille wieder. Benjamin erhält ein Transit Visum in die USA, allerdings wird ihm das Exit Visum aus Frankreich verwehrt. Auf der Flucht nach Spanien über die Pyrenäen begeht er Selbstmord. Benjamin kehrt als geisterhafte Figur in Petzolds Filmen häufig auf. So finden sich Referenzen auf den Angelus Novus in *Phoenix* und *Barbara*. Zur Präsenz Benjamins speziell in *Transit* siehe: Manohla Dargis: An Existential Puzzler with Jackboots and Terror. In: The New York Times, 28.4.2019, https://www.nytimes.com/2019/02/28/movies/transit-review.html (Zugriff 14.4.2024)
10 Zu Moholys Begriff eines „Sehens im Bewegung" vgl. weiterführend Patrizia McBride: The Chatter oft he Visible. Montage and Narrative in Weimar Germany. Michigan 2016.
11 Die Brücke wurde zum Wahrzeichen der Moderne und diente auch Germaine Krull, Man Ray und anderen Vertreter*innen der Avantgarde als Inszenierung nicht-linearer Perspektiven. Die Brücke ziert außerdem das Cover von Siegfried Giedions einflussreicher Studie *Bauen in Frankreich, Bauen in Eisen, Bauen in Eisenbeton*.

kontrastiv gestaltete, visuelle Überreizung ihren Höhepunkt eigentlich erst in dem Moment erreicht, als Moholys Kamera weg von der Brücke in das Stadtgebiet des alten Hafens wandert.[12] Entsteht bis dahin der Eindruck, Moholy würde die supplementäre Fähigkeit des Kinos, menschliche Wahrnehmung zu erweitern, an der Schwebebrücke testen und emblematisch in Szene setzen, bestätigt sich kinematographische Form eher dort, wo die Flexibilität und Dynamik der Filmkamera an ihre Grenze geraten. Die Sollbruchstelle des Films markiert die Stelle, an der Moholy die Straßenszenen des direkt angrenzenden multiethnischen Armenviertels einfängt, das von Hafenarbeiter*innen, Durchreisenden und Einwander-*innen bewohnt wird. Die erratischen Bildfolgen aus Müll, zerfallenen Häusern und starr in die Kamera blickenden Passant*innen sind jedoch nur schwer mit den dynamischen und präzise komponierten Formen moderner Technologie zu Beginn des Films vereinbar. Moholys Kamera scheitert hier an Marseille, wie Haenni folgert:

> [T]he film may be less memorable for its vision of a city in motion than for capturing and preserving the human and infrastructural resistances [...] to such a vision of the city, which is also a vision of imperial globalization.[13]

Schon mit Moholy wird deutlich, wie die fluide Formensprache Marseilles den Blick verwirrt. Die Gleichzeitigkeit aus historischer Spur, multiethnischer, von Armut geprägter Gegenwart und progressiver, kosmopolitischer Modernität scheinen zum Einen als ideale Projektionsfläche für das kreative Potential der Kamera dienlich, zum Anderen verweigert sich das Marseiller Stadtbild einer klaren Strukturierung und Komposition. Diese Komplexität einer gleichzeitigen Nähe und Ferne Marseilles zum Cineastischen mag auch Siegfried Kracauer umgetrieben haben, der Marseille ähnlich wie Moholy in den 1920er Jahren erstmals besucht und 1940 auf der Flucht vor den Nationalsozialisten in die USA dorthin zurückkehrt, eine Zeit, in der er die Abfassung seiner kanonisch gewordenen Monographie *Theory of Film* beginnt.[14] Die Studie, in der Kracauer das Bindeglied zwischen einer dem Realismus verschriebenen Filmästhetik und einer humanistischen Kunstauffassung nachzeichnet, trägt deutliche Spuren des unsicheren Ausharrens in der Hafenstadt. Kracauers Schlüsselidee einer „redemption of physical reality", die der Film zu entbergen vermag, kann als Schutzfläche des Humanismus gegen die na-

---

12 Sabine Haenni: Urban, Historical, and Musical Loops: László Moholy-Nagy, Alexander Kluge, and the City Symphony Film. In: New German Critique (2020), 47, S. 86.
13 Haenni: Urban, Historical, and Musical Loops, S. 87.
14 Kracauers autobiographisch geprägte Romane *Ginster* und *Georg* spielen zum Teil in Marseille.

hende Barbarei des Faschismus verstanden werden.[15] Wie Miriam Hansen entsprechend gezeigt hat, entwickelt Kracauer seine Überlegungen zum Film nicht zufällig. In ihrem detailgenauen Vergleich der Marseiller Aufzeichnungen mit der finalen Publikation von *Theory of Film* im Jahre 1960 wird deutlich, dass Kracauer den Film ursprünglich weitaus weniger systematisch und universeller konzipiert hatte. Hansen unterstreicht die „distinctly modernist inflection" des Filmbuchs, „emphasizing film´s truck with contingency, indeterminacy, and endlessness, with the fortuitous, fragmentary, ephemeral, and ordinary."[16] Fragment, Vergänglichkeit, Kontingenz und Uneindeutigkeit erscheinen hier als die bestimmenden Faktoren filmischer Darstellung. Kracauers Ansatz, der das Filmbild auf das überprüft, was als Ungeformtes, bislang Unsichtbares erstmals zur Erscheinung kommt, scheint zugleich im Widerspruch zu meinem Versuch zu stehen, die Affekte Marseilles als Form zu lesen. Nochmals würde ich jedoch mit Brinkema insistieren, dass auch das Problem der Formlosigkeit, also ein Mangel an lesbaren ästhetische Strukturen letztlich auf formale Prinzipien und deren Realitätskonstitution verweist.[17] Moholys Engleiten der Kamera wie auch Kracauers Entbergen bislang unbekannter Sinneseindrücke werte ich als symptomatisch für die Darstellbarkeit Marseilles. Was ich daher im Folgenden an Petzolds *Transit*-Adaption nachvollziehen möchte, ist der Umstand, dass mit Marseille als Ort globaler Diaspora eine formale Widerständigkeit einhergeht, die bis zur Entgrenzung und Auflösung einer erkennbaren Formensprache führt. Auf diese Weise wird eine Fluchterfahrung beschrieben, die sich analog zum Widerspruch aus Form- und Formlosigkeit als gegenläufige affektive Aufladung zwischen Rastlosigkeit und Trägheit aufspannt.

---

15 Siegfried Kracauer: Theory of Film. The Redemption of Physical Reality [1960]. Princeton 1998. Eine genaue Lektüre der Ambivalenz von *Darstellung* und *Enthüllung* physischer Realität in Kracauers filmischem Realismus, auch im Hinblick auf das vermeintlich humanistische Potential des Films liefert Friedrich Balke: Zwischen Medusa und *Family of Man*. Zum Realismus filmischer Darstellung bei Siegfried Kracauer. In: Joseph Vogl und Veronika Thanner (Hg.): Die Wirklichkeit des Realismus, Stuttgart 2018, S. 57–68.
16 Miriam Hansen: Cinema and Experience. Siegfried Kracauer, Walter Benjamin, and Theodor W. Adorno. Berkeley 2012, S. 254.
17 Johannes von Moltke verweist trotz der üblicherweise strengen Trennung auf die Nähe von Formalismus und Realismus in den filmtheoretischen Schriften der Moderne von Kracauer, Arnheim oder Balázs. Er bringt beide Tendenzen ebenfalls mit der Exilerfahrung der Autoren in Zusammenhang. Vgl. Johannes von Moltke: Theory of the Novel. The Literary Imagination of Classical Film Theory. In: October (2013), 144, S. 49–72.

3 Transistoren

In erster Linie liefert Seghers Romanvorlage den Affekt des Transitorischen. So sitzt der namenlose Ich-Erzähler beispielsweise in einem Straßencafé, in dem viele, die auf ein Transit-Visum warten, die Zeit totschlagen. Aus dieser Perspektive beschreibt er Marseille wie folgt:

> Auf einmal fand ich all das Geschwätz nicht mehr ekelhaft, sondern großartig. Es war uraltes Hafengeschwätz, so alt wie der Hafen selbst und noch älter. Wunderbarer, uralter Hafentratsch, der nie verstummt ist, solange es ein Mitelländisches Meer gegeben hat, phönizischer Klatsch und kretischer, griechischer Tratsch und römischer, niemals waren die Tratscher alle geworden, die bange waren um ihre Schiffsplätze und um ihre Gelder, auf der Flucht vor allen wirklichen und eingebildeten Schrecken der Erde. Mütter, die ihre Kinder, Kinder, die ihre Mütter verloren hatten. Reste aufgetriebener Armeen, geflohene Sklaven, aus allen Ländern verjagte Menschenhaufen, die schließlich am Meer ankamen, wo sie sich auf die Schiffe warfen, um neue Ländern zu entdecken, aus denen sie wieder verjagt wurden; immer alle auf der Flucht vor dem Tod, in den Tod. Hier mussten immer Schiffe vor Anker gelegen haben, genau an dieser Stelle, weil hier Europa zu Ende war und das Meer hier einzahnte [...].[18]

Europa hört dort auf, wo das Meer beginnt, dort wo sich das Gerede und Geschwätz der Menschen im Transit verflüchtig. Der Romanauszug spricht nicht allein von der vergeblichen Hoffnung auf ein neuen Leben, sondern evoziert auch eine bestimmte Vorstellung des europäischen Kontinents, die an Halles Beschreibung als „conflictual dialogic space" erinnert.[19] Entsprechend präsentiert sich Europa bei Seghers als eine Ansammlung aus Vertreibung und Migration, ein Haufen Geschichten, die teils imaginiert, teils real sind und deren fiktionaler und dokumentarischen Gehalt nicht mehr klar zu trennen sind. Die *fama*, die durch die Gassen Marseilles zieht, scheint einen historischen Kern zu bergen und bildet zumindest für den Ich-Erzähler ein Archiv, das selbst noch die Antike jeden Tag aufs Neue aktualisiert. Die Passage verdeutlich somit, wie die Misere all derer, die dem NS-Regime zu entkommen versuchen, die Fortführung eines endlosen Zyklus aus Flucht und Vertreibung ist, der bis an die Anfänge der europäischen Zivilisation zurück reicht. Dieser Dialektik von Geschichte und Erzählung, von Tatsachenbericht und nichtigem Geplauder möchte ich im Folgenden in Bezug auf Petzolds Verfilmung des *Transit*-Stoffs nachgehen.

Roman und Film beschreiben das Verharren im Dazwischen von Heimatlosigkeit und Neubeginn, die prekäre Subjektlosigkeit eines buchstäblichen „Transit". Seghers Roman beginnt nach dem Einmarsch der deutschen Truppen in Frank-

---
[18] Anna Seghers, Transit [1944]. Berlin 2019 (3. Aufl.), S. 95.
[19] Halle: The Europeanization of Cinema, S. 23.

reich. Die jüdische-kommunistische Schriftstellerin, die 1940 von Marseille nach Mexiko geflohen war, zog weite Teile des Romans aus ihrer persönlicher Erfahrung. Der Roman ist aus Sicht eines namenlosen deutschen Kommunisten verfasst, der aus einem Gefängnislager ausbricht. Auf seiner Flucht gerät er an Visaunterlagen und Manuskripte des exilierten Schriftstellers Weidel unmittelbar nach dessen Suizid. Über eine Reihe von Missverständnissen hinweg nimmt der Erzähler schließlich Weidels Identität an und bemüht sich, mit dessen Frau Marie, die noch nichts vom Tod ihres Mannes weiß, per Schiff von Marseille nach Mexiko zu gelangen. Als er jedoch erkennen muss, dass Marie nie aufhören wird, nach ihrem Mann zu suchen, verlässt er das Schiff. Später erfährt er, dass es gesunken und Marie wahrscheinlich tot sei.

Marseille bildet den Knotenpunkt der Handlung in Roman und Film, ein Ort, an dem zahlreiche Flüchtlinge auf Ausreisegenehmigungen und Transitvisen warten, um nicht in die Hände der Faschisten zu geraten. Allerdings nimmt Petzold einige wichtige Veränderungen in Erzählform und Handlungsaufbau vor. Im Film wird aus Seghers Ich-Erzähler die unzuverlässige *voice-over*-Stimme eines Marseiller Pizzabäckers (Matthias Brandt), der die Geschichte des politischen Flüchtlings Georg (dargestellt von Franz Rogowski) wiedergibt und dessen Identität erst kurz vor Ende des Films preisgegeben wird. Neben den Irrungen und Wirrungen um Identität und Ausreisegenehmigungen des verstorbenen Schriftstellers Weidel sowie der Liebesgeschichte zwischen Georg und Marie legt Petzold großen Wert auf Georgs Beziehung zu der nordafrikanischen, illegalen Einwanderin Melissa (Maryam Zaree) und ihrem Sohn Driss (Lilien Batman), eine Nebenhandlung in Seghers Roman.[20]

Sowohl der Roman als auch Petzolds Adaption greifen die falsche Hoffnung auf, ein zukünftiges Ziel zu erreichen. Sie betonen die Prekarität erzwungener Migration, in der staatenlose Subjekte in physischer, mentaler und politischer Unbeweglichkeit gefangen sind: ein Stillstand, der zugleich von völliger Rastlosigkeit geprägt ist, müssen die Flüchtlinge doch ständig um ihr Überleben fürchten. Vor dem Hintergrund Marseilles als Ort kultureller, sprachlicher, ethnischer und historischer Vielfalt, der nur flüchtige Begegnungen bietet, wird der Transitzustand somit programmatisch. Petzold fügt dieser paradoxen Zeitlichkeit der rastlosen Unbeweglichkeit eine Bildsprache aus anachronistischen Elemente hinzu. Er zeigt Seghers Figuren nicht als historische Gestalten, sondern als Zeitgenoss*innen im Marseille der Gegenwart. Sie tragen Anzug und Seesack, schreiben Sütterlin und

---

20 Bei Seghers heißt Melissa Claudine und stammt aus Madagascar. Anders als die meisten politisch Verfolgten im Roman, will sie Marseille nicht verlassen, sondern ist gekommen, um Arbeit zu finden. In Petzolds Film flüchtet Georg mit Melissas Ehemann Heinz nach Marseille, der jedoch auf der Zugfahrt verstirbt. Er wird in der Folge zum väterlichen Ersatz für Driss.

besitzen Pässe des deutschen Reichs, jedoch ragt die Gegenwart mit Flachbildschirmen in der Botschaft und Polizisten in *Riot Gear* ins Bild. Nicht erst mit der Begegnung zwischen Driss und Georg, die gemeinsam auf dem Betonvorplatz einer heruntergekommenen Sozialwohnsiedlung Fußball spielen und über Borussia Dortmund fachsimpeln, enthistorisiert sich der Film bis zu einem Grad, der den Bezug auf Okkupation und Nazi-Faschismus sowie die sogenannte europäische Flüchtlingskrise gleichermaßen zulässt. Petzolds zeitgenössischer Anstrich macht Seghers Marseille der 1940er Jahre umso nachdrücklicher zu einem Ort der endlosen Wiederholung, einem erzählerischen Labyrinth aus Diaspora und Flucht. Wie bereits im obigen Zitat setzt auch Petzold auf verschiedene narrative Strategien – insbesondere die Anachronismen und die fast durchwegs anonyme *voice-over*-Erzählstimme –, die das Handlungsgeflecht weitestgehend zerstreuen. Wie ich jedoch zeigen möchte, konvergieren alle erzählerischen Mittel an einem Punkt, an dem die individuelle Erfahrung einer allgegenwärtigen existenziellen Unsicherheit sich ihrer Narrativisierung widersetzt, sei es in Form von bewegten Bildern oder Erzählprosa. Stattdessen verlangt der Transitzustand nach einer Vermittlung durch das, was ich "Transistoren" nennen möchte, Momente mimetischer Unübersetzbarkeit, die den jeweiligen Mangel an nationaler oder kultureller Zugehörigkeit der Flüchtlinge reflektieren.

Exemplarisch dafür soll eine Szene dienen, in der solch ein Transistor unmittelbar zum Einsatz kommt. Während einem von Georgs Besuchen bei Melissa und Driss repariert er das Radio des kleinen Jungen. Die Szene setzt nicht nur eine Reihe von Übersetzungen und Verschiebungen in Gang, sie thematisiert darüber hinaus den Akt der Übersetzbarkeit selbst. Dieser Umstand ist dem Transistorradio geschuldet. Das Kofferwort aus *Transfer* und *Resistor* bezieht sich auf den eingebauten Widerstand im Stromkreis solcher Geräte, der allerdings als Verstärker der Übertagungswellen dient. Als Georg Driss' Radio wieder zum Laufen bringt, beginnt dieses Relais aus Übertragung und Widerstand sich auf die Erzählung auszuwirken. Dies liegt zum Einen an der historischen Einordnung solcher Transistorradios. Nach 1960 waren die Geräte zum ständigen Begleiter für Wochenendausflüge geworden. Grundig warb beispielsweise mit dem Slogan „Eine Brücke zur Heimat schlagen."[21] Ursprünglich ein Symbol des deutschen Wirtschaftswunders, widersetzt sich das tragbare Gerät also dem historischen Rahmen der 1940er Jahre. Eingebettet in die Umgebung einer modernen Sozialwohnung wird es zugleich zur Projektionsfläche einer zunehmend mobilen Zukunft, eine Vorstellungswelt, die bis in die Gegenwart von Globalisierung

---

21 Vgl. Heike Weber: Das Versprechen mobiler Freiheit, Zur Kultur- und Technikgeschichte von Kofferradio, Walkman und Handy. Bielefeld 2008.

und Neoliberalismus hineinreicht. Was auch immer dieses Radio sendet, entbehrt also einer konkreten historischen Verankerung.

Über die historische Unbestimmtheit hinaus, vermag der Transistor zum Anderen tatsächlich eine Brücke zu schlagen, nämlich diejenige zwischen Marseille und Georgs Kindheit. Auf der Suche nach einem geeigneten Sender gelingt es ihm schließlich aus dem unbestimmten Rauschen des Geräts ein Wiegenlied herauszufiltern. Der Song agiert als *feedback loop* im doppelten Sinne, indem er nicht nur als Proustsche Passage für Georg dient, sondern zugleich und in Analogie zur Filmhandlung Transitszenen beschreibt: Zur Abenddämmerung machen sich in Georgs Kinderlied von Ameise, Elefant bis hin zum Kabeljau allerlei Tiere auf den Weg nach Hause.[22] Die unheimliche Qualität des körperlosen Rauschens aus dem kaputten Radio schlägt hier in die Unmittelbarkeit einer momentanen Rückkehr in die Kindheit sowie in die Häuslichkeit der väterlichen Fürsorge für Driss um. Zum Ende der Szene kommt Melissa, Driss' taubstumme Mutter, nach Hause und bittet Georg das Lied noch einmal zu singen, während Driss das Geschehen in Gebärdensprache übersetzt. Die Sequenz setzt hier also deutlich eine Reihe medialer Transfers in Szene, die sich den Mitteln des Films nicht zuletzt dadurch annähern, dass hier ein Lied mit dem Einbruch der Kindheitserinnerung und der Übersetzung in Gebärdensprache gleichermaßen *gesehen* wie gehört wird.

4 Blinde Flecken

Eine Textpassage in Seghers Roman, die Petzold in diesem Zusammenhang sicherlich nicht entgangen ist, findet sich gleich zu Beginn. Der Ich-Erzähler trifft auf einen alten Bekannten, den Schriftsteller Paul Strobel. Mehr beiläufig kommentiert er, dass ihm die Welt der Literatur fern läge, da er „Monteur" sei, also einen eher handwerklichen Beruf ergriffen hat. Die gleiche Passage erzählt davon, wie Strobel im Lager auf die Hand getreten wurde, was ihn praktisch berufsunfähig macht.[23] Der Roman verschränkt hier im Bild des Handwerks Monteur und Schriftsteller, eine Verbindung, die Walter Benjamin in seinem Aufsatz zum Erzähler durchdekliniert. Der Stoff der (mündlichen) Erzählung, so Benjamin, sei das „Menschenleben", die Aufgabe des Erzählers wiederum bestehe darin, den Rohstoff der Erfahrung – fremder sowie eigener – auf eine bestimmte Art zu bearbeiten. Diese Tätigkeit sieht Benjamin mit dem traditionellen Handwerk verknüpft:

---

22 Das Lied stammt von Hans Dieter Hüsch.
23 Seghers: Transit, S. 17.

> Die Erzählung, wie sie im Kreis des Handwerks – des bäuerlichen, des maritimen, und dann des städtischen – lange gedieh, ist selbst eine gleichsam handwerkliche Form der Mitteilung. Sie legt es nicht darauf an, das pure „an sich" der Sache zu überliefern wie eine Information oder ein Rapport. Sie senkt die Sache in das Leben des Berichtenden ein, um sie wieder aus ihm hervorzuholen. So haftet an der Erzählung die Spur des Erzählenden wie die Spur der Töpferhand an der Tonschale.[24]

Das Erzählen wird im Bild des Fingerabdrucks zu einer buchstäblich handwerklichen Tätigkeit. Wenn Petzold nun aus dem Monteur einen Radio- und Fernsehtechniker macht, wird der Wechsel von alten zu neuen Medien mimetischer Repräsentation deutlich. Der Monteur als Handwerker weicht der filmischen Montage und damit dem Zusammensetzen und Rekombinieren der Erzählstränge durch technische Reproduktion. Die sich daraus entwickelnde Filmsprache ist bei Petzold von einer extremen Langsamkeit geprägt, die im Falle von *Transit* bisweilen in starkem Kontrast zur drängenden Frage nach Ausreise und Überleben stehen. Lutz Koepnick bemerkt in Bezug auf das Petzoldsche Paradigma eines *slow cinema*:

> The durational thickness and deliberate inertness of his shots is meant to restore what cinema, in the age of its digital mobility, acceleration, and ubiquity, has putatively lost: the quest for aesthetic experience, understood as our ability to calmly probe the rupture between different orders of sensory perception and representation, to explore zones of indeterminacy between self and other, and to hover somewhere between states of absorption and our need for interpretation.[25]

Die Idee des *transfer-resistors*, verstanden im metaphorischen Sinne eines Widerstand gegen eine allgemeine Übertragbarkeit, findet in Koepnicks Modell der „zones of indeterminancy" ihren Widerhall. Gleichzeitig jedoch verläuft die über das Radio vermittelte Begegnung zwischen Georg, Driss und Melissa überraschend konträr zur üblichen Tendenz von Langsamkeit und mimetischer Erschöpfung in Petzolds Bildfolgen. Die vielfältigen historischen, charakterlichen, linguistischen und medialen Übersetzungsbewegungen der Szene sorgen nicht etwa für ästhetische Unentscheidbarkeit. Im Gegenteil: Die lineare Montage, die Überlappung von

---

[24] Walter Benjamin: Der Erzähler. Betrachtungen zum Werk Nicolai Lesskows. In: ders. Gesammelte Schriften. 2.2, hg. v. Tillman Rexroth. Frankfurt am Main 1977, S. 447.

[25] Lutz Koepnick: On Slowness. Toward an Aesthetic of the Contemporary. New York 2014, S. 156. In diesem Zusammenhang ist außerdem Hester Baers umfassende Studie *German Cinema in the Age of Neoliberalism* (Amsterdam 2021) erwähnenswert. Im Kontext ihrer feministischen Analyse der Verschiebung von Gender-Perspektiven und nationaler Identität im Kino des Neoliberalismus wird vor allem die phantomhafte Figur der Marie interessant, die als antike Eurydike rastlos und bereitwillig den Fäden ihres untoten Ehemanns folgt und dabei ständig in die Hände weiterer Männer gerät.

Erzählzeit und erzählter Zeit, der Einsatz von *Close-Ups* auf die konzentrierten Blicke von Georg und Driss sowie von warmen Farben und Licht konvergieren in einem Moment der Harmonie, der einen klaren Kontrapunkt zu den heulenden Polizeisirenen und angsterfüllten Gesichtern der Flüchtlinge setzt. Die Sequenz erzeugt Rührung und mahnt auf etwas naive Weise zu Zwischenmenschlichkeit in Zeiten der Krise. Petzold scheint diese Verschränkung von realistischer Ästhetik und Humanismus zu bestätigen, wenn er in einem Interview äußert: "Was mir beim Drehen so auffiel, in der Konstruktion von Gegenwart und dem Vergangenen, ist, dass dieser Moment, selber zum Flüchtling zu werden, so vorstellbar ist. Eigentlich, ganz tief drinnen, ist der Flüchtling unsere Identität."[26] Derlei Vergleiche drohen die von Kracauer vorgeschlagenen Verbindung von Humanismus und Kinematographie zu systematisieren und menschliches Leid als allgemeine *conditio humana* vermittelbar zu machen.[27] So verwundert es nicht, dass Georg als Meister der Montage die beiden anderen Figuren im weiteren Handlungsverlauf zunehmend dominiert. Der Moment der Verbundenheit über ein Kindheitslied birgt schließlich allein für Georgs weiteres Überleben Relevanz. Dementsprechend endet die Szene mit einem harten Schnitt auf Georg am Tisch seines Hotelzimmers. Während er einen neuen Pass mit Weidels Foto fälscht, summt er noch immer das Kinderlied. Umgekehrt verschwinden Melissa und Driss, die einzigen *PoC*-Charaktere des Films, kurze Zeit später in die Berge und werden schlichtweg durch eine neue Gruppe gesichtsloser Flüchtlinge ersetzt, die plötzlich ihre einst so gemütliche Wohnung bewohnen. Mehr noch, Melissa wird als stumm dargestellt, womit ihr die Fähigkeit des Geschichtenerzählens als dasjenige, was im Roman wie im Film zumindest vorübergehend das Überleben garantiert, genommen ist.

Die Darstellung von Driss und Melissa hat Konsequenzen für Petzolds Versuch eines transhistorischen Panoramas von Flucht und Vertreibung, denn beide Figuren verweigern sich dem allumfassenden Zugriff der auf Georgs Perspektive zugeschnittenen *Voice-over*-Erzählung. Auf der einen Seite mag Petzolds Film einer Parabel nahe kommen, die versucht, den fortwährenden Kampf der Menschheit gegen Krieg und Verfolgung aufzuzeigen. Mit Rebecca Walkowitz gesprochen, ließe sich *Transit* in diesem Sinne als ein Film beschreiben, der dem Sigle des "born translated" entspricht. Mühelos in unterschiedliche historische und aktuelle Kontexte übertragbar, bedient sich der Film einer Verquickung aus sozialen und politischen Reizthemen wie Nazi-Faschismus, Holocaust und europäischer Flücht-

---

26 https://transit-der-film.piffl-medien.de/interview-christian-petzold.php (Zugriff 14.2.2024)
27 Wie die Filmwissenschaftlerin Pooja Rangan in ihrer jüngsten Studie *Immediations. The Humanitarian Impulse in Documentary* (Durham 2017) feststellt, erfindet eine solch globale Haltung überhaupt erst die entrechteten Teile der Gesellschaft, die sie zu erlösen vorgibt.

lingskrise und spricht mit diesem Set aus leicht abrufbaren Ideen ein breites, internationales Publikum an.[28]

Auf der anderen Seite lassen sich Melissa und Driss als diejenigen Figuren lesen, die Petzolds Kinematographie gerade nicht zu übersetzen vermag. Ihr Schicksal steht beispielhaft für die Tatsache, dass im Versuch einer realistischen und adäquaten Annäherung an Flucht und Vertreibung ein blinder Fleck in der Darstellbarkeit zurückbleibt. Der Roman ist sich dieser Schwierigkeit deutlicher bewusst als der Film. Doerte Bischoff spricht in Bezug auf Seghers Erzählung anstelle einer repräsentativen Logik von einem substitutiven Ansatz. Sie unterstreicht, dass Fragmentierung und Verlust nicht nur als zentrales Thema der Handlung erscheinen, sondern Seghers Schreibhaltung selbst bedingen. Deren Poetik des Exils sei Bischoff zufolge als "prothetisch" zu lesen. Der Roman folgt einem Montageprinzip aus unterschiedlichsten Versatzstücken, insofern sich die Leser*innen mit einem anonymen Erzähler ohne Vergangenheit und Zukunft konfrontiert sehen, der eine erratische Geschichte aus literarischen, mythologisch-historischen und biblischen Bezügen zusammenstückelt.[29] Darüber hinaus ist der Erzähler selbst eine notdürftig zusammengeflickte Figur, die im Laufe der Handlung mehrere verschiedene Identitäten annimmt. Bischoff folgert:

> Realismus und damit einen Bezug zu den historisch-politischen Ereignissen kann diese Poetik nicht nur darin beanspruchen, dass sie wie Transit zeitgenössische Fluchterzählungen und biografische Details als ‚Splitter' aufnimmt, sondern vor allem auch darin, dass sie den Einbruch des Realen und die dadurch zutage tretenden Grenzen und Abbrüche des Erzählens zur Schau stellt.[30]

Zweifelsohne erzeugt die häufig asynchron zur Filmhandlung verlaufende *Voiceover*-Erzählung in Petzolds Filmadaption einen ähnlich dislozierenden Effekt.[31] So läuft der Film trotz kitschig anmutender Szenen wie derjenigen zwischen Georg

---

[28] Vgl. Rebecca Walkowitz: Born Translated. The Contemporary Novel in the Age of World Literature. New York 2015. Der internationale Erfolg vor allem Christian Petzolds aus den Reihen der sogenannten Berliner Schule scheint dies zu bestätigen.

[29] Doerte Bischoff: Prothesenpoesie. Über eine Ästhetik des Exils mit Bezug auf Barbara Honigmann, Anna Seghers, Konrad Merz und Herta Müller. In: Metaphora. Journal for Literary Theory and Media (2018), 3, S. 5. Auch Bischoff verweist auf den Erzähler-Monteur, dessen Handwerklichkeit den Blick auf die Materialität des Erzählstoffs und damit auf Prinzipien der „Vertextung" lenkt (S. 6).

[30] Bischoff: Prothesenpoesie, S. 8. Zur Nähe zwischen Seghers modernem Realismus und zeitgenössischer Avantgarde siehe die Debatte der Autorin mit Georg Lukács, zusammengefasst in: Die Expressionismusdebatte. Materialien zu einer marxistischen Realismuskonzeption. Hg. v. Hans-Jürgen Schmitt. Frankfurt am Main 1973.

[31] Dem wäre hinzuzufügen, dass der Film als indexikalisches Medium im Hinblick auf Realitätseffekte grundsätzlich suggestiver ist als die Literatur.

und Driss zu seinem Ende hin ebenfalls auf einen Punkt der fragmentierten Darstellung des krisenhaften Transit-Status seiner Figuren hinaus. Beispielhaft für diesen Entzug von Darstellbarkeit dient eine Szene, während der sich ein Liebesverhältnis zwischen Georg und Marie andeutet. Die vermeintliche Nähe und Intimität wird jedoch durch *mise-en-scène* und Kameraführung in einen Zustand von Gleichgültigkeit und Stillstand überführt. Die Kamera folgt Marie und Georg fast ausschließlich in der Halbnahen. Bis auf einige *Point-of-view*-Einstellungen aus Sicht Georgs zu Beginn der Szene haftet sie sich relativ interesselos an die beiden Figuren. Olivia Landry hat in diesem Zusammenhang den *medium shot* zum Markenzeichen der Petzoldschen Handschrift erklärt, eine Einstellung, die ähnlich wie das oben erwähnte Motiv der Langsamkeit auf Uneindeutigkeit drängt.[32] Ein Mittel zwischen dem distanzierten Überblick der Totalen und der expressiven Involviertheit des *close-up* liegt die halbnahe Einstellung dem Blick des menschlichen Auges am Nächsten. Sie fungiert als ein Moment des Innehaltens, der in Analogie zum Dazwischen von Georgs und Maries Transit-Zustand steht. Die Sequenz folgt hier einer präzisen Choreographie aus einzelnen *tableaux*, welche die beiden Figuren auf wiederholte Weise einem Gemälde gleich im mittelgroßen Format rahmen. Dieser Effekt wird durch die Betonung vertikaler und horizontaler Linien im Raum wie beispielsweise Fensterläden, Türrahmen, Gittern und Leisten noch verstärkt. Darüber hinaus unterstreicht Petzold die reflektierende Wirkung der Glasflächen im Raum. Maries und Georgs Gesichter spiegeln sich in den Fensterscheiben, einer der wenigen Momente, in denen die Kamera den Figuren etwas näher kommt. Das lange Ausfahren einzelner Einstellungen, die kaum changierende Kadrage und die tableauhaft-verflachte, zweidimensionale *mise-en-scène* erschweren in zunehmender Weise die räumliche Orientierung. Die graduelle Auflösung räumlicher Tiefe steigert sich schließlich hin zu einer letzten Einstellung, die die plane weiße Flächigkeit des Fensterladens und den geradlinigen blauen Horizont des Wassers einfasst, entlang dessen in extremer Langsamkeit ein Schiff vorbeizieht. Fast scheint es, als würde die Kamera die Abfahrt des Schiffs einfrieren wollen.[33] Auf der planen Linearität der Leinwand gibt es keinen zweiten Raum und damit auch kein neues Leben, das sich aufmacht. Im Gegenteil, gegen Ende des Films doppelt Petzold diese Szenerie. Als Marie auf der Botschaft davon erfährt, dass ihr Mann offenbar noch lebt und auf ein Schiff nach Mexiko gebucht sei, willigt sie ein, gemeinsam mit Georg Marseille zu verlassen. Nachdem dieser jedoch ein-

---

32 Olivia Landry: The Beauty and Violence of *Horror Vacui*: Waiting in Christian Petzold's *Transit* (2018). In: The German Quarterly (2020), 93, S. 102.
33 An Bord des Schiffes befindet sich ein Arzt, mit dem Marie in der Hoffnung, er könne ihr auf der Suche nach ihrem Ehemann behilflich sein, ein Verhältnis angefangen hat. Dem Arzt gelingt die Abfahrt jedoch nicht. Er muss seine Kabine an französische Offiziere abgeben.

sieht, dass Marie nicht etwa mit ihm ins Exil möchte, sondern ihren Ehemann auf dem Dampfer wähnt, tritt er sein Ticket ab. Zurück in Maries Wohnung steht Georg erneut am Fenster und beobachtet die Abreise von Maries Schiffs. Es bewegt sich noch langsamer als in der vorherigen Parallelszene. Ein Schnitt aufs offene Meer wirkt schließlich wie ein *freeze frame* und ähnelt damit einer Photographie. Das Bewegtbild mündet hier in eine bewegungslose Stasis, die den Figuren ihre zeitliche und räumliche Verortbarkeit entzieht.

Die letzte Einstellung von *Transit* bestätigt diese zeitliche Arretierung ohne Ort und ohne Ziel. Der Film endet mit einem *Close Up* auf Georgs Gesicht, der, obwohl er bereits davon erfahren hat, dass Marie wahrscheinlich ertrunken sei, auf ihre Rückkehr wartet. Er sitzt in der Pizzeria, dessen Besitzer, wie sich mittlerweile herausgestellt hat, die *voice-over* Erzählstimme ist. Das Imperfekt seiner bisherigen Erzählung und das Präsens filmischer Realität überschneiden sich schließlich, womit die behauptete Vergangenheit des Films – die lange Unterhaltung zwischen dem Restaurantbesitzer und Georg, in dem er von seiner Flucht, von Marie und von verpassten Gelegenheiten berichtet – im Hier und Jetzt angekommen ist. Georg sitzt mit dem Rücken zur Eingangstür der Pizzeria. Als die Glocken am Türrahmen klingeln und das Klackern von Absatzschuhen zu hören ist, fängt ihn die Kamera ein, während er sich hoffnungsfreudig umdreht. Der Gegenschuss auf den Eingang, der die ahnungsvolle Aufgeladenheit der Szene erleichtern könnte, indem er den Blick auf die Person freigibt, die gerade die Pizzeria betritt, bleibt jedoch verwehrt. Der Film schneidet ins *Black*.

Wo Flucht und politische Verfolgung in der absoluten Jetztzeit des Transits stecken bleiben, wirkt keine Empathie mehr. Am Beispiel Marseille lässt sich wiederholt ein Mikrokosmos nachzeichnen, in dem sich die Prekarität und der Subjektentzug des Exils ihres jeweiligen emotionalen Ausdrucks verweigern. Sie finden ihre Entsprechung stattdessen in Stasis und Indifferenz und damit in Form einer größtmöglichen Annäherung an Formlosigkeit. Das Transitäre birgt hier eine Widerständigkeit sowohl gegenüber den Prinzipien mimetischer Darstellung als auch der Möglichkeit emotiver Einfühlung. Der Affekt Marseille ist ein Transistor.

Literaturverzeichnis

Angélil, Marc et al. (Hg.): Migrant Marseille. Architectures of Social Segregation and Urban Inclusivity. Berlin 2020.

Baer, Hester: German Cinema in the Age of Neoliberalism. Amsterdam 2021.

Balke, Friedrich: Zwischen Medusa und *Family of Man*. Zum Realismus filmischer Darstellung bei Siegfried Kracauer. In: Die Wirklichkeit des Realismus, hg. v. Joseph Vogl und Veronika Thanner, Stuttgart 2018, S. 57–68.

Benjamin, Walter: Marseille. In: ders.: Gesammelte Schriften. 4.1, hg. v. Tillman Rexroth. Frankfurt am Main 1972, S. 359–364.
Benjamin: Der Erzähler. Betrachtungen zum Werk Nicolai Lesskows. In: ders. Gesammelte Schriften. 2.2, hg. v. Tillman Rexroth. Frankfurt am Main 1977, S. 438–465.
Bischoff, Doerte: Prothesenpoesie. Über eine Ästhetik des Exils mit Bezug auf Barbara Honigmann, Anna Seghers, Konrad Merz und Herta Müller. In: Metaphora. Journal for Literary Theory and Media (2018), 3, S. 1–24.
Brinkema, Eugenie: The Forms of the Affect. Durham 2014.
Casetti, Francesco: Sutured Reality: Film, from Photographic to Digital. In: October (2011), 138, S. 95–106.
Dargis, Manohla: An Existential Puzzler with Jackboots and Terror. In: The New York Times, 28.4.2019, https://www.nytimes.com/2019/02/28/movies/transit-review.html (Zugriff 14.4.2024).
Firebrace, William: Marseille Mix. Cambridge 2022.
Haenni, Sabine: Intellectual Promiscuity: Cultural History in the Age of the Cinema, the Network, and the Database. In: New German Critique (2014), 122, S. 189–202.
Haenni, Sabine: Urban, Historical, and Musical Loops: László Moholy-Nagy, Alexander Kluge, and the City Symphony Film. In: New German Critique (2020), 47, S. 81–103.
Halle, Randall: The Europeanization of Cinema. Interzones and Imaginative Communities. Champaign 2014.
Hansen, Miriam: Cinema and Experience. Siegfried Kracauer, Walter Benjamin, and Theodor W. Adorno. Berkeley 2012.
Kracauer, Siegfried: Theory of Film. The Redemption of Physical Reality [1960]. Princeton 1998.
Koepnick, Lutz: On Slowness. Toward an Aesthetic of the Contemporary. New York 2014.
Landry, Olivia: The Beauty and Violence of *Horror Vacui*: Waiting in Christian Petzold's *Transit* (2018). In: The German Quarterly (2020), 93, S. 90–105.
McBride, Patrizia: The Chatter of the Visible. Montage and Narrative in Weimar Germany. Michigan 2016.
Patricia Ticineto Clough und Jean Halley (Hg.): The Affective Turn. Theorizing the Social. Durham 2007.
Rangan, Pooja: Immediations. The Humanitarian Impulse in Documentary. Durham 2017.
Schmitt, Hans-Jürgen (Hg.): Die Expressionismusdebatte. Materialien zu einer marxistischen Realismuskonzeption. Frankfurt am Main 1973.
Seghers, Anna: Transit [1944]. Berlin 2019 (3. Aufl.).
Von Moltke, Johannes: Theory of the Novel. The Literary Imagination of Classical Film Theory. In: October (2013), 144, S. 49–72.
Walkowitz, Rebecca: Born Translated. The Contemporary Novel in the Age of World Literature. New York 2015.
Weber, Heike: Das Versprechen mobiler Freiheit. Zur Kultur- und Technikgeschichte von Kofferradio, Walkman und Handy. Bielefeld 2008.

Yvonne Albrecht
Transnational empfinden? Ambiguitäten, Mehrfach- und Nichtzugehörigkeitsgefühle in der postmigrantischen Gesellschaft

1 Einleitung: Emotionen, Gefühle, Affekte in der postmigrantischen Gesellschaft

Im Hinblick auf eine Affektivität[1] der Migration gilt es, Ambiguitäten, Empfindungen der Zugehörigkeit, der Mehrfach-Zugehörigkeit und auch der Nicht-Zugehörigkeit verstärkt in den Blick zu nehmen. Im Kontext von (Post-)Migrationsprozessen werden diese Empfindungen in der Ankunftsgesellschaft jedoch oftmals problematisiert, da sie dem ‚tatsächlichen' Ankommen der Menschen und der ‚Integration' in die Ankunftsgesellschaft entgegenstehen würden. Dahinter steht die implizite Annahme, dass Gefühle, Emotionen und Affekte sich mit der Migration in ein anderes Land austauschen lassen; dass Empfindungen, die während der Sozialisation im Herkunftsland entstanden sind, mit dem räumlichen Wechsel in ein anderes Land kognitiv verändert, umgewandelt[2] oder gar eliminiert werden können. Und dass dies aus der Perspektive der Ankunftsgesellschaften auch sinnvoll und wünschenswert sei, damit die Menschen im neuen Kontext ‚tatsächlich' ankommen und ‚integriert' sind. Studien[3] zeigen jedoch, dass die Situationen von Migrant*innen und ihren Nachkommen durch multiple Formen von Emotionen, Gefühlen und Affekten zu charakterisieren sind und dass diese unterschiedliche Handlungsweisen nach sich ziehen, die es weiterführend empi-

---

[1] Zur Definition von Affektivität siehe Kapitel 2.
[2] Ein solches Einwirken auf Emotionen kann auch als Emotionsarbeit beschrieben werden. Vgl. Arlie Russell Hochschild: Das gekaufte Herz: Die Kommerzialisierung der Gefühle. Berkeley, Los Angeles 1983.
[3] Vgl. Yvonne Albrecht: Gefühle im Prozess der Migration. Transkulturelle Narrationen zwischen Zugehörigkeit und Distanzierung. Wiesbaden 2017. Falicov, Celia J.: Emotional Transnationalism and Family Identities. In: Family Process 44 (4) (2005), S. 399–340. Foroutan Naika, Coskun Canan, Sina Arnold, Sina, Benjamin Schwarze, Steffen Beigang und Dorina Kalkum: Deutschland postmigrantisch I: Gesellschaft, Religion, Identität. Erste Ergebnisse. Berlin. 2014. Gu, Chien-Juh: Culture, emotional transnationalism and mental distress: family relations and well-being among Taiwanese immigrant women. In: Gender, Place and Culture 17 (2010) 6, S. 687–704.

https://doi.org/10.1515/9783111329345-017

risch unter detaillierter Berücksichtigung der Eigenperspektive und der partizipativen Beteiligung der Menschen zu analysieren gilt.[4]

Der vorliegende Beitrag hat zum Ziel, diese Ambivalenzen und Ambiguitäten im Kontext von Nicht- oder Mehrfach-Zugehörigkeitsgefühlen in der postmigrantischen Gesellschaft[5] im Sinne einer noch zu definierenden affektiven und emotionalen Transnationalität zu beleuchten und so durch eine starke Berücksichtigung der Eigenperspektive der Menschen zu einem adäquaten Verständnis dieser Prozesse beizutragen.[6]

Um der Affektivität der Migration innerhalb postmigrantischer Gesellschaften gerecht zu werden, sind transnationale Perspektiven weiterführend relevant. Transnationalität ist in Anlehnung an Faist et al. als „das Ausmaß an Konnektivität von Individuen und Gruppen über nationalstaatliche Grenzen hinweg"[7] zu bestimmen. Transnationale Perspektiven[8] auf Migration machen stark, dass Wanderungs-

---

[4] Zu partizipativen methodischen Verfahren siehe Hella von Unger: Partizipative Forschung. Einführung in die Forschungspraxis. Wiesbaden 2014.
[5] Die postmigrantische Perspektive beinhaltet (Naika Foroutan: Postmigrantische Gesellschaften. In: Heinz Ulrich Brinkmann und Martina Sauer (Hg.). Einwanderungsgesellschaft Deutschland. Entwicklung und Stand der Integration. Wiesbaden 2016, S. 227–254. Erol Yildiz und Marc Hill. Inbetween as resistance: The post-migrant generation between discrimination and transnationalization. In: Transnational Social Review 7 (2017) 3, S. 273–286.), dass migrationsbezogene Dynamiken und Prozesse nicht nur Belange von Minderheiten sind, sondern als gesamtgesellschaftliche Aushandlungen betrachtet werden müssen (Römhild, Regina: Europas Kosmopolitisierung und die Grenzen der Migrationsforschung. In: Reinhard Johler und Jan Lange (Hg.), Konfliktfeld Fluchtmigration - Historische und ethnografische Perspektiven. Bielefeld 2019, S. 19–29). Shermin Langhoff, die ehemalige Intendantin des Berliner Theaters Ballhaus Naunynstraße, führte den Begriff ein, um einen selbstbewussten und subversiven Umgang migrantischer Kulturschaffender mit Exklusion und Stigmatisierung zu ermöglichen (Langhoff, Shermin: Die Herkunft spielt keine Rolle - „Postmigrantisches" Theater im Ballhaus Naunynstraße. Bundeszentrale Für Politische Bildung, 2011, S. 1–7). Inzwischen werden mit dem Konzept des Postmigrantischen im politischen und wissenschaftlichen Diskurs zunehmend soziale Grundfragen verhandelt. Gegenstand dieser Debatten ist die Suche nach neuen, gesamtgesellschaftlichen Perspektiven auf eine pluraler werdende und seit langer Zeit durch Migration geprägten Gesellschaft.
[6] Im Sinne einer reflexiven Migrationsforschung gilt es hierbei, die eigene Positioniertheit und die eigenen Vorannahmen als forschende Person zu reflektieren, diese nicht absolut zu setzen, sondern kontinuierlich zu hinterfragen. Boris Nieswand und Heike Drotbohm. Einleitung: Die reflexive Wende in der Migrationsforschung. In: Boris Nieswand und Heike Drotbohm (Hg.). Kultur, Gesellschaft, Migration. Studien zur Migrations- und Integrationspolitik. Wiesbaden 2014, S. 1–37.
[7] Thomas Faist, Margit Fauser und Eveline Reisenauer: Das Transnationale in der Migration: Eine Einführung. Weinheim, Basel 2014, S. 12.
[8] Zum Beispiel Ludger Pries: Transnationalisierung der Migrationsforschung und Entnationalisierung der Migrationspolitik: Das Entstehen transnationaler Sozialräume durch Arbeitswanderung am Beispiel Mexiko–USA. In: Institut für Migrationsforschung und Interkulturelle Studien

bewegungen keine einseitigen, linearen Prozesse sind, in welchen abgeschlossene Container-Nationalstaaten nach der Migration durch andere Container ersetzt werden.[9] In diesem Zusammenhang sind vielmehr Prozesse fortwährender Delokalisierung und Relokalisierung relevant: Anhand vielfältiger empirischer Untersuchungen konnte gezeigt werden, dass multiple Pendelbewegungen von migrierten Menschen zwischen Nationalstaaten auch auf Dauer möglich sind. Aus transnationaler Perspektive ist ein Wohnortwechsel somit nicht nur in eine Richtung möglich, sondern kann vielfaches Hin- und Herreisen beinhalten.[10] Grenzüberschreitende Aktivitäten können zum Beispiel darin bestehen, regelmäßig Geld in den Herkunftskontext zu überweisen, weiterhin am politischen System zu partizipieren und im kontinuierlichen kommunikativen Austausch zu stehen. Die Intensität der Transnationalität unterscheidet sich jedoch: Nicht alle migrierten Menschen können als Trans-Migrierte bezeichnet werden. Entscheidend ist die Regelmäßigkeit der transnationalen Praktiken.[11]

Die Definition von Faist et al. bestimmt Transnationalität als *Ausmaß* an Konnektivität von Individuen und Gruppen über nationalstaatliche Grenzen hinweg. Dabei wird jedoch das „Wie" dieses Ausmaßes vernachlässigt, denn nicht nur die Quantität von Verbindungen über nationalstaatliche Grenzen hinweg ist entscheidend, sondern auch die Art und Weise dieser Relationen.[12]

2 Zur Definition und Relevanz von Affektivität

Um affektive und emotionale Transnationalität adäquat zu erfassen, ist eine Beschäftigung mit den Konzepten Emotionen, Affekten und Gefühlen aus sozialtheoretischer Perspektive unabdingbar: Zahlreiche Studien aus unterschiedlichen

---

(IMIS) der Universität Osnabrück (Hg.). IMIS-Beiträge 15, Osnabrück 2010, S. 55–79. Nina Glick Schiller, Günther Schlee, Darieva Tsypylma: Pathways of migrant Incorporation in Germany. In: Transit 1 (2005) 1); Artikel 50911. S. 1–18. Leo Lucassen: Is Transnationalism compatible with Assimilation? In: Institut für Migrationsforschung und Interkulturelle Studien (IMIS) der Universität Osnabrück (Hg.). IMIS-Beiträge 2006, S. 15–35.
9 Vgl. Ursula Apitzsch: Transnationales biographisches Wissen. In: Helma Lutz (Hg.): Gender Mobil? Geschlecht und Migration in transnationalen Räumen, 122–142. Münster: 2009. Tanja Bogusz: Ende des methodologischen Nationalismus? Soziologie 47 (2018) 2, S. 143–157.
10 Vgl. Pries: Transnationalisierung der Migrationsforschung.
11 Vgl. Faist, Fauser u. Reisenauer: Das Transnationale in der Migration, S. 22.
12 Siehe auch Yvonne Albrecht: Affective and emotional transnationality. Connectivity in processes of transnational migration. In: Margarete Menz, Daniel Rellstab, Miriam Stock (Hg.): Körper und Emotionen in Bewegung. Migrationsgesellschaftliche Perspektiven auf Bildung, Politik und Familie. Wiesbaden 2024.

Disziplinen diskutieren die Themen Emotionen, Affekte und Gefühle und fokussieren dabei unterschiedliche Aspekte.[13] In kulturwissenschaftlichen Ansätzen findet sich zum Beispiel ein eher ontologisches Verständnis von Affekten, das diese als autonome, prä-diskursive Potenz ansieht.[14] Sozialwissenschaftliche Perspektiven verorten Affekt und Affektivität vielfach näher an Ideen von Gefühl und Emotion und heben zum Beispiel auch deren Sozialität, Diskursivität sowie Kulturalität hervor. Zudem existieren Versuche, sozialwissenschaftliche und kulturwissenschaftliche Konzepte von Affektivität zusammen zu denken.[15] Der vorliegende Beitrag geht in Anlehnung daran nicht von der Gegensätzlichkeit von emotions- und affektsoziologischen Perspektiven aus, sondern von deren Vereinbarkeit. Emotionen, Gefühle und Affekte werden nicht als grundlegend unterschiedliche Phänomene betrachtet, sondern als spezifische Intensitäten, die sich in der Möglichkeit bzw. der Art und Weise subjektbezogener kognitiver Beeinflussung unterscheiden.

Aus sozialtheoretischer Perspektive ist die Verwendung der Konzepte von Affekt, Gefühl und Emotion sowie das Forschungsprogramm der affektiven Relationalität in Anlehnung an Spinoza[16] als Grundlage für ein theoretisches Verständnis von affektiver und emotionaler Transnationalität weiterführend. In diesem Zusammenhang heißt es bei Slaby et al.: „Affektivität ist ein dynamisches Feldphänomen – ein prozesshaftes Spiel von Kräften in sozialen Räumen, in denen individuelle Gefühlszustände [...] in wechselseitigen Formationen entstehen."[17] Aus dieser Perspek-

---

13 Siehe u. a. Sara Ahmed: The Cultural Politics of Emotion. New York 2004. Helena Flam: Soziologie der Emotionen: Eine Einführung. Konstanz 2002. Andreas Reckwitz: Praktiken und ihre Affekte. In: Mittelweg 36 (2015) 1–2, S. 27–45. Katharina Scherke: Emotionssoziologie. Berlin 2023. Jan Slaby: Drei Haltungen zu Affekt. In: Hrsg. Larissa Pfaller und Basil Wiesse (Hg.): Stimmungen und Atmosphären. Zur Affektivität des Sozialen. Wiesbaden 2018, S. 53–81. Christian von Scheve: A social relational account of affect. In: European Journal of Social Theory 2017, S. 1–21.
14 Vgl. Brain Massumi: The Autonomy of Affect. In Cultural Critique 31 (1995) 2, S. 83–109.
15 Vgl. Robert Seyfert: Beyond Personal Feelings and Collective Emotions: Toward a Theory of Social Affect. Theory, Culture & Society 29 (2012) 6, S. 27–46. Auch Yvonne Albrecht: Emotionale Transnationalität. Über das Affizieren und Affiziert-Werden im Kontext von (Post-)Migrationsprozessen. In: Nicole Burzan (Hg.): Komplexe Dynamiken globaler und lokaler Entwicklungen. Verhandlungen des 39. Kongresses der Deutschen Gesellschaft für Soziologie in Göttingen 2018. 2019. Siehe dazu erweitert Elgen Sauerborn, Yvonne Albrecht. Relationalität des Sozialen: Zur empirischen Erforschung von Affektivität. In: Aletta Dieffenbach und Veronika Zink (Hg.): Einführung in die soziologische Emotions- und Affektforschung. Berlin im Erscheinen.
16 Vgl. Baruch de Spinoza: Die Ethik [1677]. Schriften und Briefe. Band 24. 8. Aktualisierte Auflage. Übersetzt von Carl Vogl. Alfred Kröner Verlag. Stuttgart 2017.
17 Jan Slaby, Rainer Mühlhoff, Philipp Wüschner. Affektive Relationalität. Umrisse eines philosophischen Forschungsprogramms. In: Undine Eberlein (Hg.). Zwischenleiblichkeit und bewegtes Verstehen. Incorporeity, Movement and Tacit Knowledge. Bielefeld 2016, S. 74.

tive wird Affektivität zu einem Oberbegriff für Emotionen und Gefühle. Gefühle sind dabei durch körperliche Empfindungen innerhalb eines subjektiven Zentrums gekennzeichnet und nach innen gerichtet.[18] Sie lenken äußere Kräfte in eine Form des Inneren um, schreiben sich symbolisch leibhaft ein und werden so über den Körper[19] les- und kommunizierbar. Emotionen sind als die Bewegung in die Gegenrichtung zu konzeptualisieren: Die Bewegungen vollziehen sich expressiv von einem inneren Zentrum weg und ist nach außen gerichtet, es sind Hinausbewegungen.

Affektivität als Oberbegriff für die Hinein- und die Hinausbewegung stellt aus dieser Perspektive eine doppelte Aktivität dar und umfasst somit sowohl Gefühle und Emotionen. Diese doppelte Aktivität besteht zum einen darin, Reize und Bilder zuzulassen (sie als Gefühle zu erleben) und zum anderen die Form und den Zeitpunkt einer Antwortreaktion zu organisieren (als Emotionen). Spinoza[20] definiert Affekte als Erregungen des Körpers, welche die Handlungsfähigkeit dieses Körpers erhöhen, verringern, fördern oder hemmen. Affektivität kann also sowohl aus Handeln als auch aus Leiden bestehen und umfasst sowohl Aktivität als auch Passivität. Affekte, Gefühle und Emotionen sind also Übertragungen zwischen Körpern – Übertragungen von Kräften und Energien – wenn diese Körper aufeinandertreffen, interagieren. Diese Begegnung und Interaktion von Körpern muss nicht vis-à-vis stattfinden, sondern kann auch vermittelt erfolgen, zum Beispiel durch Technik wie Telefongespräche und Internetverbindungen. In der spinozistischen Lesart des Begriffs des Körpers kann Technologie auch als Körper betrachtet werden, auf den ein Einfluss ausgeübt werden kann und der selbst einen Einfluss ausübt.

Körper werden nicht auf identische Weise affiziert, sondern es existieren vielfältige Formen affektiver Interaktionen. Affektivität entsteht demnach im Kontext von Praktiken und Begegnungen – etwa als Erregungszustände in menschlichen Körpern (z. B. als körperliche Reaktion, als subjektives Körpergefühl). Affektivität „gehört" aus dieser Perspektive nicht zu einer einzelnen Person, sondern tritt in Wechselbeziehungen zwischen Körpern auf; sie ist ein situatives Phänomen. Affekte, Emotionen und Gefühle können daher auch als räumliche Bewegungen verstanden werden.[21] Diese räumlichen Bewegungen enden nicht an nationalstaatlichen Grenzen, sondern sind transnational wirksam.

Mit dieser Differenzierung erlaubt der Begriff der Affektivität den Blick auf die spezifische Situation, die reziprokes, d. h. wechselseitiges Affizieren und Affi-

---

18 Vgl. Robert Seyfert: Das Leben der Institutionen. Weilerswist 2011.
19 Spinoza beschreibt den Begriff des Affekts als einen allgemeinen Begriff für Beziehungen zwischen Körpern. In Anlehnung an Spinoza wird zum Beispiel bei Seyfert ein Körper durch seine Fähigkeit zu affizieren oder affiziert zu werden definiert.
20 Vgl. Spinoza: Die Ethik.
21 Vgl. Seyfert: Das Leben der Institutionen, S. 123.

ziert-Werden voraussetzt. Der Begriff der Affektivität legt damit den analytischen Fokus auf das Gesamtbild des wechselseitigen Affizierens und Affiziert-Werdens, in das alle situativ beteiligten Körper – ggf. auch Objekte als Körper – analytisch einbezogen werden.

Der Begriff der Emotion als Hinausbewegung ist aus dieser Perspektive ein Teilprozess von Affektivität und legt den analytischen Fokus auf eine bestimmte Richtung innerhalb des affektiven Gesamtprozesses. Die Voraussetzung dafür ist ein Gefühl als Bewegung nach innen. Diese Bewegung – als Gefühl von außen zu einem inneren Selbst und als Emotion von einem inneren Selbst nach außen – wird oftmals durch ein Äußeres ausgelöst und ist insofern vielfach sozial bedingt. Die Formung einer Antwortreaktion auf dieses Äußere, die als Emotion vom Subjekt ausgeht, ist als Hinausbewegung weiterführend interessant.

Eine Emotion ist demnach eine Aktivität – die Gestaltung von Hinausbewegung – die intentionale und nicht-intentionale Elemente enthalten kann. Das Gefühl hingegen beschreibt die Passivität, die nach innen gerichtete Bewegung, das Aufnehmen. Katz stellt aus emotionssoziologischer Perspektive fest, dass beide Prozesse nicht scharf voneinander zu trennen sind, sondern ineinander übergehen.[22] Beide Prozesse – sowohl Emotion als auch Gefühl – setzen ein Subjekt voraus.

Affektive und emotionale Prozesse und Praktiken sind, so konnte gezeigt werden, auch als räumliche Bewegungen zu verstehen. Durch unmittelbare oder vermittelte Interaktionen von Körpern und Subjekten werden so Energien auch über Distanzen übertragen; diese stellen Verbindungen her, die kurzzeitig bestehen und auch langfristig existieren können. Im Sinne transnationaler Ansätze sind diese Bewegungen nicht an Grenzen gebunden, sondern überschreiten diese, können diese in kontinuierlicher Hin- und Herbewegung überschreiten. Dies ist zum einen möglich aufgrund tatsächlicher grenzüberschreitender Bewegungen von Menschen im Sinne eines Hin- und Herreisens. Da Emotionen, Gefühle und Affekte ebenso Bewegungen darstellen, sind diese transnationalen affektiven Verbindungen jedoch auch ohne grenzüberschreitende Bewegungen der Menschen möglich.

Affektive und emotionale Transnationalität bedeuten somit, dass sich Verbindungen, Netzwerke und Zugehörigkeitsgefühle nicht auf einen einzelnen Nationalstaat beziehen müssen; vielmehr sind vielfältige Lokalisierungen und Verbindungen möglich. Es existieren vielfältige Formen transnationaler affektiver und emotionaler Verbindungen, die im Folgenden exemplarisch illustriert werden.

---

22 Vgl. Jack Katz: How emotions work. Chicago 2001. Voraussetzung für eine Emotion ist in jedem Fall, dass sie ein Subjekt mit eigener Körperlichkeit ist. Diese Perspektive weicht daher von einer auf Spinoza basierenden Auffassung von Körper ab.

3 Über Grenzen hinweg empfinden: Affektive und emotionale Transnationalität

Nach diesen Ausführungen zu Affekten, Emotionen und Gefühlen sowie zum Ansatz der Transnationalität kann *affektive Transnationalität* als die situative Gesamtheit der grenzüberschreitenden reziproken Verbindungen von Subjekten und Körpern innerhalb eines transnationalen affektiven Feldes definiert werden. Diese Verbindungen oder Konnektivitäten entstehen durch wechselseitige Prozesse des Affizierens und des Affiziert-Werdens, daher ist diese Momentaufnahme nicht statisch, sondern hybrid[23] und immer im Prozess begriffen, also veränderbar – zum Beispiel über die Zeit.

Ebenfalls in Anlehnung an die vorangegangenen theoretischen Ausführungen kann emotionale Transnationalität als ein Teilprozess von affektiver Transnationalität verstanden werden und damit als die Art, die Beschaffenheit, der grenzüberschreitenden Verbindungen und Konnektivitäten eines Subjekts innerhalb eines egozentrischen transnationalen affektiven Feldes.[24] Diese werden zwar von einem Subjekt aus gedacht, sind dadurch in ihren Ursachen und Wirkungen jedoch nicht weniger sozial, da sie von anderen Subjekten und Körpern beeinflusst werden.

Im Hinblick auf affektive und emotionale Transnationalität ist dabei zu beachten, dass diese mit kontinuierlicher transnationaler Mobilität verbunden sein *kann*, aber nicht *muss*. Emotionale Transnationalität kann z. B. auch mit nicht-grenzüberschreitenden Praktiken im Ankunftskontext verbunden sein, etwa wenn selbst migrierte Eltern ihren Kindern vom Herkunftskontext erzählen und damit emotionale Verbindungen aufrechterhalten, ohne dass die Kinder jemals dort gewesen sind, oder das Betrachten und Berühren eines aus dem Herkunftskontext mitgebrachten Gegenstandes, der die ankommende Person im Ankunftskontext emotional berührt. In diesem Sinne sind affektive und emotionale Transnationalität auch ohne grenzüberschreitende Bewegungen möglich. Gefühle, Emotionen und Affekte wirken selbst als Bewegungen und transzendieren somit existierende Grenzen.

---

23 Vgl. Homi K. Bhabha: Die Verortung der Kultur. Tübingen 2000.
24 Siehe dazu auch Albrecht: Affective and emotional transnationality.

4 In Bewegungen über Grenzen: Beispiele für affektive und emotionale Transnationalität im Kontext transnationaler Mobilität

Im Folgenden wird zuerst ein Beispiel für affektive Transnationalität im Sinne einer situativen Gesamtheit der grenzüberschreitenden reziproken Verbindungen von Subjekten und Körpern innerhalb eines transnationalen affektiven Feldes dargestellt. Verbunden ist dies mit kontinuierlichen transnationalen Praktiken wie dem Reisen. Im Anschluss wird an einem weiteren Beispiel emotionale Transnationalität illustriert – also die Art, die Beschaffenheit, der grenzüberschreitenden Verbindungen und Konnektivitäten eines Subjekts innerhalb eines egozentrischen transnationalen affektiven Feldes. Auch dies ist verbunden mit kontinuierlicher transnationaler Mobilität.

4.1 Illustrationen von affektiver Transnationalität in grenzüberschreitender Bewegung

Ein Beispiel für affektive Transnationalität findet sich in einer empirischen Studie von Röttger-Rössler:

> Eine ehemalige koreanische Studentin, die ihre Hochschulausbildung in Deutschland absolviert hat und immer nur für kurze Ferienbesuche nach Korea zurückgekehrt ist, hat nach Beendigung ihres Studiums zunächst ein Jahr in Korea verbracht, bevor sie zum Promovieren wieder nach Deutschland kam. Sie beschreibt dieses Jahr in Korea als schwierig und enttäuschend. Sie sei beständig als die ‚deutsche Tochter' bezeichnet und dadurch als ‚Andere' markiert worden; sie habe an zahlreichen kleineren alltäglichen Begebenheiten gemerkt, dass sie Subtexte und Nuancen nicht mehr begriff, zum einen da ihr die konkreten Vorgeschichten unbekannt waren und zum anderen da sich mittlerweile auch Ausdrucksformen in Korea verändert haben. Vor allem aber registrierte sie Entfremdungen innerhalb ihrer Freundschaftsbeziehungen, die sie während all der Jahre über Skype und WhatsApp gepflegt und als sicher angesehen hatte. Dieser affektiven Entfremdung wurde sie anhand zahlreicher kleiner Ausdruckszeichen gewahr: unterlassene Gesten der Intimität, die früher zwischen ihr und ihren Freundinnen üblich waren; Abbruch von Gesprächen in ihrer Gegenwart – ‚ach, Du weißt da eh nichts von' – sowie der ständigen Betonung, dass sie anders geworden sei, als auch anhand der Beobachtung, dass sich neue enge Bindungen innerhalb ihres Freundschaftsnetzwerkes formiert hatten. Kurz: sie wurde gewahr, dass sie an den lokalen sozialen Netzen nur noch eingeschränkt teilhat und dass diese sich im Verlaufe der Jahre verändert haben; eine Entwicklung, die ihr bei den kurzen Ferienbesuchen entgangen war. Ihre Kontakte in Deutschland bezeichnet sie als gute Bekanntschaften, ihre Freundschaften hat sie bis vor kurzem in Korea verortet. Jetzt stellt sie diese Bindungen in Frage. Trotz des dichten mediatisierten Austauschs haben sich die Freundinnen – zunächst unbe-

merkt – voneinander entfernt. Sie haben sich jeweils verändert, dies aber erst bei der längeren persönlichen Wiederbegegnung realisiert.[25]

In diesem Beispiel werden die affektiven Verbindungen zwischen der Person, die in Deutschland studiert, und den Personen in Korea zunächst durch regelmäßige transnationale Reisen während der Kurzurlaube aufrechterhalten. Hier entfaltet sich das affektive transnationale Feld durch reziprokes Affizieren und Affiziert-Werden. Für die koreanische Transmigrantin, die in Deutschland lebt, scheinen sich diese affektiven Verbindungen zu ihren Bezugspersonen im Laufe der Zeit nicht verändert zu haben. Sie bleibt von ihren Beziehungen in Korea affiziert; sie definiert sie als eng und geht davon aus, dass der Prozess des Affizierens und Affiziert-Werdens reziprok und konstant ist – auch bei den Personen, die in Korea geblieben sind. Diese Annahme bezieht sich auch auf die Art und Weise dieser Verbindungen, nicht nur auf das Ausmaß.

Bei einem längeren Aufenthalt in Korea bemerkt sie jedoch Prozesse der Entfremdung: Verwandte und Freund*innen bezeichnen sie als „deutsch" und markieren damit ihre Nicht-Zugehörigkeit zum koreanischen Kontext – eine Tatsache, die zu Enttäuschung, Traurigkeit und Einsamkeit bei ihr führt. Sie fühlt sich aufgrund des Otherings durch ihre Bezugspersonen dem Kontext affektiv entfremdet. In der Folge führt dies zu Reflexionen darüber, ob ihre Definitionen von ihren Nah- und Fernbeziehungen noch zutreffen. Bis zu diesem Zeitpunkt hatte sie ihre koreanischen Beziehungen als enge Beziehungen definiert, während sie ihre Beziehungen in Deutschland eher als Bekanntschaften sah. Diese Perspektive wird nun durch das erneute Reisen in Kombination mit einem längeren Aufenthalt in Korea auf die Probe gestellt.

Affektive Transnationalität impliziert also kontinuierliche Prozesse des Affizierens und Affiziert-Werdens, die reziprok sind und deren Qualität sich im Laufe der Zeit verändert. Obwohl die affektiven Beziehungen aus Sicht der Transmigrantin statisch geblieben sind, hat sich der Prozess des Affizierens und Affiziert-Werdens für ihre Freund*innen und Verwandte im Herkunftskontext verändert. Sie sind immer noch von ihr affiziert, jedoch nicht mehr in gleicher Weise wie zuvor. Sie erleben und bezeichnen sie als fremd geworden. Es bestehen somit nach wie vor wechselseitige Relationen des Affizierens und Affiziert-Werdens zwischen dem Ankunftskontext und dem Herkunftskontext. Die Studie zeigt jedoch, dass diese Prozesse nicht statisch sind. Diese Verbindungen verändern sich über die Zeit.

---

25 Birgit Röttger-Rössler. Multiple Zugehörigkeiten: Eine emotionstheoretische Perspektive auf Migration. Working Papers des SFB 1171 „Affective Societies – Dynamiken des Zusammenlebens in bewegten Welten". Berlin 2016, S. 16.

Röttger-Rössler zieht in Bezug auf diese Fallstudie ein Fazit, das den Fall als Problem konzeptualisiert: Sie sieht es als Beispiel dafür, dass transnationale Migration nicht ausschließlich als „transnationale Kompetenz"[26] gesehen werden kann. Transnationale Migration kann sich demnach auch so auf Menschen auswirken, dass sie zu Zerrüttung, Entfremdung und Einsamkeit führt. Diese Formen der Betroffenheit können mit transnationaler Migration einhergehen. Jedoch auch ohne transnationale Migration sind die affektiven Relationen zu Menschen nicht statisch, und die Prozesse des Affizierens und Affiziert-Werdens können sich verändern. Weiterführend scheint insbesondere Zeit in diesen Prozessen ein relevanter Faktor zu sein. In Bezug auf diese Fallstudie wäre es interessant zu wissen, welche Folgen die Veränderungen in den Prozessen und Relationen des Affizierens und Affiziert-Werdens haben. Sie könnten beispielsweise dazu führen, dass die Transmigrantin nach ihrer Rückkehr nach Deutschland ihre Beziehungen sowohl im Ankunfts- als auch im Herkunftskontext nun anders definiert, was sich in ihren Reflexionen bereits andeutet. Die möglichen Um-Definitionen der Beziehungen können dann in der Folge zu einem stärkeren Ankommen, einem stärkeren Sich-Einlassen im Ankunftskontext führen. Denn auch Zerrüttung, Entfremdung und Einsamkeit sind nicht statisch, sondern prozesshaft. Dies verbleibt jedoch an dieser Stelle ungewiss. Das nächste Beispiel zeigt jedoch: Menschen suchen nach Wegen, um unglückliche Zustände zu verändern.

4.2 Illustration von emotionaler Transnationalität in grenzüberschreitender Bewegung

Das folgende Beispiel für emotionale Transnationalität findet sich in einer überaus lesenswerten Studie von Bianca C. Williams. Die Autorin beschreibt in *The Pursuit of Happiness* transnationale Praktiken aus intersektionaler Perspektive.[27] Diese können im Kontext des vorliegenden Beitrags als Praktiken emotionaler Transnationalität beschrieben werden, die mit kontinuierlicher Mobilität einhergehen und im Gegensatz zur Studie von Röttger-Rössler emotionale Wirkungen mit sich bringen, die als positiv erlebt werden. Williams beschreibt touristische Praktiken von BIPoC[28]-Frauen aus den USA, die versuchen, rassistischer und sexistischer Diskrimi-

---

26 Steven Vertovec: Transnationalism. London, New York 2009. S. 70 f.
27 Vgl. Bianca C. Williams: The Pursuit of Happiness. Black Women, Diasporic Dreams and the Politics of Emotional Transnationalism. Durham, London 2018.
28 „BIPoC ist die Abkürzung von *Black, Indigenous, People of Color* – und ist die politische Selbstbezeichnung von Schwarzen, Indigenen und nicht weißen Menschen. Die Begriffe entstanden aus Widerstand zu diskriminierenden Fremdbezeichnungen und symbolisieren den Kampf

nierung zumindest vorübergehend zu entkommen, indem sie mit der Agentur Girlfriend Tours International (GFT) kontinuierlich nach Jamaika reisen. Williams definiert diese transnationalen Praktiken als „Streben nach Glück" und als eine Art emotionalen Eskapismus,[29] durch welchen transnationale Verbindungen zu Jamaika und zwischen den reisenden Frauen geschaffen werden:

> These African American women have established a complex concept of 'happiness', one that can only be fulfilled by moving—both virtually and geographically—across national borders. To travel to Jamaica, Girlfriends need American economic, national, and social capital. At the same time, to remain hopeful and happy within the United States, they need a spiritual connection to their imagined community of Jamaicans.[30]

Um hoffnungsvoll in den USA leben zu können, ein Leben, das hier vor allem im Hinblick auf ökonomisches, nationales und soziales Kapital beschrieben wird und somit zur Sicherung der Existenz notwendig ist, brauchen diese Frauen die affektive Verbindung zu Jamaika, zu einer imaginierten Gemeinschaft, mit der sie sich verbunden fühlen, und zu einer Art Spiritualität, die sie durch kontinuierliche touristische Reisen aufrechterhalten. Im Gegensatz zu dem von Röttger-Rössler beschriebenen Beispiel des Empfindens von Nicht-Zugehörigkeit lässt sich diese Form der emotionalen Transnationalität, definiert als die Art, die Beschaffenheit, der grenzüberschreitenden Verbindungen eines Subjekts innerhalb eines egozentrischen transnationalen affektiven Feldes, als eine positiv erlebte skizzieren. Sie wird positiv erlebt und ermöglicht oder vereinfacht so das Leben im Ankunftskontext. Dabei erfolgt die Affizierung hier subjekt-spezifisch: Sie wird über kontinuierliche transnationale touristische Bewegungen aktualisiert. Und auch wenn die Reisenden nicht auf Jamaika sind, werden sie subjektiv von der Imagination der Gemeinschaft dort und ihrer vorgestellten Zugehörigkeit positiv affiziert. Dies stärkt sie in einem Leben in den USA, in dem sie rassistische und sexistische Erfahrungen machen müssen. Die durch die Reisen immer wieder aktualisierte Imagination von Zugehörigkeit affiziert subjektiv und entfaltet so eine schützende Wirkung, die es für die touristischen Transmigrant*innen möglich macht, handlungsfähig zu bleiben und mit problematischen Situationen umzugehen.

---

gegen Unterdrückung und für Gleichberechtigung" (Hervorhebungen im Original) (Lisa Jaspers, Naomi Ryland, Silvie Horch (Hg.). unlearn patriarchy. Berlin 2023. S. 14.
29 Sie fasst dies auch unter dem Begriff „emotional transnationalism".
30 Williams: The Pursuit of Happiness, S. 5

5 In Nicht-Bewegung: Beispiele für immobile affektive und emotionale Transnationalität

Wie beschrieben, können sich affektive und emotionale Transnationalität auch ohne transnationale Praktiken und Bewegungen entfalten. Emotionen, Gefühle und Affekte können selbst als räumliche Bewegungen definiert werden, die transnational wirksam sind.

5.1 Illustration von affektiver Transnationalität ohne grenzüberschreitende Bewegung

Dies illustriert das folgende Beispiel für affektive Transnationalität ohne *kontinuierliche* grenzüberschreitende Bewegungen: Ein Vater verbleibt im Herkunftskontext, während sein Kind mit der Mutter nach Deutschland migriert. Das zugewanderte Kind erlebt im Ankunftskontext Rassismus im Sinne von Erleiden oder Affiziert-Werden, wovon der Vater im Herkunftskontext durch digitale Medien erfährt. Im Sinne eines transnationalen wechselseitigen Affizierens und Affiziert-Werdens empfindet der Vater Sorge und Schmerz darüber, dass sein Kind im Ankunftskontext Rassismus erfährt. Das Beispiel zeigt, dass Schmerz, Sorge und Ausgrenzung nicht nur Migrant*innen im Ankunftskontext betreffen: „Wenn Enkel, Kinder, Ehemänner, Freunde und Kollegen ausgegrenzt werden, verursacht die Kränkung Schmerz über die Herkunftsgrenze hinweg."[31] Dies gilt sowohl für symbolische und konstruierte Grenzen zwischen Menschen innerhalb der postmigrantischen Gesellschaft (im Sinne von Ausgrenzungen), als auch für räumlich-konstruierte nationale Grenzen. Rassismus kann somit transnational affizieren – nicht nur im Ankunftskontext, sondern auch im Herkunftskontext: Die Rassismuserfahrung des Kindes im Ankunftskontext affiziert den Vater, der im Herkunftskontext verblieben ist. Grenzüberschreitender Schmerz ist die Folge. Multilokales Affizieren und Affiziert-Werden im Sinne eines Transfers von Energien über räumliche Distanzen hinweg sind zu konstatieren.

---

[31] Foroutan: Postmigrantische Gesellschaften, S. 244

5.2 Empirische Illustration von emotionaler Transnationalität ohne grenzüberschreitende Bewegung

Ein Beispiel für emotionale Transnationalität, die sich ohne grenzüberschreitende Bewegung vollzieht, ist das folgende: In einem ethnographischen Feldinterview beschreibt ein kurdischer Geflüchteter, der aufgrund politischer Hintergründe aus der Türkei nach Deutschland gekommen ist, seine Situation:

> Du bist immer da und hier. (0.2) Du verfolgst sowieso, was in deinem Heimatland passiert, äh, die Nachrichten in der Türkei, liest Zeitungen, siehst, was dort passiert. (0.3) Im wirklichen Leben bist du hier in Deutschland, äh, äh, lebst dein Leben, bewältigst deinen Alltag, aber geistig bist du dort. Du bist dort und hier.[32]

Letztlich fehlt hier die Erwähnung eines affektiven Pendants im Sinne eines zweiten Subjekts. Dennoch ist die interviewte Person transnational affiziert – ohne sich grenzüberschreitend zu bewegen und ohne tatsächliche grenzüberschreitende Kontakte zu haben: Die Dynamik des subjektiven Affiziert-Werdens entfaltet sich durch äußere Begebenheiten im Ankunftskontext. Sie werden hervorgerufen, indem er von Objekten wie Zeitungen und Nachrichten, die über Ereignisse im Herkunftskontext berichten, affiziert wird. So bleibt eine emotionale transnationale Verbindung zum Herkunftskontext, die ohne grenzüberschreitende Bewegung erfolgt. Der Befragte beschreibt sich selbst als „geistig [...] dort und hier", was im Sinne der von Röttger-Rössler vertretenen Lesart auch ein Hinweis auf eine als negativ erlebte Zerrissenheit sein könnte. Diese Zerrissenheit hindert den Befragten nicht daran, das Leben im Kontext der Ankunft zu gestalten, wie er sagt. Dennoch bleibt die emotionale Ausrichtung auf den Herkunftskontext bestehen.

6 Fazit: Facettenreiche affektive transnationale Dynamiken und Praktiken

Der vorliegende Beitrag hat gezeigt, dass Ambiguitäten und Gefühle der Mehrfach-Zugehörigkeit, der Nicht-Zugehörigkeit und der Zugehörigkeit in (Post-)Migrationsprozessen facettenreich vorliegen. In ihren Wirkungen auf der Handlungsebene können diese nicht einfach im Sinne eines „gut" oder „schlecht" konzeptualisiert werden, sondern müssen auf verschiedenen Ebenen und auch in ihrer zeitlichen Folge sowie ihre Konsequenzen betrachtet werden.

---

[32] nicht veröffentlichtes Interview, geführt von Y.A. 2021.

Transnationale Empfindungen lassen sich mit der Migration in ein anderes Land nicht einfach kognitiv austauschen. Sie bleiben bestehen, verändern ihre Qualität; sie haben für das Subjekt positive, stärkende Wirkungen und können ebenso für Zerrissenheit und Einsamkeit sorgen. Diese kann wiederum als Motivation dienen, um in andere Relationen einzutreten. Dabei sind Prozesse des Affizierens und Affiziert-Werdens nicht statisch, sondern dynamisch und in Veränderung begriffen.

Literaturangaben

Ahmed, Sara: The Cultural Politics of Emotion. New York 2004.
Albrecht, Yvonne: Affective and emotional transnationality. Connectivity in processes of transnational migration. In: Menz Margarete, Rellstab, Daniel, Stock, Miriam (Hg.): Körper und Emotionen in Bewegung. Migrationsgesellschaftliche Perspektiven auf Bildung, Politik und Familie. Wiesbaden 2024.
Albrecht, Yvonne: Emotionale Transnationalität. Über das Affizieren und Affiziert-Werden im Kontext von (Post-)Migrationsprozessen. In: Nicole Burzan (Hg.): Komplexe Dynamiken globaler und lokaler Entwicklungen. Verhandlungen des 39. Kongresses der Deutschen Gesellschaft für Soziologie in Göttingen 2018.Göttingen 2019.
Albrecht, Yvonne: Gefühle im Prozess der Migration. Transkulturelle Narrationen zwischen Zugehörigkeit und Distanzierung. Wiesbaden 2017.
Apitzsch, Ursula: Transnationales biographisches Wissen. In: Helma Lutz (Hg.): Gender Mobil? Geschlecht und Migration in transnationalen Räumen, 122–142. Münster 2009.
Bhabha, Homi K.: Die Verortung der Kultur. Tübingen 2000.
Bogusz, Tanja. Ende des methodologischen Nationalismus? Soziologie 47 (2018) 2, S. 143–157.
Faist, Thomas, Margit Fauser und Eveline Reisenauer: Das Transnationale in der Migration: Eine Einführung. Weinheim/ Basel 2014.
Falicov, Celia J.: Emotional Transnationalism and Family Identities. In: Family Process 44 (4) (2005), S. 399–40.
Flam, Helena: Soziologie der Emotionen: Eine Einführung. Konstanz 2002.
Foroutan, Naika: Postmigrantische Gesellschaften. In: Heinz Ulrich Brinkmann und Martina Sauer (Hg.). Einwanderungsgesellschaft Deutschland. Entwicklung und Stand der Integration. Wiesbaden 2016.
Foroutan Naika, Coskun Canan, Sina Arnold, Sina, Benjamin Schwarze, Steffen Beigang und Dorina Kalkum: Deutschland postmigrantisch I: Gesellschaft, Religion, Identität. Erste Ergebnisse. Berlin 2014.
Glick Schiller, Nina, Schlee, Günther, Tsypylma, Darieva: Pathways of migrant Incorporation in Germany. In: Transit 1 (2005) 1); Artikel 50911, S. 1–18.
Gu, Chien-Juh: Culture, emotional transnationalism and mental distress: family relations and well-being among Taiwanese immigrant women. In: Gender, Place and Culture 17 (2010). 6, S. 687–704.
Hochschild, Arlie Russell: Das gekaufte Herz: Die Kommerzialisierung der Gefühle. Berkeley, Los Angeles 1983.
Katz, Jack. 1999. How emotions work. Chicago 1999.

Langhoff, Shermin: Die Herkunft spielt keine Rolle – „Postmigrantisches" Theater im Ballhaus Naunynstraße. Bundeszentrale für Politische Bildung, Bonn 2011, S. 1–7.

Lucassen, Leo. Is Transnationalism compatible with Assimilation? In: Institut für Migrationsforschung und Interkulturelle Studien (IMIS) der Universität Osnabrück (Hg.). IMIS-Beiträge. Osnabrück 2006, S. 15–35.

Massumi, Brian: The Autonomy of Affect. In Cultural Critique 31 (1995) 2, S. 83–109.

Nieswand, Boris und Drotbohm, Heike. Einleitung: Die reflexive Wende in der Migrationsforschung. In: Boris Nieswand und Heike Drotbohm (Hg.). Kultur, Gesellschaft, Migration. Studien zur Migrations- und Integrationspolitik. Wiesbaden 2014.

Pries, Ludger: Transnationalisierung der Migrationsforschung und Entnationalisierung der Migrationspolitik: Das Entstehen transnationaler Sozialräume durch Arbeitswanderung am Beispiel Mexiko–USA. In: Institut für Migrationsforschung und Interkulturelle Studien (IMIS) der Universität Osnabrück (Hg.). IMIS-Beiträge 15, Osnabrück 2010, S. 55–79.

Reckwitz, Andreas. Praktiken und ihre Affekte. In: Mittelweg 36 (2015) 1–2. S. 27–45.

Römhild, Regina: Europas Kosmopolitisierung und die Grenzen der Migrationsforschung. In: Reinhard Johler und Jan Lange (Hg.), Konfliktfeld Fluchtmigration – Historische und ethnografische Perspektiven (S. 19–29). Bielefeld 2019. S. 19–30.

Röttger-Rössler, Birgit. Multiple Zugehörigkeiten: Eine emotionstheoretische Perspektive auf Migration. Working Papers des SFB 1171 „Affective Societies – Dynamiken des Zusammenlebens in bewegten Welten". Berlin 2016.

Sauerborn, Elgen, Albrecht, Yvonne. Relationalität des Sozialen: Zur empirischen Erforschung von Affektivität. In: Aletta, Dieffenbach und Veronika Zink, Veronika (Hg.): Einführung in die soziologische Emotions- und Affektforschung. Berlin [im Erscheinen].

Scherke, Katharina: Emotionssoziologie. Berlin 2023.

von Scheve, Christian: A social relational account of affect. In: European Journal of Social Theory 2017, S. 1–21.

Seyfert, Robert: Das Leben der Institutionen. Weilerswist 2011.

Slaby, Jan: Drei Haltungen zu Affekt. In: Hrsg. Larissa Pfaller und Basil Wiesse (Hg.): Stimmungen und Atmosphären. Zur Affektivität des Sozialen. Wiesbaden 2018, S. 53–81.

Slaby, Jan, Mühlhoff, Rainer, Wüschner, Philipp. Affektive Relationalität. Umrisse eines philosophischen Forschungsprogramms. In: Undine Eberlein (Hg.). Zwischenleiblichkeit und bewegtes Verstehen. Incorporeity, Movement and Tacit Knowledge. Bielefeld 2016.

Spinoza, Baruch de: Die Ethik. Schriften und Briefe. Band 24. 8. Aktualisierte Auflage. Übersetzt von Carl Vogl. Alfred Kröner Verlag. Stuttgart 2017 [1677].

von Unger, Hella: Partizipative Forschung. Einführung in die Forschungspraxis. Wiesbaden 2014.

Vertovec, Steven: Transnationalism. London, New York 2009.

Williams, Bianca C.: The Pursuit of Happiness. Black Women, Diasporic Dreams and the Politics of Emotional Transnationalism. Durham, London 2018.

Yildiz, Erol und Marc Hill. In-between as resistance: The post-migrant generation between discrimination and transnationalization. In: Transnational Social Review 7 (2017) 3, S. 273–286.

IV **Rezensionen**

Fluchtweg nach Marseille. Ein Film von Ingemo Engström und Gerhard Theuring (Drehbuch/Regie/Produktion). Teil 1: 93'; Teil 2: 116'. UA: 12.10.1977 Internationale Filmwoche Mannheim; TV-Erstausstrahlung: 20.12.1977 WDR 3. Doppel-DVD mit 20-seitigem Booklet; Edition Filmmuseum 123 (2023).

Der zweiteilige Essayfilm bezieht sich mit seinem Untertitel *Bilder aus einem Arbeitsjournal 1977* zu dem Roman „Transit" von Anna Seghers (1941) explizit sowohl auf Seghers' Roman als auch auf Brechts Montage-Methode im *Arbeitsjournal*. In einem im Booklet gekürzt abgedruckten Beitrag für die Zeitschrift *Filmkritik* (2/1978) erläuterten die Filmemacher ihr Konzept: „Der Film hat zum Thema den Fluchtweg der deutschen Emigration in Frankreich 1940/41. Er beschreibt eine Recherche vor dem Hintergrund von Landschaften und Städten, die einmal Schauplatz gewesen sind der Verfolgung. Leitmotiv der Reise ist der Roman ‚Transit' von Anna Seghers." (Booklet, S. 2–5)

Die Spurensuche der Filmautoren beginnt 1933 in Berlin. Von Wochenschauaufnahmen der Bücherverbrennung und dem Kommentar „Die Flammen reichten noch nicht bis Prag, Amsterdam oder Paris. Die Fluchtwege waren offen und über Nacht das Fluchtziel beschlossen", wechselt der Film zur Gegenwart 1977 und mit einem Bild des Romans *Transit* ins Jahr 1940, zu Filmaufnahmen von der Flucht aus Paris in den Süden Frankreichs und landet in Marseille und „einer verlorenen Geschichte mit Namen ‚Transit'".

Der Schauspieler Rüdiger Vogler rezitiert ausgewählte Passagen, er sitzt dabei in einer Pizzeria vor einem Glas Rosé mit Ausblick auf einen kleinen Fischerhafen bei Marseille. Damit wird die Situation des Ich-Erzählers in *Transit* nachgestellt und zugleich verfremdet. Auch Katharina Thalbach spielt nicht Marie, sondern erklärt ausführlich, wie sie Marie sieht und wie sich der Figur annähert. Denn der Film ist „zum Glück keine Dramatisierung" des Romans, wie Walter Fabian 1978 in seiner Rezension schrieb (Booklet, S. 18), sondern wird in einer komplexen Montage von Texten, Bildern und Filmaufnahmen verbunden mit den realen Erfahrungen der Emigranten und ihren Schicksalen, über die in ausführlichen Interviews auch die Zeitzeugen Alfred Kantorowicz, Ruth Fabian, Ernst Erich Noth, Peter Gingold, Ida und Vladimir Pozner Auskunft geben.

Im ersten Teil folgen die Filmemacher der Fluchtroute von Anna Seghers *und* der des Ich-Erzählers von Paris nach Marseille, wo der zweite Teil des Films spielt. Sie verbinden *Transit* auch mit Texten anderer Exilanten, die im off zitiert werden (Sprecher: Reinhart Firchow und Hildegard Schmahl), mit Fotografien, aktuellen Filmaufnahmen aus dem Entstehungsjahr 1977 von Orten, Straßen, Stadtvierteln, Hafen und Landschaften und mit Ausschnitten aus Archivaufnahmen und Nazi-Wochenschauen über den Krieg. Sie erinnern bei ihrer Reise 1977 an die Internierungslager Le Vernet und Les Milles, an die Deportation deutscher und französi-

https://doi.org/10.1515/9783111329345-018

scher Juden nach Auschwitz, an das Massaker der SS in Oradour-sur-Glane, an die Vernichtung des alten Viertels von Marseille und die Verschleppung der Bewohner in deutsche KZs. Der zweite Teil endet damit, dass der Ich-Erzähler Marseille verlässt und sich der Résistance anschließt, und der Widerstandskämpfer Peter Gingold berichtet ausführlich über die Teilnahme der Emigranten an der Résistance. Erinnert wird auch an den Schriftsteller Ernst Weiß, der das Modell für den Schriftsteller Weidel im Roman ist, und an den Philosophen Walter Benjamin, dem eine ausführliche Sequenz gewidmet ist, die das Konzept der Filmautoren verdeutlicht: Zu einem Foto einer Ausgabe von Briefen Benjamins wird aus dem off mitgeteilt, dass Benjamin sich das Leben genommen hat. Anschließend liest Vogler aus *Transit* den Abschnitt, in dem der Ich-Erzähler unwillentlich vom Selbstmord eines Emigranten in Port Bou erfährt. Zu Fotografien und Filmaufnahmen von Port Bou und dem Friedhof werden im off Texte von und über Benjamin zitiert, darunter der Bericht von Henny Gurland über Benjamins Flucht und Tod, und schließlich endet die Sequenz mit deutschen Wochenschauaufnahmen vom Vorstoß der deutschen Wehrmacht in die Freie Zone bis ans Mittelmeer.

Fluchtweg nach Marseille wurde mehrfach auch international ausgezeichnet. Der im besten Sinn aufklärerische Film ist ein Meilenstein der filmischen Erinnerung und Auseinandersetzung mit dem Exil, auch weil er „eine Möglichkeit des Erzählens im Fernsehen eröffnet hat, die dann danach so gut wie überhaupt nicht mehr genutzt worden ist", schrieb Hans-Geert Falkenberg, der 1977 Programmchef Kultur beim WDR war, den beiden Filmautoren anlässlich einer Wiederholung ihres Films 1995 im 3Sat-Programm (Booklet, S. 19).

Mit dieser hochverdienstlichen DVD-Edition des Filmmuseums München wird *Fluchtweg nach Marseille* endlich allgemein zugänglich. Die vom Bundesarchiv und der Deutschen Kinemathek besorgte Digitalisierung basiert auf dem 16mm-Kameranegativ, der WDR stellte den Originalton zur Verfügung. Das Booklet enthält mehrere zeitgenössische Rezensionen, es fehlt nur leider eine Bio-Filmographie von Ingemo Engström (der das Berliner Kino Arsenal 2022 eine Retrospektive gewidmet hat: https://www.arsenal-berlin.de/kino/filmreihe/retrospektive-ingemo-engstroem/), und von Gerhard Theuring, was gerade für die Exilforschung bedauerlich ist, weil beide sich weiter mit dem Exil auseinandergesetzt und 1986 als deutsch-finnische Co-Produktion Klaus Manns Roman *Flucht in den Norden* verfilmt haben, der im Rahmen des Förderprogramms Filmerbe ebenfalls digitalisiert, jedoch bisher nicht auf DVD veröffentlicht wurde.

Helmut G. Asper

Friederike Heimann: In der Feuerkette der Epoche. Über Gertrud Kolmar. Berlin: Jüdischer Verlag im Suhrkamp Verlag 2023. 463 S.

Gertrud Kolmar (10.12.1894, Berlin – 1943 Auschwitz), Schriftstellerin, Lyrikerin, Dramatikerin, Librettistin. – Sucht man die Nachlassverzeichnisse zu Kolmars Namen im digitalen *Kalliope* Verbundkatalog auf, stößt man auf diesen stichwortartigen Eintrag. Noch immer gilt das zum größten Teil in den 1950er Jahren, in den Nachraum des Nationalsozialismus hinein veröffentlichte literarische Werk Gertrud Kolmars als einem weiteren Publikum unbekannt, obwohl Kolmar zu den bedeutendsten Schriftstellerinnen des 20. Jahrhunderts gezählt wird. Doch mit der sechsbändigen kommentierten Werkedition im Wallstein Verlag liegen inzwischen ihre literarischen Texte, auch Briefe, in der Fassung der uns überlieferten Typoskripte vor, die im Deutschen Literaturarchiv Marbach und im Archiv des Centrum Judaicum Berlin aufbewahrt sind.

Auf diesen Originaltyposkripten basiert Friederike Heimanns kunstvoll komponierte Porträtstudie *In der Feuerkette der Epoche. Über Gertrud Kolmar*, die Fragestellungen ihrer 2012 bei de Gruyter erschienenen Monographie *Beziehung und Bruch in der Poetik Gertrud Kolmars. Verborgene deutsch-jüdische Diskurse im Gedicht* ausweitet und engführt. Heimanns Verfahren in ihrem neuen Buch könnte man als ‚auffächerndes Lesen' bezeichnen: eine subtile, wie ein Mosaik angeordnete Verflechtung von Werkinterpretation und Lebensgeschichte, eingebettet in ein feines Netz aus intertextuellen Querbezügen, punktuell verzeichneten Orten im Stadtplan Berlins, und zeithistorischen Kontextualisierungen, die die individuelle Erfahrungswelt Kolmars erschließen.

Kolmars Lebens- und Schreibgeschichte gerät dabei zur Chiffre für die prekäre Beziehung zwischen dem Deutschen und dem Jüdischen, die eine existenzielle, nach Heimann in der Rezeption von Kolmars Werk bislang viel zu wenig beachtete Spannung austrägt. Der Binde- und Trennungsstrich markiert für Heimann einen Gegenstandsbezug und eine Lektürehaltung, die gleichermaßen durch Nähe und unüberbrückbare Distanz bestimmt ist: Es geht ihr um „eine Brüchigkeit, um eine hoch angespannte Form der Ambivalenz zwischen Zugehörigkeit und Fremdheit, um ein nicht auflösbares Spannungsverhältnis zwischen dem Deutschen und dem Jüdischen" (20). Ob der Ausschluss Kolmars aus dem deutschsprachigen literarischen Kanon – entgegen ihrer Verbundenheit mit der deutschen kulturellen Tradition, auf die Heimann hinweist – eine Fortschreibung dieser in der Forschung immer wieder affirmierten Fremde ist, ist eine offene Frage.

Die Öffnung deutsch-jüdischer Studien hin zu *Post Colonial Studies* bedeutet einerseits die Möglichkeit, Kolmar als „hellsichtige Vorläuferin eines modernen, postmigrantischen Denkens" (24) zu entdecken, wie Friederike Heimann plausibel zu machen sucht. Doch verleitet eine Identifikation der Problematik jüdischer Akkulturation mit dem Akt kolonialer Vereinnahmung in meinen Augen zu Kurzschlüssen und zu schnellen Einpassungen. So z. B. in der Kommentierung des zuerst im Herbst 1938 publizierten Gedichts „Großmutter", die das aus der Perspektive einer Berliner Kindheit um 1900 erinnerte bürgerliche Interieur von Hedwig Schoenflies vorstellt, einer Großmutter von Gertrud Kolmar und Walter Benjamin. Das Bildmotiv des „Mohrs" (95) in dem Gedicht dient in der von Heimann vorgeschlagenen Lesart als Bindestrich zwischen kolonialer Herrschaft und erzwungener jüdischer Assimilation, da beide Stereotypen des Andersseins ausbilden. Die Differenz zwischen antisemitischem und kolonialem Blick – und das aus-dem-Blick-geraten des Antisemitismus im postkolonialistischen Diskurs – werden dadurch verwischt: der „Mohr" kommt von außen, ist als Fremder kenntlich, er hat kein Bürgerrecht. Die Auslassung des christlichen Antisemitismus, die mit der Benennung „Mohr" verknüpft ist, wird dagegen konterkariert in einer eindringlichen Interpretation des Gedichts „Die Irre", dem Kolmar Entstehungsdatum und -ort beigegeben hat: Beaune im Burgund, Ostfrankreich, 14. Oktober 1927. Aus der konkreten Anschauung des Hôtel-Dieu zu Beaune mit dem *Weltgerichts*-Retabel des belgischen Malers Rogier van der Weyden entwickelt Heimann eine faszinierende, vielschichtige Lektüre des Gedichts, die ins „Herz der Finsternis" christlich-abendländischen Denkens (240) stößt.

Legt die Studie den Akzent auf die Rekonstruktion deutsch-jüdischer Beziehungs- und Gewaltgeschichte, so lädt sie zugleich dazu ein, die komplexe und bewegliche Textur der multilingualen Intertextualitäten zu erforschen, die Gertrud Kolmars Schreiben mit anderen Sprachen und Literaturen neben dem Deutschen verbinden, mit u. a. dem Französischen, dem Russischen, dem Hebräischen, dem sie sich seit den 1930er Jahren intensiv zuwandte.

Birgit R. Erdle

Edda Fuhrich, Sibylle Zehle (Hg.): Max Reinhardt – Helene Thimig. Briefe im Exil 1937–1943. Salzburg, Wien: Residenz Verlag 2023. 560 S.

Der vorliegende Band versammelt erstmals den gesamten Briefwechsel der österreichischen Schauspielerin Helene Thimig mit Max Reinhardt aus den Jahren des Exils 1937 bis 1943, dem Todesjahr Reinhardts. Gerade die Gesamtheit der Briefe zeichnet – trotz gelegentlich ermüdender Wiederholungen –das Porträt einer Frau, die nie den Mut aufgab, nie die Hoffnung verlor und mit einer weitaus größeren politischen Hellsichtigkeit als Max Reinhardt, auch als seine von ihm so sehr bewunderten Söhne, ihn durch gefahrvolle Jahre begleitete.

Weder Reinhardt noch seine Söhne Gottfried und Wolfgang haben es ihr angemessen gedankt. Reinhardt, der Thimig 1935 – nach vielen Jahren ‚inoffizieller Partnerschaft' – geheiratet hatte, betrog sie weiterhin mit seiner Geliebten Eleonore von Mendelssohn. Seine beiden Söhne, aus der Ehe Reinhardts mit der Schauspielerin Else Heins stammend, waren noch Jahrzehnte nach dem Tod ihres Vaters zu keiner Übereinkunft mit Helene Thimig bereit, was vor allem den Reinhardtschen Nachlass betraf. Ebenso hielten finanzielle Auseinandersetzungen bis zum Tod Thimigs 1974 an.

Sie erkannte in den USA recht früh, dass Reinhardt und seine Söhne dazu neigten, sich der Realität zu verweigern. „Du und Gottfried, ihr habt die gefährliche Eigenschaft, die Dinge so zu sehen, wie Ihr sie haben möchtet" heißt es in einem Brief Thimigs vom 31.5.1942.

Max Reinhardt, ein lebenslänglicher Hypochonder, lebte im Exil – wenn schon nicht mehr auf Schloss Leopoldskron – wenigstens in seinen Luftschlössern. Helene Thimig versuchte unermüdlich, ihn auf den Boden der Tatsachen zurückholen.

Im Mai 1942 zog Reinhardt von der kalifornischen Westküste nach New York, wo er sich berufliche Erfolge erwartete. In New York wollte er ein eigenes Theater mit eigenem Ensemble gründen. Der von dort bis zu seinem Tod im Oktober 1943 geführte Briefwechsel mit Helene Thimig bildet den umfangreichsten Teil des hier vorliegenden Bandes. Dabei bleibt auch nach Lektüre der Briefe unverständlich, auf welchen Wegen Reinhardt sein finanzielles Vermögen in den USA verloren hatte. Im Unterschied zu anderen Exilanten standen ihm nach seiner Übersiedlung in die Vereinigten Staaten durchaus größere Geldmittel zur Verfügung. Honorare von Warner Brothers und der Verkauf seines luxuriösen Anwesens Maravilla in Hollywood setzten größere Summen frei. Aber wohin floss das Geld? Die gemeinsam von Reinhardt und Thimig geplanten und eröffneten Schauspielschulen und Workshops blieben finanzielle Desaster. Die unermüdlich angedachten Theater- und Filmprojekte ließen sich ausnahmslos nicht verwirklichen. Thimig besserte die Einnahmen durch mühsam eroberte, kleinere Filmrollen in Hollywood auf. Der hier edierte Briefwechsel zeichnet das Bild eines verarmten Mannes, der zuletzt wirtschaftlich von den Einnahmen seiner Söhne Gottfried und Wolfgang abhängig war. Auffallend bleibt in den Briefen, wie wenig Max Reinhardt sich auf einen nordamerikanischen Theater- und Filmmarkt einlassen konnte. Seine Suche nach neuen Theaterstücken führte zielsicher am ‚Zeitgeist' vorbei. Alle Versuche Helene Thimigs, ihn zu sensibilisieren und behutsam an eine angelsächsisch-amerikanische Gegenwartsdramatik heranzuführen, schlugen regelmäßig fehl.

Was im vorliegenden Briefwechsel – erhellenderweise um Telegramme und Postkarten ergänzt – auffällt, sind die bisweilen konträren Mitteilungen, die Thimig an Reinhard an ein und demselben Tag sendet. Es scheint, als ob sie ihn schonend auf die existenziellen Nöte in ihrem täglichen Kampf ums Überleben vorbereiten wollte. So konnte sich ein längerer Brief durchaus auf Mitteilungen zum Wetter, den mangelnden Auslauf der Hunde und einen Kuchen, den sie der amerikanischen Post anvertraut hatte, beschränken. Das am selben Tag aufgegebene Telegramm war demgegenüber ein einziger existenzieller Hilferuf. Meistens eine flehentliche Bitte um sofortige Geldüberweisung, ohne die Thimig weder ihre Unterkunft noch Essen in den nächsten Tagen würde bezahlen können.

Die Reinhardtschen Antwortbriefe sind von einer merkwürdigen Kühle und Distanziertheit gekennzeichnet. Besserwisserisches fehlt selten. Vor allem aber sind sie bemerkenswert ausufernd. In vorliegender Druckfassung erstrecken sich seine Briefe oft über dreißig bis vierzig Seiten. In einer Selbstauskunft ist unter dem Datum des 22.9.1942 zu lesen: „Ich habe drei Tage an diesem Brief geschrieben. Schenke ihm eine ruhige Stunde – und lege es nicht zu dem ‚Übrigen'." Eine unverschämte Unterstellung, denn ausnahmslos alle Briefe Helene Thimigs zeugen von ihrer permanenten Besorgnis um s e i n Wohlergehen.

Als sich im Verlauf des Jahres 1943 abzeichnete, dass seine New Yorker Unternehmungen erfolglos bleiben würden, bat sie ihn vergeblich, zu ihr nach Los Angeles zurückzukehren. Im September 1943 erlitt Reinhardt einen Schlaganfall, an dessen Folgen er einen Monat später in seinem New Yorker Hotel starb.

Die Söhne Wolfgang und Gottfried hatten es allerdings nicht für nötig befunden, Helene Thimig über seinen Zustand in Kenntnis zu setzen. Das geschah erst einen Monat später durch Elisabeth Bergner. Als Thimig in New York eintraf, konnte Reinhardt nicht mehr sprechen. Er wurde von seiner langjährigen Geliebten Eleonore von Mendelssohn betreut, die bereits alle Fotos von Thimig aus dem Hotelzimmer entfernt hatte. Wie es Thimig geschafft hat, sich als Ehefrau wieder in ihre Rechte zu setzen, wird in der vorliegenden Ausgabe leider nicht erklärt. Die Trauerfeier in einer liberalen New Yorker Synagoge direkt am Centralpark hat jedenfalls sie organisiert.

Der Anmerkungsapparat erweist sich als bedauerlich schmal, insbesondere da die Briefe Helene Thimigs hier erstmals zugänglich gemacht werden. Die Fülle der in den Briefen erwähnten Namens- und Sachzusammenhänge bleibt oftmals unaufgeklärt. Dagegen werden bekannte, leicht zugängliche Biografien wie etwa von Franz Werfel, Hugo von Hofmannsthal oder Marlene Dietrich breit referiert.

Die den Briefen aus den Jahren 1937 bis 1943 beigefügten Einführungstexte der Herausgeberin Edda Fuhrich setzen ausführliche biographische Kenntnisse der Protagonisten Thimig und Reinhardt voraus. Die vorangestellte biografische Skizze der weiteren Herausgeberin Sibylle Zehle scheint der Versuch zu sein, die theatrale Poesie der Inszenierungen Max Reinhardt mit ebensolchen poetisch-lyrischen Erklärungen der Lebenswege von Reinhardt und Thimig adäquat zu schildern. Es wäre hilfreicher gewesen, sich ohne eigenen poetischen Ehrgeiz auf sachliche Informationen zu beschränken.

Guido Gin Koster

Relocating Modernism: Global Metropolises, Modern Art and Exile (METROMOD), a digital exile archive and urban mapping project, http://metromod.net; https://archive.metromod.net

The ERC (European Research Council) funded research project (METROMOD), led by the art historian Burcu Dogramaci[1] and hosted at Ludwig Maximilian University of Munich, has recently introduced a user-friendly interface designed by Jamal Buscher from Bureau Johannes Erler to map the life and works of diaspora artists and intellectuals uprooted by the political and social upheavals of the 20th century. The project focuses on six major global arrival cities: Bombay (now Mumbai), Buenos Aires, Istanbul, London, New York, and Shanghai. Through its archive and thematic walks, METROMOD presents urban and cultural trajectories re-tracing the paths of artistic exile, serving as a valuable resource for scholars, students, and anyone interested in the intersections of history, art, migration, and diaspora studies.

METROMOD's digital archive offers an interactive map showcasing creative exiles between the 1900s and 1950s. Users can access the archive via a rotating globe or a navigation bar to explore entries categorized under person, object, event, and organization. While acknowledging the dynamic nature of exile and migration, the archive provides insights into networks linking émigré scenes with local artistic communities across cities. Emphasizing access, the archive features entries from diverse voices and perspectives, aiming to expand knowledge and encourage further research. By integrating these categories with contemporary city maps, METROMOD creates an immersive and accessible experience based on both textual and visual materials. This approach not only facilitates a deeper understanding of the complex dynamics of exile, cultural exchange, and artistic innovation but also personalizes the historical journey for each user. Each city in the archive tells its unique story.

Further enriching the project are the curated walking tours, which allow participants to immerse themselves in the historical urban landscapes that have

---

[1] Her scientific project team consisted of Mareike Hetschold, Laura Karp Lugo, Rachel Lee, Helene Roth, Mareike Schwarz, supported by Christina Lagao, Maya-Sophie Lutz and Maria Varady.

been both influenced by and instrumental to the lives and works of displaced artists. In the heart of Bombay, pivotal locations such as the Taj Mahal Palace Hotel, the Royal Bombay Yacht Club, and the Bombay Art Society Salon serve as key stops on a walk that showcases the city's vibrant centers of creative engagement. The walk continues to Buenos Aires, where from the 1920s to the 1950s artistic exiles shaped the cityscape into a dynamic cultural hub. In Istanbul, the path explores the city's allure for Russian artists, resembling a Russian "Montparnasse", while in London, the focus shifts to spaces where European creativity flourished amidst conflict during the 1930s and 1940s. In New York, the journey traces the steps of German-speaking emigrant photographers of the 1930s and 1940s, whose social and urban spaces could be read as contact zones where different cultures, traditions, languages, as well as different artistic and photographic aesthetics coincide. This journey culminates in Shanghai, passing through the vibrant Nanjing Road, a street that historically was and continues to be among the most frequented. Each of these walks is an immersive and transformative journey, offering insights into how global metropolises have absorbed, nurtured, and interacted with artists in exile.

METROMOD transcends being merely a collection of digital resources; it is a comprehensive platform that shines a light on the often-overlooked narratives of diaspora and exile. Bridging the fields of migration studies, art history, and digital humanities, it illuminates the complex interplay between artists, their work, and the cities that hosted them. For anyone exploring the intersections of cultural exchange and artistic movements, METROMOD stands as a vital, elaborately detailed resource that is both informative and inspiring. With an understanding of art as an articulation of the individual with the collective, this project emerges from the desire to reconfigure personal and more localized conceptions of home and exile.

Virginia Marano

Karl Wolfskehl: Eure Sprache ist auch meine. Gedichte aus dem italienischen Exil. Hg. von Ralf Georg Czapla. Berlin: Quintus-Verlag 2023. 128 S.

Erfreulicherweise ist in den vergangenen Jahren eine ganze Reihe von Monographien erschienen, die Werk und Leben des Darmstädter jüdischen Dichters Karl

Wolfskehl in neuer Weise in Erinnerung hält.[2] Zuletzt hat Wolfskehls später Biograph Friedrich Voit mit den Aufzeichnungen Margot Rubens aus den Jahren 1934 bis 1936 eine bislang wenig beachtete Facette im Leben des Dichters der Öffentlichkeit erschlossen.[3] Ruben hatte Wolfskehl seit seiner Zeit in Italien begleitet und lebte mit ihm noch im neuseeländischen Exil eng zusammen. Mit der nun von Ralf Georg Czapla vorgelegten Neuedition solcher Gedichte, die Karl Wolfskehl in der Zeit von November 1933 bis Mai 1938 im italienischen Exil verfasste, wird diese Arbeit fortgesetzt. Dabei hat der schmale, schön gemachte Band auf den ersten Blick nur wenig Neues zu bieten. Die darin abgedruckten Gedichte aus den Bänden *Die Stimme spricht* (zuerst 1934, erweitert 1936 und 1947) sowie das 1933/34 begonnene und nach mehrfachen Überarbeitungen 1947 erstmals gedruckte Langgedicht *An die Deutschen* sind keine unbekannten Werke. Beide sind in der von Margot Ruben vorsichtig kommentierten zweibändigen Werkausgabe enthalten.[4] Die allerdings ist vergriffen.

Der Wert des vorliegenden Bandes liegt insofern zuvorderst darin, dass er die Text wieder breiter verfügbar macht. Aber er bemisst sich auch am Stellenwert von *Die Stimme spricht*, jener Gedichtfolge, mit der Wolfskehl seinem lyrischen Werk einen neuen Ton verlieh und diese Geste zugleich mit einer unverkennbaren Hinwendung zum Judentum verband. Erklärtermaßen geht es dem Herausgeber denn auch darum, Wolfskehl mit solchen Texten bekannter zu machen, die in besonderem Maße als aktuell gelten dürfen und zugleich für eine Emanzipation „vom Einfluss Georges" (S. 12) stehen. Zweifelsohne tritt Wolfskehl in den nach 1933 entstandenen Gedichten am deutlichsten als eigenständiger Dichter hervor, insofern er Verse vorzulegen vermochte, die sich ebenso als religiöse Rückbesinnung deuten ließen wie auch als säkulare Neubestimmung im Moment der Krise. Wolfskehls Sprachgeschick verbindet sich hier mit seiner außerordentlich breiten Kenntnis nicht allein biblischer Narrative, sondern zugleich einer Vielfalt kultureller Codes, die weit hierüber hinausgehen. Gerade deshalb liegt ein besonderer Vorzug dieser Edition in den ausführlichen Erläuterungen des Herausgebers, der zu jedem einzelnen Gedicht nicht nur die für Wolfskehl typischen, oft archaischen Wortformen – wie „Hamen", „Schlehen" oder „Ruch" – erklärt, sondern zugleich dichtungs-, kul-

---

2 Vgl. u. a. Caroline Jessen: Der Sammler Karl Wolfskehl, Berlin 2018; Volkhard Huth und Julius H. Schoeps (Hg.): fort von hain und haus. Die Familie Wolfskehl und Darmstadt. Frankfurt a. M. 2019; Gabriella Pelloni und Davide Di Maio (Hg.): „Jude, Christ und Wüstensohn". Studien zum Werk Karl Wolfskehls. Berlin, Leipzig 2019.
3 Margot Ruben: Aufzeichnungen aus Italien 1934–1936. Hg. von Friedrich Voit. Leipzig 2021.
4 Karl Wolfskehl: Gesammelte Werke. Erster Band: Dichtungen, Dramatische Dichtungen. Hg. von Margot Ruben und Claus Victor Bock. Hamburg 1960.

tur- und individualgeschichtliche Kontexte anführt, deren Kenntnis für die Lektüre der Werke einen beträchtlichen Gewinn ausmacht.

Dieser Kommentar, gerahmt durch sehr kurze Vor- und Nachworte, ist der große Vorzug dieser Edition. Warum darin indes Wolfskehls *An die Deutschen* lediglich in seiner ersten Fassung angedruckt wird, ist nicht ganz einleuchtend. Nur ein Jahr darauf ergänzte der exilierte Dichter sein sich zu deutscher Kultur und mithin zu George bekennendes „Lebenslied" um einen „Abgesang", mit dem er aus der erlittenen Ausgrenzungserfahrung eine erste Konsequenz zog und dieses Bekenntnis kritisch hinterfragte („Dein Weg ist nicht mehr der meine, Teut"). Auch diese Verse entstanden in Italien. Auch sie verhandeln das Verhältnis zu Deutschland, zum Judentum und schließlich zu Stefan George. Sie hätten den Band ebenso ergänzt wie bereichert. Die Aufarbeitung ihrer komplexen Entstehungs- und Bearbeitungsgeschichte ist damit weiteren Publikationen zu Wolfskehl vorbehalten.

Andree Michaelis-König

Kurt Hiller: § 175: Die Schmach des Jahrhunderts! Nachdruck der Schrift aus dem Jahr 1922 mit einleitenden Hinweisen und ergänzenden Materialien. Hg. von Harald Lützenkirchen. Neumünster: von Bockel 2022. 277 S., mit Abb.

Der vorliegende faksimilierte Nachdruck von Kurt Hillers leidenschaftlicher Anklageschrift wider die Praxis der Strafverfolgung homosexueller Männer, die erstmals 1922 im Verlag von Paul Steegemann in Hannover herauskam, berührt sich aufgrund ihres ursprünglichen Erscheinungsjahrs nur indirekt mit dem Exilthema. Dies aber aus zwei Gründen: einmal, weil der 1871 eingeführte Paragraph 175 (Reichs-)Strafgesetzbuch in verschiedenen Fassungen und unter wechselnden ‚Tatbestandsvoraussetzungen' in der Bundesrepublik bis 1994 (!) geltendes Recht blieb, also bis zu seiner endgültigen Abschaffung vier politische Systeme überdauerte. Unter dem Nationalsozialismus mit seiner biopolitisch begründeten Ausmerzungsideologie gegenüber homosexuellen ‚Volksschädlingen' wurde das Homosexuellenstrafrecht verschärft und trug damit – neben Verfolgung aus rassistischen und politischen Motiven – zu den gesellschaftlichen Bedingungen bei, die für eine Entscheidung, ins Exil zu gehen, konstitutiv sein konnten. Der zweite Grund liegt in der Person des Autors Kurt Hiller (1885–1972), der in den letzten Jahren als Protagonist des literarisch-politischen Exils sowie als einer der prominenteren Exil-Rückkehrer nach 1945 verstärkt das Interesse der Forschung erregt hat. Wesentlich dazu beigetragen haben die fruchtbaren Aktivitäten der Kurt-Hiller-Gesellschaft, die seit den 1990er Jahren nicht nur etliche wissenschaftliche Tagungen und mehrere Ausstellungen zu Hiller, sondern auch Editionen aus dem von ihr verwalteten Nachlass sowie Neuauflagen seiner wichtigsten, im Original nurmehr schwer greifbaren Schriften veranstaltet hat. Da Hiller unter dem Nationalsozialismus als Jude, Demokrat und Homosexueller verfolgt wurde, ist mit ihm auch der Aspekt multikausaler Verfolgungsbiografien verbunden, der, wie mir scheint, jenseits einzelner Schicksale systematisch noch nicht ausreichend untersucht ist. Hier wäre neben Hiller, um hier nur zwei weitere prominente Beispiele zu nennen, an den mit ihm befreundeten Schriftsteller Klaus Mann oder auch an Fritz Bauer zu denken, der wie Hiller Jurist war und nach dem Krieg als Generalstaatsanwalt in Hessen wesentlich an der Aufarbeitung des NS-Unrechts mitwirkte.

Wenn Hiller heute als Sexualreformer weniger stark in Erinnerung ist als etwa in seinen Rollen als Promotor des literarischen Expressionismus um 1910 oder politischer Aktivist und Publizist gegen reaktionäre Tendenzen vom Kaiserreich bis in die Bundesrepublik, so liegt dies nicht nur an der nachhaltigen Tabuisierung dieses Themas im Nachkriegsdeutschland. Es dürfte vielmehr auch damit zu tun haben, dass Hiller nach 1945 nicht in vergleichbar öffentlichkeitswirksamer Weise an seine sexualpolitischen Aktivitäten der Zwischenkriegszeit anknüpfen konnte, als er zusammen mit Magnus Hirschfeld, Helene Stöcker, Paul Krische oder Wilhelm Reich zu den prominentesten Persönlichkeiten der Sexualreform in Deutschland gehörte. Bereits 1908 hatte sich Hiller dem 1897 gegründeten Wissenschaftlich-humanitären Komitee (WhK) um den Sexualmediziner Hirschfeld angeschlossen, das für die Abschaffung des Paragraphen 175 kämpfte. Bald darauf erschien sein Name erstmals in der Liste der Unterzeichner der Reichstagspetition, die das WhK zu diesem Zweck initiiert hatte. Von 1926 bis 1933 amtierte er als dessen Zweiter Vorsitzender. Als progressiver Jurist und linker Aktivist hat Hiller jedoch nicht nur gegen das Homosexuellenstrafrecht aufbegehrt, sondern sich beispielsweise auch kritisch mit der strafrechtlichen Sanktionierung von Schwangerschaftsabbrüchen, Suizid und Beihilfe zum Suizid oder Prostitution beschäftigt.

§ 175: Die Schmach des Jahrhunderts! kann als die wichtigste sexualpolitische Schrift Hillers gelten. Obschon das Buch seinerzeit nur wenig öffentliche Resonanz erfuhr, war die Auflage von 5000 Exemplaren bereits nach kurzer Zeit vergriffen. Ein wesentlicher Grund dafür mag auch die ungewöhnliche Art gewesen sein, in der Hiller sein Publikum adressierte: Aus einzelnen Texten und Vorträgen entstanden, die er zwischen 1911 und 1922 schrieb, ist das Buch kein systematisches Werk, sondern eine locker komponierte Sammlung kurzer Essays, die sich zu einer Mischung aus sexualpolitischer Aufklärungsschrift und kritischer Polemik fügen und dabei sprachlich auf ein breites Publikum zielen. Die einschließlich Vor- und Nachrede 15 Kapitel behandeln eine Fülle von Themen, von der detaillierten Analyse einzelner Strafrechtsinitiativen über die „ethischen Aufgaben" der Homosexuellen, ihren Beziehungen zu anderen sexuellen Minoritäten, die Widerlegung gängiger

Vorurteile und Stereotypen und den Umgang mit männlichen Prostituierten bis hin zur kritischen Kommentierung seinerzeit aufsehenerregender Strafprozesse. Besonders ausführlich erörtert Hiller verschiedene Möglichkeiten und Strategien, das Strafrecht auf politischem Wege zu reformieren, sei es durch Bündnisse mit bestehenden Parteien, die Gründung einer eigenen politischen Sammelbewegung oder die Initiierung von Volksentscheiden, wodurch sich das Buch streckenweise wie eine Handreichung zur politischen Mobilisierung sexueller Minoritäten liest.

Von der Masse der Schriften, die ab etwa 1900 aus juristischer, medizinischer, sozialwissenschaftlicher oder sexualreformerischer Perspektive zum ‚Homosexuellenproblem' Stellung bezogen, hebt sich Hiller aber vor allem dadurch ab, dass er sich dem Thema nicht als persönlich distanzierter ‚Experte' nähert, sondern seine Zielgruppe – homosexuelle Männer, die vom Sexualstrafrecht bedroht waren – an vielen Stellen des Buches direkt anspricht und dabei seine eigene Zugehörigkeit zu dieser Minderheit kaum verhüllt durchblicken lässt. So schreibt er, um hier nur ein Beispiel anzuführen, mit Blick auf das Selbstwertgefühl der Betroffenen: „Die oberste Aufgabe der Homosexuellen unseres Landes lautet heute und lautet morgen: *Zu kämpfen!* Zum Kampf aber gehört Mut, nicht Verzweiflung. [...] Was hier also vom Homosexuellen verlangt wird, ist *Selbstbejahung*. [...] Er habe Achtung vor sich [...]; er sei stolz. *Stolz* – das ist die Tugend, die dem typischen Homosexuellen dieser Zeit und Zone leider völlig abgeht." (S. 27–30, Hervorhebungen dort).

Hillers Buch ist eine aufschlussreiche Quelle zu den zeitgenössischen Diskussionen um Sexualreform und Strafrecht, deren historische Fernwirkung, über die Zeit von Nationalsozialismus und Exil hinweg, bis in die jüngere Gegenwart hineinreicht. Dessen ungeachtet ist die Schrift in weiten Teilen heute nicht mehr ohne weiteres verständlich und bedürfte eigentlich eines ausführlichen Kommentars. Dieser müsste in erster Linie den historischen Kontext von Hillers sexualpolitischem Aktivismus beleuchten, nämlich die divergierenden Strafrechtsentwürfe zwischen 1909 und 1920, auf deren zunehmende Verschärfungstendenzen seine Essays unmittelbar reagieren. Ebenso wäre eine Fülle tagesaktueller Anspielungen auf Ereignisse, Initiativen und Personen zu erläutern. Der Herausgeber Harald Lützenkirchen, zugleich Vorsitzender der Hiller-Gesellschaft, ist sich dessen durchaus bewusst, wenn er seinen Nachdruck vorrangig dem Ziel widmet, den Text zunächst einmal für die Forschung zu sichern und damit zugleich die Voraussetzungen für eine spätere „historisch-kritische Ausgabe des Buchs von 1922" (S. 13) zu schaffen. Dem dient neben Lützenkirchens kundiger Einleitung auch der erneute Abdruck eines Essays, mit dem der Hiller-Forscher Hans-Günther Klein (1939–2016) bereits 1988 in die zentralen Bereiche von Hillers Werk – unter Einschluss der Sexualreform – eingeführt hat. Dankenswert ist auch der reiche Anhang, der als ergänzendes Material den Text von Hillers späterer Broschüre *Der Strafgesetzskandal* (1928) sowie einer Auswahl kürzerer einschlägiger Artikel aus den Jahren 1922 bis 1960 enthält. Eine bibliographische Dokumentation und ein Personenregister beschließen den Band.

Mirko Nottscheid

Diego Viga: Die Unpolitischen. Roman. Hg. und mit einem Nachwort von Erich Hackl. Wien: Edition Atelier 2022. 693 S.

Das Wien der Zwischenkriegszeit mit seinem zunehmenden Antisemitismus, dem Februaraufstand und den sich verdichtenden Zeichen der Zeit, vor denen viele die Augen verschließen wollen: Paul Engel alias Diego Viga lässt sieben jüdische Figuren aus gutbürgerlichem und großstädtischem Milieu davon erzählen, wie der Nationalsozialismus in dieses eindringt und sie schließlich ins Exil – oder ins KZ – zwingt. Betont wird dabei die Zufälligkeit und Willkür der Verfolgung: sie trifft genauso die Assimilierten und ‚Unpolitischen'. Charakteristisch für den Erzählstil ist vielfach ein trockener, situationsgebunder Witz, wie er in der österreichischen Literatur häufig zu finden ist, hier aber in Sarkasmus umschlägt, wo etwa Betroffene auf dem gemeinsamen Weg ins KZ Dachau Mutmaßungen über die Gründe ihrer Verfolgung anstellen. Erzählt wird mehrstimmig: von Kapitel zu Kapitel wechselt die Erzählperspektive zwischen einer Handvoll Figuren, welche in erlebter Rede den Alltag der 1930er Jahre unmittelbar spürbar machen. Durch die verschiedenen Stimmen und Perspektiven, die Verflechtung unterschiedlicher Handlungsstränge sowie die Gestaltung typischer Situationen etwa bei der Beschaffung der benötigten Papiere entwickelt der Roman eine plastische Tiefe. „Hat man ein Recht auf Glück in dieser Zeit der Roheit und des Faschismus, der Entmenschtheit? Aber man kann sich seine Zeit nicht aussuchen", philosophiert der Protagonist, der Arzt Johannes Kramer, auf der Überfahrt nach Kolumbien. Er ist deutlich autofiktional als Alter Ego Paul Engels erkennbar.

Den Roman verfasste Engel/Viga in der ersten Hälfte der 1940er Jahre, wie Erich Hackl in seinen Anmerkungen zu den Entstehungsbedingungen im Nachwort beschreibt. Vom Verlag Alfred A. Knopf in New York – bei dem damals beispielsweise Leo Katz seinen Roman *Brennende Dörfer* (*Seedtime*, 1947) unterbringen konnte – abgelehnt, habe ein Konkurs des Erwin Müller Verlags die dort schon vereinbarte Herausgabe in Wien durchkreuzt. 1969 gelang die Publikation im Paul List Verlag in Leipzig unter dem Titel *Die Parallelen schneiden sich*, wo auch weitere Bücher Engels/Vigas erschienen. Als Grundlage für die aktuelle Neuauflage wird die Ausgabe von 1969 angegeben, auf weitere Details zum Editionsprozess oder einen Textkommentar wird verzichtet.

Gleich seiner Romanfigur Johannes Kramer studierte der 1907 in Wien geborene Paul Engel an der Universität Wien Medizin und war in der Forschung tätig, bevor er 1935/36 an die Universität Montevideo auf einen leider kaum vergüteten Posten eingeladen wurde. Er kehrte zurück nach Wien zu seiner Ehefrau – im Buch Anna Kallay, in der Biographie des Autors Josefine Monath –, war aber hellhörig gegenüber der politischen Situation und bemühte sich rechtzeitig um ein Visum nach Kolumbien, wo er als Arzneimittelvertreter sowie an der Universität als a.o. Professor tätig war. 1950 folgte er einem Ruf für eine Professur an die Universität in Quito (Ecuador), wo er 1997 verstarb – so der Eintrag über Engel im *Lexikon der österreichischen Exilliteratur.*

Der Schriftsteller Erich Arendt, mit dem die Engels in Kolumbien befreundet waren, lektorierte die erste Fassung. „Er sagte mir, das Ganze wäre ungeheuer interessant, denn es zeige eine Seite des Nazitums, aber auch die Emigration in einer bisher nie dargestellten Auffassung. Das Buch wäre gut, wenn es nicht so schlecht geschrieben wäre. [...]" (Engel zit. nach Hackl, 688)

Doch Engel/Viga scheint stilistische Ratschläge Arendts angenommen zu haben, gliederte den Roman in vier Teile und präferierte eine szenische, unmittelbare Erzählweise. Ausdrucksstark ist beispielsweise ein innerer Monolog einer zionistischen Figur, die im KZ Buchenwald ermordet wird: „In sechsundzwanzig Minuten kann sich die Hand nicht mehr rühren. Kadaverhand. In sechsundzwanzig Minuten ist es überstanden ... [...] Jawohl, meine Herren, nur hereinspaziert zum Theater: So geht ein Mensch zugrunde. Ein erbauliches Schauspiel ... Kommt zum Appell! Daß es keiner versäumt! Wie schnell mein Puls schlägt. Bald wird er aufhören." (374) Dass Engels' literarisches Werk unter dem Pseudonym Diego Viga publiziert wurde, mag dazu beigetragen haben, dass es keinen Eingang in den Kanon deutschsprachiger (Exil-)Literatur gefunden hat. Die aktuelle Neuherausgabe seines Romans unter dem Titel *Die Unpolitischen* bietet die Chance einer längst überfälligen (Wieder-)Entdeckung dieses Exilautors, der ein so feines Gespür für die Darstellung von Antisemitismus, Verfolgung und Leben im Exil zeigt.

Cornelia Arbeithuber

Andrej Seuss: Der Vice-Malik: Hans-Adalbert von Maltzahn. Berliner Bohème und Pariser Exil. Berlin: Vergangenheitsverlag, 2022. 332 S.
Andrej Seuss: Kunst, Bohème und Rinderzucht: Das schillernde Leben des Wolf von Harder zwischen Europa und argentinischem Exil. Berlin: Vergangenheitsverlag, 2023. 290 S.

Mit gleich zwei biographischen Studien eröffnet Andrej Seuss neue Perspektiven auf einzelne Vertreter deutscher Adelsfamilien in den Umbruchsjahrzehnten des 19. und 20. Jahrhunderts. Dabei verfolgt er den Anspruch, zwei männlichen Repräsentanten, Hans-Adalbert von Maltzahn (1894, Kiel – 1934, Paris) und Wolf von Harder (1897, Mannheim – 1962, Buenos Aires), ein Denkmal zu setzen und sie damit einem interessierten Publikum neu zugänglich zu machen. Hans-Adalbert von Maltzahn versteht Seuss als einen „Mensch und Journalist, dessen Leben und Werk es verdient haben, dem Vergessen entrissen zu werden" (*Der Vice-Malik*, S. 7) und auch Wolf von Harder, der ein „Leben eines verhinderten Literaten" (*Kunst, Bohème und Rinderzucht*, S. 13) führte, soll gewürdigt und erinnert werden. Dabei faszinieren Seuss die vordergründigen Parallelen der beiden Biographien, die sich sowohl im Interesse für Kunst, Kultur und Literatur widerspiegeln, als auch in den Lebensstationen in Deutschland, Südamerika und Frankreich abbilden. Darüber hinaus sind es besonders die Künstlerkreise in Paris der 1920er und 1930er Jahre, die Seuss mit Faszination betrachtet und in denen er die beiden adeligen Protagonisten zu verorten versucht.

Die chronologisch aufgebaute biographische Studie zu Hans-Adalbert von Maltzahn ist der Ausgangspunkt, den Seuss setzt, um in diese Welt literarisch und künstlerisch begeisterter Adeliger einzuführen. Die detailreiche bis kleinteilige Studie rückt die Lebensgeschichte des deutschen Adeligen in den Mittelpunkt, dessen Lebensweg aufgrund seiner Geburt im wilhelminisch-preußischen Staat vorgezeichnet zu sein schien. Seuss' Ausführungen verdeutlichen aber, dass von Maltzahn sich schon früh von seiner Familie und ihren Werten und Traditionen distanzierte und seinen Leidenschaften, der Literatur, der Kunst und dem Theater, zuwandte und damit einen anderen als den erwarteten Weg einschlug.

Gleich zu Beginn der Studie weist Seuss daraufhin, dass er mit einer schwierigen Quellen- und Datenlage konfrontiert war, so dass einzelne Aspekte nur unzureichend belegt werden konnten bzw. „Vermutungen" angestellt werden mussten (*Der Vice-Malik*, S. 17), was an einigen Stellen zu breiten Kontextualisierungen und der Beschreibung geschichtlicher Möglichkeiten führt. Seuss' Verbindungslinien schlagen Brücken zu unterschiedlichsten zumeist bekannteren Netzwerken und Personen. So betont er in seinen Ausführungen zu von Maltzahns Leben z. B. immer wieder biographische Bezüge zu Else Lasker-Schüler, da beide öfter miteinander korrespondierten, sich literarisch direkt oder indirekt in einzelne

Werke einschrieben und eine Beziehung „zwischen Nähe und Distanz" etabliert hatten. Seuss sieht daher in seiner Studie auch einen Beitrag zur „Lasker-Schüler-Forschung" (*Der Vice-Malik*, S. 8). Von Maltzahn, der ab 1913 Jura und Philosophie in Leipzig studierte, lernte in dieser Zeit Else Lasker-Schüler kennen, die ihm später einzelne Gedichte, wie z. B. „An Hans-Adalbert", oder auch Texte, die von Maltzahn als „Herzog von Leipzig" oder „Vice-Malik" literarisch verewigten, widmen sollte, wobei sich daraus keine innige oder kontinuierliche Bindung zwischen beiden ergab.

Der Ausbruch des Ersten Weltkriegs, seine Erfahrungen an der Front und die psychologischen Belastungen in Kriegszeiten, die 1915 zum Nervenzusammenbruch führen sollten, begründeten laut Seuss eine Neuorientierung von Maltzahns. Seine Hinwendung zum Theater, wie z. B. die Arbeit als Dramaturg am Albert-Theater in Dresden 1920/21, waren erste Versuche, im Feld von Kunst und Kultur Fuß zu fassen und sich aus dem familiär-adeligen Kontext zu befreien. Ähnliche Gründe vermutet Seuss auch hinter von Maltzahns Entscheidung, 1921 nach Brasilien auszuwandern. Mit der Auswanderung nach Brasilien bzw. der Einwanderung in den Bundesstaat Santa Catarina (Estado de Santa Catarina) und der Aufnahme seiner Tätigkeit als Schriftleiter für die Blumenauer Zeitung, die sich speziell an die zahlenmäßig starke deutsch-sprachige Gemeinschaft vor Ort wandte, beginnt für von Maltzahn ein lebenslanger Prozess, in dem er immer wieder ausloten sollte, Kunst und Kultur sowie darin eingewobene politische Vorstellungen über das Medium Zeitung zugänglich zu machen. Die Spannungen, die sich einerseits aus dem Verhältnis sogenannter deutscher Kolonisten und dem von ihnen vertretenen „Auslandsdeutschtum" und andererseits aus von Maltzahns pro-republikanischen und freihetlichen Gedankengut ergaben, werden von Seuss nur angerissen wie auch die Einflussmöglichkeiten von Maltzahns auf und durch dieses „kleine, seit 1881 mit Unterbrechung existierende vierseitige deutschsprachige Blatt mit liberaler Tradition" (*Der Vice-Malik*, S. 74). Der Abdruck von Gedichten Else Lasker-Schülers wie auch von Artikeln mit einer „preußisch-konservative[n] Haltung" (*Der Vice-Malik*, S. 75) in der Blumenauer Zeitung, die sich z. B. gegen Kriegstümelei, Antisemitismus u.ä. richteten, versinnbildlichen die komplexe Persönlichkeit von Maltzahns, die Seuss beschreibt.

Die Auseinandersetzung zwischen Tradition und Moderne sowie zwischen Kultur und Politik setzen sich auch in den folgenden Publikationsprojekten von Maltzahns fort. Trotz seiner Ausweisung aus Brasilien im August 1924 und der kurzzeitigen Rückkehr nach Europa verfolgte er weiterhin publizistische Tätigkeiten, die er 1926 in Buenos Aires (Argentinien) als Redakteur der Deutschen Blätter, einer weiteren deutschsprachigen Auslandslokalzeitung fortsetzte. Aber auch hier konnte er nicht lange Fuß fassen, so dass er 1927 nach Europa zurückkehrte, um in Frankreich für die Pariser Deutsche Zeitung zu arbeiten, d. h. erneut für eine deutschsprachige Auslandslokalzeitung. Seuss verdeutlicht, wie sehr der wachsende Konservatismus und Nationalismus, später auch des Nationalsozialismus in Deutschland, seine publizistischen Projekte für Kunst und Theater in Paris beeinträchtigten. Trotz dieser Spannungen werden die Jahre in Paris und vor allem die Arbeit für die „Neue Pariser Zeitung für europäische Zusammenarbeit" (ab März 1929) als ein privates und journalistisches Ankommen von Hans-Adalbert von Maltzahn dargestellt.

Die Hinwendung von Hans-Adalbert von Maltzahn zur französischen Literatur und Theaterkultur, wie zu Jean Cocteau oder Paul Raynal, sowie zu konfliktreichen Gesellschaftsdiskursen, wie z. B. zur künstlerischen Verarbeitung der Alfred Dreyfus Affäre verdeutlichen, wie sehr von Maltzahn in verschiedene Netzwerke eingebunden, aber auch in engen gesellschaftlichen Milieus gefangen war. Sein Anspruch, ein Vermittler zwischen deutscher und französischer Kultur zu sein und dadurch den „Wert der Literatur zum Verständnis nationaler Identität" (*Der Vice-Malik*, S. 190) hervorzuheben, blieb ein schwer einzulösendes Versprechen. Der persönliche Freundeskreis, zu dem u. a. Gui Bernard de la Pierre, Andreas Walser, Emil Stumpp oder auch Claude Grosjan zählten und in dem die unterschiedlichsten Themen zu Kunst, Kultur und Gesellschaft, wie z. B. auch Homosexualität und Homoerotik, ein reges Interesse fanden, blieb der Radius, in dem sich von Maltzahn als Exilant bewegte.

Der Aufstieg des Nationalsozialismus, der u. a. ein Wegbrechen von Aufträgen bedeutete und die ohnehin schwierige finanzielle Lebenslage des deutschen Adeligen verschärfte, setzte auch seine persönlichen Netzwerke und Vorstellungswelten unter Druck. Als von Maltzahn 1934 in Paris aufgrund von Komplikationen einer Lungenentzündung verstarb, war auch seine Welt der Künstler-Netzwerke in Auflösung. In den abgedruckten Nachrufen spiegeln sich die persönlichen Sichtweisen auf die Person von Maltzahn genauso wider wie die Widersprüche der Zeit. Seuss, der den Originalquellen viel Raum zugesteht, gibt den Lesenden auch dank der beigefügten Periodika-, Personen- und Quellenverzeichnisse Einblicke in die Ideen und Tätigkeiten des Adeligen, der so schwer zu greifen ist.

Zuweilen hätte die Struktur der Biographie durch eine tiefergehende Analyse von einzelnen Themen ergänzt werden können, um die Person von Maltzahn und seine Positionierungen besser verstehen und aus dem nacherzählerischen Korsett ausbrechen zu können. Ob ein Beitrag zur Else Lasker-Schüler Forschung gelungen ist, sei dahingestellt, mit den vielen Bildern und z. T. langen Zitaten folgt Seuss vielmehr seinem eigentlichen Anliegen, dem deutschen Adeligen ein Denkmal zu setzen und die Spannungsverhältnisse, die sein Leben und seine Zeit prägten, herauszustellen.

Die inhaltlichen Überschneidungen, die sich fast schon sichtbar in den Covern der beiden Bücher widerspiegeln, werden in der zweiten biographischen Studie über Wolf von Harder deutlich. Seuss begibt sich auch bei seiner Studie zu Wolf von Harder – ähnlich wie bei von Maltzahn – auf „eine biographische Spurensuche" (*Kunst, Bohème und Rinderzucht*, S. 16) und setzt dabei noch stärker als bei seiner ersten Forschungsarbeit auf die Idee, Informationen wie auch Quellen neu zugänglich zu machen. Neben einer biographischen Einführung besteht das zweite Buch daher auch aus einem umfangreichen Quellenteil, der Neuabdrucke von publizierten Texten, unveröffentlichten Erzählungen und Dokumenten sowie Personen- und Quellenverzeichnisse beinhaltet. Zudem ist die biographische Einführung mit umfangreichem Bildmaterial durchsetzt, wodurch einige Aspekte illustriert werden.

Seuss' Ausführungen eröffnen Einblicke in das Leben des 1897 in Mannheim geborenen deutschen Adeligen, dessen Familie mit dem russischen Zarenhaus verbunden war. Trotz des aristokratischen Hintergrunds war das Elternhaus im Schloss Lindenhaus in Sasbach offen für sozial-liberale Ideen oder auch Debatten über Kunst und Literatur sowie Vorstellungen einer Salonkultur, die u. a. durch die Großtante Wolf von Harders Véra Krasnowska in Paris vertreten wurden. Wolf von Harder, der gleichzeitig tiefverankert im großbürgerlich-adeligen Denken und einem ausgeprägten Katholizismus blieb, entwickelte dadurch früh eine Beziehung zu Paris und seinen verschiedenen Milieus, die ihn noch in späteren Lebensabschnitten faszinieren sollten.

In seiner ebenfalls chronologisch angelegten Studie zeigt Seuss auf, dass Wolf von Harder ähnlich wie von Maltzahn dem eigenen Stand und Selbstverständnis verpflichtet im Ersten Weltkrieg diente und den belastenden Kriegsalltag miterlebte. Eine Verletzung bzw. ein Nervenzusammenbruch ließ ihn aus dem Dienst ausscheiden und brachten auch hier eine Neuorientierung mit sich. Noch während des Krieges wandte sich Wolf von Harder Kunst und Literatur zu und veröffentlichte Verarbeitungen von Kriegserlebnissen und anderes 1917/1918 in Gedicht- und Prosa-Form in der Zeitschrift „Die Freunde – Blätter für moderne Kunst."

Diese Neuorientierung setzte Wolf von Harder auch nach dem Ersten Weltkrieg fort. Er nahm ein Studium der Germanistik, Kunstgeschichte und Geschichte in Heidelberg auf und setzte dieses in München, Freiburg und Erlangen fort. 1923 schloss er es mit der Promotion an der Universität Erlangen ab, im Kontrast zu von Maltzahn. Erste Arbeitsstationen waren Zürich, Gießen und Paris, wo er – ähnlich wie von Maltzahn – sich ein Netzwerk aufbaute. Die engen Kontakte im Künstlermilieu von Paris führten auch zu Begegnungen zwischen von Harder und von Maltzahn, die z. B. eine gemeinsame Reise unternahmen und sich über moderne Kunst austauschten. Auch von Harder sah sich als Kulturjournalist, der über französische Kunst und Literatur berichten und zwischen Moderne und Tradition vermitteln wollte, wie Seuss detailreich herausarbeitet. 1931 heiratete er Charlotte Eugenie Freiin von Lützow a. d. Hause Seedorf, die Ehe wurde drei Jahre später wieder geschieden. Seuss bringt hierbei immer wieder Homoerotik und Homosexualität ins Spiel, führt dieses Spannungsverhältnis aber nicht näher aus.

Den Aufstieg des Nationalsozialismus ab 1933 nahm auch von Harder wahr, wobei Suess auch Bezüge zu einzelnen NS-Organisationen nachzeichnet ohne dabei eine klare Stellungnahme von Harders feststellen zu können. Inwieweit hier Pragmatismus oder Solidarität eine Rolle gespielt haben, bleibt unklar. 1934 wandert Wolf von Harder nach Argentinien aus, wobei Seuss diese Entscheidung einerseits als „Flucht Harders aus dem nationalsozialistischen Deutschland" aufgrund seiner Homosexualität beschreibt (*Kunst, Bohème und Rinderzucht*, S. 11), andererseits aber auch als Resultat familiärer Notwendigkeiten skizziert (ebd., S. 125).

Wie sehr Briefe und Netzwerke für von Harder eine Rolle spielten, wird schlaglichtartig sichtbar, als ihn seine Mutter 1934 nach Argentinien berief, wo die Familie bereits im ausgehenden 19. Jahrhundert investiert und Grundbesitz erworben hatte. Dieser Einschnitt war für von Harder „ein Abschluss und ein Neubeginn" (ebd., S. 128), der ihn nach Puerto Márquez im Bundesstaat Entre Rios (Argentinien) führen sollte. Denn zum einen musste er den südamerikanischen Familienbesitz betreiben und verwalten, zum anderen wollte er seiner Leidenschaft für Literatur und Kunst weiter folgen. Der Spagat als „Kunsthistoriker, Dichter und Rinderzüchter" (ebd., S. 139) tätig zu sein, forderte ihn zum „Umlernen" auf und beschäftigte ihn in den folgenden Jahrzehnten.

Seuss beschreibt dabei kursorisch die deutschsprachigen Zirkel des südamerikanischen Landes bzw. wie sich Wolf von Harder davon absetzte und stellt nur skizzenhaft dar, wie sehr er sich in den spanischsprachigen Staat, dessen Staatsbürgerschaft er 1938 annahm, einfand. Ausführlich beschrieben werden dagegen die weiterbestehenden Netzwerke bzw. die Veränderungen derselben. Die Erbstreitigkeiten nach dem Tod der Mutter 1937 und die Finanzkrisen, die Argentinien nach 1945 erfassten, beeinflussten von Harder und seine Netzwerke tiefgreifend. Dies führte aber nicht dazu, dass er z. B. zurück nach Deutschland ging. 1962 verstarb von Harder in Buenos Aires, wodurch trotz aller Ähnlichkeiten zum Leben von Hans-Adalbert von Maltzahn auch deutliche Unterschiede hervortreten.

Beide biographischen Studien von Andrej Seuss bezeugen damit seine Leidenschaft für das Zusammensetzen biographischer Puzzlesteine, für die deutschfranzösischen Netzwerke in Paris der 1920er und 1930er Jahre sowie für die globalen Vernetzungen einer deutsch-aristokratischen Oberschicht, insbesondere nach Südamerika.

Björn Siegel

Anton Kippenberg, Stefan Zweig: Briefwechsel 1905–1937. Ausgewählt von Oliver Matuschek und Klemens Renoldner. Hg. und kommentiert von Oliver Matuschek unter Mitwirkung von Klemens Renoldner. Berlin: Insel Verlag 2022, 958 S., mit Abb.

Eine „literarische und literarhistorische Sensation" nennt der Insel-Verlag die kommentierte Ausgabe des Briefwechsels zwischen seinem ehemaligen Leiter Anton Kippenberg (1874–1950) und Stefan Zweig (1881–1942). Über fast drei Jahrzehnte erschienen bei „der Insel" fast alle Werke des Österreichers, der zudem als Berater und Vermittler, auch als Herausgeber oder Übersetzer, wesentlich zum Verlagsprogramm beigetragen hat. Der Band versammelt 574 Briefe, Postkarten und Telegramme (darunter einige von den bzw. an die Ehefrauen), ergänzt um Texte Zweigs über Kippenberg und den Verlag, einige nach dem Zweiten Weltkrieg gewechselte Schreiben mit Zweigs Erben sowie ein kompaktes Nachwort. Zum Anhang gehören ferner Hinweise zur Edition, Standort-Angaben sowie Verzeichnisse der Siglen, Quellen, Personen und Werke. Trotz des Umfangs handelt es sich nicht um die vollständig überlieferte Korrespondenz. Oliver Matuschek hat, unterstützt durch Klemens Renoldner, aus dem „wesentlich umfangreicher[en]" (894) Gesamtbestand eine Auswahl getroffen, die sich „an einer möglichst umfassenden Dokumentation der Zusammenarbeit sowie der verlegerischen und literarisch-künstlerischen Entwicklung der Korrespondenten orientiert" (897).

Schon zu Beginn der Zusammenarbeit – 1906 mit Zweigs zweitem Gedichtband *Die frühen Kränze* – hatte der junge Autor konkrete Vorstellungen, bedachte etwa Erscheinungstermin, Auflage, Preis und Zahl der Rezensionsexemplare (mehr als üblich, u. a. für „befreundete Kritiker des Auslands", 27). Auch weiterhin beschäftigte er sich eingehend mit Gestaltung, Vertrieb und Bewerbung seiner Bücher. Kippenberg folgte ihm oft, aber nicht immer. So erklärte Zweig regelmäßig, sehr bescheiden zu sein, um danach aus seiner Sicht zu sparsame Werbemaßnahmen oder verspätete Neuauflagen zu reklamieren. Dass Zweig geschäftlich versiert war, ist bekannt. Wie akribisch er alle verlegerischen Angelegenheiten übersah, verdeutlicht dieser Band. Gleiches gilt für sein Engagement, besonders in jungen Jahren, für zeitgenössische französischsprachige Lyrik und Prosa sowie für fremdsprachige Klassiker: die Briefe enthalten eine Fülle von Vorschlägen, ebenfalls in allen Details vorausgedacht. Sie belegen Zweigs beachtliche Kenntnisse der internationalen Buchmärkte und kanonischen Literatur sowie großen Einfallsreichtum mit Blick auf einzelne Ausgaben oder Reihen. Kippenberg schätzte diese Expertise, übernahm viele Ideen – wenngleich manche Projekte geschäftliche Misserfolge wurden, etwa die fremdsprachigen Reihen *Bibliotheca Mundi, Libro Librorum* und *Pandora*[5] – andere lehnte er offen ab. Die Korrespondenz bietet einen reichen Einblick in die Buchproduktion und -vermarktung jener Zeit, in der „Luxusausgaben" für wohlhabende Bibliophile neben günstigen „Volksausgaben" erschienen. Weitere Themen sind die geteilte Leidenschaft für Autographen (Kippenberg war prominenter Goethe-Sammler; Zweig sammelte Handschriften verschiedenster Autoren), seltener die politischen Entwicklungen. Im Betrachtungszeitraum wurde aus Zweig ein international erfolgreicher Bestseller-Autor und aus der 1901 gegründeten Unternehmung eines der führenden Verlagshäuser Deutschlands. Die Briefe zeigen, wie neben einer fruchtbaren Geschäftsbeziehung ein freundschaftliches Vertrauensverhältnis wuchs. Es wurde durch die NS-Gesetzgebung und -Propaganda – sowie die Versuche von Verleger und Autor, unter diesen Bedingungen weiterzuarbeiten – erschüttert, zerbrach aber nicht. Zweig, ab 1933 antisemitischer Hetze ebenso wie antifaschistischer Kritik als vermeintlich zu angepasster Literat ausgesetzt, blieb Kippenberg, der mit seinem Verlag nicht emigrierte, auch nach dem Wechsel zum Reichner-Verlag in Wien verbunden. Ein interessantes Detail ist, dass Kippenberg 1947 gegenüber Zweigs Erben behauptete, das Verlagsverhältnis sei „niemals aufgelöst worden" (869), er sei weiterhin Rechteinhaber. Das von diesen daraufhin zitierte Schreiben, welches die Rückgabe der Rechte belegt, sei ihm „nicht gegenwärtig" (874) gewesen – was angesichts der Bedeutung der Geschäftsbeziehung kaum plausibel ist.

Der Stellenkommentar enthält sorgfältig recherchierte Angaben zu Personen, Werken und Ereignissen. Auf Hinweise zu weiterführender Literatur – die im Fall von Zweig umfassend vorhanden, für Kippenberg bzw. den Insel-Verlag überschaubar ist – wurde weitgehend verzichtet; gleiches gilt für Angaben zur Erstveröffentlichung der wenigen bereits publizierten Briefe. Der lesenswerte Band ist ein Gewinn für die Forschung zu Zweig ebenso wie zur Geschichte des Insel-Verlags sowie zum Verlags- und Buchwesen in den ersten Jahrzehnten des 20. Jahrhunderts.

Jasmin Sohnemann

---

5 Vgl. auch Susanne Buchinger: Stefan Zweig - Schriftsteller und literarischer Agent. Frankfurt a. M. 1999.

Barbara Loftus: The Distant Observer. Die distanzierte Beobachterin. Bd. I: Interior Lives. Keithstrasse 14. Berlin W. 62. 1920–1942. Paintings against Forgetting.
Bd. II: German Landscape with Wandervogel. Speculations on Wandering and Exile. http://www.barbaraloftus.co.uk/book-the-distanced-observer [England, Scrutineer Publishing 2022]

Die spärlichen Hinterlassenschaften der Familie zur Aufführung bringen, das im Nationalsozialismus ausgelöschtes Leben vorstellbar machen, ein Gewebe erzeugen, das die Erinnerung weiterträgt: „Theater der Erinnerung", so nennt es die in Brighton lebende Künstlerin Barbara Loftus. In einem zweibändigen Werk in englischer und deutscher Sprache stellt Loftus die 25-jährige Recherche zur verschollenen Geschichte ihrer jüdischen Familie mütterlicherseits vor. Das Erinnern der zweiten Generation ist das der „distanzierten Beobachterin", ein Nacherinnern von dem, worüber die Mutter Hildegard Basch lange Zeit als einzig Überlebende nicht sprechen konnte. Sie verließ 1939 Berlin, ging ins britische Exil, um den Nazis zu entkommen. Die Eltern, der Bruder blieben zurück in der Wohnung in der Berliner Keithstr. 14 mit ihrem bürgerlichen Ambiente. Jüdische Akkulturation: sie fand Ausdruck in der Kultiviertheit und Gediegenheit des Interieurs, eine Sicherheit vorgebend, die nicht haltbar war. Der Beunruhigung durch die zunehmende wirtschaftliche Instabilität der 1920er Jahre folgt die wachsende Bedrohung durch das NS-Regime. Ende der 1930er Jahre wird das Haus zum Judenhaus. Deportation und Ermordung in Auschwitz folgen.

Barbara Loftus, die in Großbritannien geborene Tochter, spürt die Leerstelle in der Geschichte der Familie auf. Es sind künstlerische Ausgrabungsarbeiten, in deren Verlauf die physische Hinterlassenschaft der einstigen Familienexistenz zusammengetragen wird: Fragmente einer Sprache des Verlusts. Sie selbst hat keine unmittelbare Erinnerung an das, was ihrer Familie widerfahren ist. Lange sprach die Mutter nicht über die traumatische Erfahrung, den Bruch in ihrer Biographie. Die Tochter macht es sich zur Lebensaufgabe, ohne eigene Erinnerung, den traumatischen Block zu öffnen, das Geschehen zu rekonstruieren. Sie befragt die Mutter, nimmt deren Erinnerungen auf Tonband auf. Sie forscht, zeichnet Szenen nach, trägt Zeugnisse zusammen: Kommentare und Notizen, wenige Familienfotos und Briefe, historische Aufnahmen, Auszüge aus der Literatur, Dokumente die das Geschehen verorten: das Haus in der Keithstr., die Wohnung im zweiten Stock. Der Architekturkünstler Ian Stuart Campbell rekonstruierte entlang der ursprünglichen Pläne das einstige Aussehen des Hauses, das heute „seine Identität unter dem Anstrich leugnet", fertigte Zeichnungen des Treppenhauses und der Lage der Wohnung an. Im Film „Across the Land and the Water: Two Journeys of the Family Basch" kommt das gesammelte Material erstmals zur Aufführung: Bewegte Bilder, die eine Vorstellung über das einstige Leben geben, Narrative aufscheinen lassen, die Erinnerung ermöglichen.

Das Atelier der Künstlerin, darauf weist Lutz Winckler in seinem Begleit-Essay hin, wird zum eigentlichen Ort, zum Ersatzort der Erinnerung, gleichermaßen Archiv und Labor, in dem das quasi archäologisch gehobene Materials ausgelotet, zusammengestellt und probeweise aufgeführt wird. Die vorgelegte Dokumentation dieser Aufführungspraxis umfasst zwei in schwarz gebundene Bände: Band I zeigt eine Rekonstruktion des „Leben[s]s im Innern" der „Keithstr straße. 14. Berlin W62. 1920–1942", der schmalere Band widmet sich unter dem Titel „Deutsche Landschaft mit Wandervögel. Spekulationen über Wandern und Exil" der Wandervogelbewegung, in der die Mutter als Jüdin aktiv war: der Versuch nach dem Ersten Weltkrieg, sich aus dem preußischen Korsett zu befreien, Freiheit in der Natur zu finden. Die Bewegung wird vorgeführt als Kippfigur, in dem das Freiheitliche der Natur mythisch ins Deutschnationale aufgeladen wird und letztlich die Überhand gewinnt. Die Ermittlungen der Künstlerin gruppieren sich auch hier um den signifikanten Ort: der Bahnhof Grunewald, von dem die Naturfreunde zu ihren Ausflügen aufbrachen. Unter dem NS-Regime wird er der Ort von Deportationen.

Das gefundene Material zum Sprechen bringen, die vergilbten, verknitterten Briefe, die Fragen der Auswanderung und Abschiede ins Ungewisse andeuten: In der Vergrößerung gewinnen sie physische Präsenz. Die von der NS-Verwaltung säuberlich geführten Inventarlisten der aus der Wohnung geraubten Möbel führen das gutbürgerliche Interieur noch einmal vor Augen, zugleich den Verlust und das Verbrechen der Enteignung, die dem Morden vorausgingen. Die wenigen Fotos von Familienmitgliedern werden gleichsam als Beweismittel ihrer Existenz vor Augen gestellt, darin festgehaltene Gesten in Beziehung gesetzt zu denen in Werken der bildenden Kunst, das Private so ins Universelle geöffnet.

Es sind vor allem Barbara Loftus' Gemälde, die das gesammelte Material aufnehmen, es durch ihre Farbigkeit zeitlich verorten und atmosphärisch aufladen. Erzählungen scheinen auf in den Szenen einer gediegenen bürgerlichen Familienexistenz. In gleich drei Bildern taucht das Motiv des Mädchens mit Haarschleife in seiner Spielhöhle unter dem Tisch auf: der Kopf seitlich gerichtet auf ein Außerhalb, der Blick zunehmend beunruhigt durch das, was von dort eindringt. In einem am Ende des Bandes reproduzierten Triptychon verdichtet Loftus das, was ihrer Familie widerfahren ist. Die Mitteltafel zeigt die Szene deutsch-bürgerlicher Geborgenheit mit der klavierspielenden Frau, den Ahnenportraits an der Wand, dem spielenden Kind. Die Seitentafeln demonstrieren die Auflösung: Die Möbel werden von Nationalsozialisten requiriert. Der Auftakt der Vernichtung.

Die in limitierter Auflage erschienenen schwarzen Bände füllen die Leerstelle in der Geschichte der Familie Basch nicht aus, brechen jedoch das Schweigen. Äußerlich betrachtet wirken sie im Schuber wie ein schwarzer Block, einem Gedenkstein gleich. Mehr als die Stolpersteine vor dem Haus in der Keithstraße, die die Namen ihrer Großeltern und des Bruders ihrer Mutter verzeichnen, ist dies ein eindrucksvolles Memorial, das eindringliche Momentum eines Nacherinnerns, von andauernder Trauer. Loftus' Werk zeigt in mehreren Dimensionen auf, was 1990, nach der Wende, Christian Boltanskis Installation des „Missing House", Große Hamburger Straße 15/16 im ehemaligen jüdischen Scheunenviertel, so eindrücklich demonstrierte: die durch die Auslöschung entstandene Leere zwischen den Wohnhäusern. Nur die weißen Metalltafeln an den Brandmauern erinnern an Name, Beruf, Einzug und Auszug der ehemaligen Bewohner*innen des nicht mehr vorhandenen Hauses. Ein Mahnmal inmitten der Gegenwärtigkeit des Lebens, das das zerstörte, das unsichtbar gemachte Leben vorstellbar macht.

Zeichnung von Ian Stuart Cambell (2021) des Hauses Keithstr. 14 in den 1920er Jahren. Im zweiten Stock rechts die Wohnung der Familie Basch

Elisabeth Wagner

Guy Stern: Wir sind nur noch wenige. Erinnerungen eines hundertjährigen Ritchie Boys. Berlin: Aufbau-Verlage 2022, 301 S.

Guy Stern (1923–2023) hat in hohem Alter seine Lebensgeschichte aufgezeichnet. Die Originalausgabe erschien 2020 unter dem Titel „Invisible Ink. A memoir" bei der Wayne State University Press; die deutsche Übersetzung hat seine Frau Susanna Piontek in enger Absprache mit ihm besorgt. In 13 Kapiteln werden die ‚Fragmente' eines erinnerten Lebens vorgestellt: die Jugend in Hildesheim im Kreis einer assimilierten jüdischen Familie, der Einschnitt des Jahres 1933, die zunehmenden Einschränkungen in der Schule, im Privat- und Berufsleben der Eltern, eine gesellschaftliche Isolierung, die durch die Mitgliedschaft in jüdischen Jugend- und Wandergruppen nur vorübergehend aufgefangen wird und 1937 zur Auswanderung des 15-jährigen Günther Stern in die USA zu einem Onkel in St. Louis führt: er wird der einzige aus seiner Familie – den Eltern Hedwig und Julius Stern, seinen Geschwistern Werner und Eleonore – sein, der überlebt.

Das neue Leben in Amerika ist Fremde und Befreiung: Sprache, Schule, der Alltag stellen Herausforderungen dar, die mit Neugier und Phantasie bewältigt werden. Seine Verwandten, die Gasteltern Benno und Ethel Silberberg, deren Schwester Rebecca Benson, die Jugendhelferin Viola Oschrin, die Schulfreundin Ida Mae Schwartzbart, Jonny Ittelson helfen dem gerade 16-Jährigen auf dem Weg in die amerikanische Gesellschaft, im Alltag und in der Schule, bei seiner Arbeit als Tellerwäscher und Hilfskellner. In einem Land zu leben, das seine jüdischen MitbürgerInnen nicht ausgrenzt, ist eine befreiende Erfahrung, die den erfolgreichen Abschluss der Highschool ermöglicht, ihn ermutigt, ein College als ersten Schritt für ein späteres Studium zu besuchen. Diese Erfahrung begleitet ihn und verstärkt sich beim Militärdienst: der Eintritt in die amerikanische Armee sichert ihm die amerikanische Staatsbürgerschaft – aus Günther Stern wird Guy Stern. Damit ändert sich nicht nur sein rechtlicher Status, sein Leben bekommt einen neuen Inhalt: die Freiheit, die das Gastland Amerika ihm gewährt hat, wird zum politischen Ziel, das er als Soldat nach der Landung im Juni 1944 in der Normandie gegen den Gegner der Demokratie verteidigt. Sein Dienst in der Nachrichtendivision, den ‚Ritchie Boys', wird für sein ganzes Leben bestimmend sein. Er bringt ihn mit Menschen aus den unterschiedlichsten Schichten des Landes zusammen, auch solchen, die wie er selbst aus Europa geflohen sind, die eine gemeinsame humanitäre Gesinnung teilen und für ihre Überzeugungen eintreten – Mitstreiter und Freunde, bekannte und unbekannte Mitarbeiter an zentralen Stellen des Informationsdienstes, denen er in seinem späteren Leben wiederbegegnen wird. Ein Beispiel für viele: John Weitz bei der gemeinsamen Arbeit im Vorstand des Leo Baeck Instituts in New York. Sprache und Übersetzung, Wissen und Erkundung, rhetorische List und theatralische Inszenierung bei den Verhören der gefangenen Soldaten sind die Voraussetzung für den Erfolg der militärischen Information und Propaganda. Aus ihnen schöpft er die ethischen Motive, die pädagogischen Impulse und die kommunikativen Handlungsmuster seiner künftigen Tätigkeit als Hochschullehrer, als Sprach- und Literaturwissenschaftler. Vielleicht hat sich damals auch schon die Vorstellung herausgebildet, im Andern, dem militärischen Feind, den zivilen Gegner zu sehen, der durch das Gespräch zum Nach- und Mitdenken, zu verantwortlichem Handeln gebracht werden soll – ein pädagogisches Konzept, das für die späteren Studenten und die eigene wissenschaftliche Arbeit gilt, seine ausgleichende und vermittelnde Position in administrativen und forschungsgeschichtlichen Kontroversen.

Zwei Erfahrungen nimmt Guy Stern aus dem Krieg mit: ein Bild Amerikas der Roosevelt-Ära, seiner humanitären Traditionen, seines demokratischen und sozialen Anspruchs, das ihn durch alle Widersprüche und Krisen der späteren amerikanischen Politik begleitet, und die Bedeutung der Sprache als Mittel des Dialogs und der kulturellen Übersetzung, der Durchsetzung dieser Werte gegenüber autoritären Herausforderungen. Die Wiederaufnahme seiner Studien nach der Rückkehr in die USA stellt er rückblickend unter das Motto: „die Macht der Worte für eine Karriere zu nutzen, in der ich lehre, schreibe und über die Jahre hinweg [...] über mein Leben spreche und über die Erkenntnisse, die man daraus gewinnen kann". (46) Guy Stern studiert Deutsch und vergleichende Literatur an der Columbia Universität in New York, promoviert 1953 bei Henry Hatfield mit einer Arbeit über Henry Fielding und seinen Einfluss auf die deutsche Literatur der Aufklärung. Die humanistische Tradition des 18. Jahrhunderts, der sprachliche und kulturelle Austausch zwischen den Nationen bleiben Orientierungspunkte seiner weiteren Arbeit, zu der als neuer Schwerpunkt die deutsche Exilliteratur als Fortsetzung und Erneuerung dieser Tradition tritt. Als Hochschullehrer an der University of Cincinnati zwischen 1963 und 1973 hält Guy Stern seinen ersten Kurs über die deutsche Exilliteratur, hier gründet er auch das ‚Lessing-Yearbook', das zum herausragenden Medium der internationalen Aufklärungsforschung wird. Die nachfolgende 25jährige Tätigkeit an der Wayne-State-University in Detroit (S. 191 ff) bildet den Höhepunkt seiner Forschungs- und Lehrtätigkeit. Als Vizepräsident fördert er den interdisziplinären Austausch in der ‚academia scholara', unterstützt die Gründung eines Zentrums für Friedens- und Konfliktforschung und gründet das ‚Holocaust Memorial Center' (S. 243–253), das als wissenschaftliche Arbeitsstätte, als Archiv und Museum zugleich eine zentrale Forschungsstelle und mit Ausstellungen und Vorträgen für Michigan und darüber hinaus ein Ort pädagogischer Vermittlung und Information für die Schulen und die Öffentlichkeit bildet.

Guy Stern versteht sich als Zeuge, Bewahrer und Vermittler humanistischer Werte, deren Tradition vom 18. Jahrhundert über die Exilliteratur bis in die Gegenwart reicht. Die Autobiografie verzeichnet die Bemühungen, diese Tradition und ihr Ethos erinnerungsgeschichtlich lebendig zu halten. Sie schildert den von

Zufällen und mutigen Entscheidungen, von Gelassenheit und Engagement, Widerstand und Anpassung, von Ausschluss und Zurückweisungen, freundschaftlichen Begegnungen und liebevollen Beziehungen bestimmten Lebensweg. Sie schildert die Rollen, in denen der Zeuge Guy Stern auftritt: als Forscher und Lehrer, als Pädagoge und Redner an amerikanischen Universitäten, als Teilnehmer wissenschaftlicher Kolloquien, als Gast an deutschen Universitäten, in München und Frankfurt, Leipzig und Potsdam, und in lokalen kulturellen Vereinen. Im Zentrum seiner Arbeit stehen die Texte deutsch-jüdischen Exils, ihre Dokumentation und Interpretation; lebendig werden sie durch die pädagogische Vermittlung in Reden und Vorträgen, oder in szenischer Inszenierung wie den Aufführungen der von Guy Stern ins Amerikanische übersetzten und bearbeiteten Opern von Bertolt Brecht, Franz Werfel und Curt Weill durch Lotte Lenya, mit der ihn eine lebenslange Freundschaft verband.

Guy Sterns Biografie ist eine große Erzählung, die in vielen kleinen Geschichten, in Porträts der Eltern, der Helfer:innen bei der Ausreise aus Deutschland und der Einbürgerung in die USA – den Mitstreitern der ‚Ritchie Boys', den Lehrern und Kollegen an der Hochschule, dem Sohn Marc, den geliebten Lebensgefährtinnen Judith Owens und Susanna Piontek – den Bogen schlägt von der erzwungenen Ausreise aus Deutschland, über das erfolgreiche und intensive Leben in den USA zurück zu Besuchen in der Normandie an die Orte des Debarquements und die Gräber der amerikanischen Soldaten, in das Erinnerungsland Deutschland, die Gedenkstätten seiner Familie in Hildesheim. Guy Stern wurde ausgezeichnet mit der französischen Ehrenlegion, Ehrenmedaillen in den USA und der Ehrenbürgerschaft der Stadt Hildesheim, er stand in Verbindung mit wiedergefundenen Familienmitgliedern in aller Welt, den Kolleg:innen an amerikanischen Universitäten, Mitgliedern und Anhängern des Foot-Ball-Clubs von Michigan und des Sportvereins in Hildesheim. Seine wissenschaftliche Arbeit wird in akademischen Festschriften gewürdigt, darunter dem von Konrad Feilchenfeldt und Barbara Mahlmann-Bauer 2005 herausgegebenen umfangreichen Forschungsband mit dem Titel *Autobiographische Zeugnisse der Verfolgung – Hommage für Guy Stern*.

Immer wieder, zunehmend am Ende des langen Lebens, kommt es zu ‚unerwarteten Begegnungen' – etwa mit Eva von Rossen, einer Schulfreundin an der jüdischen Schule in Hildesheim und ihrem Sohn Christian Bauer aus München, dem Autor und Regisseur des prämierten Dokumentarfilms über die ‚Ritchie Boys' (S. 272 f.) oder, als Festredner einer Ausstellung in Basel 2016, mit Vincent Frank, dem Sohn des in die Schweiz emigrierten Dramaturgen und Schriftstellers Rudolf Frank, dessen 1936 in einem jüdischen Verlag erschienener Roman ‚Ahnen und Enkel' das letzte Chanukkageschenk seiner Eltern war (278). Der Ausreiseroman, der in einzelnen Erzählungen die Geschichte jüdischen Schicksals in der Diaspora vom Mittelalter bis zur Gegenwart beschreibt, gehört zu Guy Sterns ‚Lieblingsbüchern', das ihn sein ganzes Leben begleitet. Ein weiteres Beispiel ist die Begegnung mit der Tochter seiner Jugendliebe Gerda Schönenberg, die sich in die Schweiz retten konnte und dort verstorben ist. (279). Das Gespräch mit der Tochter bringt ihm, wie in Prousts mémoire involuntaire, die gemeinsam in Hildesheim verbrachte Zeit nahe.

Die Erzählung, so Walter Benjamin, hat ihren Ursprung im mündlichen Erzählen, ihre Wirkung beruht auf der unmittelbaren Beziehung zwischen Erzähler und Leser, der zum Hörer wird. Der Text Guy Sterns und seine kongeniale Übersetzung machen den Leser zum Teilnehmer seiner Lebensgeschichte. Der Erzähler, so Benjamin, weiß ‚Rat', die erzählte Geschichte erlöst wie das Märchen, von dem die Erzählung abstammt, vom Bann des Schicksals. Ganz ähnlich verwandelt die Biografie von Guy Stern das Schicksal von Flucht, Trennung und Verlust in individuelle Lebensgeschichte als Widerstand und Erinnerung.

Lutz Winckler

Malcolm Miller und Jutta Raab Hansen (Hg.): Music and Exile. From 1933 to the Present Day. Leiden/Boston 2023 (= Yearbook of the Research Centre for German and Austrian Exile Studies, volume 22), 310 S., 20 Abb.

Der 22. Band des *Yearbook of the Research Centre for German and Austrian Exile Studies* ist dem Thema Musik und Exil gewidmet. Wie die Herausgebenden Malcolm Miller und Jutta Raab Hansen in der Einführung schreiben, beschäftigt sich das Jahrbuch nicht zum ersten Mal mit Musikerinnen und Musikern im Exil, es ist jedoch der erste Band, in dem es ausschließlich um dieses Thema geht. Das Buch umfasst vierzehn Artikel, teilweise in englischer, teilweise in deutscher Sprache. Die ersten drei Beiträge befassen sich mit der Vertreibung der Musikschaffenden und ihren (Un-)Möglichkeiten in den Exilländern. Besondere Aufmerksamkeit kommt dabei den Exilanten aus Österreich zu: Michael Haas schreibt über die schwierige Selbstidentifikation jüdischer Komponisten, die sich selbst als Österreicher sahen, aber inzwischen offiziell Staatsbürger neuer Staaten waren, mit denen sie sich nicht identifizierten. Nach dem „Anschluss" Österreichs und dem Gang ins Exil waren sie sozusagen doppelt heimatlos. Eine *unerzählte Geschichte* nennt Primavera Driessen Gruber das Schicksal der aus Österreich bzw. der ehemaligen Donaumonarchie stammenden Musikerinnen und Musiker, die in die Niederlande flohen, wo sie, die meist nach 1938 ins Land kamen, wesentlich härtere Bedingungen als deutsche Emigrierende antrafen, die Jahre zuvor geflüchtet waren. 1938 ist auch das Bezugsjahr des Beitrags von Albrecht Dümling über jüdische Musiker, die nach dem Novemberpogrom flüchteten und im britischen *Kitchener Camp* Zuflucht fanden. Als feindliche Ausländer wurden sie schließlich nach Australien deportiert und gestalteten jahrelang das kulturelle Leben in den Internierungslagern mit.

Die nächsten drei Beiträge konzentrieren sich auf die Rolle von Organisationen und Institutionen bei der Schaffung von Arbeitsmöglichkeiten für Musikschaffende. Sophie Fetthauer schreibt über die schwierige Position von 450 Musikerinnen und Musikern, die ab 1938 nach Shanghai flohen, wo ein Musikleben erst noch aufgebaut werden musste. Verschiedene Organisationen wurden gegründet, um Arbeitsplätze für Musikerinnen und Musiker zu schaffen, jedoch war viel Flexibilität gefordert, um in dieser Situation erfolgreich zu sein. Mit den ideologischen Debatten um die musikalischen Aktivitäten des Freien Deutschen Kulturbundes in Großbritannien befasst sich Florian Scheding. Der stark kommunistisch geprägte Bund zog das klassische Repertoire der Avantgarde-Musik vor allem jüdischer Komponisten vor, eine Haltung, die sich laut dem Autor in der DDR der Nachkriegszeit fortsetzt. Auch der dritte Artikel in diesem Bereich betrifft das Exilland Großbritannien: Rachel Dickson schreibt über den bisher wenig beachteten Beitrag Ben Uris zur Förderung emigrierter Musikschaffender. So veranstaltete er Liederabende und gründete Musikensembles, bei denen bekannte und weniger bekannte Musikemigrierende mitwirkten.

Die weiteren Beiträge des Bandes beschäftigen sich mit einzelnen Musikern im Exil. Peter Petersen und Barbara Busch schreiben zum Komponisten Berthold Goldschmidt, der von Hamburg nach London emigrierte. Während Petersen Goldschmidts lebenslangen Bezug zu Hamburg in den Mittelpunkt stellt, befasst sich Busch mit der Oper *Beatrice Cenci*. Ebenfalls eine Oper steht im Fokus des Beitrags von Malcolm Miller über den Komponisten Franz Reizenstein, nämlich seine Radio-Oper *Anna Kraus* aus 1952, die Miller als eine der ersten Opern über den Holocaust betrachtet. Hanja Dämon vergleicht mit Hilfe der Berichterstattung in der US-Presse die Biographien der österreichischen Komponisten Bruno Granichstaedten und Robert Katscher, die trotz internationaler Erfolge und Bekanntheit ihre Karriere in den USA nicht fortsetzen konnten. Wie die Emigration und die Internierung die Werke des Dirigenten und Komponisten Peter Gellhorn beeinflussten, der 1935 nach Großbritannien emigrierte und dort nach dem Krieg Karriere machte, untersucht Norbert Meyn, während Nils Neubert die Begegnungen zwischen dem nach einer Inhaftierung in Buchenwald nach London geflohenen Liedkomponisten Max Kowalski und seinem Neffen Michael Kowal biografisch und musikalisch analysiert. Im Beitrag von Jutta Raab Hansen geht es um die Rolle der isländischen Sängerin Engel Lund und dem österreichischen Pianisten Ferdinand Rauter als Vermittelnde zwischen aus Österreich geflohenen Musikschaffenden und der britischen Gesellschaft und Behörden und weiter um die Rolle Rauters in der Camphill-Bewegung und der Entwicklung der Musiktherapie. Im letzten Artikel des Bandes befasst sich Jörg Thunecke mit dem erfolgreichen Komponisten

Mischa Spoliansky, der 1944 die Musik zum Film *Mr Emmanuel* schrieb, der Verfilmung eines Romans des jüdischen Schriftstellers Louis Golding, der in Nazi-Deutschland spielt. Mit dieser Filmmusik bekennt sich Spoliansky zu seiner Identität als jüdischer Flüchtling in Großbritannien.

Der Band spiegelt also eine große Diversität an Themen und Aspekten zum Musikexil wider und ist aufgrund der unterschiedlichen Herangehensweisen der Autorinnen und Autoren eine interessante Lektüre. Was auffällt, ist die geringe Präsenz von Musikerinnen in den Einzelbeschreibungen. Der starke Fokus auf Großbritannien als Exilland ist wohl dem Erscheinungsort geschuldet.

Katja Zaich

V Kurzbiografien der Autorinnen und Autoren

Yvonne Albrecht ist promovierte Soziologin und arbeitet als Wissenschaftliche Mitarbeiterin am Deutschen Zentrum für Integrations- und Migrationsforschung (DeZIM). Sie ist zudem assoziierte Wissenschaftlerin am Berliner Institut für empirische Integrations- und Migrationsforschung (BIM) an der Humboldt-Universität zu Berlin sowie am DFG-Sonderforschungsbereich „Affective Societies" an der Freien Universität Berlin. Seit 2019 ist Yvonne Albrecht zudem Vorsitzende des Research Network 11 „Sociology of Emotions" der European Sociological Association (ESA).

Christine Arendt studierte Germanistik, Musik und Erziehungswissenschaft in Hamburg und promovierte über die frühe Lyrik Brechts. Seit 2000 arbeitet sie als Lektorin an der Università Cattolica in Mailand, von 2019 bis 2021 als adjunct professor an der Universitá degli Studi di Milano-Bicocca und seit 2021 als adjunct professor an der Università degli Studi di Milano. Außerdem hat sie als flying faculty an German Jordanian University in Jordanien unterrichtet. Ihre Forschungsschwerpunkte sind die Literatur des 20. und 21. Jahrhunderts, Exil und Migration, Interkulturalität, Intermedialität sowie Filme und kulturelles Lernen im DaF-Unterricht. Ausgewählte Publikationen: Zwischen Fiktion und Zitat: Darstellung von Migration und Remigration in Ursula Krechels Roman „Landgericht" (2012). In: *Wirkendes Wort* 2/2022, S. 315–332; gemeinsam mit Tristan Lay und Dieter Wrobel: *Medienwechsel und Medienverbund. Literaturadaptionen und polymediale Textnetze im Kontext Deutsch als Fremd- und Zweitsprache*. München 2022; *Zur Analyse kulturreflexiver Filme und ihrer Rezeption im DaF-Unterricht. „Das Leben der Anderen" und „Nirgendwo in Afrika". Interpretation, Narratologie, Erinnerungsrhetorik und Rezeption durch italienische Studierende*. Würzburg 2019.

Till Greite ist British Academy Postdoctoral Fellow und Member of Staff am Institute of Languages, Cultures and Societies der School of Advanced Study, University of London. 2024 war er Postdoc Fellow am Humanities Institute, University College Dublin und am Deutschen Literaturarchiv Marbach. Seit 2019 Nebentätigkeit im Goethe-Projekt von Prof. Joel B. Lande (Princeton University). Er war bis 2023 wissenschaftlicher Mitarbeiter am Institut für deutsche Literatur der Humboldt-Universität zu Berlin sowie Mitglied im dortigen Phd-Net „Das Wissen der Literatur". 2015/16 Fellow am German Department in Princeton. Promotion 2022 an der HU Berlin mit der germanistischen Arbeit *Die leere Zentrale. Berlin, ein Bild aus dem deutschen Nachkrieg*. (Wallstein 2024). Aktuelles Forschungsvorhaben: „The Legacy of Exile: 20th Century Literature in the 'age of dispersion' (Case Study: Michael Hamburger)". In Vorbereitung als Herausgeber: *Wilhelm Speyer. Das Glück der Andernachs* (Lilienfeld 2025). Schwerpunkte neben der Exilliteratur: Literaturgeschichte (19./20 Jh.), Komparatistik sowie Phänomenologie und Hermeneutik. Beiträge u.a. in *Sinn und Form*, *Weimarer Beiträge*, *Zeitschrift für Kulturphilosophie*.

Axel Grimmeißen studierte Germanistik und Philosophie sowie den interdisziplinären Master-Studiengang Ethik der Textkulturen an den Universitäten Augsburg und Erlangen. In Augsburg und an der Europa-Universität Viadrina Frankfurt (Oder) war er studentische und wissenschaftliche Hilfskraft. Sein Forschungsinteresse gilt insbesondere der Autobiographieforschung, Kriegserzählungen, Ethik und der Exilliteratur. Derzeit entsteht ein Dissertationsprojekt zum Israelischen Unabhängigkeitskrieg in der deutschsprachig-jüdischen Exilliteratur unter Berücksichtigung der Theorie des gerechten Kriegs und ästhetischer Theorie. Neben der Jeckes-Literatur werden dabei auch Übersetzungen und weitere Texte, u.a. zur „Nakba" berücksichtigt.

Ingeborg Jandl-Konrad ist Universitätsassistentin für Südslawische Literatur- und Kulturwissenschaft an der Universität Wien, wo sie sich mit einer Arbeit zu Trauma und

Transformation in den postjugoslawischen Literaturen habilitiert hat. Im Rahmen einer Stelle für Russische Literatur- und Kulturwissenschaft promovierte sie am Institut für Slawistik der Universität Graz mit einer Arbeit zu Sinneswahrnehmungen und Emotionen im Werk des russischen Emigrationsschriftstellers Gajto Gazdanov und erhielt dafür das DOC-Stipendium der Österreichischen Akademie der Wissenschaften sowie den Dissertationspreis der Österreichischen Gesellschaft für Slawistik. In Graz, Odessa, Moskau und Sarajevo absolvierte sie Studien in Russischer und Französischer Philologie, Psychologie und Philosophie. Ihre Forschung widmet sich der slawischen und vergleichenden Literatur- und Kulturwissenschaft, wobei Schwerpunkte auf Intermedialität, interdisziplinären Fragestellungen im Grenzbereich zu Psychologie und den Naturwissenschaften, Verstheorie sowie Literatur/Kultur und Ethik liegen.

Regina Karl ist Assistant Professor für Germanistik und Film- und Medienwissenschaften an der Rutgers University, NJ und Leiterin des dortigen Center for European Studies. Sie studierte Komparatistik und Kunstgeschichte in München, Paris und Berkeley und promovierte 2019 an der Yale University. Ihre Monographie *Manipulations. Hands at Work in European Modernism* wird kommendes Jahr in der Reihe „Paradigms" des De Gruyter Verlags erscheinen. Weitere Publikationen beinhalten die Aufsätze „Paul Valéry. Entwendung als Handhabe" (Fink 2019) und „Manus ludens. Mabuse's playful hands" (Screen 2023). Ein Essay mit dem Titel „Ich-Sagen. Autofiktionale Verfahren bei Olivia Wenzel und Sharon Dodua Otoo" ist im Erscheinen bei der *Zeitschrift für deutsche Philologie*. Regina Karl ist Redaktionsmitglied von *RISS. Zeitschrift für Psychoanalyse*. Sie war Fellow am KWI Essen und am Wissenschaftskolleg Greifswald.

Esther Kilchmann ist Vertretungsprofessorin für Neuere deutsche Literatur an der Universität Hamburg. Sie war Fellow am Internationalen Forschungszentrum Kulturwissenschaften in Wien, Juniorprofessorin für Neuere deutsche Literatur an der Universität Hamburg und wissenschaftliche Mitarbeiterin am Zentrum für Literatur- und Kulturforschung Berlin. Promotion und Studium der Germanistik und der Geschichte an der Universität Zürich. Habilitation 2022 an der Universität Hamburg mit einer Studie zu Poetologie und Geschichte literarischer Mehrsprachigkeit in der deutschsprachigen Literatur des 20./21. Jahrhunderts. Forschungsschwerpunkte: Deutschsprachige Literatur des 19.–21. Jahrhunderts, Literarische Mehrsprachigkeit, Übersetzung, Exil und Migration, Literatur und Gedächtnis, Kulturgeschichte der Psychoanalyse. Ausgewählte Publikationen: *Sprache(n) im Exil. Jahrbuch Exilforschung* 2014 (gemeinsam mit Doerte Bischoff und Christoph Gabriel); *artefrakte. Holocaust und Zweiter Weltkrieg in experimentellen Darstellungsformen in Kunst und Literatur*, Wien 2016; *Poetologie und Geschichte literarischer Mehrsprachigkeit. Deutschsprachige Literatur in translingualen Bewegungen (1900–2010)*, Berlin 2024.

Martin J. Kudla ist Doktorand an der Martin-Buber-Professur für Jüdische Religionsphilosophie an der Goethe-Universität Frankfurt am Main, Mitglied des Buber-Rosenzweig-Instituts für jüdische Geistes- und Kulturgeschichte der Moderne und Gegenwart und Promotionsstipendiat im Rahmen des Akademievorhabens „Buber Korrespondenzen Digital" der Akademie der Wissenschaften und der Literatur Mainz. Er war u.a. Stipendiat der Konrad-Adenauer-Stiftung, Forschungsstipendiat der Stiftung Dialogik, erhielt das Arbeitsstipendium Literatur des österreichischen Bundesministeriums für Kunst, Kultur, öffentlicher Dienst und Sport und wurde zwei Mal für den LMU-Forschungspreis (2020, 2022) nominiert. Er ediert u.a. den Briefwechsel zwischen Robert Jungk und Hermann Levin Goldschmidt. Zuletzt erschien Martin J. Kudla u.a. (Hg.): *Margarete Susman. Beiträge zu Werk und Wirkung*, Tübingen 2024.

Simona Leonardi studierte in Pisa, Saarbrücken und Marburg. Promotion in Germanischer Philologie, Florenz 2000; Professorin für Germanische Philologie an der Universität Federico II Neapel (2002–2019); seit 2019 Professorin für Deutsche Sprache und Sprachwissenschaft an der Universität Genua. Neben Metaphorologie und historischer Semantik sind ihre Forschungsschwerpunkte Erzähl- und Gesprächsanalyse, die Wechselbeziehungen zwischen Erinnerung und deren Versprachlichung sowie die Rolle von Orten in der narrativen Verarbeitung, v. a. in den mündlichen Erzählungen des sogenannten *Israelkorpus*.

Irene Nawrocka ist Literaturwissenschaftlerin, Skandinavistin und Exilforscherin. Sie arbeitet als wissenschaftliche Mitarbeiterin am Austrian Centre for Digital Humanities and Cultural Heritage der Österreichischen Akademie der Wissenschaften in Wien. Ihre Forschungsinteressen sind u. a. das NS-Exil in Schweden und Exilverlage. Publikationen: *Verlagssitz: Wien, Stockholm, New York, Amsterdam. Der Bermann-Fischer Verlag im Exil (1933–1950). Ein Abschnitt aus der Geschichte des S. Fischer Verlages*. Frankfurt am Main 2000; als Hrsg.: *Carl Zuckmayer – Gottfried Bermann Fischer: Briefwechsel*. Göttingen 2004; *Im Exil in Schweden. Österreichische Erfahrungen und Perspektiven in den 1930er und 1940er Jahren*. Wien 2013.

Paula Odenheimer studierte Germanistik und Anglistik an der Universität Heidelberg und beendete ihren Master in Modern Languages an der Universität Oxford im Juli 2022. Derzeit befasst sie sich in ihrem Promotionsprojekt an der Universität Heidelberg mit transkulturellen und literatursoziologischen Konstellationen in Nelly Sachs' Früh- und Spätwerk. Sie publiziert und trägt vor zu Themen des deutschen jüdischen Schreibens, der deutsch-schwedischen Literaturbeziehungen, Exil und Migration sowie der Literatur der Nachkriegszeit.

Alberto Orlando hat 2022 ein Masterstudium der Fremdsprachen und Literaturen (Deutsch und Französisch) cum laude an der Universität Palermo (Italien) absolviert. Seine Forschungsinteressen konzentrieren sich hauptsächlich auf die deutsche Literatur des 20. Jahrhunderts, insbesondere auf die Exillyrik deutschsprachiger Schriftstellerinnen. Diesem Thema widmete er seine Masterarbeit, in der ein Korpus von fünf jüdischen Autorinnen analysiert wurde. Er ist Mitglied der Gesellschaft für Exilforschung und der Else-Lasker-Schüler-Gesellschaft. Er hat Beiträge in internationalen Sammelbänden veröffentlicht und an internationalen Kongressen und Konferenzen teilgenommen.

Nicolas Paulus ist als wissenschaftlicher Mitarbeiter an der Walter A. Berendsohn Forschungsstelle für deutsche Exilliteratur der Universität Hamburg tätig. Er war studentischer Mitarbeiter am Institut für Europäische und Vergleichende Literaturwissenschaft der Universität Wien und Praktikant am dortigen Forschungsverbund für Geschichte und Theorie der Biographie. Zudem war er Mitarbeiter des FWF-Projekts „Richard Beer-Hofmann. Eine wissenschaftliche Biographie" an der Österreichischen Akademie der Wissenschaften. Publikationen und Vorträge u.a. zu Paul Celan, Hans Henny Jahnn, Rainer Maria Rilke und Arthur Schnitzler. Zuletzt von ihm erschienen: *Sigmund Freud – Christian von Ehrenfels: Korrespondenz*. Hrsg. u. eingeleitet von Wilhelm Hemecker u. Nicolas Paulus. Wien 2023.

Sebastian Schirrmeister ist Literaturwissenschaftler und derzeit wissenschaftlicher Mitarbeiter am Exzellenzcluster „Understanding Written Artefacts" der Universität Hamburg. Studium der Jüdischen Studien und der Germanistik in Potsdam, Promotion zu deutsch-hebräischen Literaturbeziehungen in Hamburg. Fellowships u. a. in Haifa (2008–2009), Jerusalem (2014) und Göttingen (2019–2021), Amos-Oz-Gastprofessur in München (2020). Forschungsschwerpunkte: jüdische Literaturen, German-Hebrew Studies, Exilliteratur, Archive, Übersetzung, Rhetorik. Postdoc-Projekt zu Rache in jüdischen

Literaturen nach der Shoah. Buchpublikationen: *Begegnung auf fremder Erde. Verschränkungen deutsch- und hebräischsprachiger Literatur in Palästina/Israel nach 1933.* Stuttgart 2019; *Das Gastspiel. Friedrich Lobe und das hebräische Theater 1933–1950.* Berlin 2012. Als Hrsg.: *Jahrbuch für europäisch-jüdische Literaturstudien* 10 (2023): Positionen der dritten Generation (mit Luisa Banki); *Jewish Culture and History* 25,1 (2024): Imag(in)ing Materiality. German-Jewish Archives in the Digital Age.

Michael Szurawitzki, Martin-Luther-Universität Halle-Wittenberg. 2020–2023 Full Professor für Germanistische Linguistik am Beijing Institute of Technology. Forschungsschwerpunkte: Fachsprachenforschung, Medienlinguistik, Interkulturelle Linguistik. 2014–2017 Full Professor für Germanistische Linguistik, Tongji-Universität Shanghai, dort 2015 Organisationschef IVG-Weltkongress Germanistik. Vertretungsprofessuren u. a. 2018–2020 Universität Duisburg-Essen, 2017–2018 Universität Hamburg, 2012–2013 Ludwig-Maximilians-Universität München.

Jobst Welge ist Professor für Romanische Literaturwissenschaft und Kulturstudien mit den Schwerpunkten Hispanistik und Lusitanistik an der Universität Leipzig. Zuvor war er Professor an der KU Eichstätt und an der Stockholm University. Die Promotion erfolgte an der Stanford University, die Habilitation an der FU Berlin mit einer Studie zum Familienroman seit dem 19. Jahrhundert. Forschungsschwerpunkte: Theorie und Geschichte des Romans; Familien-Narrative; Literatur und Landschaft. Eine überarbeitete Version der Habilitationsschrift erschien unter dem Titel *Genealogical Fictions: Cultural Periphery and Historical Change in the Modern Novel* (Baltimore 2015). Er ist Mit-Herausgeber der Bände *Armut und Menge* (Paderborn 2024), *Unzuverlässiges Erzählen in den romanischen Literaturen* (Berlin, Boston 2024), *Constelaciones familiares en la narrativa iberoamericana moderna* (Venedig 2024), *Family Constellations in Contemporary Ibero-American and Slavic Literatures* (Berlin, Boston 2024).

Laura Wiemer ist wissenschaftliche Mitarbeiterin (Postdoc) am Lehrstuhl für romanische Literatur- und Kulturwissenschaften der Bergischen Universität Wuppertal, an der sie zuvor Französisch und Spanisch studiert hat. Im Jahr 2023 hat sie ihre Dissertation mit dem Titel *Großstädte transkulturell erzählen. Die Textstadt Buenos Paris Aires in argentinischen und französischen Stadttexten* verteidigt (erscheint bei De Gruyter 2025). Neben der Großstadtliteratur beschäftigt sich Laura Wiemer v.a. mit der afrospanischen Diaspora und der französischen Gegenwartsliteratur aus der Perspektive der Identitäts- und Gedächtnisstudien. Sie ist Mitorganisatorin der Wuppertaler Malala Days zum Thema „Gender und Bildung im Globalen Süden" und der Online-Reihe „Was Frankreich bewegt". Sie war Gastdozentin an den Universitäten Besançon, Málaga und La Plata und wurde mit dem Lehrpreis, dem Betreuungspreis und dem Gleichstellungspreis ihrer Hochschule ausgezeichnet.

Finja Zemke ist wissenschaftliche Mitarbeiterin am Institut für Germanistik an der Universität Hamburg und arbeitet im Team der Walter A. Berendsohn Forschungsstelle für Exilliteratur. Zu ihren Forschungsschwerpunkten gehören u. a. Narrative von Flucht, Exil und Migration, Literatur und Lagererfahrungen sowie Avantgardeästhetiken. In ihren Lehrveranstaltungen unterrichtet sie schwerpunktmäßig zudem das Feld der Kinder- und Jugendliteratur. In ihrem Promotionsprojekt untersucht sie Denkbilder des Theaters als Reflexion von Exilerfahrungen.

www.ingramcontent.com/pod-product-compliance
Lightning Source LLC
Chambersburg PA
CBHW020607300426
44113CB00007B/542